Battenberg Antiquitäten-Kataloge

Porzellan

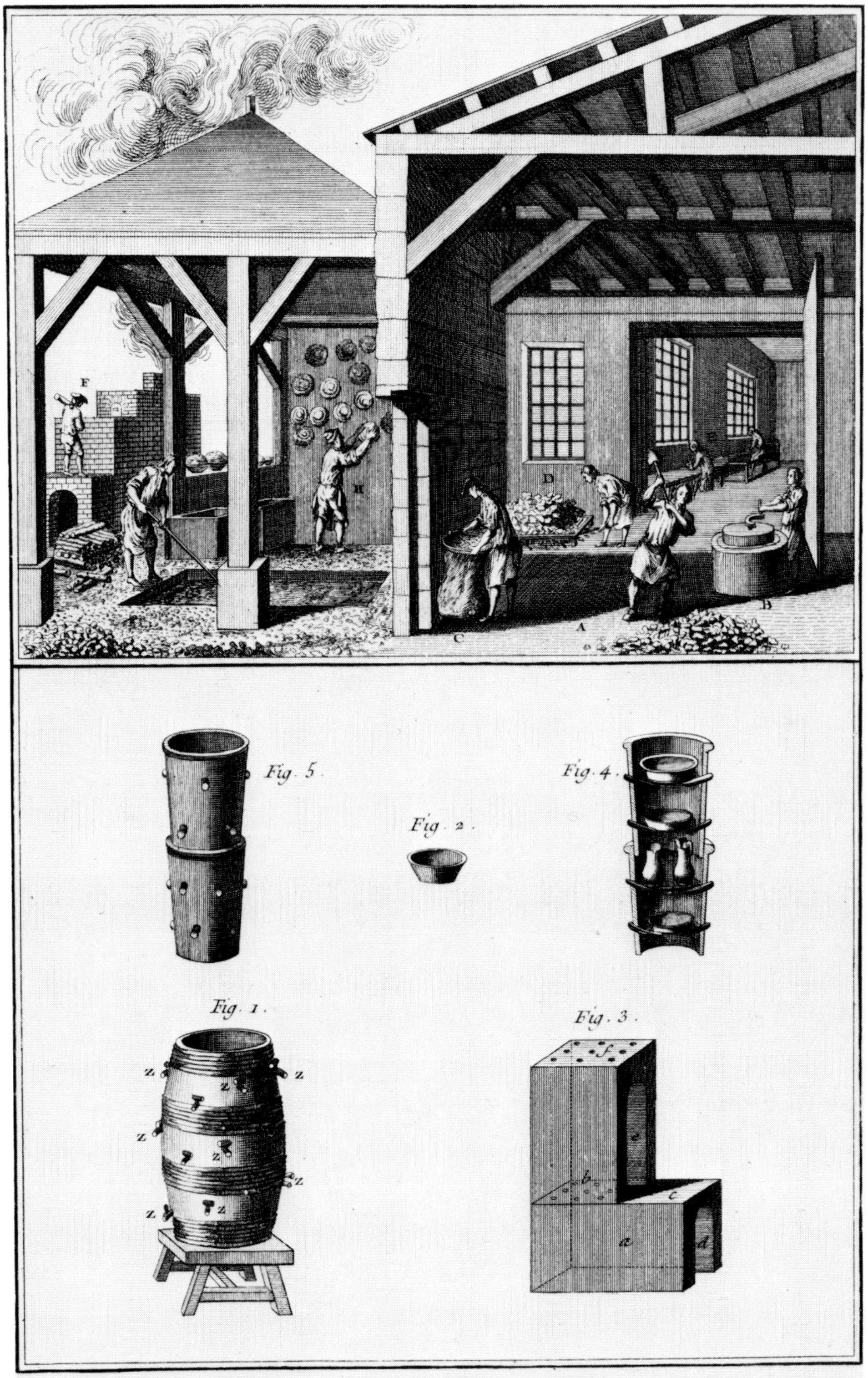

Art de faire la Porcelaine.

Battenberg Antiquitäten-Kataloge

PORZELLAN

von Gloria Ehret

Battenberg Verlag München

Umschlagbild:
Beltrame und Columbine als »Spanisches Liebespaar«, in geschlitztem Theaterkostüm. H 19 cm
Meißen, um 1742, Modell von J. J. Kändler 1741.
15 000,–/20 000,–
Christie's (Cooper)

Frontispiz:
Das Blatt aus der »Encyclopédie« von Diderot und d'Alembert (1777) gibt im oberen Teil Einblick in die Bearbeitung der Porzellanerde (A: Zerkleinern; B: im Mörser zerstoßen; C: Sieben; D: Brennen). Links wird die Masse im Becken gerührt, dahinter die Töpferwerkstatt und der Brennofen. Darunter zeigen die Figuren verschiedene Geräte wie den Waschzuber zur Reinigung der Erde (Fig. 1), eine Tonschale, die die gereinigte Erde aufnimmt (Fig. 2), einen Fayenceofen für den Biskuitbrand (Fig. 3) und gestapelte, gefüllte Schamotteformen (Fig. 4 und 5).

CIP-Kurztitelaufnahme der Deutschen Bibliothek
Porzellan/von Gloria Ehret. – München: Battenberg, 1979.
(Battenberg Antiquitäten-Kataloge)
ISBN 3-87045-154-8
NE: Ehret, Gloria [Hrsg.]

Reproduktionen: Offset-Repro Binder, Ditzingen und Schwitter AG, Zürich
Satz und Druck: Offizin Chr. Scheufele, Stuttgart
Einband: Verlagsbuchbinderei Klotz, Augsburg
Gestaltung: Walter Lachenmann, Buchendorf
Printed in Germany
ISBN 3-87045-154-8

Inhalt

EINFÜHRUNG IN DAS SAMMELGEBIET

KATALOG-BILDTEIL

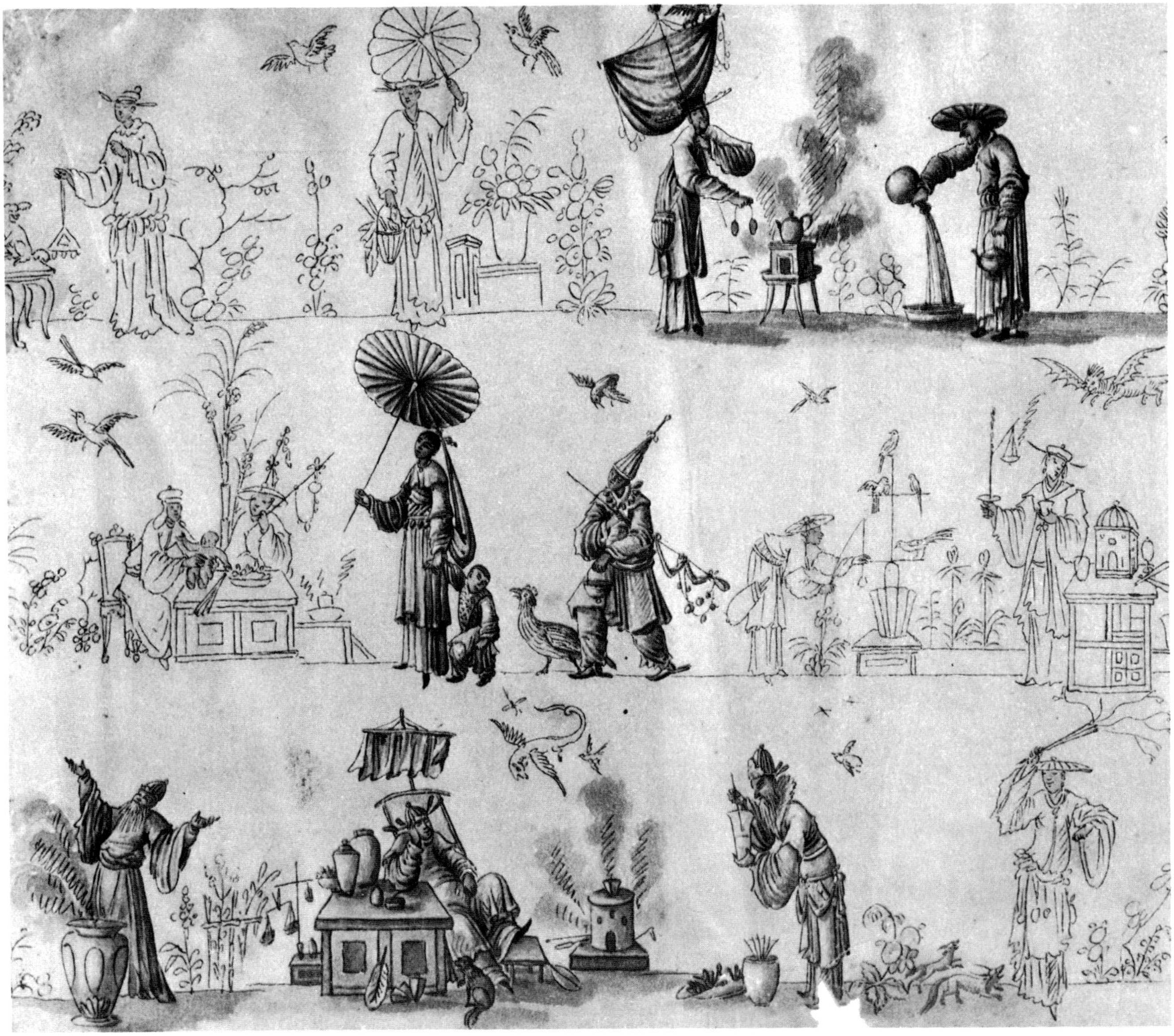

Aus dem »Meißner Musterbuch für Höroldt-Chinoiserien«, Musterblätter aus der Malstube der Meißner Porzellanmanufaktur (Schulz-Codex). Mit freundlicher Genehmigung des Idion-Verlags, München

Einführung in das Sammelgebiet

Geschichtlicher Überblick

Am 15. Januar 1708 hat Johann Friedrich Böttger »nach zwölfstündigem Brand um 5 Uhr nachmittags einen weißen und durchscheinenden Scherben« erhalten, mit dem ihm die Erfindung des europäischen Porzellans gelungen war. Damit war es nach zahlreichen vergeblichen Versuchen in den verschiedenen Ländern Europas geglückt, das begehrte Erzeugnis herzustellen, das bisher über weite Seewege aus China und Japan importiert werden mußte. Wie das Papier, der Kompaß und die Buchdruckerkunst war das Porzellan in China vor seiner europäischen Nacherfindung bereits jahrhundertelang bekannt. Allerdings läßt sich für das chinesische Porzellan kein fester Zeitpunkt der Erfindung nennen, da es sich langsam aus der Produktion des Steinzeugs entwickelt hat. Somit reichen die Anfänge in vorchristliche Zeiten zurück. Vielfach spricht man bei Erzeugnissen der Sung-Zeit (960–1279) bereits von Porzellan, aber echtes Porzellan nach europäischen Begriffen mit einem durchgehend weißen, dichten Scherben und farbloser Glasur ist erst seit der Wende der Yüan-Zeit (1280–1367) zur Ming-Periode (1368–1644) nachweisbar.
Die Kunde von diesem »Protoporzellan« ist früh nach Europa gedrungen, und Marco Polo erwähnt »porcellana« bereits 1298 in seinen abenteuerlichen Reiseberichten. (Der Name Porzellan leitet sich von der im Italienischen »porcella«, d.h. Schweinchen, genannten Seemuschel ab, deren weiße, glatte, rundliche Oberfläche an Porzellan erinnert.) Porzellangegenstände allerdings mögen erst in größerem Umfang in unsere Breiten gelangt sein, nachdem Vasco da Gama 1498 den Seeweg nach Ostindien entdeckt hatte und somit ein direkter Kontakt zu Ostasien hergestellt war. So ist es nicht verwunderlich, daß in Europa eifrige Versuche unternommen wurden, ebenfalls solche Kostbarkeiten herzustellen, die als Geschenke beispielsweise von japanischen Gesandten in die Kunst- und Wunderkammern europäischer Fürstenhöfe kamen. Bereits 1470 wird von dem Venezianer Maestro Antonio di San Simone berichtet, daß er durchscheinendes, glasiertes und bemaltes »Porzellan«-Geschirr aus Bologneser Erde gefertigt habe (bei dem es sich wahrscheinlich um eine Art Milchglas gehandelt haben dürfte). Ungefähr 100 Jahre später, 1575, gelang Francesco Maria de Medici in Florenz, zusammen mit Bernardo Buontalenti, die Herstellung des sog. Medici-Porzellans, dem angeblich ein gewisser Anteil an Kaolin beigemischt war. 59 Stücke dieses in Blau und Mangan dekorierten europäischen Protoporzellans (einer Steinzeugware mit durchsichtiger Bleiglasur) haben sich in verschiedenen Museen erhalten.

1604 wurde in Amsterdam die erste Versteigerung von 60 Tonnen Porzellan aus Ostasien abgehalten, das aus einer gekaperten Schiffsladung stammte. Die Sucht nach Porzellan wurde im 17. Jahrhundert so groß, daß China eigenes Exportporzellan produzierte, das nach europäischem Geschmack dekoriert war oder direkt auf Bestellung hergestellt wurde. Betrachtet man niederländische Gemälde aus der zweiten Hälfte des 17. Jahrhunderts, so gibt es kaum Stilleben oder Interieurs, auf denen keine ostasiatischen Porzellangefäße dargestellt sind. Im begüterten Haushalt wurden außer Kupfer, Zinn und venezianischen Gläsern auch Sätze prächtiger Porzellanvasen als Kamingarnituren zur Schau gestellt. Neben der chinesischen Ware gewann das japanische Porzellan im 17. Jahrhundert zunehmend an Bedeutung, wobei sich Arita Dank seiner Kaolinfunde zum wichtigsten Zentrum entwickelte. Allein im Jahre 1644 kamen elf Schiffe mit insgesamt 44943 Porzellanstücken der begehrten Imari-Ware im Amsterdamer Hafen an.

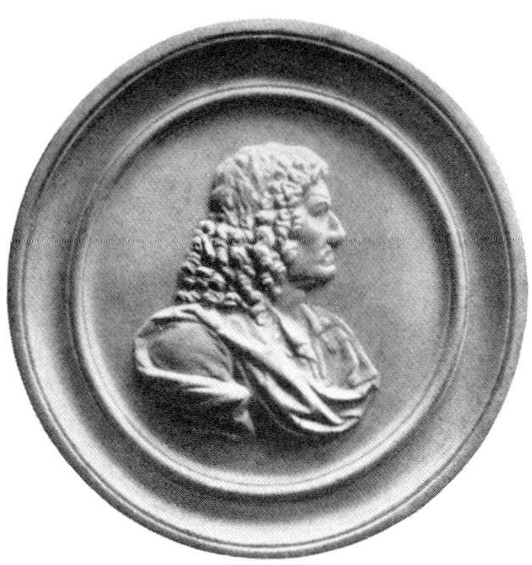

Johann Friedrich Böttger
Porzellanrelief

Erst in den sechziger Jahren gelang Louis Poterat in Rouen und Pierre Chicaneau (gest. 1678) in Saint-Cloud die komplizierte Herstellung von Frittenporzellan, das dann in der 1693 unter dem Protektorat der Herzöge von Orléans gegründeten Manufaktur Saint-Cloud fabrikmäßig produziert wurde.

Diese Manufaktur besuchte 1695 Ehrenfried Walter Graf von Tschirnhaus (1651–1708), der neben Böttger entscheidende Mann bei der Erfindung des europäischen Hartporzellans. Tschirnhaus, ein mit Leibnitz befreundeter Physiker, Mathematiker und Philosoph aus böhmisch-mährischem Adelsgeschlecht, befaßte sich mit der Konstruktion von Brennspiegeln, um die Schmelzbarkeit der sächsischen Erdarten zu erproben. Bereits im Jahre 1701 hatte er August dem Starken ein Memorial über sein Porzellan-Arkanum überreicht, das jedoch unbeachtet blieb. Nachdem ihm die Errichtung eines Laboratoriums nicht bewilligt worden war und seine aus eigener Tasche finanzierten Forschungsreisen und Unternehmungen alle Mittel aufgezehrt hatten, zog sich Tschirnhaus auf sein Gut zurück. Von dort aber berief ihn August der Starke zu einer schicksalhaften Begegnung ab, bei der er ihm die Aufsicht über Böttger und seine Arbeiten übertrug.

Johann Friedrich Böttger (1682–1719) befand sich zu dieser Zeit in Schutzhaft Augusts des Starken, der von dem zweifelhaften Ruf des aus Berlin entflohenen Apothekerlehrlings vernommen hatte, Gold machen zu können. Nachdem aber trotz großzügig bewilligter Mittel und Mitarbeiter die Rettung für die staatliche Finanzmisere aus Böttgers Alchimistenküche nicht gekommen war, hatte sich dieser vom König so bedrängt gesehen, daß er einen zweiten Fluchtversuch nach Böhmen unternommen hatte. Er war jedoch aufgegriffen und der Aufsicht des Bergrats Papst und Tschirnhaus unterstellt worden, um endlich die »Universaltinktur« zu finden.

Nachdem allerdings die Experimente mehr und mehr Geld verschlangen, ohne daß Gold entstand, schien endlich Tschirnhausens Anliegen erfüllt worden zu sein, wenn schon nicht Gold, so doch wenigstens Porzellan herzustellen. Obwohl sich Böttger gegen diese Keramikversuche noch 1707 sträubte, wurde auf der Venusbastei in Dresden ein Laboratorium gebaut und mit keramischen Versuchen begonnen, die stetig Fortschritte machten. Bereits 1707 gelang die Her-

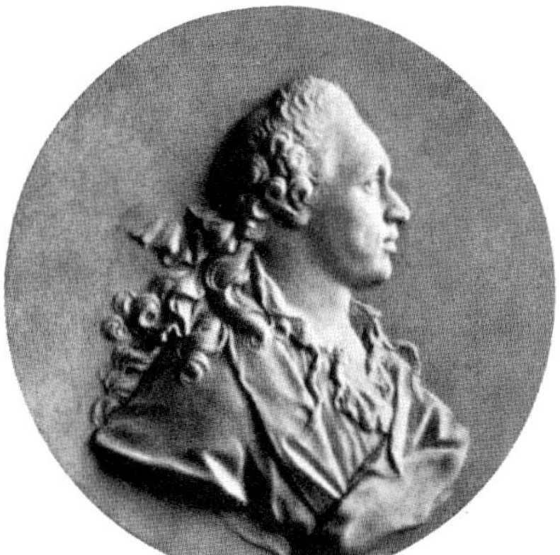

Selbstbildnis des Bildhauers
Dominikus Auliczek
Nymphenburg, um 1770

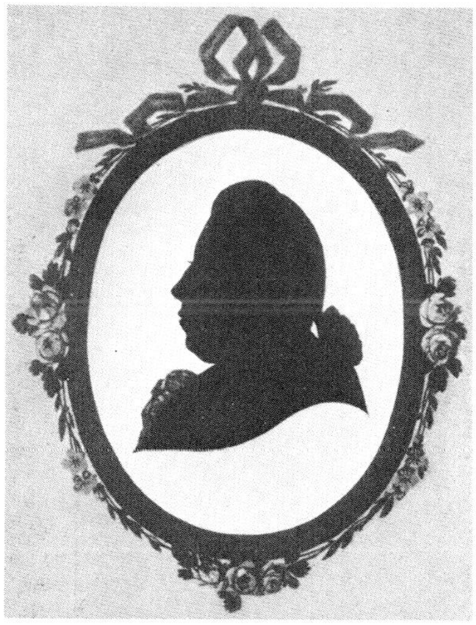

Johann Joachim Kändler
Bildnis-Silhouette

stellung von rotem Steinzeug in der Art der chinesischen I-hsing-Ware. 1708 trug Böttger in das Brandprotokoll ein, daß ihm ein weißer durchscheinender Scherben gelungen sei. Und am 28. März 1709 konnte er dem König melden, daß er »gutes weißes Porzellan, sammt der allerfeinsten Glasur... bewerkstelligen« könne. Am 23. Januar 1710 wurde kraft eines Patents Augusts des Starken die erste europäische Porzellanmanufaktur gegründet, die nur wenige Monate später, am 7. März 1710, auf die wegen ihrer Sicherheit so geeignete Albrechtsburg in Meißen verlegt wurde, wo sie bis 1865 blieb.
Höhepunkt und Vollendung seiner keramischen Arbeiten hat Tschirnhaus nicht mehr erlebt. Er ist bereits am 11. Oktober 1708 an der Ruhr gestorben.
Die Manufaktur nahm einen raschen Aufschwung. Zeigte man auf der Leipziger Ostermesse von 1710 neben dem reichen Angebot an rotem Böttgersteinzeug auch schon einige Stücke in weißem Porzellan, so konnte eine umfangreichere Produktion gegen 1713 einsetzen. Als Vorbild dienten chinesische Stücke und die Entwürfe des Dresdner Hofsilberschmieds Johann Jacob Irminger, der seit 1710 für die Manufaktur tätig war und den goldschmiedeartigen Charakter der frühen Meißner Stücke prägte. Daneben hat sich Böttger selbst schon um einen Dekor in Aufglasurfarben bemüht. Aber die ganze reiche Farbpalette hat erst Johann Gregorius Höroldt (1696–1775) entwickelt, der nach Böttgers Tod, aus Wien kommend, die führende Kraft in Meißen wurde, wo er 1720 die Leitung der Malerstube übernahm. Er übertrug die Chinesen-Mode der Zeit (man baute chinesische Pavillons, kopierte chinesische Lackmöbel und trank chinesischen Tee) als Dekor auf das Porzellan, indem er die phantastisch heitere Welt dieser exotischen Fremdlinge in immer neuen Darstellungen variierte. Auf ihn gehen außerdem Landschaften, Kauffahrteiszenen und Blumendekore als Gefäßschmuck zurück.
Ebenfalls in den zwanziger und dreißiger Jahren hat Höroldt eine Reihe von Fondfarben geschaffen, die den Wunsch Augusts des Starken erfüllten, jedes Zimmer seines Japanischen Palais mit Porzellanen in einem eigenen Farbton auszustatten.
Für die plastische Ausstattung des Japanischen Palais arbeitete daneben der junge Johann Joachim Kändler (1706–1775), der 1731 als Gehilfe für Johann Gottlob Kirchner nach Meißen berufen und nach dessen Weggang 1733 zum Modellmeister ernannt wurde. Er darf als der Schöpfer des europäischen plastischen Porzellanstils gelten. Jede Zeit sucht sich ihr entsprechendes Material. So konnte das leichte changierende Wesen des Rokoko nirgends besser zum Ausdruck gebracht werden als in den galanten Kavalieren, den schönen Damen, den Schäfergruppen und den Komödiantenfiguren, die Kändler in zahlloser Folge reich variiert geschaffen hat. Die Figuren und Gruppen, Zier der Konditoreischaufenster und Festtafeln, konnten nicht länger zwischen altertümlichen Metallservicen stehen. Man wollte nicht nur die neuen Genußmittel Tee, Kaffee und Schokolade aus dem neuen Material trinken, sondern auch davon essen. Daher wurden Ende der dreißiger Jahre die ersten großen Tafelservice in Auftrag gegeben. Aus 2200 Teilen soll das prunkvollste, das 1737–1741 für den Grafen Brühl entstand, bestanden haben. Hiermit übertrug Kändler seinen plastischen Stil auch auf die bis dahin einfachen, glattwandigen Geschirre und ver-

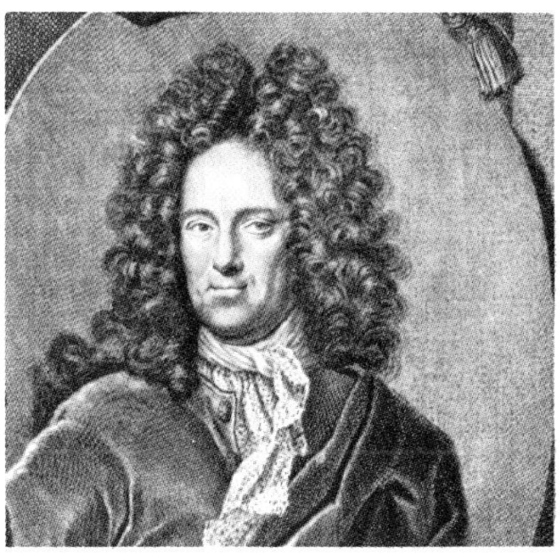

Ehrenfried Walther von Tschirnhaus
Stich von Martin Bernigeroth

drängte die Malereien Höroldts durch üppigen plastischen Dekor, der die Teller vollständig reliefierte und Saucieren in naturalistische Muscheln verwandelte. Neben den Manufakturangestellten bemalten im 2. Viertel des 18. Jahrhunderts auch Künstler in Heimarbeit Porzellan, das meist aus der Böttger-Periode übrig war. Dabei entwickelten die Augsburger Familien Auffenwerth und Seuter einen ganz eigenen Überdekor in Gold. Weitere Zentren waren Breslau mit Ignaz Preissler und Ignaz Bottengruber, Bayreuth, Preßnitz und Hildesheim, wo der Kanonikus Busch Meißner Porzellan mit diamantgeritzten Radierungen verzierte.

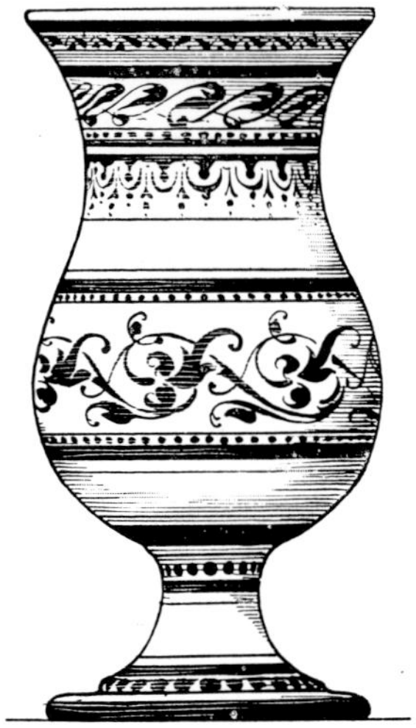

Von Meißen ging eine neue Kulturentwicklung aus, die ganz Europa erfaßte. Da ist es nicht verwunderlich, daß das eifersüchtig gehütete Geheimnis der Porzellanherstellung, das »Arkanum«, doch aus der Albrechtsburg getragen wurde, und durch Abwerbungen und Überläufe zahlreiche neue Porzellanmanufakturen entstanden (1746 Höchst, 1747 Fürstenberg und Nymphenburg, 1751 Berlin, 1755 Frankenthal, 1757 Ludwigsburg). Selbst die kleineren Fürsten- und Herzogtümer hielten eine eigene Porzellanmanufaktur ihrem Prestige zuliebe für unentbehrlich. Abenteuerliche Lebenswege kennzeichnen daher häufig den Werdegang der begehrten Arkanisten und Künstler. So treffen wir Christoph Conrad Hunger, der bereits unter Böttger 1715 in Meißen als Vergolder gearbeitet hatte, bei den Manufakturgründungen 1717 in Wien und 1720 bei Vezzi in Venedig. 1727 ist er wieder in Meißen, treibt sich in den dreißiger Jahren an verschiedenen Manufakturen in Schweden herum und ist Mitte der vierziger Jahre in St. Petersburg an der Gründung der kaiserlichen Manufaktur beteiligt.

Um die Jahrhundertmitte büßt Meißen seine einmalige Monopolstellung und Führerrolle ein. Die Schlesischen Kriege, insbesondere die Besetzung der Manufaktur durch preußische Beamte, versetzten ihr einen nicht wieder aufzuholenden Rückschlag. Einige der besten Meißner Künstler wechselten in den letzten Kriegsjahren (1761–1763) nach Berlin über (Friedrich Elias Meyer, Karl Wilhelm Böhme, Johann Balthasar Borrmann und Karl Jakob Christian Klipfel), das innerhalb Deutschlands die Führung übernahm.

Gleichzeitig mit dem Niedergang von Meißen begann die große Glanzzeit der Manufaktur von Sèvres, deren Einfluß fast alle Manufakturen in der zweiten Jahrhunderthälfte unterlagen.

Sèvres genoß eine einzigartige Förderung durch Ludwig XV. und Madame de Pompadour. Bereits vor der Verlegung nach Sèvres wurde sie 1753 (damals noch in Vincennes) zur »Manufacture royale de porcelaine« erhoben, der allein das Privileg zustand, farbig dekoriertes Porzellan herzustellen. Da es sich dabei um Frittenporzellan handelte, entwickelte sie einen Farbenreichtum, der an Delikatesse und Eleganz nicht zu übertreffen war. Im Gegensatz zu den anderen französischen Manufakturen (wie Saint-Cloud, Mennecy und Chantilly) stand Sèvres nicht unter ostasiatischem Einfluß und konnte sich folglich ganz einem freien europäischen Malstil hingeben. Immer reichere Goldreserven setzten die bunten Landschaften, Figurenszenen und Vögel von der sie umgebenden Fondfarbe ab, deren berühmteste die 1756/57 entwickelte »rose Pompadour« war. Porzellan war nicht nur Zierde und Pracht, sondern entwickelte sich auch zum Politikum. Französische Prunkvasen und Service wurden als Staatsgeschenke vom französi-

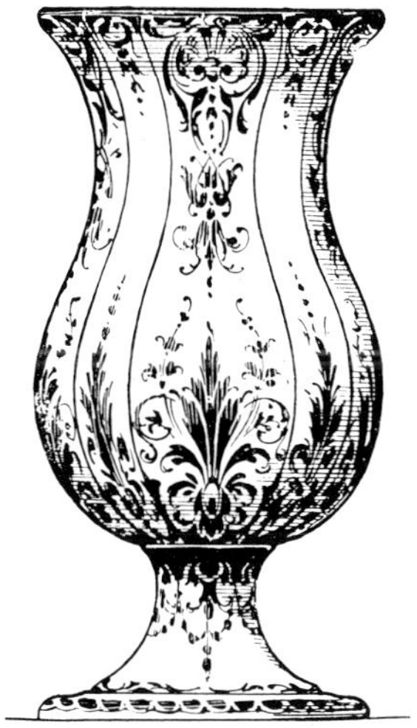

Vasen gleicher Form von unterschiedlicher Wirkung durch verschiedenen Dekor veranschaulichen die Bedeutung der Porzellanmalerei.

schen König an die europäischen Herrscherhäuser geschickt (1758 und 1768 an den König von Dänemark, 1764 und 1772 an den Kaiser von China, 1778 an die russische Zarin).

Die Figurenproduktion beschränkte sich in Sèvres fast ganz auf Biskuitporzellan, das (1751 von Bachlier erstmals verwendet) von hier aus seinen Siegeszug durch die klassizistische Porzellan-Plastik aller Manufakturen antrat. In Anlehnung an die antiken Marmorstatuen entstanden Biskuitstatuetten wie beispielsweise in Meißen die sog. Kleine Herkulanerin von J. D. Schöne 1803, oder in Höchst weiß glasierte Antikenbüsten Homers und Scipios um 1780/90. In Berlin fertigte man um 1825 Standbilder Friedrich Wilhelm Bülows von Dennewitz oder Gerhard Johann David von Scharnhorsts in Biskuit an, die ganz den Denkmalskult des 19. Jahrhunderts von den Stadtplätzen diminuiert in die Vitrinen brachten. Die Schäferpaare in ihren bunten Rokokolauben mußten allegorischen und mythologischen Darstellungen weichen. Heimliche und ertappte Liebespaare wurden durch biedere (wenn schon nicht blutleere, so doch farblose) Eheleute und Familienszenen ersetzt und statt der sinnlichen vieldeutigen Amoretten wandte man sich der reinen Welt der Kinder zu.

In der Empire- und Biedermeierzeit wurde das Porzellan zum Souvenirstück: Tassen und Teller zeigten bekannte Veduten und Silhouettenporträts zwischen reicher Vergoldung. Im 19. Jahrhundert waren viele Manufakturen, der finanziellen Unterstützung fürstlicher Förderer beraubt, so in die roten Zahlen gekommen, daß sie schließen mußten. Selbst die zweitälteste europäische Manufaktur in Wien war trotz ihrer ruhmreichen Vergangenheit 1864 unwiderruflich am Ende. Lediglich die kleineren Thüringer Betriebe, die auf privatwirtschaftlicher Basis kaufmännisch arbeiteten, überstanden die Zeiten der wirtschaftlichen Umstrukturierung besser. Künstlerisch wurde aber auch da nichts Nennenswertes mehr hervorgebracht.

Erst die Erneuerungsbestrebungen, die das Kunsthandwerk aus dem Stilwust des Historismus herausführen sollten, wiesen zu Ende des vorigen Jahrhunderts auch dem Porzellan neue Wege. Und ein zweites Mal in der Geschichte des europäischen Porzellans wurden ostasiatische Vorbilder wegweisend. Die Einbeziehung der organischen Welt in Werkstücke nüchterner Zweckbindung, wie sie die asiatische Kunst lehrt, wurde für den Jugendstil verbindlich.

Die malerische Gestaltung gewann ganz neue Möglichkeiten durch die technische Entwicklung zarter Unterglasurtöne. In kühlen Farbnuancen überzogen jetzt japanische Landschaften, Vögel, Fische, Wolken und Gräser die Gefäße. Wie schon einmal am Beginn der Porzellanplastik Kirchner und Kändler das Tier in einer völlig neuen Weise darstellten, so gelang an der Wende zum 20. Jahrhundert den Modelleuren von Kopenhagen, Berlin und Meißen wieder eine weitere Dimension der Tierplastik. Und Paul Scheurich gelang es, die schillernde Welt der Harlekine und Tänzerinnen, exotische Mohren mit bunten Kakadus und Indianerinnen zauberhaft leicht und doch mit der kraftvollen Selbstverständlichkeit darzustellen, wie sie den Porzellanen der Glanzzeit im Rokoko eigen war. Ihm glückte mit seinen kecken Porzellanfiguren bis in die dreißiger Jahre eine harmonische Synthese zwischen den großen Rokokoschöpfungen von Kändler und Bustelli und unserer eigenen Gegenwart.

Zur Herstellung des Porzellans

DAS MATERIAL

Porzellan, das edelste aller keramischen Erzeugnisse, ist im Gegensatz zu Fayence und Steinzeug durch einen durchgehend weißen, dichten Scherben mit farbloser Glasur charakterisiert. Seine wichtigsten Bestandteile, das feuerfeste Kaolin, der feuerflüssige Feldspat und Quarz verbinden sich im Brand untrennbar miteinander, wobei das Kaolin als plastisches Skelettgerüst wirkt, das von den flüssigen Zusätzen ausgefüllt und umschlossen wird. Je nach der Zusammensetzung spricht man von *Hartporzellan* (ca. 50 % Kaolin und je 25 % Feldspat und Quarz), dem Produkt der meisten europäischen Manufakturen, von *Weichporzellan* (nur ca. 20 bis 30 % Kaolin, 40 bis 50 % Feldspat und 30 bis 40 % Quarz), zu dem das chinesische und japanische Porzellan zählen, von *Knochenporzellan* (mit einem geringeren Kaolinanteil, weniger Quarz und ca. 20 % Zusatz von Knochenasche), von den Engländern verwendet, sowie von *Frittenporzellan* (ohne Kaolin, also streng genommen kein echtes Porzellan, aus Quarz, Kreide und Kalk), das man in Frankreich herstellte. Die gleichen Bestandteile wie der Scherben weist die Glasur auf, jedoch in anderen Mengenverhältnissen, wodurch beim Brand eine untrennbare Verbindung entsteht.
Die Mischung aus fein gemahlenem Quarz und Feldspat mit dem in Wasser aufgeschwämmten Kaolin ergibt die sog. Masse (= Versatz). Sie wird gereinigt, verrührt, entwässert, gelagert und so lange geknetet, bis sie formbar ist.

DIE FORMUNG

Zur Ausformung runder Gefäße wie Teller, Schüsseln, Tassen, dient auch heute noch die seit Jahrtausenden bewährte Töpferscheibe für die Grundform. Verzierungen werden entweder in Modeln gepreßt oder freihändig geformt und appliziert.
Bei Figuren wird das vom Modelleur geschaffene Ton- oder Wachsmodell in Einzelteile zerschnitten, von denen Hohlformen in Gips angefertigt werden, in welche die Masse gefüllt wird. Da der Gips einen Teil des Wassers an sich bindet, kann die Rohform nach einiger Zeit als dünne Schicht herausgenommen werden. Die so vorgeformten Einzelteile setzt der Bossierer mit Hilfe von Porzellanschlicker wieder zusammen und arbeitet die Figur nach (Nähte glätten usw.). Die fertig ausgeformten Stücke läßt man (oft tagelang) an der Luft trocknen, bevor sie in den Verglühbrand bei ca. 900° C kommen. Anschließend taucht man sie in ein Glasurbad und setzt sie dem Garbrand (Glatt-, Gut-, oder Scharffeuerbrand) bei ca. 1300° bis 1400° C aus. Vor Rußteilchen und ungleichmäßiger Hitze schützen Schamottekapseln, in denen sie schichtweise in den Ofen gefüllt werden. Bei diesem zweiten Brand »sintert« (d.h. schwindet) die Masse um mindestens ein Sechstel (bis ein Siebtel), was der Modelleur bei seinem Modell zu berücksichtigen hat. Im 18. Jahrhundert waren holzbeheizte Lang- oder

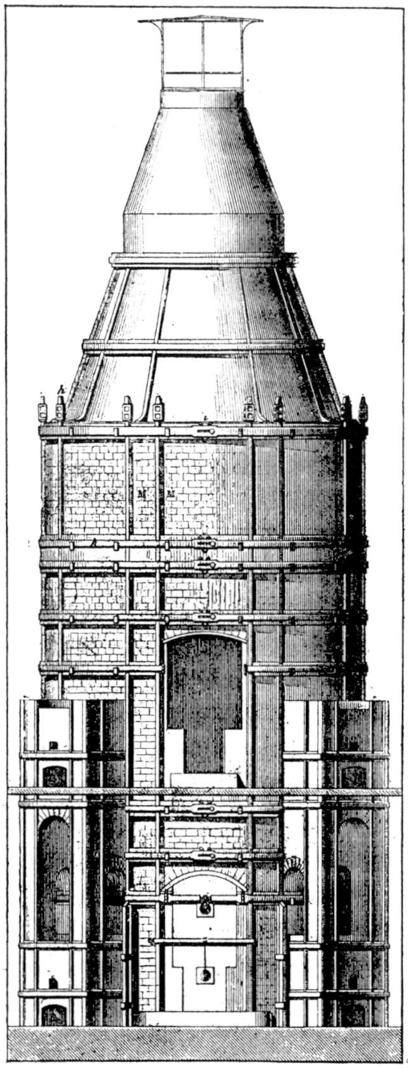

Ofenmodell nach Entwurf des Manufakturdirektors Brongniart in Sèvres (1800–1847).

Rundöfen im Gebrauch, in neuerer Zeit Etagen- oder Tunnelöfen, die man mit Braunkohle (später Gas, Öl und Strom) heizte.

DER FARBDEKOR

Die farbige Malerei oder Staffierung (Schmelzfarben aus Metalloxyden) kann »unter Glasur« (d. h. nach dem Verglühbrand vor dem Glasurbad) aufgetragen werden, jedoch halten der hohen Hitze nur wenige Farben stand. Zu diesen zählt das Kobaltblau, das einzig im 18. Jahrhundert als Unterglasurdekor verwendet, und besonders mit dem heute noch beliebten »Zwiebelmuster« berühmt wurde.

Alle anderen Farben sind »Überglasur«- oder »Muffelfarben«, die auf das glasierte, zweimal gebrannte Stück aufgetragen werden, das dann einem dritten Brand bei ca. 900° C ausgesetzt wird. Zweimal gebranntes, aber nicht glasiertes Porzellan nennt man nach dem italienischen »biscotto« (= zweimal gebacken) »Biskuit«.

Das Bild zeigt die in Schamottekapseln gestapelten Porzellanobjekte im Ofen.

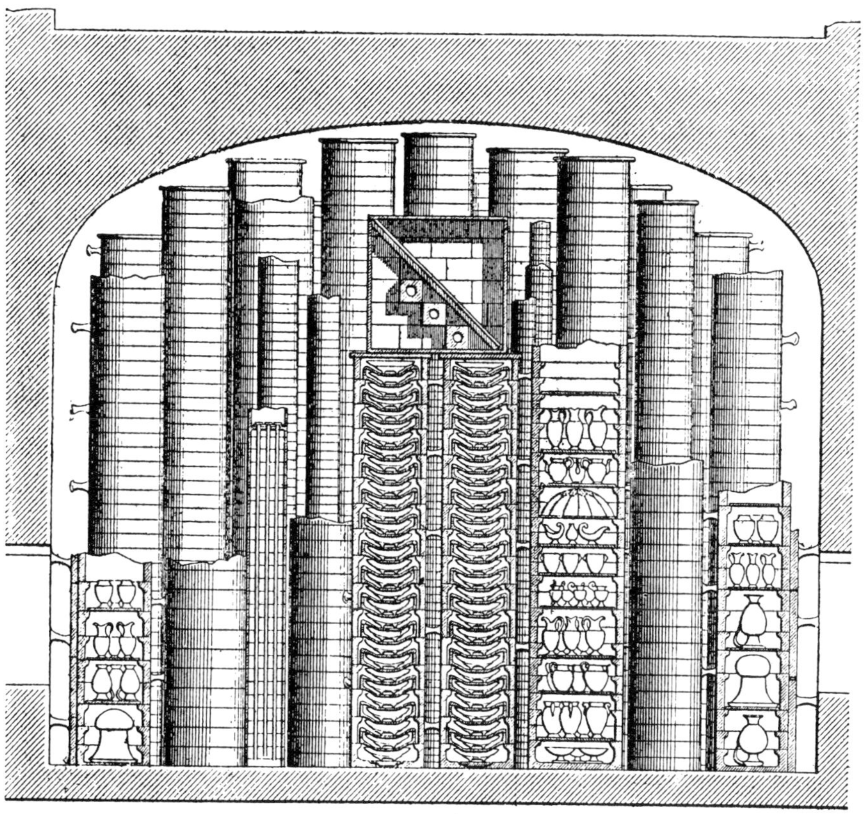

Der Porzellansammler

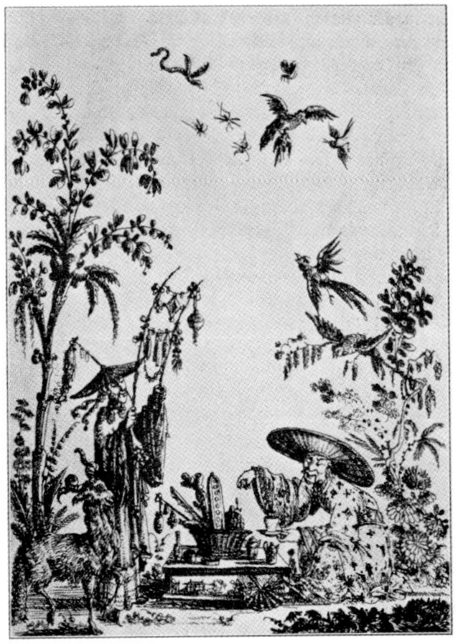

Detail aus einem Musterblatt der Meißner Porzellanmanufaktur für Höroldt-Chinoiserien (Schulz-Codex)

Der Porzellansammler von heute steht in der Tradition der Geschichte. Lange vor der europäischen Nacherfindung des Porzellans stellte man ostasiatische Stücke, die vereinzelt nach Europa kamen, in Kunst- und Wunderkammern aus. Der Sammelleidenschaft Augusts des Starken sind die zahlreichen frühen Meißner Figuren und Vasen zu verdanken, die er für das Japanische Palais in Auftrag gab, das er zu einem Porzellanschloß ausstatten wollte. Von Anbeginn bis zum Jugendstil sind zahllose Figuren und Gruppen als Schaufenster- und Festdekorationen geschaffen worden. Koppchen und Kannen, von hervorragenden Spezialisten mit radierten Goldchinesen dekoriert, waren nie dazu bestimmt, den Nachmittagstee aufzunehmen, und auch aus den Sammeltassen mit Städteansichten und Porträts, die in der Empire- und Biedermeierzeit verschenkt wurden, hat man wohl selten Kaffee geschlürft. Porzellanliebhaber sammeln den Luxus vergangener Epochen, der vielleicht die glücklichste Verbindung zwischen Kunstwerk – wer möchte diesen Anspruch einem Kändlermodell absprechen – und Kunsthandwerk in seiner makellosen oft geradezu artifiziellen Ausführung darstellt. In diesen Sammlungsstücken steht die Epoche des Rokoko leibhaftig vor uns mit ihrer höfischen Gesellschaft, die sich gern als Komödianten und Schäfer verkleidet, mit Bürgern und Landvolk, den verschiedenen Berufen und mit ihrer Gedankenwelt, die in den mythologischen und allegorischen Gruppen und Gestalten zum Ausdruck kommt. Die Sammelfreude am Porzellan beruht weniger auf einer nostalgischen Modeströmung, der die Begeisterung für Volkskunst, Devotionalien und einfachstes Bauerngerät vielfach entspringt. Sie erwächst aus einem tieferen Verständnis für die eigene europäische Vergangenheit und die Hochachtung und Pflege unseres Kulturerbes.
Glücklicherweise macht die Reproduzierbarkeit der Modelle die Stücke auch für unsere Zeit noch erschwinglich. Wären Bustellis Figuren zur Commedia dell'Arte nur einmal entstanden, so könnte ihr Wert ebensowenig in Zahlen ausgedrückt werden wie derjenige für Michelangelos Sklaven.
Gemessen an den Preisen für heute ausgeformte und handbemalte Stücke sind Antiquitäten sogar günstig, denn bei den heutigen Stundenlöhnen ist der gleiche Aufwand an künstlerischer und handwerklicher Arbeit kaum mehr erschwinglich. Porzellan hat zudem den Vorteil, nicht gegen charakteristische Krankheiten anfällig zu sein wie beispielsweise Zinn gegen die Zinnpest und Glas gegen die Glaskrankheit, die auch das edelste Stück langsam zerfressen, wenn es einmal davon befallen ist. Porzellan bedarf auch keiner besonderen Pflege wie etwa das Silber. Der Reiz des Porzellans ist ohne weiteres durch die Scheiben einer Vitrine spürbar, ohne daß man die Gegenstände vors Licht halten und drehen muß, um ihre Schönheit wie beim Glas voll auskosten zu können.
In den meisten Landesmuseen sind die Porzellanobjekte der eigenen Landesmanufakturen mehr oder weniger reich vertreten. Hingegen können die großen Kunststädte wie München oder Köln einen Überblick über die breite Entwicklung des europäischen Porzellans bieten. Im Folgenden seien daher die wichtigsten Porzellanabteilungen deutscher und die bedeutendsten ausländischer Museen in alphabetischer Reihenfolge genannt.

Amsterdam, Rijksmuseum
Berlin, Kunstgewerbemuseum
Dresden, Staatliche Porzellansammlung
Düsseldorf, Hetjens-Museum
Frankfurt a. Main, Museum für Kunsthandwerk
Hamburg, Museum für Kunst und Gewerbe
Köln, Kunstgewerbemuseum
Leipzig, Museum des Kunsthandwerks
London, Victoria and Albert Museum
Mainz, Altertumsmuseum und Gemäldegalerie
München, Bayerisches Nationalmuseum
Schloß Lustheim, Filialmuseum des Bayerischen Nationalmuseums, Porzellansammlung Stiftung Ernst Schneider
Residenzmuseum
Paris, Musée des Arts décoratifs
Sèvres, Musée National de Céramique
Wien, Österreichisches Museum für angewandte Kunst.

Fälschungen

Fast allen Sammlern ist wohl ein gewisser Jagdtrieb gemeinsam, der in der diebischen Freude gipfelt, das Prunkstück in der Vitrine aus Unkenntnis des Verkäufers zu einem lächerlich günstigen Preis erworben zu haben. Freilich mag es solche Situationen geben. Doch Porzellanstücke sind keine einmaligen Kunstwerke, sondern, ähnlich wie die Druckgraphik, reproduzierbar. Daher wurden alte Figuren und Geschirre bereits im 18. Jahrhundert wiederholt ausgeformt und bis in unsere Gegenwart historisch getreu nachgebildet und zeittypisch staffiert. Den kritischen Kunstfreund beschleicht bei den einmaligen Occasionen eher die schiere Verzweiflung, wenn er von den perfekten Machwerken der Fälscher hört, die jahrelang unerkannt in ehrwürdigen Museen und Sammlungen stehen und nicht ohne empfindlichste Geräte und naturwissenschaftliche Untersuchungsmethoden zu entlarven sind. Nur ein Satz aus Frank Arnaus »Kunst der Fälscher« sei zitiert, um die Möglichkeiten der Fälscher zu umreißen: »Heutzutage wenden die Fälscher alle chemisch-technischen Hilfsmittel der Gegenwart an, um möglichst glaubhafte ›Originale‹ herzustellen. Die Originaldekors, die mit feinstem Pinsel ausgeführten Malereien und die Marken werden fotochemigrafisch auf die mit Albumin lichtempfindlich gemachte Oberfläche übertragen...« Der kleinere Sammler, sofern er nicht wirklich Spezialist auf diesem Gebiet ist, wird hier wohl passen müssen. Doch solide historische Kenntnisse über die technischen Errungenschaften können wenigstens vor groben Fehlkäufen bewahren. So sollte der Sammler den Gegenstand aus der Mitte des 18. Jahrhunderts lieber wieder auf das Ladenregal zurückstellen, wenn ihn eine Glanzvergoldung ziert, die erst in den dreißiger Jahren des 19. Jahrhunderts entwickelt wurde. Ebenso sollte er wissen, daß Chromgelb in Sèvres erst ab 1800 verwendet wurde und alle Blätter früher bei den Blumendekors mit Kupfergrün gemalt wurden, was an dem leicht irisierenden Glanz zu erkennen ist. Gerade bei Erzeugnissen aus Sèvres ist höchste Vorsicht geboten, denn sie gehören neben Meißen zu den am meisten gefälschten Porzellanen. Bereits im 19. Jahrhundert wurde die 1848 verkaufte weiße Ausschußware nachdekoriert. Wer Sèvres sammelt, muß auch Weich- von Hartporzellan unterscheiden können, denn Fälschungen alter Stücke aus Weichporzellan wurden in Hartporzellan, das in Sèvres erst 1768 hergestellt wurde, kopiert. Die »pâte tendre« weist, wenn man sie schräg gegen das Licht betrachtet, eine durchgehende Transparenz auf, während das Hartporzellan sich sozusagen in zwei Schichten betrachten läßt, die durch einen leichten Schatten zwischen dem Malereidekor und dem Porzellan getrennt sind. Daneben hat man Hartporzellan aus Sèvres einfach mit einer Marke aus einer älteren Zeit versehen.

Den Marken sollte prinzipiell nicht blind vertraut werden. Bereits Meißen hat bei seinen sog. Türkenkoppchen, die 1732 als Exportware nach Kleinasien gingen, die Gefäße mit fremden Marken versehen. Die Firma Samson in Paris kopierte ab 1842 bekannte Modelle bedeutender Manufakturen und bezeichnete diese Stücke mit den entsprechenden Originalmarken. Vielfach wurden, z.B. bei den Meißner Schwertern und dem Berliner Zepter, spätere Marken zu früheren aufgewertet. Fälscher scheuen auch nicht davor zurück, eine »billige« Marke und die umgebende Fläche auszuschleifen (man verwendet hierfür die gleichen Schleifscheiben wie für Zahnprothesen), die Stelle mittels einer Paste zu glätten, eine neue hochwertigere Marke aufzutragen und dann den Bereich neu zu glasieren. Bei geschickter Arbeit sind derartige Fälschungen nur mit Hilfe der Spektralanalyse aufzudecken. Schadstellen können heute so perfekt restauriert werden, daß sie nur mehr unter der Quarzlampe zu entdecken sind. Dies fordert zwar einerseits die Vorsicht des Käufers heraus, erweist sich für den Sammler, dem trotz äußerster Umsicht ein Stück zu Bruch gegangen ist, aber als Segen, da auch sein Stück optisch wieder einwandfrei erscheinen kann. Allerdings verfärben sich die restaurierten Stellen nach längerer Zeit und werden gelb. Doch sollte er bei kostbareren Objekten auf jeden Fall einen Fachmann aufsuchen und sich nicht mit der eigenen Geschicklichkeit zufrieden geben. Trotz der vielen betrügerischen Möglichkeiten, schon Doccia hat in der zweiten Hälfte des 19. Jahrhunderts die Marke von Neapel aus dem 18. Jahrhundert kopiert (siehe hierzu unsere Tafel mit verwandten Marken), sollte der Sammler nicht verzagen und sein Auge unablässig an einwandfreien Museumsstücken schulen. Härte und Ebenmäßigkeit einer Glasur, die zu grelle, unharmonische Buntheit einer Staffierung, der untypische moderne Gesichtsausdruck, überhaupt das »Zuviel« und zu üppige Beiwerk, lassen den Geübten meist erkennen, daß das Stück in einer späteren Zeit entstanden ist, als es vorgibt.

Farbtafel I

Scaramuz und Columbine als Musikantengruppe. Breite 26 cm
Meißen, um 1741, Modell von J. J. Kändler
28 000 / 32 000,–

Hierzu heißt es in Kändlers »Taxa« 1740/48 (zitiert nach Rückert): »Ein Grupgen von feiner Größe, da eine Dame auff dem Rasen sizt, mit sauber Frisirten Haaren und einem Negligentmüzgen, in der lincken Hand ein Noten-Buch haltend und singend, mit der rechten den Tact schlagend, neben ihr sizt ein theatralisch Manns Bild, ein Scaramuz auf der Laute spielend, sich nach ihren Noten mit richtend, 12 Thlr«.

Schokoladetrinkendes Liebespaar. Krinolinengruppe an einem Tisch. Die Dame umarmt ihren Kavalier, der gerade nach seiner Schokoladentasse greift.
Breite 15 cm
Meißen, um 1736, Modell von J. J. Kändler
18 000,– / 23 000,–
Christie's (Cooper)

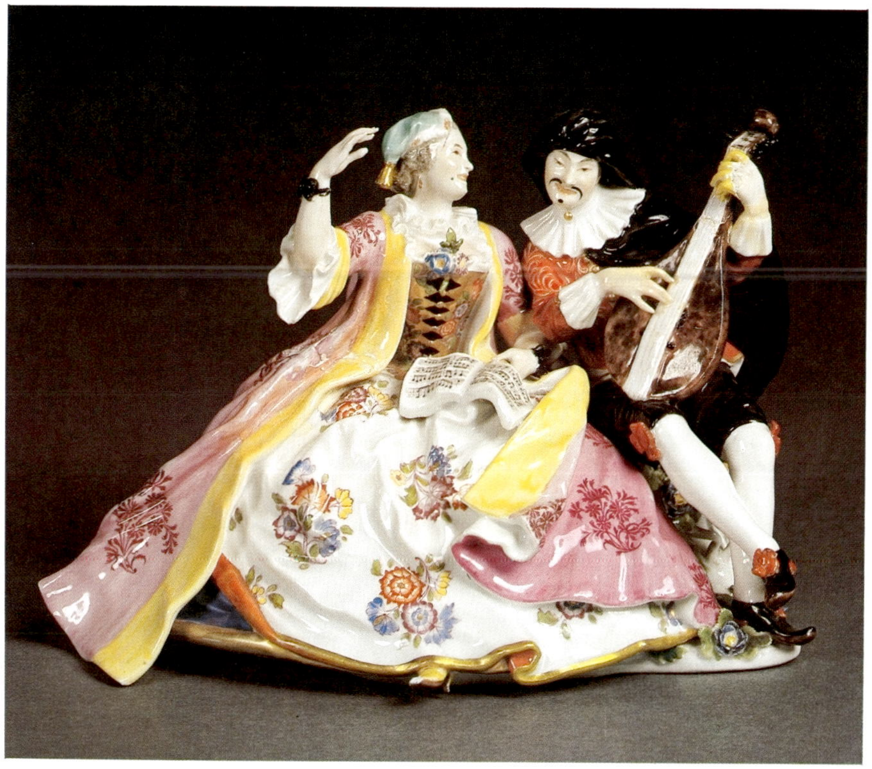

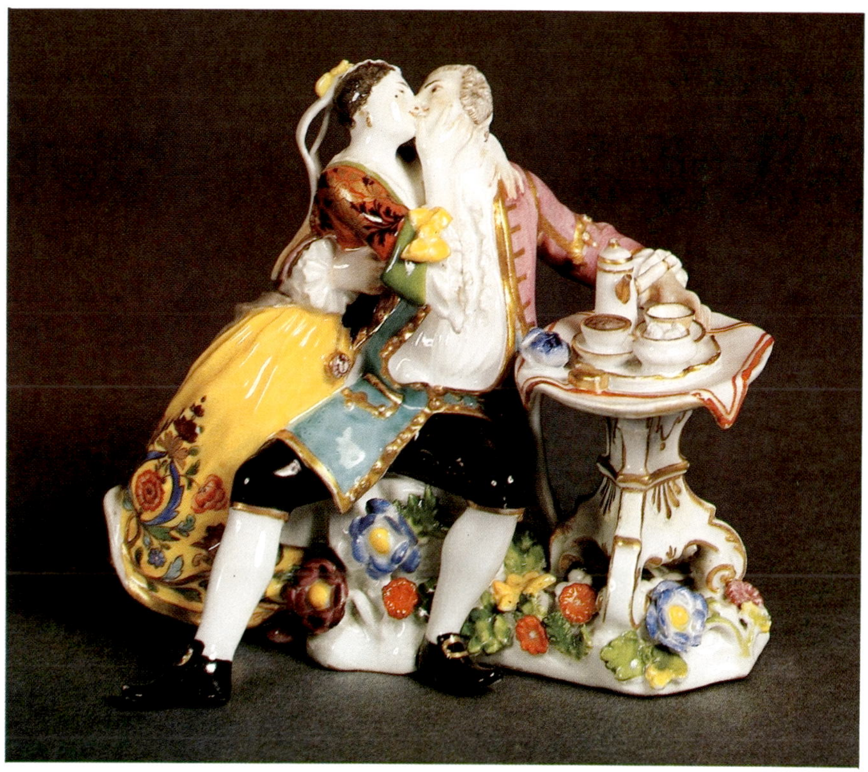

Die Manufakturen

ANSBACH (1758–1860)

Markgraf Christian Friedrich Karl Alexander beschloß bereits bei seinem Regierungsantritt 1757, eine Porzellanmanufaktur zu gründen, die nach Anfängen in der Fayencefabrik später in das markgräfliche Schloß Bruckberg verlegt wurde. Direktor wurde der mit drei weiteren Künstlern aus Meißen abgewanderte Johann Friedrich Kändler (1757–1791), ein Vetter des berühmten Meißner Modelleurs. Sein Nachfolger Johann Melchior Schöllhammer (1758–1807, seit 1769 Malereiinspektor, ab 1791 Direktor) führte eine umfassende Reform durch, um die wirtschaftlichen Schwierigkeiten zu bessern. Die Eingliederung der fränkischen Fürstentümer in das Königreich Bayern 1806 versetzte der Staatsmanufaktur Ansbach den Todesstoß, der ein Jahr später zur Versteigerung der Fabrik führte und, wie in den meisten Manufakturen, nach der Jahrhundertmitte die endgültige Schließung zur Folge hatte.

Die Geschirrproduktion lehnte sich an Meißen an, hat aber einen behäbigeren Charakter. Als eigenständige Schöpfung gilt das 1763 entworfene »Ansbacher Muster«, das den Gefäßkörper mit Rocaillereserven und Korbrand umzieht. Service aus anderen Manufakturen (Fürstenberg, Service des Freiherrn von Seckendorf und Berlin, Service Friedrichs des Großen für den Markgrafen) wurden in Ansbach ergänzt. Am schönsten sind die wohl von Schöllhammer herrührenden Purpurlandschaften der Blütezeit (1765–1785).

Die reiche Figurenproduktion (im Anfang nach Wegely-Modellen) befriedigte die Nachfrage des Hofes. Nach Stichen von Ferriols »Différentes Nations du Levant« (1714) wurde eine Serie von 18 Figuren »alle Trachten der Türken vorstellend« geformt. Daneben entstanden Schäfer, Komödianten, Bettler, Gärtner und liebliche Zweiergruppen in Lauben, die von den Modelleuren Johann Friedrich Kändler, Georg Bartholomae (1767–1770), Carl Gottlob Laut (1757–1802) und Johann Friedrich Scherber (1764–1766) herrühren.

Kat.-Nr. 387

Marken:
A = Ansbach (Marke der Geschirre)
Brandenburgischer Adler nur für Hofgeschirr.
Figuren, wenn überhaupt, dann mit eingepreßtem Stadtwappen gemarkt.

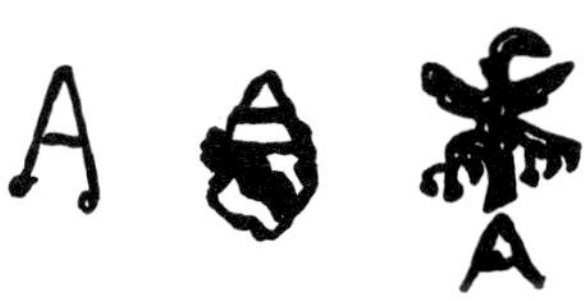

Unterglasur blau

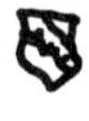

eingepreßt

BERLIN (1751 bis heute)

Die Geschichte der Berliner Porzellanmanufaktur unterteilt sich in drei Hauptperioden: Die Fabrik von Wegely (1751–1757), die Fabrik von Gotzkowsky (1761–1763) und die Königliche (bzw. ab 1918 Staatliche) Porzellanmanufaktur (1763–heute).

1751 erteilte Friedrich der Große (1740–1786), der sich schon vor seinem Regierungsantritt um die Gründung einer eigenen Porzellanmanufaktur bemüht hatte, dem Wollzeugfabrikanten Wilhelm Caspar Wegely das Gründungsprivileg. Als Standort für die Fabrik wählte man das vom König geschenkte Gelände an der Neuen Friedrichstraße. Trotz vielfacher Unterstützung geriet die Manufaktur bald in Schwierigkeiten und mußte 1757 schließen. Vier Jahre später legte der Kaufmann Johann Ernst Gotzkowsky mit Unterstützung des Königs in der Leipziger Straße eine neue Fabrik an. Aus der Wegely-Zeit übernommen wurden der aus Meißen abgewanderte Isaak Jakob Clauce als Aufsicht über die Malerei und der Bildhauer Ernst Heinrich Reinhard, von dem fast alle Figurenmodelle aus der ersten Periode stammen. Neu hinzu kamen als Direktor Kommerzienrat Johann Georg Grieninger (1761–1798), aus Meißen der Kändlerschüler Friedrich Elias Meyer, der den Figurenstil der Folgezeit weitgehend prägte, und die Maler Carl Wilhelm Boehme (Landschaften), Johann Balthasar Borrmann (Schlachtenmalerei) und Jacob Christian Klipfel (Mosaik). Auch unter Gotzkowsky ging es mit dem Unternehmen wirtschaftlich schnell bergab, so daß sich der König 1763 entschloß, die Manufaktur mit dem gesamten Personal, 133 Modellen und zahlreichen Geschirren für 225000 Taler zu kaufen.

Unter Wegely bevorzugte man neben der überall beliebten Buntmalerei Dekorationen in Purpur-camaïeu mit Landschaftsszenen, Figuren, Putten und Blumen, bei denen ein gefüllter Mohn charakteristisch ist. Berühmt ist die Berliner Manufaktur jedoch für ihre zahlreichen Geschirre, die teilweise dem persönlichen Interesse und den mehrfachen Bestellungen des Königs für seine verschiedenen Schlösser zu danken sind. Noch in der Wegely-Periode entstand ein neuer Reliefdekor für das Service des Grafen Potter (Tellerränder mit abwechselnd glatten Kartuschen und rocaillegerahmten Gitterfeldern). Unter Gotzkowsky wurde der Reliefzierat (»Radierter Dessin« = glatte, durch Treillagestäbe und Rocaillen aufgelockerte Flächen) geschaffen. Für das neue Palais in Potsdam fertigte man 1765/66 den »Reliefzierat mit Spalier« und 1767 das »Grüne Tafelservice« oder »zweites Potsdam'sches Service«, für das Breslauer Stadtschloß 1767/68 den »Antikzierat«, für Sanssouci 1769/70 »Neuglatt«, und um 1770/72 »Königsglatt« mit »Palmendurchbruch« für Schloß Charlottenburg. Seit 1763 wurden auch die Meißner Geschirrmuster (Ozier und Neuzierat) übernommen, so daß die Berliner Manufaktur durch ihre Vielfalt in der Geschirrproduktion des Rokoko Vorbildliches leistete. Die siebziger Jahre brachten Szenen nach Chodowiecki und Lessings Minna von

Barnhelm. Bereits vor 1780 setzte sich ein strenger Klassizismus durch, mit neuen Geschirrmustern wie »Vasenförmig mit Stäbchen«, das sich an die Vorbilder von Wedgwood anschließt und in den »Kannelierten Potpourris« variiert wird. Die nuancierte Farbigkeit der Frühzeit und die kontrastreichen Farbdekore der folgenden Jahre wurden jedoch häufig durch eine laute Buntheit verdrängt. Etwa gleichzeitig kamen Silhouettenporträts auf Geschenktassen und Gedenktellern in Mode, und die erstarrte Blumenmalerei wurde durch »en terrasse« gemalte, vom Gefäßboden aufwachsende Blumen neu belebt.
Die Plastik unter Wegely schuf leicht derbe, gedrungene Figürchen, die vom höfischen Einfluß kaum betroffen sind. Oft stehen sie auf geriefelten Rocaillesockeln oder auf unregelmäßigen Sokkeln mit (wie in Meißen) plastisch aufgelegten Blüten. Ganz anders wirken dagegen die schlanken, mit Stand- und Spielbein komponierten Figuren von Meyer, die eine neue Ära einleiten, deren Höhepunkt seine mythologischen und allegorischen Aktdarstellungen bilden. Die gleiche Richtung vertrat sein Bruder Wilhelm Christian Meyer, der fünf Jahre später nach Berlin kam und allegorische Folgen und Antikenfiguren (Elemente, Erdteile, Venus, Adonis und Herkules) auf hohen Podesten schuf. Gemeinsam entwarfen beide 1770/72 den berühmten Tafelaufsatz für Katharina II. von Rußland, der die thronende Kaiserin, umgeben von russischen Völkerschaften und allegorischen Figuren, darstellt. Ende des 18. Jahrhunderts wandte man sich besonders dem Porträt zu, als dessen Meister sich Johann Friedrich Riese erwies, der auch zahlreiche Entwürfe nach Schadow und Genelli in Biskuitporzellan ausführte.
Im Jugendstil leistete die Manufaktur noch einmal unter Theo Schmuz-Baudiß (Geschirrdekore »Ceres« und »Pensée«) Bedeutendes. In der Plastik seien die Werke von Adolph Amberg hervorgehoben, dessen vielteiliger Hochzeitszug für den Kronprinzen noch einmal an die prunkvollen Tafelaufsätze des 18. Jahrhunderts anschloß.
Kat.-Nr. 84–86, 150–163, 208–219, 287, 289–292, 329, 356, 373, 374, 391, 392, 398, 447–454, 461, 463

Marken:
1. W = Wegely, Unterglasurblau, daneben häufig eingepreßt drei übereinanderstehende Zahlen, meist durch waagrechte Ritzlinien getrennt.
2. G = Gotzkowsky in Über- und Unterglasurblau sowie Gold.
3. Zepter (aus dem kurbrandenburgischen Wappen) 1763 bis heute. KPM mit und ohne Adler zwischen 1837 und 1870.

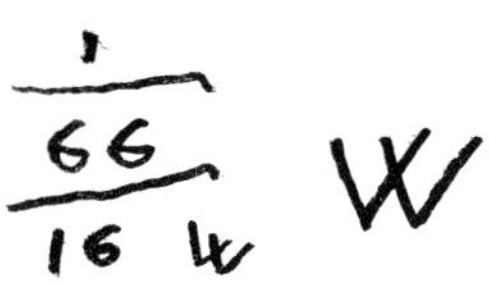

1. 1751–1757

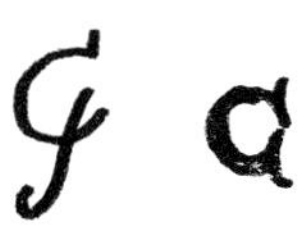

2. 1757–1763

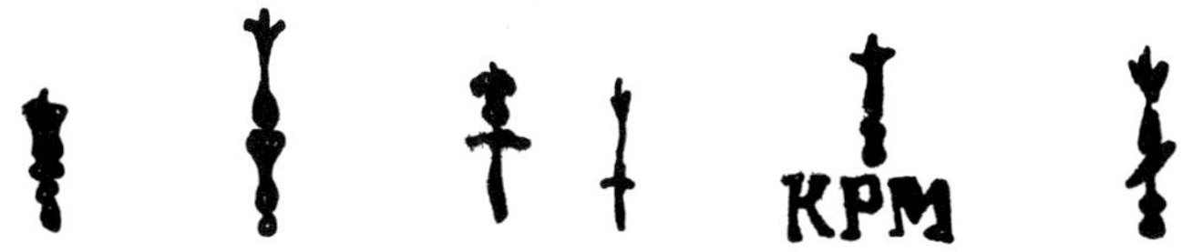

1761–1763 *1763–1770* *1775–1834* *1837–1844* *Nach 1870 mit schrägem Strich.*

Die Tassenformen der Berliner Manufaktur tragen eigene Termini:

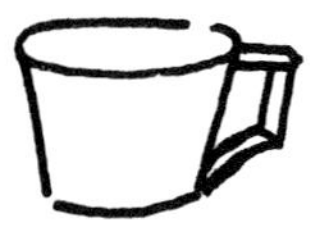

1. *Konisch*

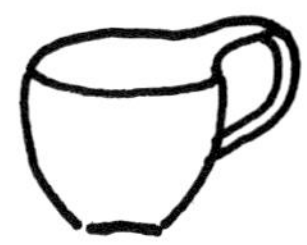

2. *Campanerform*

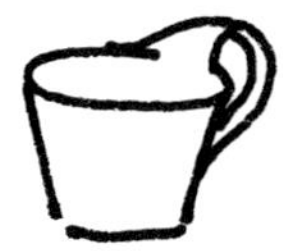

3. *Konisch mit Campanerhenkel*

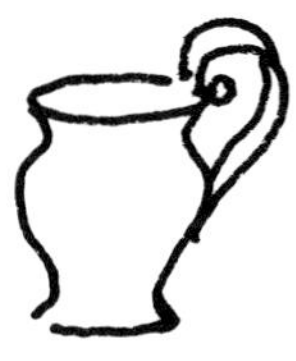

4. *Blüchertasse*

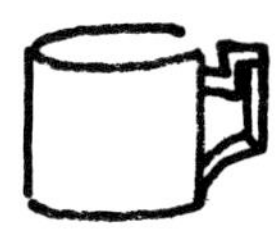

5. *Antique glatt*

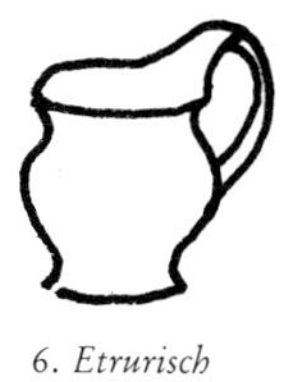

6. *Etrurisch*

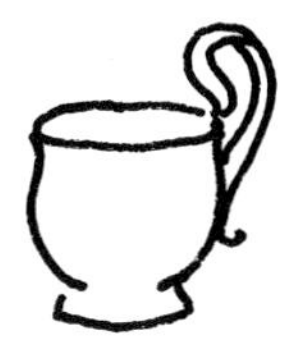

7. *Luisentasse*

BOW (1748–1776)

1748 wurde dem Kaufmann Edward Heylyn zusammen mit dem Maler Thomas Frye ein zweites Patent zur Herstellung von Porzellan unter Verwendung von Knochenasche ausgestellt. 1750 übernahmen Weatherby und Crowther den Betrieb unter der Bezeichnung »New Canton«, behielten aber Frye (bis 1759) als Direktor bei. 1776 kaufte William Duesbury die Fabrik und ließ Formen und Modelle nach Derby bringen.
Die Produktion von Bow läßt sich in folgende Perioden gliedern:

1. Periode: 1748–1755
Herstellung von Salzfässern, Krügen, Saucieren und Tintenfässern mit Reliefzweigen in der Art des blanc-de-chine, mit Ka-

kiemondekor oder in Famille-rose-Art bemalt. Die Figuren gehen wohl alle auf den sog. Musenmeister zurück (Serie stehender und sitzender Musen, Schauspielerporträts nach Stichen von Charles Mosley und James McArdell); einige wurden in der Werkstatt von William Duesbury bemalt.

2. Periode: 1755–1760
Man bevorzugte Kakiemonmotive, fein schattierte Blumenmalerei in der Art von Mennecy und Druckdekor in Schwarz, Rot und Purpur von S. F. Ravenet und R. Hancock. Die Figuren, nach Meißner Vorbildern kopiert, mit zarter Staffierung in Rot, Gelb, Grün und dunklem Blau wurden auf hohe, vierfüßige Rocaillesockel gestellt.

3. Periode: 1760–1776
Chelsea- und Worcester-Einfluß machte sich geltend mit farbigen Fonds und Malereireserven. Statuetten des Generals Wolfe und des Marquis of Granby auf hohen Rocaillepodesten sind typisch.
Kat.-Nr. 98

Marken:

1. Periode: 1748–1755

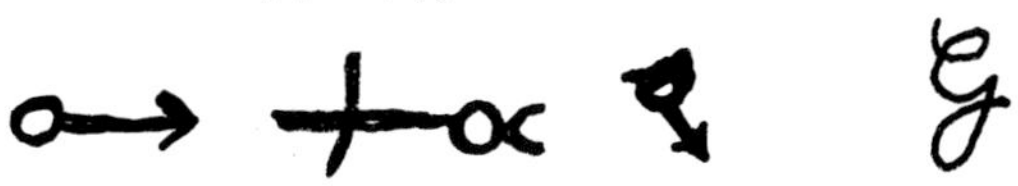

eingeritzt *unterglasurblau*

2. Periode: 1755–1760

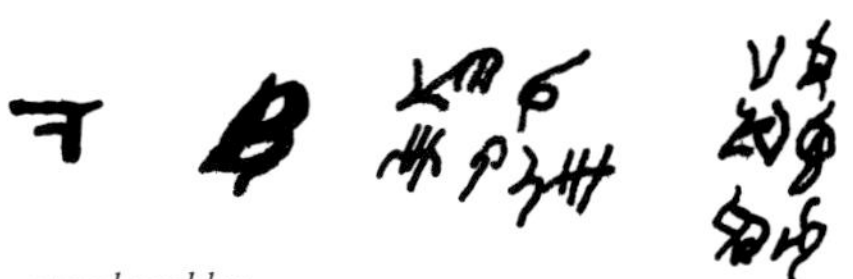

unterglasurblau

3. Periode: 1760–1776

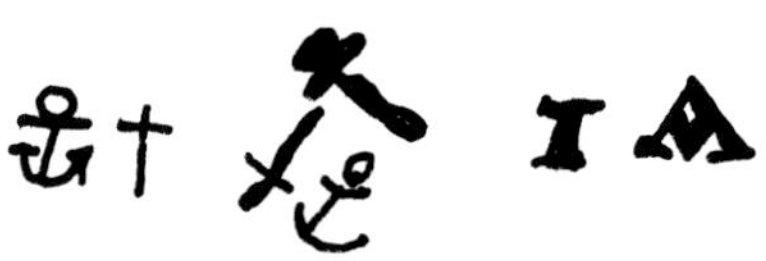

rot *unterglasur blau, rot* *unterglasurblau*

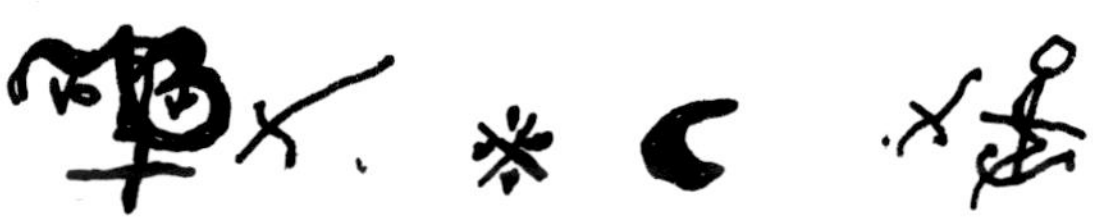

unterglasurblau rot *unterglasurblau* *rot*

CAPODIMONTE (1743–1759) und BUEN RETIRO (1760–1808)

Karl IV., König von Neapel und Sizilien, heiratete 1738 Maria Amalia Christiana von Sachsen, eine Tochter Augusts des Starken, mit der er fortan die Leidenschaft für Porzellan teilte. Nach dem vergeblichen Versuch, zur Gründung einer eigenen Fabrik Personal aus Meißen abzuwerben, gelang ihm 1743 mit Hilfe eines Flamen der Aufbau einer eigenen Porzellanmanufaktur in seinem Schloß Capodimonte bei Neapel. Hier produzierte Gaetano Schepers sehr schönes weißes, von Meißen beeinflußtes Frittenporzellan von hohem künstlerischem Niveau. Nachdem Karl 1759 den spanischen Thron als Nachfolger seines Bruders Ferdinand VI. geerbt hatte, verschiffte er nahezu die gesamte Belegschaft mit ihren Familien und allen Fabrikeinrichtungen, um in seinem Palast Buen Retiro bei Madrid wieder eine Manufaktur aufzubauen. Wie in Capodimonte produzierte man vorwiegend für den Hof bestimmtes Weichporzellan (Hartporzellan erst ab 1804). 1808 wurde die Manufaktur unter französischer Besatzung geschlossen und 1812, nach dem Umbau zu einem Fort, von den Engländern ganz zerstört.
Neben den berühmten Wanddekorationen der Porzellanzimmer in den königlichen Palästen von Neapel, Madrid und Aranjuez, entstanden reich reliefierte, mit Meeresthemen bemalte Tabaksdosen und Tassen. Die Farbskala der Meeresgötter, Muscheln, Fische, Korallen und Algen variiert violette, orangerote, grüne und braune Töne. Daneben modellierte man Kannen, Schalen und Vasen in naturalistischen Muschelformen mit Asthenkeln, die wie die Figuren ein Werk des aus Capodimonte übersiedelten Modelleurs Giuseppe Gricci sind. Seine schlanken, lebhaft agierenden Gestalten mit überlangen Körpern, kleinen Köpfen und auffallend zarten Händen sind zurückhaltend in Pastelltönen oder nur mit einfachen Goldrändern staffiert.
Kat.-Nr. 96 (Buen Retiro)

Marken:
Die bourbonische Wappenlilie wurde auch in Buen Retiro beibehalten. Erst 1804 taucht MD für Madrid auf.

Capodimonte

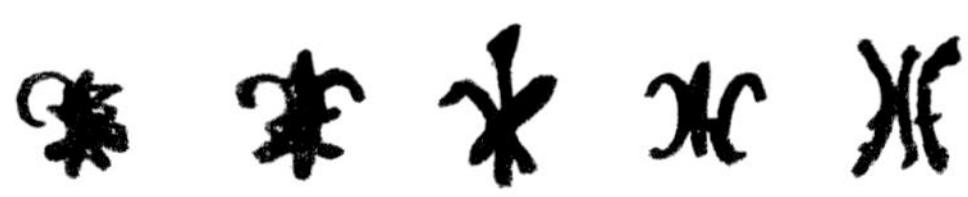

unterglasurblau

Buen Retiro

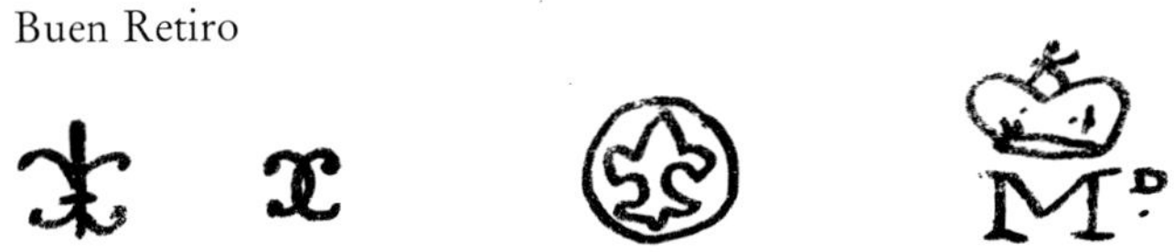

auf Gefäßen unterglasurblau *eingepreßt auf Figuren* *ab 1804*

CC = Carl III, zu verwechseln mit Ludwigsburg

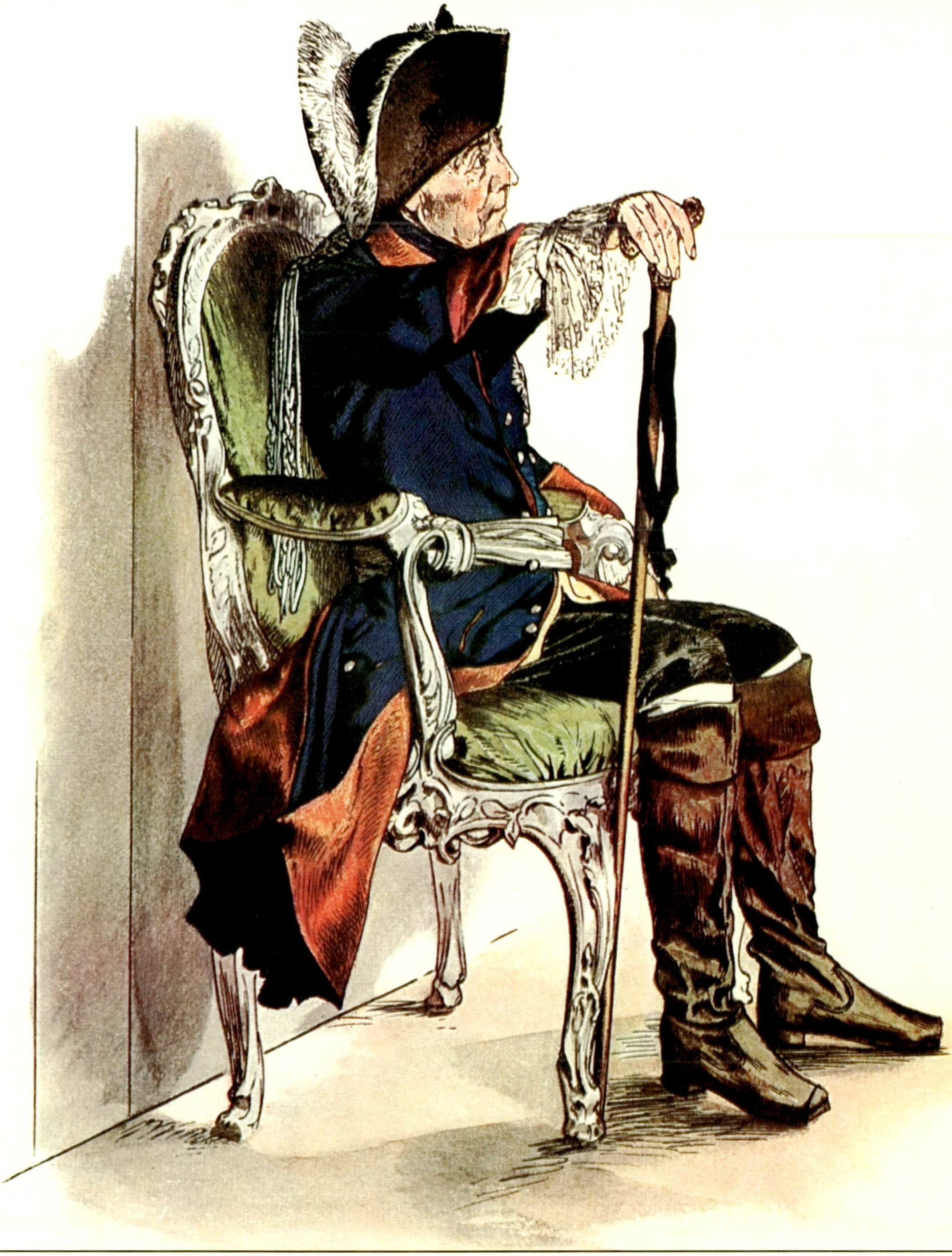

Die Armee Friedrichs des Großen in ihrer Uniformierung

gezeichnet und erläutert von

Adolph Menzel

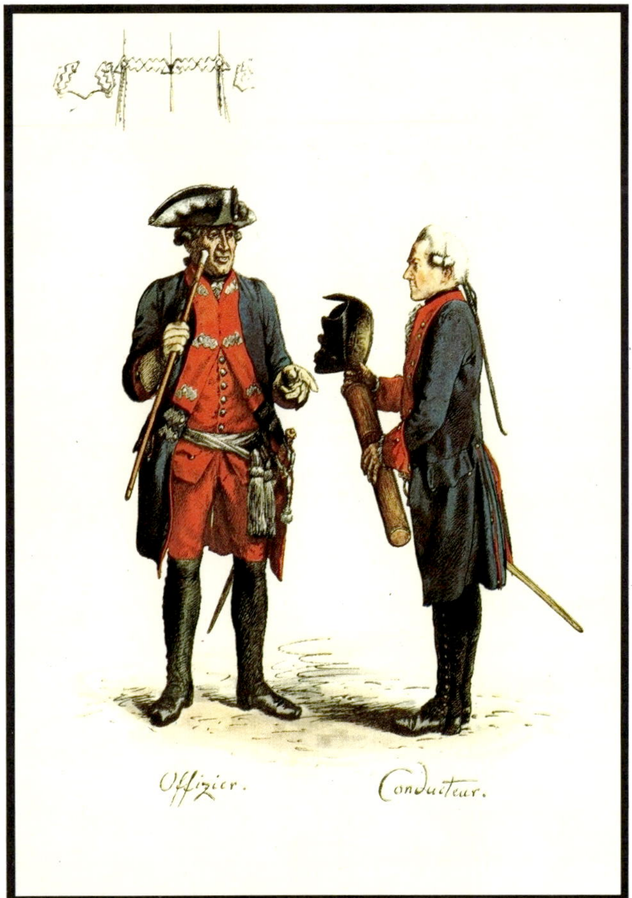

Ingenieur-Corps

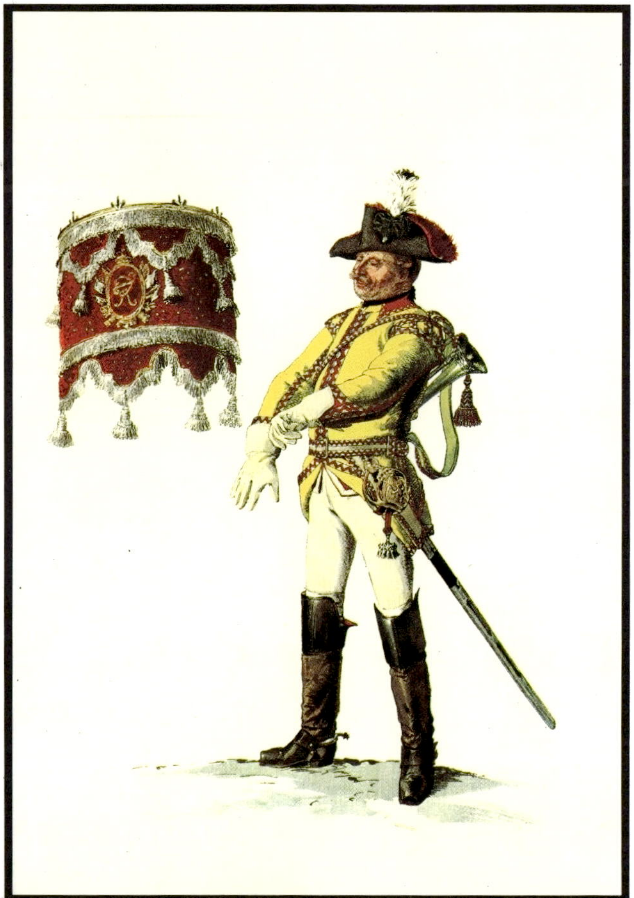
Kürassier-Regiment Prinz von Preußen (No. 2): Trompeter

Die Abbildungen des vorliegenden Prospekts sind stark verkleinerte Reproduktionen aus dem monumentalen Tafelwerk Adolph Menzels „Die Armee Friedrichs des Großen in ihrer Uniformierung“, das im Jahr 1851 abgeschlossen war.

Mit der Akribie, ja zuweilen fast Pedanterie eines preußischen Hof-Archivars und doch zugleich mit dem heiteren Genie eines in seinen Gegenstand verliebten Künstlers, hat Menzel sich an die schier unmöglich erscheinende Aufgabe gemacht, von jedem Regiment der damaligen preußischen Armee einen Offizier, einen Unteroffizier und einen Gemeinen in der korrekten Uniformierung mit allen ihren wesentlichen Details farbig darzustellen – das waren insgesamt über 300 Zeichnungen! Als Vorlagen dienten ihm zeitgenössische Musterbücher und Zeughaus-Inventarien, vor allem aber „eine zum Theil noch wohlerhaltene, bedeutende Anzahl militärischer Kleidungsstücke und Effekten“. Die Lebendigkeit der Menzelschen Darstellungen läßt sich zweifellos durch die Tatsache erklären, daß der Künstler nach lebenden Modellen zeichnete, die sich diese alten Uniformen überzogen und sich darin vor ihm natürlich bewegten. So entstanden höchst reizvolle Szenen, vom stolz posierenden Husaren-Offizier bis zum behäbigen Profoß am Kachelofen die „erst die wahre Anschauung des Charakteristischen in der kriegerischen Erscheinung jener Zeit“ geben.

Für alle Freunde und Sammler militärhistorischer Dokumente und dekorativer Graphik erscheint jetzt eine bibliophil ausgestattete Halbblederkassette mit einer Auswahl von 100 mehrfarbigen Faksimile-Reproduktionen aus dem großen Menzelschen Tafelwerk. Die Auswahl umfaßt die ganze Armee, von der Kavallerie über die Infanterie und die Artillerie bis zu den „Besonderen Corps“, unter denen man so originellen Gestalten wie dem Invaliden, dem Postmeister, dem Feldprediger oder dem Feldapotheker begegnet. Jeder Tafel sind ausführliche Erläuterungen über das jeweilige Regiment beigegeben (Garnison, Kanton, Regimentschefs unter Friedrich dem Großen, Errichtung, Feldzüge, Standarten, Uniform, Verbleib usw.) – eine Fundgrube mit sonst kaum auffindbaren historischen Details aus einer der interessantesten und bewegtesten Zeiten der deutschen Geschichte.

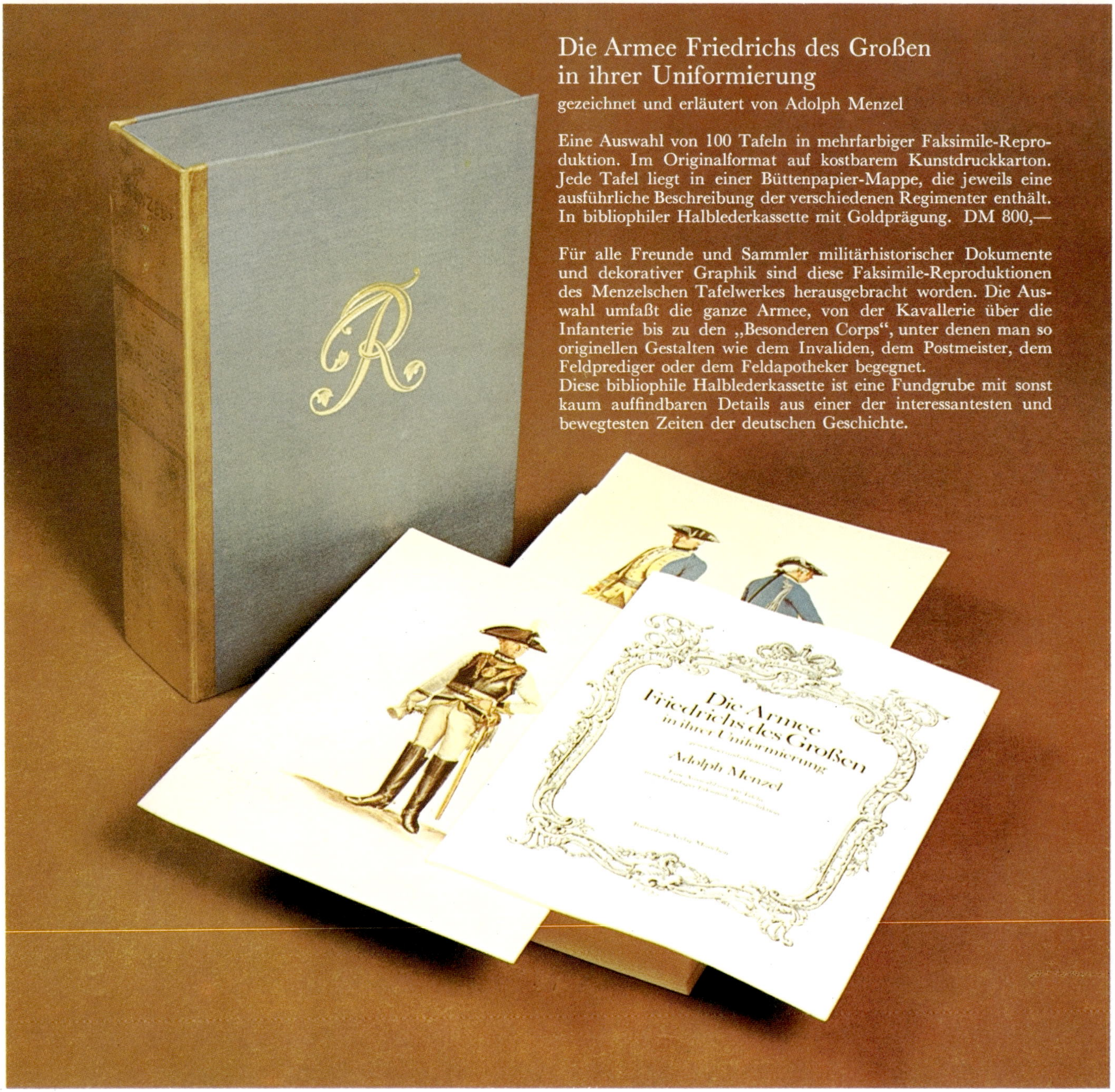

Die Armee Friedrichs des Großen in ihrer Uniformierung

gezeichnet und erläutert von Adolph Menzel

Eine Auswahl von 100 Tafeln in mehrfarbiger Faksimile-Reproduktion. Im Originalformat auf kostbarem Kunstdruckkarton. Jede Tafel liegt in einer Büttenpapier-Mappe, die jeweils eine ausführliche Beschreibung der verschiedenen Regimenter enthält. In bibliophiler Halblederkassette mit Goldprägung. DM 800,—

Für alle Freunde und Sammler militärhistorischer Dokumente und dekorativer Graphik sind diese Faksimile-Reproduktionen des Menzelschen Tafelwerkes herausgebracht worden. Die Auswahl umfaßt die ganze Armee, von der Kavallerie über die Infanterie bis zu den „Besonderen Corps“, unter denen man so originellen Gestalten wie dem Invaliden, dem Postmeister, dem Feldprediger oder dem Feldapotheker begegnet.
Diese bibliophile Halblederkassette ist eine Fundgrube mit sonst kaum auffindbaren Details aus einer der interessantesten und bewegtesten Zeiten der deutschen Geschichte.

Bestellung

Bitte liefern Sie mir über die Firma ______________________________

______ Ex. Die Armee Friedrichs des Großen in ihrer Uniformierung

gezeichnet und erläutert von

Adolph Menzel

DM 800,–

Name ______________________

Straße ______________________

PLZ/Ort ______________________

Datum/ Unterschrift ______________________

CHANTILLY (1725–1800)

Louis-Henri, Herzog von Bourbon und Prinz von Condé, gründete 1725 eine Manufaktur für Frittenporzellan, die 1735 ein königliches Privileg auf 20 Jahre erhielt. Der Vorliebe des Herzogs entsprechend, standen die Erzeugnisse von Chantilly unter dem Einfluß von ostasiatischem Porzellan. Selbst Gefäße nach Fayencevorbildern oder Silbergerät wurden im Kakiemonstil bemalt, den erst um die Jahrhundertmitte deutsche Blumen nach Meißner Art, kombiniert mit Fondmustern aus Vincennes, ablösten. Ab 1753 zwang das Sèvres-Monopol die Manufaktur zur Beschränkung auf Blau- und Camaïeu-Malerei, die mit dem »au jet d'eau« (einem Vogel in einer Rocaille und einer spaliergerahmten Fontäne) und mit »à la brindille« (stilisierte Blütenranken) eigenständige Dekore hervorbrachte.
Das gegen 1740 einsetzende Figurenprogramm zeigt vor allem Chinesen mit einer Vase, einem Kübel, einer Kugel oder einer Frucht als Attribut. Daneben entstanden Tabatieren, Stockgriffe und ähnliche Galanteriewaren in der Art von Saint-Cloud und Mennecy. Die zweite Jahrhunderthälfte brachte Tier-, Kinder- und Puttenfiguren sowie Biskuitgruppen hervor.

Marken:

Posthorn; Figuren sind ungemarkt.

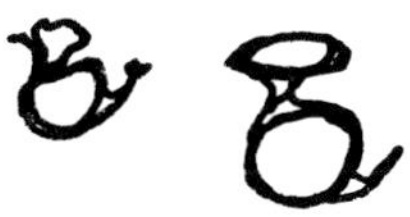

rot um 1726–1740
blau um 1740–1800

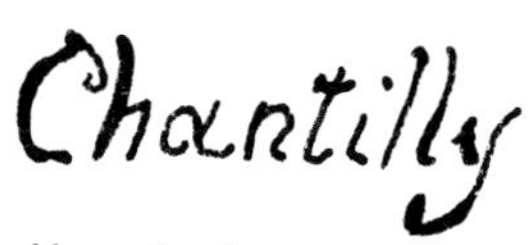

blau 1760–1800

CHELSEA (1745–1784) und DERBY (1750–1848)

Über die Anfänge der Manufaktur von Chelsea herrscht keine absolute Klarheit. Wahrscheinlich waren der Lütticher Goldschmied Nicolas Springmont und der Juwelier Charles Gouyn die Gründer. Jedenfalls wurde der Betrieb 1770 an den Porzellanmaler William Duesbury und den Bankier John Heath weiterverkauft, die bereits Besitzer der Manufaktur Derby waren. Derby wiederum übte großen Einfluß auf die 1776 ebenfalls von Duesbury aufgekaufte Manufaktur in Bow aus, so daß das Porzellan dieser Manufakturen verwandt erscheint.
Chelsea-Porzellan läßt sich nach seinen Marken in folgende Perioden gliedern:

1. Dreieck-Periode (Triangle) 1745–1749
2. Reliefanker-Periode (raised anchor) 1750–1753
3. Rote-Anker-Periode (red anchor) 1753–1758
4. Goldene-Anker-Periode (gold anchor) 1758–1770
5. Chelsea-Derby-Periode 1770–1784

Früheste Erzeugnisse sind kleine, bauchige, stark reliefierte Kannen in einer glasigen Frittenmasse mit plastischen Ästen oder ganz aus Blättern gebildet. Nach 1750 gewann die Malerei (mit Fabeltieren nach Aesop) auf glattwandigen Gefäßen mehr Raum. Die Rote-Anker-Periode stellte mit großflächigen Blumenmalereien nach botanischen Vorlagen und Terrinen in Frucht- oder Tierform die schönsten Geschirre her.
Die frühesten, oft unbemalten Figuren zeigen Chinesen und Putten nach Springmonts Entwürfen. Charakteristisch sind Schäfergruppen zwischen reichem Baum- und Strauchwerk, dem sog. »bocage«. Wirklich berühmt machten Chelsea seine »chelsea-toys« (Galanteriewaren): kleine Flakons, Etuis, Nadelbüchschen, Döschen und Bonbonnieren in Form von (häufig mit emblematischen Sprüchen versehenen) Figuren, Gruppen, Tieren und Früchten. Die Hauptproduktion der »toys« fällt in die Rote-Anker-Periode, deren Stil sich in der Goldankerzeit zum Überladenen mit reicher Vergoldung hin verändert.
Wohl in Chelsea entstand zwischen 1751 und 1754 eine eigenständige Gruppe von Porzellanen, die nach einer Mädchenfigur auf einer Schaukel (im Victoria-and-Albert-Museum) »Girl in a Swing« genannt wird. Diese häufig unbemalten oder nur ganz zart staffierten, allegorischen Gruppen und Galanteriewaren eines unbekannten Modelleurs zeichnen sich durch zierliche, schlankhüftige Gestalten mit kleinen Köpfen und tiefliegenden Augen aus.
In Derby setzte sich gegen 1780 der Klassizismus in mit Girlanden und Wellenbändern verzierten, sehr fein mit Landschaften und Figurenszenen bemalten Geschirren durch. Daneben entstanden große, auch in Biskuit ausgeführte mythologische Gruppen nach Stichvorlagen.
Kat.-Nr. 408–432 (Chelsea); 99, 385 (Derby)

Marken:
Anker (s. o.) für Chelsea und Derby; Galanteriewaren sind meist ungemarkt.
Tournai hat in der 1. Hälfte des 19. Jahrhunderts unter der Leitung von J. M. Bettignies vielfach Chelsea-Porzellan gefälscht.

Chelsea

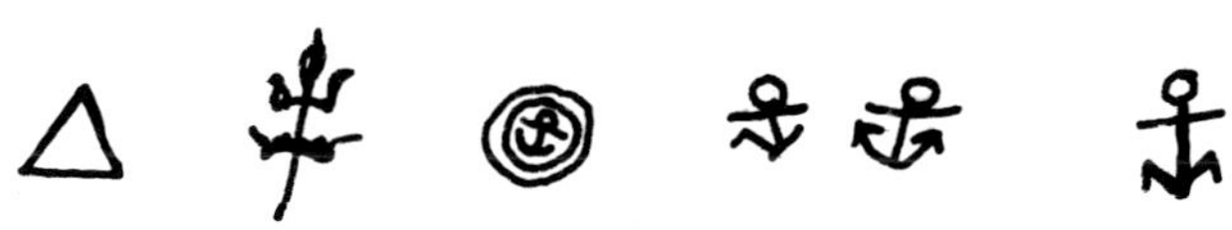

1. 1745–1749 geritzt *blau* *2. Relief 1750–1753* *3. rot 1753–1758* *4. gold 1758–1770*

Chelsea-Derby-Periode

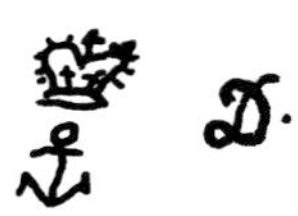

5. gold 1770–1784

DOCCIA (1737 bis heute)

1737 gründete der Marchese Carlo Ginori mit Hilfe des Wieners Johann Karl Wendelin Anreiter eine Porzellanmanufaktur, die bis 1896 in Familienbesitz blieb.
Für Geschirre sind bauchige Kaffee- und Teekannen mit geschweiften Henkeln und Tierkopfausgüssen, hohe henkellose Tassen und zylindrische Terrinen typisch. Nach dem Vorbild von *blanc-de-chine* entstanden doppelwandige Kummen, deren äußere, durchbrochene und reliefierte Wand, mit Holzkohle gefüllt, als Handwärmer diente, außerdem Kannen mit durchbrochener Außenwandung. Daneben schuf man Flachreliefs mit mythologischen Szenen (nach italienischen Bronzeplaketten des 17. Jahrhunderts) als Schmuck für Trinkservice. Im 19. Jahrhundert formte die Manufaktur vergröberte Nachbildungen dieser »bassorelievi« auf Tassen aus, die sie mit der Manufakturmarke von Neapel bezeichnete, obwohl Neapel nie derartige Reliefporzellane hergestellt hat.
Karl Wendelin Anreiter malte Ruinenlandschaften in den charakteristischen Ginori-Farben Eisenrot-Grün-Violett. Um 1750/60 bestellte der italienische Adel und der Earl of Bristol mehrere Wappenservice, die gegen 1770 von Figurenszenen in Rocaillerahmen abgelöst wurden, denen in den achtziger Jahren mythologische Szenen nach französischen Stichen von Giovanni Battista Fanciullacci folgten.
Unter Lorenzo Ginori (1757–1791) entstanden große Figuren nach italienischen Barockplastiken, zu denen die Modelleure Gaspare Bruschi und sein Sohn Giuseppe Gegenstücke ergänzten (z. B. die Sklaven nach Pietro Tacca). Daneben begegnet man Komödianten, Volkstypen, Orientalen, Göttinnen und fischschwänzigen Tritonen, die paarweise muschelförmige Konfektschalen tragen, deren kleine Köpfe oft in merkwürdigem Gegensatz zu großen Händen und theatralischen Gebärden stehen. Sie agieren auf einfachen Rechteckplatten oder Muschelsockeln, die um 1770 gegen üppige Rocaillesockel ausgetauscht werden.

Marken:
Der sechsstrahlige Stern aus dem Wappen der Marchese Ginori (mit ausgefüllter Mitte im Gegensatz zu Le Nove) kommt erst ab ca. 1770 vor. Der Stern aus zwei Dreiecken wurde nur für Porzellan mit »Zinnglasur« verwendet.

rot, blau, gold
1737–1860

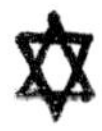
rot

rot, blau, gold

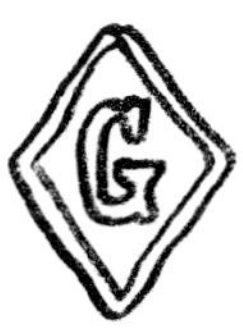
1874–1888

unterglasurblau
1850–1903

FRANKENTHAL (1755–1800)

Im Jahr 1755 erteilte Kurfürst Karl Theodor dem Straßburger Porzellanfabrikanten Paul Hannong (Sohn des Fayencefabrikanten Paul Anton Hannong) die Konzession, in Frankenthal eine Porzellanfabrik zu errichten, nachdem Hannong durch das Verbot Ludwigs XV., Porzellan außerhalb seiner Manufaktur in Vincennes herzustellen, in Straßburg nicht mehr weiterarbeiten konnte. Auf Grund wirtschaftlicher Schwierigkeiten wurde die Fabrik 1762 dem Kurfürsten unterstellt und als Leiter Adam Bergdoll eingesetzt, der sie zu hoher künstlerischer Blüte brachte. Sein Nachfolger wurde 1775 der 1770 aus Fürstenberg berufene Simon Feilner. 1795 wurde die Manufaktur unter französischer Besatzung van Recum unterstellt, der sie nach Abzug der Franzosen an die kurfürstlichen Beamten zurückgab. Bei der zweiten Besetzung im Jahre 1797 aber wurde sie erneut französisches Nationaleigentum, 1799 stillgelegt und 1800 endgültig aufgehoben.
Einfachere Geschirre schmückte man in Frankenthal mit einem Ozierrand und bunten, der Straßburger Fayencemalerei nahestehenden, Deutschen Blumen. Beliebt war daneben eine Variation zu »Gotzkowskys erhabenen Blumen«. Die Malerei nahm alle gängigen Dekorarten auf, verdient aber besonders in Schlachtenbildern nach Ridinger und rocaillegerahmten weiten Landschaften Beachtung. Am berühmtesten ist wohl das 1771 in Anlehnung an das Vogelservice von Sèvres entstandene Tafelservice für die Gemahlin Karl Theodors mit bunten exotischen Vögeln in einem grünen Gitterornament mit Purpurrosetten.
Hervorragendes hat Frankenthal in der Plastik geleistet. Die frühen, kraftvoll derben Figuren auf handgekneteten, lebkuchenartigen Sockeln (die später gegen Rocaillesockel ausgetauscht wurden), meist auf den bereits in Straßburg tätigen Bildhauer Johann Wilhelm Lanz zurückgehend, können häufig ihren Fayenceeinfluß nicht verbergen. Johann Friedrich Lück (1758–1764) schuf eine Anzahl Figuren nach fremden Vorbildern; am schönsten jedoch sind seine Liebespaare in Lauben, oft mit straff zurückgekämmten Frisuren über kleinen, puppenhaften Gesichtern. Sein Vetter Karl Gottlieb Lück (1761–1775) entwarf Gruppen von bürgerlichem Realismus mit allen häuslichen Details und so charakteristischen Themen wie »Die gute Mutter« (nach Creuze), die »Ungezogenen Kinder« oder »Geburtstag«. Konrad Linck (1762–1780) brachte der Manufaktur großen Ruhm durch mythologische und allegorische, wohl ausgewogene Gruppen und Figuren (besonders Akte), die von einem gemäßigten Rokoko zu einem vornehmen Klassizismus überleiten, ebenso durch seine Bildnisbüsten und eine Apotheose Karl Theodors. Daneben wirkten hervorragende Modelleure wie Adam Bauer (1777/78), Simon Feilner (ab 1775 Fabrikdirektor) und Johann Peter Melchior (1779–1793, von Höchst kommend), der auch hier seine unverwechselbaren Kindergruppen und Bildnismedaillons modellierte. Selbst der Mannheimer Akademiedirektor Peter Anton Verschaffelt soll für die Manufaktur Modelle entworfen haben (Kinder als Bildhauer).
Kat.-Nr. 48–56, 164–166, 223, 224, 226, 293, 327, 328, 368, 369, 406, 407

Marken:
Dem kurpfälzischen Wappen entnommen sind der Rautenschild und der Löwe. CT steht für Carl Theodor, PH, PHF für Paul (Anton) Hannong, Frankenthal (1755–1759); IH = Joseph (Adam) Hannong (1759–1762); AB = Adam Bergdoll (Direktor 1762–1775); PvR = Peter van Recum 1795 und VRF = Johann Nepomuk van Recum (1797–1799)

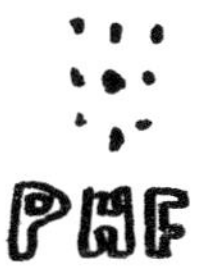
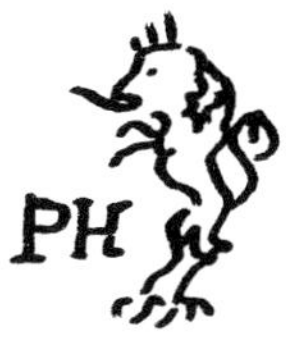

1755–1759

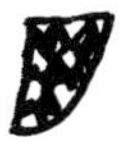

um 1756

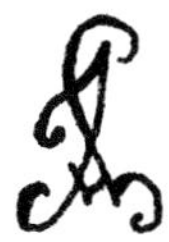

1759–1762

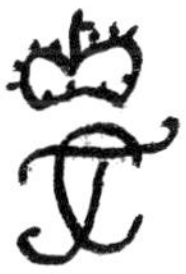

1762–1770

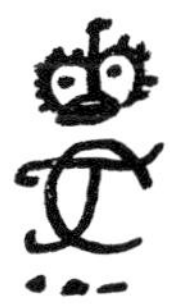

1780–1793

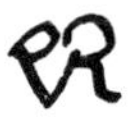

1795

FÜRSTENBERG (1747 bis heute)

Seit 1747 waren unter Herzog Carl I. von Braunschweig Versuche im Gange, in Schloß Fürstenberg Porzellan herzustellen. Aber erst 1753 gelang die Produktion, nachdem man den Direktor der Höchster Fabrik, Johannes Benckgraff, hatte gewinnen können, der mit seinem Schwiegersohn, dem Porzellanmaler Johannes Zeschinger und dem Poussierer Simon Feilner aus Höchst nach Fürstenberg übersiedelt war. Wie die meisten Manufakturen, kämpfte auch Fürstenberg immer mit wirtschaftlichen Schwierigkeiten. Erst unter Bergrat Kaulitz und dem Hüttenreuter Kohl erlebte die Manufaktur in den siebziger Jahren (bis Kohls Tod 1790) eine künstlerische Blüte. Unter der Leitung des in Sèvres ausgebildeten Louis Victor Gerverot (1795–1814) geriet sie stark unter französischen Einfluß, wurde 1859 privatisiert und arbeitet heute als Aktiengesellschaft, die die alten Modelle stilgetreu nachbildet.
In den fünfziger und sechziger Jahren des 18. Jahrhunderts entstanden sparsam bemalte, die Fehlerhaftigkeit des Porzellans vertuschende, stark reliefierte Gefäße wie reiche, muschelförmige Tafelaufsätze, Uhrgehäuse und Brûle-Parfums. Neben den üblichen Meißner Geschirrdekoren (Ozier, Brandenstein) entwickelte Fürstenberg selbständig das sog. »Gravierte Muster«, bei dem Tellerränder durch Rippen in kleinere glatte und größere Kartuschenfelder unterteilt und stets durch schmale Schuppenstreifen rhythmisiert sind. Diese üppige Rokokophase lösten gegen 1770 glatte Formen mit vorzüglicher Malerei ab. Landschaftsbilder, vormals in kraus verschnörkelten Rocaillerahmen, wurden jetzt isoliert mit Steinen und Buschwerk im Vordergrund auf die glatte Fläche gesetzt, wobei Pascha Johann Friedrich Weitsch die üblichen Phantasielandschaften gegen reale Ansichten des Braunschweiger Umlandes ersetzte. Georg Heinrich Holzmann malte vortreffliche Figurenszenen und C. G. Albert bunte Geflügelbilder. Als Fürstenberger Spezialität gelten sog. »Tableaux« (gerahmte Porzellanbilder) mit mythologischen Szenen und Porträts. Wie bei keiner anderen Manufaktur stand die Vasenproduktion im Vordergrund, geschmückt mit Landschaften (oft nur in Braun und Grün) und Blumen, die im Klassizismus antikisierenden Medaillons und Szenen nach Angelika Kauffmann wichen. Waren anfangs Meißner Vorbilder direkt auszumachen, so hat man sich um die Jahrhundertwende an Berlin, Wedgwood und Frankreich orientiert. Die figürliche Plastik Fürstenbergs kann sich nicht mit dem malerischen Dekor messen. Feilner, 1753 mit Benckgraff gekommen, schuf 15 Komödienfiguren nach Augsburger Stichvorlagen und eine unter fachkundiger Beratung entstandene Serie von zwölf Bergleuten. Beide Folgen bildete Anton Carl Luplau 1773/75 in verkleinertem Maßstab auf veränderten Rocaillesockeln nach. Johann Christoph Rombrich (1758–1794) entwarf die Kardinaltugenden, Putten, Kavaliere und Damen sowie die Flohsucherin – Figuren, die durch spitznasige Gesichter charakterisiert sind. Von ihm stammen auch Biskuitbüsten und Medaillons bekannter Persönlichkeiten sowie sieben Figuren nach dem Meißner Affenkonzert von Kändler.
Ebenso lehnte sich Luplau an bewährte Vorbilder an, modellierte russische Volkstypen und Orientalen nach Stichen von Scotin und Le Prince, Jahreszeitenfiguren und Götterdarstellungen nach Elfenbeinstatuetten von Balthasar Permoser und die »altteutschen Soldaten« nach Joachim von Sandrart. Der Franzose Desoches (1769–1774) entwarf eine Familie am Kaffeetisch mit einem ungestört kosenden Liebespaar im Hintergrund. Im letzten Jahrhundertviertel modellierte Carl Gottlieb Schubert (1778–1808) Reiterstatuen von Friedrich dem Großen und Kaiser Joseph.
Kat.-Nr. 81–83, 225, 227, 272, 300, 305, 313, 357, 367

Marken:
F = Fürstenberg; auf Biskuit erscheint ein eingepreßtes Pferd zwischen 1770 und 1814.

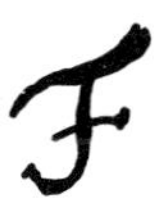

1753–1770

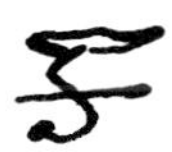

1770–1800

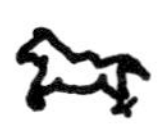

1770–1814

FULDA (1765–1789)

Wie die weltlichen Herrscher erachteten auch die Kirchenfürsten eine eigene Porzellanmanufaktur für erstrebenswert. So wurde unter Fürstbischof Heinrich von Bibra (1759–1788) 1765 durch Nicolaus Paul, einem ehemaligen Arbeiter von Wegely, in Fulda eine Manufaktur gegründet, die von 1770 bis 1780 unter Abraham Ripps Leitung stand, jedoch nach dem Tode des Fürstbischofs schließen mußte.
In den wenigen Jahren ihres Bestehens produzierte die Manufaktur fehlerloses, rein weißes Porzellan mit einer auffallend schönen, glatten Glasur. Geschirr wurde mit bunten Blumenbuketts, Vögeln in Purpur, Landschaften in Eisenrot und Bildnissen in Grisaille bemalt; nur Prunkgefäße und Aufsätze wurden mit Rokokoschnörkeln verziert.
Der Reiz der Figuren liegt in ihrer feinen Bemalung und ihrem lieblichen Ausdruck. Johann Valentin Schaum kopierte anfangs Frankenthaler Modelle. Wenzel Neu (1768–1774) schuf Komödienfiguren nach Stichen von Callot und eine Madonna auf einer Weltkugel. Daneben entstanden, häufig unter Höchster Einfluß, Schäfergruppen, Damen, Kavaliere, Mädchen und Knaben auf weißen, gewölbten Sockeln mit sparsam gemalter Moosauflage und farbig gehöhten Rocaillen. Nach Neus Tod 1774 wurden, ein wenig steif, Frankenthaler Modelle von K. G. Lück auf hohen Rocaillesockeln kopiert.
Kat.-Nr. 90, 275

Marken:
Kreuz des Fuldaer Stadtwappens; FF = Fürstlich fuldaisch; H = Fürstbischof Heinrich VIII. (1759–1788); A = Adalbert III. von Harstall.

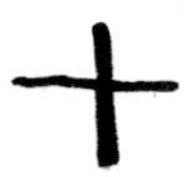

1765–1775

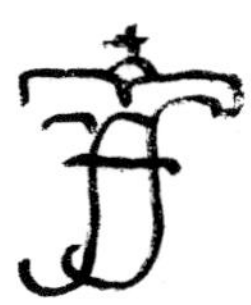

1770–1788

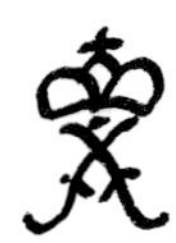

1788–1789

GERA (1779 bis nach 1900)

Die Gründung erfolgte 1779 wie bei den meisten kleineren thüringischen Manufakturen nicht unter fürstlichem Privileg, sondern als Privatunternehmen des Fayencefabrikanten Johann Gottlieb Gottbrecht mit dem Stadtpfeifergesellen Johann Gottlob Ehwald. Ein Jahr später wurde die Manufaktur zur Filiale von Volkstedt, ab 1782 aber wieder selbständig unter Greiner.
Einen Hauptartikel bildeten Geschenktassen mit Thüringer Ansichten, Silhouetten und Holzmaserdekor mit nachgeahmten Kupferstichen. Daneben entstanden sorgfältig bemalte Kaffeegeschirre mit Blütengirlanden und Blumenbuketts.
Die auffallend schlanken, meist grell bemalten Figuren auf hohen Rocaillesockeln zeigen gern Berufedarstellungen, wie Musikanten, Landleute, Köhler, Winzer, Fischer und Straßenkehrer.

Marken:
G (leicht zu verwechseln mit Gotha); Gera ausgeschrieben.

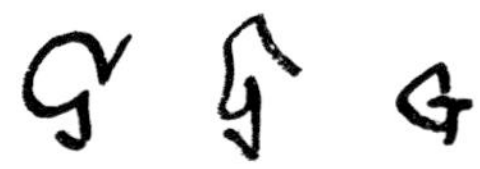

GOTHA (1757 bis nach 1900)

Gotha, die älteste thüringische Manufaktur, eine Gründung des Geheimrats Wilhelm Theodor von Rotberg, wurde 1782 an die Maler Christian Schulz, Johann Georg Gabel und Johann Adam Brehm verpachtet, die sie zu hohem künstlerischem Niveau führten. 1802 wurde die Fabrik unter Beibehaltung der Pächter (bis 1805) an den Erbprinzen August von Gotha verkauft. Ihnen folgte der Kammerdiener Egidius Henneberg, der von 1813 bis 1834 Alleininhaber war. Seine Erben behielten die Manufaktur bis 1881, dann ging sie an die Gebrüder Simson über.
Mit dem Eintritt der drei Maler und späteren Pächter 1772 begann die Glanzzeit mit makellosen Geschirren (Tee- und Kaffeeservice, Solitaires und Tête-à-têtes), deren sorgfältiger malerischer Dekor Blumen, Ruinenlandschaften in Braun-camaïeu, antikisierende Profilköpfe und Malereien im griechischen rotfigurigen Vasenstil umfaßte. Eine Spezialität waren ungewöhnlich fein gemalte Silhouettentassen und Vasen. Hinter der Qualität der Geschirre tritt die vorwiegend in Biskuit ausgeführte Plastik deutlich zurück.
Kat.-Nr. 375

Marken:
R und Rg für Rotberg (1757–1795), als 1783 Rauenstein ein R als Marke einführte, setzte man das g immer dazu; G = Gotha; die auf einem Berggipfel stehende Henne bezieht sich auf Henneberg; seit 1805 kommt der volle Namenszug Gotha vor.

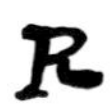

1757–1783

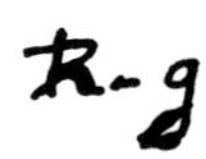

1783–1805

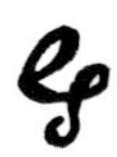

1805–1834

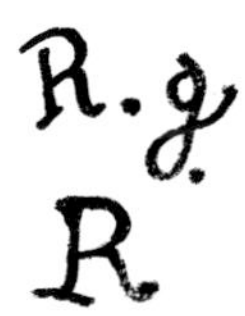

HAUSMALER

Schon früh entstanden Malereidekore auf Geschirren nicht nur in den Manufakturen, sondern wurden von sog. Hausmalern außerhalb der Fabriken auf eigene Rechnung ausgeführt.
So schmückte beispielsweise Christoph Conrad Hunger um 1715/25 Meißner und Wiener Porzellan außerhalb der Manufakturen mit Goldreliefdekor und transluzidem Email. In der berühmten Goldschmiedestadt Augsburg dekorierten Johann Auffenwerth und seine beiden Töchter unbemalte, meist aus der Böttgerzeit liegengebliebene Geschirre mit dick aufliegenden Emailfarben und reichem Golddekor. Die vom Sammler heute so gesuchten, mit einem Achatstift einradierten »Goldchinesen« stammen aus den Werkstätten der Gebrüder Abraham und Bartholomäus Seuter, deren Technik im Privileg des Augsburger Rats von 1726 sogar als deren »Invention« bezeichnet wird. Ein weiteres Zentrum der Hausmalerei war Breslau, wo um 1720/25 Ignaz Preißler und Ignaz Bottengruber Geschirre mit reichem Laub- und Bandelwerkdekor in Schwarzlot, Eisenrot und Purpur-camaïeu überzogen. Ihr Einfluß machte sich auch in Wien geltend. Dort waren die bekanntesten Hausmaler Karl Wendelin Anreiter, Anton F. J. Schulz und Jacobus Helchis. In Böhmen malte Franz Ferdinand Mayer aus Preßnitz bevorzugt Szenen nach Nilson-Stichen in heiteren Farben, während F. J. Ferner, der seine Werkstatt in Sachsen oder Thüringen gehabt haben dürfte, um die Jahrhundertmitte älteres Meißner Porzellan gern in Eisenrot bemalte, das häufig schon mit blauem Unterglasurdekor versehen war.
Bayreuths Hausmaler Johann Friedrich Metzsch, Johann Christoph Jucht und Ferdinand Teutscher dagegen kennzeichnet ein auffallend farbenfreudiger Stil sowohl auf Meißner, als auch auf dem raren Bayreuther Porzellan.
In Hildesheim ritzte der Kanonikus August Otto Ernst von dem Busch Ruinenlandschaften mit einem Diamanten in die Geschirre, die er mit Lampenruß schwärzte.
Neben diesen bekanntesten und künstlerisch bedeutenden Hausmalern betätigten sich verschiedene Manufakturmaler außerhalb der Fabriken, um ihr Einkommen aufzubessern. Auch schenkten sich Adelige selbstbemalte Geschirre (so z. B. Goethe an Frau von Stein eine von ihm bemalte Tasse), und besonders in England war es Mode, ganze Service selbst zu bemalen. Diese Malereien unterscheiden sich meist durch ihren individuellen Reichtum und ihre Vielfalt von den rationeller und fabrikmäßig aufgetragenen Manufakturdekoren.
Kat.-Nr. 237–248

HÖCHST (1746–1796)

1746 erteilte der Mainzer Kurfürst Johann Friedrich Karl von Ostein den Frankfurter Kaufleuten Johann Christoph Göltz und Johann Felician Clarus zusammen mit dem aus Meißen geflohenen Adam Friedrich Löwenfinck das Privileg zur Gründung einer Porzellanfabrik. Allerdings konnte der Porzellanmaler Löwenfinck sein Versprechen, Porzellan herzustellen, nicht halten, so daß unter seiner Leitung nur Fayence produziert wurde. Erst Johann Kilian Benckgraff, 1750 aus Wien gekommen, stellte Porzellan her, wechselte aber bereits 1753 mit dem Maler J. Zeschinger und dem Bildhauer S. Feilner nach Fürstenberg über. Göltz, der allein weiter arbeitete, konnte den Bankrott 1756 nicht mehr aufhalten. Trotz Unterstützung und Umwandlung in eine Aktiengesellschaft 1765 fiel die Manufaktur 1778 dem Kurstaat ganz zur Last, bis sie 1796 endgültig geschlossen wurde.
Höchster Geschirre sind gern mit isoliert auf der Fläche stehenden Landschaften in Purpurmalerei geschmückt. Gefäße, besonders Terrinen in Tierform, erinnern an Fayencearbeiten. Als Spezialität gelten Rechauds mit Maskarons, Kühlgefäße, Nachtlichter, Potpourrivasen und Helmkannen mit Lavoirbecken.
Künstlerisch über der Geschirrproduktion stehen die Figuren, besonders aus der Zeit Laurentius Russingers (1754–1766) und Johann Peter Melchiors (1767–1779). In der Frühzeit entstanden steife, Fayenceplastiken ähnliche Komödianten mit großen Händen auf weißen, flach gewölbten Sockeln mit Baumstütze und von Feilner (1751–1753) modellierte Bauern und Liebespaare. Der nach Feilner tätige »Meister des türkischen Kaisers« (bisher nicht identifiziert) schuf zahlreiche Chinesen und vier Jagdgruppen von äußerster Feinheit. Eine Reihe von Figuren mit straff zurückgekämmtem Haar auf durchbrochenen Sockeln und in Lauben werden, wegen ihrer nahen Verwandtschaft zu späteren Frankenthaler Schöpfungen, Karl Gottlieb Lück (1758 in Höchst nachweisbar) zugeschrieben.
Ebenfalls namentlich unbekannt ist der, wohl 1756–1767 tätige »Chinesenmeister« (versuchsweise mit Russinger und Melchior identifiziert), von dem zahlreiche Chinesen und von französischem Stilgefühl geprägte Schäfergruppen (»Das geschmückte Lämmchen«, »Der geschmückte Hut«, »Der Schlummer der Schäferin«) sowie eine Venus mit Cupido (nach Falconet) herrühren. Sowohl Russinger (in seinen tanzenden Kinderfiguren) als auch Melchior ahmten seinen Stil nach, wobei letzterer dessen Würde und Eleganz ins Anekdotenhafte (»Das zerbrochene Ei«, »Der Liebesbrief«) übersetzte. Mit Melchior mußte der Rokokostil einer klassizistischen (durch seinen Parisaufenthalt geprägten) Auffassung weichen. Er schuf zahlreiche Büsten und Reliefs bekannter Persönlichkeiten; am nachhaltigsten aber wirkten seine Kinderdarstellungen, denen er breiten Raum gewährte. Er löste die kleinen Erwachsenen mit ihrem höfischen Gebaren durch wirkliche Kinder ab und stellte sie, weich und rundlich gestaltet und zart pastellartig staffiert, in ihrer eigenen kindlichen Welt dar.
Die Modellformen der Höchster Manufaktur hat später die Steingutfabrik Damm bei Aschaffenburg gekauft und seit der Mitte des 19. Jahrhunderts (besonders die beliebten Kinder Melchiors) ausgeformt.
Kat.-Nr. 67–74, 167, 168, 229, 274, 304, 312, 331, 355, 384

Marken:
Das sechsspeichige Rad aus dem Mainzer Kurfürstenwappen. Bei Porzellan, das für den kurfürstlichen Hof bestimmt war, wurde von 1765 bis 1774 der Kurhut hinzugefügt. Farbige Buch-

staben sind Malerzeichen, eingeritzte oder eingepreßte Initialen Bossiererzeichen.

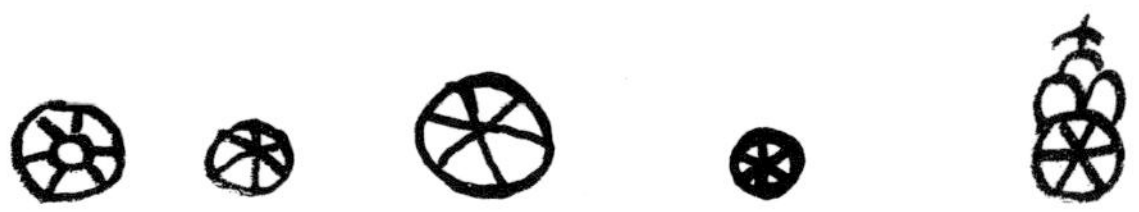

1750–1762 eisenrot, purpur, schwarz, braun

eingepreßt ~1758–1765

unterglasurblau 1763–1796

unterglasurblau 1765–1774

ILMENAU (1777 bis heute)

1777 gründete Christian Zacharias Gräbner eine Porzellanfabrik, die wegen wirtschaftlicher Schwierigkeiten 1782 an Herzog Karl-August von Weimar-Sachsen ging, der die Leitung Franz Joseph Weber (bis 1784) übertrug. 1786 pachtete der Besitzer der Limbacher Manufaktur Gotthelf Greiner die Fabrik. Er wurde 1792 von Christian Nonne, dem Pächter der Volkstedter Manufaktur abgelöst, der sie 1808 zusammen mit seinem Schwiegersohn Roesch kaufte. 1871 wurde die Manufaktur vergesellschaftet.
Die Produktion war vorwiegend auf Tee- und Kaffeeservice beschränkt. Als Spezialität galten seit 1800 blauweiße Reliefplaketten mit Porträtfiguren und Köpfen, sowie mythologischen und allegorischen Darstellungen in der Art der Jasperware von Wedgwood.

Marken:
Unter fürstlicher Verwaltung (1782–1786) ungemarkt; unter Greiner die Kleeblattmarke (1786–1792) wie in Limbach und Großbreitenbach; I= Ilmenau, seit Nonne (1792–1808); NR = Nonne und Roesch ab 1808.

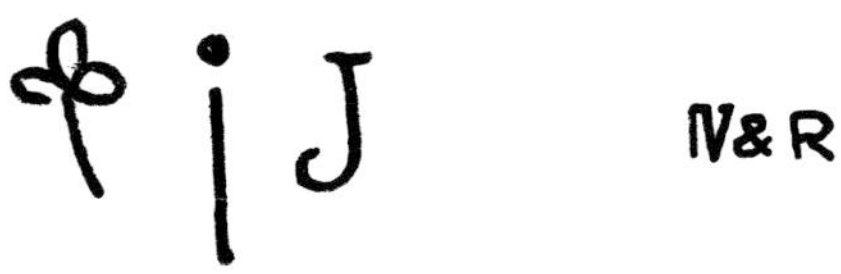

KASSEL (1766–1788)

Die Kassler Fayencefabrik, seit Ende des 17. Jahrhunderts vorwiegend auf Blauware in Delfter Art spezialisiert, wurde 1766 im Auftrag des Landgrafen Friedrich II. von Hessen-Kassel mit Hilfe des Arkanisten Nicolaus Paul aus Fulda und des Bossierers Franz Joachim Heß aus Fürstenberg in eine Porzellanmanufaktur umfunktioniert. Da sie nicht ohne ständige Zuschüsse existenzfähig war, mußte sie 1788 wieder geschlossen werden.
Man fertigte Kaffee- und Teegeschirr, sowie bevorzugt Galanteriewaren (Stockgriffe, Messergriffe, Fingerhüte, Dosen) nach Meißner Vorbild in Blaumalerei mit Strohblumenmuster und dem Fels-Vogel-Motiv geschmückt.
Figuren, weitgehend in den Jahren 1769–1773 entstanden, wurden von Franz Joachim Heß und Benedikt Fruth nach Meißner Kändlermodellen kopiert und blieben meist unbemalt.

Marken:
HC = Hessen-Kassel; der doppelschwänzige Löwe aus dem Wappen der Landgrafen von Hessen-Kassel.

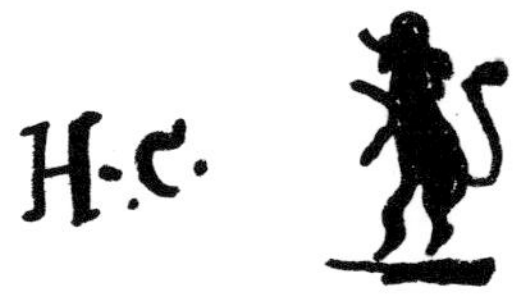

KELSTERBACH (1761–1768; 1789–1792; 1799–1802)

1761 kaufte Ludwig VIII., Landgraf von Hessen-Darmstadt, die Kelsterbacher Fayencefabrik, um hier fortan Porzellan herstellen zu lassen. Direktor wurde der Meißner Arkanist und Maler Christian Daniel Busch. Sein Nachfolger (1764) Eberhard Dietrich Pfaff richtete ein Jahr später wieder eine Fayencefabrik ein. Da die Porzellanherstellung gänzlich unproduktiv geworden war, wurde sie nach dem Tode des Landgrafen eingestellt. Mehrere Versuche der Wiederaufnahme waren ebenfalls nur von kurzer Dauer (1789–1792 und 1799–1802), während die Fayencefabrik bis 1840 weiterarbeitete.
Die Kelsterbacher Porzellanherstellung beschränkte sich vorwiegend auf zurückhaltend, zart bemalte Galanteriewaren und Figuren. Von Carl Vogelmann stammen figürliche Flakons und über die Hälfte der 131 Kelsterbacher Modelle, die durch beseelte Gesichter, reich bewegte Gewänder und lebhafte Gebärden charakterisiert sind. Peter Anton Seefried setzte diesen Stil fort. Daneben entstanden reich reliefierte Dosen, deren Innenseiten bildmäßig mit Landschaften, Porträts, Schlachten und Figurenszenen bemalt sind, die wohl von Jacob Heinrich Eger und Friedrich Karl Wohlfahrt herrühren.
Kat.-Nr. 87

Marken:
HD = Hessen-Darmstadt

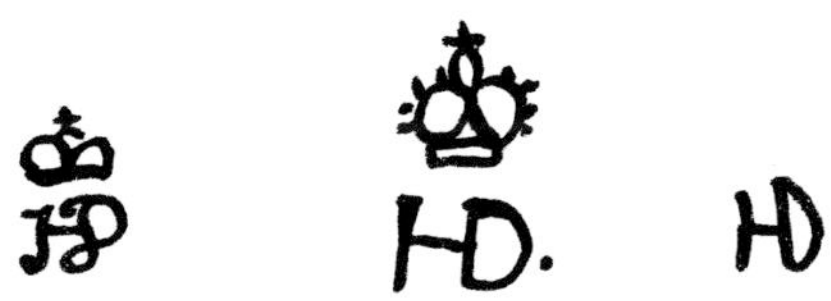

KLOSTER VEILSDORF (1760 bis zur Gegenwart)

Die bedeutendste thüringische Porzellanmanufaktur wurde 1760 von Prinz Friedrich Wilhelm Eugen von Hildburghausen mit dem Arkanisten Johann Hermann Meyer gegründet. Obwohl der Prinz durch Ankauf von Kupferstichen und Erzeugnissen fremder Manufakturen das Unternehmen zu fördern versuchte, war der wirtschaftliche Erfolg gering. Nach seinem Tode 1795 ging die Fabrik in den Besitz des Herzogs Friedrich von Sachsen-Altenburg über, der sie an die Söhne von Gotthelf Greiner in Limbach und an die Firma Friedrich Christian Greiner in Rauenstein verkaufte. In deren Besitz blieb sie bis 1822, bevor sie in eine Aktiengesellschaft umgewandelt wurde.
Wie so oft kaschierte in der Frühzeit dichter Reliefdekor die Mängel des Porzellans. Erst ab ca. 1765 war es fehlerfrei und wurde mit großflächigen Blumen, Putten nach Boucher, Nilsonfiguren, Chinesen, Phantasielandschaften und im Klassizismus mit antikisierenden Figurenmedaillons bemalt. Dreipaßförmige Anbietplatten scheinen in Kloster Veilsdorf selbst entworfen worden zu sein, während die übrigen Geschirrformen auf Meißner Vorbilder und phantasievolle Galanteriewaren auf Chelsea-Toys zurückgehen. Der aus Fulda gekommene Bildhauer Wenzel Neu schuf eine Serie von Planetengottheiten und italienische Komödienfiguren nach Stichen von J. B. Probst.

Marken:
CV = Kloster Veilsdorf, oft in bewußter Nachahmung der Meißner Schwerter; Kleeblattmarke wie in Limbach, Ilmenau und Großbreitenbach.

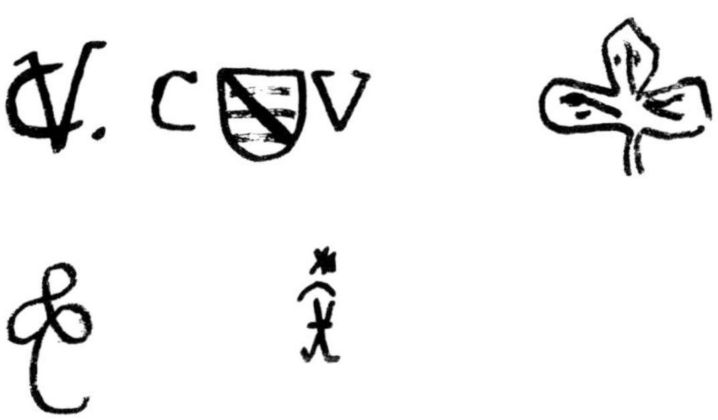

KOPENHAGEN (1759–1766; 1773 bis heute)

Mehrere Meißner Arkanisten wie Christoph Conrad Hunger, Johann Christoph Ludwig Lück und Johann Gottlieb Mehlhorn hatten sich bereits vergeblich um die Herstellung von Porzellan bemüht, als König Friedrich V. 1759 Louis Fournier berief, der bereits in Vincennes und Chantilly auf diesem Gebiet Erfahrungen gesammelt hatte.
Das Programm umfaßte kleine Senf- und Cremetöpfchen, Tee- und Kaffeeservice sowie Bildnismedaillons in Frittenporzellan, mußte aber mit dem Tode des Königs 1766 eingestellt werden. 1773 gelang dem Chemiker Frantz Heinrich Müller mit Hilfe des ehemaligen Fürstenberger Manufakturdirektors Johann Georg von Langen, dank der 1755 auf der Insel Bornholm entdeckten Kaolinlager, die Herstellung von Hartporzellan, und 1775 folgte mit Unterstützung der Königinwitwe die Gründung einer Porzellanmanufaktur als Aktiengesellschaft. Wegen wirtschaftlicher Schwierigkeiten sah sich der König 1779 genötigt, die Manufaktur als Staatseigentum weiterzuführen.
Bis 1779 folgte die Geschirrproduktion weitgehend Meißner (Ozierrand) und Fürstenberger Vorbildern (Blaublümchen- oder Strohblumenmuster). Danach gestaltete man aufwendigere Gefäße mit Delphinfüßen, Löwengriffen und Frauenmaskarons im klassizistischen Stil. Aus Berlin abgewanderte Blumenmaler dekorierten Räuchergefäße, Kühlgefäße, Jardinieren und Vasen in kühlen Farben (Peter Heinrich Benjamin Lehmann, Carl Friedrich Thomaschewsky, Martin Cadewitz). Das berühmteste und umfangreichste Kopenhagener Service entstand ab 1790 im Auftrag des Königs für Katharina II. nach Entwürfen von Anton Carl Luplau mit dem »Flora-Dancia«-Dekor, den Johann Christoph Bayer nach den 1766 erschienenen Kupferstichen ausführte. Selbst nach dem Tode der Zarin (1796) wurde das Service, von dem heute in Schloß Rosenburg 1602 Teile aufbewahrt werden, noch bis 1802 erweitert.
Die figürliche Plastik stand unter französischem (Falconet, Boucher) und deutschem Einfluß (Permoser). Hervorzuheben sind die 56 norwegischen Volkstypen, von denen Anton Carl Luplau (1776–1795 Modellmeister) zwischen 1780 und 1782 21 Figuren geschaffen hat.
Ende des 19. Jahrhunderts schwang sich die Manufaktur unter dem damaligen Besitzer Philipp Schou und seinem künstlerischen Leiter Arnold Krog (ab 1885) wieder zu künstlerischen Höchstleistungen auf. Eine neue Art der Unterglasurmalerei (aufgesprüht statt mit dem Pinsel aufgetragen) in wenigen, dem hohen Brand standhaltenden, kühlen Farben erzielte völlig neue Wirkungen, und in der Plastik wurden Tierfiguren vorbildlich.
Kat.-Nr. 378, 440, 443, 449, 459, 460

Marken:
Drei Wellenlinien als Sinnbild der drei Wasserwege Dänemarks: Öresund, Storeblet, Lillebelt.

1775

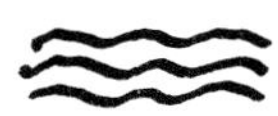

1830–1845

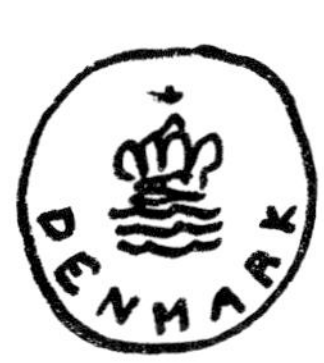

1890

LE NOVE (1762–1835)

1762 gelang dem Fayencefabrikanten Pasquale Antonibon nach langjährigen Experimenten mit Hilfe eines Franzosen aus Vincennes und des Dresdner Johann Sigismund Fischer (vorher Porzellanmaler in Wien) die Produktion von Hartporzellan, die ihm in Venedig das gewünschte Privileg einbrachte. Typisch für die Antonibon-Zeit (1762–1773) ist ein üppig reliefiertes, zusätzlich mit Landschaften und Figurenszenen fein bemaltes Rokokogeschirr. Die Porzellanproduktion, erst 1781 wieder aufgenommen, setzte diesen Stil bis in die neunziger Jahre fort. Dann wurde er von einem Klassizismus abgelöst, dessen bildmäßigen Dekor der Maler Giovanni Marcon geprägt hat.
Die Figurenproduktion scheint in größerem Umfang erst unter Parodin (1781–1802) eingesetzt zu haben, wobei Einzelausformungen von Figuren vorkommen, die bei den reichen Rokokogeschirren der Frühzeit als Aufsätze und Beiwerk gedient hatten. Die meist unstaffierten, lebhaft agierenden Musikanten, Kavaliere, Liebespaare, Hirten und Kaufleute rühren wohl von dem 1786 berufenen Modellmeister Domenico Bosello her.

Marken:
GAB = Giovanni Battista Antonibon; FAB = Fabbrica Antonibon; BG = Giovanni Baroni (1802–1825); Stern (dünner und strichmäßiger als in Doccia)

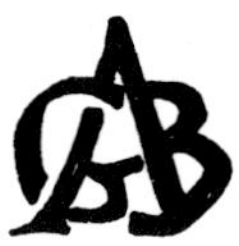

ab 1762

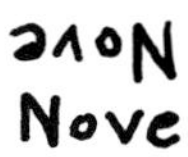

1763–1773

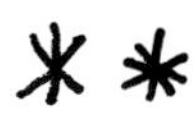

ab 1763

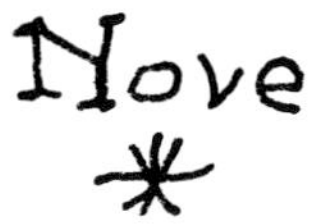

ab 1781

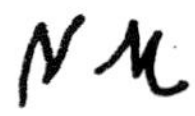

E. 18./19. Jh.

LIMBACH (1772–1850)

Gotthelf Greiner, der bereits an der Wallendorfer Manufaktur beteiligt gewesen war, gründete 1772 eine eigene Porzellanfabrik, deren Leitung er 1792 seinen fünf Söhnen übergab.
Einen Großteil der Produktion machte das einfache Tee- und Kaffeegeschirr mit Meißner Strohblumen- und Chrysanthemenmuster in Blau auf geripptem Grund aus. Daneben malte man Landschaften in Purpur-camaïeu, bunte Blumen, Putten, Blütenmonogramme, Silhouetten und Medaillons. Das Figurenprogramm übertrifft in künstlerischer Hinsicht die Geschirrproduktion mit seinen lebensgroßen Putten als Jahreszeiten, Kostümfiguren, die das Thüringer Kleinstädtertum verkörpern, Musikanten, Erdteilen, Götterstatuen und einer Kreuzigungsgruppe mit Assistenzfiguren. Als Sockel dient meist ein Grashügel, bisweilen von violetten Rocaillen eingefaßt.
Kat.-Nr. 88, 89

Marken:
Gekreuzte L für Limbach, mit einem Stern bewußt die Meißner Marcolinimarke imitierend; ab 1788 (Meißen hatte gegen die verfängliche Marke interveniert) nur mehr die Kleeblattmarke, wie in Großbreitenbach, Ilmenau und ab 1797 in Kloster Veilsdorf.

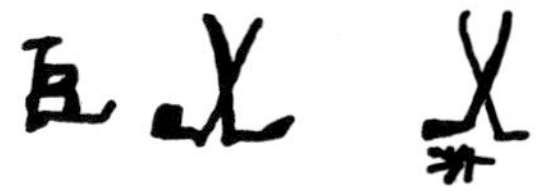

1772–1787

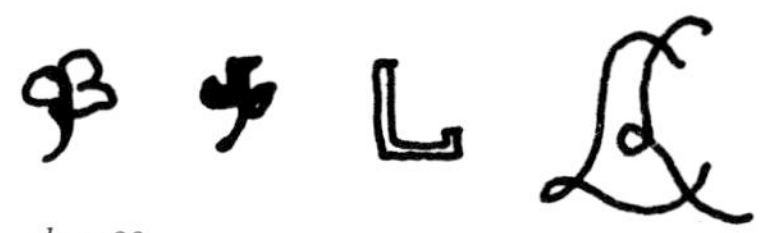

ab 1788

LUDWIGSBURG (1758–1824)

Nach einigen fruchtlosen Versuchen von Privatunternehmen gründete Herzog Karl Eugen von Württemberg (1737–1793) 1758 eine eigene Porzellanmanufaktur, die er als »notwendiges Attribut des Glanzes und der Würde« erachtete. Technischer Leiter wurde Joseph Jakob Ringler (vorher in Wien und Nymphenburg tätig), der der Manufaktur fast bis zu seinem Tode 1804 vorstand. Er gewann als Obermaler Gottlieb Friedrich Riedel (1759–1779). Mit der Verlegung der Residenz nach Ludwigsburg ist die Blütezeit der Manufaktur (1760–1770) verbunden. Nach des Herzogs Tod geriet sie in Verfall, erlebte aber unter Friedrich (ab 1806 König) mit Hilfe französischer Fachleute eine zweite Blüte. Nach des Königs Tod verfiel die Manufaktur der mangelnden Zuschüsse wegen sehr schnell und mußte 1824 geschlossen werden.
Die Geschirre, anfangs mit Ozierrand, Rillen und Rippen an Meißen orientiert, entwickelten bald einen eigenständigen Rokokostil mit Kannen und Terrinen auf Volutenfüßchen, einem die ganze Oberfläche überziehenden Schuppendekor und plastischen Gemüsesorten als Terrinenknäufe. Riedel entwarf Prunkvasen, Potpourris mit Schlangenhenkeln, Leuchter und Brûle-Parfums mit reichen Reliefrocaillen und Durchbruchmuster. Erst in den achtziger Jahren wich der Rokokoreliefdekor einer üppigen Malerei auf glatten Flächen (Landschaftsszenen und Blumen von Friedrich Kirschner, Vögel, Früchte, Putten und Tiere von Johann Friedrich Steinkopf).

Mit dem aus plumpen Anfängen (Kindergruppen von Carl Vogelmann und Tänzer von Joseph Nees) sich entwickelnden zierlich-graziösen Stil (Göz) stand die Figurenproduktion wie bei allen süddeutschen Manufakturen auf höherem Niveau als die Geschirrherstellung. Riedel lieferte die Entwürfe für die typischen Ludwigsburger Miniaturfiguren, die zu ganzen Jahrmärkten mit zahlreichen Verkaufsständen gruppiert werden können, aber auch das höfische, bäuerliche und bürgerliche Leben umfassen. Jean-Jacques Louis schuf neben Tieren und Vögeln Berufedarstellungen und Volkstypen mit häufig herabgerutschten Strümpfen, eine Eigenart, die seine Mitarbeiter Joseph Nees (1759–1768) und Johann Christoph Haselmeyer (um 1760 bis 1771) übernommen haben. Letzterer modellierte besonders markante Gesichter mit porträthaften Zügen. Langgliedrige Chinesen mit phantastischen Gewändern gehen meist auf Joseph Weinmüller (1765–1767) zurück, während Adam Bauer (1765–1777) derbe Volkstypen und Johann Valentin Sonnenschein (1770–1775) antikisierende Musen und Göttinnen schuf. Den Höhepunkt der Ludwigsburger Plastik bilden die Schöpfungen Johann Christian Beyers, der von 1759 bis 1767 die Aufsicht über die Bossierer hatte. In seinem Werk vollzieht sich der Wandel vom Rokokostil seiner frühen Liebesgruppen (Jäger-, Fischer- und Schäferpaare unter Bäumen) und Volkstypen, zum kühlen Klassizismus seiner reiferen Werke (mythologische Gruppen und Allegorien). Alle seine Figuren kennzeichnet ein feingliedriger, geschmeidiger Körper in ausponderierter Haltung mit lieblich melancholischen Gesichtern. Glanzstücke sind die 1765/66 entstandenen Musiksoli, sieben sich ganz ihrer Musik hingebende Figuren auf eckigen Plinthen. Stilistisch schließen sich eine sitzende, Kaffee trinkende Dame und ein Schokolade trinkender Herr an, die als die erste bürgerliche Porzellanplastik des Klassizismus bezeichnet werden. Ähnlich wie in Höchst wurden die Ludwigsburger Modelle im 19. Jahrhundert verkauft und in der Steingutfabrik Kick bei Amberg wiederholt ausgeformt.
Kat.-Nr. 57–66, 228, 271, 295–297, 303, 324–326, 358, 360, 366

Marken:
CC = Herzog Carl Eugen von Württemberg (1737–1793); L = Herzog Ludwig Eugen (1793–1795); FR = Friedrich Rex, König Friedrich I. (1806–1816); WR = Wilhelm Rex (1816–1864); dem württembergischen Wappen sind die einzeln oder dreifach vorkommenden Hirschstangen entnommen.
Die Doppel-C-Marke kann leicht mit der unter Custine (1770–1793) verwendeten Marke von Niderviller verwechselt werden.

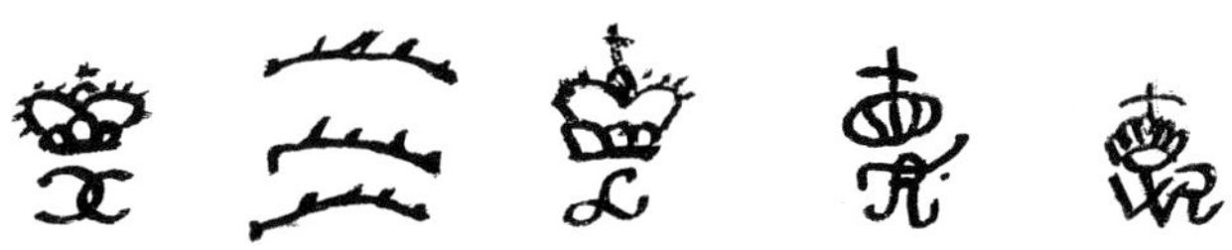

1759–1806 *1793–1795* *1806–1816* *1816–1864*

MEISSEN (1710 bis heute)

Lange vor 1700 hatte der Physiker und Wirtschaftsfachmann Ehrenfried Walter Tschirnhaus am Hofe Augusts des Starken Versuche unternommen, Porzellan herzustellen. Erst die fruchtbare Zusammenarbeit mit Johann Friedrich Böttger jedoch, der als Gefangener des Königs eigentlich hätte Gold machen sollen, führte 1708 zur Geburtsstunde des europäischen Porzellans, so daß Böttger 1709 dem König verkündete, »gutes weißes Porzellan, sammt der allerfeinsten Glasur... bewerkstelligen« zu können. Daraufhin gründete August der Starke 1710 in Dresden eine Porzellanfabrik, die aus Gründen der Sicherheit noch im gleichen Jahr auf die Albrechtsburg in Meißen verlegt wurde, wo sie bis 1865 blieb.
Zu Anfang wurde vorwiegend Rotes Steinzeug hergestellt, doch bereits gegen 1713 setzte eine umfangreichere Porzellanproduktion ein. Nach Böttgers Tod 1719 wurde der aus Wien kommende Maler Johann Gregorius Höroldt die treibende Kraft. Als Leiter der Malerstube entwickelte er bald alle Emailfarben, erfand bereits 1725 verschiedenfarbige Fonds und prägte somit bis zur Jahrhundertmitte den malerischen Dekor. Ihm stand als Kontrahent Johann Joachim Kändler gegenüber, der 1733 den ersten Bildhauer Johann Gottlob Kirchner (1727–1733) als Modellmeister ablöste und den Figurenstil bis an die Wende zum Klassizismus bestimmt hat.
Hatte August der Starke der Manufaktur noch selbst vorgestanden, so übertrug sein Sohn August III. die Oberleitung 1733 dem Grafen Brühl (ab 1738 kursächsischer Premierminister, gest. 1763).
Die Schlesischen Kriege (1744–1745 und 1756–1763) setzten der Manufaktur durch preußische Besatzung stark zu.
Direktor Nimptsch (1763–1773) berief den Akademieprofessor Christian Wilhelm Dietrich (1764–1770) als Leiter der Malerei und Michel Victor Acier (1764–1781) aus Paris zum Modellmeister. Aciers Einstellung, die einen Stilwandel vom Rokoko zum Klassizismus mit sich brachte, dürfte der Grund für Kändlers Ausscheiden 1765 gewesen sein.
Nimptschs Nachfolger Graf Camillo Marcolini (1774–1813), ein Günstling König Friedrich Augusts III. (1768–1827), bemühte sich zwar um eine wirtschaftliche Besserung, konnte den Niedergang jedoch nicht ernstlich aufhalten. Unter ihm waren die Bildhauer Johann Carl Schönheit (1745–1794), Christian Gottfried Jüchtzer (1769–1812) und Johann Gottlieb Matthäi (1773–1832) tätig.
Die Zeit nach Marcolini (1814–1833) wurde durch die napoleonischen Kriege geprägt. Technische Neuerungen veränderten den Dekor: 1814 Unterdruckverfahren von Kupferstichen; 1817 Unterglasurgrün (Weinlaubmuster); 1827 Glanzvergoldung.
Heinrich Gottlieb Kühn (1833–1870 Leiter) öffnete dem Historismus die Schranken. Unter seinem Nachfolger Raithel (1870–1894) erlebte das unterglasurblaue Geschirr eine neue Blüte. Unter Brunnemann (1895–1901) setzte sich langsam der Jugendstil durch. Das spätere 20. Jahrhundert hat dann hauptsächlich die bewährten Modelle des 18. Jahrhunderts wieder ausgeformt.

Danckert hat die künstlerische Produktion der Meißner Manufaktur recht treffend in folgende Perioden unterteilt:

Böttger-Zeit	1710–1719
Höroldt-Zeit (Malerische Periode)	1719–1731
Höroldt-Kändler'sche Zeit (Plastische Periode)	1731–1763
Punktzeit	1763–1774
Marcolini-Zeit	1774–1813

In der Böttger-Zeit entstand überwiegend das Rote Böttgersteinzeug (1707 von Böttger zusammen mit Tschirnhaus entwickelt), das wie Glas durch Schleifen, Schneiden, Polieren, Lackieren und Vergolden veredelt wurde. Vorbilder lieferten chinesische Formen (Teekannen, Sakeflaschen), Kunstwerke der europäischen Vergangenheit (wie der Apollokopf von Bernini) und vor allem die Entwürfe des Dresdner Hofgoldschmieds Johann Jakob Irminger, der den Stil seiner Silberarbeiten unbedenklich auf das neue Material übertrug.

Das Böttgerporzellan, in den Anfängen ungleichmäßig, gelblich und unrein, übernahm den Formenschatz des roten Steinzeugs, wurde aber schon früh reich mit Reliefdekor verziert und mit blassen Schmelzfarben bemalt, bei denen Karmin, Hellblau, Hellgrün, Gelb, Orange und Eisenrot vorherrschten, aber auch Golddekor und Schwarzlot verwendet wurden. An Figuren entstanden die berühmten Zwerge nach Callot mit ihren großen Köpfen, Porträtstatuen und chinesische Nachbildungen. Böttgerporzellan, leichter und billiger zu bekommen als die vollendete spätere Ware, wurde von den »Hausmalern« noch bis zur Jahrhundertmitte dekoriert.

Durch Verwendung von Feldspat als Flußmittel und andere Verbesserungen der Masse gelang es ab 1720, sehr hartes, makelloses Porzellan herzustellen, das eine größere Geschirrproduktion ermöglichte. Gleichzeitig entwickelte Höroldt die ganze Breite seiner malerischen Palette. Er schmückte die glattwandigen Gefäße mit staffierten Landschaften und Parkszenen in reichen Goldkartuschen. Mitte der zwanziger Jahre übertrug er den Chinesendekor auf Porzellan und überzog Tee-, Kaffeekannen, Trinkschalen (Koppchen) und Kummen (Schalen, in die man den Satz schüttete) mit einer heiter-phantastischen, exotischen Welt. Höroldts wichtigste Mitarbeiter waren Johann Ehrenfried Stadler (1723–1741), Johann Georg Heintze (1720–1749) und Adam Friedrich Löwenfinck (1727–1736), dem das »Earl-of-Jersey-Service« und das »Fabeltierservice mit Schwarz-Gold-Streifen« zugeschrieben werden. Ebenfalls um 1725 erfand Höroldt die ersten Fondporzellane, von August dem Starken so geschätzt, daß er in seinem Japanischen Palais jeweils ein Zimmer mit Porzellanen in einer Fondfarbe ausstatten ließ. Gleichzeitig entstanden zahlreiche ostasiatische Dekore: der sparsam auf die weiße Fläche gesetzte Kakiemon-Dekor mit Päonien, Blütenzweigen und Vögeln in Rot, Blau, Grün und Gelb (1728 »Gelber Löwe«; 1730 »Roter Drachen«; »Geflügelter Drachen«; »Fliegender Hund« oder »Fliegender Fuchs«). Versuche mit Unterglasurblau liefen seit 1720, das so berühmte »Zwiebelmuster« wurde jedoch erst 1739 entwickelt. Ab 1724 hat man die einfachen Landschaften durch reich staffierte Kauffahrteiszenen ersetzt. Die sog. Indianischen Blumen wie auch die Chinoiserien Höroldts wurden seit etwa 1737 von »Deutschen Blumen« verdrängt. Sie sind exakt nach botanischen Vorlagen gemalt und oft wie in den kopierten Kupferstichwerken mit Schatten (»Ombrirte teutsche Blumen«) versehen (Service für Kurfürst Clemens August von Köln 1741). Aus den »Deutschen Blumen« entwickelten sich um die Jahrhundertmitte die Manierblumen, die in Halbtönen virtuos als Blumenbuketts und Streublumen auf die Geschirre gezaubert wurden.

Mit der Berufung Kändlers bahnte sich ein Stilwandel zum Plastischen an, der glattwandige Gefäße durch Maskarons, Voluten und Reliefmuster bereicherte. 1733 entstanden die ersten Terrinen mit Korbflechtrand (»Ozier«), 1741 Schneeballenvasen, 1742 das Neuoziermuster (mit geschweiften Rippen), 1744 das Brandensteinmuster, 1743 Dulongmuster, und Marseillemuster, 1744 Gotzkowskys erhabene Blumen. Gleichzeitig wurden auch die ersten großen Tafelservice in Auftrag gegeben. (1735/37 Sulkowsky-Service; 1738 für Generalfeldmarschall von Münnich; 1737/41 das sog. Schwanenservice für den Grafen Brühl).

Das Schwanenservice mit seinen 2200 Teilen, das umfangreichste Tafelservice des 18. Jahrhunderts, bedeutete den Sieg des plastischen Stils über den malerischen Dekor, dem nur noch eine untergeordnete Rolle zukam. Unter Mitarbeit von Eberlein überzog Kändler alle Geschirrteile mit Reliefs und plastischem Zierat, der auf das Wasser und seine Welt bezogen ist.

Friedrich der Große gab im Siebenjährigen Krieg das von ihm selbst entworfene »Vestunen-Service« in Auftrag. 1761 entstand das Service mit dem »Preußisch-musikalischen Dessin«, das er dem General Wilamowitz-Möllendorf zum Geschenk machte.

An malerischen Dekors seien ferner die seit 1738 beliebten, nach Stichen von Watteau und Lancret ausgeführten »Watteauszenen« erwähnt. Gegenstücke zu diesen höfischen Themen bilden die derben Bauernszenen nach Teniers und Hogarth sowie Reitergefechte nach Ridinger. Nach den Schlesischen Kriegen wurde in den königsblauen Fondporzellanen mit radierten Goldrahmen, Putten, Amoretten und Kinderszenen der Einfluß von Sèvres deutlich.

Figürliche Plastik wurde in Meißen zwar schon seit der Gründungszeit produziert, aber erst 1727 stellte die Manufaktur mit Johann Gottlieb Kirchner, dessen Hauptwerk die teils lebensgroßen Tiere für das Japanische Palais Augusts des Starken bilden, einen eigenen Bildhauer ein. Auch Johann Joachim Kändler, seit 1731 Kirchners Gehilfe und nach dessen Ausscheiden 1733 Modellmeister, beschäftigte sich in den ersten fünf Jahren seiner Tätigkeit fast ausschließlich mit Tierfiguren, die er in einer neuen Individualität darstellte. Um 1738 schuf er eine Folge von Harlekinen und später eine Reihe von Krinolinegruppen (Damen im Reifrock mit Kavalier), deren Stil die Porzellanplastik fast aller Manufakturen prägte. Alle Themen der Malerei, dem höfischen, bürgerlichen oder bäuerlichen Leben entnommen, griff auch die Porzellanplastik auf; sie schuf Liebespaare, Schäfergruppen, Volkstypen, Berufe, Freimaurer, Maskeraden, Nationalitäten, Chinesen, Orientalen, Bettler, Folgen mythologischer und allegorischer Szenen. Auch vor der Ausformung monumentaler Werke hat sich Kändler nicht gescheut (große Kreuzigungsgruppe, Liebestempel, Entwurf für das Reiterdenkmal des Kö-

nigs 1753), dem ein Stab qualifizierter Mitarbeiter zur Seite stand (Johann Friedrich Eberlein 1735–1749, Peter Reinicke 1743–1768, Friedrich Elias Meyer 1746–1761).
Da Kändler seinem leichten Rokokostil treu blieb und den Strömungen der Zeit nicht Folge leistete, berief die Manufaktur 1764 den in Paris geschulten Bildhauer Michel Victor Acier, der den Übergang zum Klassizismus in Meißen vollzog. Er schuf neben zahlreichen Kinderfiguren (1775 Folge der »Devisenkinder«) ans Gemüt appellierende Familienszenen, die sich durch eine Vielfalt an zeittypischer Kostümierung auszeichnen. Nach Aciers Pensionierung 1781 entstanden Biskuitgruppen nach französischem Vorbild sowie Antikenkopien.
Das 19. Jahrhundert griff in der Plastik häufig auf bewährte Modelle des 18. Jahrhunderts zurück. Besonders Leuteritz kombinierte alte Vorbilder gern mit Formen des zweiten Rokoko.
Zu Anfang des 20. Jahrhunderts konnte Meißen nur langsam neue Wege finden. An der Entwicklung zeitgerechter Geschirrformen haben Henry van de Velde, Richard Riemerschmid und Adalbert Niemeyer gearbeitet. Die figürliche Plastik hat erst nach dem Ersten Weltkrieg entscheidend Neues geleistet. Unter der Leitung von Max Adolf Pfeiffer (1924–1934), der von den Schwarzburger Werkstätten übergewechselt war, haben so hervorragende Modelleure wie Paul Scheurich, Max Esser und Paul Walther einen neuen Porzellanstil gefunden. Speziell Scheurich knüpfte an die große Rokokotradition des Porzellans mit zeitgerechten stilistischen Mitteln an.
Kat.-Nr. 1–44, 102–112, 115–144, 185–207, 249–270, 280–286, 288, 307–311, 314–322, 335–349, 361–365, 377, 380–383, 386, 388–390, 393–395, 397–400, 402, 403, 405, 434, 441, 442, 444–446, 450–453, 462

Marken:
AR = Augustus Rex = König August II., der Starke (1697–1733);
KHCW = Königliche Hofkonditorei Warschau; KHK = Königliche Hofküche;
CHK = Kurfürstliche Hofküche;
Gekreuzte Schwerter in Unterglasurblau seit 1723

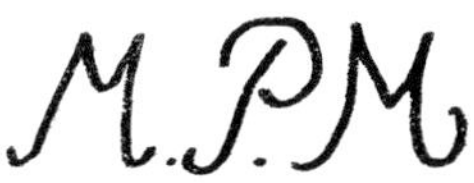

1722

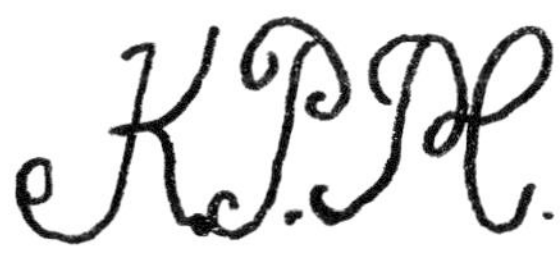

1722

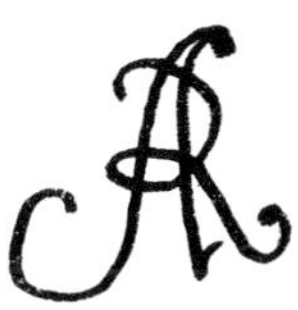

1723–1736

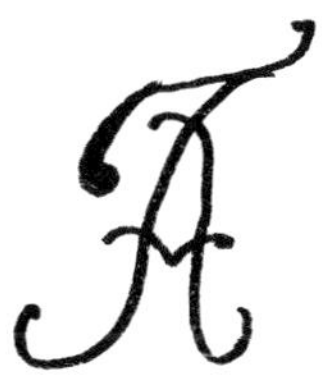

1733

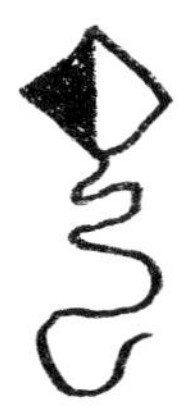

1721–1731

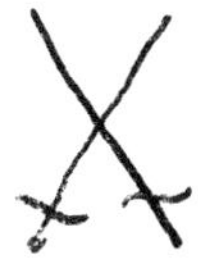

1725–1763

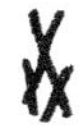

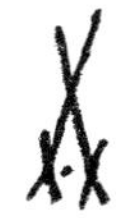

1763–1774

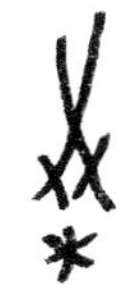

1774–1814

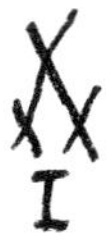

1814–1818

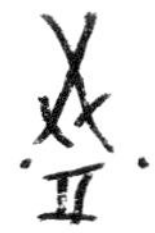

um 1818

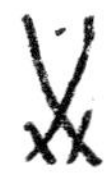

1924–1934

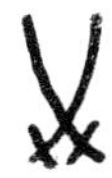

ab 1934

MENNECY (1748–1773)

Der Fayencefabrikant François Barbin mußte seine nebenher betriebene Porzellanherstellung wegen des für Vincennes ausgesprochenen Privilegs einstellen und verlegte deshalb seinen Pariser Betrieb mit Unterstützung des Herzogs von Villeroy nach Mennecy. Damit begann der Aufschwung dieser Manufaktur, die 1750 bis 1765 unter Leitung des Sohnes Jean Baptiste Barbin stand und nach dessen Tod an die Pächter der Manufaktur von Sceaux, Joseph Jullien und Symphorien Jacques, überging. Sie lösten 1772 und 1773 beide Fabriken auf und gründeten in Bourg-la-Reine eine Manufaktur, die bis 1804 bestand.
In der Frühzeit imitierte man Geschirre von Saint-Cloud, Chantilly und chinesische Vorbilder, während sich ab 1750 der Einfluß von Vincennes mit polychromen Blumen, Girlanden, Vögeln, Landschaften und Figurengruppen geltend machte. Charakteristisch für Mennecy sind Vasen mit naturalistischem Beiwerk auf Felssockelplatten, Schneeballvasen, urnenförmige »Mediciväschen«, kleine Cremetöpfchen und Dosen.
Die Figurenproduktion kennzeichnen in den Anfängen groteske Züge (bucklige Zwerge, Affe auf einem Hund), später schuf Nicolas Joseph Gauron (ab 1753) schlanke Gestalten auf locker getürmten Felsgebilden, und in den sechziger Jahren entstanden Rundgruppen mit lieblichen Kindern und Putten.
Kat.-Nr. 332

Marken:
D.V. = Duc de Villeroy.

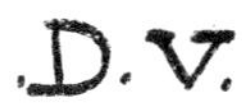

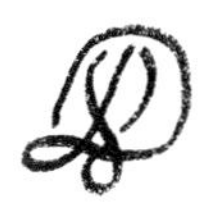

MOSKAU (1765 bis zur Gegenwart)

1765 gründete der Engländer Francis Gardner in Werbiliki, nahe Moskau, eine Porzellanmanufaktur, die, bis 1891 in Familienbesitz, zur ernsten Konkurrenz für die kaiserliche Fabrik wurde. An Geschirren sind die vor allem im 19. Jahrhundert von beachtlicher Qualität produzierten, von der Kaiserin 1777 und 1783 in Auftrag gegebenen Service für verschiedene Orden zu nennen. Das Schwergewicht der Produktion lag bei der figürlichen Plastik mit ihren russischen Volkstypen von einfacher Anmut.
Kat.-Nr. 101, 302

Marke:
G = Gardner

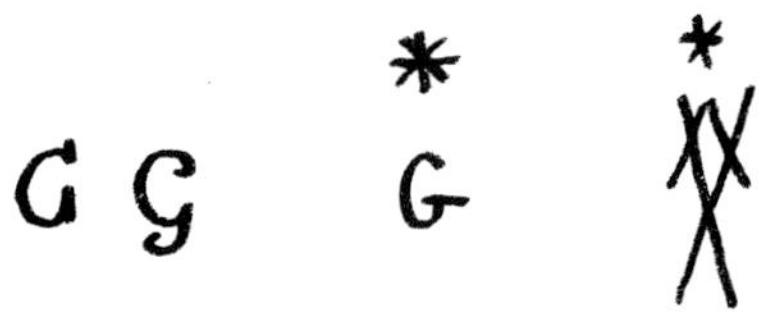

NEAPEL (1771–1834)

Ferdinand IV. errichtete 1771 im Anschluß an die ehemalige Manufaktur seines Vaters Karls III. in Capodimonte eine neue Fabrik in Neapel, die nacheinander von Marchese Brigadiere Ricci, Tomas Perez und Domenico Venuti geleitet wurde.
Die künstlerische Produktion schloß sich zuerst an Vorbilder von Capodimonte an, da auch zahlreiche Arbeiter von der ehemaligen Manufaktur übernommen wurden, und wandte sich dann ganz der antiken Tradition zu (1782 Herkulaneum-Service für den spanischen Hof, 1787 Etruskisches Service für den englischen König Georg III.).
Die Plastik, zu Anfang ebenfalls im Rokoko verhaftet, stellte am Jahrhundertende Kostümfiguren und Liebespaare, deren Modelle wohl Michele Giordano (1789–1799) geschaffen hat, auf runde, felsenartige Sockel. Daneben modellierte Filippo Taglioni (1781–1807) große Biskuitgruppen wie »Jupiter stürzt die Titanen«. Mit der napoleonischen Revolution von 1798/99 geriet die Manufaktur in Schwierigkeiten, wurde 1807 unter König Joseph Bonaparte an die französische Firma Jean Poulard Prad & Comp. verkauft und 1834 wegen Unwirtschaftlichkeit endgültig aufgelöst.
Kat.-Nr. 95, 97, 180

Marken:
N = Neapel; FRF = Fabbrica Reale Ferdinandea.

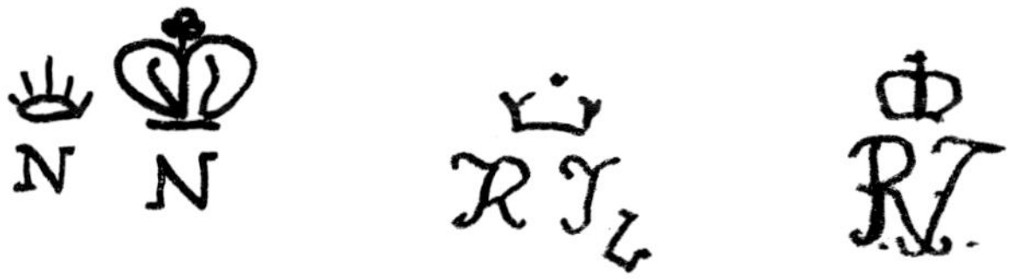

NIDERVILLER (1765–1827)

Die Fayencefabrik des Barons Jean Louis de Beyerlé begann 1765 nebenher auch Porzellan zu produzieren. Sie wurde 1770 an Adam Philibert Comte de Custine verkauft, der die Leitung dem Chemiker Claude François Lanfrey übertrug. Nach Custines Tod 1793 bis zur Auflösung 1827 war Lanfrey Alleininhaber. Typisch für die Erzeugnisse ist, wie auch in Straßburg, die nahe Verwandtschaft zur Fayence, die oft nach den gleichen Modellen geschaffen wurden. Niderviller gilt als Erfinder des Holzmaserdekors mit aufgemalten Kupferstichen. Die Plastik wurde von Paul Louis Cyfflé geprägt, dessen Luneviller Modelle nach Auflösung seiner dortigen Fabrik Niderviller ausgeformt hat. Den Cyfflé-Stil setzte sein ehemaliger Schüler Charles Gabriel Lemire in Niderviller fort.
Kat.-Nr. 176, 379

Marken:
BN = Beyerlé Niderviller (1765–1770); CC oder CN = Custine Niderviller (1770–1793); CFL = Claude François Lanfrey (1793–1827).
Die Doppel-C-Marke ist leicht mit der Ludwigsburger Marke zu verwechseln.

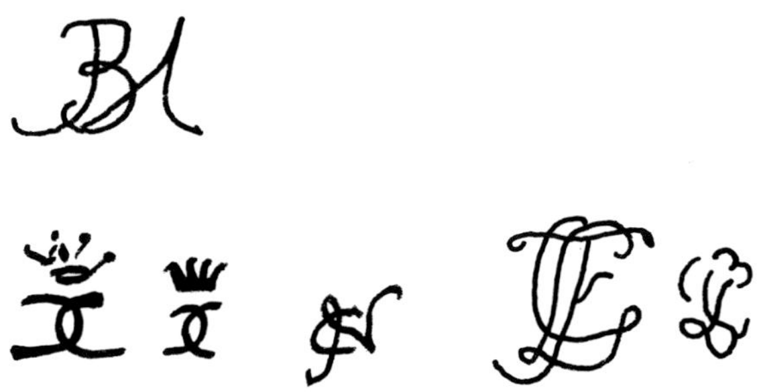

NYMPHENBURG (1747 bis heute)

Im Jahr 1747 gründete der Töpfermeister Ignaz Niedermeyer mit Unterstützung des bayerischen Kurfürsten Max III. Joseph in Neudeck bei München eine kleine Porzellanmanufaktur. Nach der Berufung des Arkanisten Joseph Jacob Ringler (1753–1757), des Chemikers Johann Rupert Härtl (1752–1761) und besonders des Figuristen Franz Anton Bustelli (1754–1763) erlebte sie einen derartigen Aufschwung, daß die Gebäude zu klein wurden und man 1761 in die neu errichtete Fabrik im Nymphenburger Schloßrondell übersiedeln mußte. Nachfolger Härtls wurde Joseph Karl Linprun (1763–1773), der von Dominikus Auliczek (seit 1763 Modellmeister) abgelöst wurde. Auf Sigismund Graf Haimhausen, der seit 1753 die Oberleitung inne hatte, folgte 1793 unter Kurfürst Karl Theodor Graf Joseph August von Törring, den 1799 Matthias Flurl ablöste. 1887 pachtete Albert

Bäuml die Manufaktur, in dessen Familienbesitz sie bis in die Gegenwart blieb.
Die Geschirrproduktion orientierte sich mit Ozierrand und Altbrandensteinmuster wie fast alle Manufakturen an Meißner Vorbildern, doch entstanden in Nymphenburg bald eigenständige Malereidekore (Andreas Oettner »Wiener Chinesen« 1756/57; Georg Christian Lindemann Landschaften, Joseph Zächinger Blumenmalerei; Cajetan Purtscher Figurenszenen), deren detaillierte Ausführung und farbige Nuancierung zum besten gehört, was die Zeit hervorbrachte.
Zur Hochzeit der Prinzessin Maria Josepha mit dem Markgrafen von Baden 1755 schuf der aus Wien kommende und von Dannhauser beeinflußte Joseph Ponhauser (1754/55) einen reichen Tafelaufsatz. Die »Putten als Ovidische Götter«, von Bustelli 1755–1758 unter stilistischem Einfluß des bayerischen Hofbildhauers Johann Baptist Straub modelliert, gehörten wohl ursprünglich zu diesem umfangreichen Hofauftrag. In Bustellis 16 Figuren aus der italienischen Commedia dell' Arte ist sein persönlicher Stil voll ausgeprägt, den eine reiche, immer in eine elegante Gesamtkomposition eingebundene Ausdrucksskala kennzeichnet. Die Einbeziehung jedes Details in diese Gesamtkomposition zeigen auch die sechs Liebesgruppen (wie »Der gestörte Schläfer« und das »Liebespaar in der Ruine«), seine Berufedarstellungen und Volkstypen, die Jahreszeiten als Büsten und seine kleineren Schöpfungen wie Uhrenhalter, Stock- und Pfeifenköpfe. Bustellis Figuren sind häufig weiß oder kontrastreich bemalt, eine pastellhaft zarte Staffierung entstand meist in der Zeit nach 1770. Bustelli, der neben Kändler wohl die vollendetsten Porzellanplastiken hinterlassen hat, ist leider bereits 1763 verstorben. Von seinem Nachfolger Dominikus Auliczek sind Jagdgruppen auf dünnen Sockelplatten, ein großer Tafelaufsatz mit den vier Erdteilen und seine Allegorien und Götterdarstellungen mit üppigem Beiwerk am bemerkenswertesten. Mit Johann Peter Melchior (1797–1822, vorher in Höchst und Frankenthal tätig) kam wieder ein Modelleur, der in seinen Bildnisbüsten und Reliefs Bedeutendes hinterließ. Sein Nachfolger, der Baumeister Friedrich Gärtner, schuf das vom Geist der Antike geprägte »Onyx-Service«. Um 1900 wurde mit den Geschirren von L. Levallois und Adalbert Niemeyer wieder künstlerisch Bedeutendes geschaffen. Als Maler arbeiteten Hermann Gradl und Rudolf mit Ingrid Sieck. Den wichtigsten Beitrag zur figürlichen Plastik des Jugendstils lieferte Joseph Wackerle (1906–1909), der der Manufaktur bis zu seinem Tode 1959 eng verbunden blieb.
Kat.-Nr. 45–47, 114, 169, 170, 330, 350, 370, 371, 433, 455, 456

Marken:
Der Rautenschild aus dem bayerischen Wappen; ab 1890 mit Krone. Die Hexagramm-Marke bezieht sich auf das chemische Zeichen der vier Elemente.

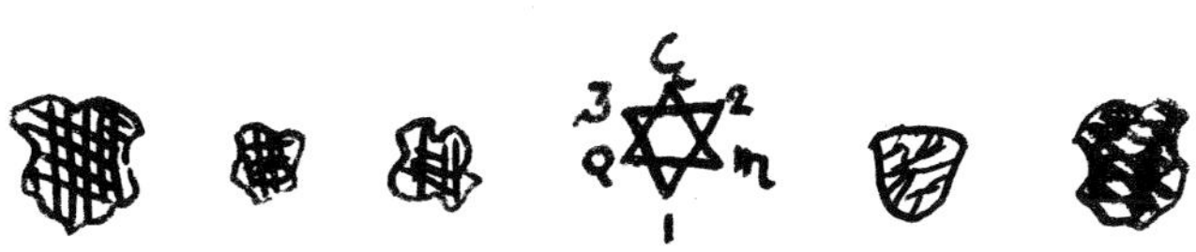

1765 *1780* *1880–1890* *1763–1767* *1810–1850* *1850*

NYON (1781–1813)

Johann Jakob Dortu gründete 1781 zusammen mit seinem Schwiegervater, dem Frankenthaler Maler Ferdinand Müller, in Nyon am Genfer See eine Fabrik, die er mit einigen Unterbrechungen bis 1809 leitete. Anschließend wandelte man den Betrieb in eine Aktiengesellschaft um und stellte ihn 1813 ganz ein (in der Folgezeit wurde nur mehr Steingut produziert). Nyon ist bekannt für seine an Sèvres und Paris orientierten klassizistischen Geschirre, die vorwiegend mit bunten Blumen, Girlanden, Ornamenten und Musikinstrumenten dekoriert sind. Die seltenen Figuren wurden meist in Biskuit ausgeführt.
Kat.-Nr. 234

Marken:
Der Fisch, bezogen auf das Nyoner Stadtwappen und das Familienwappen der Dortu.

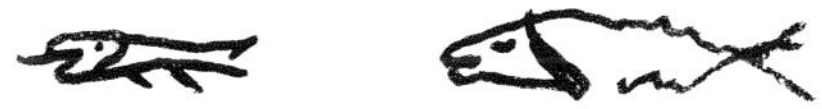

OTTWEILER (1763–1794)

Im Jahr 1763 errichtete der Fayencier Étienne Dominique Pellevé aus Rouen mit Unterstützung des Fürsten Wilhelm Heinrich von Nassau-Saarbrücken (1742–1768) in Ottweiler eine Porzellanfabrik, die nacheinander von Georg Heinrich Jeremias Wagner (1764), Isaak Wille (1765) und von dem Arkanisten Tentz (ab 1767), um dessentwillen Pellevé ging, verwaltet wurde. 1765 war vorübergehend der Modelleur Paul Louis Cyfflé aus Lunéville tätig. Nach dem Tode des Fürsten Wilhelm Heinrich wurde die Manufaktur an die Franzosen René François Jolly und Nicolas Leclerc verpachtet, die ab 1784 auch Steingut herstellten. Ihnen folgte 1789 Johann Philipp von Trebra als Pächter. Nach der Einstellung des Betriebes 1794 gingen die Formen und Modelle an die Steingutfabrik Saargemünd.
Das leicht graustichige Porzellan wurde meist für Tafelgeschirr im Rokokostil (anfangs nach französischem, später häufig nach Meißner Vorbild) hergestellt. In der Malerei wurden Blütengirlanden und mythologische Darstellungen von Nilsonszenen (Maler Friedrich Karl Wohlfahrt 1769/70) abgelöst.

Marken:
NS = Nassau-Saarbrücken.

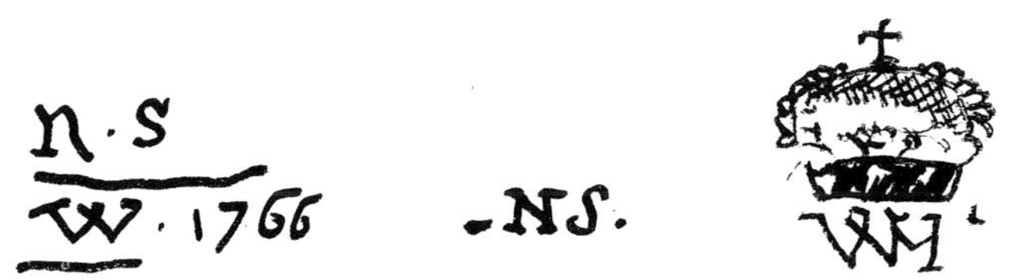

PARIS

In den siebziger Jahren des 18. Jahrhunderts wurden in Paris mehrere, gewöhnlich nach den Straßennamen ihres Standorts oder nach dem Besitzer bezeichnete Porzellanmanufakturen gegründet. Die Produktion bestand vorwiegend aus klassizistischem Geschirr, das nach Sèvres-Art mit Girlanden, Goldbordüren und Blütenmuster geschmückt, unter dem Begriff »porcelaine de Paris« einen eigenen Stil entwickelte.
Weichporzellan (pâte tendre) wurde zuerst in der rue de la Ville-l' Évêque (1711–1741), einem Filialbetrieb von Saint-Cloud hergestellt. Mit der Hartporzellanproduktion begann 1771 Peter Anton Hannong, der seinen Betrieb von Vincennes in die rue du Faubourg-Saint-Denis (1771–1828) verlegt hatte.
Einer Reihe von Manufakturen gelang 1787 mit Unterstützung königlicher Familienmitglieder eine gewisse Unabhängigkeit von Sèvres, die ihnen eine ähnliche Produktion ermöglichte, wie der »manufacture royale« (rue Thiroux 1775–1869; rue de Clignancourt 1771–1798; rue du Faubourg-Saint-Denis; rue de Bondy 1780–1792).
Eine umfangreichere Produktion gelang auch einigen Privatunternehmen wie La Courtille 1771–1840 in der rue Fontaine-au-roi, Johann Nepomuk Hermann Nast 1782–1835 in der rue de Popincourt, François Maurice Honoré und P. L. Dagoty 1785–1822 in der petite rue Saint-Gilles und Darte frères in der rue de Charonne 1795–1840.
Kat.-Nr. 174, 175, 232, 298, 396

Marken:

1771–1776 *1771–1775*

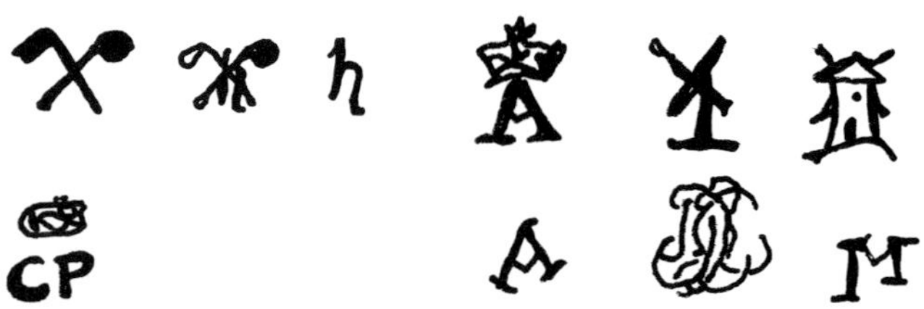

1779–1793 Faubourg-Saint-Denis *Thiroux 1776–1790* *1775–1793 Clignancourt*

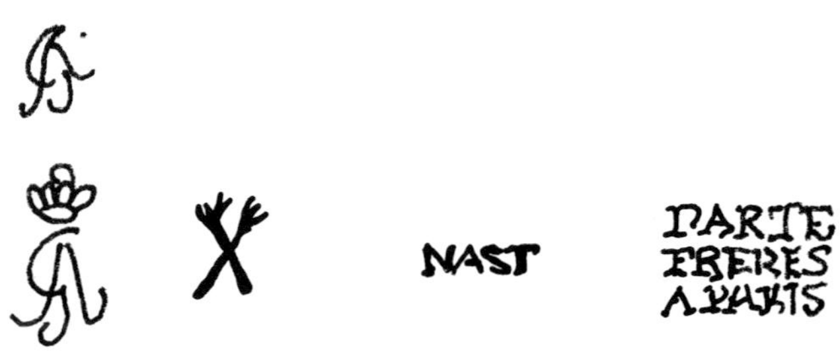

Bondy Courtille 1781–1793 *Nast* *Darte frères*

PASSAU (1840–1942)

1840 wurde eine Porzellanfabrik von Dressel, Kister & Co. gegründet, die 1903 alte Höchster Formen erwarb und diese Erzeugnisse mit der alten Höchster Radmarke bezeichnete.

Marken:

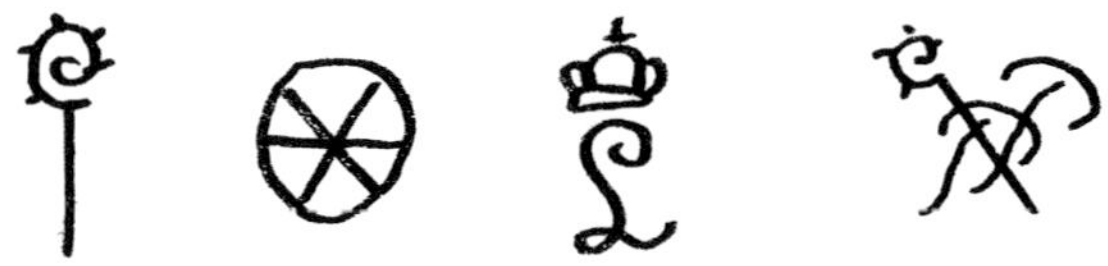

POTSCHAPPEL

1872 gründete Carl Thieme eine Fabrik, die handgemaltes Zier- und Luxusporzellan wie Tafelaufsätze, Leuchter und Prunkvasen nach Meißener Art im Stil des zweiten Rokoko herstellte.

Marken:

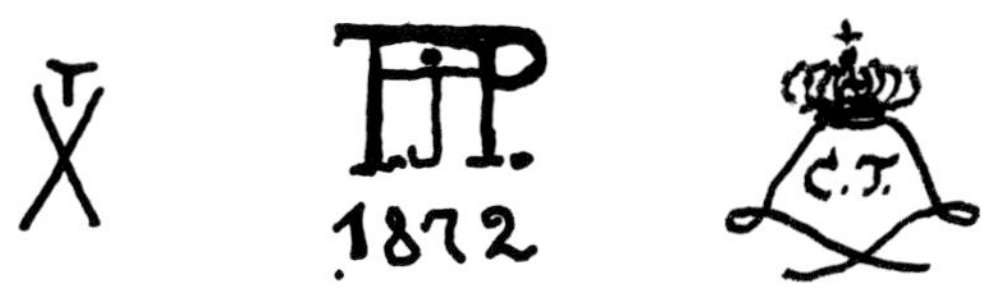

SAINT-CLOUD (1678–1766)

Pierre Chicaneau betrieb in Saint-Cloud bereits seit den sechziger Jahren des 17. Jahrhunderts eine Fayencefabrik, die auch Weichporzellan herstellte. Seiner Witwe Barbe Coudray, die ein Jahr nach dem Tode ihres ersten Mannes Henri-Charles Trou geheiratet hatte, wurde 1702 das Privileg zur Porzellanherstellung verbrieft. Unter dem Patronat des Herzogs von Orléans produzierte die Manufaktur (bis zu ihrer Schließung in Familienbesitz) ein elfenbeinfarbenes Frittenporzellan mit glänzend-spröder Glasur, dessen frühe Gefäße mit Blaudekor von Rouener Fayencen beeinflußt waren.
Typisch für Saint-Cloud sind kleinere Service (ohne Teller!), Trembleusen, achteckige Anbietplatten, zylindrische Deckeldosen und Kühlgefäße mit plastischen Löwenköpfen, die seit den dreißiger Jahren im Kakiemon-Stil bemalt, oder nach Art des blanc-de-chine weiß belassen, mit Reliefblütenzweigen belegt wurden. Galanteriewaren, wie Stockgriffe mit Männerköpfen, Schnupftabaksdosen in Form liegender Chinesen und groteske Chinesenfiguren auf Felssockeln waren ebenfalls oft unbemalt oder mit Kakiemondekor geschmückt. Eine eigene Gruppe bilden die, ihrer Silbermontierung nach zwischen 1723 und 1738

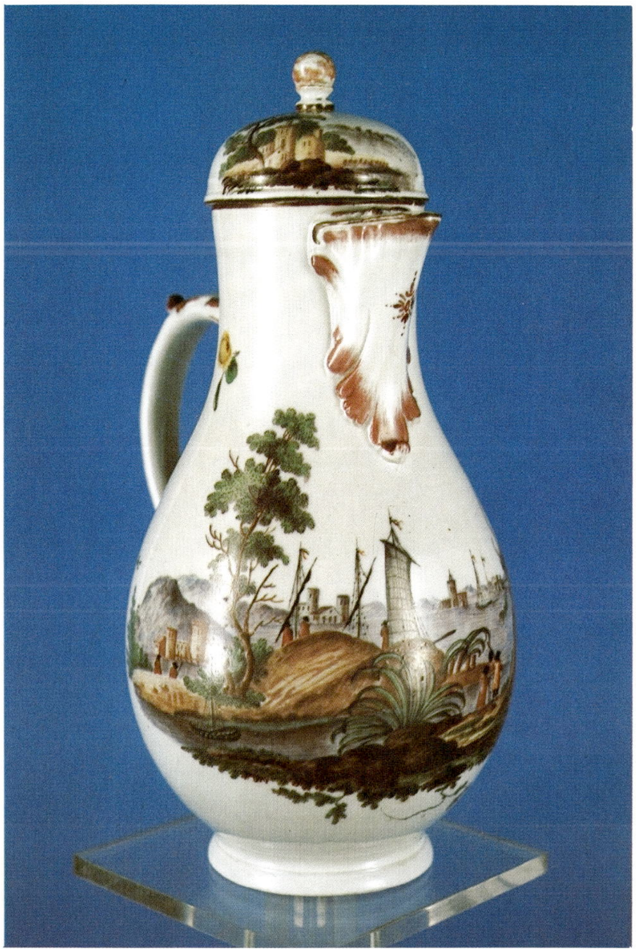

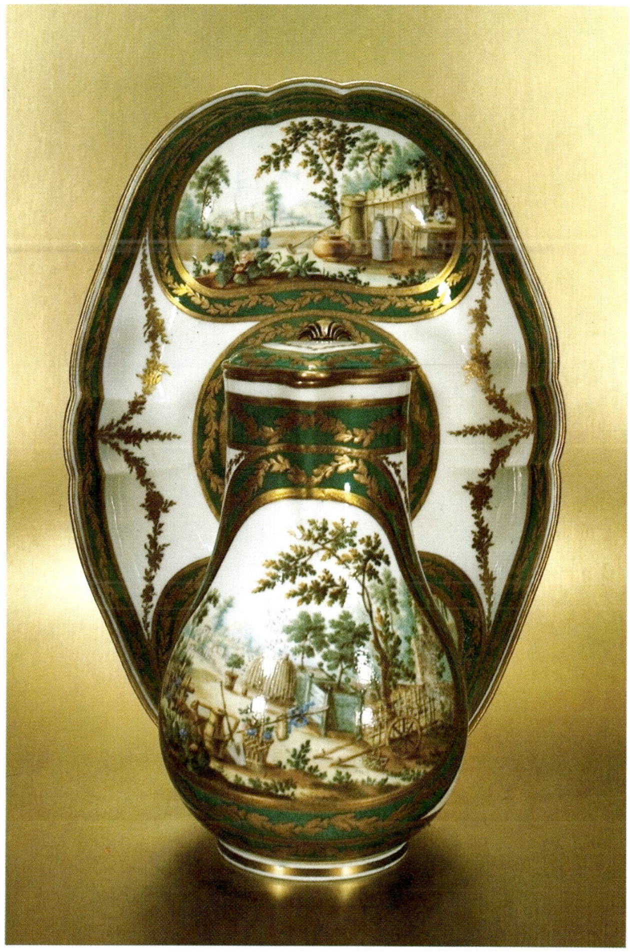

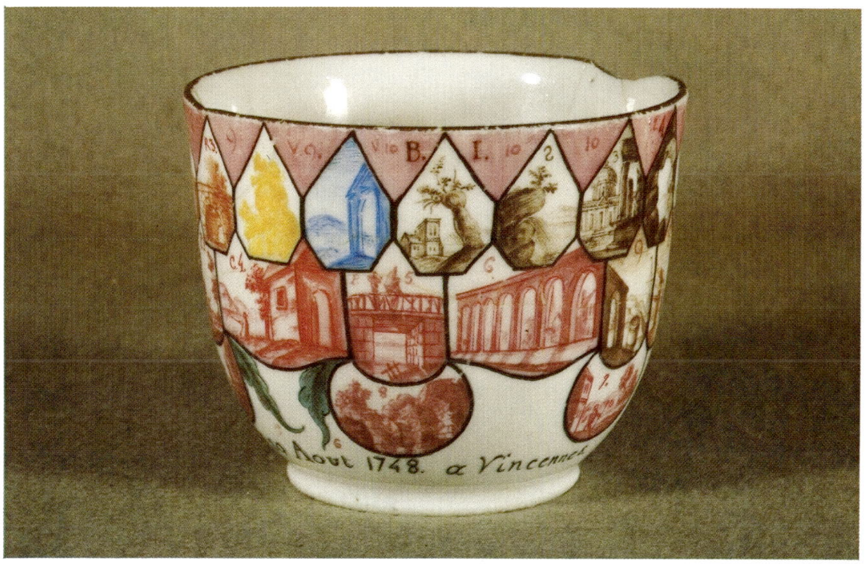

Farbtafel II

Kaffeekanne in Birnform auf eingeschnürtem Standring mit Haubendeckel. Henkel und Deckel purpurstaffiert. Auf Deckel und Leibung reiche bunte Seelandschaft mit Figuren von Chr. H. Winterstein.
Frankenthal, 1774 **12000,–/18000,–**

Deckelkrug und Schale. Birn- und apfelförmige Kartuschenrahmen aus breiten grünen Bändern mit goldenen Laubranken. Darin polychrome Landschaftsmalerei mit Gartengerät und Bienenstöcken. Rand der Schale mit goldenen Festons. H der Kanne 19,3 cm; Schale 29,5x21,2 cm
Sèvres, 18. Jh. **9000,–/14000,–**
Peretz

Becher aus Weichporzellan, von Taunay als Farbmusterpalette bemalt mit der Inschrift: »Inventaire, fait ce 29 Août 1748 à Vincennes«.
Sèvres, Musée National de Céramique

entstandenen Galanteriewaren, die mit Blüten und Chinesen in Reliefgold mit transluzidem Email verziert sind, einer Dekorationsart, die C. C. Hunger auf Meißner Porzellan entwickelt haben soll.

Marken:
S. C. = Saint-Cloud; T = Henri II. Trou (1722–1746), und Henri-François Trou (1746–1766); Sonnenmarke

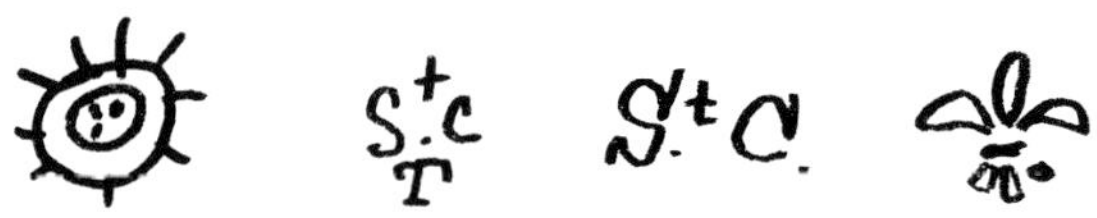

SÈVRES (1756 bis heute)

König Ludwig XV. und Madame de Pompadour veranlaßten 1756 die Verlegung der königlichen Porzellanmanufaktur von Vincennes in neu errichtete Gebäude in Sèvres, nahe dem Schloß Bellevue, zwischen Paris und Versailles. Wenig später, 1759, wurde die bisherige Aktiengesellschaft, an der der König nur Teilhaber war, aufgelöst und die Manufaktur ging ganz in seinen Besitz über. Die Leitung hatte weiterhin der bereits in Vincennes tätige Boileau bis zu seinem Tode 1773 inne. Seine Nachfolger wurden: Parent (1773–1778), Regnier und Salomon (1778–1783), Hettlinger und Meyer (1784–1796), Brongniart (1800–1847), Ebelmann (1847–1852), Regnault (1852–1871), Robert (1871–1879), Lauth (1879–1887), und Théodore Deck (1887–1891).
Die Kaolinfunde der Chemiker Macquer und Montigny bei Limoges ermöglichten ab 1768 die Herstellung von Hartporzellan, das jedoch die »pâte tendre« erst 1804 ganz verdrängen konnte. Im Jahr 1787 wurde das große Sèvres-Monopol gebrochen, als es vier Pariser Manufakturen (in der rue Thiroux, der rue de Clignancourt, der rue de Bondy und der rue du Faubourg-Saint-Denis) unter Protektion verschiedener Königsmitglieder erlaubt wurde, Porzellan mit Farbdekor und Gold (mit Ausnahme von »Ouvrage de grand luxe«) herzustellen.
Um 1800 leitete der Keramiker und Geologe Alexandre Brongniart durch seine umfassende Reorganisation eine neue Blütezeit ein und stellte die Produktion nach der Erhebung zur kaiserlichen Manufaktur 1804 auf Prunkerzeugnisse um.
Bei der Geschirrproduktion von Sèvres kommt das Hauptverdienst den Malern und Vergoldern mit ihrer Vielfalt an Fondfarben zu. Noch in Vincennes hatte der technische Direktor Hellot (1751–1766) um 1750 das »bleu lapis« entwickelt, 1753 folgte Himmelblau und Gelb, 1756/57 Violett, Grün und die wohl berühmteste Fondfarbe von Sèvres, das »rose Pompadour« (in England »rose du Barry«). Immer reicher wurden die Bildreserven dabei mit Goldrahmen verziert. Neben einfarbigen Fonds entstanden Marmoreffekte wie das »oeil de perdrix« (Rebhuhnauge), »verniculé«, »caillouté«, der Juwelendekor und der »fond écaillé« (Schildpattmuster). Selbst ostasiatische Lackarbeiten wurden imitiert, indem man Gold- und Silbermalerei auf graue und schwarze Fonds auftrug. Der König gab umfangreiche Service als Geschenke für fremde Herrscherhöfe in Auftrag (z.B. 1758 und 1768 für den Dänischen König; 1760 für den Kurfürsten von der Pfalz; 1764 und 1772 für den Kaiser von China; 1771 für den Schwedischen König und 1777/78 für Katharina II. von Rußland). Daneben bildeten große Prunkvasen (in Schiffsform!) beliebte diplomatische Geschenke. Der Stilwandel zum Klassizismus ließ die Reichhaltigkeit und Prunksucht nicht abnehmen, sondern paßte sich nur in Form und Dekor den antiken Idealen an.
Die figürliche Produktion formte zu Anfang ältere Vincenner Modelle wie die Kinder- und Liebesgruppen nach Boucher von 1752/53 aus, die später auch in Hartporzellan wiederholt wurden. Den neuen plastischen Stil prägte Etienne Maurice Falconet (1757–1766 oberster Modellmeister), der anschließend an den Zarenhof ging. Neben Verkleinerungen seiner Marmorskulpturen (»Baigneuse« 1758, »Pygmalion« 1763), welche die Plastik fast aller Manufakturen beeinflußten, modellierte er zahlreiche, in Biskuit ausgeführte, allegorische Gruppen wie »Amor und Psyche« (1761) und eine Anzahl Kindergruppen. Daneben entwarfen bedeutende Bildhauer wie Pigalle, Bouchardon, Clodion und Houdon Modelle für die Manufaktur. Von Louis-Simon Boizot (1774–1802) stammt die Krönungsgruppe Ludwigs XVI. mit Marie-Antoinette, und sein Mitarbeiter Le Riche (1757–1801) schuf vielfigurige Kostümgruppen nach Coypel, Oudry und van Loo.
Kat.-Nr. 91, 92, 171–173, 230, 231, 333

Marken:
Hartporzellan »Porcelaine Royale« kennzeichnete man seit 1769 mit einer Krone; Weichporzellan führte den Titel »Porcelaine de France«. Die Marke setzt sich aus zwei verschlungenen L (Ludwig XV. 1715–1774 und Ludwig XVI. 1774–1793) zusammen. Das Entstehungsjahr ist aus dem jeweiligen fortlaufenden Buchstaben ersichtlich: In Sèvres begann die Produktion 1756 mit D (in Fortsetzung an Vincennes). Doppelbuchstaben kommen seit 1778 vor. RF = République Française (1793–1800); M Nle Sèvres = Manufacture Nationale de Sèvres.

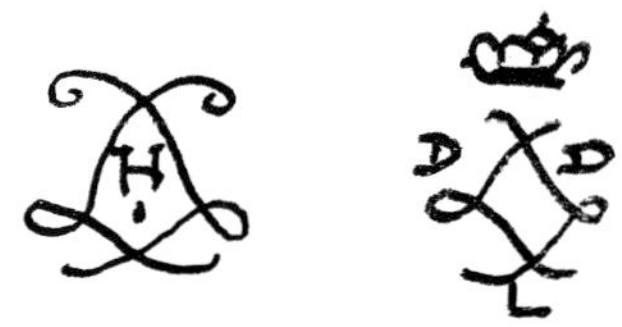

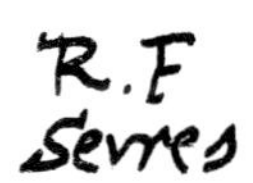

1793–1800

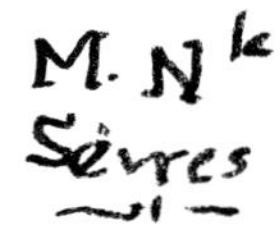

1803–1804

ST. PETERSBURG (1744 bis zur Gegenwart)

Unter Kaiserin Elisabeth (1741–1762) wurde in St. Petersburg eine Manufaktur gegründet, an der Christoph Conrad Hunger, der sich schon in Meißen, Wien, Venedig, Dänemark und Schweden an der Porzellanherstellung versucht hatte, von 1744 bis 1748 unfruchtbar tätig gewesen ist, und den Dimitri Iwanowitsch Winogradow (1748–1758) erfolgreich abgelöst hat. Ihm folgten 1759 der sächsiche Arkanist Johann Gottfried Müller und 1765 der Wiener Josef Regensburger. Dank der hohen Zuschüsse von Katharina II. (1762–1796) erlebte die Manufaktur unter Alexander Tschepotieff (1763–1773) Prinz Wjasemsky (1773 bis 1792) und Fürst Jussupow (1792–1802) eine reiche Blütezeit.
Die Produktion begann mit Schnupftabaksdosen (oft in Briefform) und Servicen, die ein reliefiertes Netzwerkmuster und Blumenmalerei schmückt. Mitte der achtziger Jahre entstanden für den Hof umfangreiche Service, wie 1784 das »Arabeskenservice« (937 Teile mit pompejanischem Dekor), 1785 das »Kabinett-Service« (mit Feldblumen und italienischen Veduten). Die Figurenproduktion nahm 1779 ihren Aufschwung mit der Berufung des französischen Modelleurs Dominique Rachette (1779–1804), der an die 100 Volkstypen nach Kupferstichen von Abbé Georgi's »Beschreibung aller im russischen Reich lebenden Völker« anfertigte. Daneben schuf er Medaillonporträts und Biskuitbüsten. Unter Kaiser Paul (1796–1801) entstanden große, reich vergoldete Prunkvasen in antikisierenden Formen mit Ansichten und Porträts auf farbigen Fonds.
Kat.-Nr. 181

Marken:

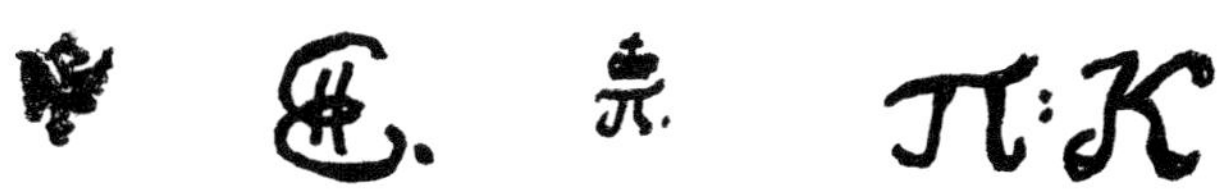

Elisabeth I. 1752–1762 — *Katharina II 1762–1796* — *Paul I. 1796–1801* — *1762–1801 Porzellan für die Hofküche*

STRASSBURG (1751–1754 und 1768–1781)

Carl Franz Hannong besaß seit 1721 in Straßburg und seit 1724 in Hagenau Fayencefabriken, die in den dreißiger Jahren an seinen Sohn Paul Anton Hannong übergingen. Diesem gelang mit Hilfe des Arkanisten J. J. Ringler 1751 erstmals in Frankreich die Herstellung von Hartporzellan, die ihm jedoch aufgrund des Monopols von Vincennes 1754 untersagt wurde, was ihn zwang, seinen Betrieb nach Frankenthal zu verlegen. Nach der Lockerung des Monopols 1766 nahm Joseph Adam Hannong, seit 1762 Besitzer der Straßburger Fayencefabrik, die Porzellanherstellung 1768 wieder auf. Da das Porzellan in Frankreich kaum abzusetzen war, und sein Gönner Kardinal Constantin Rohan 1779 starb, geriet Hannong so in Schulden, daß er sich vor seinen Gläubigern 1781 nur durch Flucht retten konnte, die für die Fabrik das Ende bedeutete.
Die Erzeugnisse der ersten Straßburger Periode, kugelbauchige Potpourri-Vasen auf schmalem, rundem Fuß mit blütenförmigen Durchbrüchen, Wasserkannen nach französischem Vorbild, meist sparsam mit Blumen bemalt, und Figuren auf gewölbten Grassockeln, sind von frühen Frankenthaler Schöpfungen kaum zu unterscheiden, da an beiden Manufakturen weitgehend dieselben Künstler tätig waren.
Die zweite Periode kann sich nicht mit der ersten messen. Schwerfällige dickwandige Gefäße mit klassizistischen Tierköpfen auf kannelierten Beinen, Deckelvasen mit Puttenreliefs, Traubengehängen und Blumenmalerei sind typisch.
In der Plastik kopierte man Vorbilder aus Vincennes, schuf einfache Volkstypen und Biskuitgruppen.

Marken:
PH = Paul Anton Hannong (1751–1754), kommt 1755/56 auch in Frankenthal vor; JH = Joseph Adam Hannong (1768–1781).

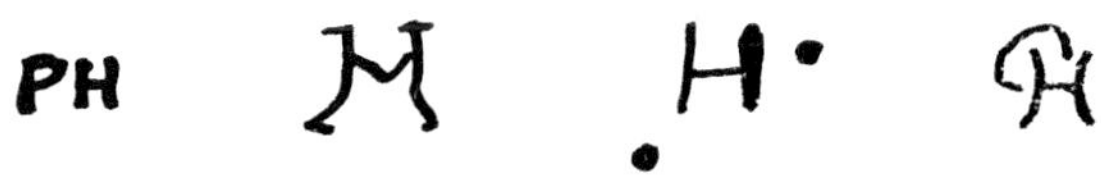

auf Gefäßen

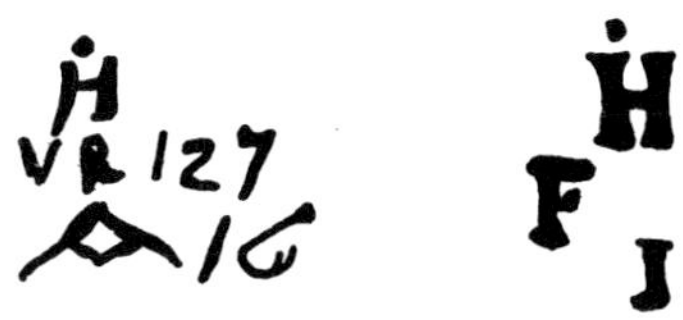

auf Figuren

TOURNAI (1751–1850)

1751 gründete der Ingenieuroffizier François Joseph Peterinck in einer ehemaligen Fayencefabrik eine Porzellanmanufaktur, die, priviliegiert durch Kaiserin Maria Theresia, unter der technischen Leitung der Brüder Dubois (die bereits in Chantilly und Vincennes gearbeitet hatten) Weichporzellan herstellte. Das Unternehmen, von Peterincks Sohn und Schwiegersohn weitergeleitet, wurde 1850 an die Brüder Boch verkauft. In Tournai wurden eigene Varianten zu den Meißner Oziermustern als Geschirrreliefs entworfen wie »marli à groupes de Côtes torses« (je vier geschweifte Rippen und Korbrand) und »marli aux milles côtes« (dichte Riffelung statt geschweifter Rippen). In der Malerei bevorzugte man Blaudekor in ostasiatischem Stil (»ronda«) und bunte Deutsche Blumen nach Meißner Art, die unter Henri Joseph Duvivier (1763–1771) von Phantasievögeln in Parklandschaften nach Chelsea-Manier abgelöst wurden. Gegen 1770 setzte sich die Fondmalerei mit reicher Vergoldung nach Sèv-

res-Vorbild durch, und Jean Ghislain Joseph Mayer (1774–1825) malte Vogeldekore nach Buffons Naturgeschichte.
Den Figurenstil prägte der vorher in Mennecy und Vincennes tätige Modelleur Nicolas Gauron (1758–1764). Seine Rundgruppen (Putti, Liebespaare und Schäfer, meist in Biskuit ausgeführt) sind häufig auf durchbrochenem Felsterrain um einen Obelisken oder Baum gruppiert.
In der 1. Hälfte des 19. Jahrhunderts führte die Manufaktur zahlreiche Fälschungen nach Sèvres-, Chelsea-, Worcester- und altem Tournai-Porzellan aus.

Marken:
Turm des Stadtwappens von Tournai; Schwerter mit drei bis vier Kreuzen aus dem Familienwappen der Peterinck.

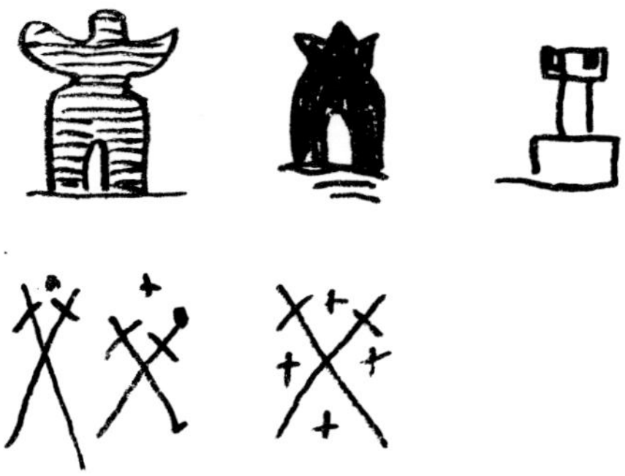

VENEDIG

Vezzi (1720–1727)
Mit Hilfe von Christoph Conrad Hunger, der bei zahlreichen Manufakturgründungen mehr oder weniger erfolgreich beteiligt gewesen ist, gelang es den Gebrüdern Vezzi 1720 erstmals in Italien Hartporzellan herzustellen. Leider mußten sie ihre Fabrik bereits 1727 schließen, als die Ausfuhr von Kaolin aus Sachsen verboten wurde.
Wie in der Meißner Frühzeit entstanden aus dem stark durchscheinenden Vezzi-Porzellan von Goldschmiedearbeiten (Francesco Vezzi war Goldschmied) beeinflußte Teegeschirre mit häufig achteckigen Kannen. Der malerische Dekor, bevorzugt in Eisenrot und Karmin, umfaßte Chinesen, Landschaften, Vögel, Wappen, mythologische Szenen und Blumen.
Kat.-Nr. 279

Marken:

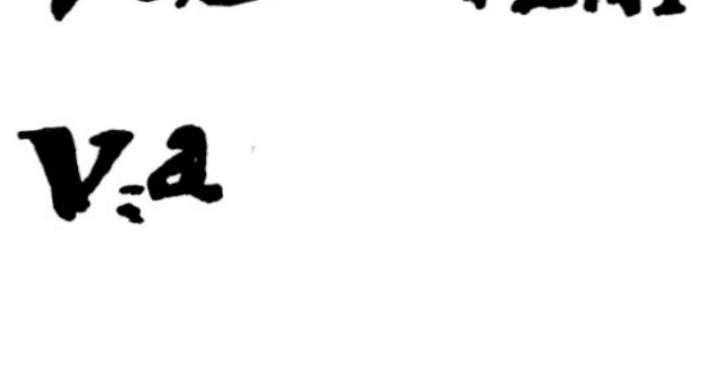

Cozzi (1764–1812)
Der Bankier Geminiano Cozzi hatte sich bereits 1761 mit dem während des Siebenjährigen Krieges (1756–1763) aus Sachsen nach Venedig geflohenen Dresdner Kaufmann Nathaniel Friedrich Hewelcke und dessen Frau zusammengeschlossen, um Porzellan herzustellen. Als er dem Senat von Venedig bewies, daß er nur mit venezianischen Grundstoffen arbeitete, erhielt er 1765 ein Privileg auf zwanzig Jahre und finanzielle Unterstützung. Cozzi produzierte vorwiegend Kaffee-, Tee- und Tafelgeschirr im Rokokostil mit plastischen Asthenkeln, Fruchtknäufen und Reliefs in Hartporzellan. Die Malerei, neben Figuren und Landschaften bevorzugt Blumen, beschränkte sich auf die Farben Eisenrot, Violett und Grün.
Die meist ungemarkten Figuren sind schwer von Arbeiten der Manufaktur Le Nove zu unterscheiden. Mehrfigurige Gruppen stehen häufig auf runden Sockeln mit reliefierten Festons. Da diese Sockel eigens gebrannt wurden, kommen sie auch gesondert vor. Einzelfiguren wie Zwerge und Kinder komponierte man gern zu einer Pyramide, um einen Baumstamm oder eine plastische Rocaille. Im Klassizismus entstanden mythologische Gruppen, antike Büsten und Biskuitfiguren.

Marken:

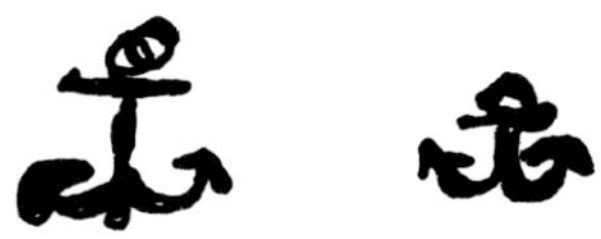

seit 1766
in rot (selten gold)

VINCENNES (1738–1756)

1738 erhielt der Marquis d'Orry de Fulvy von Ludwig XV. ein Privileg »zur Herstellung von Porzellan im sächsischen Stile«. Nach mehrjährigen vergeblichen Versuchen der Brüder Dubois aus Chantilly, gelang nach deren Entlassung ihrem ehemaligen Gehilfen François Gravant 1745 die Herstellung einer geeigneten Frittenmasse. Im gleichen Jahr wurde zur Finanzierung eine Aktiengesellschaft gegründet und ein weiteres Privileg des Königs auf zwanzig Jahre erteilt, das dieser Manufaktur die ausschließliche Produktion von bunt bemaltem und vergoldetem Porzellan sicherte und 1747 sogar auf die gesamte Porzellanherstellung ausgedehnt wurde.
Die technische Leitung erhielt 1745 der Chemiker der Pariser Akademie Jean Hellot, für die Plastik und Dekorationen gewann man den königlichen Goldschmied Duplessis und den Emailleur Mathieu, als künstlerischen Direktor Huls und ab 1751 Jean-Jacques Bachelier.
1753 verlieh der König dem Unternehmen den Titel »Manufacture royale de porcelaine«. Zugleich wurde die Verlegung der Manufaktur nach Sèvres in Angriff genommen, die 1756 erfolgte.

Die Geschirrproduktion eiferte zu Anfang Meißen und Chantilly nach, orientierte sich jedoch ab 1750 an Vorlagen von Boucher und Watteau. Claude Thomas Duplessis (1745–1755) entwarf neue Gefäßformen wie Vasen mit hochstehenden Blatthenkeln, und ungefähr gleichzeitig ersetzte man Reliefmuster (Grate, Stege, Blattrocaillen und Gitterfelder) durch Fondfarben. Eine Spezialität waren plastische Porzellanblumen, die, auf Metallzweige montiert, zu Sträußen gebunden wurden oder Verzierungen von Uhren und Leuchtern bildeten.
1751 führte Bachelier Biskuitporzellan für Figuren ein und 1752/53 formte Blondeau acht Kinder nach Boucher und später seine Liebesgruppen in Biskuit aus.

Marken:
Zwei spiegelbildlich verschlungene L als Monogramm für Ludwig XV. Ab 1753 mit Jahresbuchstaben versehen: A = 1753; B = 1754 usw.

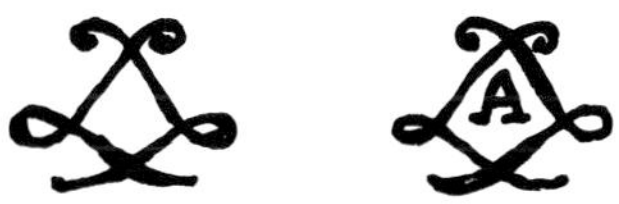

1740–1752 *1753*

VOLKSTEDT (1760 bis heute)

1760 erteilte Johann Friedrich Fürst zu Schwarzburg-Rudolstadt Georg Heinrich Macheleid das Privileg zur Porzellanherstellung, der daraufhin mit Hilfe einer Sozietät eine Manufaktur in Sitzendorf gründete, die 1762 nach Volkstedt verlegt wurde.
1767 verpachtete man die Fabrik an den Kaufmann Christian Nonne (bis 1800), Besitzer war allerdings seit 1797 Ernst Constantin Prinz von Hessen-Philippsthal, der sie mit Genehmigung des regierenden Fürsten an Carl Holzapfel und Wilhelm Greiner in Rudolstadt weiterverkaufte, in dessen Familienbesitz sie im 19. Jahrhundert blieb. Macheleid produzierte zuerst Frittenporzellan und gegen 1762 Hartporzellan, das grau und fehlerhaft war. Diese Mängel wurden durch reichen Reliefdekor (Meißner Altbrandensteinmuster) in üppigem Rokokostil kaschiert. Charakteristisch für Volkstedt sind vasenförmige Potpourris mit seitlich auf Konsölchen stehenden Figuren. Die Malerei umfaßt Landschaften, Blumen, Schäferszenen sowie Chodowieckifiguren in Eisenrot, und Antikendarstellungen in Purpur-camaïeu. Die meist ungemarkten Plastiken können nur nach dem 1795 erschienenen Preiskuranten bestimmt werden. Typisch sind bunt staffierte Kostümfiguren auf hochgewölbten Grassockeln sowie Biskuitbüsten und Reliefs, die wohl von dem Modelleur Franz Kotta (1783–1797) herrühren.

Marken:
Heugabeln, dem Wappen der Fürsten zu Schwarzburg-Rudolstadt entnommen; bis zu dem 1787 von der Meißner Manufaktur ausgesprochenen Protest bewußt den gekreuzten Schwertern nachempfunden. M = Macheleid; R = Rudolstadt

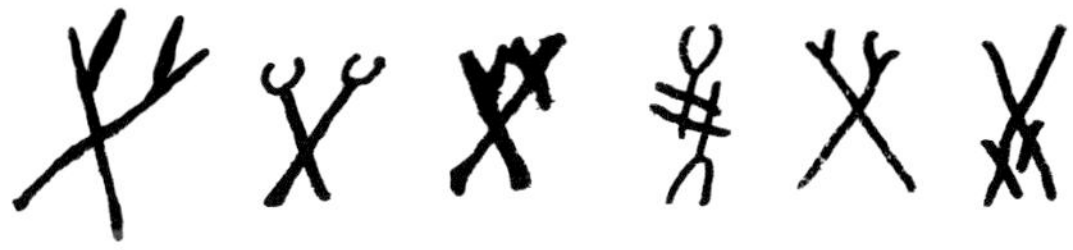

1760–1799

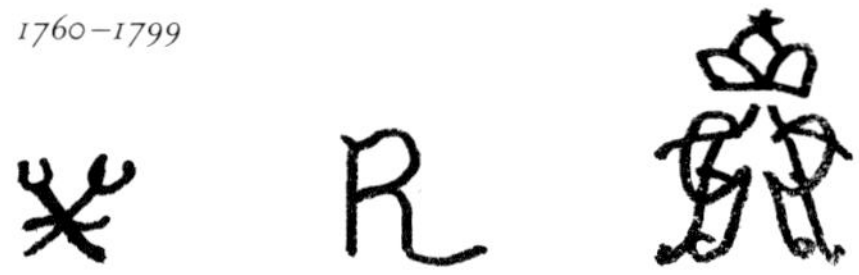

1787–1799 *1799–1817* *Modern*

WALLENDORF (1764 bis zur Gegenwart)

1764 erhielten Johann Wolfgang Hammann, seine Partner Gotthelf und Johann Greiner und der Arkanist Johann Georg Dümmler eine Konzession für ihre kleine, seit zwei Jahren betriebene Manufaktur in Katzhütte, die sie daraufhin nach Wallendorf verlegten. 1772 schied Greiner aus und gründete eine eigene Manufaktur in Limbach. Bis 1833 blieb die Wallendorfer Manufaktur im Besitz der Familie Hammann und wurde dann an Hutschenreuter, Kämpfe und Heubach verkauft.
Neben Kaffee- und Teeservicen nach Meißner Art mit Zwiebel- und Streublumenmuster, spezialisierte sich Wallendorf auf Geschirr mit braunen Glasuren, schwarzen und tiefblauen Gründen und bunten Bildreserven. Die ein wenig naiven Figuren, Herren und Damen in zeitgenössischen Kostümen, stehen von dicken Baumstämmen gestützt auf unregelmäßigen Grashügeln oder auf Sockelplatten, die von violett staffierten Rocaillen eingefaßt sind.

Marken:

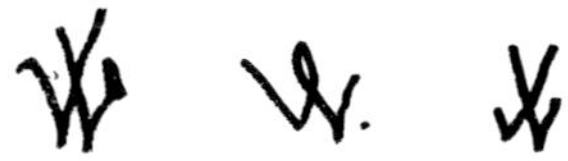

WIEN (1717–1864)

Die Geschichte der Wiener Manufaktur gliedert sich in drei Hauptabschnitte:

1. Du Paquier-Periode: 1717–1744
2. Staatliche Manufaktur: 1744–1784
3. Sorgenthal-Periode: 1784–1805

Der aus Trier stammende Kriegskommissar Claudius du Paquier gründete 1717 ein Porzellanmanufaktur mit Hilfe des Meißner Emailleurs und Vergolders Christoph Conrad Hunger und des Arkanisten Samuel Stölzel (ab 1719). Bereits 1720 wanderten Stölzel und der Maler Johann Gregorius Höroldt aus Jena nach Meißen, und Hunger der schlechten wirtschaftlichen Verhältnisse wegen nach Venedig ab, so daß du Paquier allein weiterarbeiten mußte. Obwohl er makelloses Porzellan produzierte, wuchsen die finanziellen Schwierigkeiten, und er sah sich 1744 gezwungen, die Fabrik dem Staat anzubieten. Der Kaiser deckte die Schulden in Höhe von 45459 Gulden und setzte Karl Xaver Mayerhofer von Grünbühel (1744–1757) als Administrator ein, dem später Quiex Bodenthal (1758–1764) und Franz Joseph Wolf von Rosenfeld (1764–1784) folgten. Da es auch in diesen Jahren nicht gelang, die Manufaktur wirtschaftlich abzusichern, wurde die Leitung 1784 dem Unternehmer Konrad Sörgel von Sorgenthal (1784–1805) übertragen, der tatsächlich durch eine gründliche Reorganisation einen bedeutenden Aufschwung herbeiführte. Doch sein Nachfolger, Matthias Niedermayer (1805–1827), konnte dem Verfall seit den zwanziger Jahren nicht mehr Einhalt gebieten, so daß die Manufaktur 1864 endgültig geschlossen werden mußte.

Die glatten Geschirre der frühen du Paquier-Zeit wurden bereits um 1725 durch Volutenhenkel, Schlangengriffe, Tierkopfausgüsse und figürliche Deckelbekrönungen bereichert. Die Malerei, bevorzugt in Schwarzlot mit Goldhöhung ausgeführt, blieb bis gegen 1730 auf asiatische Blumen, Landschaften und Figuren beschränkt und wandte sich dann europäischen Motiven mit Laub- und Bandelwerkrahmung zu, wobei die Farben Purpur, Eisenrot und Grün vorherrschten.

Langsam breiteten sich üppige, häufig in Purpur-Grün-Kontrast gehaltene Blumensträuße über die Gefäßkörper aus. Die Maler Johann Wendelin Anreiter (1724–1737, Schwarzlotlandschaften und Chinesenszenen), Jacobus Helchis (um 1730–1747, Tiere und Putten) und Anton Franz Schulz (1726–1741) polychrome Landschaften in Vierpaßkartuschen) haben gleichzeitig in der Manufaktur und in Heimarbeit gearbeitet.

Nach du Paquiers Pensionierung folgte man seinem Stil bis gegen 1750 aus Meißen kommende Maler dortige Dekore wie »Fels-Vogel«, »Geflügelter Drache« sowie Ozierrand und Schuppenmuster einführten (Christian Daniel Busch 1745–1748; Johann Gottfried Klinger 1746–1781; und Philipp Ernst Schindler 1750–1793). Um 1780 wurde der Dekor um Landschaftsveduten, Flechtmuster und Medaillons sowie antikisierende Darstellungen bereichert. Einen völlig neuen, für Wien charakteristischen Stil brachten in der Sorgenthal-Periode Georg Perl mit der Reliefgoldtechnik und Joseph Leithner, der metallisch lüstrierende Fondfarben von tiefem Violett bis zu hellem Lila einführte, wobei die Wanddekorationen aus Herkulaneum und Pompeji neben Raffaels Grotesken als Vorbilder dienten. Glatte, häufig zylindrische Gefäße ordneten sich ganz der Malerei mit prunkvoll reicher Vergoldung unter. Neben antiken Vorbildern griff man auf Darstellungen von Angelika Kauffmann zurück und übertrug berühmte Gemälde großer Meister auf Porzellan.

Die plastische Produktion beschränkte sich in der Frühzeit auf die Gefäßausstattung. Erst in der kaiserlichen Periode entwickelte das Figurenprogramm neben zahlreichen Kändlerkopien und einer Zwergenserie nach Callot unter Johann Joseph Niedermayer (1747–1784 Modellmeister) seinen typisch wienerischen Stil. Niedermayer modellierte kleine Gesichter mit geraden Nasen, einer zurückfliehenden Stirn und jenem charakteristischen heiter-natürlichen Lächeln. Das frische, kecke Aussehen wird durch eine trippelnde Beinstellung mit vorgesetztem Fuß bestärkt, der auf einem flachen unregelmäßigen Sockel mit umlaufender Goldspitzenbordüre steht.

Bei Einzelfiguren bevorzugte man Berufedarstellungen (Ausrufer, Verkäufer, Bauern, Jäger, Schäfer), doch auch die Hofgesellschaft und die Mythologie gaben beliebte Themen ab.

Niedermayers Nachfolger Anton Grassi (1784, seit 1778 in Wien tätig) führte einen gemäßigten Klassizismus ein, für den seine Gesellschaftsgruppe »Der Handkuß«, wohl Mitte der achtziger Jahre entstanden, typisch ist.

Kat.-Nr. 75–80, 113, 145–149, 221, 222, 278, 294, 306, 323, 374

Marken:

Der Bindenschild, seit 1744, dem österreichischen Wappen entnommen. Ab 1783 eingepreßte Jahreszahlen: bis 1799 aus den beiden letzten Ziffern, ab 1800 den drei letzten Ziffern der Zahl, z. B. 93 = 1793, 834 = 1834.

Die Marke kann leicht mit dem Bienenkorb (Manufakturen von Eichwald, Stuhl, Hohenberg und Volkstedt) verwechselt werden.

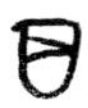

1744–1749 geritzt oder gepreßt

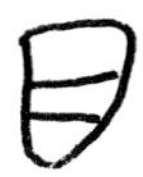

1749–1820 unterglasur blau

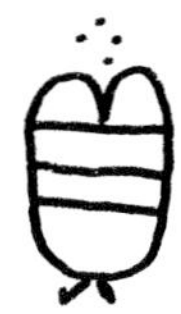

1760–1770 unterglasurblau

1820–1827 unterglasurblau

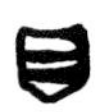

1827–1860 gepreßt

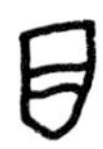

1860–1864 unterglasurblau

WORCESTER (1751 bis zur Gegenwart)

1751 wurde die »Worcester Porcelain Company« von 14 Gesellschaftern gegründet, deren Leitung man dem Apotheker William Davis übertrug. Sein wichtigster Mitarbeiter war der Chemiker Dr. John Wall, nach dem die Wall-Periode (1751–1783) bezeichnet wird. Nach dem Tode von Davis erwarb die Familie Flight die Manufaktur und nahm 1791 Martin Barr als Partner auf. Durch den Eintritt jüngerer Familienmitglieder wechselte der Firmenname mehrmals (»Flight and Barr« 1792–1807; »Barr,

Flight and Barr« 1807–1813; »Flight, Barr and Barr« 1813–1840). Worcester stellte umfangreiche Geschirre mit blauem Unterglasurdekor her, die der Produktion von Bristol sehr ähnlich sind. 1756 führte Robert Hancock das Überdruckverfahren (»transferprinting«) ein und druckte Figurenszenen, Landschaften und Ruinenansichten nach französischen Vorbildern in Schwarz auf die Glasur sowie seit ungefähr 1759 ebenfalls in Unterglasurblau.
Im Jahr 1768 verpflichtete man Maler aus Chelsea, wodurch sich der Dekor völlig dem von Chelsea- und Sèvres-Erzeugnissen anglich. Die Plastik beschränkt sich auf bisher acht bekannte Modelle, die wohl von Tebo um 1770 geschaffen wurden.
Bereits im 18. Jahrhundert wurde das Worcester-Porzellan (einschließlich der Mondmarke) von anderen englischen Manufakturen imitiert.

Marken:
1. Wall-Periode: 1751–1783
2. Flight-Periode: 1783–1792
3. Flight and Barr-Periode: 1792–1807.

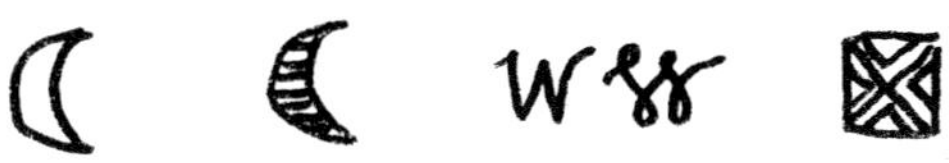

1.

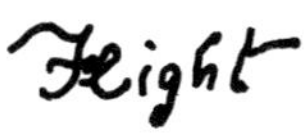

2.

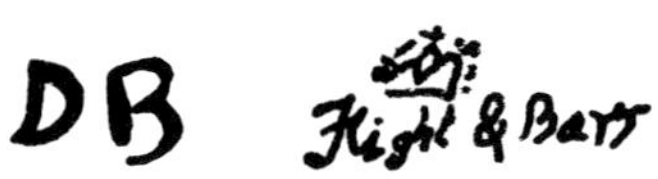

3.

ZÜRICH (1763–1790)

1763 gründete eine Handelssozietät von Züricher Bürgern, zu denen der Dichter und Maler Salomon Gessner gehörte, in Schooren bei Bendlikon am Züricher See eine Porzellanfabrik. Direktor wurde Adam Spengler, der ehemalige Leiter einer Fayencefabrik in Bern, nach dessen Tod die Manufaktur wegen ihrer hohen Verschuldung 1790 liquidiert wurde.
Zürich stellte sowohl Fritten- als auch Hartporzellan her. Die Geschirrproduktion, von Frankreich und Deutschland gleichermaßen beeinflußt, hält sich in schlichten Rokokoformen, häufig durch Grate, Riffelung oder Reliefblüten gegliedert und bis in die siebziger Jahre mit ostasiatischem Dekor geschmückt. Daneben malte man Blumen, Tiere, Landschaften (nach Vorlagen von Waterloo) und Genreszenen, die wohl teilweise von Salomon Gessner stammen. 1776 wurde ein 350 Teile umfassendes Tafelgeschirr mit Blumenbuketts vom Rat der Stadt Zürich an das Kloster Einsiedeln geschenkt.
Nach der Übersiedlung der Modelleure Joseph Nees (1768–1775) und Johann Valentin Sonnenschein (1775–1790) hat die Züricher Manufaktur zahlreiche Ludwigsburger Modelle ausgeformt. Den Einfluß von Niderviller vermittelte der Cyfflé-Schüler Gabriel Klein (1780–1790). Eigenständigere Züge tragen eine Reihe von Volkstypen, die wohl von Johann Jakob Meyer (1764) und Johann Jakob Wilhelm Spengler, dem Sohn des Direktors (1772–1777) stammen dürften.
Kat.-Nr. 93, 94, 177, 178, 233, 276, 277

Marken:
Z = Zürich. 1 bis 4 Punkte beziehen sich auf die Beschaffenheit der Masse.

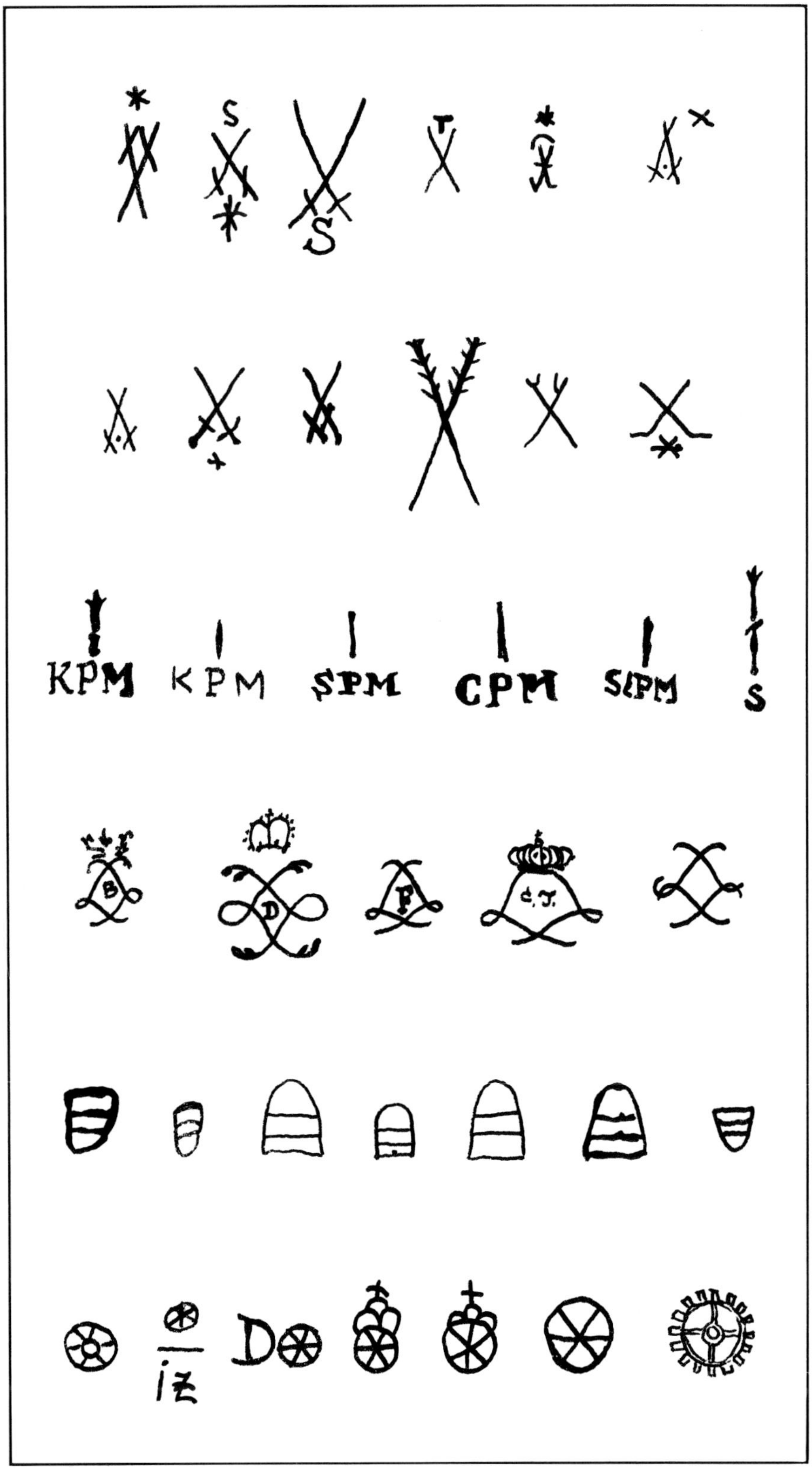

Leicht verwechselbare Marken

Die Numerierung erfolgt von links nach rechts je Zeile. In Klammern ist das Gründungsdatum der kleineren Manufakturen angegeben.

Schwertermarken (Meißen)
1. Moskau/Gardner (1765)
2. Coalport/England (1796)
3. Paris/Samson (1875)
4. Potschappel (1872)
5. Kloster Veilsdorf (1760)
6. Bristol (1768)
7. Derby (1750)
8. Tournai (1751)
9. Volkstedt (1760)
10. Paris/Bloch & Fils (1773)
11. Volkstedt (1760)
12. Limbach (1762)

Zeptermarke (Berlin)
1. Berlin
2. Waldenburg (1831)
3. Eisenberg (18./19. Jh)
4. Cmielow (1789)
5. Stanowitz (1873)
6. Selb/Berlin (1763)

Doppel-L-Marke (Sèvres)
1. Clignancourt/Paris (1771)
2. Derby (im 19. Jh. verwendet)
3. Paris/Rue de la Paix (1820)
4. Potschappel (1872)
5. Paris/Samson (1875)

Bindenschild/Bienenkorb
1. Wien (1718)
2. Wien
3. Eichwald (1871)
4. Stuhl (1861)
5. Volkstedt (1908)
6. Langewiesen (1892)
7. Wien

Radmarke
1. Höchst
2. Höchst (Malersignatur Zeschinger)
3. Damm (nach 1840)
4. Höchst
5. Bock-Wallendorf (1903)
6. Passau (1937)
7. Schönwald (1904)

L mit Krone
1. Ludwigsburg
2. Ludwigsburg
3. Ludwigsburg (1948)
4. Passau (1937)
5. Passau
6. Lettin (1858)

N-Marke
Zweite Reihe verschiedene Marken von Neapel. Dritte Reihe N-Marken
1. Sèvres (1852–1870) in rot
2. Alt-Haldensleben (1826)
3. Doccia (1735)
4. Doccia
5. Rudolstadt (1854)
6. Rudolstadt

Doppel-C-Marke
1. Ludwigsburg
2. Ludwigsburg
3. Buen Retiro (1760)
4. Buen Retiro
5. Niderviller (1765)
6. Niderviller
7. Niderviller

Stern-Marken
1. Nymphenburg
2. Doccia (1735)
3. Doccia
4. Doccia
5. Doccia
6. Doccia
7. Le Nove (1762)

Fisch-Marken
1. Nyon (1781)
2. Nyon
3. Lille (1784)
4. Lille
5. Paris/Perche (1795)

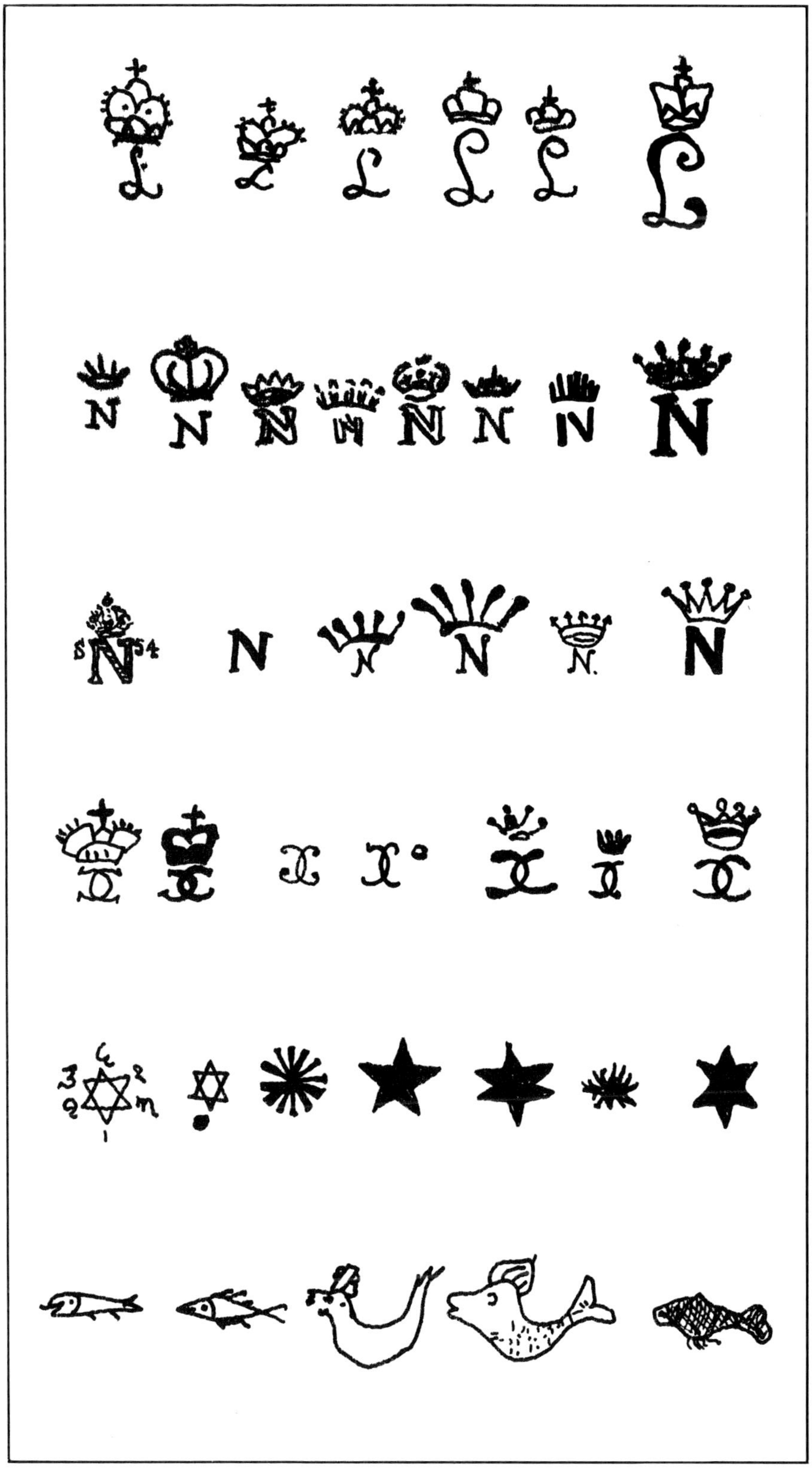

Die wichtigsten Manufakturen in der zeitlichen Reihenfolge des Gründungsjahres

Deutsche Manufakturen	1710 Meißen 1718 Wien 1746 Höchst 1747 Nymphenburg Fürstenberg 1751 Berlin 1755 Frankenthal 1757 Gotha 1758 Ludwigsburg Ansbach	1760 Kloster Veilsdorf Volkstedt 1763 Ottweiler 1764 Fulda Wallendorf 1766 Kassel 1772 Limbach 1777 Ilmenau 1779 Gera 1783 Rauenstein
Ausländische Manufakturen	1678 Saint-Cloud 1720 Venedig-Vezzi 1725 Chantilly 1735 Doccia 1738 Vincennes 1743 Capodimonte 1744 St. Petersburg 1745 Chelsea 1748 Mennecy Bow Bristol 1750 Derby Tournai 1751 Straßburg Worcester 1756 Sèvres	1759 Kopenhagen 1760 Buen Retiro 1762 Le Nove 1763 Zürich 1764 Paris Venedig-Cozzi 1765 Niderviller 1766 Moskau/Werbilki 1767 Brüssel 1768 Plymouth 1771 Neapel Limoges 1776 Den Haag 1781 Nyon 1784 Amstel

Literaturverzeichnis

Leider sind fast alle älteren Standardwerke über Porzellan vergriffen und, wenn überhaupt antiquarisch zu bekommen, oft unerschwinglich teuer. Die reich bebilderten Bände werden von den Bibliotheken nur selten ausgeliehen, so daß man sie nur im Lesesaal einsehen kann.
In der folgenden Literaturauswahl wurde deshalb ein Kompromiß versucht zwischen den unerreichbaren »Klassikern« und solchen Büchern, die sich der Kunstfreund für seine Hausbibliothek leicht zulegen kann.

Carl Albiker, *Die Meißner Porzellantiere im 18. Jahrhundert,* Berlin 1935 und 1959.

Adolf Bayer, *Ansbacher Porzellan,* Ansbach 1933.

Karl Berling, *Das Meißner Porzellan und seine Geschichte,* Leipzig 1900.

–, *Festschrift zur 200jährigen Jubelfeier der ältesten europäischen Porzellanmanufaktur Meißen,* 1710–1910, Leipzig 1911.

Margarete Braun-Ronsdorf, *200 Jahre Nymphenburger Tafelgeschirr,* Darmstadt o. J.

G. E. Briant, *The Chelsea Porcelain Toys,* London/Boston 1925.

Karl H. Bröhan, *Porzellankunst,* Berlin 1969.

Ludwig Danckert, *Handbuch des europäischen Porzellans,* München 1954 und 1974.

Siegfried Ducret, *Unbekannte Porzellane des 18. Jahrhunderts,* Frankfurt/Main 1956.

–, *Die Zürcher Porzellanmanufaktur im 18. und 19. Jahrhundert,* Zürich 1958.

–, *Deutsches Porzellan,* Herrsching 1962 und 1974.

–, *Fürstenberg-Porzellan,* Braunschweig 1965.

–, *Das Würzburger Porzellan des 18. Jahrhunderts, 1775–1780,* Braunschweig 1968.

–, *Meißner Porzellan bemalt in Augsburg, 1718 bis um 1750,* 2 Bde. Braunschweig 1971 und 1972.

–, *Keramik und Graphik des 18. Jahrhunderts,* Braunschweig 1973.

Serge Gauthier, *Les Porcelainiers du XVIIIe siècle français,* Paris 1964.

Emil Heuser, *Porzellan von Straßburg und Frankenthal im 18. Jahrhundert,* Neustadt a. d. Haardt 1922.

Friedrich H. Hofmann, *Das europäische Porzellan des Bayerischen Nationalmuseums,* München 1908.

Friedrich Hofmann, *Frankenthaler Porzellan,* München 1911.

–, *Geschichte der Porzellanmanufaktur Nymphenburg,* Leipzig 1921.

–, *Das Porzellan der europäischen Manufakturen im XVIII. Jahrhundert,* Berlin 1932.

Hermann Jedding, *Europäisches Porzellan von den Anfängen bis 1800,* München 1971 und 1974.

Erich Köllmann, *Berliner Porzellan,* Braunschweig 1963.

–, *Meißner Porzellan,* Braunschweig 1965.

Hanna Kronberger-Frentzen, *Altes Bildergeschirr,* Tübingen 1964.

Mechthild Landenberger, *Die Ludwigsburger Porzellanmanufaktur,* Stuttgart 1959.

Georg Lehnert, *Das Porzellan,* Bielefeld und Leipzig 1902.

Annelore Leistikow-Duchardt, *Die Entwicklung eines neuen Stils im Porzellan,* Heidelberg 1957.

Peter W. Meister, *Porzellan des 18. Jahrhunderts,* Frankfurt 1967.

Hans Meyer, *Böhmisches Porzellan und Steingut,* Leipzig 1927.

Karl Meyer, *Wiener Porzellansammlung,* Wien 1928.

Hugo Morley-Fletcher, *Porzellan aus Meißen,* Wiesbaden 1971.

Wilhelm Mrazek/Waltraud Neuwirth, *Wiener Porzellan 1718–1864,* (Ausstellungskatalog des Österreichischen Museums für angewandte Kunst Nr. 3), Wien 1970.

Waltraud Neuwirth, *Porzellanmaler-Lexikon 1840–1914,* Braunschweig 1977.

Michael Newman, *Die deutschen Porzellan-Manufakturen im 18. Jahrhundert,* 2 Bde, Braunschweig 1977.

Gustav E. Pazaurek, *Deutsche Fayence- und Porzellan-Hausmalerei,* 2 Bde., Leipzig 1925 und Stuttgart 1971.

–, *Meißner Porzellanmalerei des 18. Jahrhunderts,* Stuttgart 1929.

Berthold Pfeiffer, *Album der Erzeugnisse der ehemaligen Württembergischen Manufaktur Alt-Ludwigsburg,* Stuttgart 1906.

Rudolf Pillep, *Meißner Porzellanplastik im 20. Jahrhundert,* in: Kunstwissenschaftliche Zeitschrift der Karl-Marx-Universität, Leipzig 12. Jahrg. 1963.

Hilde Rakebrand, *Meißner Tafelgeschirr des 18. Jahrhunderts,* Darmstadt 1958.

Rainer Rückert, *Franz Anton Bustelli,* München 1963.

–, *Meißner Porzellan 1710–1810,* Ausstellung im Bayerischen Nationalmuseum München, München 1966.

–, *Führer Schloß Lustheim,* Meißner Porzellan-Sammlung Stiftung Ernst Schneider, München 1977.

Max Sauerlandt, *Deutsche Porzellanfiguren des 18. Jahrhunderts,* Köln 1923.

Christian Scherer, *Das Fürstenberger Porzellan,* Berlin 1909.

Robert Schmidt, *Das Porzellan als Kunstwerk und Kulturspiegel,* München 1925.

–, *Frühwerke europäischer Porzellanmanufakturen,* Sammlung Otto Blohm, München 1953.

Ludwig Schnorr von Carolsfeld, *Porzellan der europäischen Fabriken des 18. Jahrhunderts,* Berlin 1912.

Ludwig Schnorr von Carolsfeld/Erich Köllmann, *Porzellan der europäischen Fabriken,* Braunschweig 1974.

Rudolf Schnyder, *Züricher Porzellan,* Zürich 1964.

Arno Schönberger, *Meißner Porzellan mit Höroldt-Malerei,* Darmstadt 1953.

Irene von Treskow, *Die Jugendstil-Porzellane der KPM-Berlin,* München 1971.

Otto Walcha, *Porzellan,* Leipzig 1963.

–, *Meißner Porzellan,* Dresden 1973.

Gustav Weiß, *Ullstein Porzellanbuch.* Eine Stilkunde und Technikgeschichte des Porzellans mit Markenverzeichnis, Berlin 1964 und 1973.

Gerhard P. Woeckel, *Die Tierplastik der Nymphenburger Porzellan-Manufaktur.* Bestandskatalog 1905–1920. München/Berlin 1978.

Ernst Zimmermann, *Die Erfindung und Frühzeit des Meißner Porzellans,* Ein Beitrag zur Geschichte der deutschen Keramik, Berlin 1908.

–, *Meißner Porzellan,* Leipzig 1926.

Stichwort – Register

Die geraden Ziffern verweisen auf Seitenzahlen der Einführung in das Sammelgebiet, die kursiven Ziffern auf Abbildungs-Nummern des Katalog-Bildteils.

Katalog-Bildteil

Zum Katalog und den Preisangaben

Ein Porzellankatalog dieses Umfangs setzt selbstverständlich eine Objektauswahl voraus, die nicht alle Sammler gleichermaßen befriedigen kann. So haben wir darauf verzichtet, unbedingt jede Manufaktur durch ein Beispiel zu belegen, dafür ist Meißen, das wohl auch beim heutigen Kunstfreund höchste Begeisterung hervorruft, besonders stark vertreten. Die Auswahl der Objekte wurde vom Angebot der beiden letzten Jahre auf dem Kunstmarkt diktiert und nach Gruppen (Figuren, Kannen, Tassen, Teller, Geschirre usw.) zusammengestellt.
Die in DM genannten Preise beruhen auf Auktionsergebnissen und Angeboten des Kunsthandels. Es sind jeweils zwei Werte genannt, zwischen denen das betreffende Stück zu taxieren ist, denn hier kann es sich natürlich nicht um feste Verkaufspreise handeln, sondern nur um Orientierungshilfen. Die tatsächlichen Preise werden immer stark von Angebot und Nachfrage abhängen. Für ein lange gesuchtes Liebhaberstück muß man möglicherweise einen noch höheren Preis bezahlen, während es bestimmt auch Gelegenheiten gibt, bei denen man günstiger als zu den hier genannten Mindestpreisen einkaufen kann. Am schwierigsten ist eine gültige Taxierung bei besonders raren Stücken, seien es Meißner Spitzenobjekte oder selten ausgeformte Modelle kleinerer Manufakturen, die vielleicht nur kurz bestanden haben und vorwiegend aus lokalem Interesse gesammelt werden. Daneben spielt der Erhaltungszustand von tadellos bis zu kleineren Bestoßungen und unbedeutenden Restaurierungen, die hier nicht eigens berücksichtigt sind, für das Einzelstück eine wesentliche Rolle.

Das Bildmaterial wurde uns freundlicherweise von folgenden Firmen zur Verfügung gestellt:

Kunstauktionshaus Schloß Ahlden GmbH., 3031 Ahlden/Aller
Galerie Almas, Wittelsbacher Platz 6, 8000 München 2
Auktionshaus Karl-Heinz Arnold, Bleichstraße 42, 6000 Frankfurt/Main
Astoria-Galerie, Ottostraße 7, 8000 München 2
Evgret von Bary, Königinstraße 37, 8000 München 22
Christie's, Manson & Woods Ltd., 8 King Street, St. James's, London
Galerie Ketterer, Prinzregentenstraße 60, 8000 München 80
Günter Kiehl, Hörwarthstraße 51, 8000 München 40
Galerie Koller, Rämistraße 8, CH-8001 Zürich
Kunsthaus am Museum, Carola van Ham, Drususgasse 1–5, 5000 Köln
Kunsthaus M. Lempertz, Neumarkt 5, 5000 Köln
Kunst- und Auktionshaus Dr. Fritz Nagel, Hasenbergstraße 31, 7000 Stuttgart
Kunst- und Auktionshaus Peretz, Dudweilerstraße 9, 6600 Saarbrücken
Heinz Reichert, Gerberau 5a, 7800 Freiburg/Br.
Auktionshaus Hugo Ruef, Gabelsbergerstraße 28, 8000 München 2
Kunstsalon H. Saal, Friedrichswall 13, 3000 Hannover 1
Sotheby Parke-Bernet & Co, 34–35 New Bond Street, London
Leo Spik, Kunstversteigerungen, Kurfürstendamm 66, 1000 Berlin 15

Figuren und Gruppen

Die Porzellanfiguren umfassen alle Bereiche des höfischen, bürgerlichen und bäuerlichen Lebens, aber auch alles Extravagante und Exotische wie z. B. Komödianten, Harlekine, Orientalen und Chinesen erfreuten sich besonderer Beliebtheit.

MEISSEN

Die Krinolinegruppen (nach den weiten Reifröcken der Damen benannt), Inbegriff des höfischen Rokoko, stellen einen Höhepunkt der Porzellanplastik dar. Kändler, der Schöpfer dieses Typus, entnahm die Anregungen französischen Stichwerken nach Gemälden von Watteau und Lancret und verarbeitete sie zu eigenen, unverwechselbaren Kompositionen.

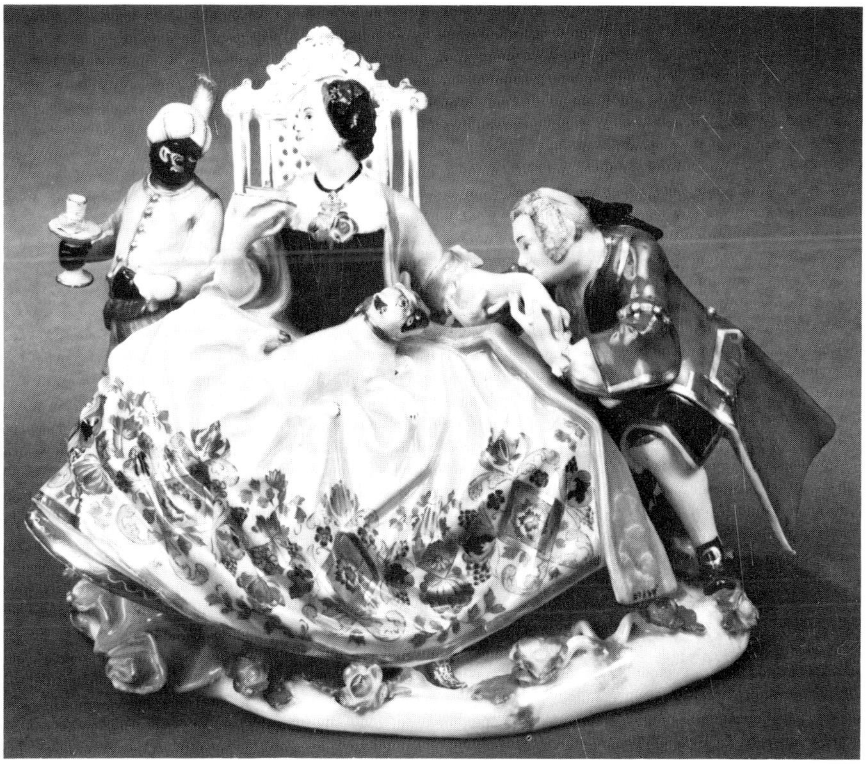

1

2

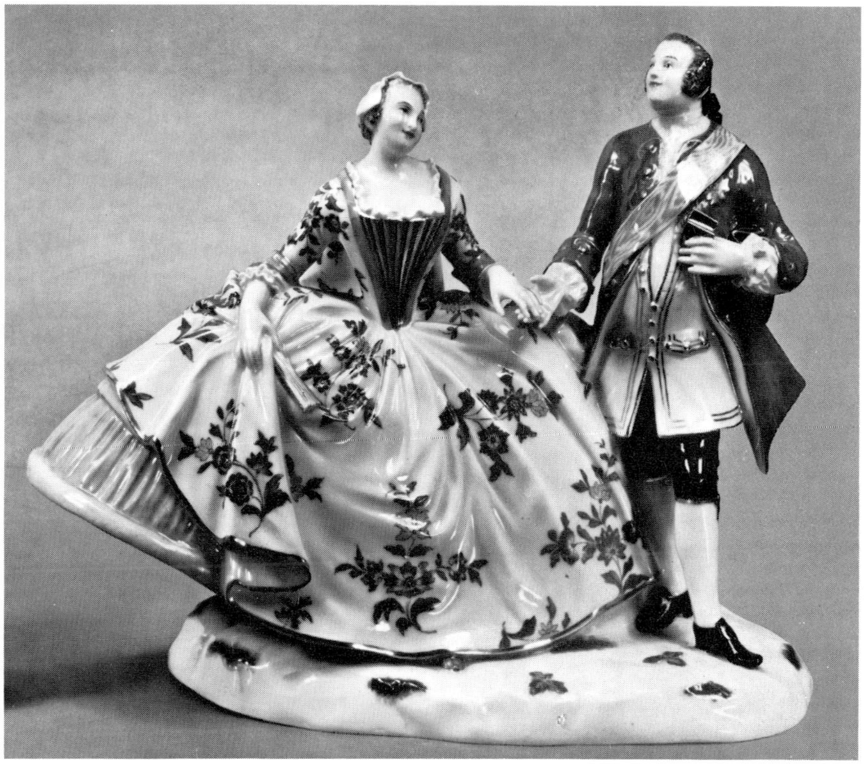

1 »Der Handkuß«, Dame mit Mops, Kavalier und Mohrenknabe, bunt staffierte Krinolinegruppe auf blumenbelegtem Sockel. B 22 cm
Meißen, um 1740/45, Modell von J. J. Kändler. **30000,–/40000,–**
Christie's (Cooper)

Hierzu schreibt Kändler 1737 (zitiert nach Rückert): »Das Croppgen, welches vor einiger Zeit angefangen worden, vollens gefertiget, wie ein wohlgeputztes Frauenzimmer auf einen Visiten Stuhle sizt, dessen Löhne durchbrochen als wie von Rohre geflochten. Zu dem Frauenzimmer kömmt eine wohlbekleidete Mannes Persohn sie zu küssen, hinter dem Frauenzimmer steht ein Mohr, welcher sie mit Coffe bedient, u. hat annoch ein Mopshündgen auf ihrer Schooß liegen...«.

2 »Der polnische Handkuß«. Bunt staffierte Krinolinegruppe. In den Meißner Akten von 1744 beschrieben. Man vermutete in den Dargestellten August III. und Maria Josepha, aber eine Ähnlichkeit besteht nur zwischen dem Kavalier und dem König. H 21,5 cm
Meißen, Modell von J. J. Kändler 1744; Ausführung 19./20. Jh. **800,–/1200,–**
Ruef (Himpsl)

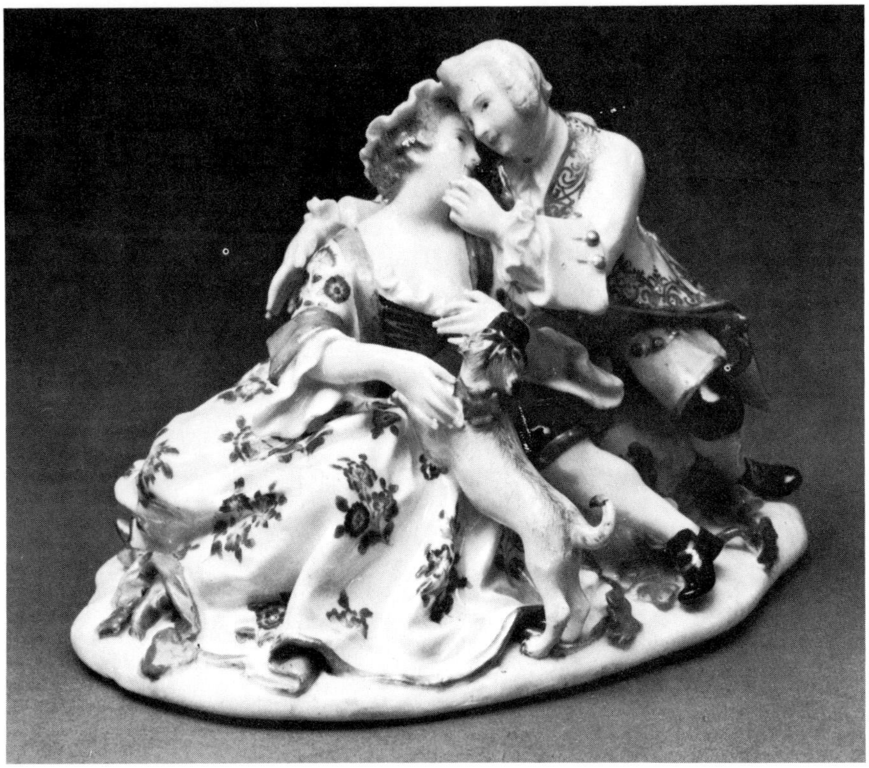

3

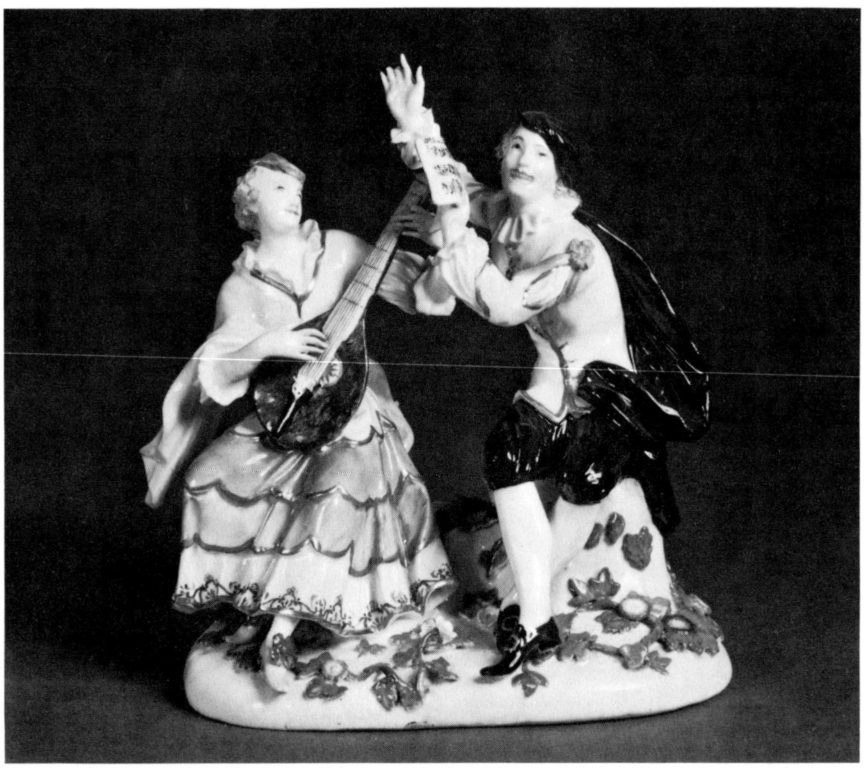

4

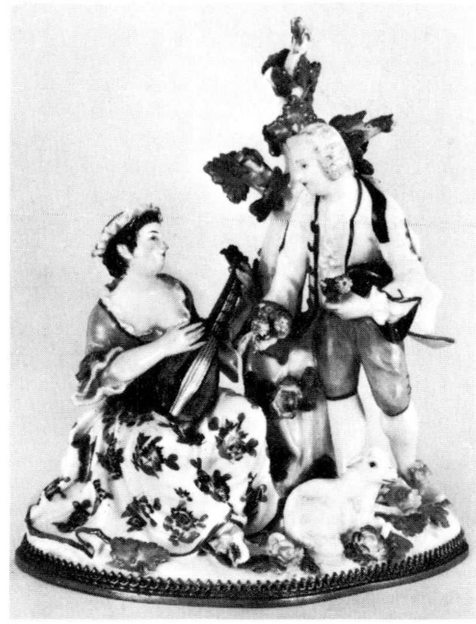

5

3 Sitzendes Liebespaar mit Mops auf flachem Natursockel mit plastischer Blumenauflage. Bunt staffierte Gruppe. H 11 cm
Meißen, Mitte 18. Jh., Modell von J. J. Kändler. **3500,–/5000,–**
Lempertz

4 Musizierendes Paar aus der Commedia dell'Arte. Columbine mit Mandoline und Scaramuz von einem Notenblatt singend. Sie mit gelbem Überwurf, türkis-rosa-weißem Rock mit Goldkanten und er mit schwarzem Umhang und Kniehosen über weißer Jacke B 26 cm
Meißen, um 1745, Modell von J. J. Kändler. **8000,–/10000,–**
Christie's (Cooper)

Neben den unvergleichlichen Figuren aus der Commedia dell'Arte von Bustelli hat auch Kändler ab 1741 dieses Thema bearbeitet. Seine Neuerung besteht in der paarweisen Gruppenkomposition.

5 Schäfergruppe. Ein Kavalier mit Dreispitz unter dem Arm reicht einer lautespielenden Schäferin ein Blumensträußchen. Bunt staffierte Gruppe mit indianischen Blumen als Rockmuster. Sockel mit plastisch aufgelegten Blumen in vergoldeter Bronzemontierung. H 16 cm (Vorderarm der Schäferin restauriert)
Meißen, Modell von Kändler um 1745. **2500,–/4000,–**
Koller

Bereits im 18. Jahrhundert aber auch später hat man Figuren und Gruppen gern sowohl zur Zierde als auch zum Schutz und zur Retouche von Beschädigungen, durch Bronzemontierungen bereichert.

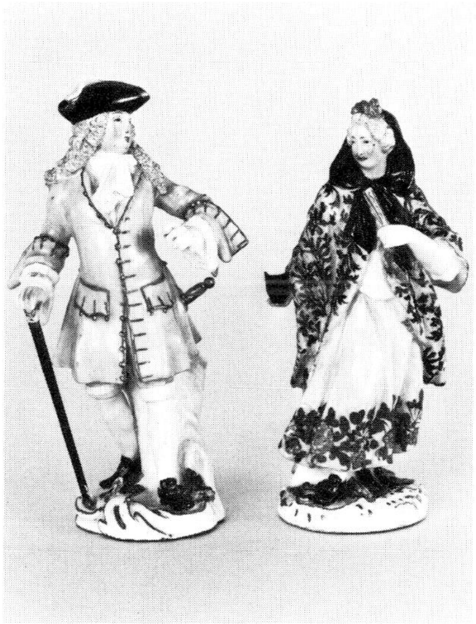

6

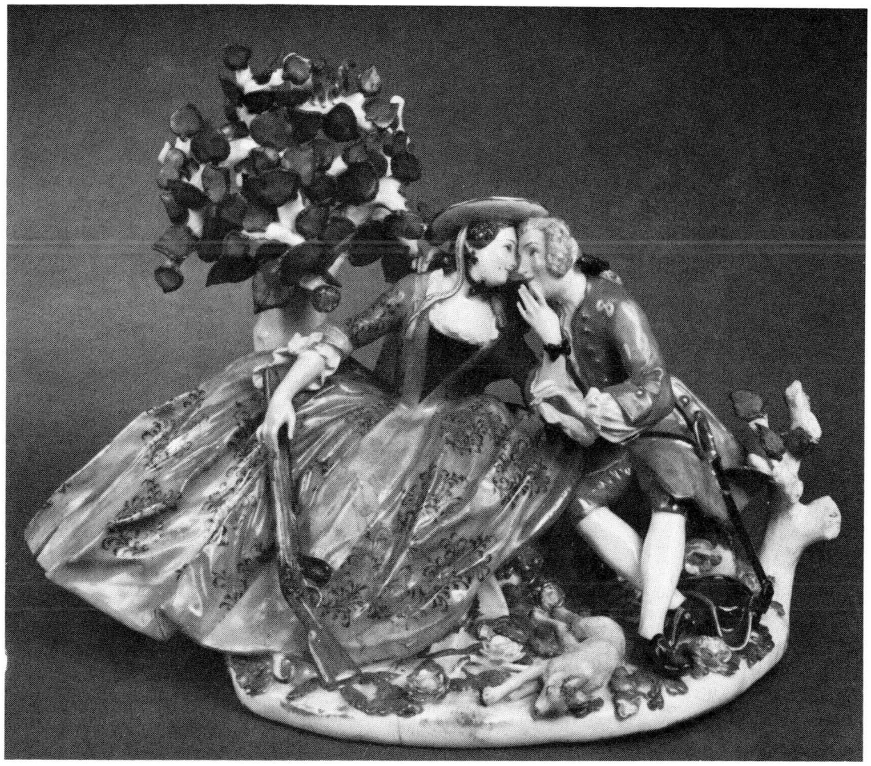

7

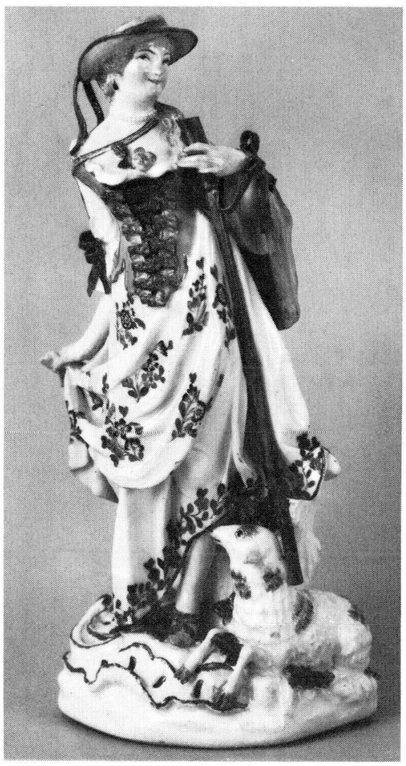

8

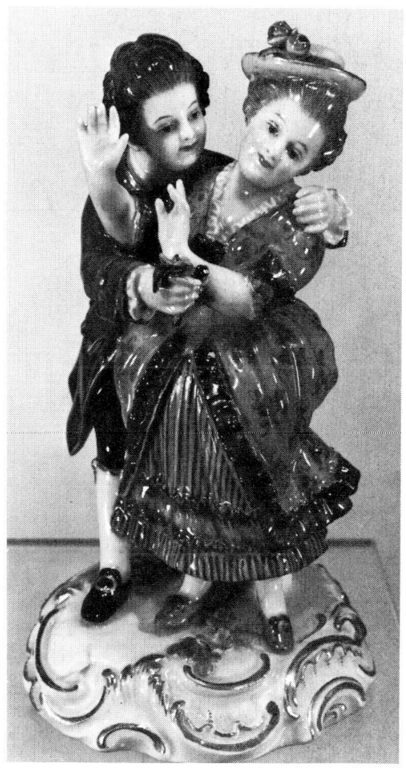

9

6 Courmacher mit Dirne. Doppelgruppe nach Stichen der »Cryes of the City of London« von 1711. Bunt staffierte, goldgehöhte Gruppe. H 14,5 und 13,5 cm
Meißen, nach 1754, Modell vielleicht von Kändler und Reinicke. **4800,–/6000,–**
Koller

7 Rastendes Paar während der Jagd. Bunt staffierte Krinolinegruppe mit Gewehr und erlegtem Wild, sich liebkosend unter einem Baum sitzend. B 31 cm
Meißen, um 1745, Modell von J. J. Kändler. **10000,–/15000,–**
Christie's (Cooper)

8 Schäferin mit Lamm auf goldangespitztem Rocaillesockel mit farbigem Blumenbelag. H 24 cm
Meißen, um 1750/60. Modell von J. J. Kändler. **4000,–/6000,–**
Koller

9 Liebespaar. Bunt staffierte Gruppe auf Rocaillesockel. H 13,4 cm
Meißen, 19. Jh. **650,–/850,–**
Peretz

Den Gruppen des 19. Jahrhunderts fehlt die harmonische Ausgewogenheit des 18. Jahrhunderts. Der Sockel wirkt zu schwer für die kleinen gedrungenen Gestalten, die Farbstaffage überzieht die Figuren mit gleichmäßiger Buntheit. Im 18. Jahrhundert dagegen wurde das Inkarnat meist nur angedeutet, während die Gewänder farblich lebhaft kontrastierten oder zart abgestuft waren.

10 Schäferin und Kavalier. Bunt staffierte Doppelgruppe, auf Baumstützen sitzend, die aus Rocaillesockeln hervorwachsen. Zu beider Füßen Hund und Lamm. H 16 cm
Meißen, um 1750. **6500,–/8000,–**
Peretz

11 Waldhornbläser an ein Postament gelehnt auf goldgespitztem Rocaillesockel, bunt staffiert. H 14 cm
Meißen, wohl Mitte 18. Jh., Modell von F. E. Meyer. **1500,–/2500,–**
Koller

12 Hofnarr Joseph Fröhlich mit türkisgrünem Hut, rosa Jacket, gelben Kniehosen und eisenrotem Hemd auf einem Postament mit Goldkanten. Auf den schwarzen Hosenträgern die Inschrift: J. F. 1741. H 23,5 cm
Meißen, um 1741, Modell von J. J. Kändler. **10000,–/15000,–**
Christie's (Cooper)

Das Modell des letzten besoldeten Hofnarren Joseph Fröhlich aus dem Salzkammergut hat Kändler um 1733 geschaffen. Die Ausformung ist jeweils auf dem Hosenträger datiert. Als Vorbild diente ein Stich von C. F. Boetius von 1729.

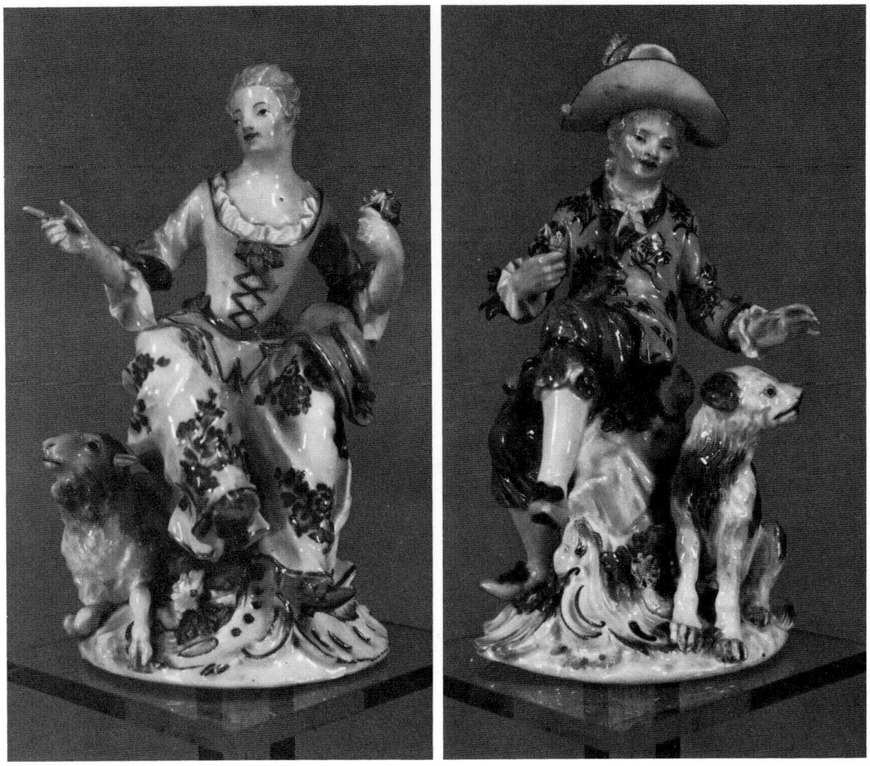

10

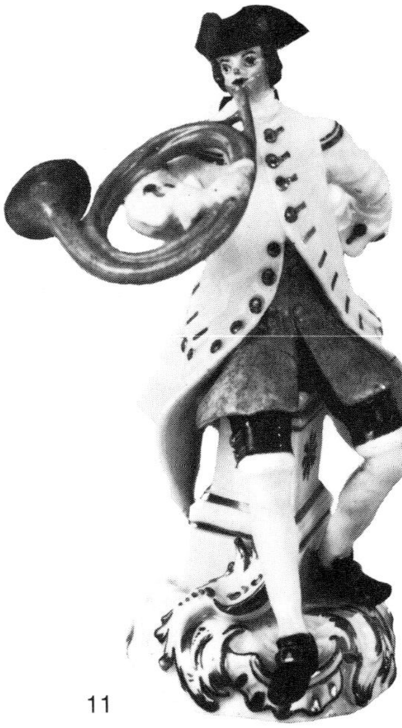

11

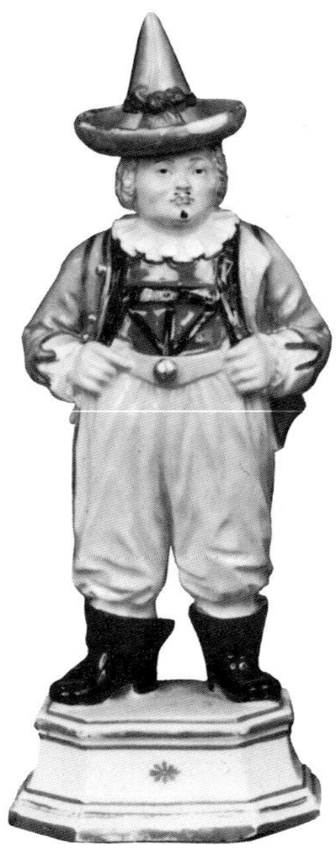

12

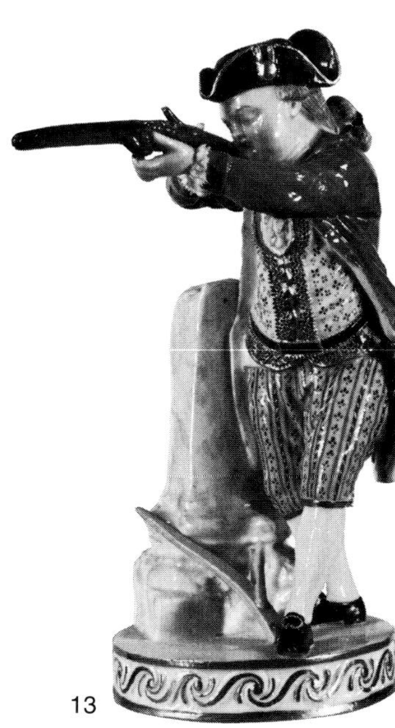

13

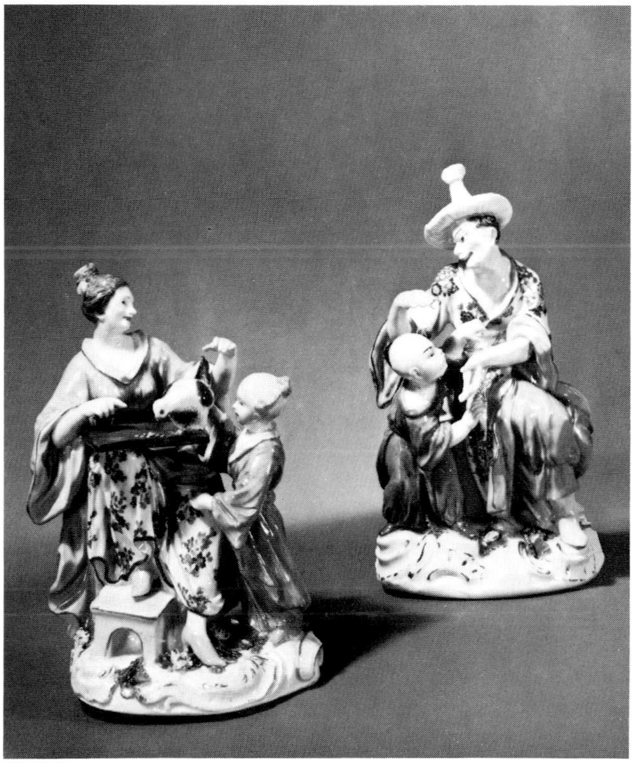

14

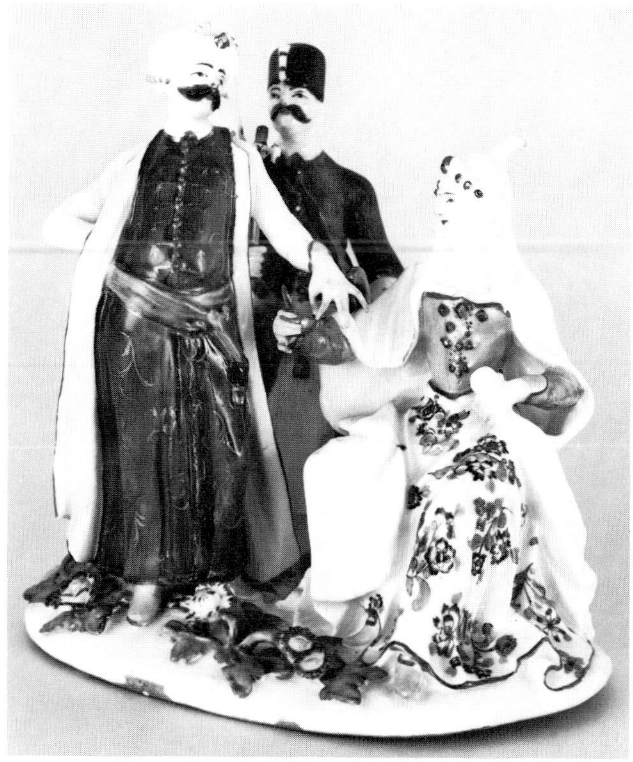

15

16

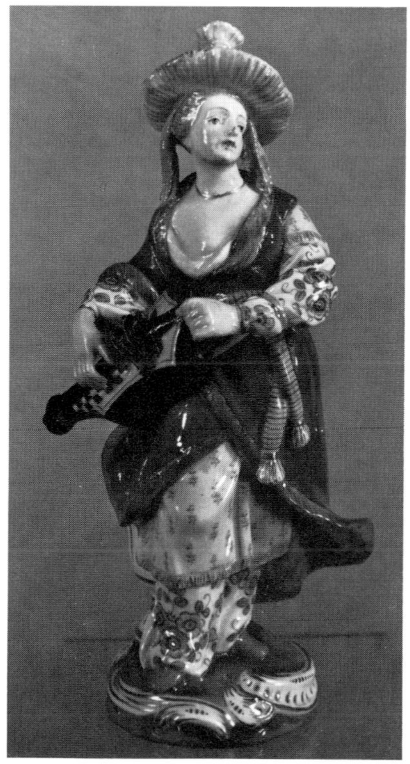

◁ **13 Kinderfigur als Jäger,** schußbereit mit Hirschfänger am Gürtel und Dreispitz, an einen antiken Säulenstumpf gelehnt. Bunt staffiert auf vergoldetem Rundsockel mit Wellenornament in der Art des »Laufenden Hundes«. H 15 cm
Meißen, 19. Jh. **1 000,–/1 300,–**
Peretz

Obwohl die Kleidung ins 18. Jahrhundert gehört, verweist die biedere Kleinteiligkeit und der Mangel an Raffinesse die Figur in eine spätere Epoche.

14 Chinesenfamilie mit Kindern. Zwei Gruppen als Gegenstücke, bunt staffiert auf Rocaillesockeln. H 17 und 16 cm
Meißen, um 1750, Modell von Kändler, Reinicke und Meyer. **12 000,–/16 000,–**
Saal

Um 1750 begannen Kändler, Reinicke und Meyer eine Serie von Chinesengruppen zu modellieren. Die hübschesten stellen die Eltern beim Spiel mit ihren Kindern dar und wurden teilweise nach Stichvorlagen aus »Les Délices de l'Enfance« von J. J. Baléchou nach Boucher gearbeitet.

Neben der höfischen Welt mit ihren Schäferspielen bildeten Orientalen, Neger und Chinesen einen unerschöpflichen Themenvorrat seit den vierziger Jahren des 18. Jahrhunderts.

15 Türkengruppe mit Soldat. Bunt staffierte Gruppe mit Indianischen Blumen als Rockmuster. Lebkuchenartig flacher Sockel mit bunter plastischer Blumenauflage. Der Türke (die Figur geht auf ein Modell von Kändler und Reinicke zurück) nimmt eine Prise Schnupftabak aus einer Dose, die ihm die Türkin reicht. H 14,5 cm
Meißen, um 1750. **5 000,–/7 500,–**
Koller

16 Chinesin mit Musikinstrument. Bunt staffierte Figur auf kleinem runden Rocaillesockel. H 17,5 cm
Meißen, 19. Jh., nach einem in Berlin 1768 von F. E. Meyer entworfenen Modell. **700,–/800,–**
Peretz

Der hausbackene Gesichtsausdruck, die kraftlosen schablonenartigen Indianischen Blumen, besonders aber die Gestaltung des Sockels mit der schematisierten Rocaille zeigen, daß die Figur in einer historisierenden Epoche entstanden sein dürfte.

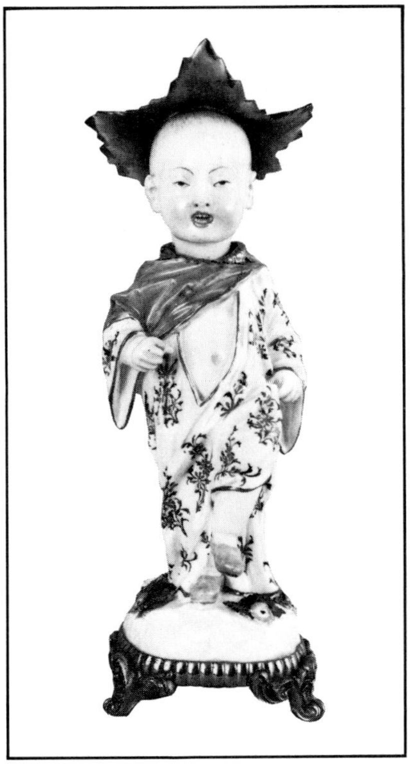

17

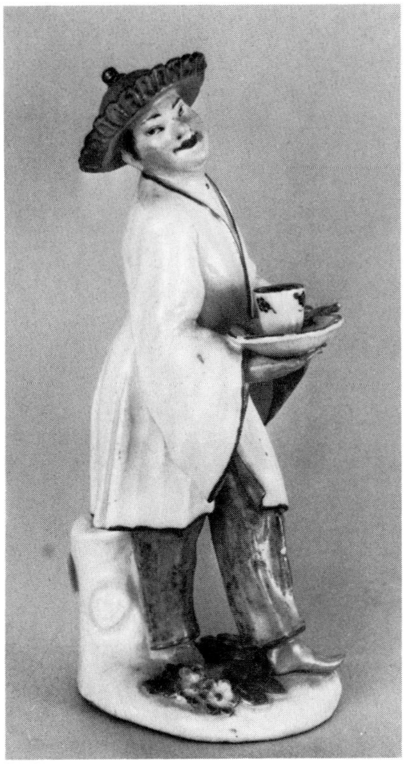

18

19

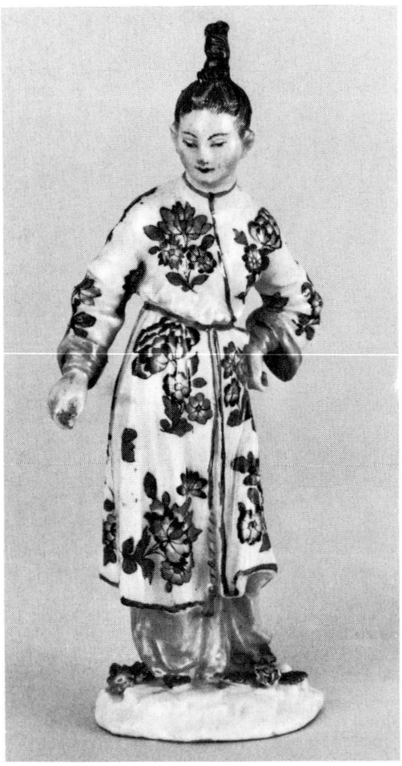

20

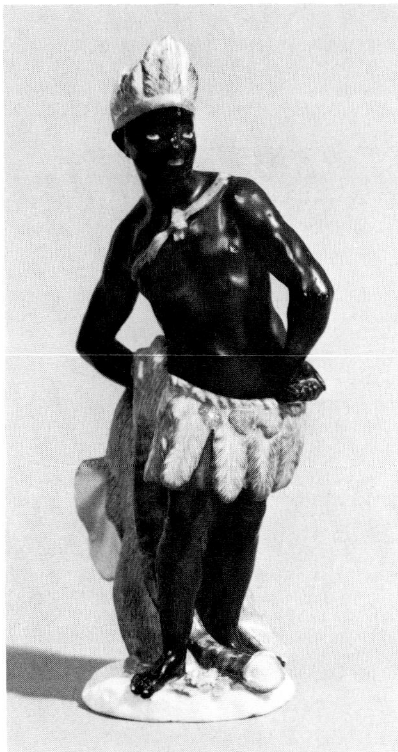

17 Chinesenknabe mit Kohlblatthut. Einer von zwei Wackelkopffiguren auf vergoldeten Bronzesockeln mit Volutenfüßen. H 28 cm
Meißen, um 1750, Modell von J. J. Kändler.
zus. 10000,–/15000,–
Koller

18 Chinese mit Tasse. Auf flachem Sockel mit aufsteigendem Baumstumpf als Stütze und plastischen Blumenauflagen, bunt staffiert. H 16 cm.
Meißen, um 1745, Modell von Peter Reinicke. **2000,–/3500,–**
Koller

19 Chinesin mit Hochfrisur in einem Kimono mit großen bunten Indianischen Blumen über einem gelben Unterkleid. H 14,3 cm
Meißen, um 1750, Modell von Peter Reinicke. **3300,–/5000,–**
Koller

Peter Reinicke war seit 1743 als Modelleur in Meißen beschäftigt, wo er viele Aufträge mit Kändler zusammen ausführte, aber auch zahlreiche eigene Figuren entwarf.

20 Mohr mit Lendenschurz aus Federn und Federkrone auf Elefantenkopf gestützt. Farbig staffiert auf unregelmäßigem Sockel mit Blumenauflage. H 16 cm
Meißen, um 1741, Modell von Johann Friedrich Eberlein. **3000,–/6000,–**
Almas (Braunmüller)

21 Mohr und Araber als Pferdeführer. Zwei Gegenstücke. H 26 cm (Repariert) Meißen, um 1755. Modelle von J. J. Kändler 1748, Malerei wohl wenig später.
6000,–/9000,–
Christie's (Cooper)

Die zarte flockige Malweise des Schimmelfells und der harmonische Farbklang unterscheiden diese Gruppe aus der Mitte des 18. Jahrhunderts deutlich von der folgenden, die zwar nach einem Modell aus der gleichen Zeit gefertigt wurde, deren plump ausgeführtes, fast tapetenartig gemaltes Pferdefell sie aber als spätere Ausformung zu erkennen gibt.

22 Kesselpauker zu Pferd, bunt staffiert auf ovalem Sockel mit Baumstütze.
H 20 cm
Meißen, 19. Jh. nach einem Modell von Kändler und Reinicke um 1750.
2400,–/3000,–
Peretz

23 Der Schneider auf dem Ziegenbock, bunt staffiert. B 26 cm
Meißen, um 1745/50, Modell von J. J. Kändler. **3500,–/5000,–**
Christie's (Cooper)

Hierzu Kändler 1740: »Schneider, welcher auf einem Ziegenbock reutet, wie er seinen ganzen Werckzeug bei sich führet«. Angeblich Spottbild auf den Schneider des Grafen Brühl.

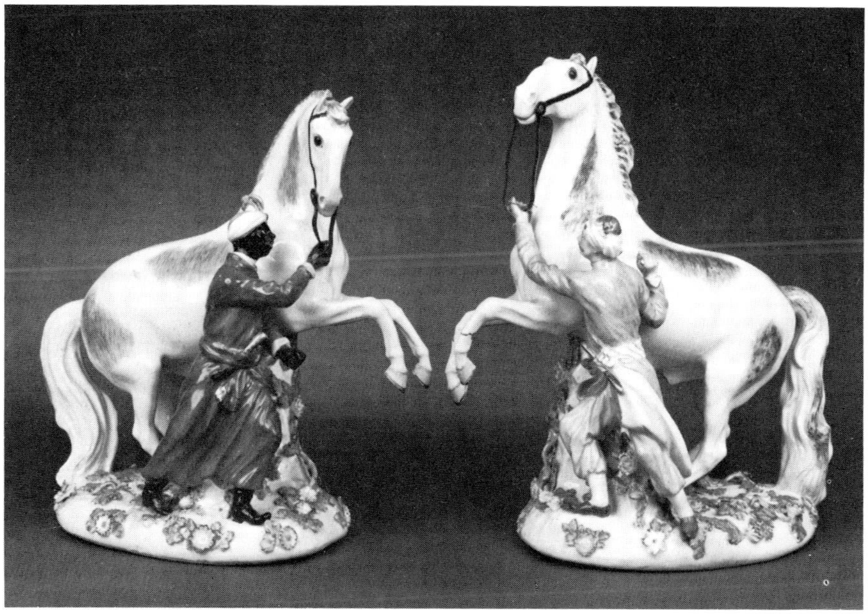
21

22
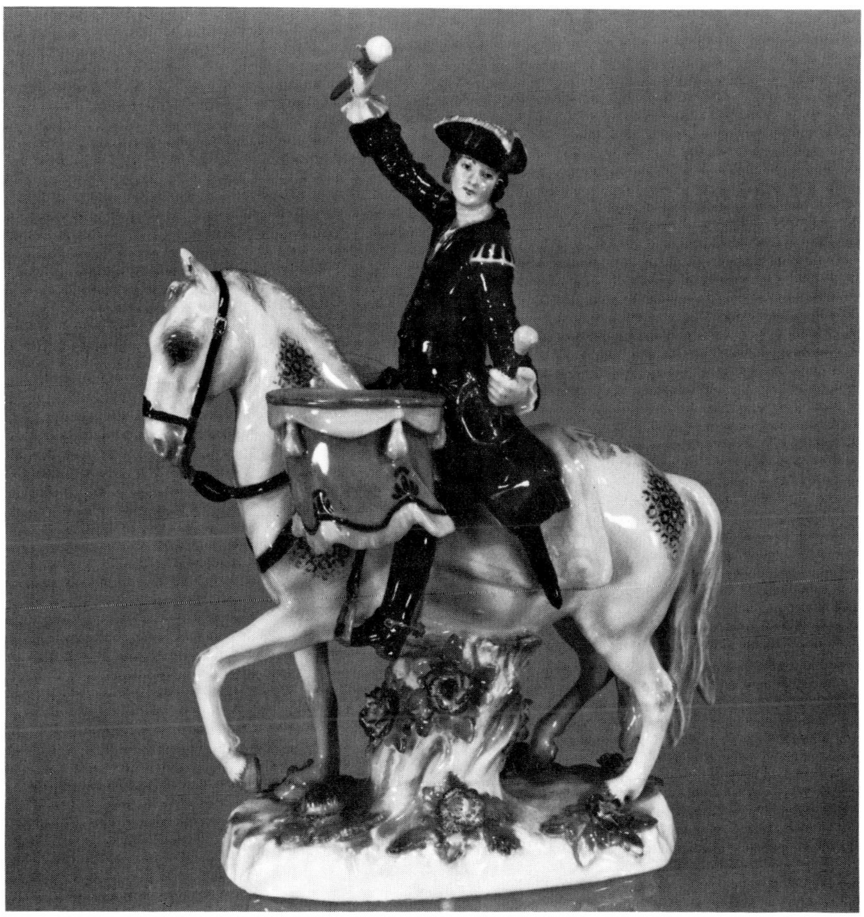

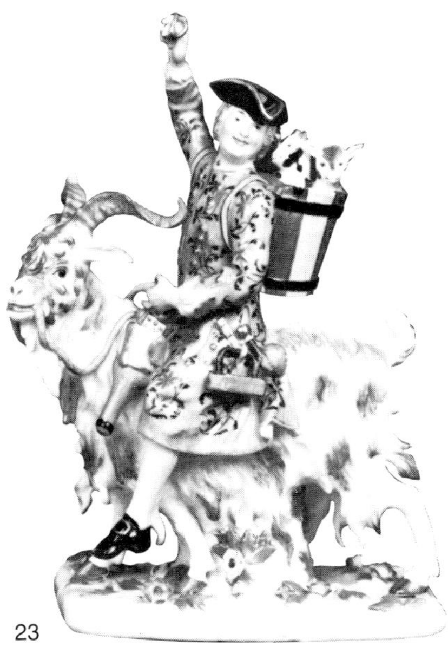
23

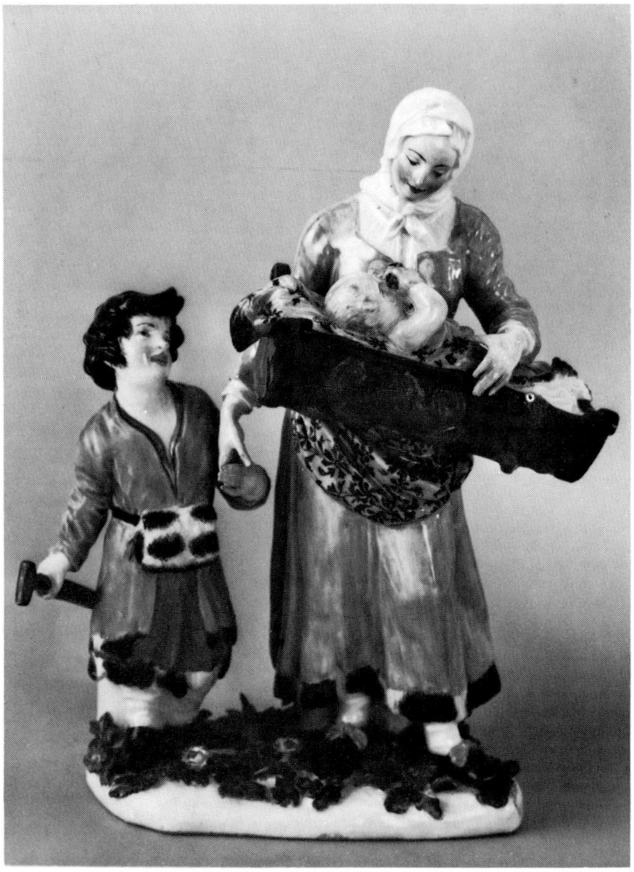

24

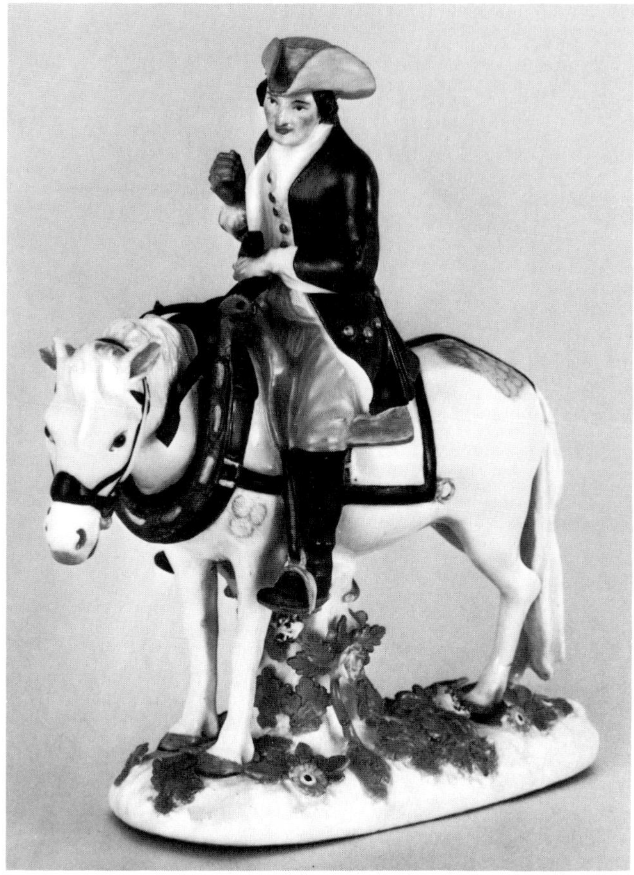

25

26

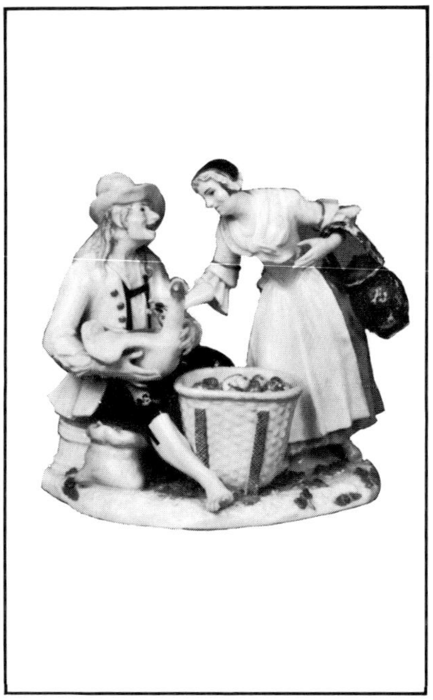

24 Bettelfrau mit Kindern. Nach einer französischen Stichvorlage von 1739 (Savoyardische Bäuerin). Die Frau trägt eine purpurgeblümte Schürze über einem gelben Rock, der Knabe ein türkises Mäntelchen. H 23,3 cm
Meißen, Modell von J. J. Kändler um 1750.
6500,–/8500,–
Koller

Zwischen 1748 und 1763 entstanden Figuren, die das Landleben zum Thema hatten wie die »tanzenden Bauern«, die »holländischen Bauernfiguren« (vgl. Nr. 388) und der folgende »Bauer zu Pferd«.

25 Bauer zu Pferd. Landmann mit Dreispitz auf geschirrtem Gaul. H 21,5 cm
Meißen, Modell von J. J. Kändler und P. Reinicke 1748/63. **2000,–/2500,–**
Koller

26 Marktbauer mit Kundin. Der Bauer mit gelber Mütze und schwarzer Kniehose sitzt auf einem Faß und bietet seine Gans an, während die Frau mit schwarzer Kappe und türkiser Bluse ihm das Geld hinzählt. Zwischen ihnen auf dem blumenbelegten Sockel ein Fruchtkorb. B 18 cm
Meißen, um 1740, Modell von J. J. Kändler.
3500,–/5000,–
Christie's (Cooper)

Allegorische, mythologische und antikische Gestalten waren in der Barockzeit beliebte Themen, die auch in die Porzellankunst Eingang fanden und im Klassizismus ihre große Hochblüte erlebten.

27 Zwei Soldaten in antikischen Rüstungen. Bunt staffierte Standfiguren auf rocaillegespitzten Sockeln. H 16,5 und 19 cm
Meißen, Mitte 18. Jh. **2000,–/4000,–**
Almas

28 Bauer mit Kiepe. Bunt staffiert auf späterem Pariser Goldbronzesockel. H 20 cm
Meißen, Mitte 18. Jh., Modell von J. J. Kändler. **6500,–/9000,–**
Lempertz

29 Braut in schlesischer Tracht. Farbig staffiert auf goldgehöhtem Rocaillesockel. H 16 cm
Meißen, Ende 19. Jh. **1000,–/1400,–**
Peretz

30 Venus mit zwei Amoretten. Fleischfarbenes Inkarnat und getöntes Haar. H 22 cm
Meißen, 19. Jh. **1300,–/1500,–**
Peretz

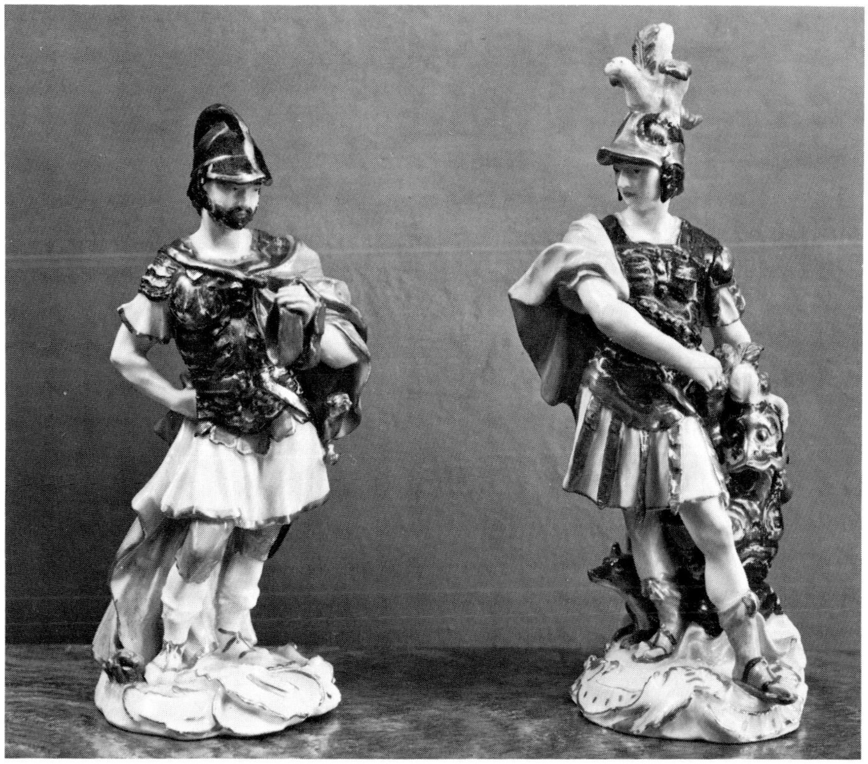
27

28

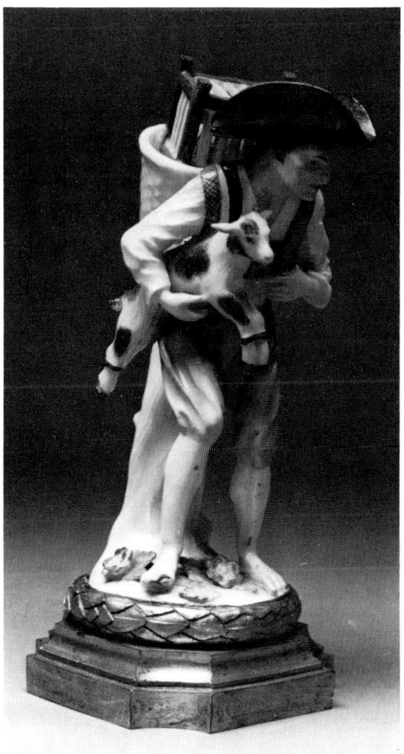

29

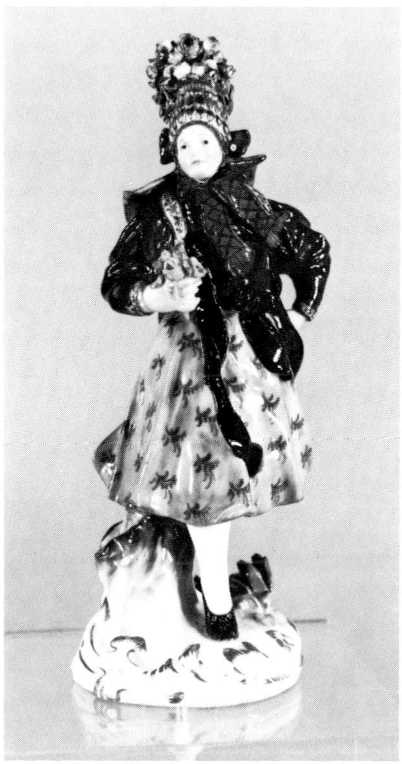

30

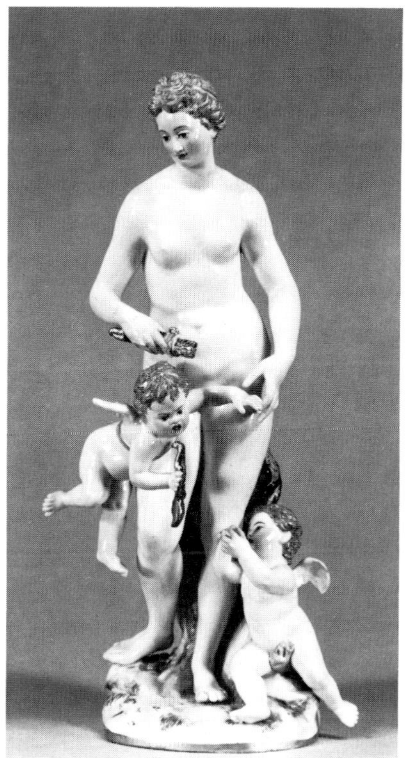

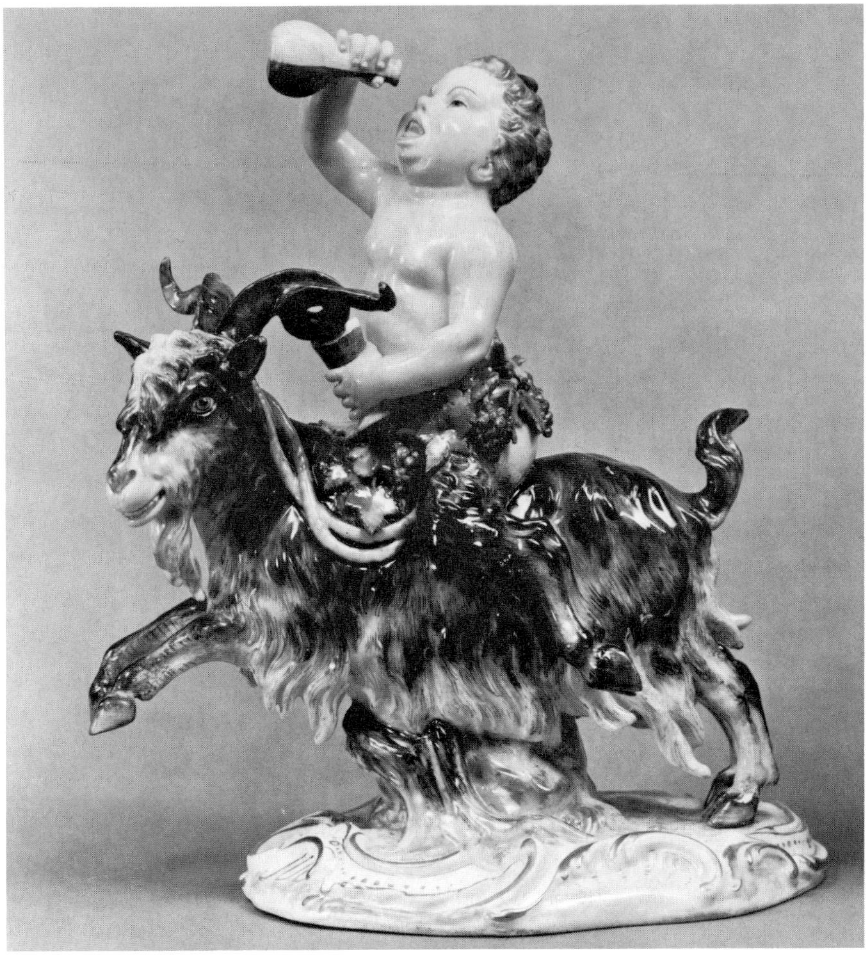

31

31 Satyrknabe reitet Wein trinkend auf einem Ziegenbock. Bunt staffiert auf rocailleverziertem, zu einer Stütze hochgezogenen Sockel. H 19 cm
Meißen, spätere Ausformung nach einem Modell von J. J. Kändler von 1771.
950,–/1200,–
Ruef (Himpsl)

Kändler griff zu Anfang der siebziger Jahre zwar ebenfalls klassizistische Themen auf, trug sie aber in den Formen des Rokoko vor.

32 Herkules tötet den kretischen Stier. Bunt staffierte Gruppe auf Rocaillesockel. H 14 cm
Meißen, spätere Ausformung nach einem Modell von J. J. Kändler um 1750.
5000,–/6000,–
Peretz

33 Eine von zwei Putten mit Balusterväschen, zart staffiert, als spiegelverkehrte Gegenstücke auf reichen Goldbronzesockeln. H 13,5 cm
Meißen, Mitte 18. Jh. **5000,–/8000,–**
Lempertz

32

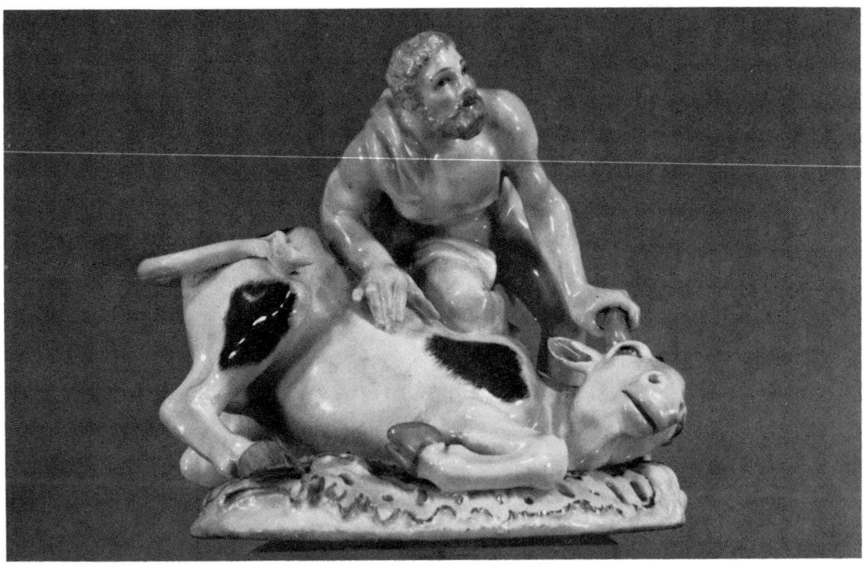

33

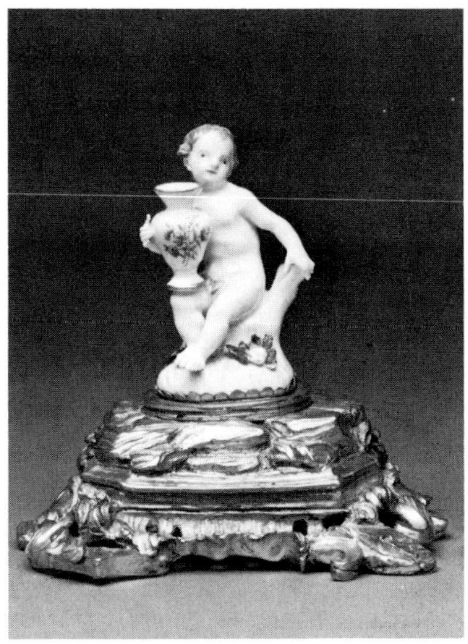

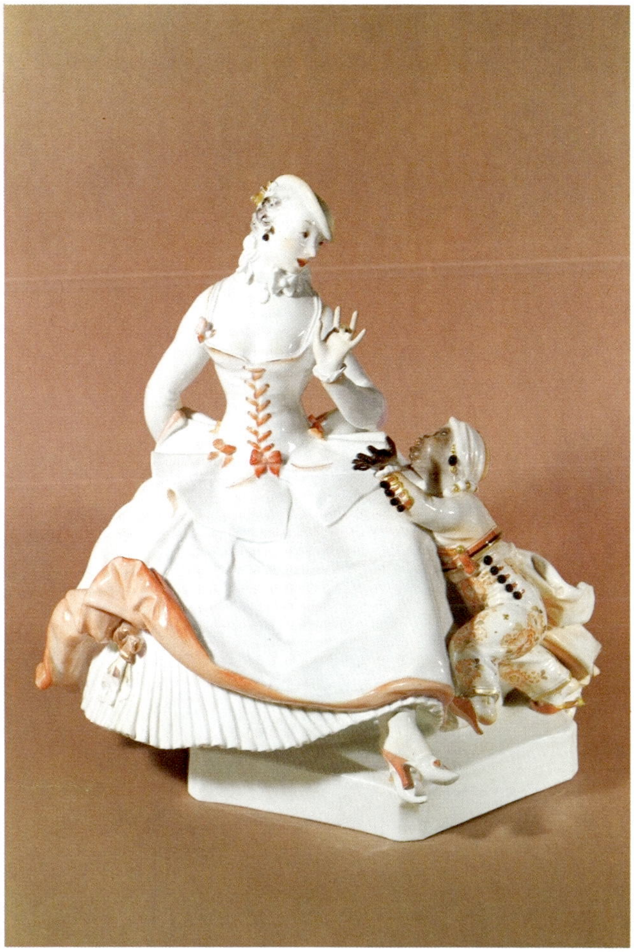

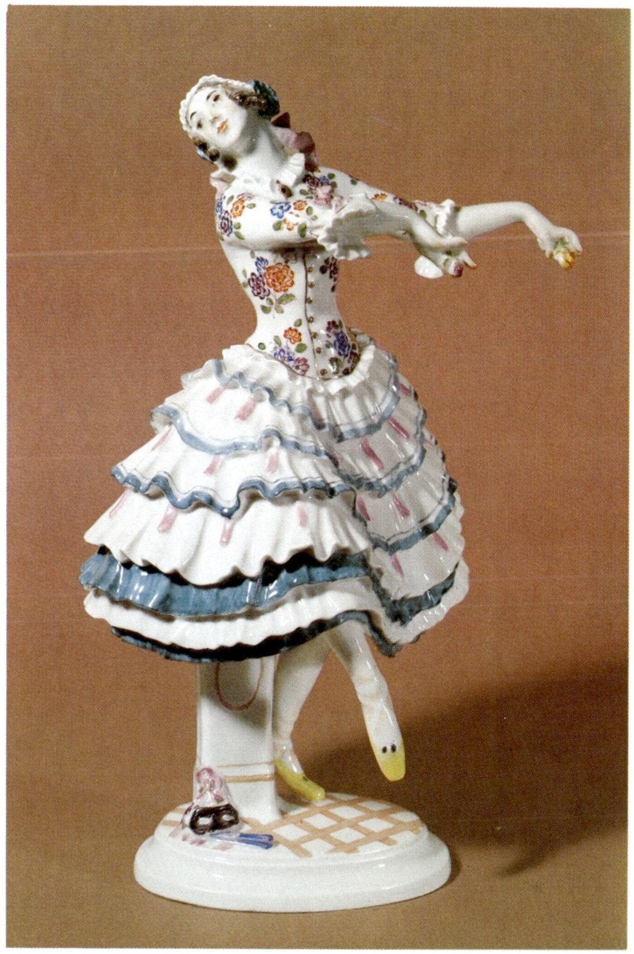

Farbtafel III

Tänzerin. Seitenfigur aus dem »Russischen Ballett«. Farbiger Muffelfarbendekor. H 29 cm
Meißen, 1913, Modell von Paul Scheurich, Modellnummer A 1004
2200,–/2800,–

Scheurichs »Russisches Ballett«, insgesamt fünf Figuren nach der 1910 in Berlin erstmals aufgeführten Ballettpantomime von Michail Fokin »Le Carnaval«, stellt eine glückliche Verbindung aus Biedermeier und Italienischer Komödie dar. Scheurich, der die Staffierung der Figuren selbst übernahm, hielt sich eng an die von Leon Bakst entworfenen Originalkostüme.

Dame mit dem Mohrenknaben. Zart staffierte Gruppe auf quadratförmigem Sockel mit leicht eingezogenen Seiten. H 28,5 cm
Meißen, 1919, Modell von Paul Scheurich, am Sockel signiert und datiert.
3200,–/5000,–

Ernst Zimmermann schreibt 1920 über Scheurich: »In der Tat erscheint dieser Künstler fast wie ein Spätgeborener des Rokoko. Leicht schaffend und doch so sicher in der völligen Beherrschung der Formen, dabei voll Grazie und frischester Laune, hat er sich in den Stil dieser Zeit wieder eingelebt wie keiner vor ihm... Dabei ist er nichts weniger als ein bloßer Nachahmer seiner Vorbilder. Er gibt sich als ein völlig Neuer, der seine Aufgaben tiefer faßt, weit schärfer charakterisiert, alles mit dem leichtesten Humor erfüllt, auch der Natur gegenüber viel ehrlicher ist und sich zudem weit mehr noch in ihre Einzelheiten versenkt... Seine Werke sind echte Erzeugnisse einer Kleinkunst, die stets Intimität mit Grazie vereinen muß.«

Ruef (Himpsl)

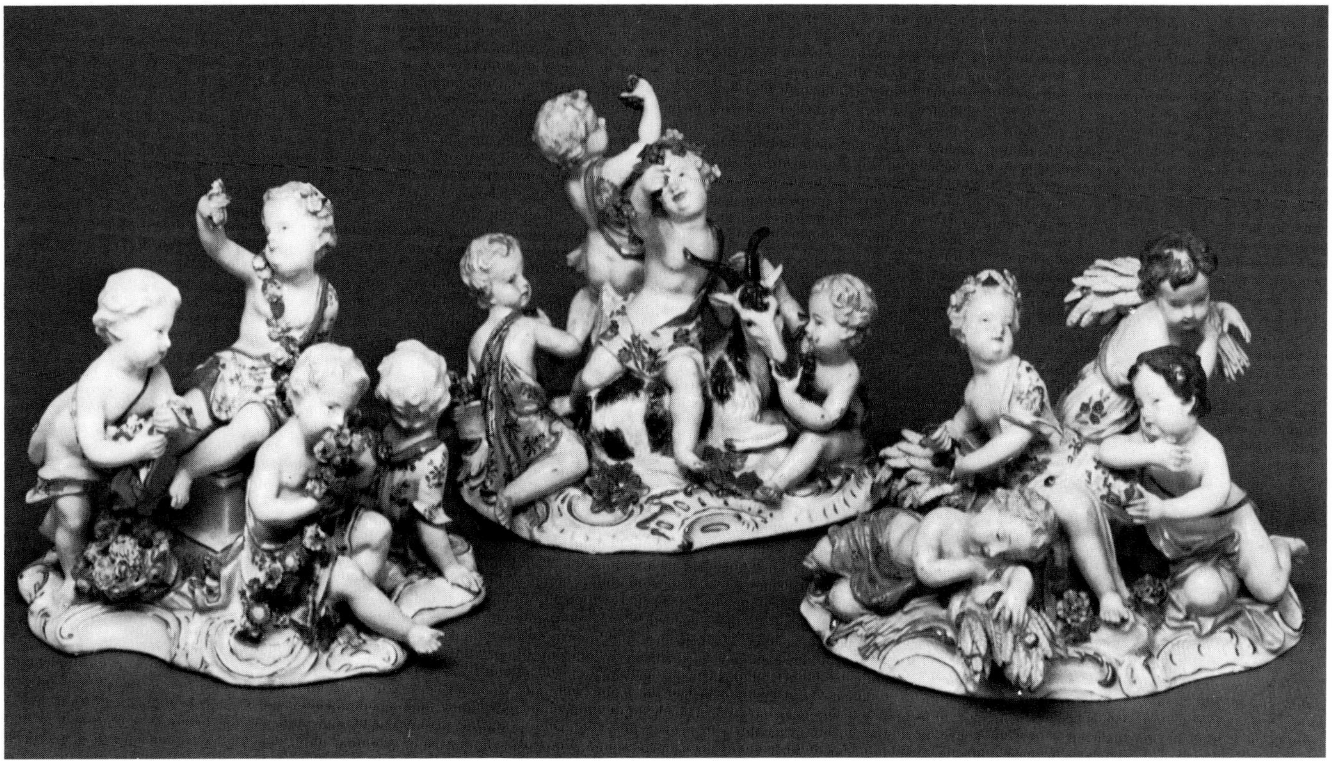

34

35

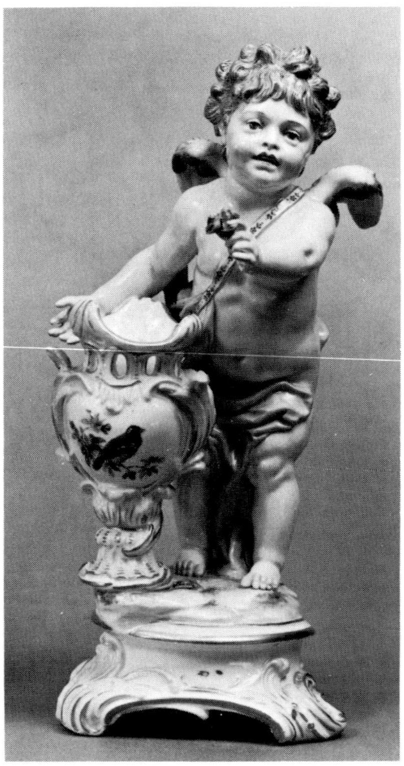

36

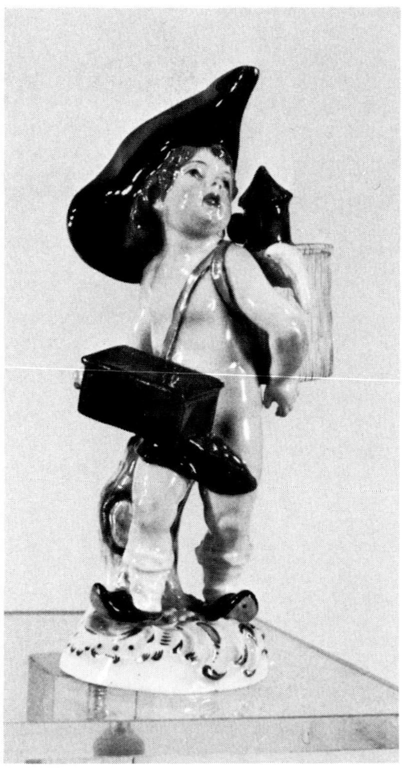

34 Drei von vier Puttengruppen als Jahreszeiten, mit Blumen, Ährengarben, Ziegenbock, Weintrauben und einer Feuerstelle. Bunt staffierte Gruppen auf flachen Rocaillesockeln mit Goldspitzenrand. H 14 cm
Meißen, um 1760. **10000,–/15000,–**
Lempertz

35 Putto neben einer Vase eine Rose überreichend. Bunt staffiert auf Volutenpostament. H 18,5 cm
Meißen, um 1890 von Schwabe entworfen und von Helmig überarbeitet. **250,–/400,–**
Ruef (Himpsl)

36 Putto mit Laterna Magica, farbig staffiert auf kleinem Rocaillesockel. H 10,5 cm
Meißen, 2. Hälfte 19. Jh. **900,–/1200,–**
Peretz

37 »Die Luft«. Knäblein mit Vögelchen, Vogelbauer und einer Fackel, bunt staffiert auf rocaillegerahmtem Sockel. H 13,2 cm ▷
Meißen, 19. Jh., Modell von J. J. Kändler 1770, aus einer Serie der vier Elemente. **650,–/800,–**
Peretz

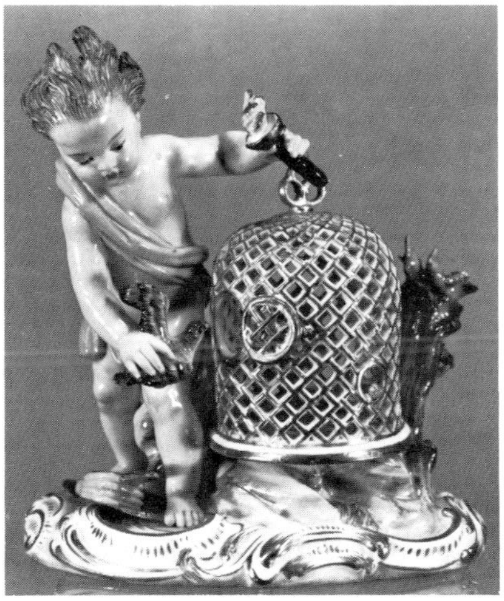

37

Figuren wurden nicht nur als reine Zier geschaffen, sondern auch wie die folgenden in dienender Form als Uhren- oder Gewürzhalter verwendet.

38 Uhrenständer. Neptun sitzt auf einem Rocaillesockel, den rechten Arm auf eine Wasserurne gestützt, mit dem linken eine Uhrenkartusche haltend. Bunt staffierte Gruppe mit Golddekor. H 15,5 cm
Meißen, 19. Jh., nach einem Modell aus der Mitte des 18. Jh. **1200,–/1500,–**
Peretz

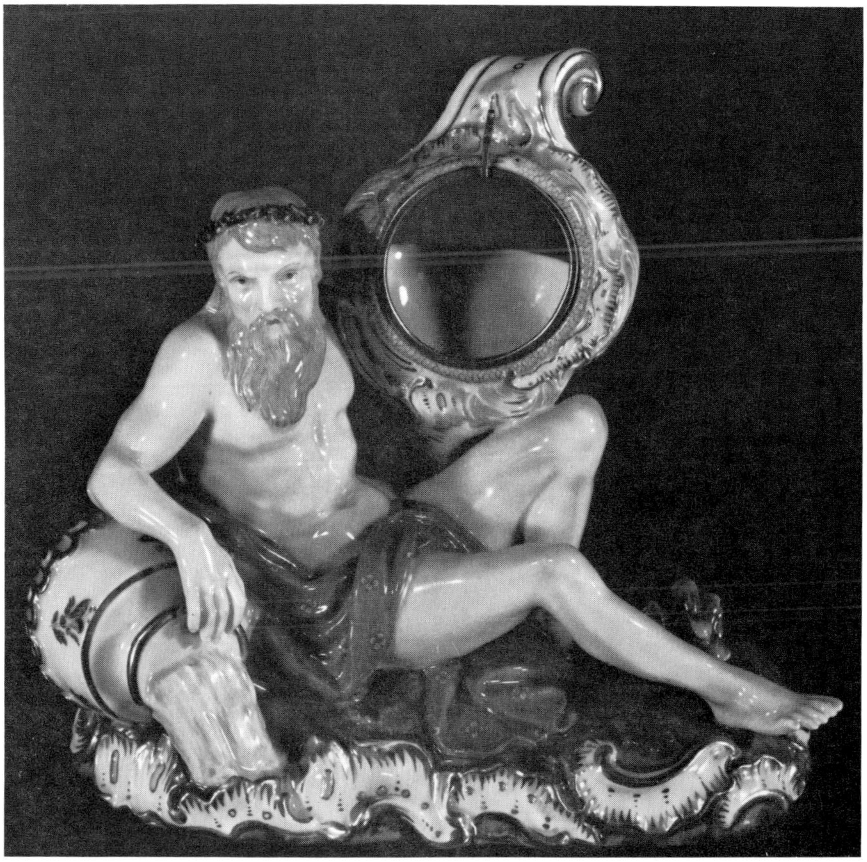

38

Antike Götter als Uhrenhalter waren sehr beliebt, wobei die Verbindung vom Fluß der Zeit und dem fließenden Wasser nahe liegt. Eines der bekanntesten Beispiele ist Kändlers Chronos als Uhrenhalter.

39 Paar als Kannenhalter. Gegenstücke auf Grassockeln sitzend. H 19 cm
Meißen, 19. Jh., der Mann nach einem Modell von J. J. Kändler um 1748.
1800,–/2500,–
Kunsthaus am Museum

39

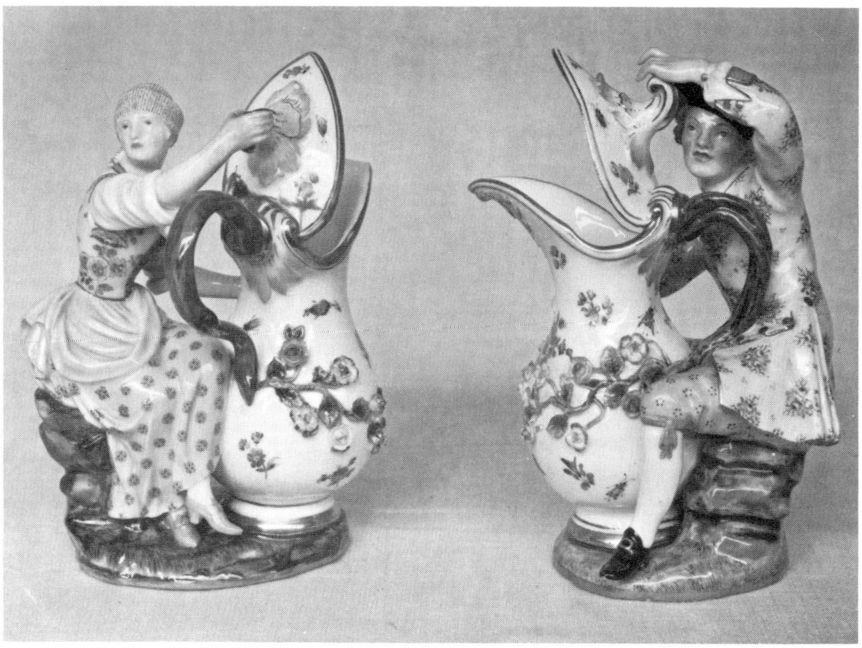

Vergleicht man die Figuren mit der frühen Ausformung Kändlers (Hamburg, Museum für Kunstgewerbe), so wird der Unterschied in der Staffierung besonders deutlich. Bei der frühen Figur sind große Farbflächen kraftvoll nebeneinandergesetzt. Der Mann trägt einen einfarbigen Rock über einer weißen Hose und weißen Strümpfen. Sockel und Baumstütze sind ebenfalls weiß belassen und mit bunten plastischen Blumen besetzt. Das Gesicht ist derb und kantig mit den für Kändler typischen breiten, geöffneten Lippen. Die spätere Figur bemüht sich um einen sanft lächelnden Gesichtsausdruck. Das Gewand ist kleinteilig gemustert und der Sockel farbig staffiert.

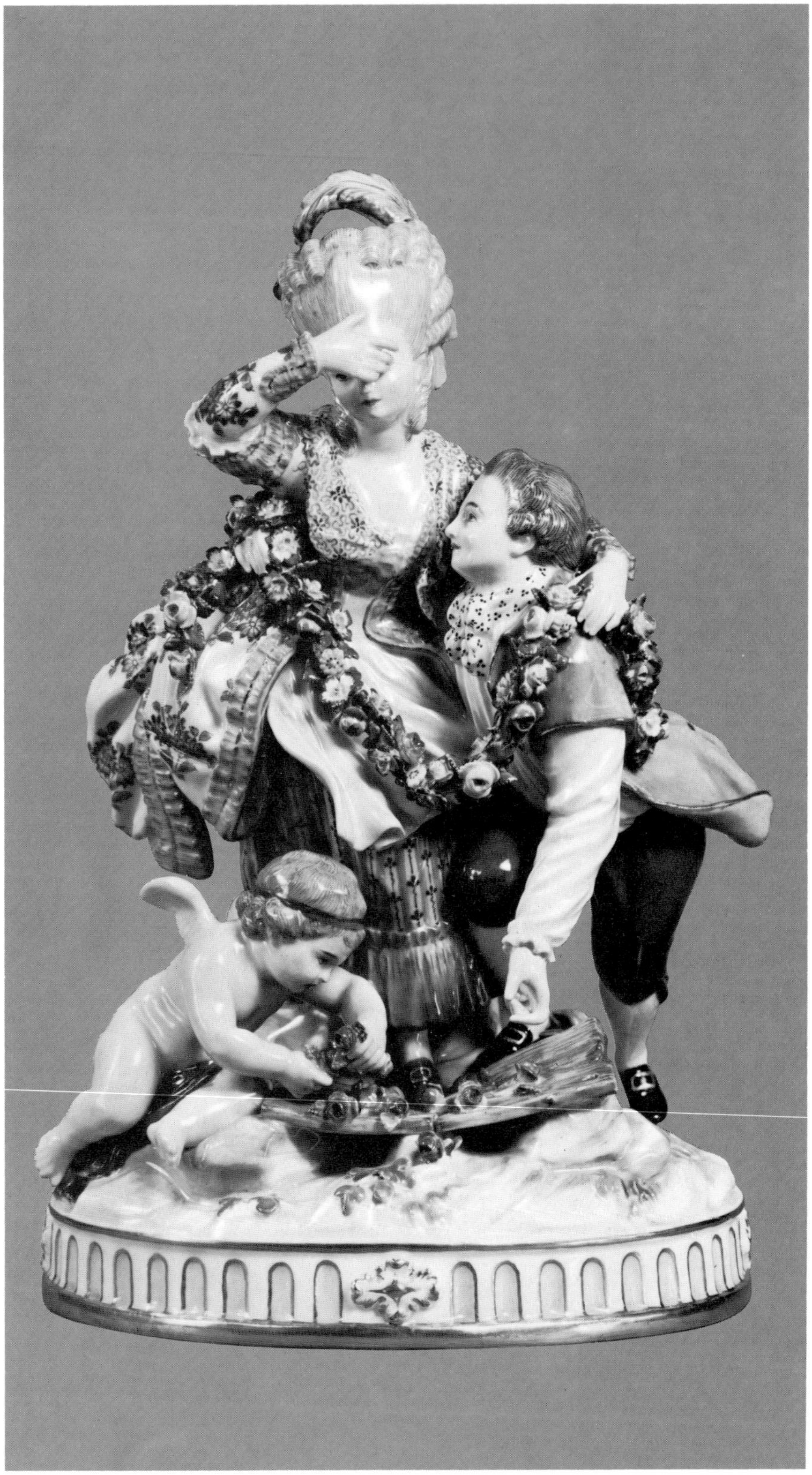

40

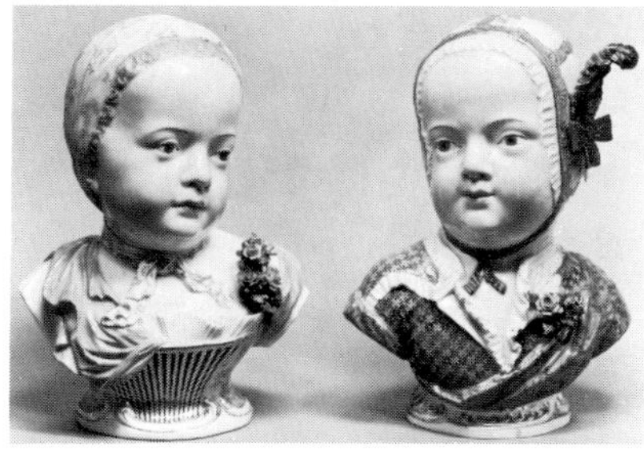

41

Im Klassizismus wurden die galanten frivolen Schäfer- und Liebespaare von moralisierenden Gruppen wie der »Zerbrochenen Brücke« – einer Anspielung auf die verlorene Unschuld – und Familienszenen wie »Die Gute Mutter«, »Der gute Vater« ersetzt.

40 Die zerbrochene Brücke. Ein Kavalier hebt eine Dame über eine zerbrochene Brücke, vor der ein Putto Rosen streut. Bunt staffierte Gruppe auf antikisierendem Sockel.
Meißen, 19. Jh., nach einem Modell von Michel Victor Acier von 1777.
1800,–/2500,–
Ruef

41 Zwei Kinderbüsten. Prinz Louis Charles von Bourbon und Prinzessin Marie Zephirne, bunt staffiert. H 23 cm
Meißen, 19. Jh., nach Modellen von Kändler um 1760. **800,–/1200,–**
Ruef (Himpsl)

42 Der gute Vater. Der Vater sitzt im Hausgewand in einem Sessel, umringt von seinen drei kleinen Kindern. Zu seinen Füßen blickt das Hündchen treuherzig nach oben. Bunt staffierte Gruppe auf Grassockel mit umlaufendem Perlstabrand. H 21 cm ▷
Meißen, 19. Jh., nach einem Modell von Johann Carl Schönheit um 1780.
2300,–/2500,–
Ruef

Schönheit und Acier, 1745–1794 bzw. 1764–1781 als Modelleure an der Meißner Manufaktur tätig, traten besonders nach Kändlers Tod 1775 mit eigenen Figuren und Gruppen im klassizistischen, bei Acier von Frankreich geprägtem Stil hervor.

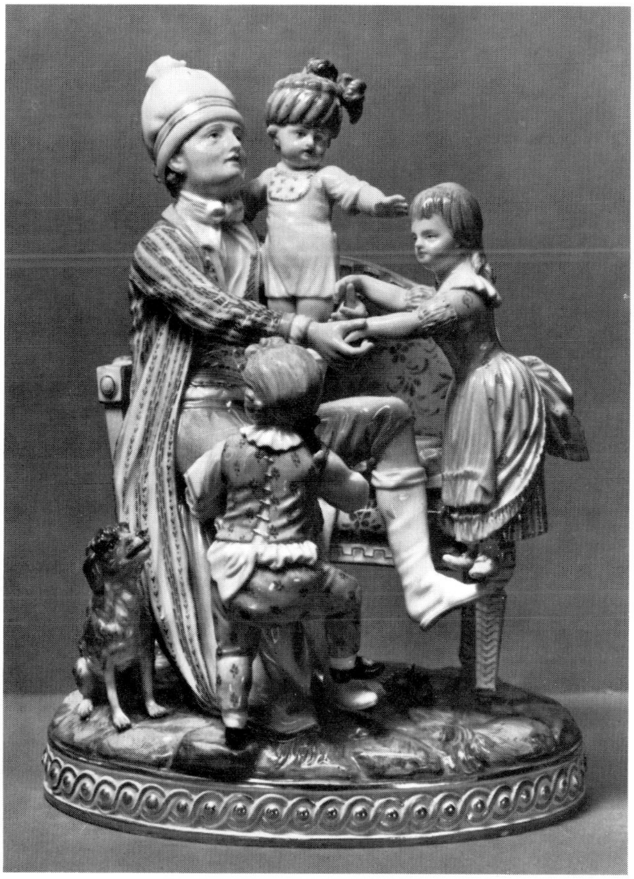

42

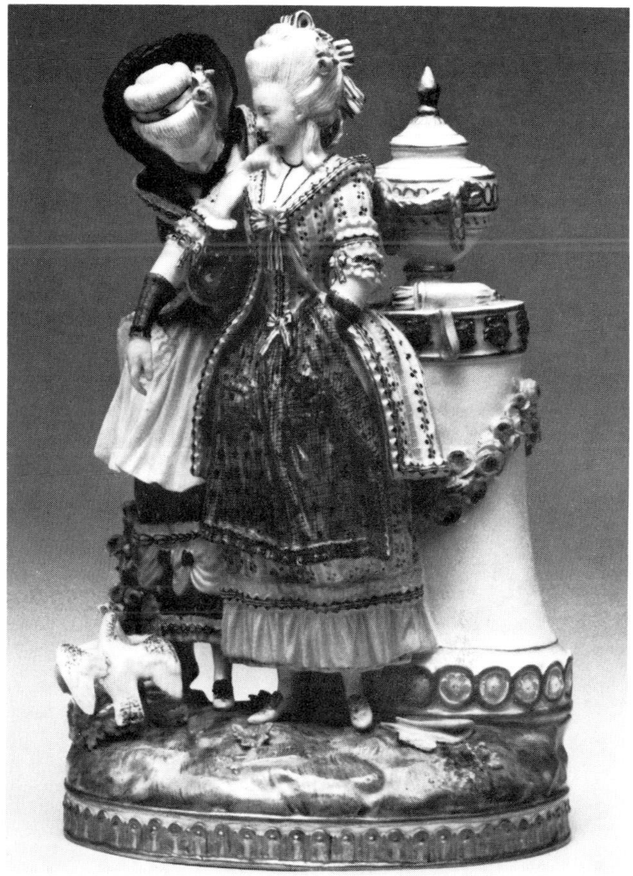

43

44

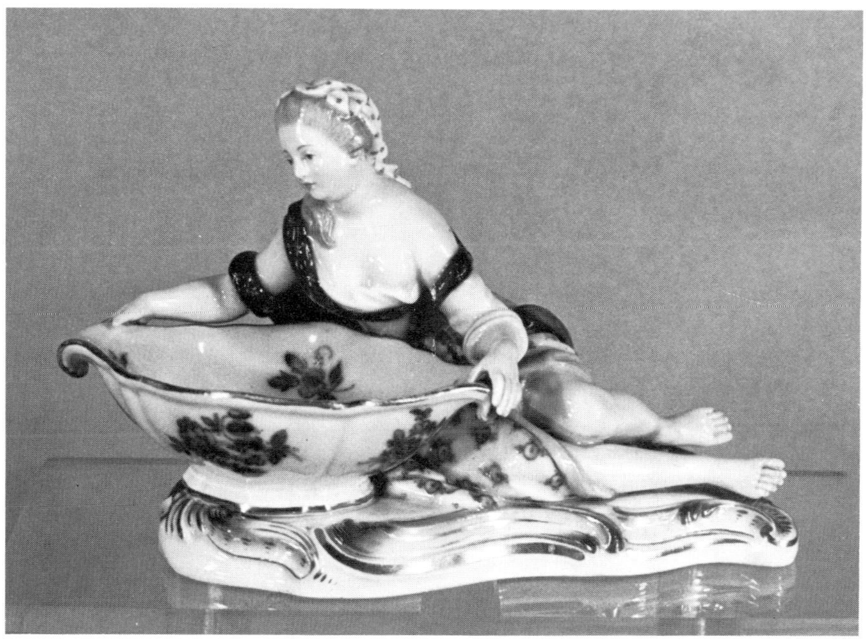

43 Die junge Braut. Neben einer Urne, deren Postament gleichzeitig als Stütze dient, hat eine ältere Frau die Arme um die junge Braut geschlungen. Am Boden sitzt ein schnäbelndes Taubenpaar neben dem geöffneten Brief des Bräutigams.
H 25 cm
Meißen, spätere Ausformung nach einem Modell von Michel Victor Acier um 1775/80. **1800,–/2200,–**
Ruef

44 Lagernde Frau mit Gewürzschälchen, blau und gold staffiert auf Rocaillesockel. H 11,5 cm
Meißen, 19. Jh. nach einem Modell um 1760. **450,–/550,–**
Peretz

Hierzu gibt es als Gegenstück einen Kavalier mit Schale. Typisch für das 19. Jh. ist die Vereinfachung: Die Gewürzschale war bei der frühen Ausformung reliefiert und das Gewand komplizierter, die Figur aber schlanker, die Schulterpartie weniger fleischig und der Hals länger.

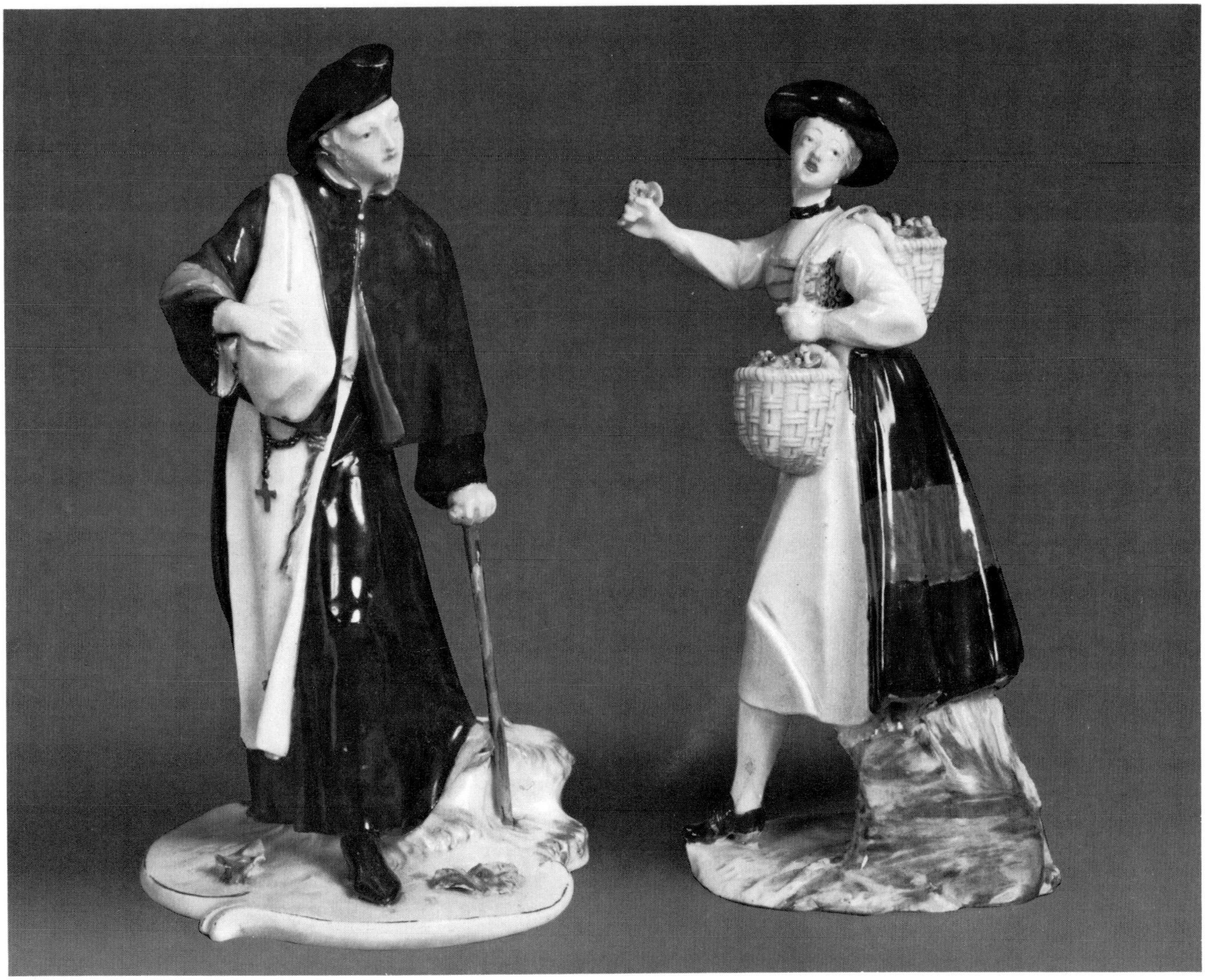

45

NYMPHENBURG

Neben Kändler, dem Schöpfer des figürlichen Porzellanstils in Meißen, darf Bustelli als der genialste Porzellanplastiker gelten. In nur neun Jahren seines Wirkens (1754–1763) schuf er eine umfangreiche Folge von Putten als ovidische Götter, sechs kecke, lebhafte Liebesgruppen in einer Art Ruinenarchitektur und neben zahlreichen Chinesen und Volkstypen eine Serie von 16 Pantomimen zur italienischen Commedia dell'Arte, die in Eleganz, Liebreiz und Ausdrucksstärke nicht ihresgleichen haben.

45 Pilgrim und Pilzverkäuferin. Beide Figuren in vorwiegend braunen und schwarzen Tönen polychrom staffiert.
H 21 und 19 cm
Nymphenburg, um 1760, Modelle von Franz Anton Bustelli. **je 25000,–/30000,–**
Christie's (Cooper)

Flache, scheibenartige Sockelplatten mit unauffällig aufsteigenden Rocaillestützen lassen Bustellis Figuren leicht und grazil erscheinen und heben sie dadurch ziemlich deutlich von Kändlers Modellen ab.

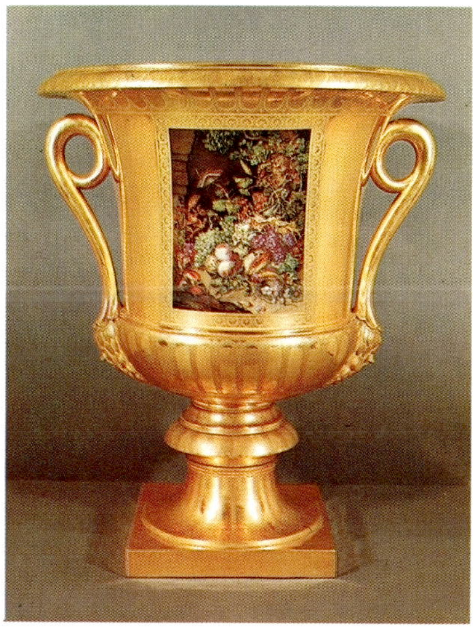

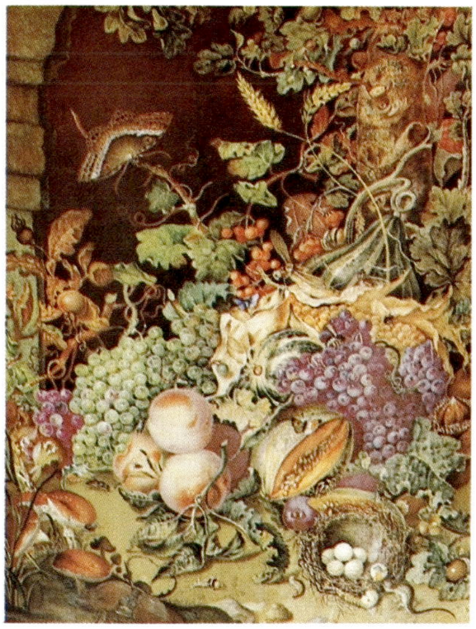

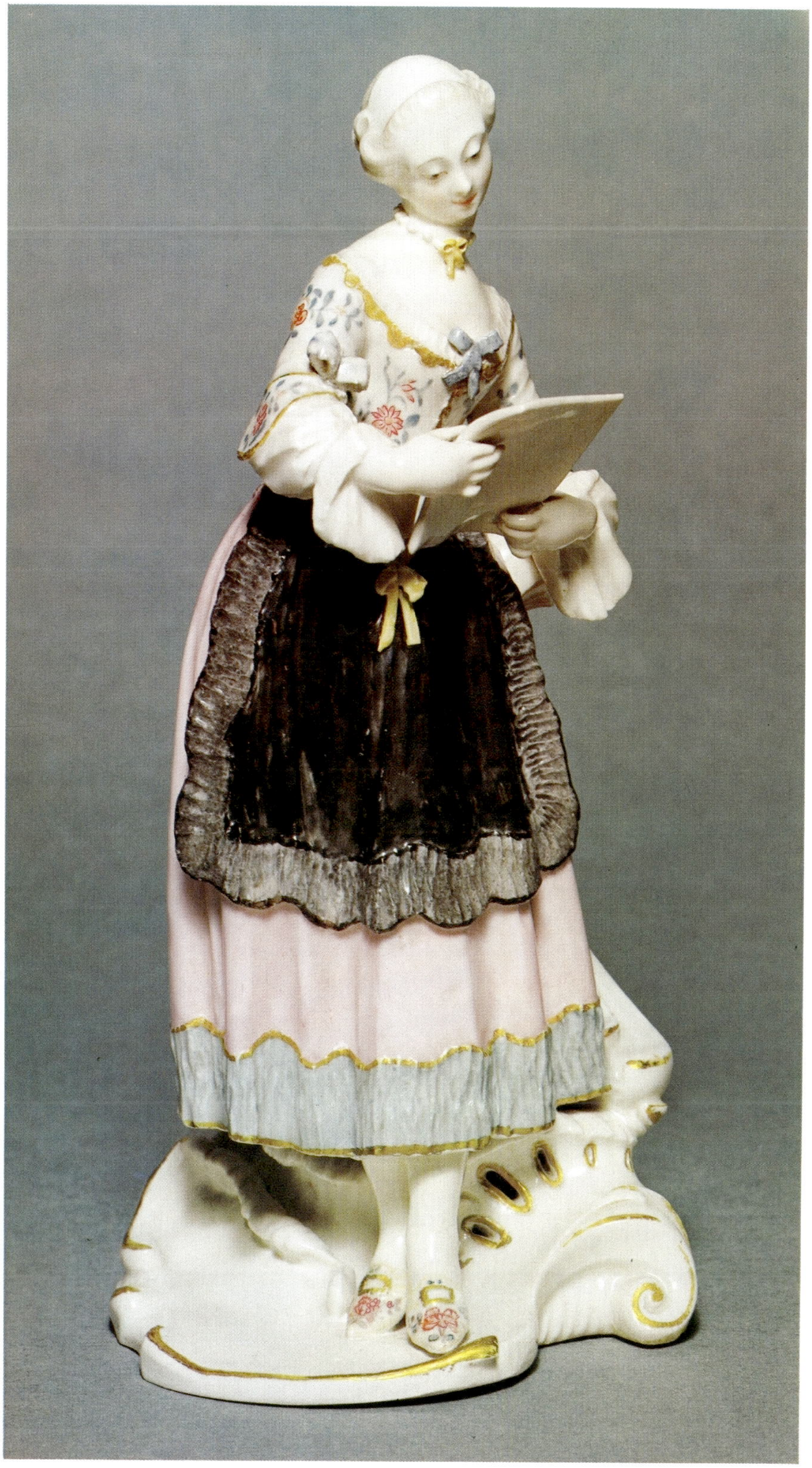

Farbtafel IV

Prunkvase in Kraterform über quadratischer Plinthe mit Volutenhenkeln über Maskaronansätzen. Reiche Vergoldung mit radiertem Ornamentdekor. Auf Vorder- und Rückseite minutiös gemaltes, buntes Stilleben mit Blumen, Früchten und Insekten (s. Ausschnitt). H 56 x ∅ 50 cm
Nymphenburg, um 1800 **7000,–/12000,–**
Ruef (Himpsl)

»Madame Columbine« auf Rocailleplatte, die zu einer Stütze aufwächst. H 20 cm
Nymphenburg, eingeprägtes Rautenschild, um 1760, Modell von F. A. Bustelli, unter dem Sockel in alter, schwarz eingebrannter Kursivschrift »Madame Columbine«
24000,–/28000,–
Galerie Almas

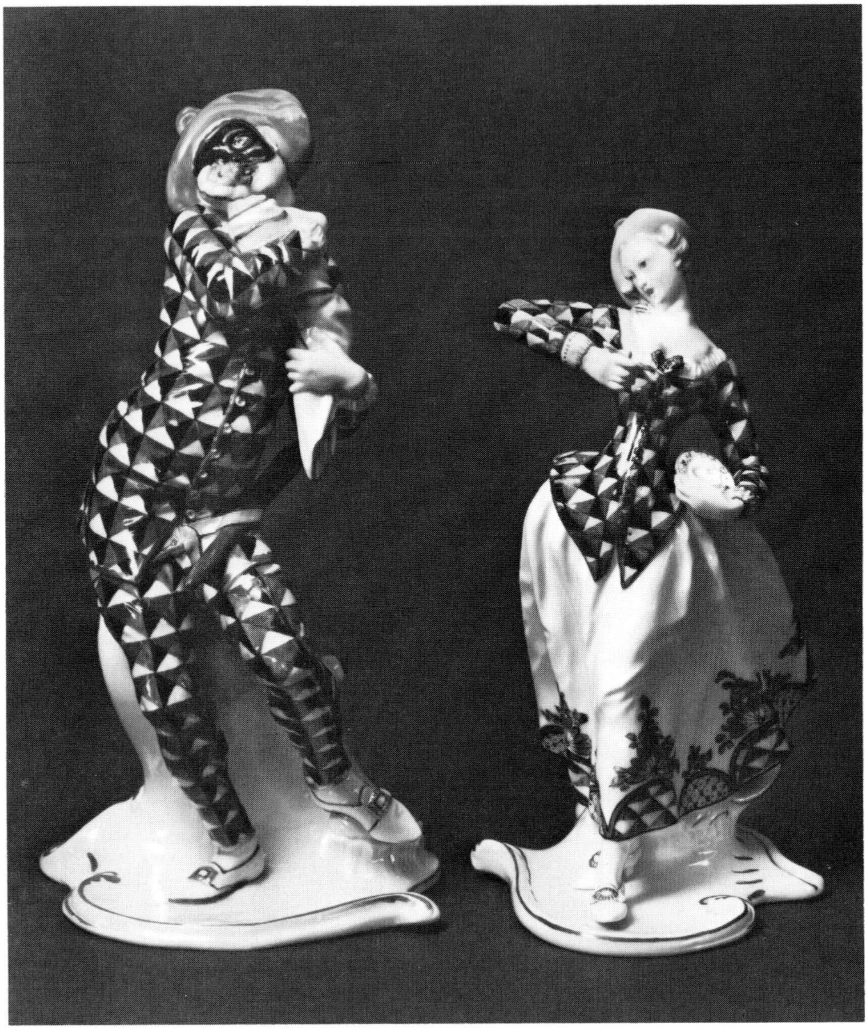

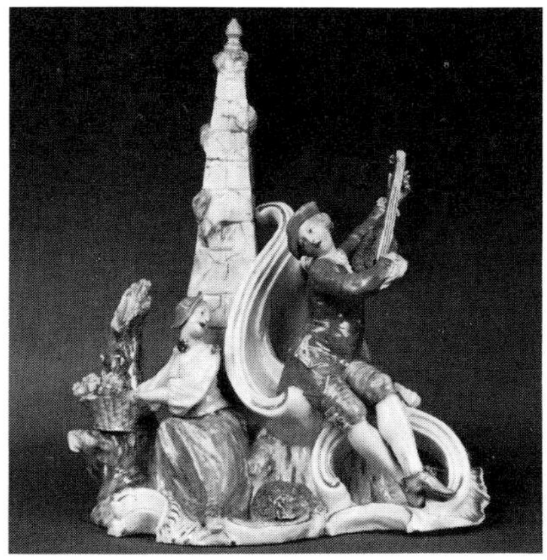

46 Mezzetin und Lalagé in Harlekinsgewändern. Zwei Figuren aus der italienischen Komödie. H 18 und 16 cm
Nymphenburg, jüngere Ausformung nach Modellen von Bustelli um 1760.
2800,–/3500,–
Ruef (Himpsl)

47 Musikgruppe auf Rocaillesockelplatte. Der jugendliche Kavalier spielt auf einer Rocaillevolute sitzend Gitarre und blickt zu einem Mädchen mit Blumenkorb vor einem Obelisken zurück.
H 23,5 cm
Nymphenburg, spätere Version nach Bustellis »Der gestörte Schläfer« von 1756. Das keck sich umblickende Mädchen ist beibehalten, aber der in der Rocaille eingeschlafene Kavalier durch einen Musikanten ersetzt. Im Detail mehrere kleinere Abweichungen. **7000,–/10000,–**
Christie's (Cooper)

Ein typisches Beispiel für die Wiederverwendung und Abwandlung bekannter Modelle.

FRANKENTHAL

Obwohl die Manufaktur nur von 1755 bis 1799 bestanden hat, schufen so bedeutende Modelleure wie Lanz, Joh. Friedrich Lück, Karl Gottlieb Lück, Linck, Bauer, Feilner und Melchior ein reiches Figurenprogramm oft mit schwungvoll aufgeworfenen Rocaillesockeln in laubenartigen Architekturen.

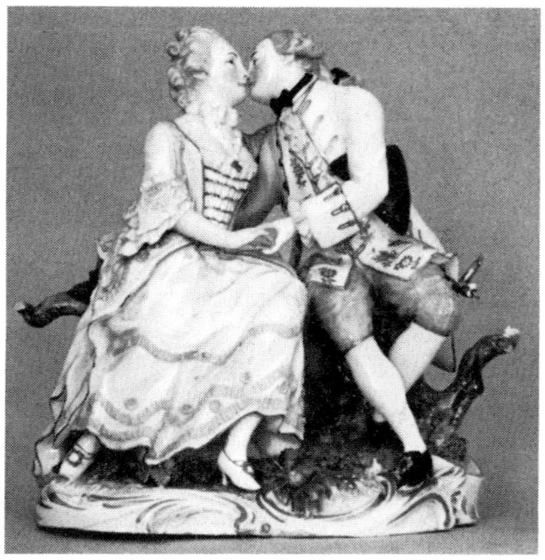

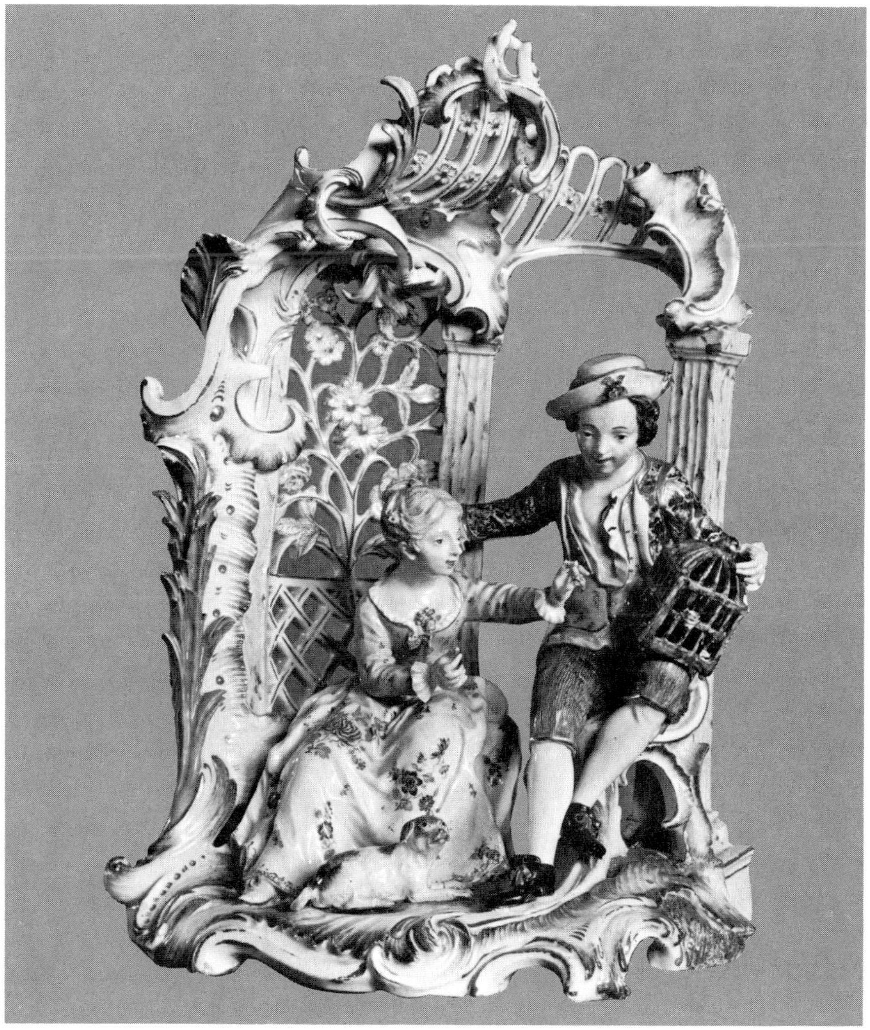

48 »**Eintracht in der Ehe.**« Bunt staffiertes, sich küssendes Paar auf Rocaillesockel mit plastischer Blumenauflage.
H 16 cm
Frankenthal, CT-Marke mit Krone und AB (Adam Bergdoll), um 1765/70, Modell von Karl Gottlieb Lück. **8000,–/10000,–**
Nagel

Die Gruppe gehört mit zwei weiteren zu den sog. Ehestandsgruppen, deren zweite eine wütende Gattin zeigt, die ihren Mann verprügelt, während die dritte eine von ihren Kindern umringte Mutter darstellt, die gerade ihr Kleinstes aufs Töpfchen setzt. Solch derb humorvolle Folgen, die in ihrer Thematik an die Stiche von Hogarth erinnern, sind für K. G. Lück charakteristisch.

49 **Liebespaar** in einer Laube mit Hündchen und Vogelbauer. Bunt staffierte Gruppe auf bewegtem Rocaillesockel.
H 28 cm
Frankenthal, Löwenmarke, 1756–1759, Modell von Johann Wilhelm Lanz.
30000,–/40000,–
Nagel (Bechtel)

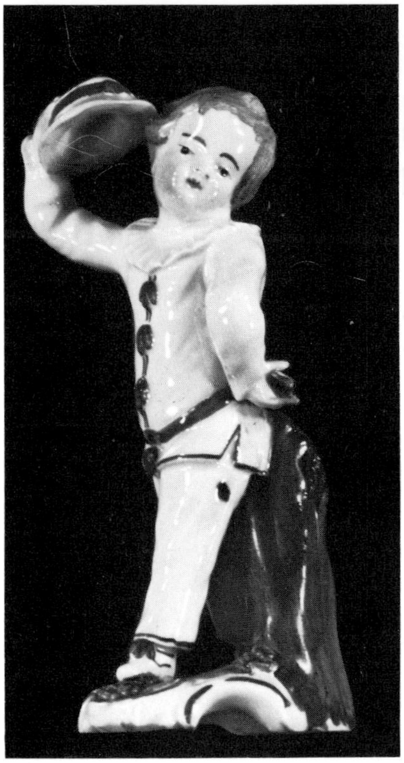

50

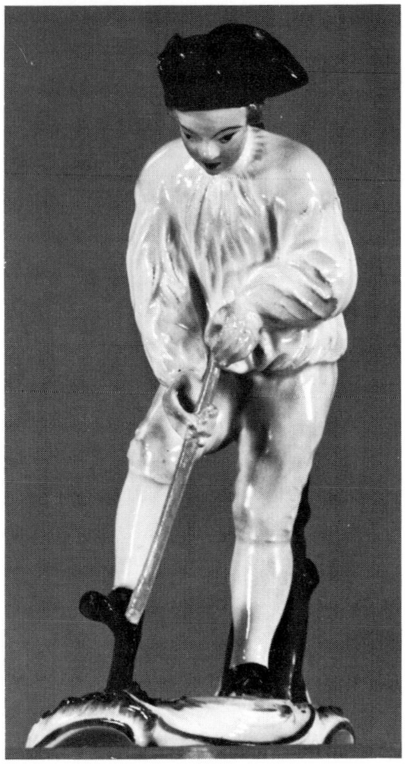

51

52

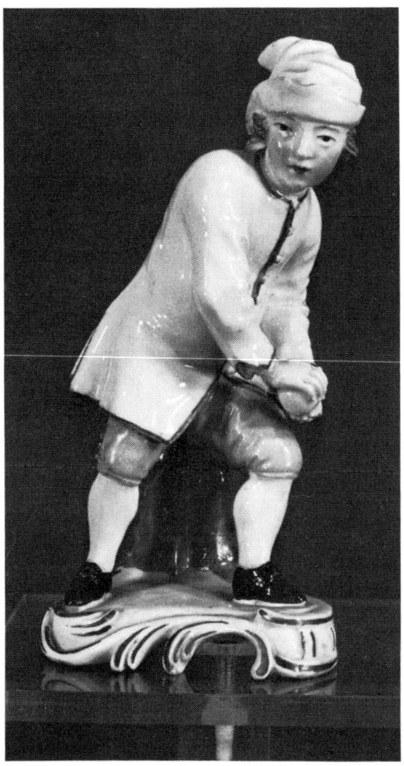

53

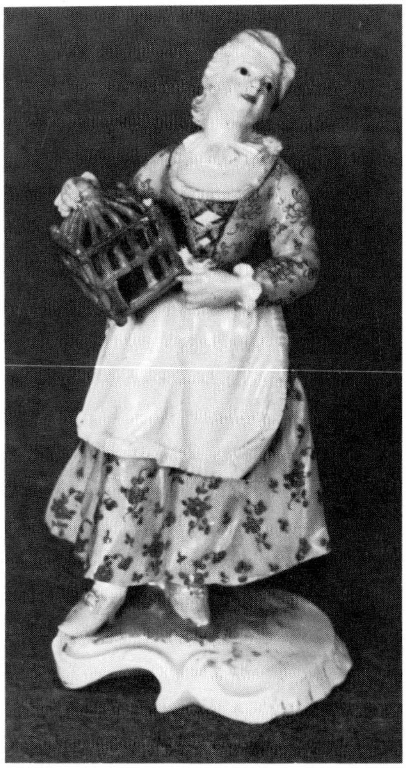

50 Knabe als grüßender Kavalier, bunt staffiert auf Rocaillesockel mit Baumstütze. H 11 cm
Frankenthal, CT-Marke mit 82, 1782.
2000,–/2500,–
Peretz

51 Gärtner mit Dreispitz und Spaten in gelben Kniehosen und weißem Hemd auf Rocaillesockel mit Baumstütze.
H 13,6 cm
Frankenthal, Löwenmarke, um 1759, Modell von Johann Wilhelm Lanz.
2700,–/3500,–
Peretz

Lanz, seit 1748 an der Straßburger und von 1755–1761 an der Frankenthaler Manufaktur tätig, schuf kraftvolle, ein wenig gedrungene Figuren, die sich in natürlicher Anmut bewegen und denen häufig die Abkunft von der Straßburger Fayenceplastik noch anzusehen ist.

52 Schneeballwerfer, bunt staffiert auf Sockel mit aufgebogenen Rocaillen.
H 12,8 cm
Frankenthal, um 1760. **2000,–/2500,–**
Peretz

53 Dame mit Vogelbauer und Vögelchen, bunt staffiert auf leicht gebogenem Rocaillesockel (Allegorie der Ehe).
H 15 cm
Frankenthal, Löwenmarke und JAH (Joseph Adam Hannong) 1759–1762, Modell von Johann Friedrich Lück. **3500,–/5000,–**
Nagel

Typisch für J. F. Lück ist die zierliche Haltung mit dem vorgesetzten Spielbein, die leichte Kopfneigung und das puppenhaft kleine, liebliche Gesicht mit den großen Augen.

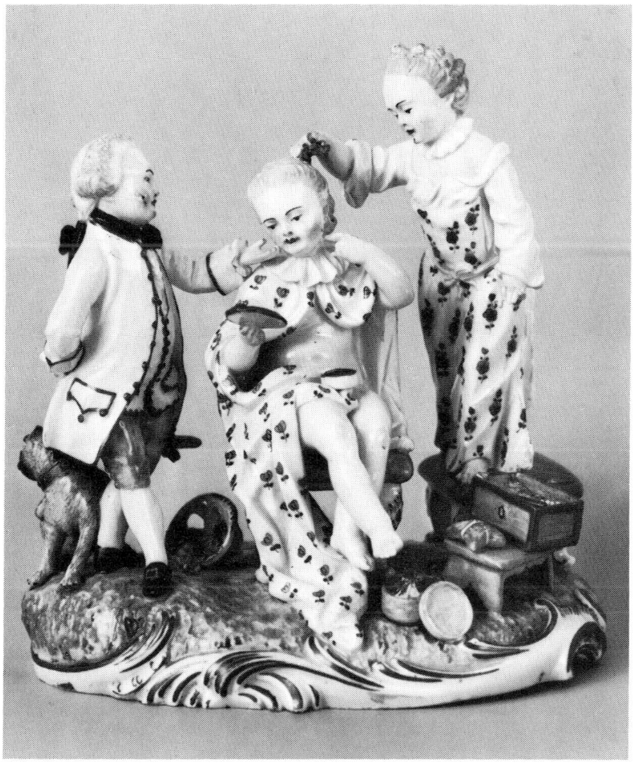

54

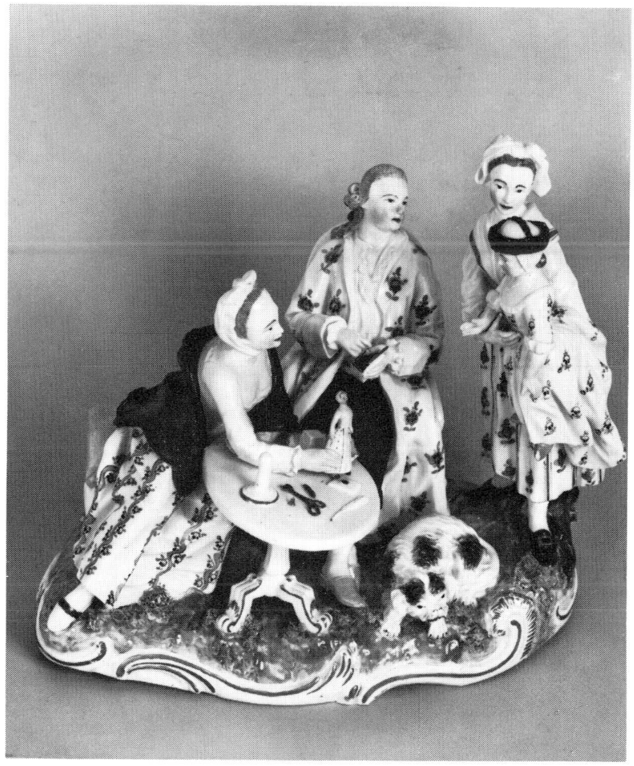

55

54 Kinder bei der Toilette. Bunt staffierte Gruppe auf rocaillegerahmtem Grassockel. H 16,5 cm
Frankenthal, um 1768, Adam-Bergdoll-Periode, Modell von Karl Gottlieb Lück.
6000,–/8000,–
Koller

55 Geburtstag des Kindes. Bunt staffierte Genregruppe auf Grassockel mit plastischer Moosauflage und stegartigem Rocaillerand. H 21 cm
Frankenthal, 1773, Modell von Karl Gottlieb Lück. **9000,–/13000,–**
Koller

Typisch für Lück ist neben der familiären Thematik der Erd- bzw. Grassockel mit plastischer Blumen- oder Grasauflage und Rocailleeinfassung.

56 Personifikation der Luft, Frauenakt mit Adler auf einer Wolkenbank stehend. Bunt staffiert. H 27 cm
Frankenthal, 2. Hälfte 18. Jh., Modell von Konrad Linck. **2000,–/3000,–**
Astoria

Der kurpfälzische Hofbildhauer Linck lieferte auch nach seiner Frankenthaler Modelleur-Zeit (1762–1766) noch Entwürfe für die Manufaktur. Seine allegorischen und mythologischen Gruppen gehören zu den besten Modellen an der Wende vom Rokoko zum Klassizismus.
Diese Figur wurde zwischen 1818 und 1834 in Grünstädter Steingut nach der Frankenthaler Form kopiert.

56

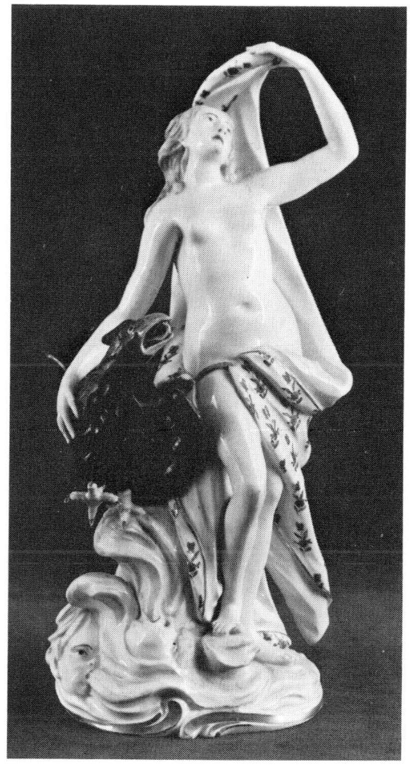

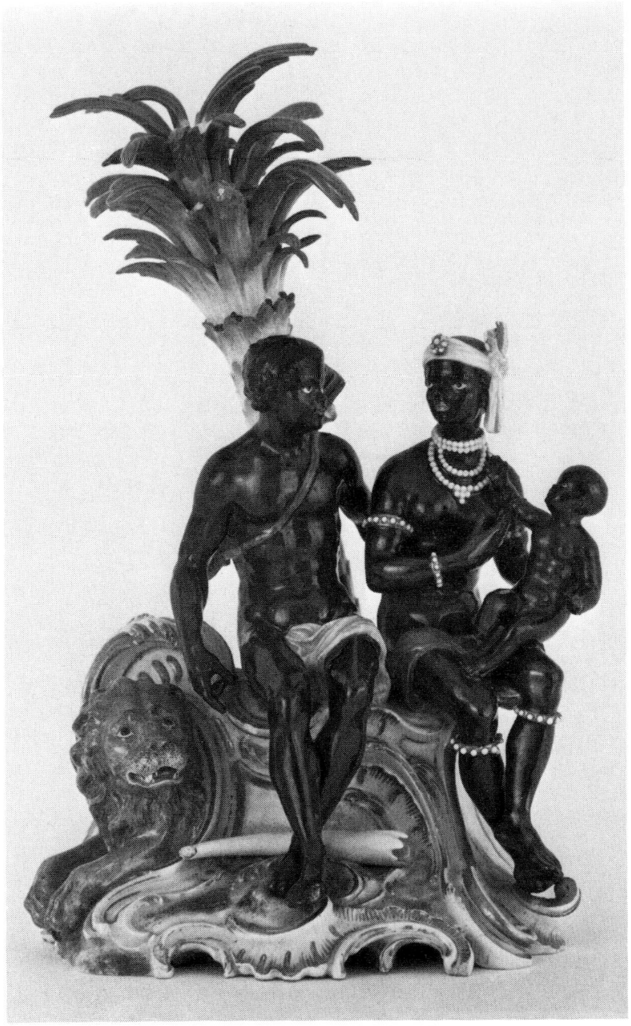

57

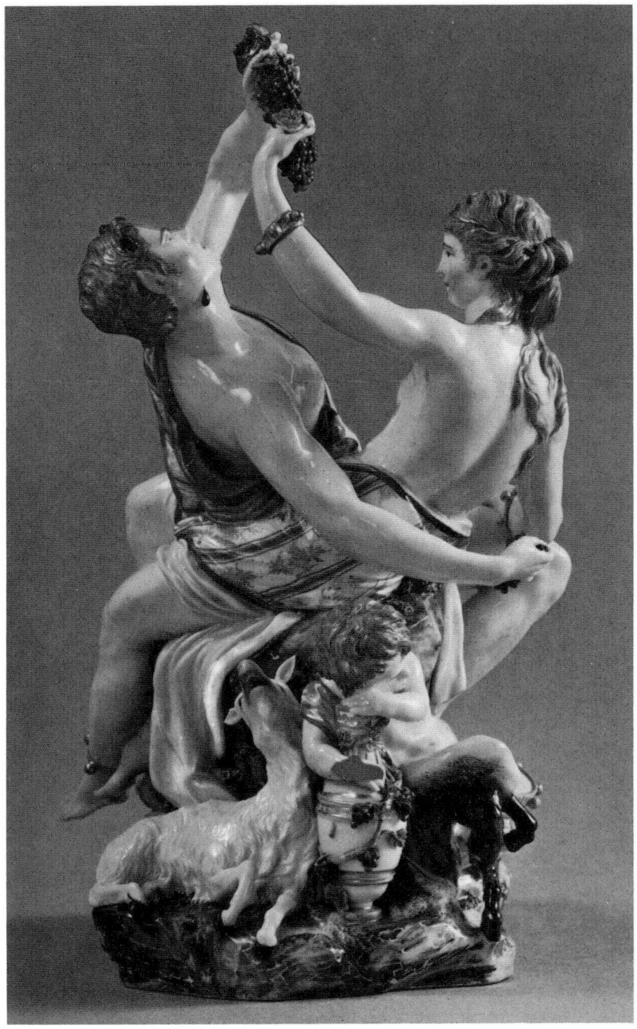

58

LUDWIGSBURG

Wie bei allen süddeutschen Manufakturen steht auch in Ludwigsburg die Figurenproduktion künstlerisch über den Geschirren, doch ist es schwierig, die Modelle bestimmten Künstlern mit Sicherheit zuzuschreiben.

57 »Afrika«, personifiziert durch eine bunt staffierte Negerfamilie unter einer Palme auf einem hohen Rocaillesockel sitzend, aus dessen Ornament ein Löwe hervorschaut. H 37 cm
Ludwigsburg, um 1760/62, vom Modelleur des Apolloleuchters (wohl mit Johann Göz identisch). **9000,–/12000,–**
Koller

Diese Gruppe wurde auch ohne das Kind nur in Weiß mit Goldhöhung ausgeformt. Als Pendant die Gruppe »Amerika«, bei der ein Alligator aus der Rocaille kriecht.

58 Bacchantengruppe. Bunt staffierte, rundansichtige Pyramidalgruppe mit dem jugendlichen Bacchus, der Ariadne, mit Schellenbändern an Armen und Beinen, umschlungen hält. Zu ihren Füßen sitzt ein Satyrknabe neben einem Lamm bei einer Urne. H 26 cm
Ludwigsburg, um 1765, Modell von Johann Christian Wilhelm Beyer. **5000,–/6500,–**
Nagel

Eine ähnliche Bacchantengruppe hat Beyer in Ton als Aufnahmestück bei der Wiener Akademie eingereicht. Komposition und Durchbildung lassen deutlich Clodions Einfluß erkennen, dessen Werke er während seiner Ausbildung in Rom und Paris sicherlich kennengelernt hat.

59 Mars in der Waffenschmiede des Vulkan. Der Kriegsgott steht in bühnenhafter Pose mit reich geschmücktem Helm und Schuppenpanzer auf einem unregelmäßigen Natursockel. Unter seinem weiten Mantel schaut ein Putto über einem Kanonenrohr hervor. Vor Mars kniet ein Männerhalbakt, eine Flamme neben Kanonenkugeln und Kanonenlauf entfachend. H 33 cm
Ludwigsburg, 2. Hälfte 18. Jh. (früher Domenico Ferretti zugeschrieben).
2500,–/3500,–
Nagel

60 Herbst. Bunt staffierte Rundgruppe auf Erdsockel mit Rocaillerand. Auf der Rückseite sitzt ein bärtiger Greis mit einer jungen Frau umschlungen auf einem Ährenhaufen neben einem schlafenden Knäblein. H 28 cm
Ludwigsburg, nach einem Modell von Jean Jacques Louis um 1765.
2500,–/3500,–
Ruef (Himpsl)

Ein auffälliges Stilmerkmal vieler Ludwigsburger Figuren sind die herabrutschenden Strümpfe, die bei Louis und seinen Mitarbeitern Nees und Haselmeyer vorkommen.

61 Schweineschlachten. Der Bauer schlachtet mit seiner jungen Frau und einem Gehilfen ein Wildschwein auf einem flachen Sockel, von dem ein bemooster Baumstrunk aufwächst. H 13 cm
Ludwigsburg, CC-Marke mit Krone, um 1765/70. **3800,–/5000,–**
Koller

62 Herzog Karl Eugen (der Gründer der Ludwigsburger Manufaktur) **zu Pferd**. Bunt staffierte Gruppe auf unregelmäßigem Sockel mit Baumstütze. H 15 cm
Ludwigsburg, 2. Hälfte 18. Jh.
3800,–/5000,–
Nagel

63 Musikstunde mit Mohrenknaben. H 7,5 cm **4500,–/5500,–**

64 Wirtshausszene. H 6 cm
6000,–/7000,–
Miniaturgruppen, bunt staffiert auf marmorierten Rechtecksockeln. Ludwigsburg, nach 1770.
Nagel.

Miniaturgruppen aus dem Gesellschaftsleben, mit Berufedarstellungen (»Venezianische Messe«), Bauern- oder Wirtshausszenen kommen in Ludwigsburg häufig vor und gehen meist auf Entwürfe von Gottlieb Friedrich Riedel zurück, der auch in Meißen, Höchst und Frankenthal tätig war.

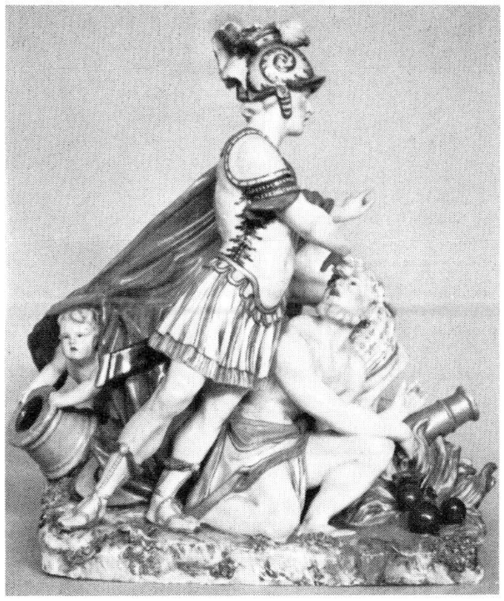
59

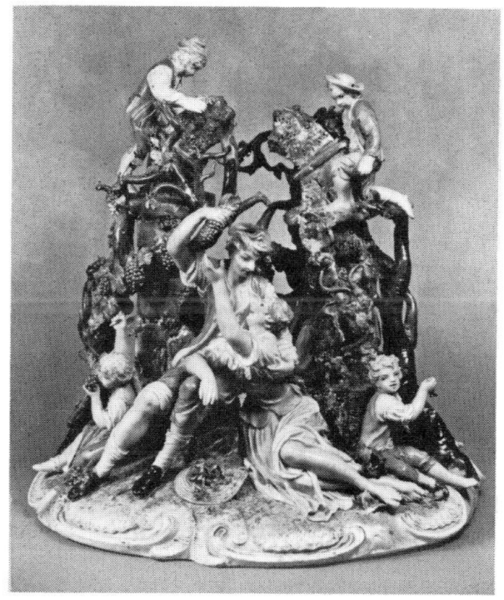
60

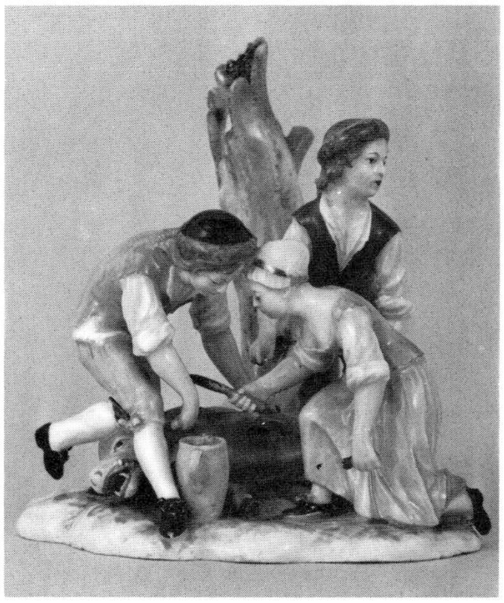
61

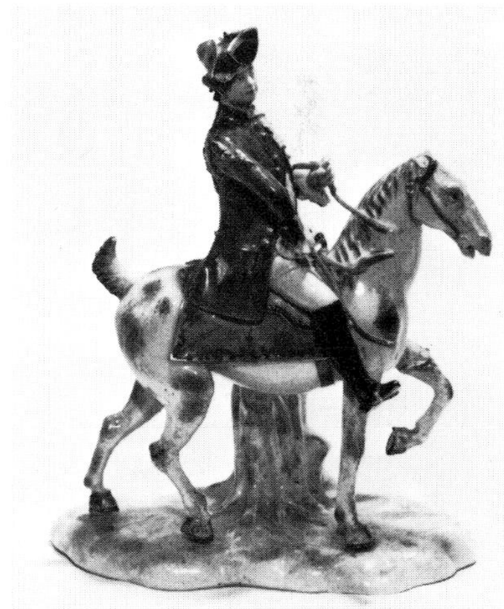
62

63/64
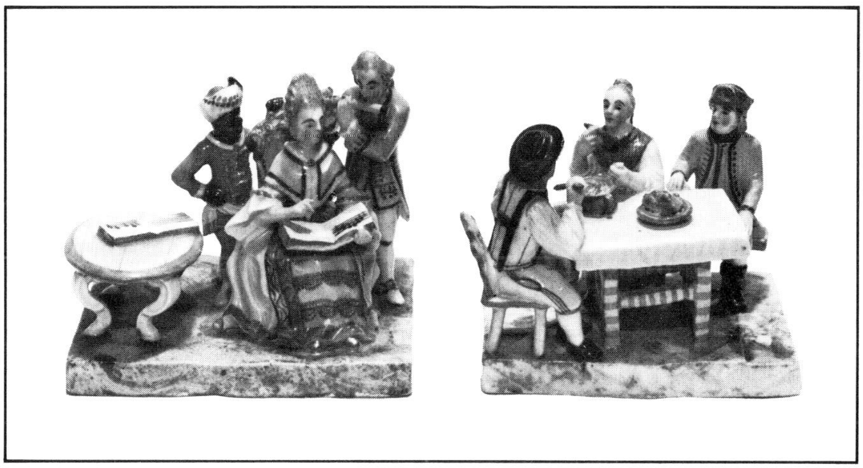

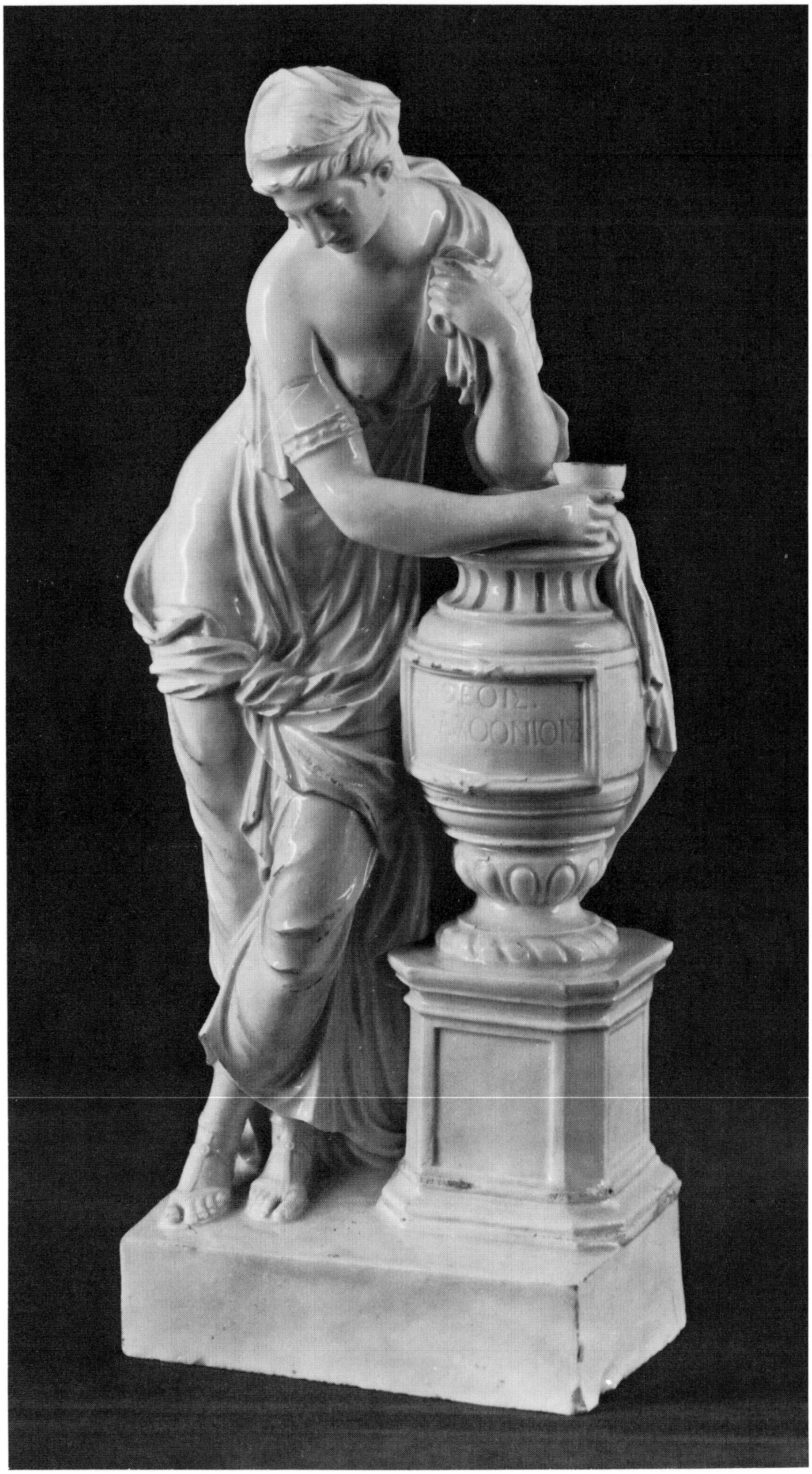

65

65 Artemisia. Trauernde Frauengestalt, an die Aschenurne ihres Gemahls gelehnt, mit der griechischen Aufschrift »Den unterirdischen Göttern«. H 29,5 cm
Ludwigsburg, spätere Ausformung nach einem Modell von J. C. W. Beyer vor 1770.
1000,–/2000,–
Astoria

66 Venus, einem Amorknaben die Augen verbindend. Gruppe auf Rechtecksockel in zwei Bemalungsvarianten. H 28 cm
Ludwigsburg, 3. Viertel 18. Jh.
je 1500,–/2000,–
Nagel

Welche Bedeutung der Staffierung zukommt, macht diese Gegenüberstellung deutlich. Links sind die Farben zart abgestuft, während bei der rechten Gruppe das dunkle Haar, das Tuch und der Sokkelstreifen gegen das helle Inkarnat kontrastieren.

66

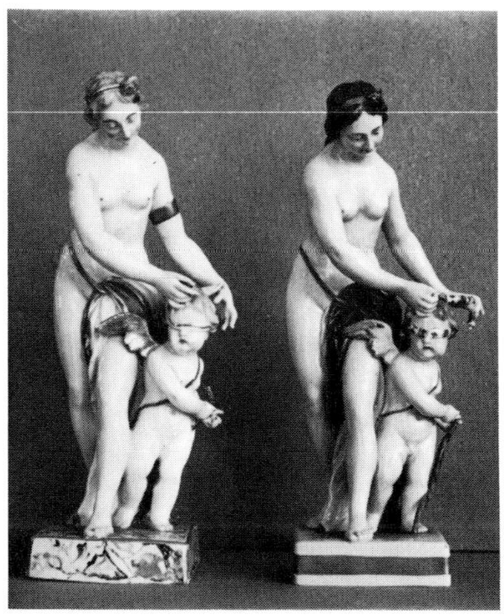

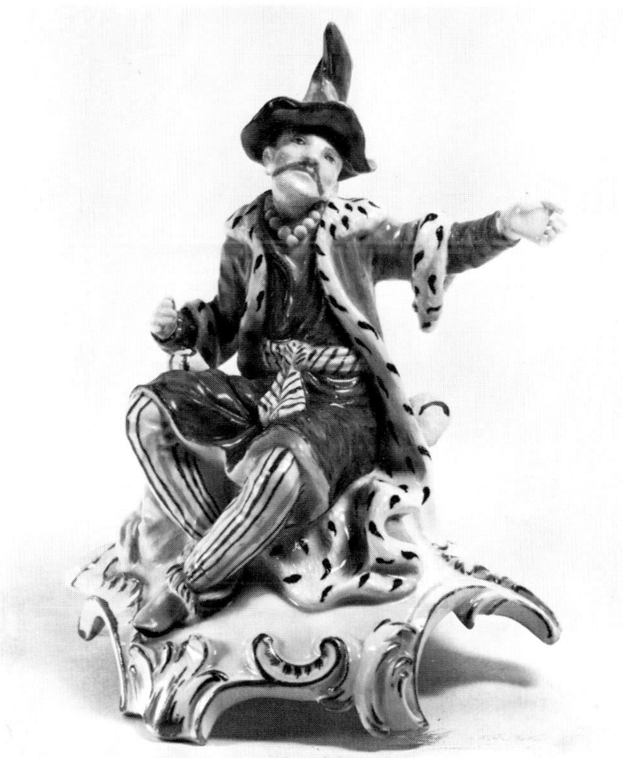

67

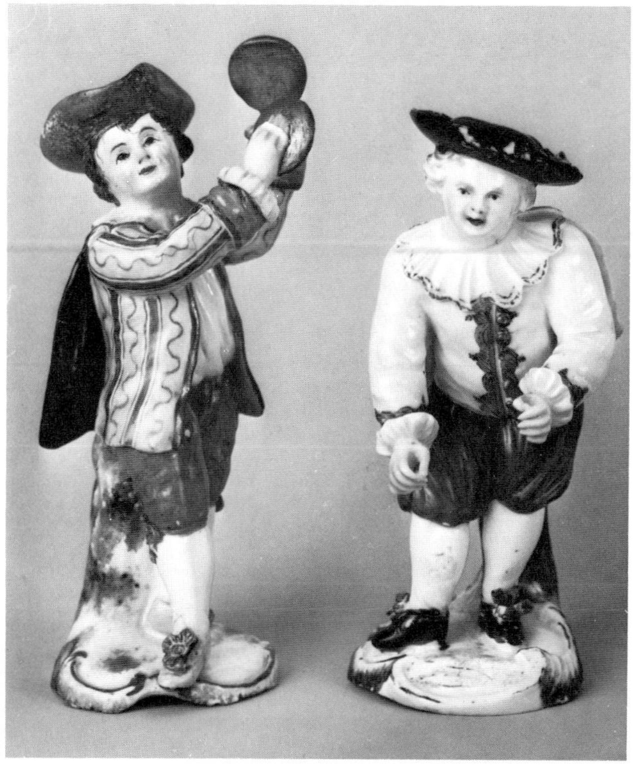

68

69

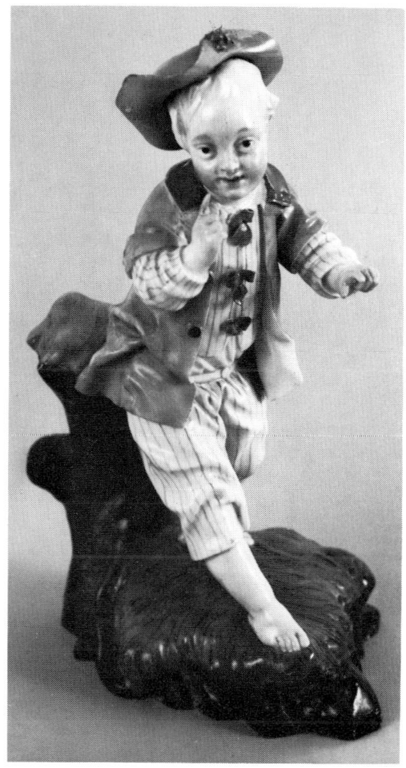

HÖCHST

Ähnlich wie in Ludwigsburg sind auch die Höchster Modelle noch nicht mit Sicherheit bestimmten Modelleuren zugewiesen worden, so daß man sich mit Notnamen zufrieden geben muß.

67 Sitzender Chinese mit spitzem Hut und ausgebreiteten Armen, bunt staffiert auf hochgebogenem Rocaillesockel.
H 16 cm
Höchst, um 1750/55, vom »Meister des Türkischen Kaisers«. **3000,–/5000,–**
Almas

Dieses Modell kommt auch als zweiarmiger Kerzenleuchter vor, wobei der Chinese mit seinen ausgestreckten Armen die beiden Kerzenhalter umfängt.

68 Zimbelspieler und Dirigent. Zwei bunt staffierte Figuren aus einer Musikkapelle. H 12 und 13 cm
Höchst, um 1755. **2500,–/3200,–**
Koller

69 Lauschender Knabe (Gegenstück zu einem lauschenden Mädchen). Bunt bemalte Figur auf unregelmäßigem grünem Grassockel mit grün-braun staffiertem Baumstrunk. H 15,5 cm
Höchst, 1760/65, wohl von Laurentius Russinger bossiert. **2800,–/3500,–**
Koller

Häufig kommen in Höchst die dunklen, grün-braun staffierten, unregelmäßigen Gras- und Erdsockel vor, die bereits der sog. Chinesenmeister verwandte und die auch bei Melchiors Figuren wiederholt als Standflächen dienen.

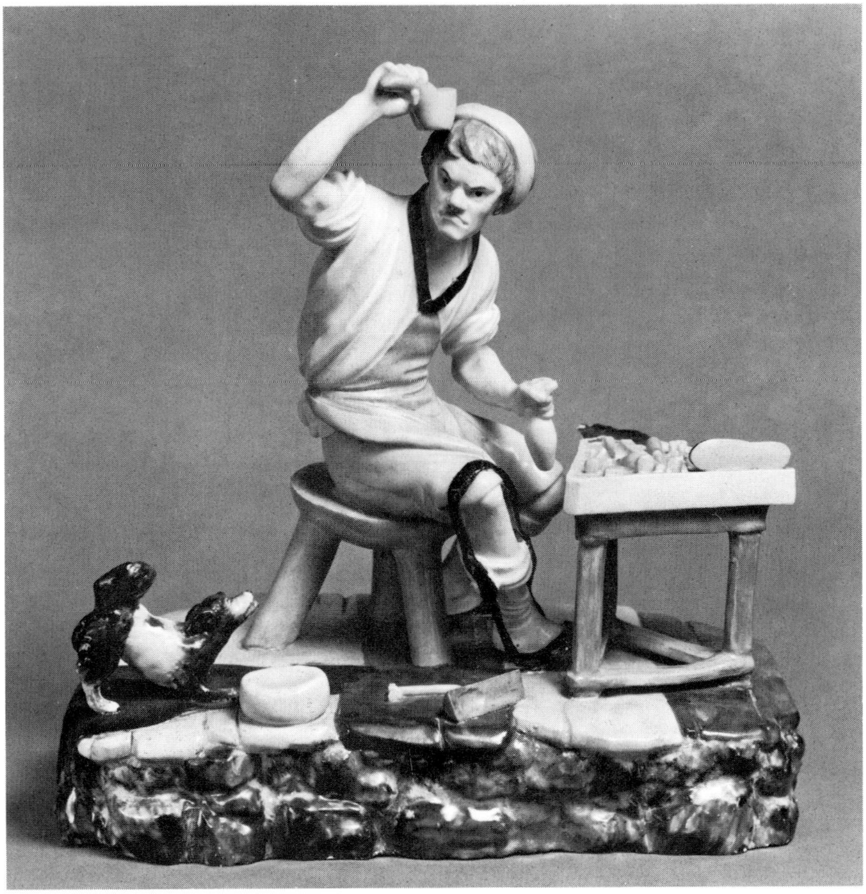

70

71

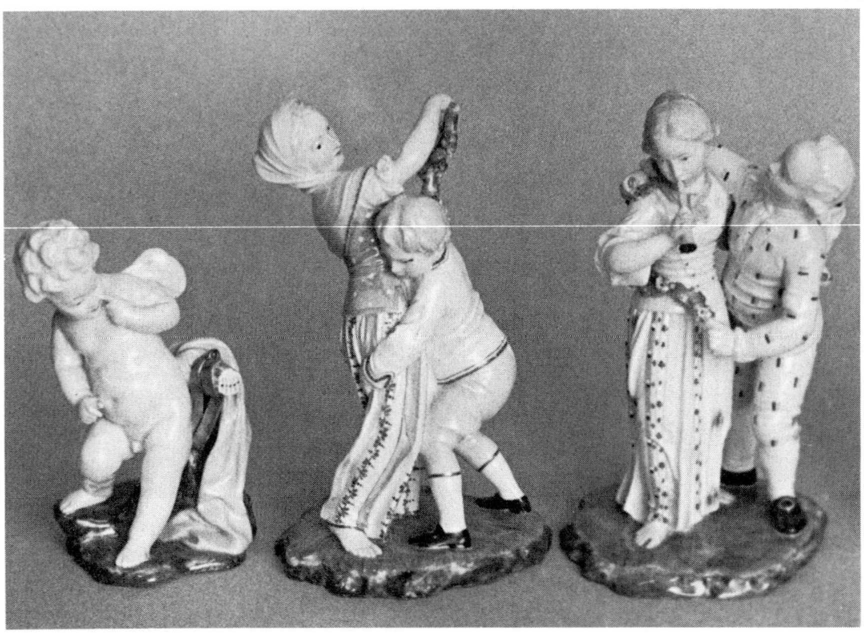

70 Der wütende Schuster. Der Schuster ist im Begriff, einen Leisten nach dem Hund zu werfen, der das Leder verunreinigt hat. H 22 cm (repariert)
Höchst, nach einem Modell wohl von J. P. Melchior um 1770. **1200,–/1800,–**
Ruef (Himpsl)

Eine Variation dieser Gruppe zeigt, wie der Hund sein Geschäft verrichtet. Humoristische und bisweilen derbe Genredarstellungen der Bürger- und Handwerksleute erfreuten sich nach den höfischen Rokokoszenen besonderer Beliebtheit.

71 Kindergruppen und Putti. Zart staffiert auf flachen, unregelmäßigen Grassockeln.
Höchst, um 1765/70, nach Modellen von J. P. Melchior. **je 3000,–/4000,–**
Nagel

Melchiors rundliche weiche Formen, weiß belassen oder pastellartig staffiert, entsprechen ganz der versponnenen Kinderwelt, die er wie kaum ein anderer in Porzellan zu gestalten wußte.

Farbtafel V

»Der chinesische Kaiser« unter einem pagodenförmigen Rocaillebaldachin thronend, umgeben von drei Chinesen, die ihm ihre Aufwartung machen. Bunt staffierte Gruppe auf einem Stufensockel in pyramidaler Anordnung. H 41 cm
Höchst, um 1765, vielleicht J. P. Melchior
30000,–/40000,–
Ruef (Himpsl)

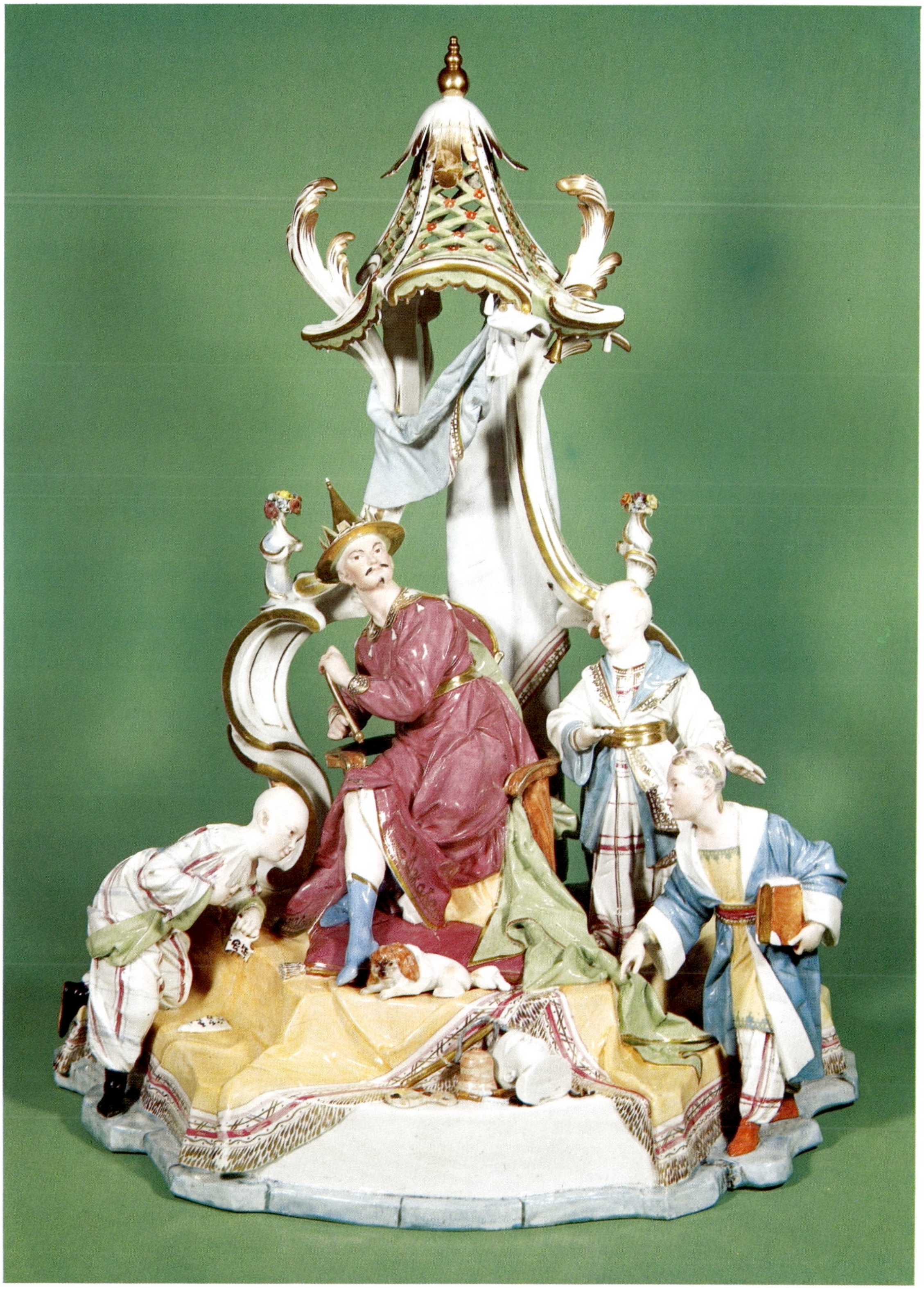

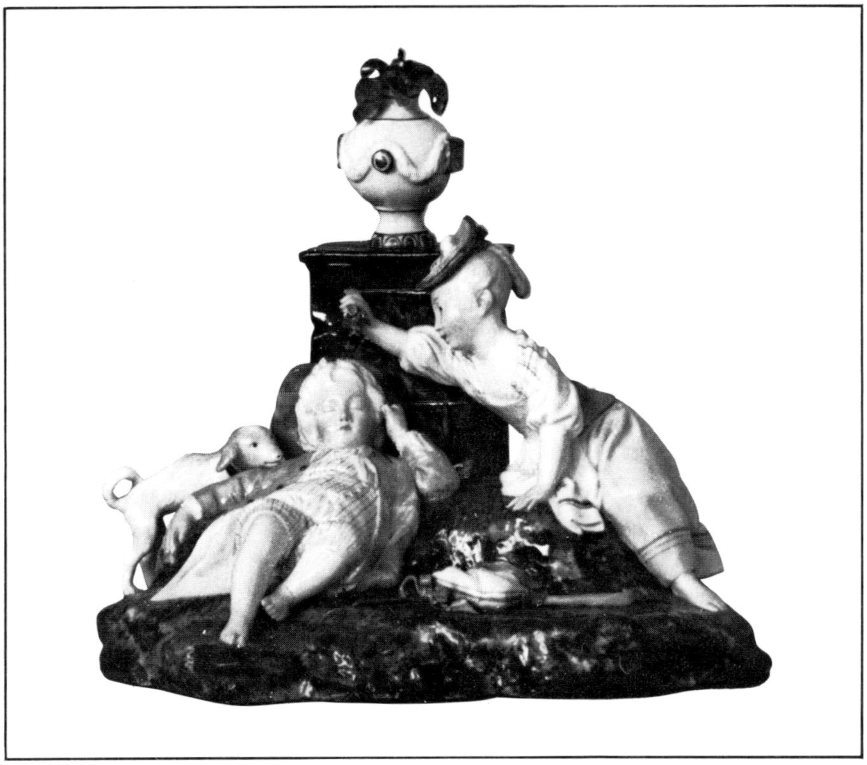

72

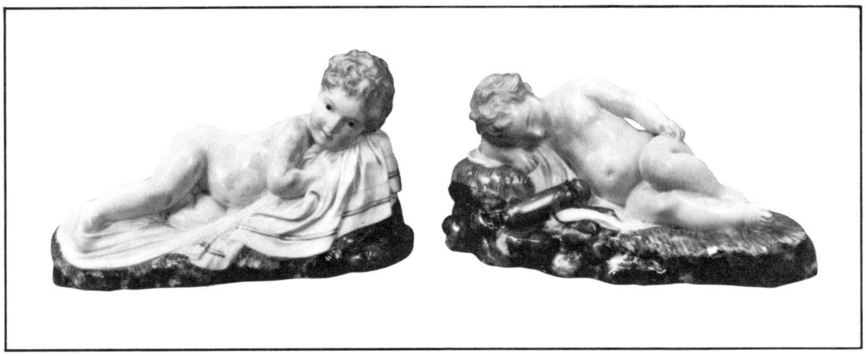

73

74

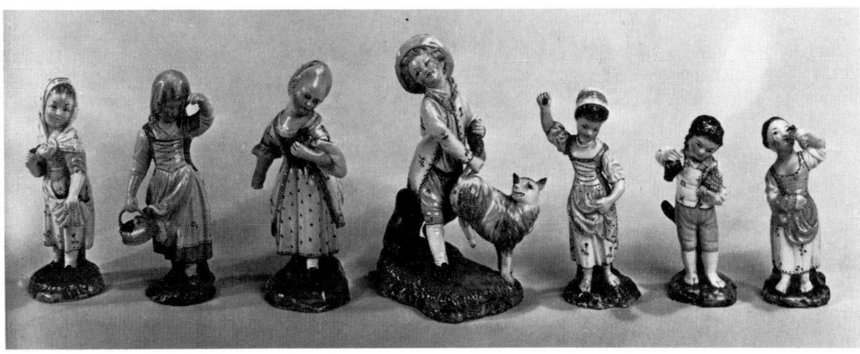

72 Der gestörte Schlaf. Ein Mädchen hält einen kleinen Blumenkranz über einen Jüngling, der, von seinem Hund bewacht, unter einer Urne im Gras eingeschlafen ist. H 18 cm
Höchst, um 1770, Modell von J. P. Melchior. **8000,–/12000,–**
Nagel

Melchiors Gruppen wirken wie Illustrationen zu Genreszenen. Sie scheinen weniger auf den Betrachter hin konzipiert, sondern geben sich völlig selbstvergessen ihrer Tätigkeit hin.

73 Ruhende Amorknaben, der eine wach, der andere schlafend, auf Tüchern über Grassockeln liegend. H 6,5 und 7,5 cm
Höchst, um 1770/75, Modelle von J. P. Melchior. **zus. 3000,–/3700,–**
Ruef

74 Kindergruppen und Figuren. H 11 bis 18 cm
Damm, 1. Hälfte 19. Jh., Steingutausformungen nach Höchster Modellen von J. P. Melchior. **je 800,–/1200,–**
Nagel

Gegen 1840 erwarb die Steingutfabrik in Damm bei Aschaffenburg Höchster Modelle und formte in der Folgezeit besonders die beliebten Kinderfiguren Melchiors wiederholt aus.

WIEN

Erst nach der Übernahme der Manufaktur durch kaiserliche Beamte 1744 gewann die plastische Produktion langsam an Bedeutung, und es konnte sich der typisch wienerische Figurenstil mit kleinen, puppenhaft lächelnden Gesichtern, schlanken Taillen und trippelnder Schrittstellung herausbilden.

75 Zwei Putten in einer Schmiede mit gelber bzw. schwarzer Schürze vor einem schwarzen Ambos. Im Hintergrund ein grauer Felsen, rückseitig mit grün-braunen Schatten bemalt. H 21,5 cm
Wien, Mitte 18. Jh. **1000,–/1500,–**
Sotheby

76 Reitergruppe in Weiß. Stallknecht mit Turban führt ein sich aufbäumendes Pferd am Zügel. Unregelmäßige flache Sockelplatte mit Baumstütze. H 28 cm
Wien, um 1750. **2200,–/3200,–**
Sotheby

77 Harlekingruppe. Ein Harlekin sitzt mit einem Mädchen, das ihn zärtlich am Kinn faßt, auf einer Rasenbank. H 16,5 cm
Wien, um 1760, der Harlekin nach einem Meißner Modell von J. J. Kändler.
10000,–/15000,–
Kiehl

Um die Jahrhundertmitte wurden Kändlermodelle gern kopiert, wodurch hier der derbe kräftige Harlekin in merkwürdigem Gegensatz zur schlanken feingliedrigen Wiener Mädchenfigur mit ihrer graziösen Gestik steht.

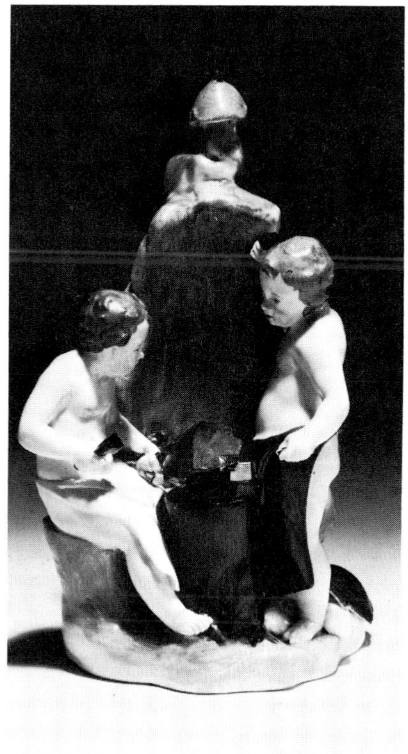

75

76

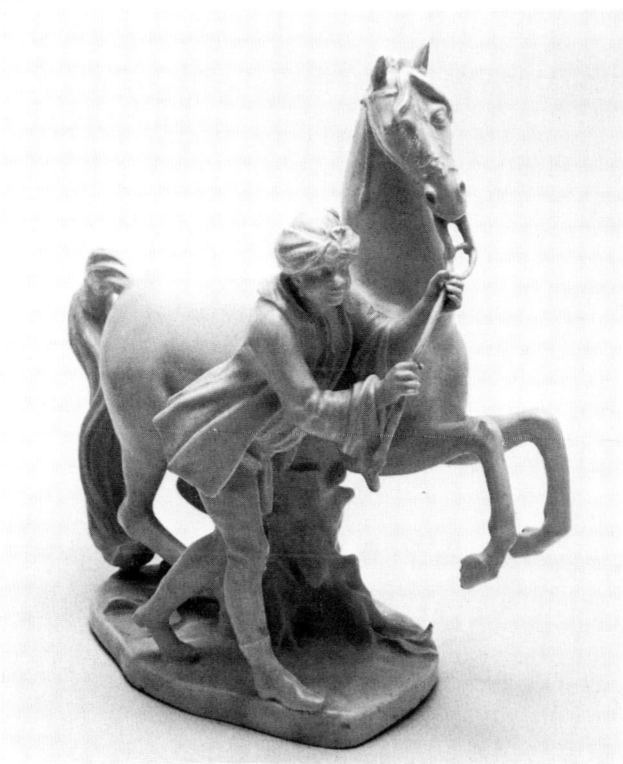

77

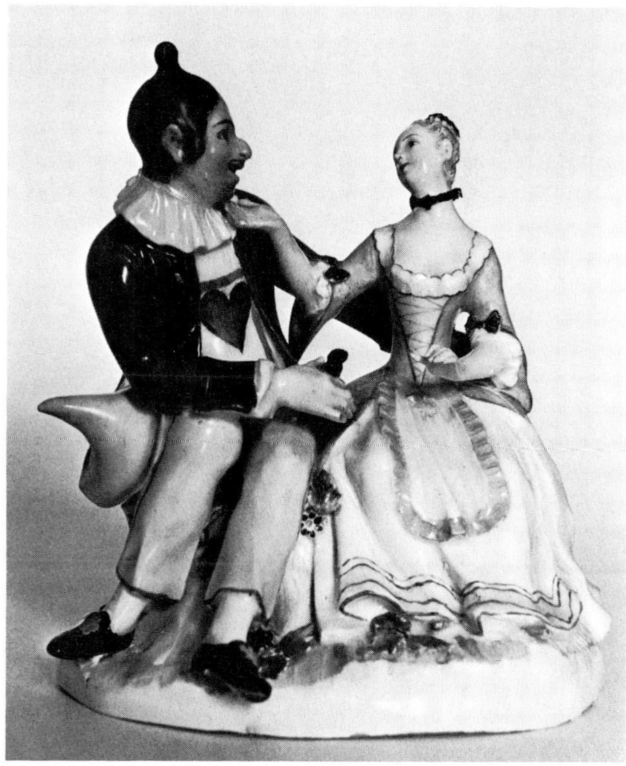

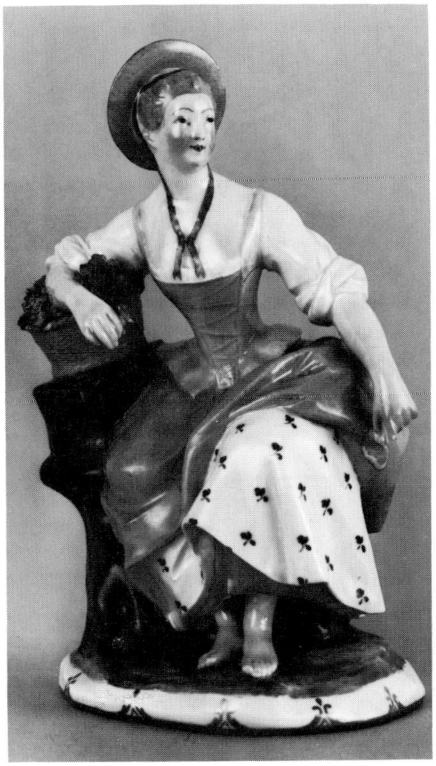

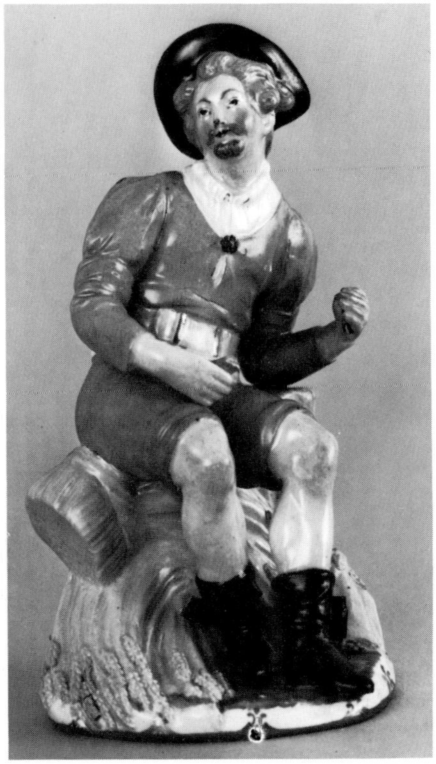

78

79

80

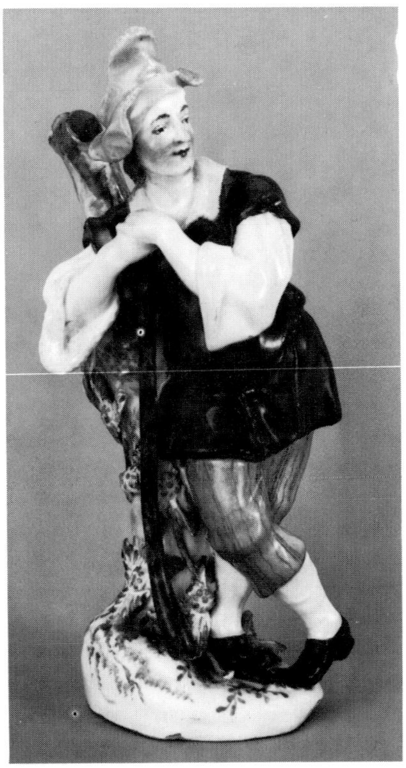

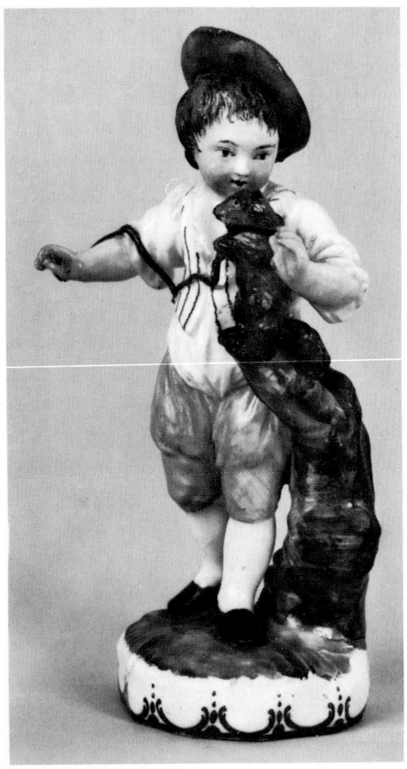

78 Schäferpaar, bunt staffierte Gegenstücke. Sie sitzt in einer Astgabel, auf ihren Blumenkorb gestützt, er auf Ährengarben mit einem Sensenstiel in der Hand. Gewölbte Sockel mit umlaufender Goldspitzenbordüre.
Wien, um 1760/65, Modelle von Johann Joseph Niedermayer. **5000,–/7000,–**
Koller

Niedermayers graziöse Figuren mit den kleinen, puppenhaften Gesichtern, den gespitzten Mündchen und dem feinen Anflug eines Lächelns gelten als Inbegriff der Wiener Rokoko-Porzellanplastik.

79 Schäfer, an einen Baumstrunk gelehnt, in dunklem Purpurrock mit türkisfarbenem Kragen, hellbraun gestreifter Hose und blaßlila Hut auf braun-grün staffiertem Sockel mit Blumenbelag. H 19 cm
Wien, 1744/49. **5000,–/7000,–**
Koller

80 Savoyarde mit Murmeltier, bunt staffiert auf Grassockel mit Goldspitzenrand und Baumstütze. H 14,2 cm
Wien, um 1775. **1500,–/2000,–**
Koller

Typisch für Wien sind nahezu runde Gras- oder Erdsockel mit einer umlaufenden Goldspitzenbordüre.

FÜRSTENBERG

In Fürstenberg, dessen Blütezeit in die Jahre 1770–1790 fällt, tritt die Plastik stark hinter der Geschirrproduktion zurück.

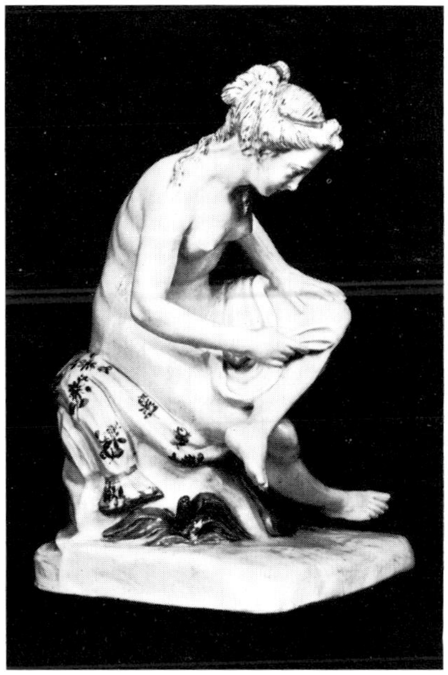

81

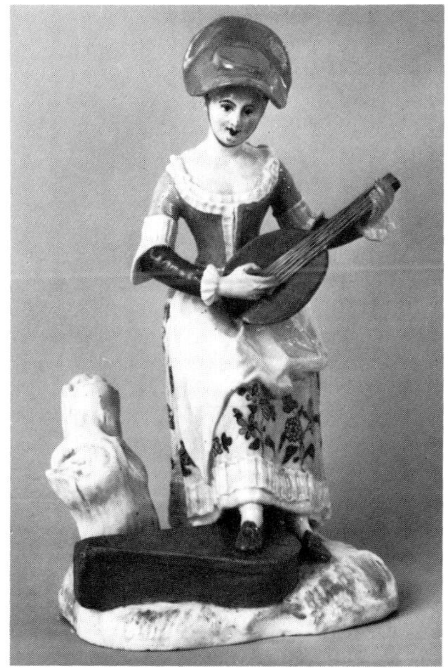

82

83

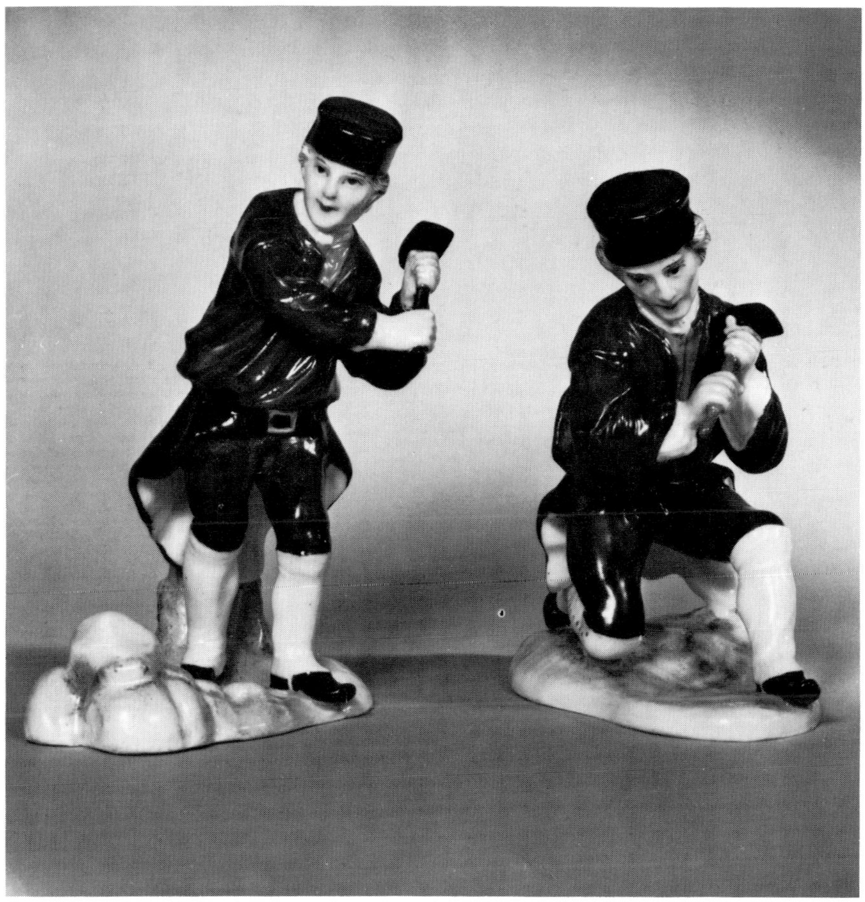

81 Venus im Bade. Sparsam staffierte, weibliche Aktfigur mit übereinandergeschlagenen Beinen auf einem Felsensokkel über einer Rechteckplinthe sitzend.
H 17,5 cm
Fürstenberg, um 1770, Modell von Desoches. **6800,–/7300,–**
Schloß Ahlden

82 Zitherspielerin, mit einem Fuß auf den Instrumentenkasten am Boden gestützt, neben einem Baumstrunk sitzend. Bunt staffierte Figur auf unregelmäßigem Sockel.
Fürstenberg, Modell von Carl Gottlieb Schubert nach 1782. **2200,–/3500,–**
Koller

Schubert, von 1778 bis 1808 an der Manufaktur, war im Gegensatz zu dem Franzosen Desoches (1769–1774) wieder mehr Kopist, der sich an Meißner und Berliner Vorbilder anlehnte.

83 Stehender und knieender Hauer. Farbig staffierte Figuren auf unregelmäßigen Sockeln. H 12,5 und 11 cm
Fürstenberg, um 1780, kleinere Ausführung von Anton Carl Luplau, nach Modellen von Simon Feilner. **7000,–/8000,–**
Saal

Eine Folge von Bergleuten hat Simon Feilner erstmals 1757/58 in Zusammenarbeit mit Bergfachleuten gestaltet. Luplau hat zehn davon 1773 in kleinerem Format wiederholt – wie auch Luplau und Rombrich die komplette Komödienfolge von Feilner 1775 in Kleinformat kopiert haben.

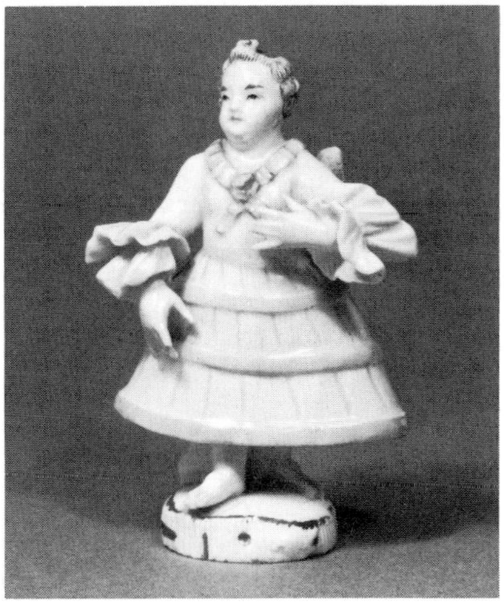

84

BERLIN

Typisch für die frühen Berliner Figuren der Wegely-Zeit sind kleine, nahezu runde Sockel mit staffierten Kanten und geriffeltem Rand.

84 Verkleideter Putto in gelbem Kleid mit Reifrock, angekrausten Ärmeln und rosa Band auf kleinem, einfachem Sockel mit staffierter Kante. H 10,3 cm
Berlin, Wegely-Zeit, um 1755.
1 300,– / 2 000,–
Sotheby

85 Jahreszeitenputto, der »Frühling«, mit Blümchen in der erhobenen Hand und Blumengirlande auf einem Stier reitend.
Farbig staffierte Gruppe auf rocaillegespitztem Sockel mit Baumstütze. H 20 cm
Berlin, Wegely-Zeit. **1 500,– / 2 000,–**
Ruef (Himpsl)

86 Blitzeschleudernder Zeus auf einem Adler heranfliegend über einem wolkenartigen Sockel. Farbig staffiert. H 18 cm
Berlin, Wegely-Zeit. **1 500,– / 2 000,–**
Ruef (Himpsl)

85/86

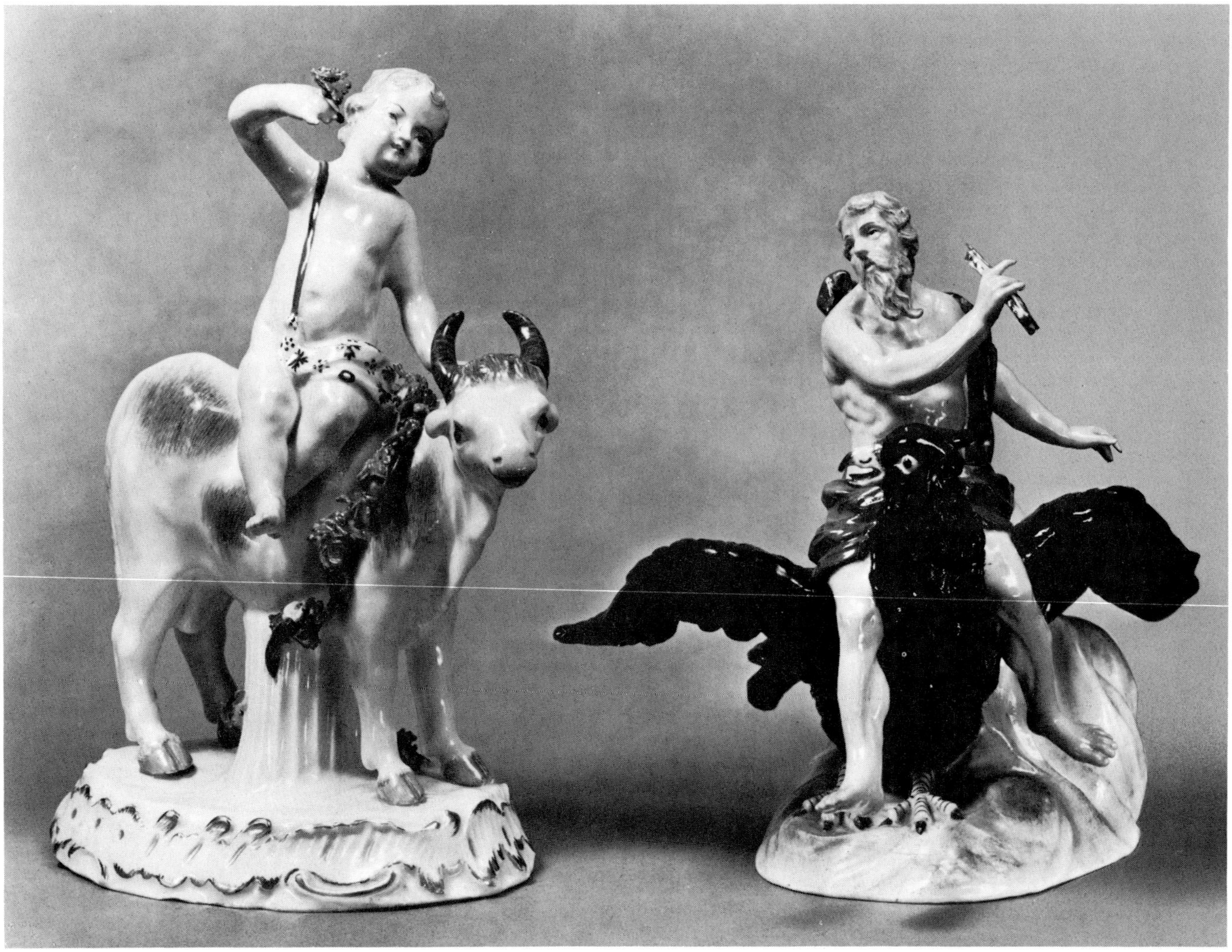

KLEINERE DEUTSCHE MANUFAKTUREN

87 Amor mit Köcher, Bogen und Vögelchen, bunt staffiert auf flachem Grassockel mit Wellenrand. H 12,5 cm
Kelsterbach, 1761/68. **1000,–/1500,–**
Koller

Obwohl die Kelsterbacher Manufaktur kaum ein Jahrzehnt bestanden hat, brachte sie meist zart staffierte, in der Glasur leicht graustichige Figuren von beachtlicher künstlerischer Aussagekraft hervor.

88 Der Herbst. Putto mit Traubenkorb auf purpurangespitztem Sockel mit Stütze. H 13 cm
Limbach, 1775/80. **1500,–/2000,–**
Koller

Die Limbacher Jahreszeitenputti sind leicht an ihren purpurviolett gehöhten Rocaillesockeln zu erkennen.

89 Kreuzigung mit Assistenzfiguren, bunt staffiert auf hohen, gewölbten Grassockeln. H 46,5 cm
Limbach, 18. Jh. **2500,–/4000,–**
Nagel

Das Limbacher Figurenprogramm umfaßt neben Göttern, Erdteilen, Musikantenserien, Kavalieren und Damen auch religiöse Darstellungen, wie diese aufwendige Kreuzigungsgruppe, die in ihrer naiven Ländlichkeit wenig klassizistische Kühle aufkommen läßt und durchaus tief empfunden wirkt.

90 Stehgeiger, bunt staffiert auf unregelmäßigem Grassockel mit Baumstütze. H 15 cm
Fulda, Blaumarke FF mit Krone, um 1770.
12000,–/15000,–
Nagel

Die unregelmäßig begrenzten, sparsam staffierten Grassockel begegnen häufig bei Fuldaer Figuren (Komödienfiguren von Wenzel Neu nach Stichen von Callot).

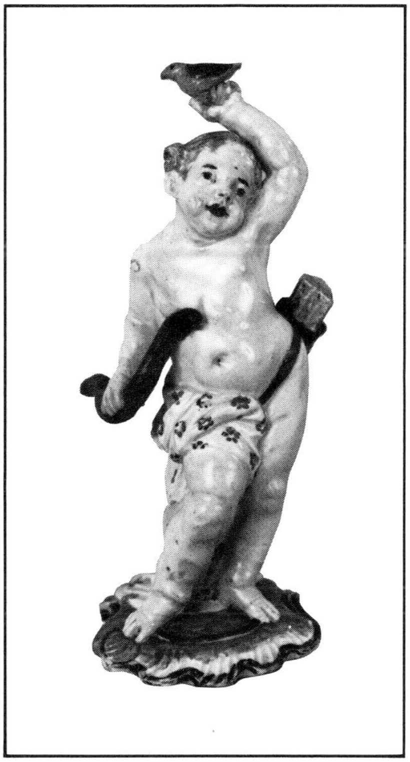
87

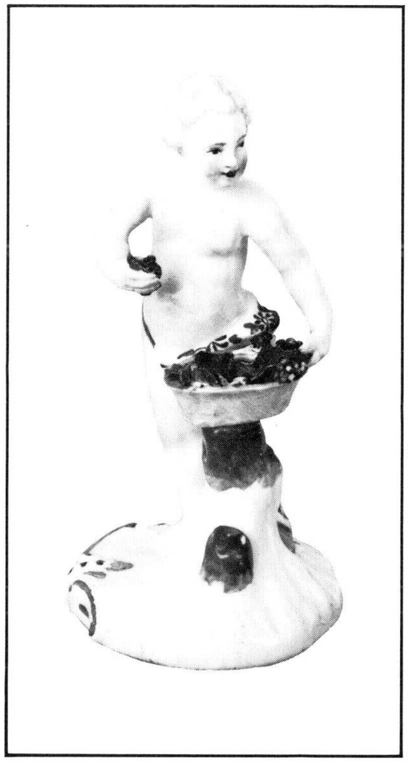
88

89

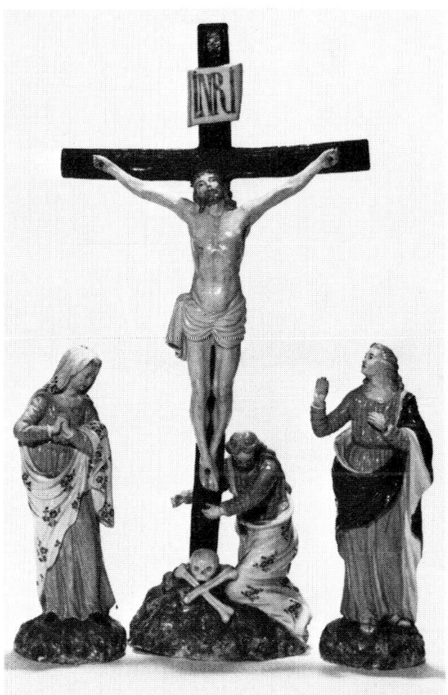

90

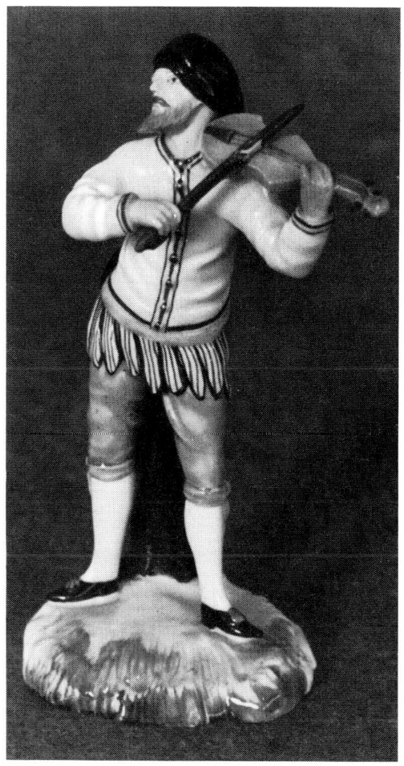

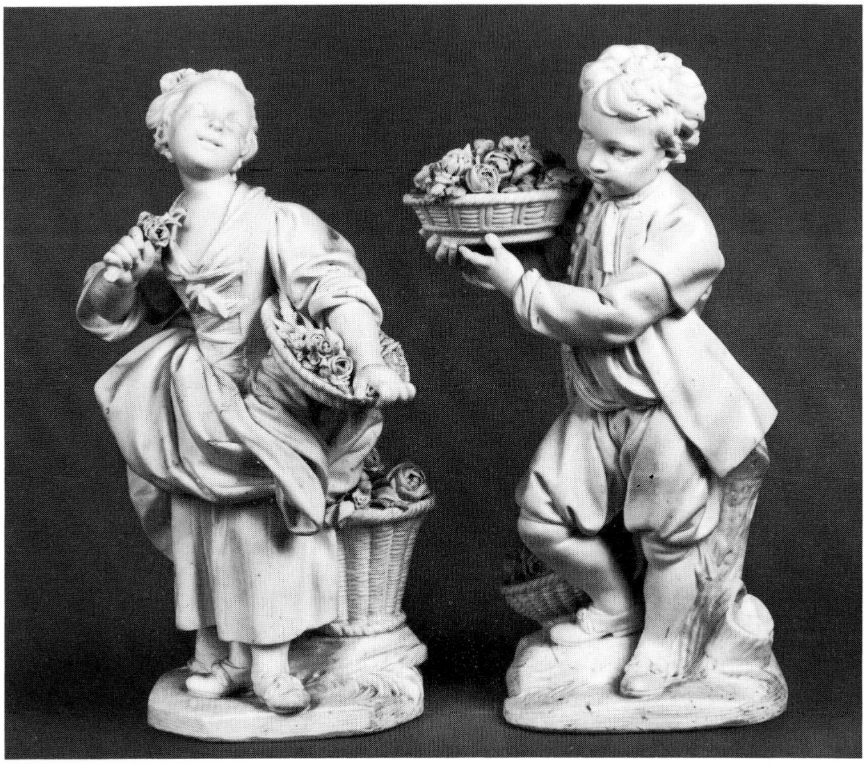

91

AUSLÄNDISCHE MANUFAKTUREN

91 Kinderpaar als Gärtnerin und Gärtner mit Blumenkörben auf unregelmäßigen, flachen Sockelplatten. H 25,5 cm
Sèvres, Biskuitporzellan mit eingepreßter F-Marke, 1758. **3000,–/4000,–**

92 Zwei Kindergruppen: »La Loterie ou le Tourniquet« und »La Curiosité«; drei Kinder mit Sonnenuhr, Fruchtkorb und Spaniel bzw. mit Laterna Magica.
B 17 cm
Sèvres, Biskuitporzellan, um 1760, Modell von E.-M. Falconet nach F. Boucher.
3500,–/6000,–

91/92: Christie's (Cooper)

Bereits 1751 führte Jean-Jacques Bachelier in Sèvres das Biskuitporzellan ein, das einen völlig neuen Figurenstil prägte, der die changierenden Lichtspiele der Glasur und der farbigen Staffierung durch plastische Werte ersetzte. Bis in die siebziger Jahre wurden in Sèvres Figuren in der »pâte tendre« ausgeführt. Erst später bevorzugte man für die Biskuitgruppen Hartporzellan, in dem man auch die älteren Modelle nach Boucher wiederholt ausgeformt hat.

92

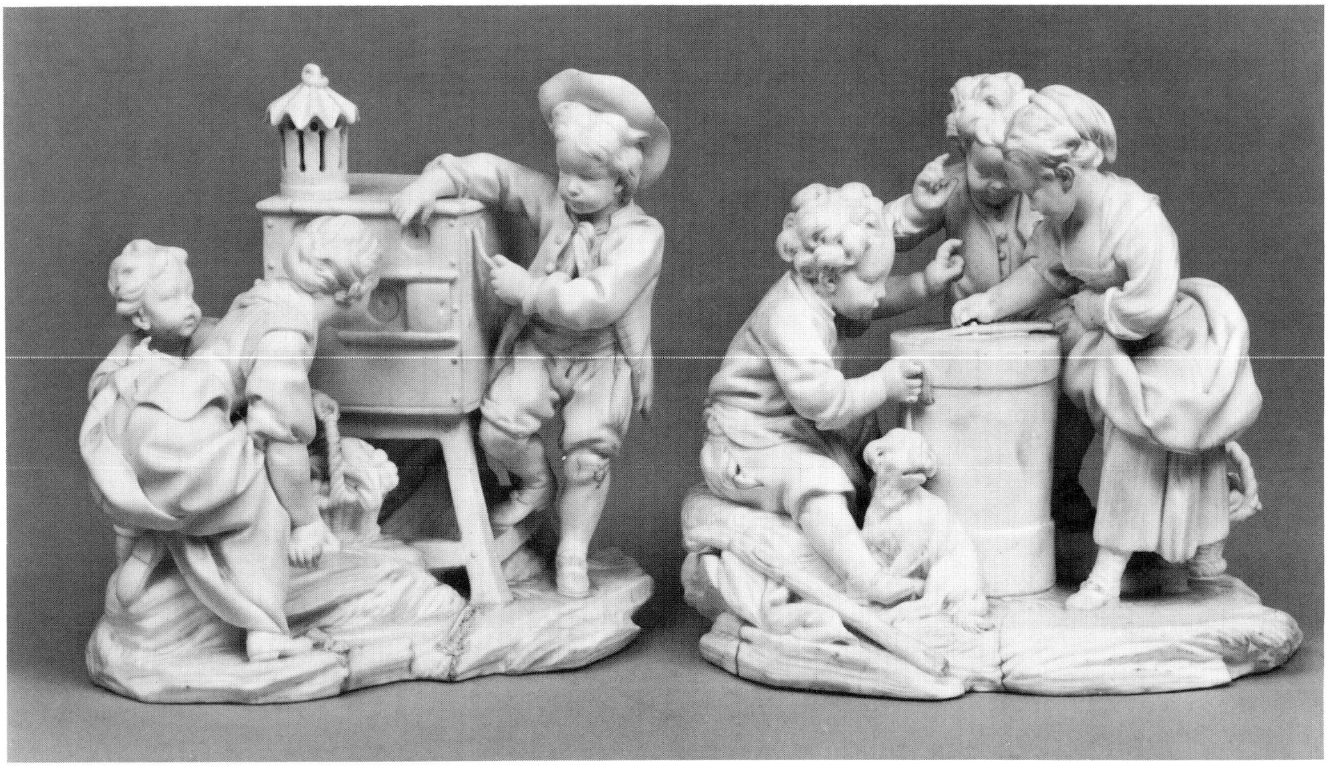

93 Hornblasender Jäger in gelbem Anzug mit grünem Revers und Gürtel, auf grün-braun-schwarz staffiertem Rundsockel mit Baumstütze. Pâte tendre.
Zürich, um 1780. **20000,–/25000,–**
Koller

Bei dieser Figur dürfte es sich um ein Unikat handeln. In S. Ducret, »Die Züricher Porzellanmanufaktur«, ist die Steinpappeausformung des gleichen Modells abgebildet.

94 Ausrufer. Stichhändler in hellbraunem Anzug mit roten Hosenträgern und grünlich-gelbem Hut. H 9,5 cm
Zürich, um 1773. **7000,–/9500,–**
Koller

Das Züricher Figurenprogramm umfaßt alle Arten von Volkstypen: Berufe, Musikanten, Orientalen, Liebespaare, Allegorien und antikisierende Gruppen, häufig nach Ludwigsburger Modellen kopiert, da die Modelleure Nees und Sonnenschein von dort gekommen sind. Die Ausführung fiel in Zürich jedoch meist ein wenig plumper und naiver aus als bei den schlanken, eleganten württembergischen Vorbildern.

95 Tanzendes Mädchen mit vorgestelltem Bein, engem Mieder und Hut, auf Erdsockel mit Baumstütze und reliefiertem Blattrand, in zurückhaltender Staffierung. H 13,5 cm
Neapel, um 1770. **2500,–/4000,–**
Christie's (Cooper)

Die Produktion der Manufaktur von Neapel, 1771 von Ferdinand IV. als Nachfolge der von seinem Vater Karl III. nach Buen Retiro verlegten Manufaktur Capodimonte gegründet, stellte stilistisch eine Wiederaufnahme der ersten Manufaktur dar.

96 Bäuerin, ihr Kind auf dem Rücken tragend. Inkarnat, Haare und Gewandsäume farbig staffiert. H 14,5 cm
Buen Retiro, um 1770. **1000,–/1500,–**
Christie's

Die Figurenproduktion steht ganz unter dem Einfluß Giuseppe Griccis, der von 1743 bis 1759 Modellmeister in Capodimonte und anschließend bis 1770 in Buen Retiro war. Seine Geschöpfe sind spannungsvoll komponiert, mit zarten Händen, bewegten, überlangen Körpern und kleinen Köpfen.

97 Dame mit Fächer und Schultertuch auf rundem Sockel mit Baumstütze und Blattrand, zart staffiert. H 13,5 cm
Neapel, FRF-Marke mit Krone, letztes Viertel 18. Jh. **2800,–/3800,–**
Christie's (Cooper)

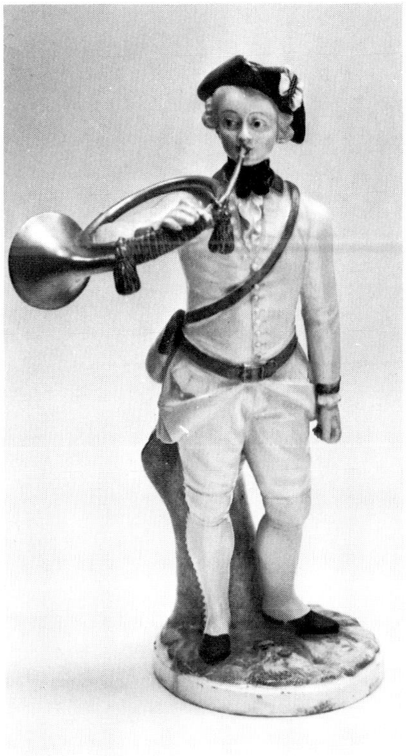
93

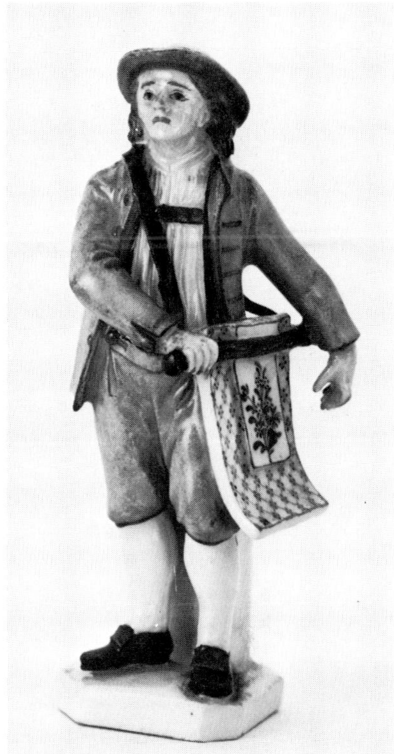
94

95/96/97
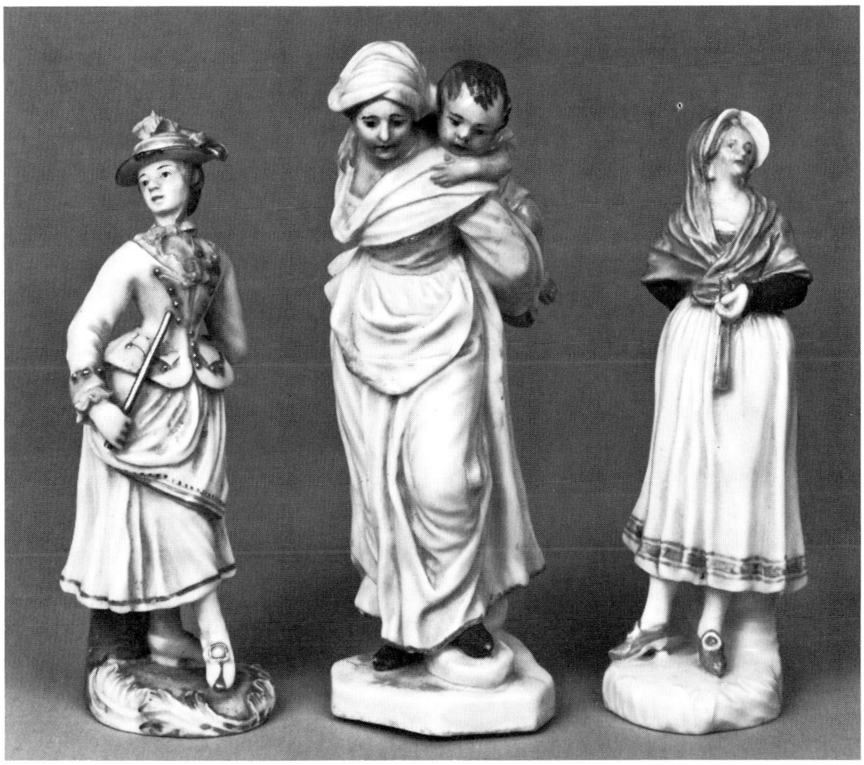

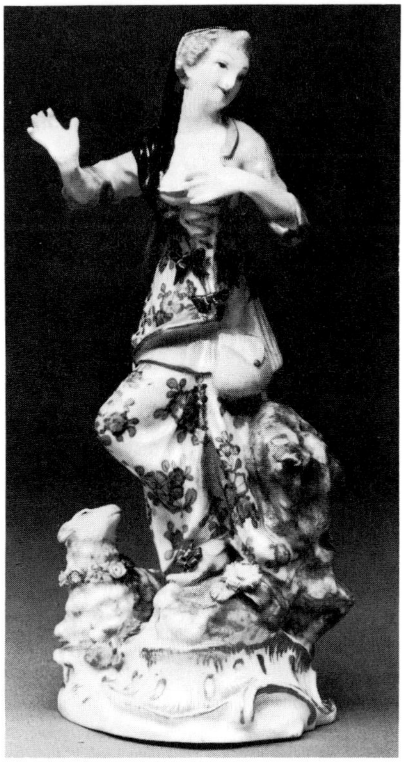

98

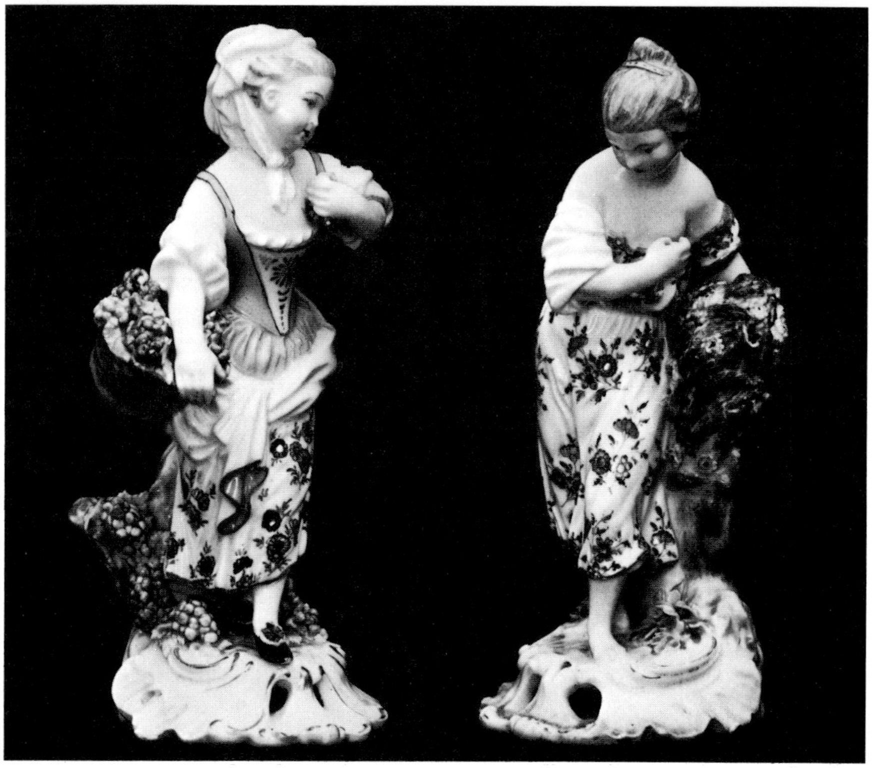

99

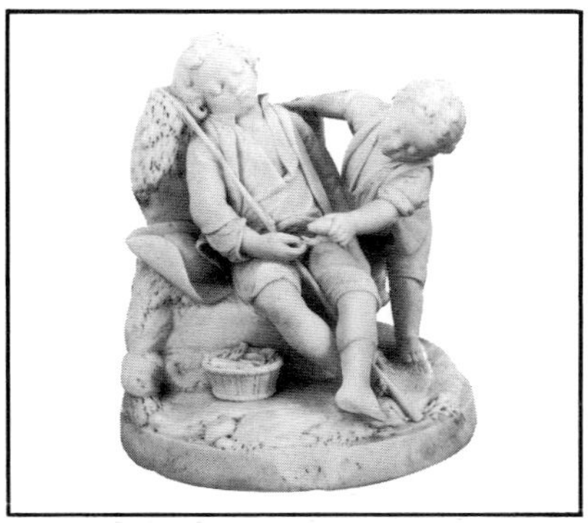

100

101

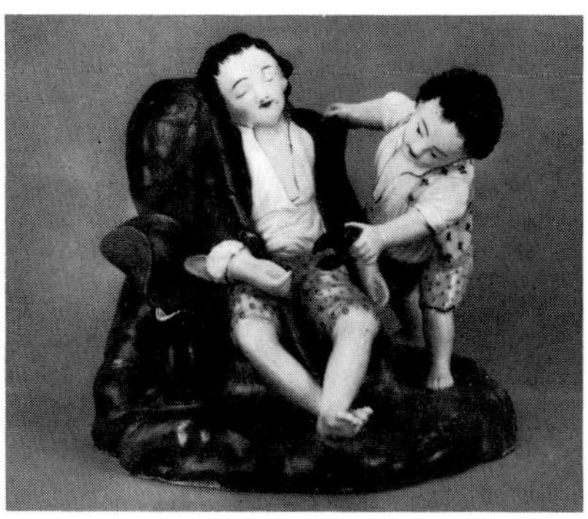

98 Schäferin mit tiefem Décolleté und Kopftuch an einen Felsstumpf gelehnt, auf hohem reichem Rokokosockel, bunt staffiert, mit einem Lamm zu ihren Füßen. H 22 cm
Bow, Mitte 18. Jh. **2000,–/3000,–**
Lempertz

Die Figur ist in Anlehnung an ein Meißner Modell entstanden (vgl. Nr. 8).

99 Sommer und Herbst, als Mädchen mit Trauben und Ährenbündel. Bunt staffierte Figuren mit blumengemusterten Gewändern auf hohen, durchbrochenen Rocaillesockeln. H 19 cm
Derby, 18. Jh. **je 5000,–/6000,–**
Nagel

Derby und Chelsea-Figuren zeichnen sich durch eine detailfreudige Vielfalt aus und stehen oft wie hier auf reich durchgebildeten Rocaillesockeln.

100 Kindergruppe. Bub mit Krabbe neckt einen schlafenden Fischerknaben. H 15,5 cm
Lunéville, 18. Jh., Ausführung in »terre de Lorraine«, Modell von Paul Louis Cyfflé. **1500,–/2000,–**
Koller

Cyfflé führte seine leicht sentimentalen Figuren ab 1769 in seinem eigenen Unternehmen unter der Bezeichnung »terre de Lorraine« aus. Trotzdem sind Plastiken dieses Namens nicht unbedingt nach Lunéville zu lokalisieren, da die Formen später teilweise mit den gleichen Marken in Niderviller kopiert wurden.

101 Kindergruppe, die gleiche wie Nr. 100, bunt staffiert.
Moskau, Manufaktur Francis Gardner, letztes Viertel 18. Jh., nach dem Modell von Paul Louis Cyfflé. **1000,–/1500,–**
Koller

Um wieviel mehr die Biskuitgruppen, im Gegensatz zu staffierten Figuren, in den plastischen Details ausgearbeitet werden müssen, zeigt diese Gegenüberstellung des gleichen Modells, bei dem der Bossierer zusätzlich den Korb gegen einen Krug ausgetauscht hat. Bei der weißen Ausformung wurden die Gewandfalten tief unterschnitten, das Terrain und die Stütze schwammartig durchlöchert, die Haare plastisch durchgebildet und unterhöhlt, also alle malerischen Werte durch plastische ersetzt.

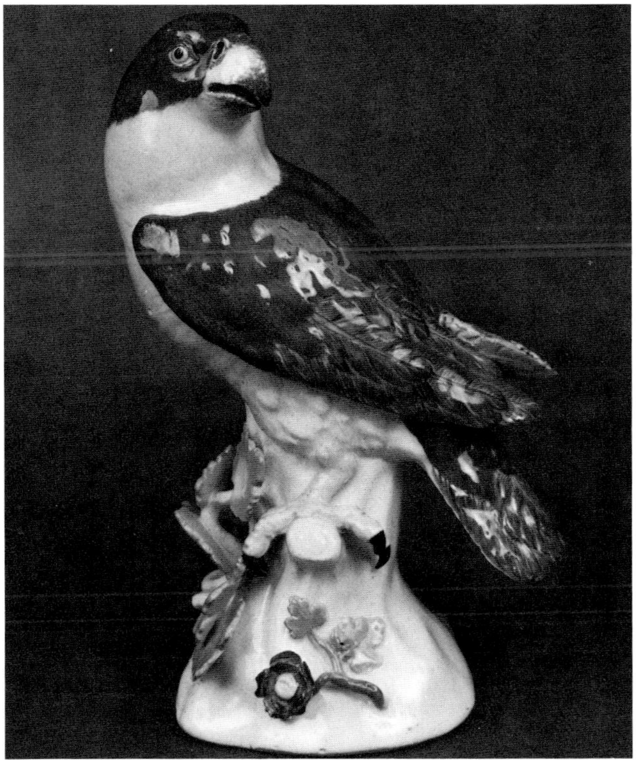

102

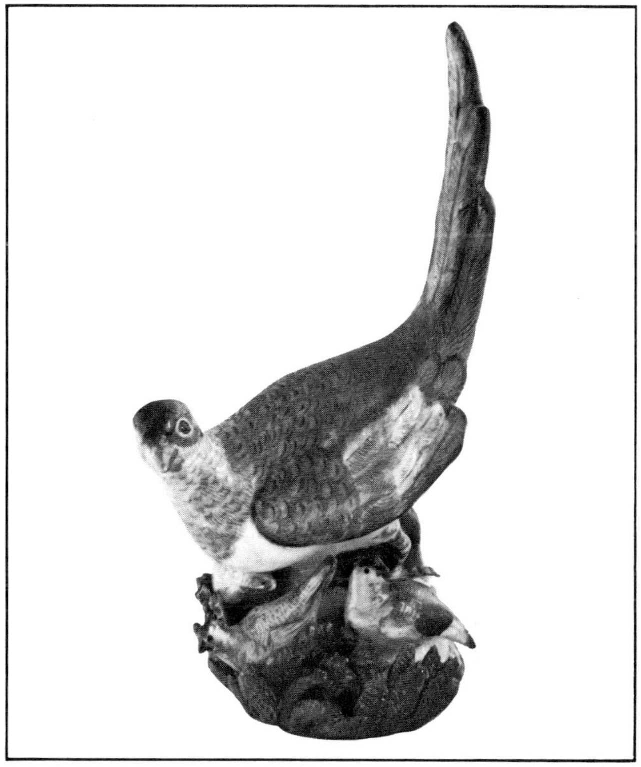

103

Tiere

Johann Joachim Kändler gilt als der Erfinder des figürlichen Porzellanstils im 18. Jahrhundert. Ebenso darf er als Schöpfer einer in ihrer Auffassung gänzlich neuen Tierplastik gelten. Die ersten fünf Jahre seiner Tätigkeit in Meißen brachte er vorwiegend mit dem Studium von Tieren zu. Seine Plastiken sind daher nicht ins Menschliche verzerrt, sondern zeichnen sich durch die den Tieren wesenseigene Haltung, Ausdrucksweise und Bewegungsvielfalt aus.

102 Papagei mit zurückgewandtem Kopf, auf einem halbhohen Baumstrunk sitzend, der mit plastischen Blüten belegt ist. Naturalistische Staffierung. H 18 cm
Meißen, um 1740, Modell von J. J. Kändler.
17000,–/25000,–
Christie's (Cooper)

103 Fasanenhenne mit ihren Jungen. Naturalistisch staffiert. H 14,5 cm
Meißen, nach einem Modell von J. J. Kändler von 1735. **3000,–/3400,–**
Kiehl

104 Sittich mit einer Frucht in der Klaue, auf einem hohen Baumstumpf sitzend, der mit plastischen Blumen belegt ist und auf dem Insekten kriechen. H 29 cm
Meißen, 19. Jh., nach einem Modell von J. J. Kändler 1746 für die Gräfin Mosczinka.
700,–/900,–
Schloß Ahlden

Wieviel tiefer das Wesen des Tieres bei der früheren Figur mit dem feinen Gefieder erfaßt ist, macht die Gegenüberstellung mit der späteren Ausformung deutlich.

104

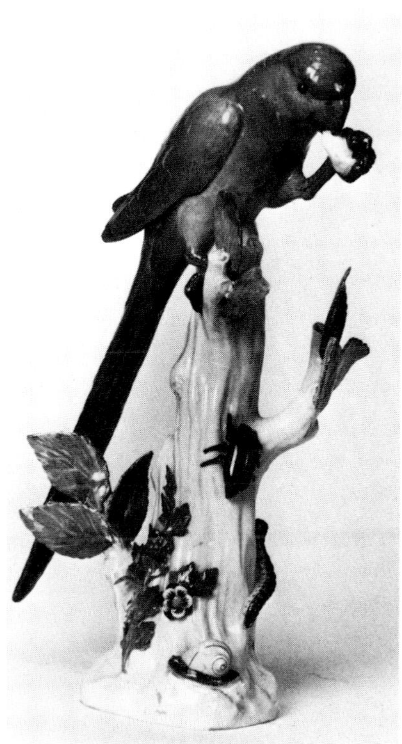

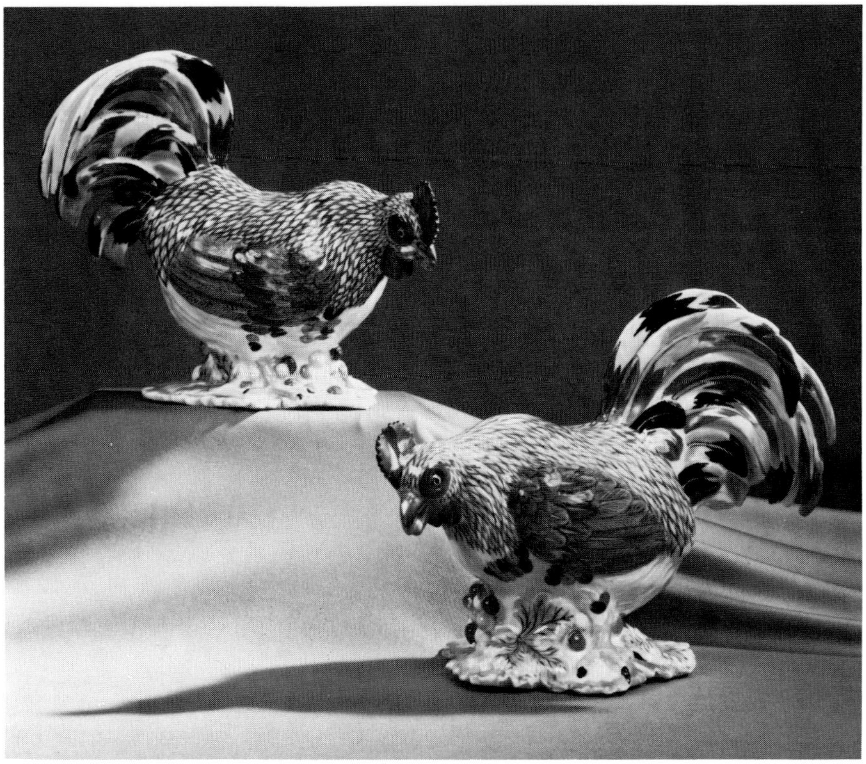

105

105 Zwerghahnpaar nach japanischen Originalen im Kakiemonstil, naturalistisch modelliert und dekoriert in Eisenrot, Blau, Türkis, Gelb, Purpur, Schwarz und Gold, mit türkisen Körnern im Schnabel, auf blattförmigen Sockeln mit Blättern und plastischen Beeren. H 20,5 cm
Meißen, um 1732, Modell von J. J. Kändler. **240 000,– / 300 000,–**
Christie's (Cooper)

106 Hahnenpaar, naturalistisch staffiert, auf Sockeln aus Holzscheitern. H 41 cm
Meißen, 19. Jh., nach Modellen von J. J. Kändler von 1741. **je 3 000,– / 3 500,–**
Schloß Ahlden

Wieder gibt sich bei der Zusammenstellung des Federviehs das 19. Jahrhundert an seiner plumperen unsensiblen Malweise zu erkennen, die nicht mehr die Frische und Duftigkeit des frühen 18. Jahrhunderts hat.

107 Schreitender Leopard, naturalistisch staffiert, ohne Sockel. H 8,5 cm
Meißen, um 1740. **5 000,– / 7 000,–**
Koller

Die kleineren Tierplastiken der Meißner Frühzeit wurden häufig ohne Standflächen modelliert, da sie auch keiner Stütze bedurften.

106

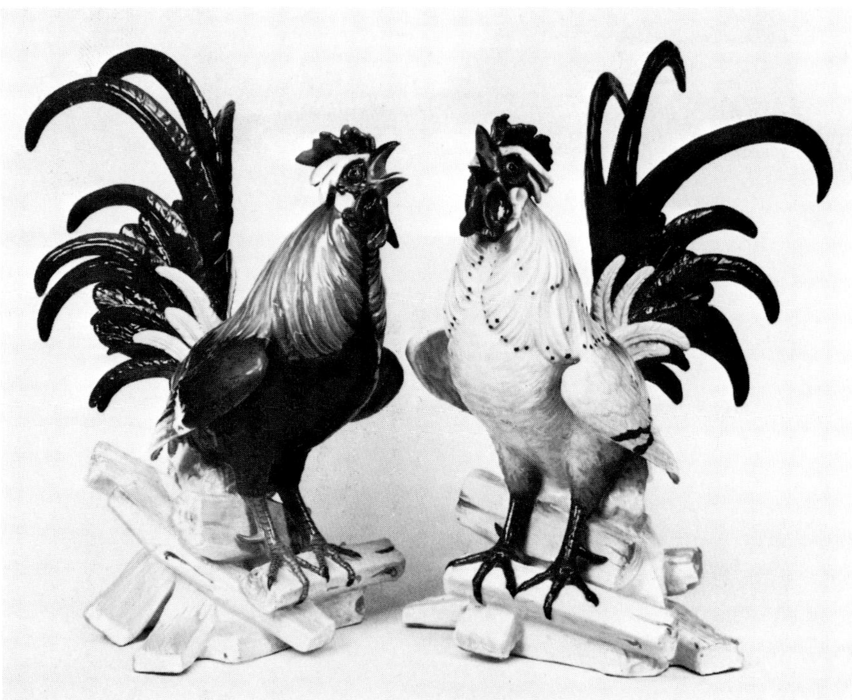

107

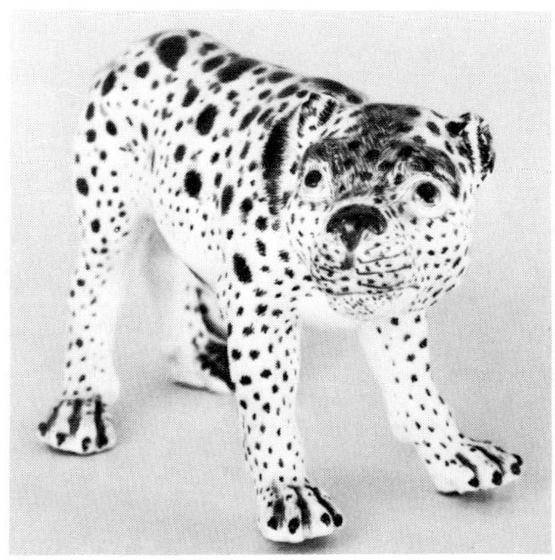

108 Krokodil verschlingt ein Kind. Bunt staffierte Gruppe auf fladenartigem Sockel mit plastischen Blumenauflagen. H 9 cm
Meißen, nach einem Modell von Peter Reinicke 1747. **3000,–/3500,–**
Peretz

Neben einheimischen und fremden Vögeln waren Haustiere, exotische Tiere und Tierhatzgruppen besonders beliebt.

109 Liegende Kuh. Naturalistisch staffiert, ohne Sockel. H 3,5 x L 11 cm
Meißen, nach einem Modell von J. J. Kändler um 1745/50. **1500,–/2000,–**
Peretz

110 Zwei Bologneserhündchen, in abgestuften Braun- und Beigetönen staffiert, ohne Sockel. H 23 cm
Meißen, 19. Jh., nach Modell von J. J. Kändler von 1769. **zus. 3800,–/4500,–**
Ruef (Himpsl)

Hierzu heißt es in den Akten von 1769 (nach Albiker zitiert): »Ein neues Modell von dem Administrator als einen Polognesser Hund modelliret von ziemlicher Größe, welcher wegen seiner seltsamen Gestalt sehr mühsam gewesen, solcher auch sodann zerschnitten und zum abformen befördert«.

111 Fuchs schlägt Henne. Farbig staffierte Gruppe auf hohem durchbrochenem Rocaillesockel. H 7 cm
Meißen, Punktzeit, um 1774. **2000,–/2500,–**
Peretz

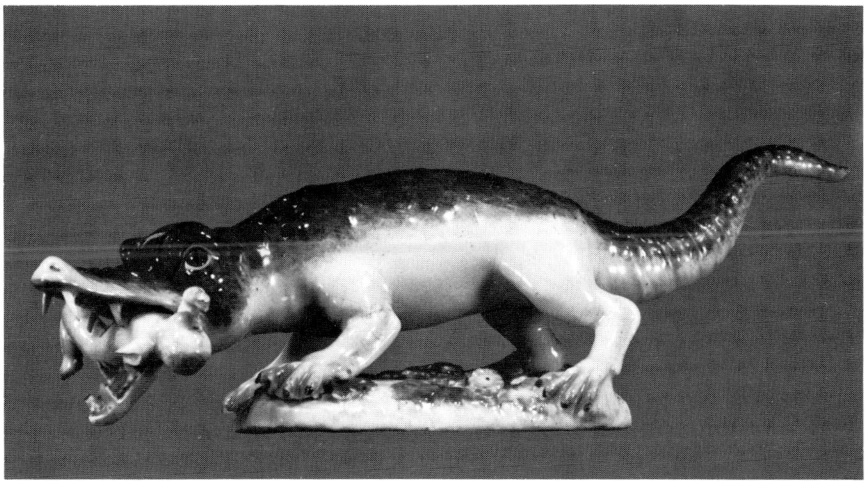

108

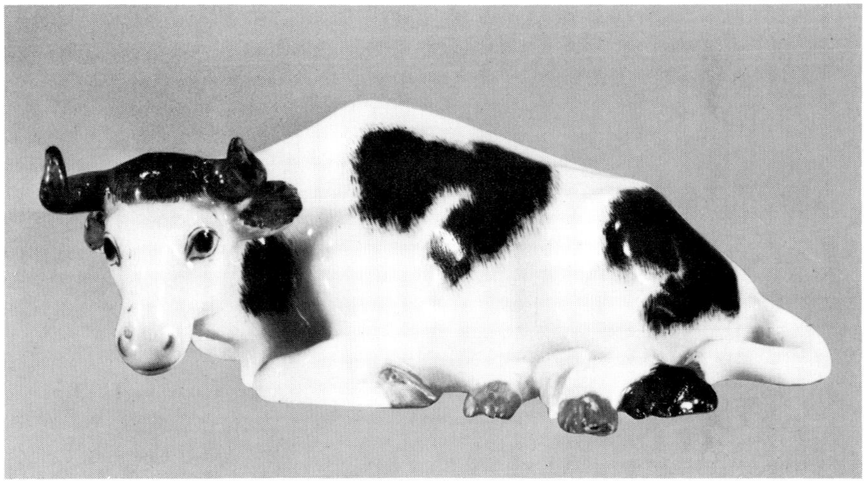

109

110

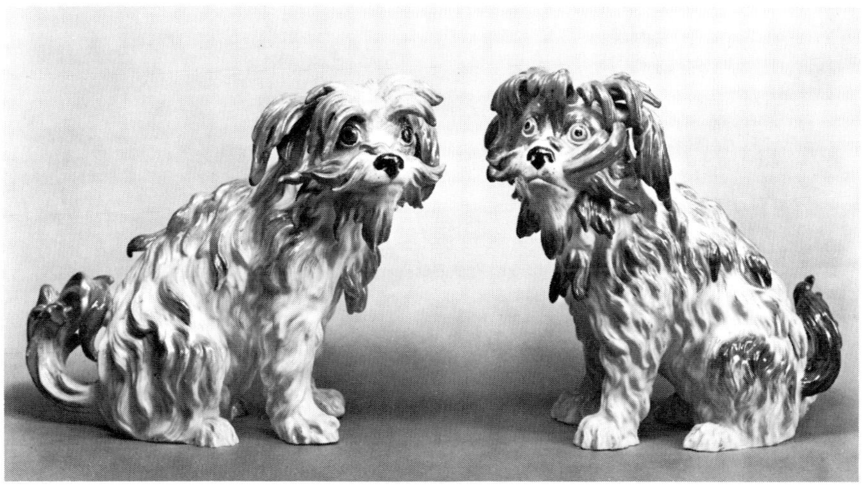

111

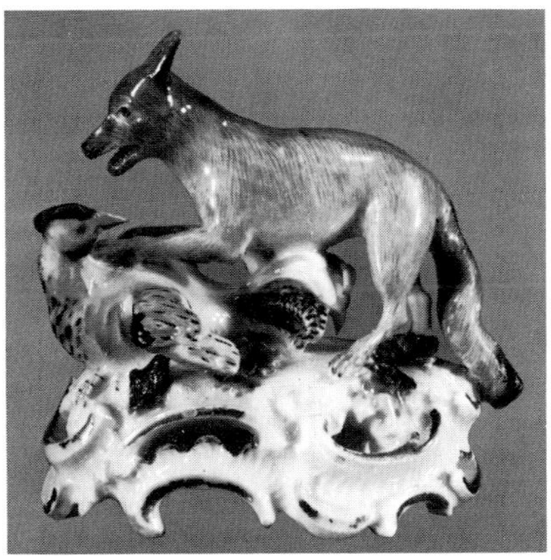

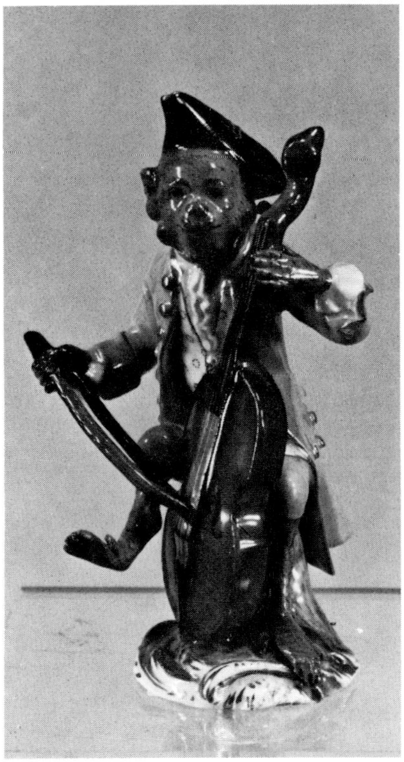

112

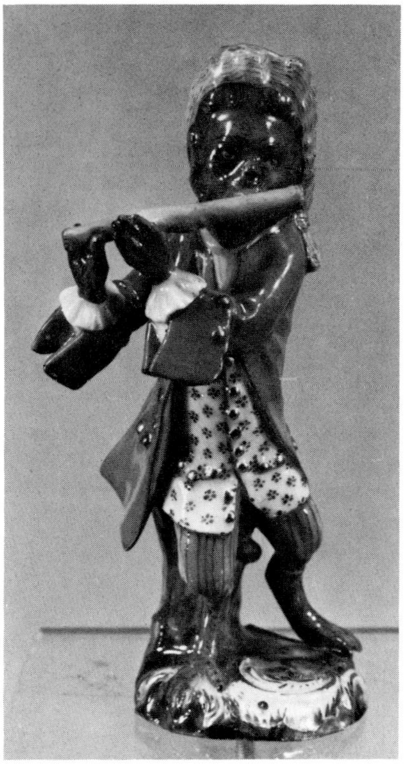

113

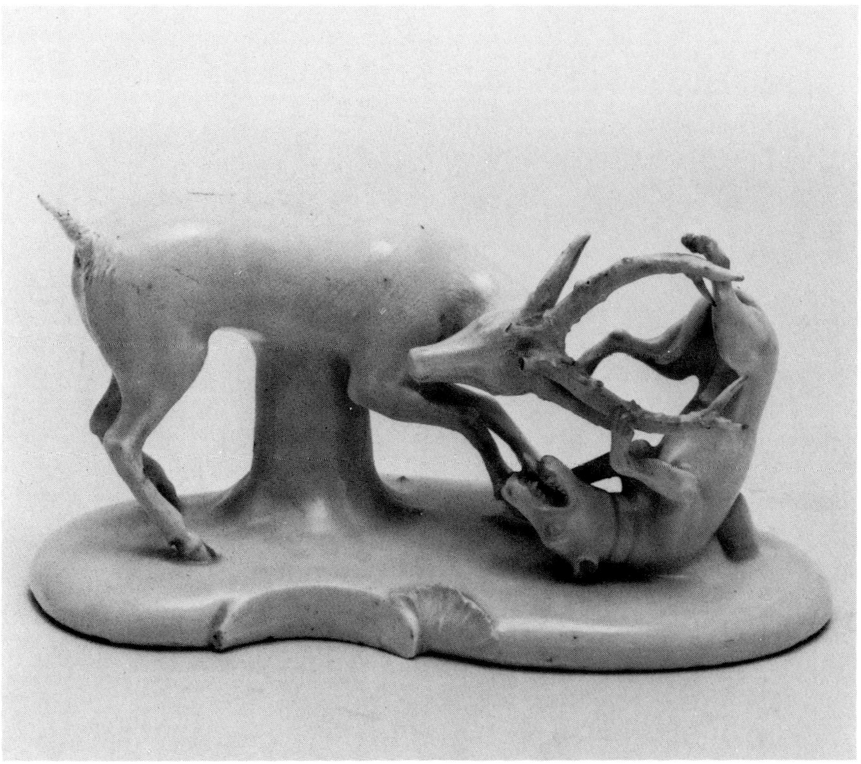

112 Bassist und Querflötenspieler. Zwei bunt staffierte Figuren aus der Affenkapelle auf kleinen, rocaillegerahmten Sockeln. H 12 und 13,4 cm
Meißen, nach Modell von J. J. Kändler.
je 1200,–/1500,–
Peretz

Die Kapelle, insgesamt 20 Figuren und zwei Notenständer umfassend, wurde von Kändler wohl 1753 modelliert, da Madame de Pompadour nachweislich in diesem Jahr 19 Figuren kaufte. 1765/66 haben Kändler und Reinicke die Serie überarbeitet. Affen als Spiegelbilder menschlicher Verhaltensweisen kommen in der Kunst häufig vor. So hat beispielsweise Teniers Genreszenen gemalt, in denen Affen die Stellen der Menschen eingenommen haben.

113 Tierhatzgruppe in Weiß. Auf flacher, geschweifter Sockelplatte mit Stütze kämpft ein Jagdhund gegen einen Hirsch. L 17,7 cm
Wien, um 1750/55. **1000,–/1500,–**
Sotheby

114 Sitzender Löwe mit erhobener rechten Flanke und nach rückwärts gewendetem Kopf. Farbig staffiert auf flacher Sockelplatte mit goldgeziertem Rocaillerand. H 11 cm
Nymphenburg, um 1767, Modell von Dominikus Auliczek. **3000,–/8000,–**
Almas

Bustellis Nachfolger Auliczek, 1763–1797 Modellmeister und ab 1773 Manufakturleiter gab sein Bestes nicht zuletzt in den zahlreichen Jagdgruppen und Tierfiguren, die häufig auf den für Nymphenburg so charakteristischen flachen Rocailleplatten stehen.

114

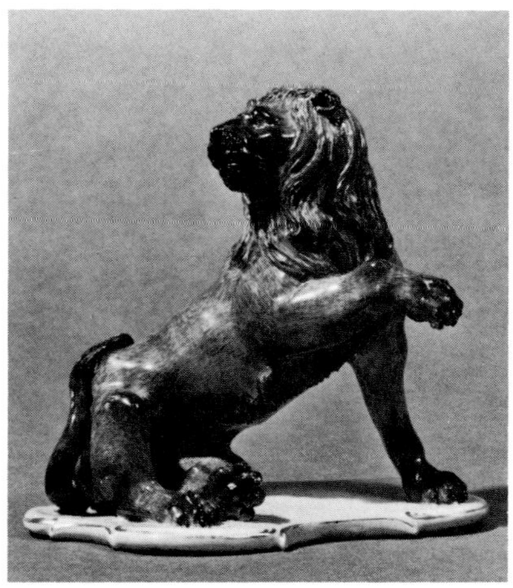

Tassen

MEISSEN

In der Meißner Frühzeit entstanden vorwiegend bunt bemalte Kaffee- und Teegeschirre mit glattwandigen Gefäßen nach ostasiatischem Vorbild. Höroldts Verdienst war es, Chinoiserien als Dekor für Porzellangefäße zu entdecken. Seine Darstellungen zeigen eine frei erfundene Phantasiewelt voll grotesker, traumhaft-heiterer Szenen, die eine heile Märchenwelt mit lebhaft gestikulierenden, Tee trinkenden Chinesen zeigt, meist gerahmt von reichen Kartuschen, die durch Ranken und Beiwerk verzahnt sind.

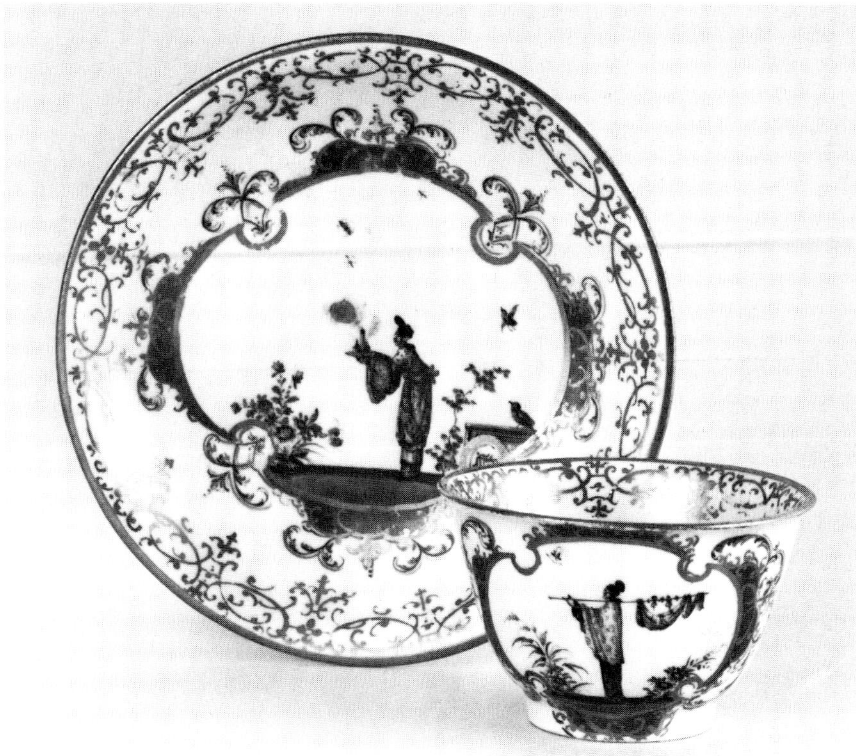

115

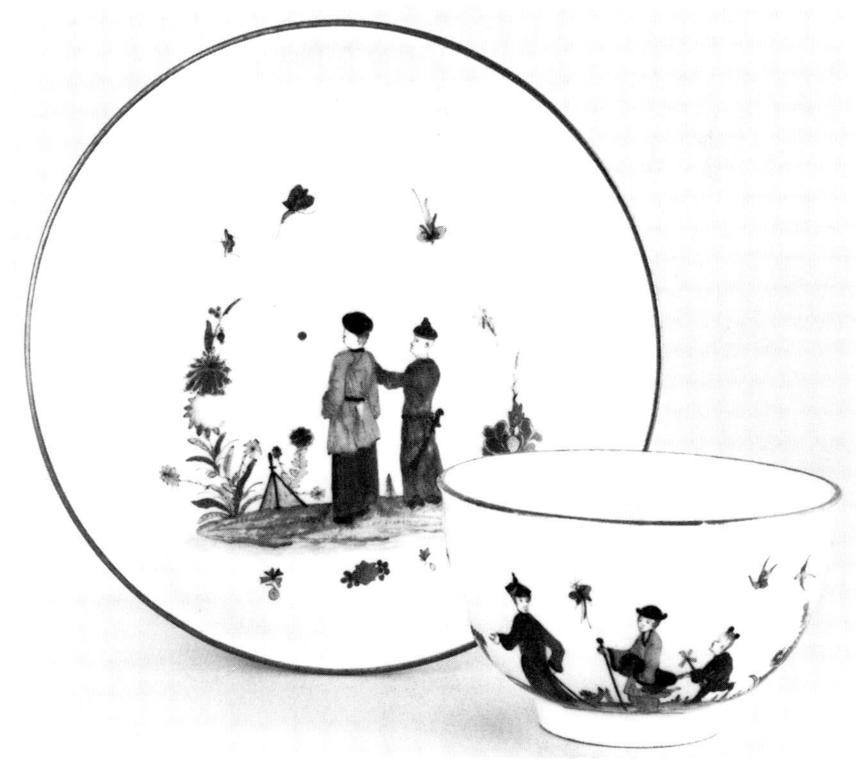

116

115 Koppchen mit Untertasse. Polychrome Chinoiserien in Vierpaßkartuschen in zweierlei Eisenrot mit Goldspitzenbordüre.
Meißen, Böttgerporzellan, um 1725.
1500,–/2200,–
Koller

116 Henkeltasse und Untertasse mit farbigen Chinoiserien nach Stichvorlagen von Petrus Schenk.
Meißen, um 1738/40. **3000,–/4000,–**
Koller

Schenks Kupferstichserien wie »Picture Sinicae« oder »Chineese en Vremden Nasie« dienten besonders Löwenfinck und seinem Malerkreis als Vorlagen.

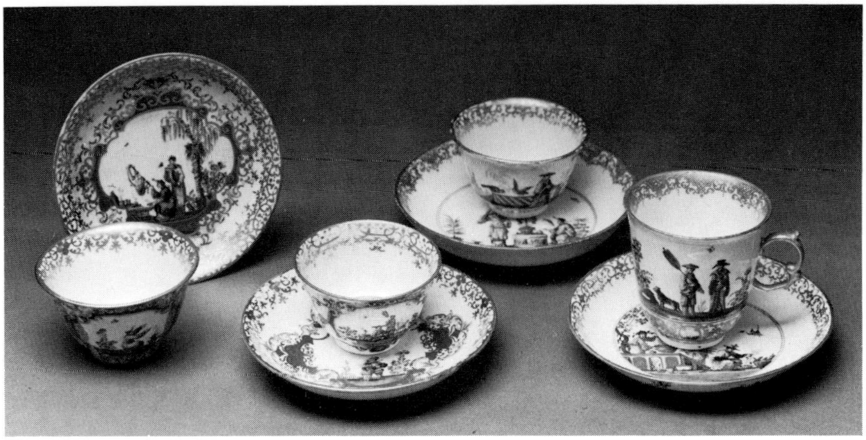

117/118/119/120

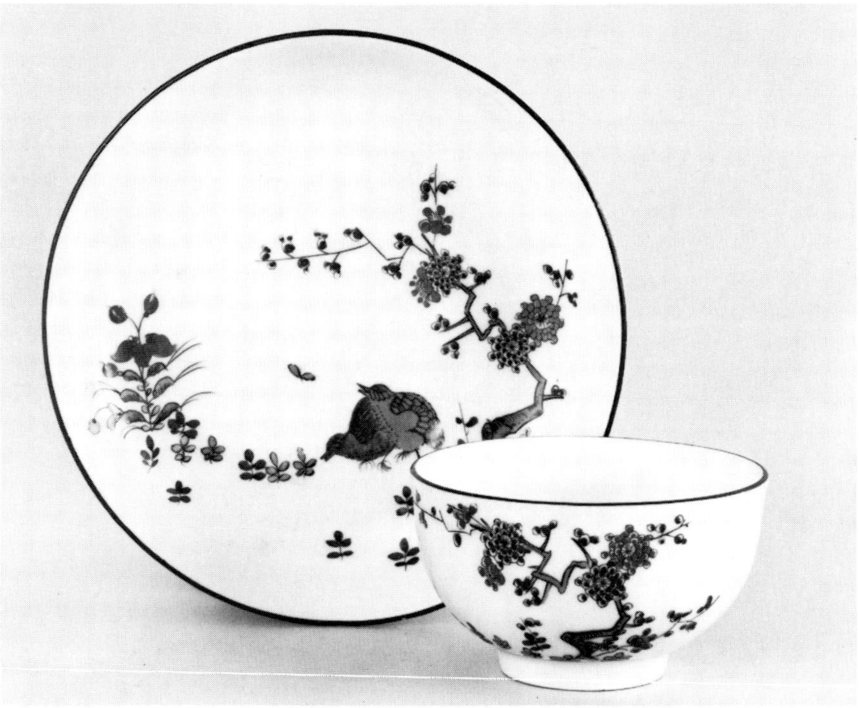

121

122

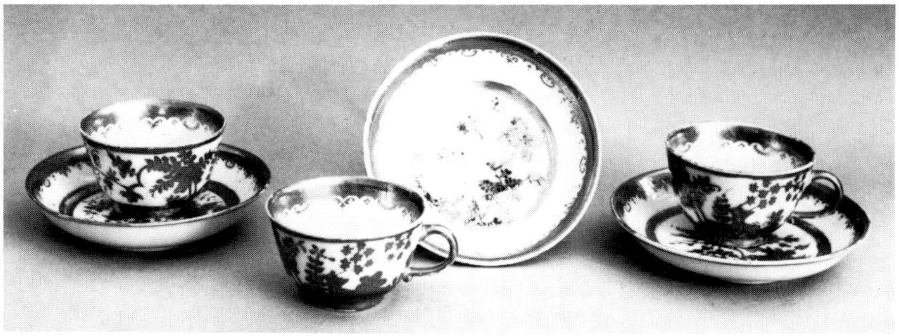

117 Koppchen mit Untertasse. Polychrome Chinoiserien in Kartuschen mit Lüsterfond und reicher Goldspitzenbordüre. Innen Indianische Blumen.
Meißen, um 1725/30. **1800,–/2200,–**
Lempertz

118 Koppchen mit Untertasse. Polychrome Chinoiserien in reichen Rankenkartuschen mit Lüsterfond und Goldspitzenbordüre. Im Inneren indianische Blumen.
Meißen, um 1725/30. **1300,–/1800,–**
Lempertz

119 Koppchen mit Untertasse. Polychromer umlaufender Chinesendekor und Goldrankenbordüre.
Meißen, um 1725/30. **3000,–/4000,–**
Lempertz

120 Hohe Bechertasse mit Doppel-C-Henkel und Untertasse. Polychrome Chinoiserien und Goldrankenbordüre sowie kleine Ovalmedaillons mit purpurnen Kauffahrteiszenen.
Meißen, um 1725/30. **2800,–/3500,–**
Lempertz

121 Koppchen mit Untertasse im Kakiemonstil mit blauer und roter Wachtel zwischen Prunus, Blütenstaude und Bambussprossen. Dekor in Eisenrot, Blau, Seegrün, Gold und Schwarz.
Meißen, um 1735. **2000,–/3000,–**
Koller

Als Koppchen bezeichnet man die kleinen henkellosen Tassen nach chinesischem Vorbild. Formverwandt, nur größer, sind die sog. Kummen, in die der Satz geschüttet wurde.

122 Drei Tassen mit Untertassen. Reiche Blumenmalerei in chinesischem Stil in Unterglasurblau mit Goldhöhung und breiten Goldspitzenrändern.
Meißen, Mitte 18. Jh. **zus. 3000,–/4000,–**
Nagel

123 Koppchen mit Untertasse und polychromen Chinoiserien. Malerei in Unterglasurblau mit Goldhöhung und bunten Überglasurfarben.
Meißen, um 1735, Malerei wohl von J. E. Stadler. **3500,–/4500,–**
Koller

Johann Ehrenfried Stadlers Stil ist aufgrund zweier signierter Stücke zu bestimmen. Seine graphisch gemalten Figürchen erscheinen oft im Profil und halten einen Fächer. Köpfe und Hände zeigen eine eisenrote Kontur- und Binnenzeichnung.

124 Schokoladentasse mit Untertasse. Reich bemalt mit Indianischen Blumen in Eisenrot, Purpur, Gelb und Seegrün über Unterglasurblau sowie Goldstaffage.
Meißen, um 1730/35. **1800,–/2300,–**
Koller

Dekore in Unterglasurblau mit Muffelfarben entstanden in Meißen zwischen 1725 und 1750. Im Gegensatz zum sparsam aufgetragenen Kakiemondekor überziehen diese Malereien die Gefäße dichter. Das sog. Astmuster mit Päonien- und Prunusblüten gehört in den Zeitraum von ca. 1730 bis 1740.

125 Schokoladentasse mit Untertasse. Hohe schlanke Becherform mit zwei vergoldeten Henkeln. Breite Goldspitzenranken und purpurgoldene Kartuschen. Kauffahrteiszenen und Flußlandschaften in Schwarzlotmalerei.
Meißen, um 1725. **4000,–/6000,–**
Lempertz

Typisch für die frühen Höroldt-Dekore sind Goldkartuschen mit zweierlei Rot und dem sog. Lüsterfond, der perlmuttartig, blaurot opalisierend, meist nur kleine Flächen in den Rahmenkartuschen füllt.

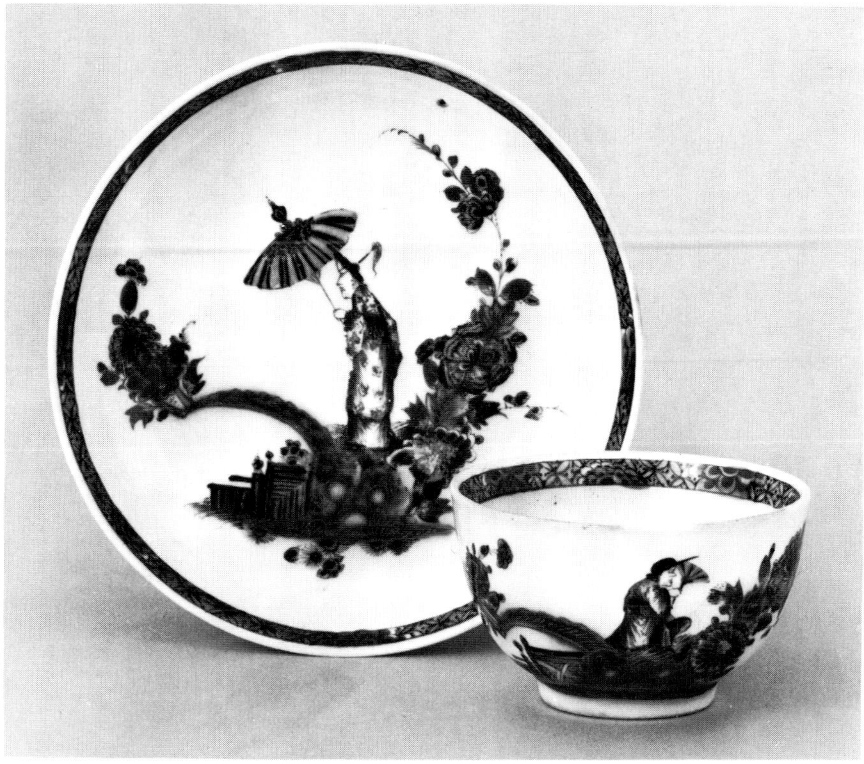
123

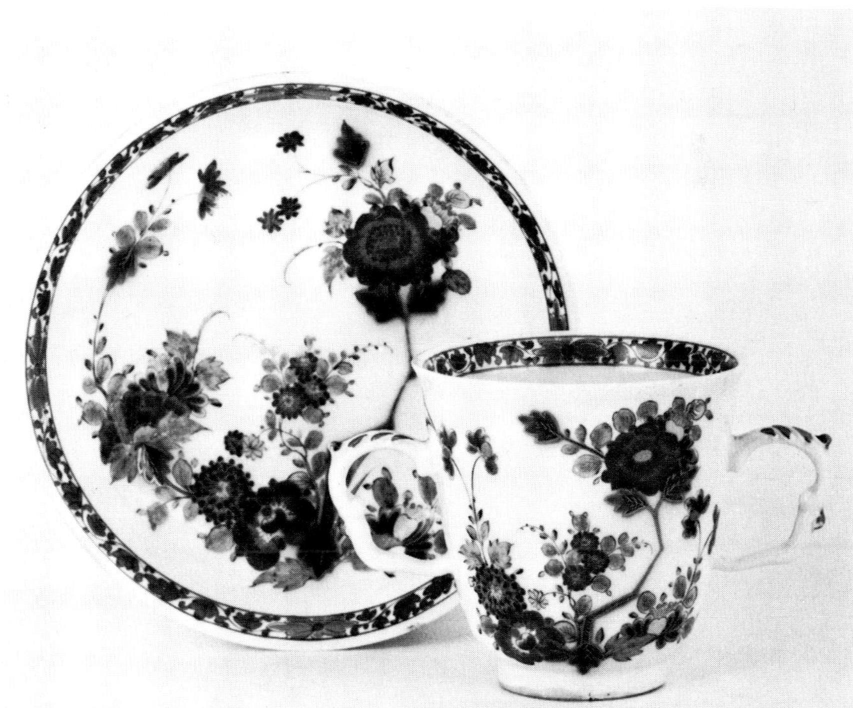
124

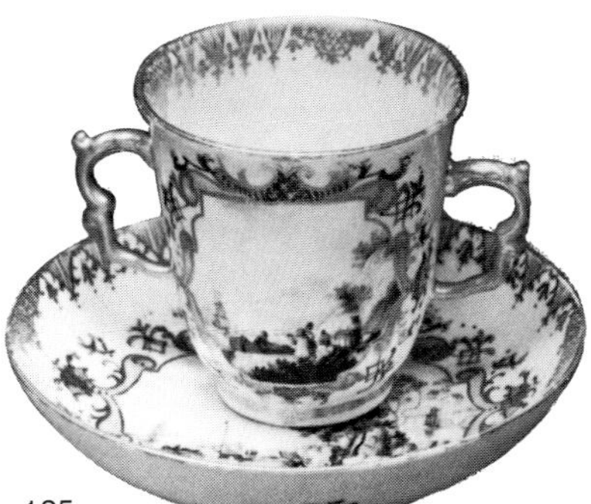
125

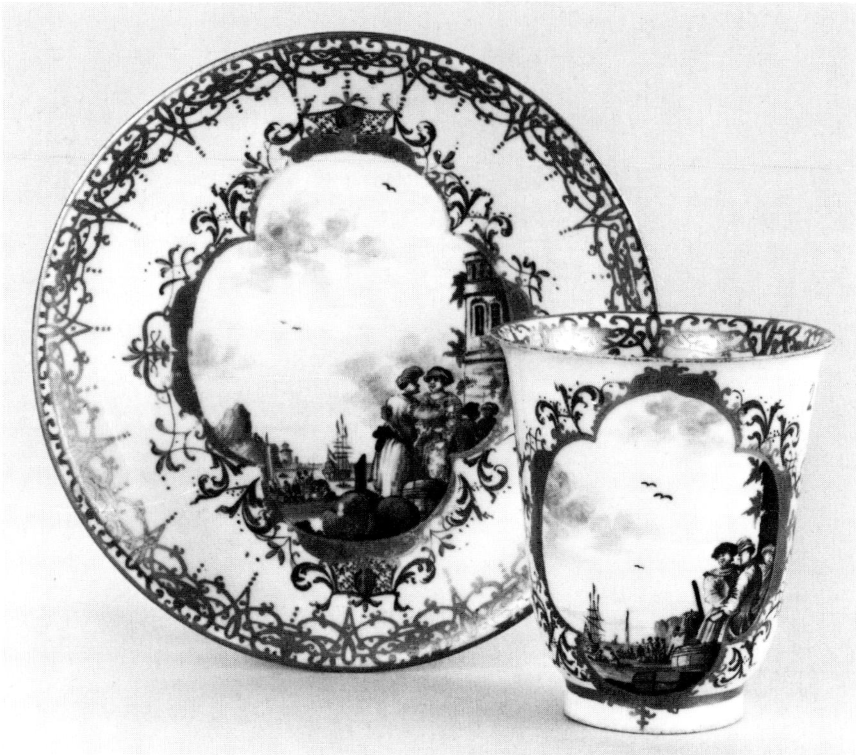

126

127

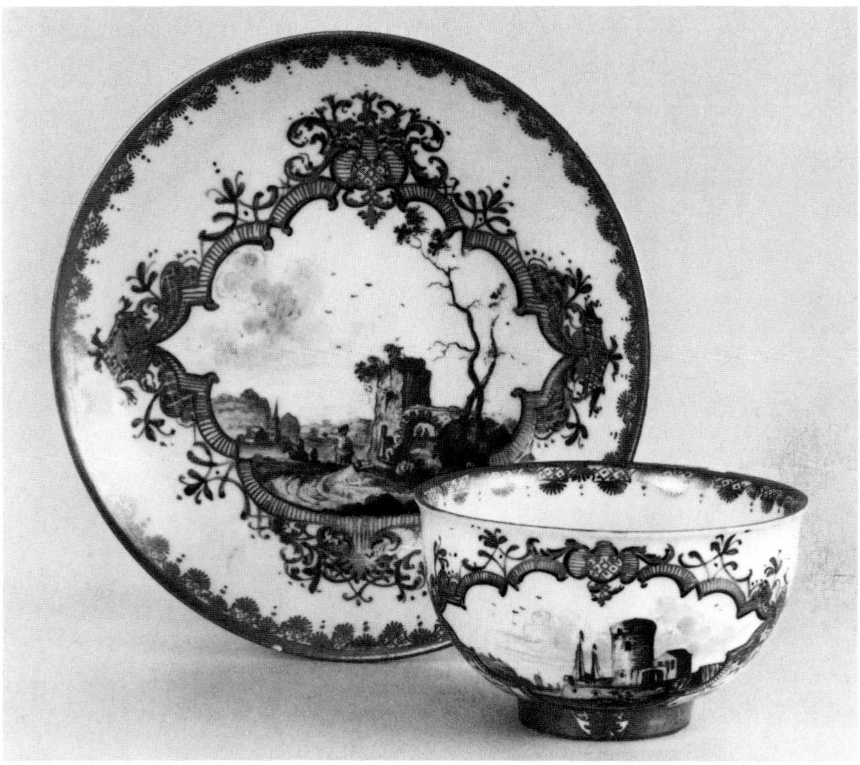

126 Bechertasse mit Untertasse. Großfigurige Kauffahrteiszenen in Vierpaßkartuschen mit reichem Golddekor, Lüsterfond und zweierlei Eisenrot. Die Tasse zusätzlich mit zwei eisenroten Landschaftsvignetten geschmückt.
Meißen, um 1725/30. **4500,–/5500,–**
Koller

127 Koppchen mit Untertasse. Weite Flußlandschaften mit Figurenstaffage in Vierpaßkartuschen mit goldenen Gitterrahmen und Purpurranken. Die Ränder mit Goldspitzenbordüren.
Meißen, um 1735. **2000,–/3000,–**
Koller

Farbtafel VI

Oben:

Doppelhenkeltasse mit Untertasse in oktogonaler Form mit Ohrhenkeln. Polychrome Malerei im Famille-verte-Stil mit Vogeldekor, Indianischen Blüten und Randborte. Meißen, um 1725.
Ein Paar zusammen 18000,–

Die nach chinesischen Vorbildern aus der K'ang-hsi-Periode (1662–1722) auch in Meißen zwischen 1725 und 1740 beliebten Famille-verte-Dekore tragen ihren Namen nach den neben Eisenrot, Aubergine, Gelb, Emailblau und Gold bevorzugten Grüntönen.

Deckelbecher mit reliefierten Akanthusblattfriesen auf Wandung und Deckel. Zwischen Goldrankenbordüren umlaufende polychrome Kauffahrteimalerei mit reicher Figurenstaffage. H 16 cm
Meißen, um 1728 **36000,–**

Eine hohe schlanke Bechertasse mit Untertasse. Polychromer Dekor mit großen Chinesenfiguren in Goldkartuschen mit Lüsterfond und eisenroten Blumenfestons.
Meißen, um 1723/24 **18000,–**

Unten:

Zwei Teedosen mit Deckel. Sechskantig gewölbte Form mit vergoldeten Stegen und geschnürter Deckelwandung mit Goldstreifen. In den Feldern bunte, großfigurige Chinoiserien auf Terrainstreifen. H 10 cm
Meißen, um 1724/25 **12000,–/16000,–**

Cremetopf mit montiertem Deckel auf drei Löwenfüßen. Reiche polychrome Chinoiserien in Goldkartuschen mit Lüsterfond und eisenroten Ranken. ∅ 13,5 cm
Meißen, um 1723 **18000,–**

Reichert

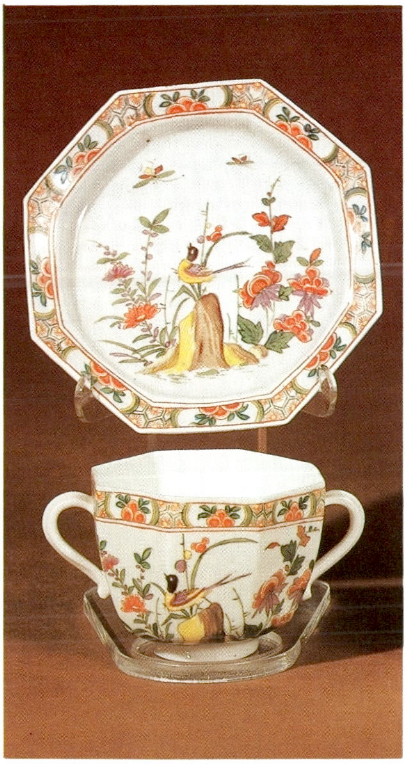

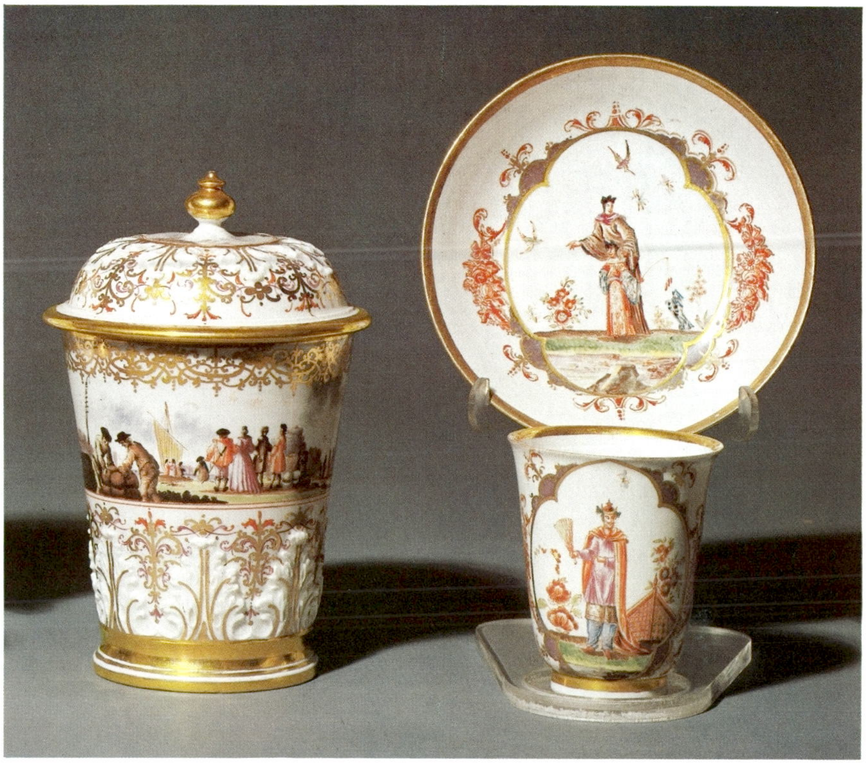

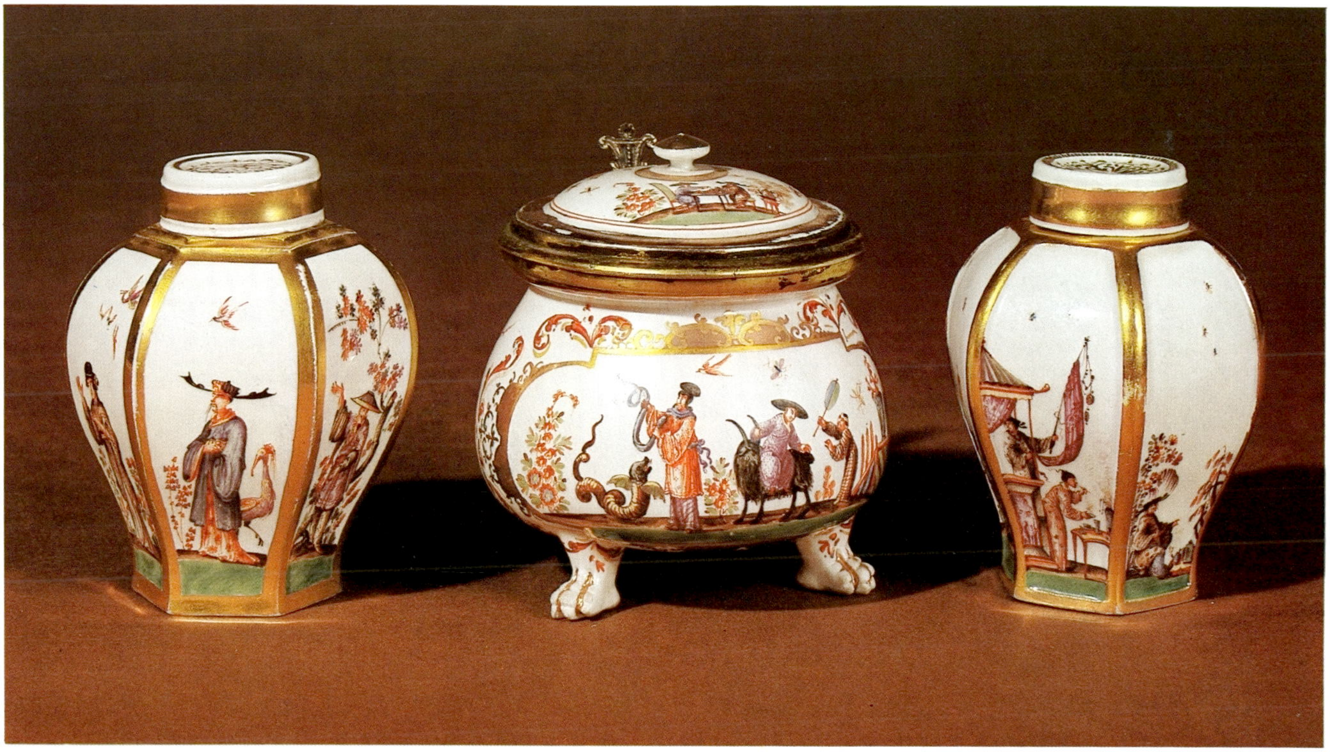

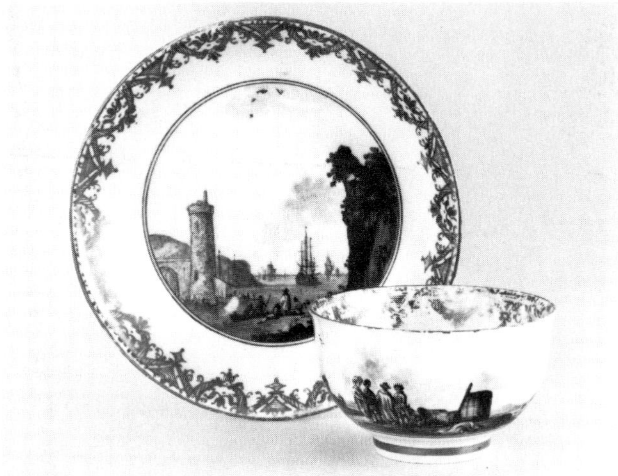

128

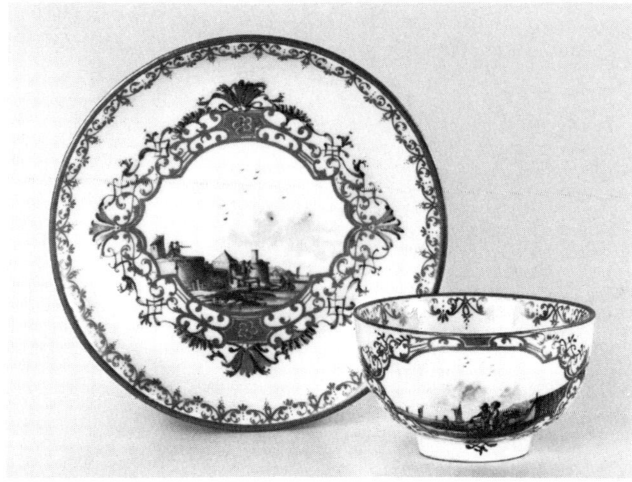

129

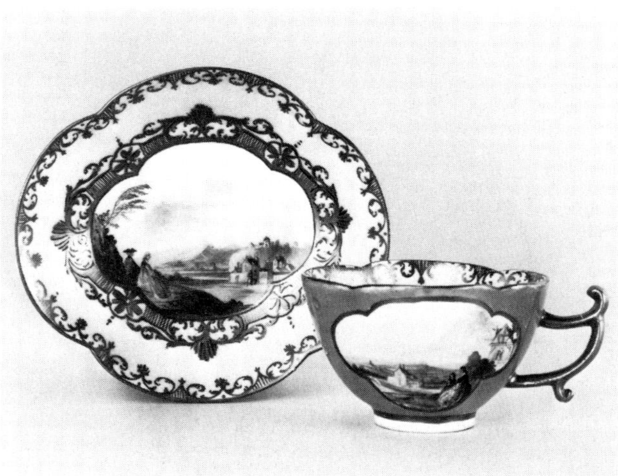

130

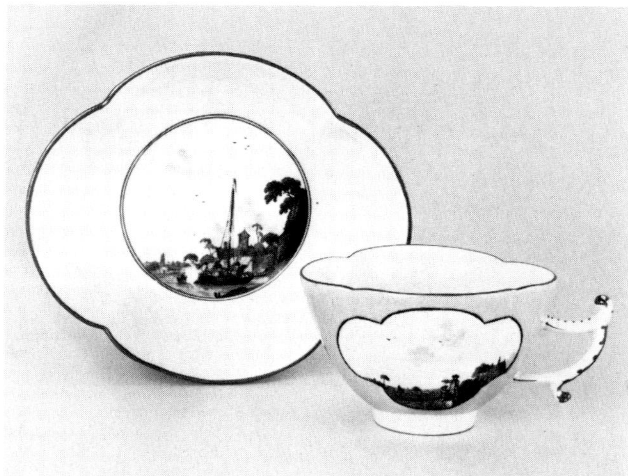

131

Ab ca. 1725 bis etwa 1745 malte man in Meißen neben den Chinoiserien Hafenbilder und Kauffahrteiszenen, in denen europäische Kaufleute in fremden Häfen von abenteuerlich gekleideten Fremdlingen Warenballen und Schiffsladungen in Empfang nehmen.

128 Koppchen mit Untertasse. Weite Hafenlandschaften mit Kauffahrteiszenen und Goldspitzenbordüren. Die Tasse umlaufend dekoriert.
Meißen, um 1735, Malerei wohl von Johann Georg Heintze. **2500,–/3500,–**
Koller

Die besten Landschaftsmaler um 1735/45 dürften Höroldt, Heintze und Häuer gewesen sein. Heintze malte vor allem Prospekte, Parklandschaften, Watteauszenen und Kauffahrteiszenen. Er wurde 1748 wegen unerlaubter Hausmalerei gefangen genommen, konnte aber nach Berlin entfliehen.

129 Koppchen mit Untertasse. Farbige Landschaftsdarstellungen in geschweiften Goldkartuschen mit eisenrot- und purpurfarbenem Laub- und Bandelwerk. Tassenfonds mit Kauffahrteiszenen in eisenrotem Doppelring.
Meißen, um 1740. **2800,–/3800,–**
Koller

130 Henkeltasse mit Untertasse. Vierpaßform mit apfelgrünem Fond und Vierpaßreserven mit Hafenszenen und Uferlandschaften mit Figurenstaffage. Die Untertasse mit dichter Rahmenkartusche in Braun und Gold.
Meißen, um 1730/35. **4500,–/6000,–**
Koller

131 Henkeltasse mit Untertasse in Vierpaßform mit gelbem Fond und braungeränderten Landschaften mit Figurenstaffage.
Meißen, um 1735. **2300,–/3000,–**
Koller

Gelb, in China die kaiserliche Farbe, wurde in Meißen ab ca. 1725 verwendet, aber der zarte Gelbfond gelang Höroldt erst 1733.

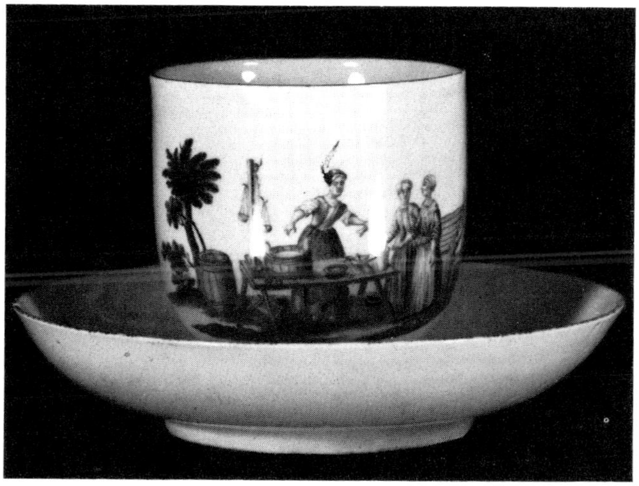

132

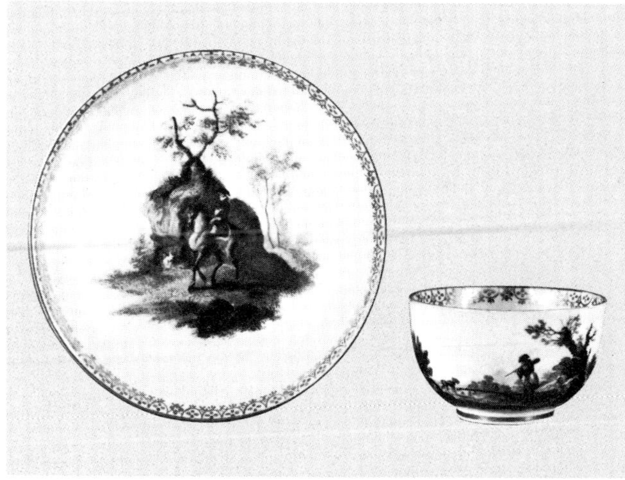

133

134/ 135 / 136 / 137

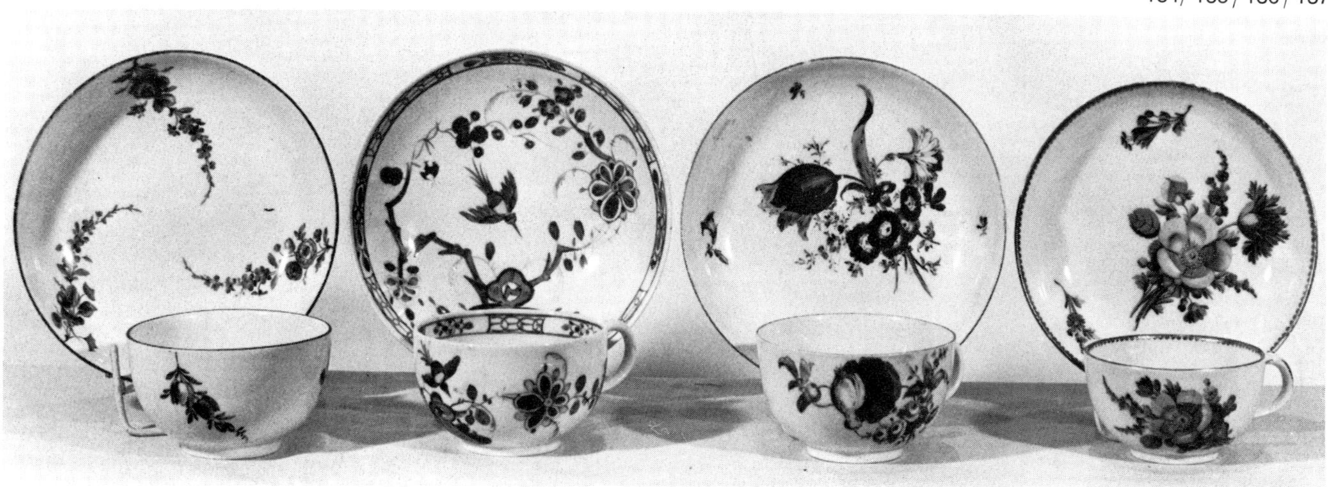

132 Tasse mit Untertasse. Fischverkäuferin mit Kundinnen am Stand. Untertasse mit bunten Blumen.
Meißen, 18. Jh. **850,– / 950,–**
Peretz

133 Tasse mit Untertasse mit zartem Goldspitzenrand und buntem Jagddekor.
Meißen, Marcolinimarke. **650,– / 800,–**
Ruef (Himpsl)

134 Tasse und Untertasse mit Blütengirlanden in Purpur-camaïeu und purpurstaffiertem Rand.
Meißen, Marcolini. **250,– / 400,–**
Spik (Zenker)

135 Tasse mit Untertasse. Bunter Fels-Vogel-Dekor.
Meißen, um 1740. **1 200,– / 1 500,–**
Spik (Zenker)

136 Tasse mit Untertasse, bemalt mit Deutschen Blumen in Purpur-camaïeu.
Meißen, Mitte 18. Jh. **450,– / 550,–**
Spik (Zenker)

137 Tasse mit Untertasse. Bunte Blumenmalerei in Aufglasurfarben.
Meißen, Marcolini. **300,– / 400,–**
Spik (Zenker)

In den zwanziger Jahren des 18. Jahrhunderts erschienen die ersten sog. Indianischen Blumen als Füllsel auf Gefäßdekoren. Sie wurden in den vierziger Jahren von den sog. Holzschnittblumen, diese von Deutschen Blumen ab ca. 1745 und diese ab der Jahrhundertmitte wiederum von den Manierblumen abgelöst.

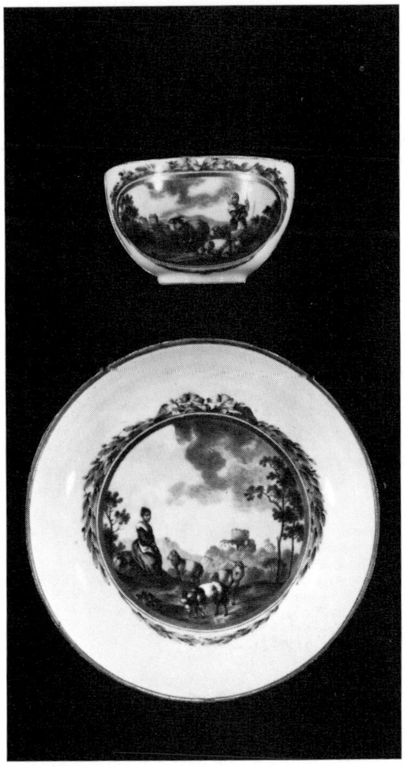

138

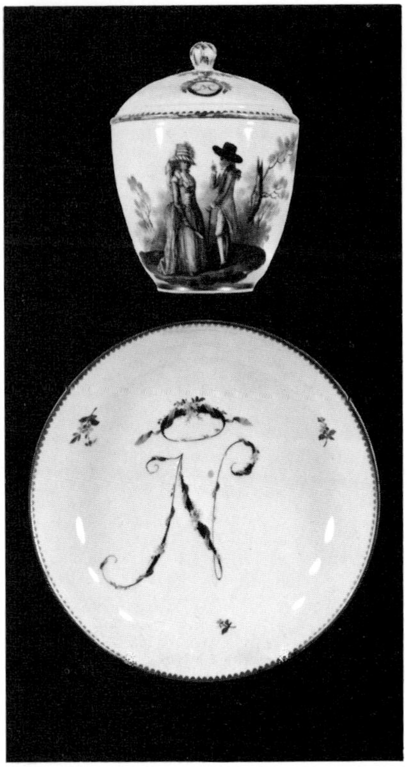

139

140

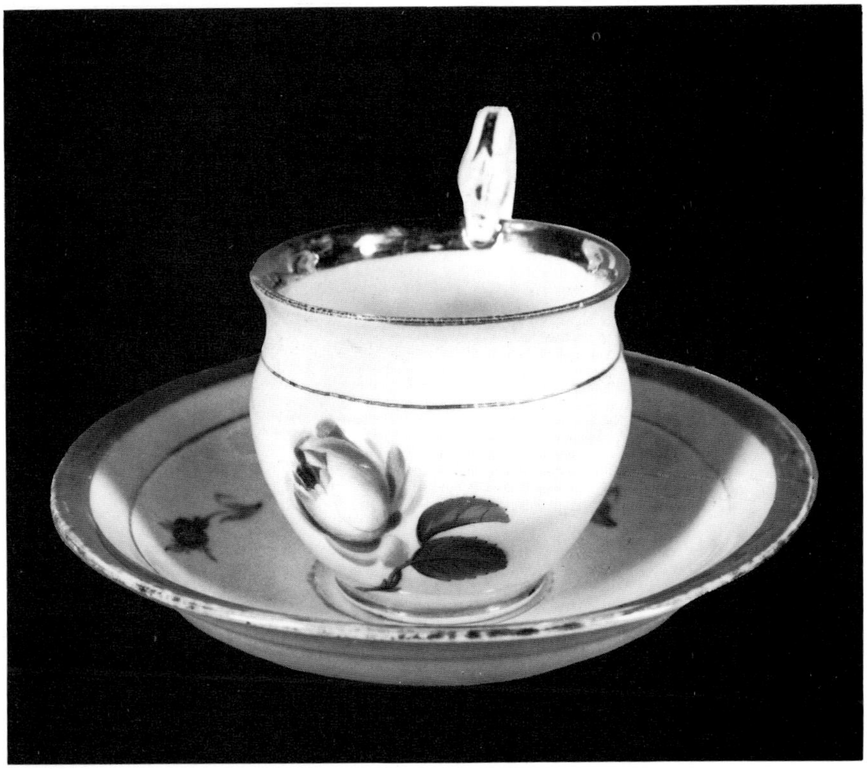

138 Tasse mit Untertasse. Bildmedaillons mit italienischen Hirtenszenen in umlaufendem Blätterkranz mit violetter Schleife.
Meißen, Marcolini. **1600,–/2000,–**
Peretz

139 Deckeltasse mit Untertasse. Konische Form mit gekantetem Henkel und Rosenknauf. Kavalier und Dame im Gespräch in einer Landschaft. Deckel und Untertasse mit Monogramm.
Meißen, Marcolini. **1600,–/2000,–**
Peretz

140 Moccatasse mit Rosendekor, Goldstaffage und Schwanenhenkel.
Meißen, 19. Jh **150,–/200,–**
Peretz

141 Tasse mit Untertasse. Bunter Affendekor auf Gartensockel, gerahmt von Rocaillen, Girlanden und Purpurmosaik.
Meißen, um 1760. **1000,–/1500,–**
Kunsthaus am Museum

142 Tasse mit Untertasse, leicht konisch mit hochgezogenem Bandhenkel. Relieffries reigentanzender Figuren auf blauem Fond, Goldspitzen und Perlstreifen.
Meißen, Marcolini, Biskuitporzellan in Wedgwoodmanier. **1200,–/1800,–**
Kunsthaus am Museum

143 Empiretasse mit Untertasse. Zylindrische Tasse, gefußt mit ausschwingendem Rand und hochgezogenem, aufgerolltem Henkel. Umlaufend reliefierter Biskuitstreifen mit antikisierender Erotenszene und Palmettenfries auf der Untertasse auf lilafarbenem Fond.
Meißen, Marcolinimarke, Biskuitporzellan in Wedgwoodmanier. **1700,–/2200,–**
Kunsthaus am Museum

Der Klassizismus überzog die Gefäße nicht nur mit marmorartigen Fonds und reichem Goldauftrag, sondern ahmte auch die Jasperware von Wedgwood nach.

144 Deckeltasse in Quadratform mit korinthischen Säulenvorlagen an den Ecken, gekantetem Henkel und gestuftem Deckel mit Frauenkopf als Knauf. Bunter Vogel- und Blumendekor.
Meißen, 1. Hälfte 19. Jh. **650,–/850,–**
Kunsthaus am Museum

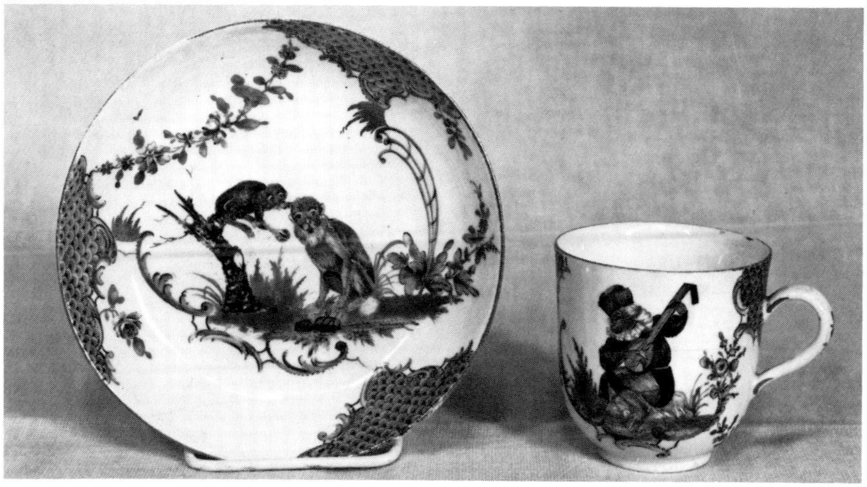
141

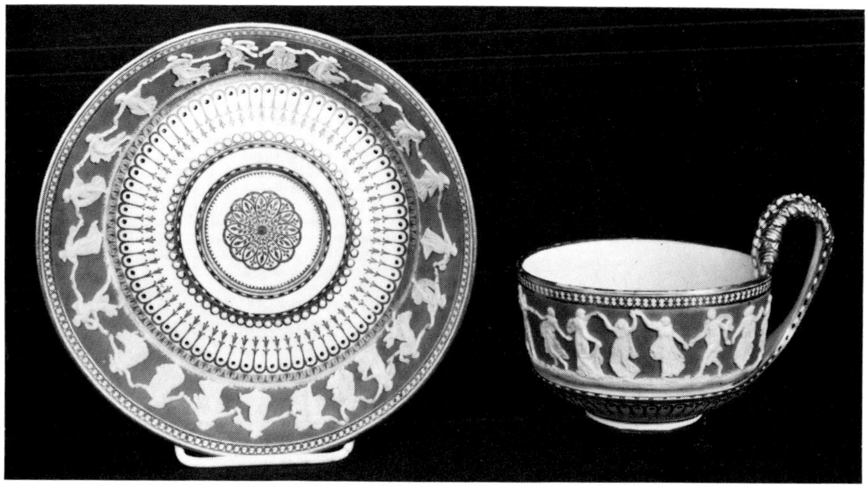
142

143
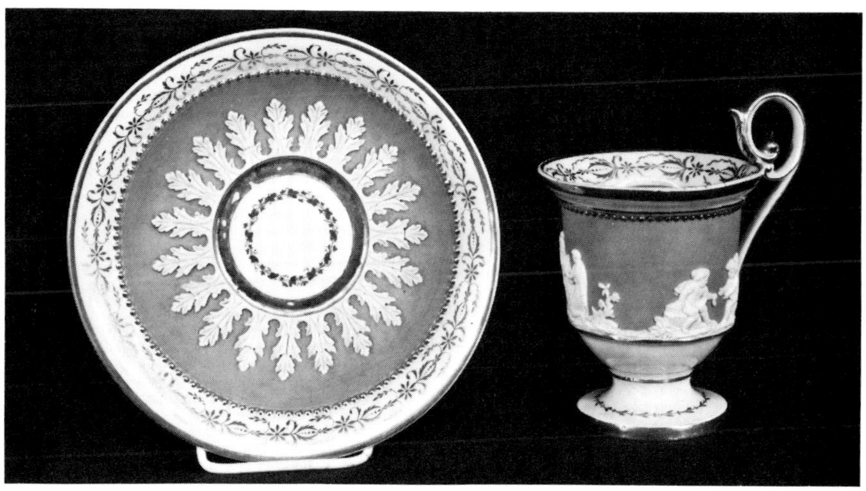

144
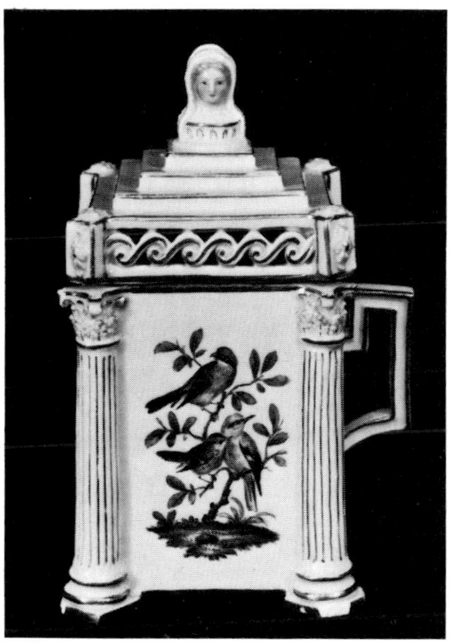

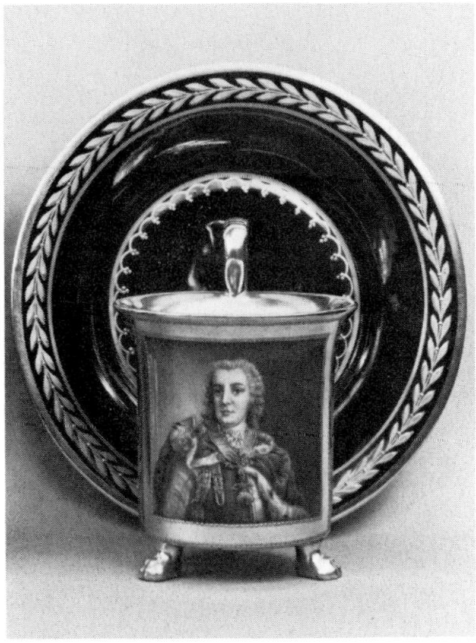

145

WIEN

Sorgenthals unverwechselbarer Stil bediente sich klassizistischer Formen, dunkler Fondfarben, reicher Vergoldung und antikisierender Ornamentmotive.

145 Porträttasse auf Löwentatzen. Königsblauer Fond mit reicher Vergoldung und Lorbeerranken. Vorderseite mit Brustbild von Franz von Lothringen.
Wien, 19. Jh. **2000,–/3000,–**
Ruef (Himpsl)

146 Tasse mit Untertasse. Zylinderform mit königsblauem Fond und goldstaffiertem Vierkanthenkel. Goldband und bunte Akanthusblatt- und Lorbeerkranzfriese.
Wien, 1804. **700,–/900,–**
Koller

147 Erinnerungstasse mit Untertasse. Kobaltblauer Fond mit teils reliefierter Goldornamentik und Rosenreserve. Untertasse mit datierter Widmung.
Wien, 1805. **800,–/1000,–**
Koller

148 Konische Tasse mit abgesetztem Fuß, Vogelkopfhenkel und Untertasse. Roter Fond mit ausgesparten, grau staffierten Palmetten, Goldranken und Borten sowie goldenen Blütenmedaillons.
Wien, 1809. **550,–/700,–**
Koller

149 Miniaturtasse mit Untertasse. Becherform mit ausgebogter Lippe und goldstaffiertem Akanthushenkel. Innenvergoldung. Lindgrüner Fond mit floralen Goldbordüren und emblematischen Medaillonbildern mit der Inschrift »Unsere Freundschaft währe – bis dahin«.
Wien, 1817. **600,–/800,–**
Koller

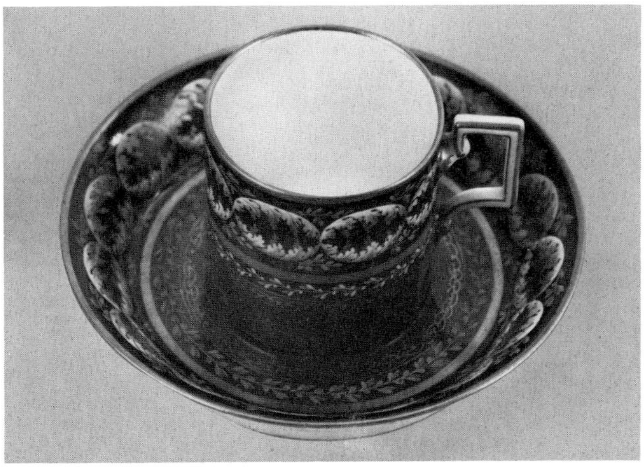

146

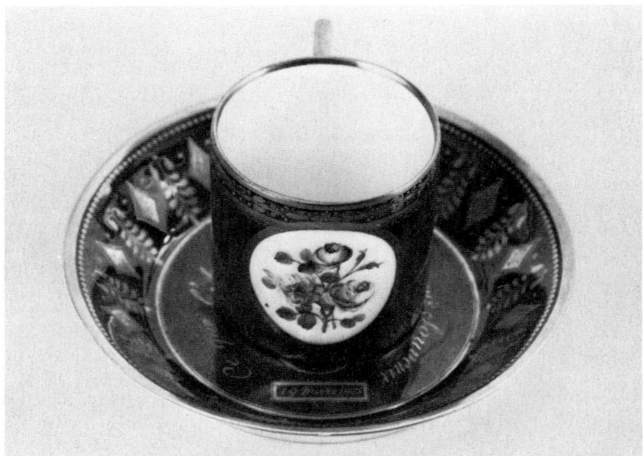

147

148

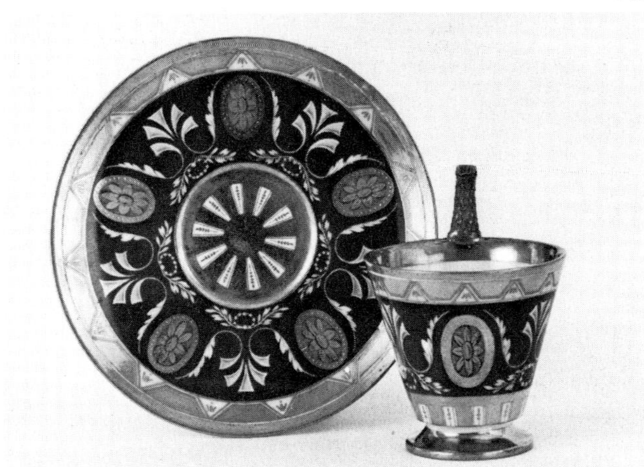

149

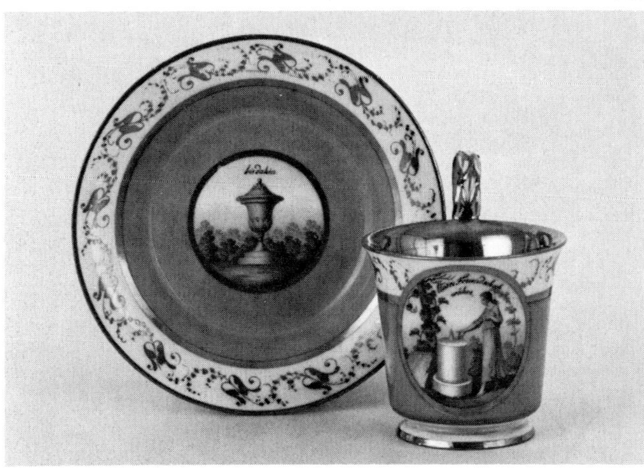

150 Zylindertasse mit Untertasse, buntem Blütenmonogramm und Goldrand. Berlin, KPM 1795. **450,–/500,–**
Schloß Ahlden

151 Maria-Theresia-Tasse. Hohe Becherform auf vergoldeten Löwentatzen. Gelbfond mit reicher Reliefvergoldung und Halbfigurenporträt der Maria Theresia. Berlin, 19. Jh. **2000,–/3000,–**
Almas (Braunmüller)

Zu Anfang des 19. Jahrhunderts wurden Gedenk- und Erinnerungstassen gern mit den Bildnissen historischer Persönlichkeiten wie Maria Theresia oder Martin Luther geschmückt.

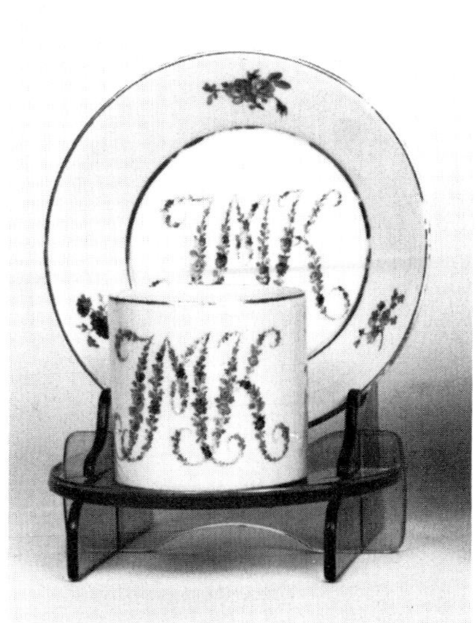

150

151

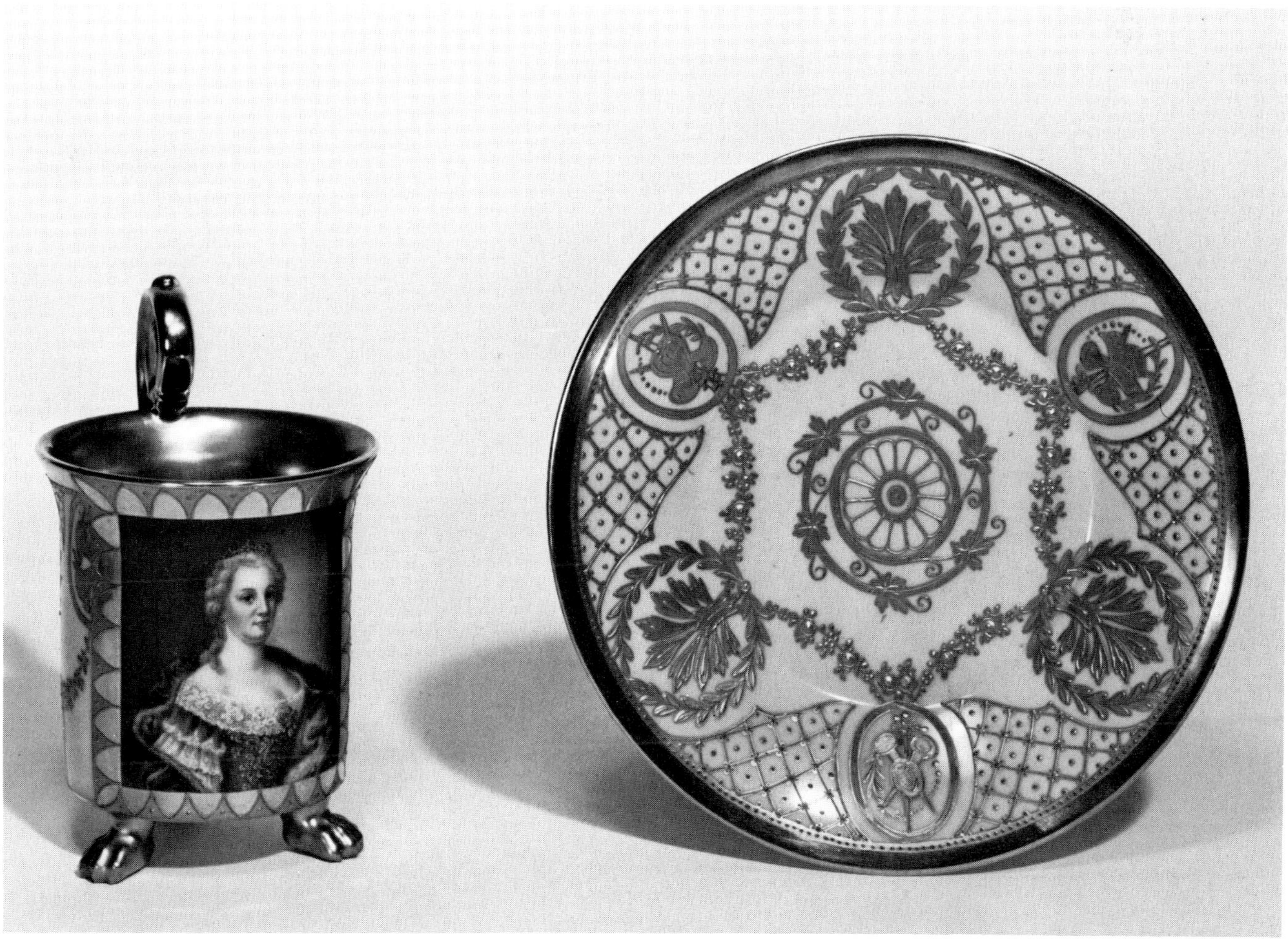

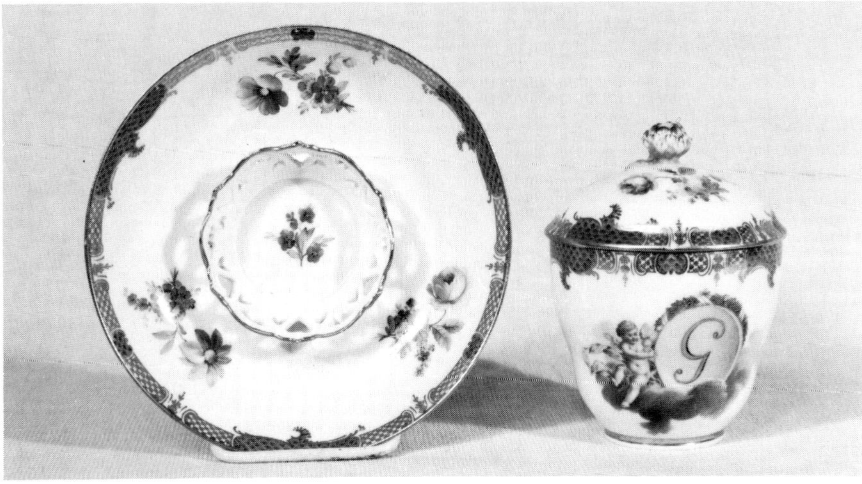

153

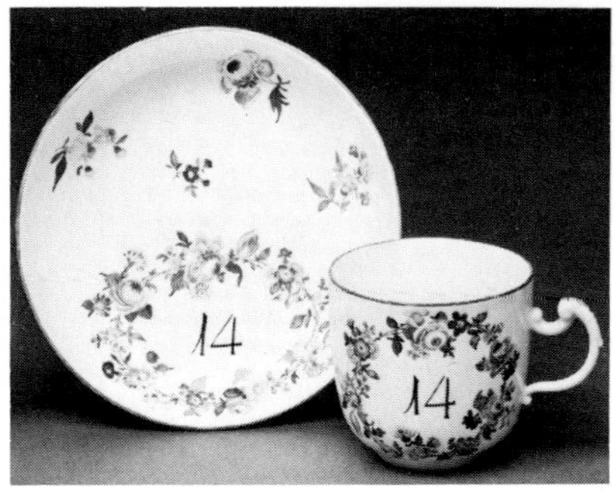

152

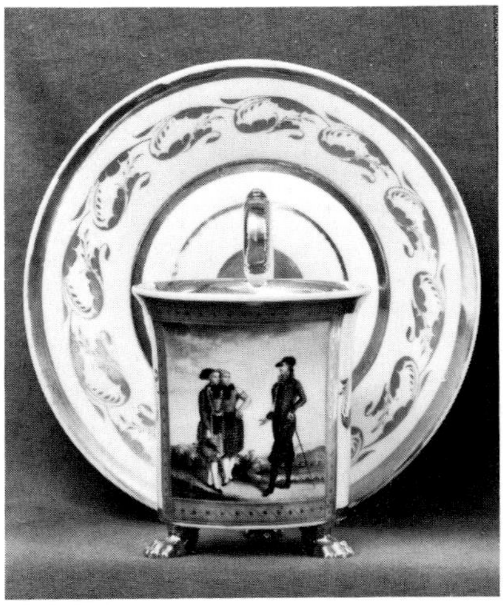

154

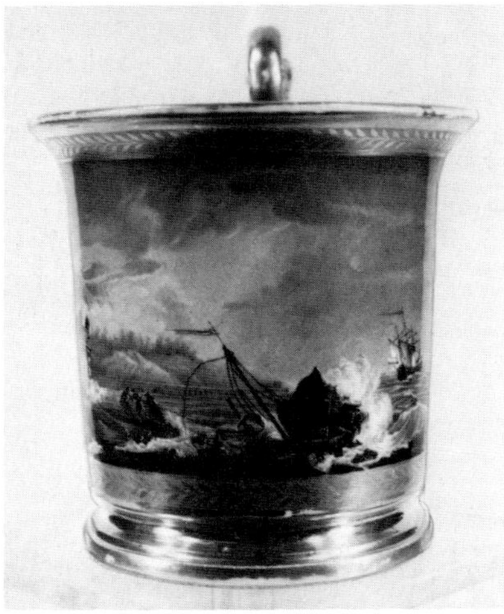

155

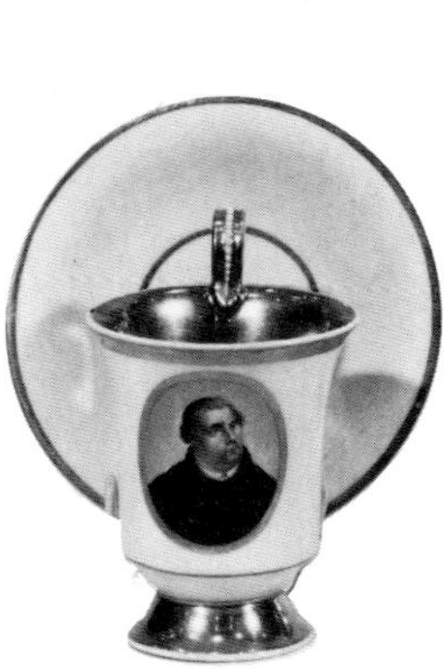

156

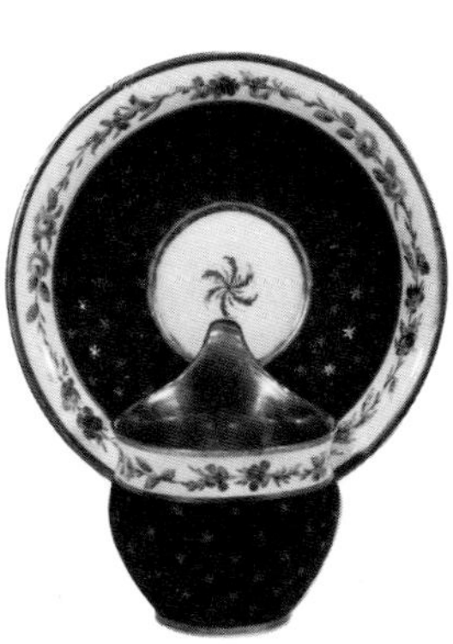

157

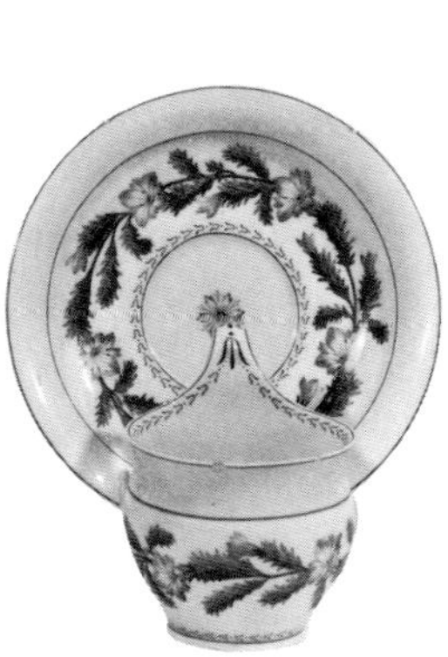

158

152 Tasse mit Untertasse. Bunte Blumenkränze rahmen die Zahl 14.
Berlin, Wegely, um 1755. **1300,–/1600,–**
Lempertz

153 Trembleuse. Deckeltasse mit Blütenknauf und Untertasse mit durchbrochenem Standring. Schuppendekor, Manierblumen und Putto auf einer Wolke sitzend mit einem Buchstabenmedaillon.
Berlin, um 1770. **3000,–/4500,–**
Kunsthaus am Museum

Als Trembleuse bezeichnet man eine Tasse für die »zitternde Hand«. Mit der Untertasse fest verbunden ist ein meist durchbrochener Standring, durch den das Umfallen der Tasse vermieden wird.

154 Bechertasse auf Löwentatzen und Untertasse. Reiche Vergoldung und bunte Begegnungsszene.
Berlin, Anfang 19. Jh. **900,–/1200,–**
Ruef (Himpsl)

155 Bildtasse mit reicher Vergoldung. Darstellung einer Schiffsbergung in einer Sturmnacht.
Berlin, KPM, Anfang 19. Jh. **750,–/900,–**
Peretz

156 Bildnistasse mit Untertasse. Gefußte Glockenbecherform mit Rosettenhenkel. Bildnis Martin Luthers in goldenem Medaillon, Innenvergoldung.
Berlin, um 1823/32. **200,–/300,–**
Spik (Zenker)

157 Tasse mit Untertasse. Etrurische Form. Nachtblauer, mattierter Fond mit Goldsternchendekor und buntem Blütenkranz. Innenvergoldung.
Berlin, um 1803/13. **400,–/600,–**
Spik (Zenker)

158 Tasse mit Untertasse. Etrurische Form mit bunten Enzianfriesen.
Berlin, um 1803. **250,–/450,–**
Spik (Zenker)

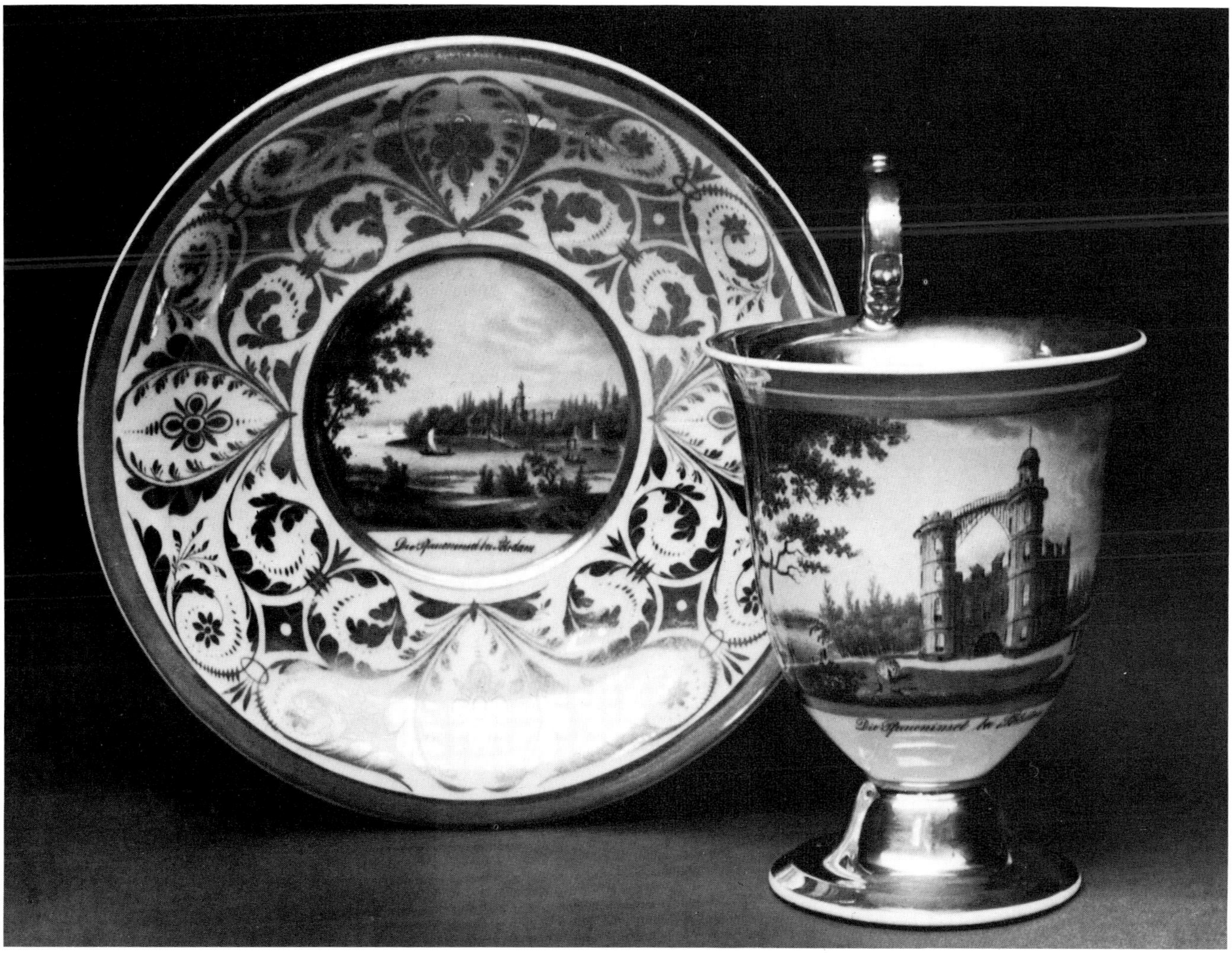

159

159 Ansichtentasse mit Untertasse. Glockenbecherform mit eingezogenem Tellerfuß und hochgezogenem Volutenhenkel. Auf der Tassenwandung und im Tellerspiegel farbige Ansicht der Pfaueninsel bei Potsdam. Reiche Vergoldung mit schwerem Rankendekor.
Berlin, um 1830. **4000,–/5000,–**
Lempertz

Bevorzugte das 18. Jahrhundert meist Phantasielandschaften nach Stichvorlagen, so schmückte die Empire- und Biedermeierzeit ihre sog. Badegläser und Ansichtentassen gern mit topographisch erfaßten Orten. Hierbei kam besonders den Erzeugnissen der Berliner Manufaktur neben den zahlreichen thüringischen Erinnerungstassen eine führende Rolle zu.

160 Bildnistasse mit Untertasse in Glockenbecherform auf niedrigem eingezogenen Fuß mit reicher Vergoldung. Henkel in Form eines hockenden, geflügelten Genius. Seitlich antikisierende Biskuitreliefs, Front mit ovalem Bildnismedaillon der Kaiserin Augusta als Fotografie in Braun.
Berlin, um 1870. **1500,–/1800,–**
Spik (Zenker)

160

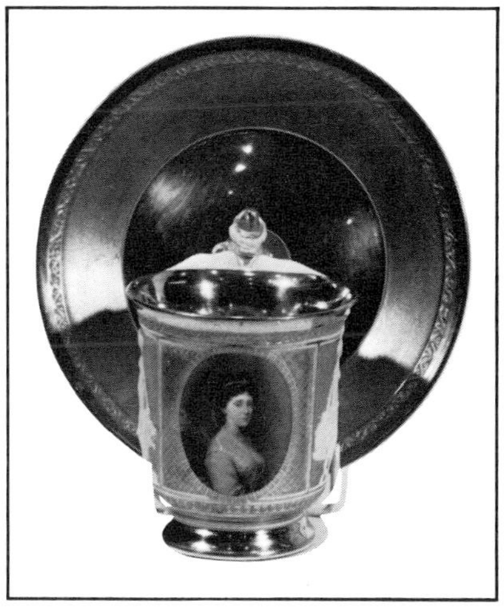

161 Ansichtentasse mit Untertasse. Reicher Goldrankendekor auf weinrotem Fond. Goldkartusche mit Ansicht des Berliner Schlosses, der langen Brücke und dem Reiterstandbild des Großen Kurfürsten von Schlüter.
Berlin, KPM, Mitte 19. Jh. **1500,–/2000,–**
Schloß Ahlden

162 Bildnistasse mit Untertasse. Glokkenbecherform auf konischem Fuß. Resedagrüner Fond, goldener Lorbeerkranz und Medaillonbildnis von Hindenburg im fotomechanischen Verfahren in Eisenrot.
Berlin, Zeptermarke, Malereimarke, Kreuzmarke und Preßbuchstaben, um 1915. **450,–/500,–**
Spik (Zenker)

163 Gedenktasse mit Untertasse. Blücherform mit breiten Goldstreifen und radiertem Lorbeerkranz. Eisernes Kreuz mit Kaiser-Wilhelm-Initiale und Jahreszahl 1914.
Berlin, um 1915. **450,–/750,–**
Spik (Zenker)

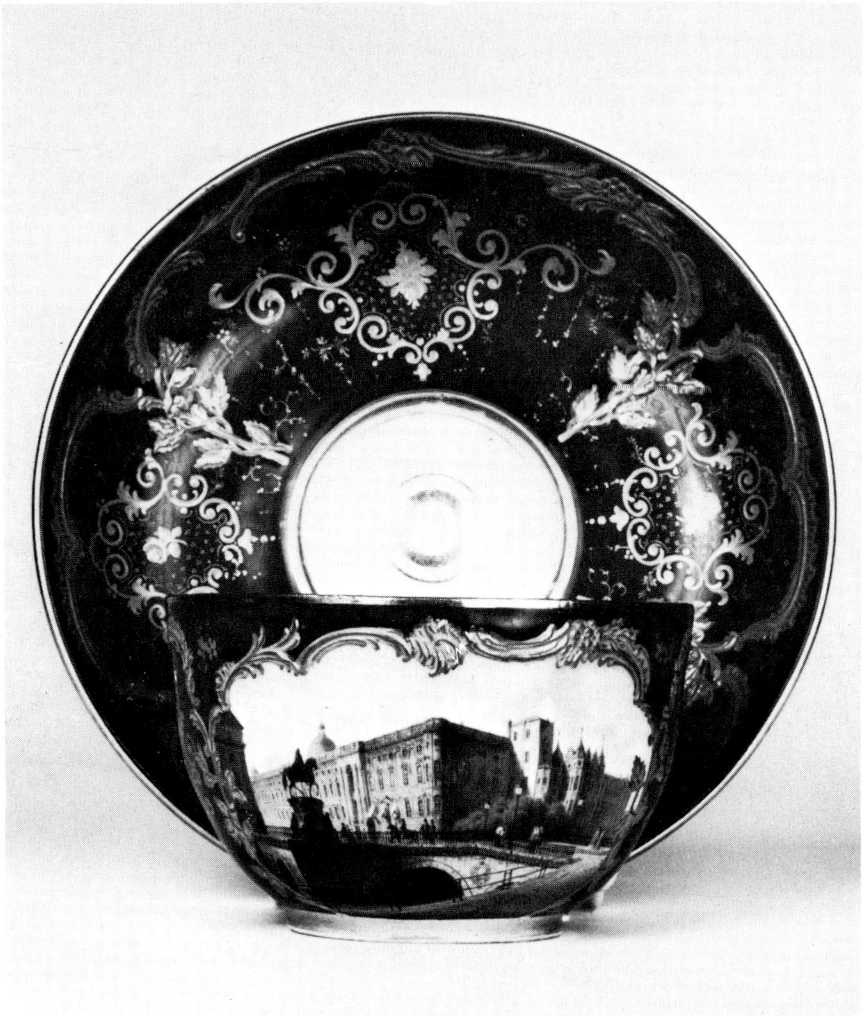

161

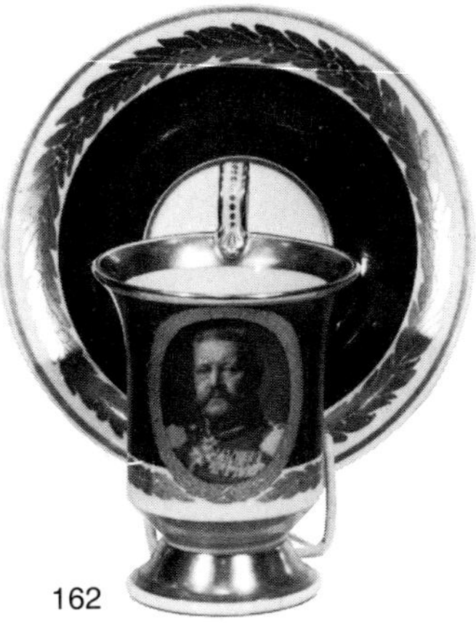

162

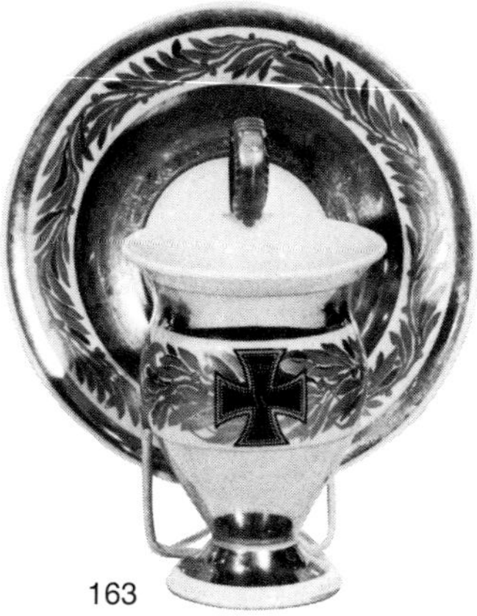

163

164 Tasse mit Untertasse. Bunter Blumendekor und Goldrand.
Frankenthal, 1775 und 1778. **500,–/700,–**
Astoria

165 Deckeltasse mit Untertasse. Purpurfond mit sechs Bildreserven, die bäuerliche Trinkszenen darstellen.
Frankenthal, 1779. **1 500,–/1 800,–**
Peretz

166 Tasse mit Untertasse. Landschaftsmalerei mit Kavalier, Streublumen und Goldstaffage.
Frankenthal, 1782. **600,–/700,–**
Peretz

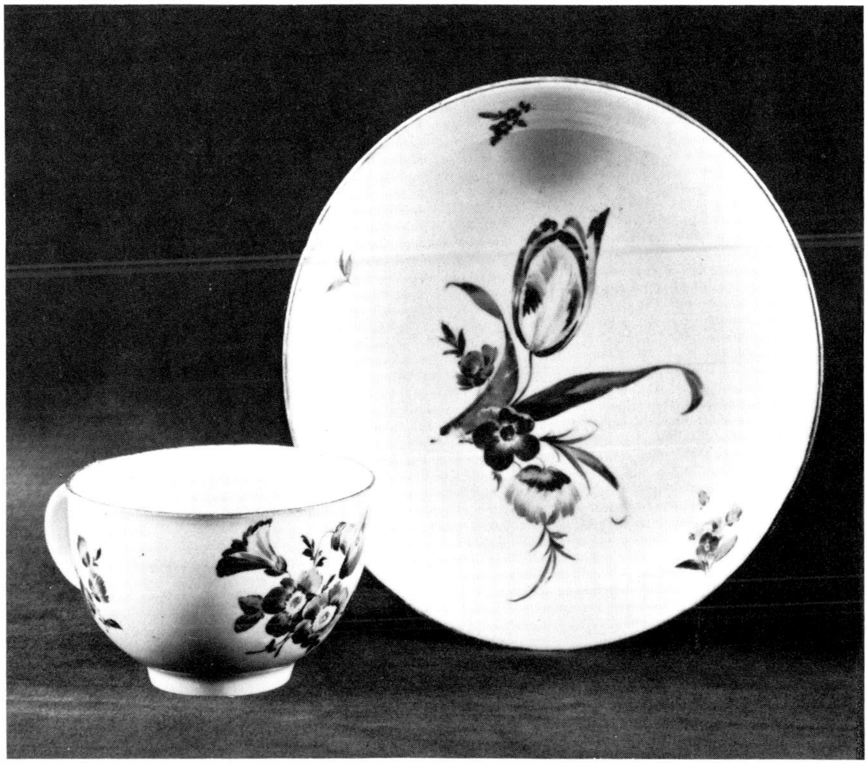

164

166

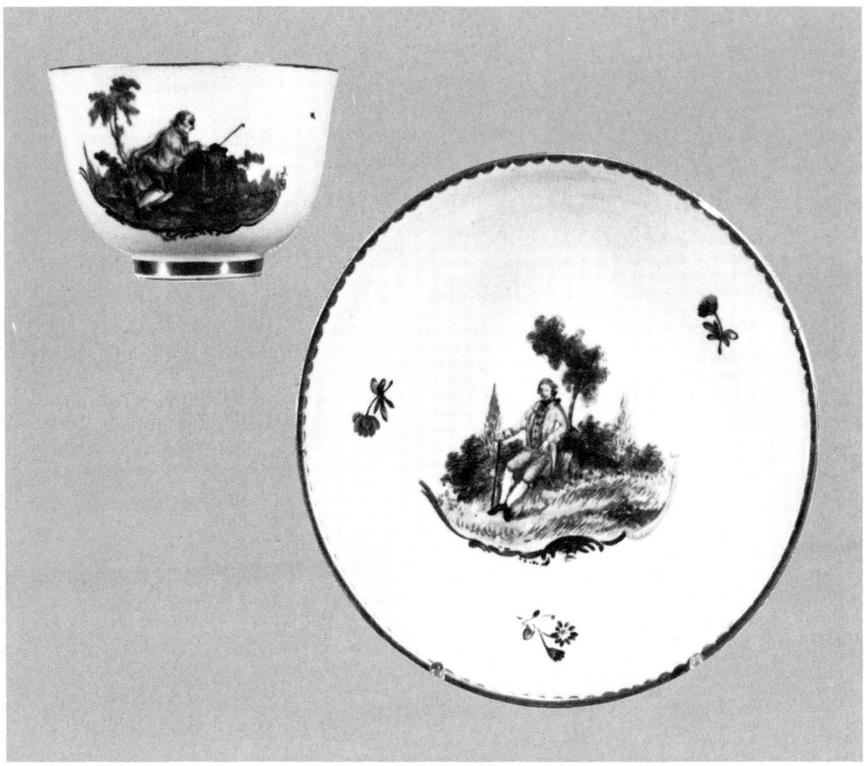

165

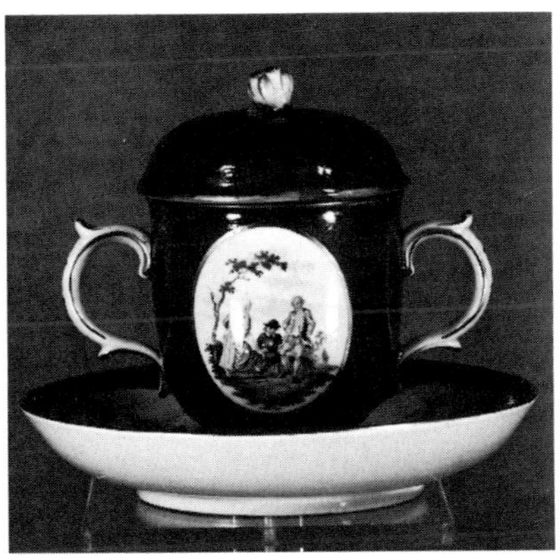

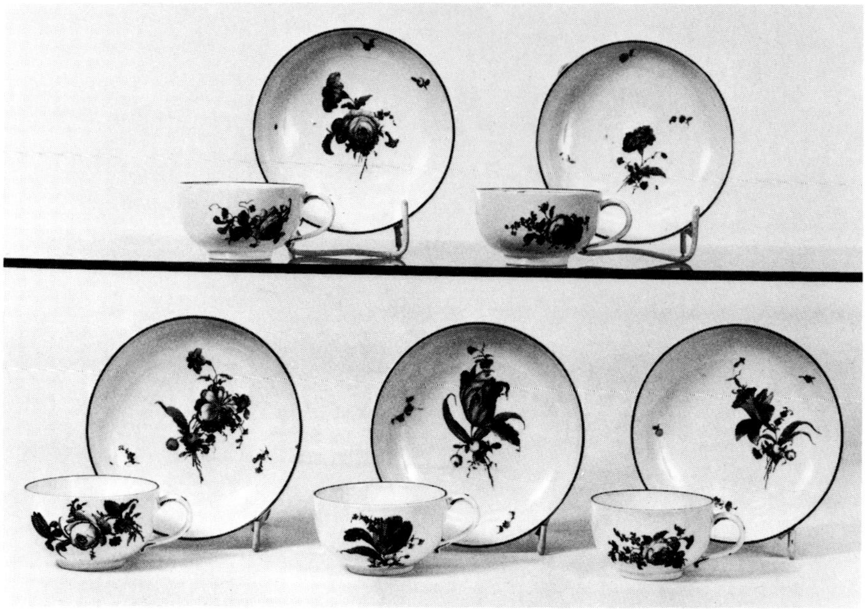

167

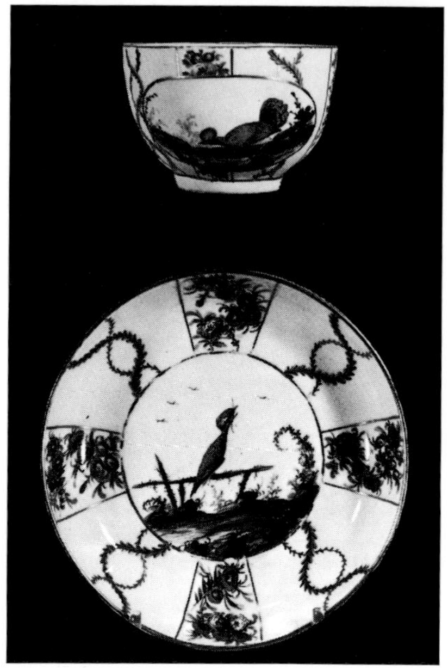

168

HÖCHST

167 Fünf Tassen mit Untertassen. Bunter Blumendekor mit Buketts und Streublumen.
Höchst, letztes Viertel 18. Jh.
zus. 4000,–/5000,–
Arnold (Englert)

168 Tasse mit Untertasse. Bunte Vogeldarstellungen in Goldmedaillons, gerahmt von Blattranken und Blumenfeldern.
Höchst, 18. Jh. **1600,–/2000,–**
Peretz

NYMPHENBURG

169 Ansichtentasse in Glockenform mit Untertasse. Breite Goldränder, Innenvergoldung und Wandung mit farbiger Ansicht des Karolinenplatzes mit dem Obelisken in München.
Nymphenburg, um 1835. **600,–/800,–**
Spik (Zenker)

170 Bechertasse mit Untertasse. Königsblauer Fond mit Goldrändern und goldradierten Festons. Bildmedaillons mit höfischen Liebespaaren in einer Parklandschaft.
Tasse: Nymphenburg um 1778.
Untertasse: Frankenthal 1774.
1500,–/2000,–
Spik (Zenker)

Aus einem höfischen Frühstückservice, das in Frankenthal begonnen und nach der Regierungsübernahme des Kurfürsten Karl Theodor von der Pfalz nach 1777 in der Nymphenburger Manufaktur fortgesetzt wurde. Weitere Teile des Services befinden sich im Bayerischen Nationalmuseum in München.

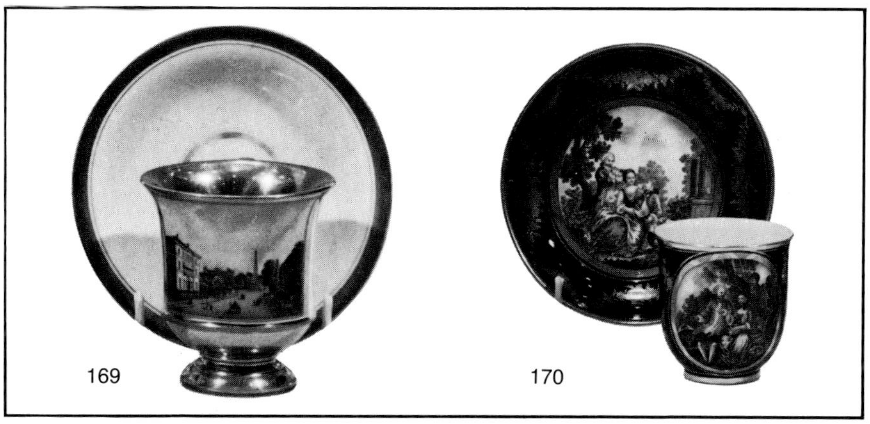

169 170

171 Miniaturtasse und Teller. Kobaltblauer Fond (bleu nouveau), breite Goldbordüren, Blumengirlanden und bunte Bildmedaillons mit türkischen Figuren in weiten Landschaften.
Sèvres, 1774, Malerei von J. Fontaine, Vergoldung von Chavaux. **2300,–/2800,–**
Koller

Der Türke mit Gitarre im Spiegel des Tellers geht auf einen Stich von Lancret, »Le Turc Amoureux«, zurück. Rundplastisch modelliert wurde er ebenfalls in Porzellan von Peter Reinicke und J. F. Eberlein.

172 Miniaturtasse mit Untertasse. Kobaltblauer Fond, breite Goldbordüren und Bildreserven mit der Darstellung des entwaffneten Amor auf der Untertasse und Herkules und Omphale auf der Tasse.
Sèvres, 1794, Malermarken Dodin und Le Guay. **2500,–/3000,–**
Koller

173 Zylindertasse mit Untertasse. Blüten- und Blätterkranz in Purpur und Grün auf rosarotem Grund, eingefaßt von ornamentalen Goldborten.
Sèvres, 1822. **500,–/600,–**
Koller

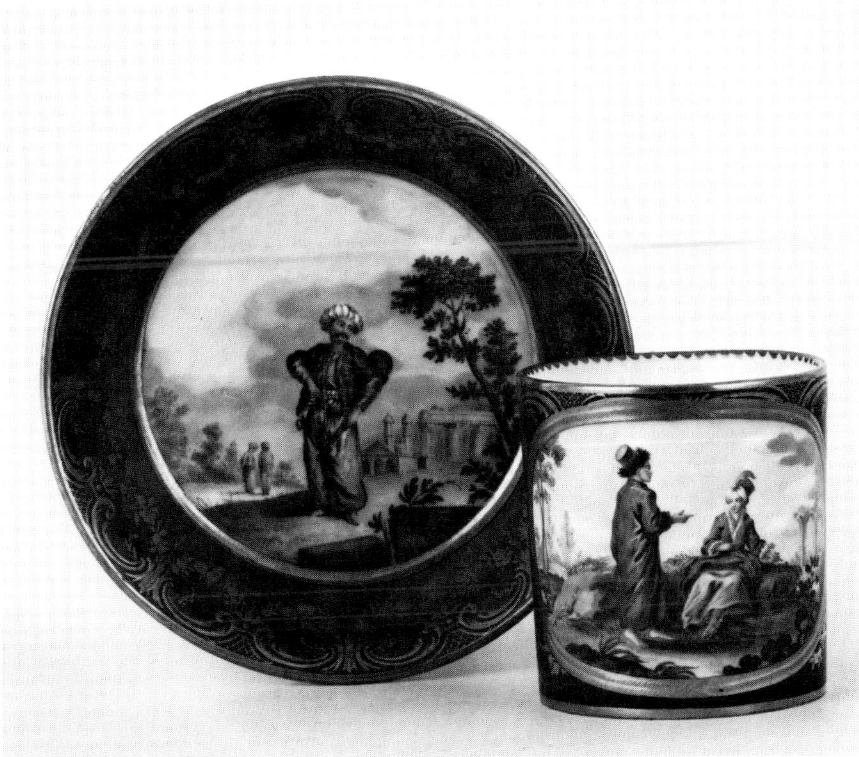

171

172

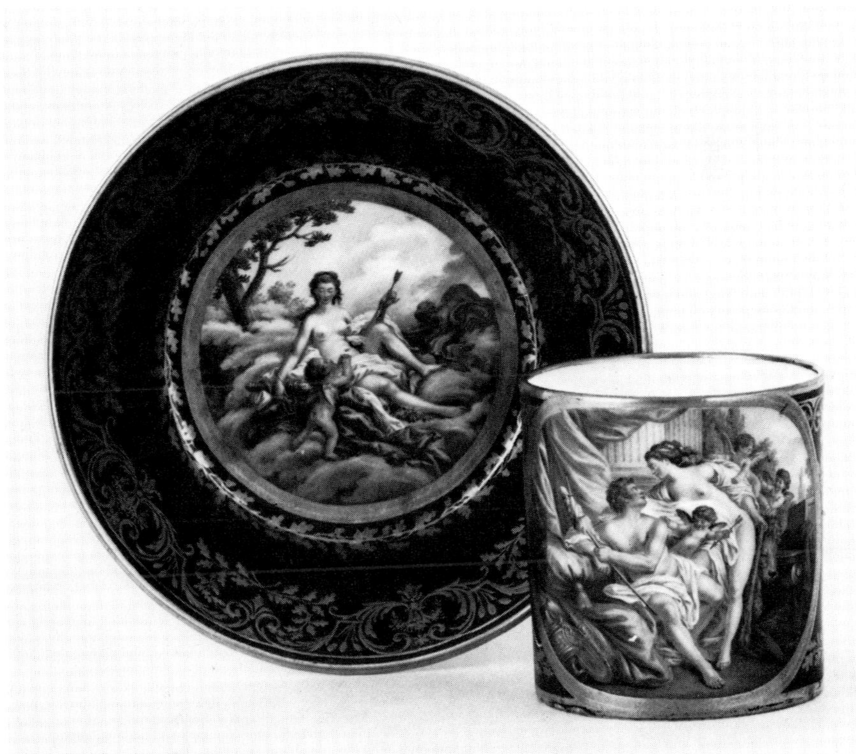

173

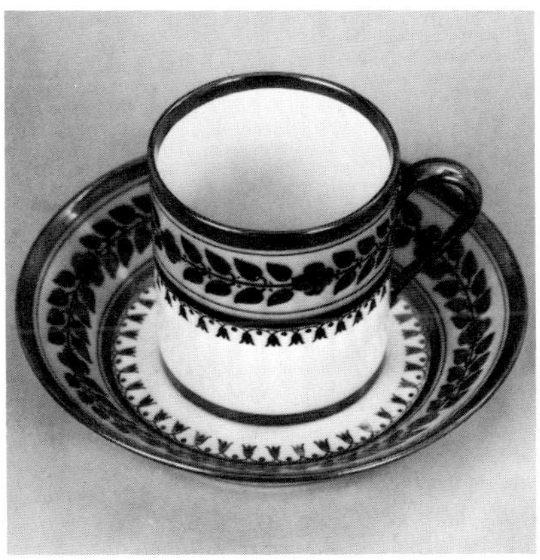

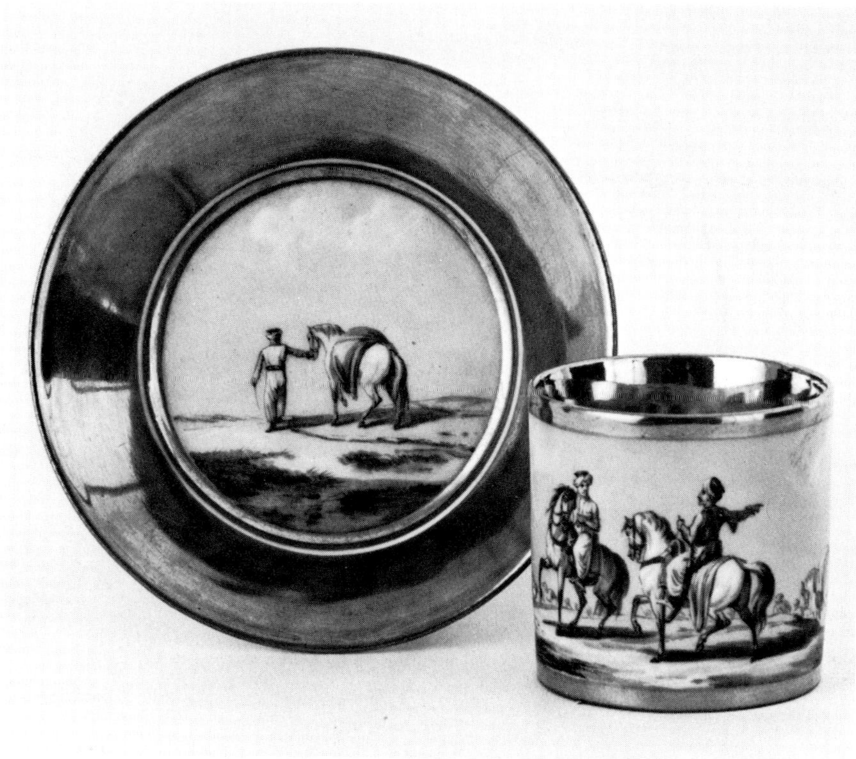

174

175

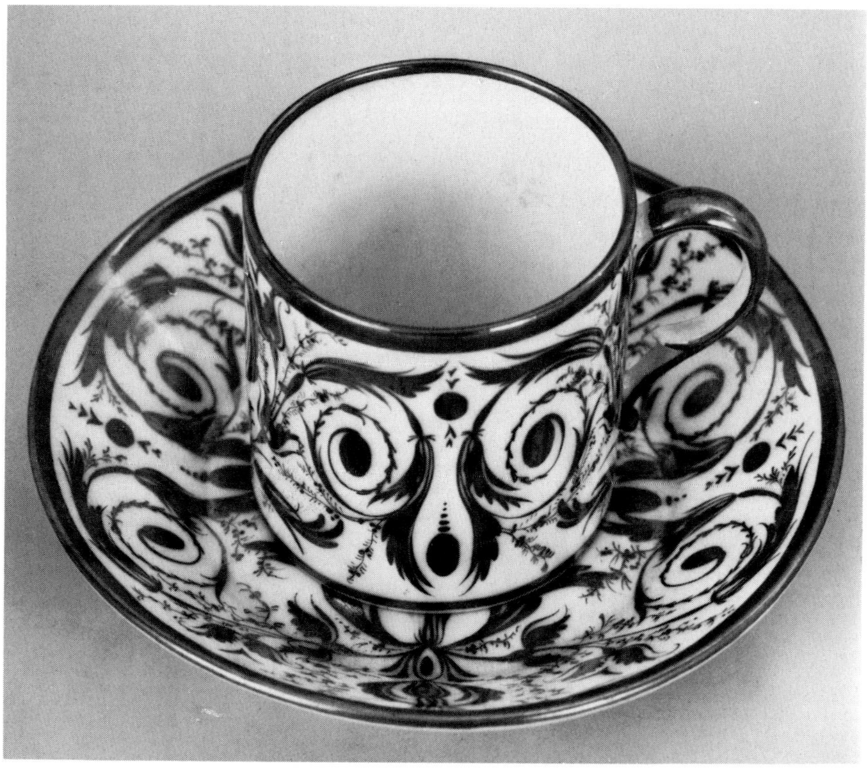

174 Miniaturtasse und Untertasse
in Zylinderform mit breiten Goldrändern. Zartgelber Fond mit feiner Grisaillemalerei, einen arabischen Reiter mit Karawane darstellend.
Paris, Manufacture Dagoty, um 1800.
700,–/1 000,–
Koller

175 Zylindertasse mit Untertasse,
geschmückt mit reichem Goldrankendekor.
Paris, um 1800 **250,–/400,–**
Koller

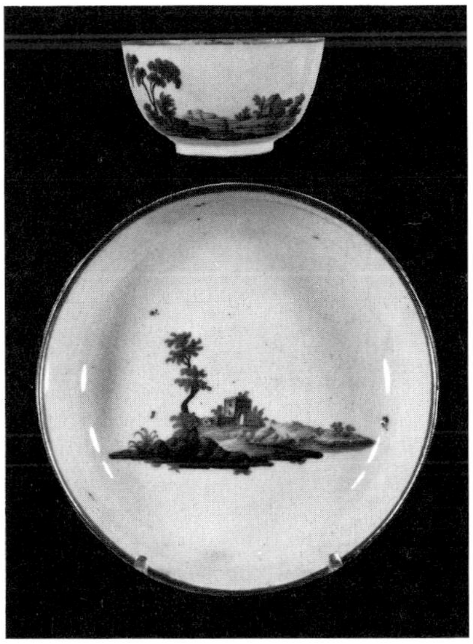

176

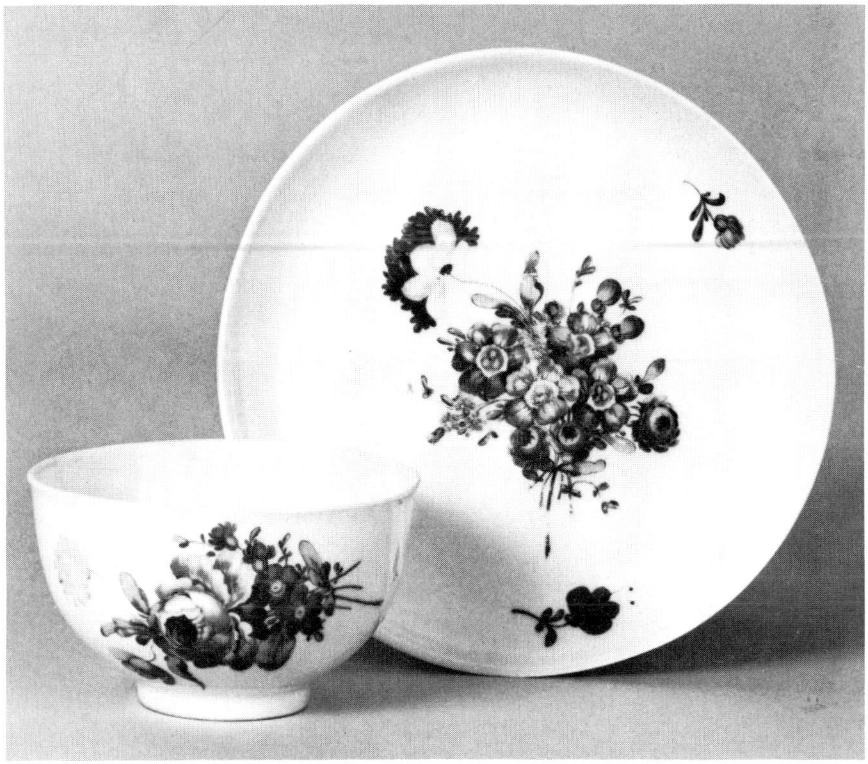

177

178

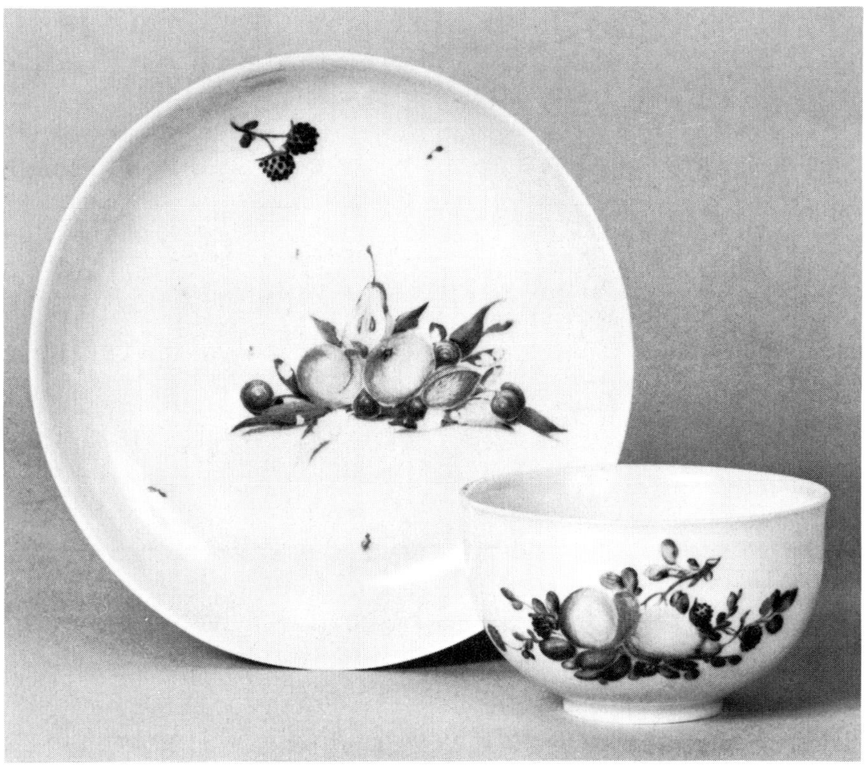

176 Tasse und Untertasse mit schmalem Goldrand und Landschaftsdekor.
Niderviller, 18. Jh. **1 400,–/1 600,–**
Peretz

177 Koppchen und Untertasse mit reicher bunter Blumenmalerei.
Zürich, 18. Jh. **700,–/900,–**
Koller

Daß auch in Zürich die Blumenmalerei besonders geschätzt wurde, zeigt das umfangreichste und aufwendigste Tafelgeschirr mit reichen Blumenbuketts, das 1776 vom Rat der Stadt an das Kloster Einsiedeln geschenkt wurde.

178 Koppchen mit Untertasse und buntem Früchtedekor.
Zürich, 18. Jh. **700,–/900,–**
Koller

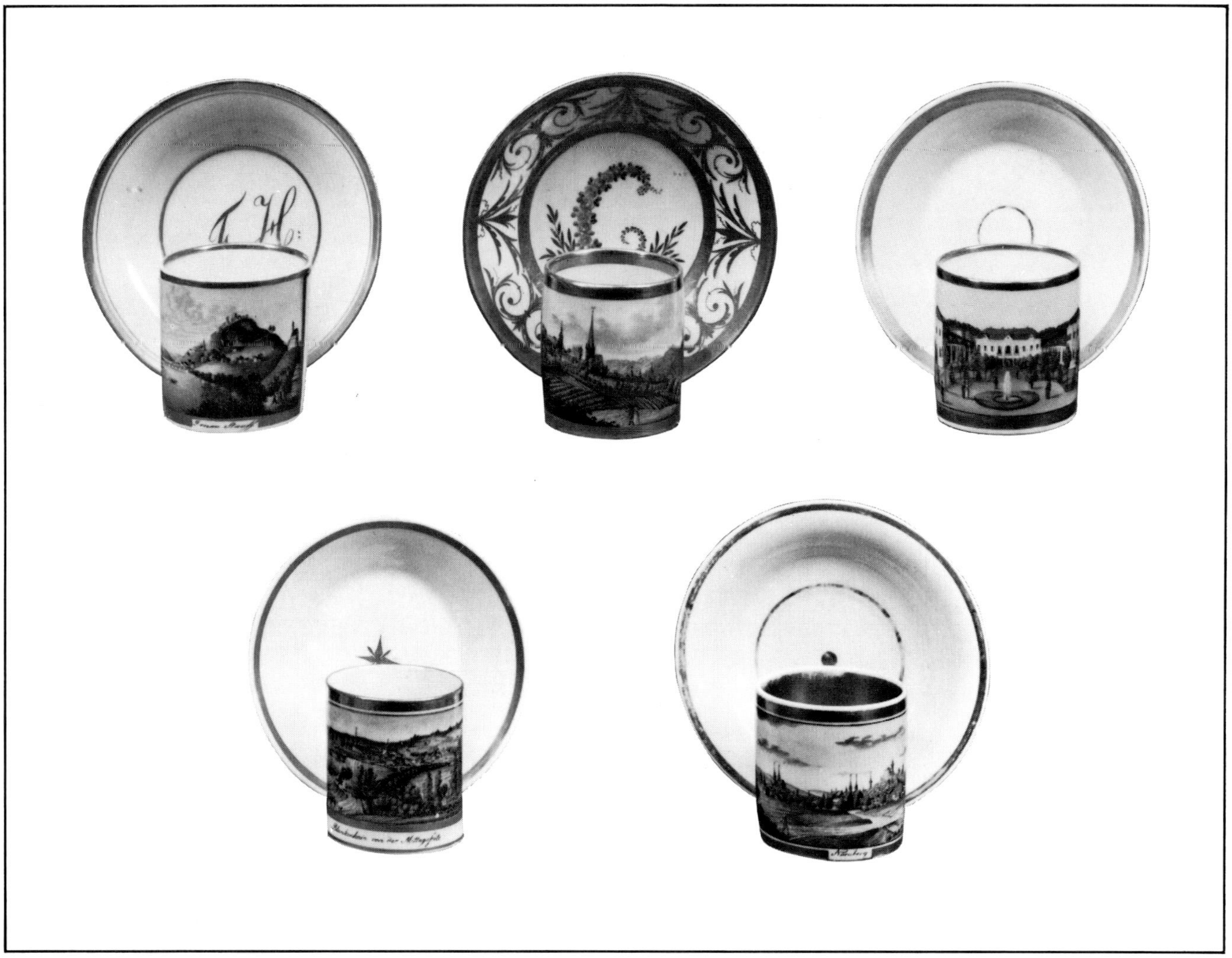

179 Ansichtentassen mit Untertassen.
Zylinderform mit bildmäßigen Darstellungen und teilweise umlaufendem Landschaftsdekor und Goldrändern.
Ohne Marken, Anfang 19. Jh.
je 500,–/800,–
Ruef (Himpsl)

180 Tasse mit Untertasse. Bunt staffierter Reliefdekor mit mythologischer Szene. Neptun entsteigt in seinem Muschelwagen von Nereiden umgeben den Meereswogen. Untertasse mit Kartuschen und dichten Festons.
Neapel, 19. Jh. **150,–/200,–**
Schloß Ahlden

Typisch für Neapel sind die bunt staffierten Reliefdekore auf weißem Grund. Sie haben häufig mythologische Themen zum Inhalt, die mit dem Wasser in Verbindung stehen.

181 Silhouettentasse in Zylinderform mit Untertasse. Fries von blauen Sternen mit grün-orangen Blattzweigen. Front mit Silhouettenbildnis der Zarin Katharina II. von Rußland.
Rußland, wohl St. Petersburg, um 1801/25. **300,–/400,–**
Spik (Zenker)

Die russischen Manufakturen orientierten sich ebenfalls an Meißen, Wien und Sèvres, konnten sich aber speziell mit besonders fein gezeichneten Porträttassen und Silhouettenbildern durchaus mit den großen Manufakturen messen.

182 Tasse mit Untertasse. Sog. Blücherform mit reicher Vergoldung und mit Ansicht von Dresden.
Deutsch, ohne Marken, Anfang 19. Jh.
600,–/800,–
Kunsthaus am Museum

183 Porträttasse. Breite Becherform mit ausschwingender Lippe und reicher Vergoldung.
Deutsch, ohne Marken, um 1830.
180,–/250,–
Nagel

184 Ansichtentasse. Breite Becherform mit ausschwingender Lippe, fassoniertem Henkel und reicher Vergoldung.
Deutsch, ohne Marken, um 1830.
300,–/600,–
Nagel

Den eleganten, glockenförmig geschwungenen oder strengen zylindrischen Tassen der Empirezeit folgen gegen Mitte des 19. Jahrhunderts behäbigere, oft breite und schwerfälligere Formen.

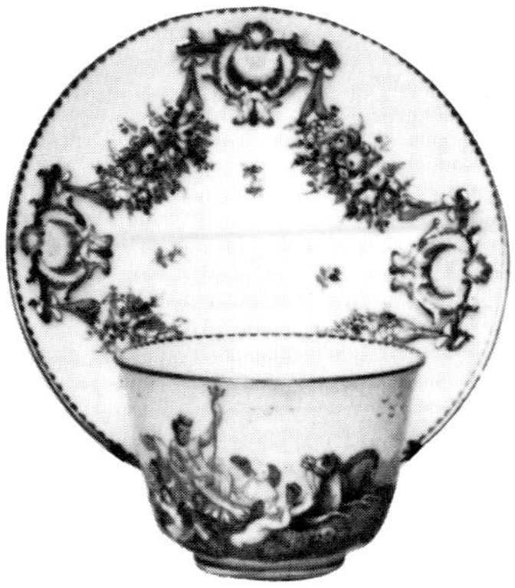

180

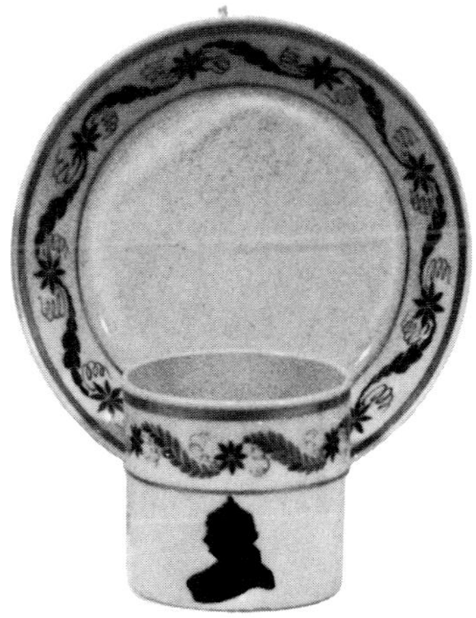

181

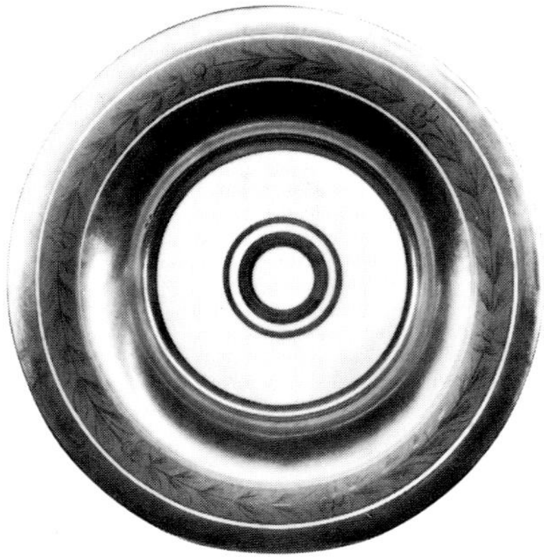

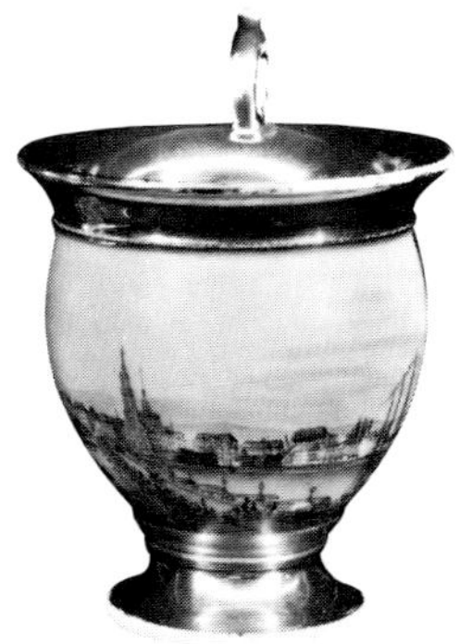

182

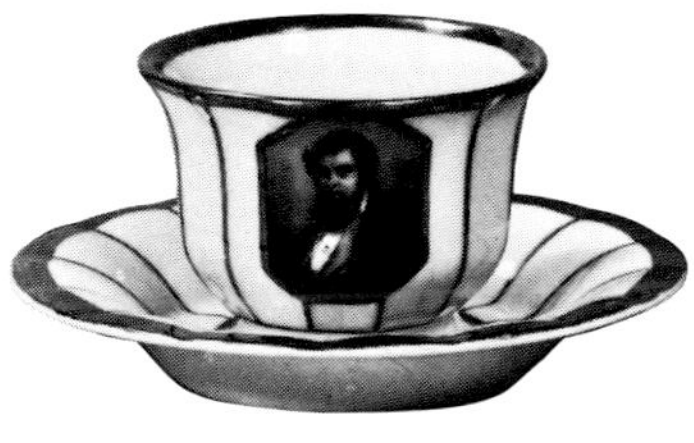

183

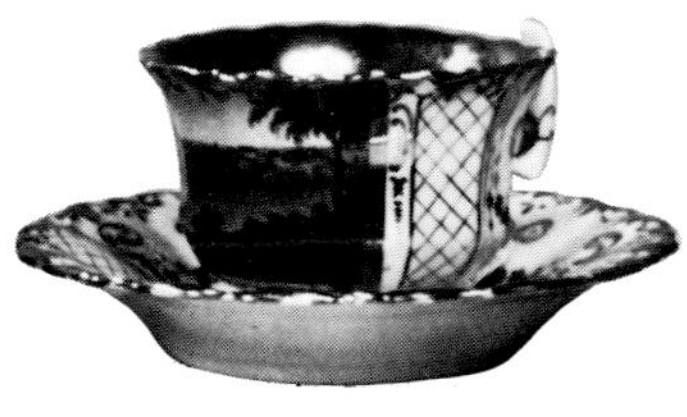

184

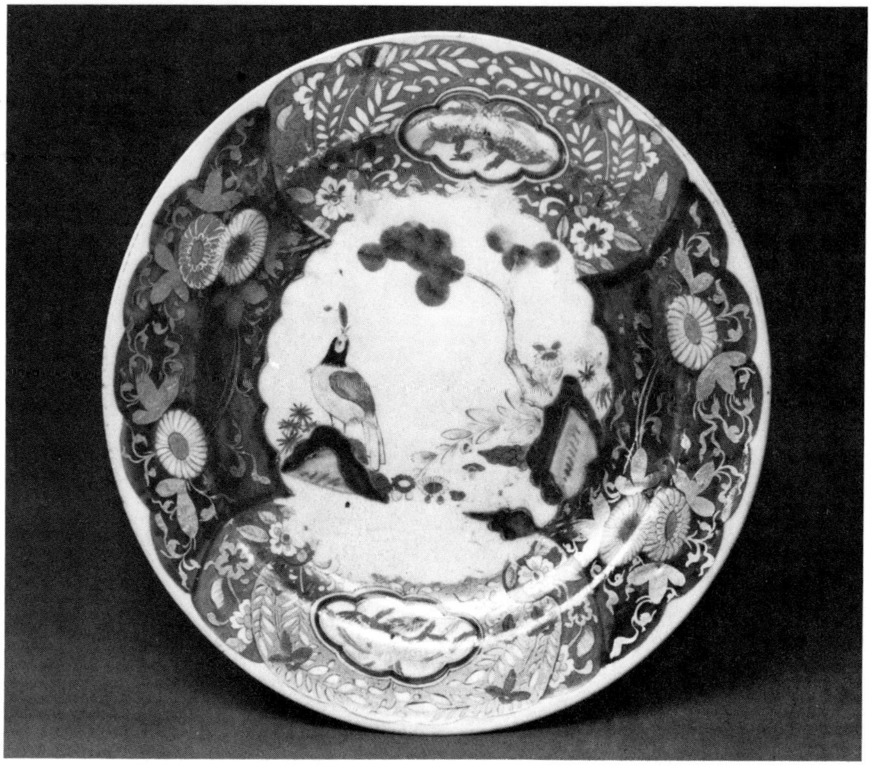

185

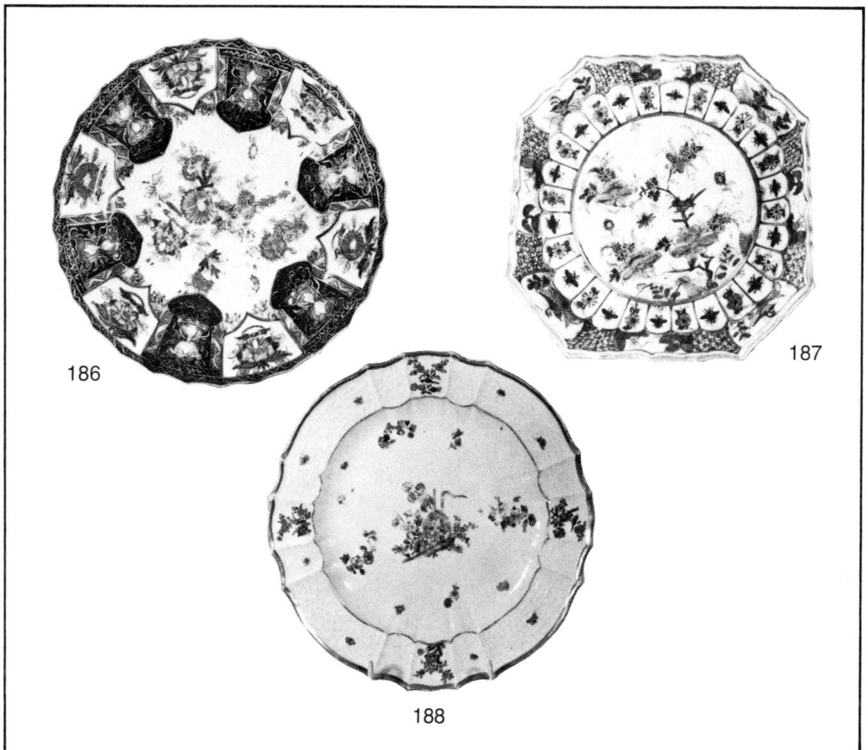

186

187

188

Teller

MEISSEN

In der ersten Hälfte des 18. Jahrhunderts bevorzugte man ostasiatische Dekore in der Art des Kakiemon oder der dichter, brokatartig überzogenen Arita-Ware. Blaumalerei in Unterglasur mit Überdekoren in Muffelfarben und Gold entstanden vorwiegend zwischen 1725 und 1750.

185 Schüssel mit sog. Brokatdekor. Glatte flache Form. Bemalung in Unterglasurblau mit Überdekor in Eisenrot, Grün, Purpur und Gold. Im Fond Bambus, Vogel und Indianische Blüten. ∅ 30 cm
Meißen, um 1740. **4500,–/6000,–**
Lempertz

186 Teller mit Lambrequindekor und Indianischen Blumen im Fond. Flach gemuldete Form auf Standring mit gewelltem Rand. Unterglasurblaue Bemalung mit Überdekor in Gold, Eisenrot, Purpur, Emailblau, Seegrün und Gelb. ∅ 23 cm
Meißen, um 1735. **2000,–/3000,–**
Saal

187 Tablett in Achteckform mit ostasiatischem Dekor in Unterglasurblau mit Muffelfarbenbemalung in Eisenrot, Emailblau, Seegrün und Goldhöhung. ∅ 14 cm
Meißen, um 1730/35. **3500,–/5000,–**
Saal

188 Teller mit Altbrandenstein-Reliefmuster, Indianischen Blumen, Goldrand und Gelbem-Löwen-Dekor. ∅ 24 cm
Meißen, um 1740. **1200,–/1500,–**
Kunsthaus am Museum

Angeblich soll diesen Dekor Tanuyo Kano in der frühen Edo-Periode für das japanische Kakiemon-Porzellan erfunden haben. In Meißen ist er seit 1728 belegt.

Um 1740 wurden Tigerdekore bevorzugt, kombiniert mit dem Altbrandenstein-Reliefmuster, das 1738 entwickelt wurde und alternierend zwei Arten von Flechtwerk darstellt, wobei die kleineren Felder mit vierblättrigen Blüten gefüllt sind.

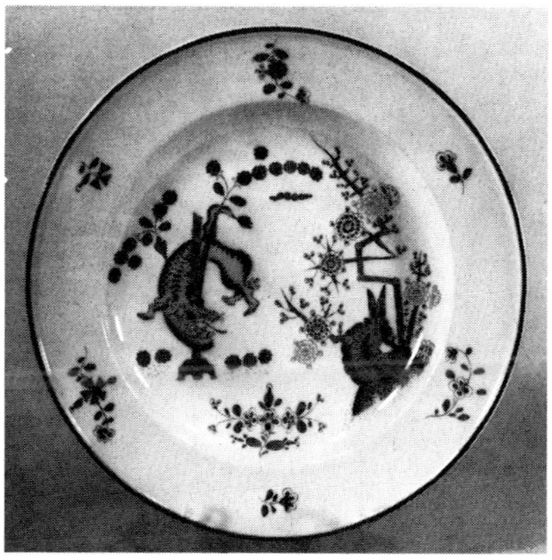

189

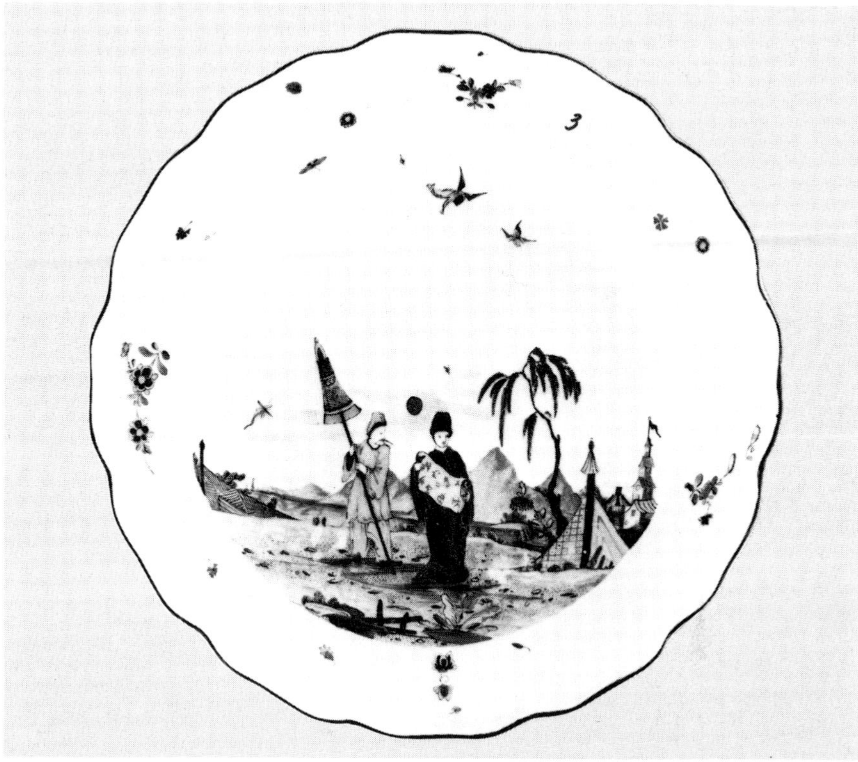

190

191

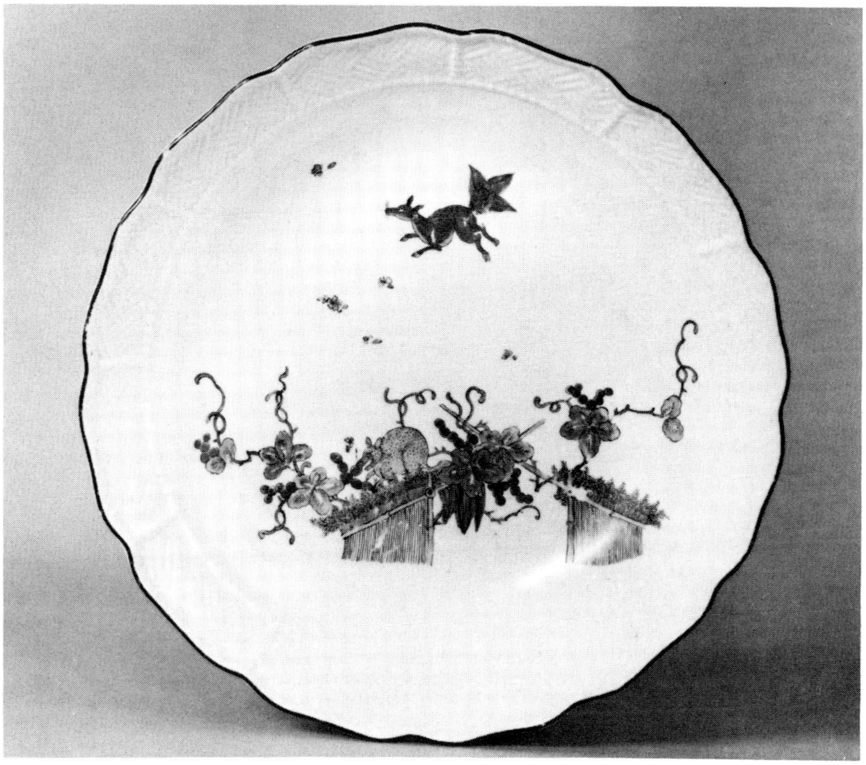

189 Teller mit Gelbem-Löwen-Dekor im Spiegel und Fahne mit Indianischen Blumen und braunem Rand. ∅ 25,5 cm
Meißen, bezeichnet und datiert »Königl. Hofwirtschaft 1914«. **250,–/350,–**
Peretz

Der Vergleich der beiden Teller Nr. 188 und 189 veranschaulicht die wiederholte Ausführung eines Dekors und macht deutlich, daß dem 20. Jahrhundert die Zartheit fehlt. Statt die weiße Grundfläche als Spannungsgegensatz zur Malerei gelten zu lassen, wird der Teller jetzt tapetenartig überzogen, wobei die Einzelformen schablonenhaft ohne jegliche Abstufung wirken.

190 Teller mit Chinoiserien nach Stichvorlagen des Petrus Schenk. Form »Alter Ausschnitt«. Dekor in Eisenrot, Blau, Purpur, Gelb, Gelbgrün, Seegrün, Gold, Braun und Schwarz. ∅ 23,5 cm
Meißen, um 1740. **3500,–/4500,–**
Koller

Dieser Teller schließt sich eng an das wohl von Adam Friedrich Löwenfinck gestaltete Service des Earl of Jersey an. Allerdings vertraten viele Maler zu dieser Zeit einen vergleichbaren Stil, so daß es voreilig wäre, Löwenfinck selbst, der in den Manufakturakten nur als Blumenmaler genannt wird, als Künstler dieses Tellers heranzuziehen.

191 Teller mit »Fliegendem Eichhörnchen« (oder »Fliegendem Fuchs«) und Sulkowski-Ozierrand. Ein fliegendes rotes Eichhörnchen über einem gelben Eichhörnchen, das auf einer Hecke Trauben frißt. ∅ 27,5 cm
Meißen, um 1740. **2200,–/3000,–**
Koller

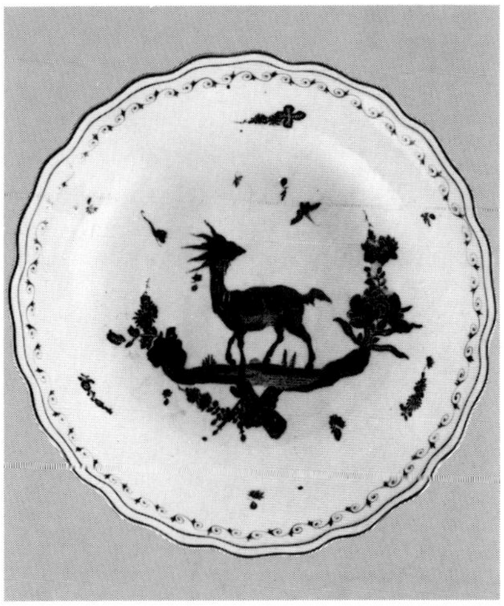

192

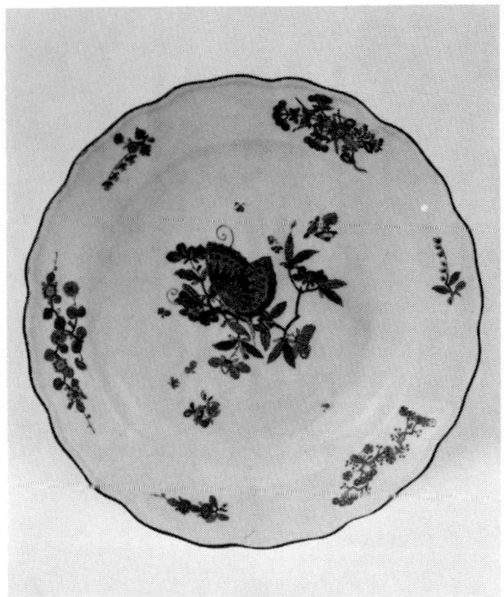

193

194

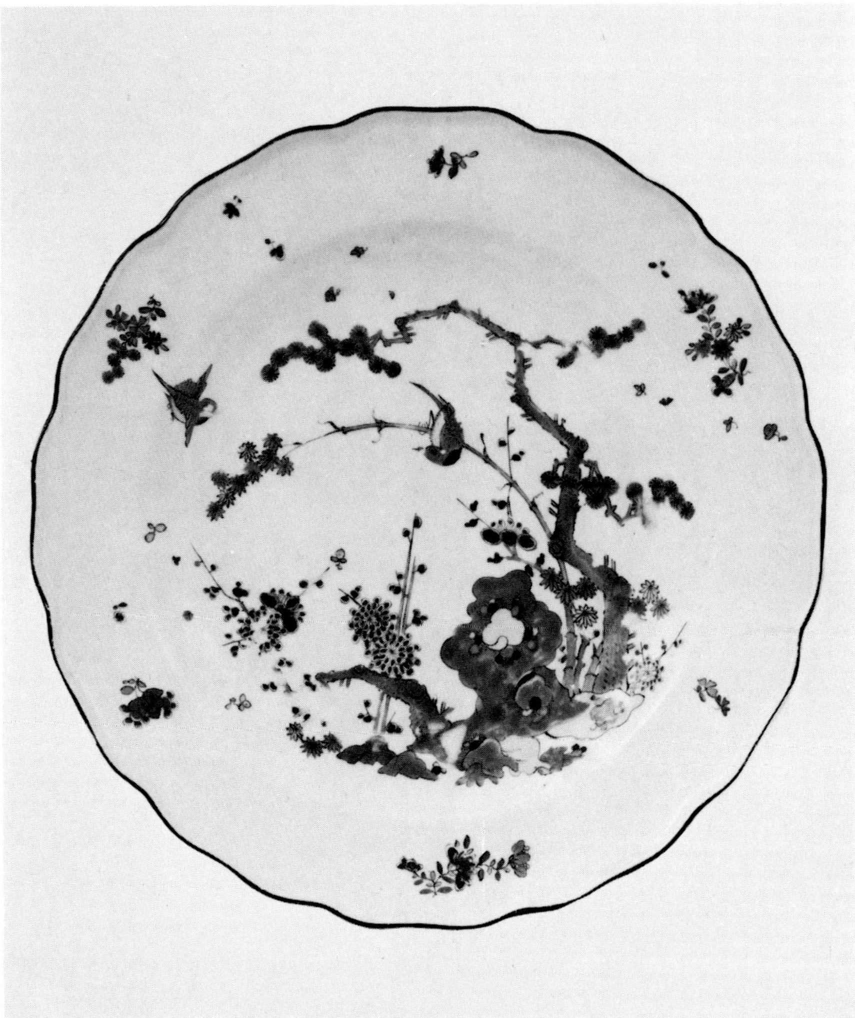

192 Teller mit Fabeltierdekor in Purpur und Gold. Form »Alter Ausschnitt«. ∅ 28 cm
Meißen, um 1740, in der Art des A. M. von Löwenfinck. **2000,–/2500,–**
Koller

Bei den um 1735/40 beliebten Fabeltierdekoren handelt es sich um Tiere, die aus charakteristischen Körperteilen von Reh, Pferd, Fuchs und anderen Tieren zusammengestellt sind, ohne auf direkte chinesische Vorbilder zurückzugehen. Gleichzeitig wurde der japanische Kylin-Dekor (Tier mit Drachenkopf, Flügeln, Ochsenschwanz und Hufen) häufig auf Geschirr mit Sulkowski-Ozierrelief verwendet. Nachweislich hat Löwenfinck derartige Fabeltierdekore entworfen.

193 Teller mit Schmetterlingsdekor. Form »Alter Ausschnitt« mit brauner Randlinie. Im Spiegel ein großer Schmetterling auf einem Blütenast. Auf der Fahne Blütenäste, einer als Sträußchen gebunden. ∅ 23,5
Meißen, um 1740. **2000,–/2500,–**
Koller

Da der Schmetterling, in China Symbol der ehelichen Treue, in Grün gehalten ist, zählen die Dekore, meist in der Zeit um 1730/40 entstanden, zu den Famille-verte-Dekoren. Der gebundene Blütenzweig auf der Fahne, »Ominaeshi« genannt, ist ein fester Bestandteil des Schmetterlingsdekors.

194 Teller mit farbigem Kakiemondekor »Three friends« (drei Freunde). Form »Alter Ausschnitt«. Im Spiegel zwei Singvögel in einer Landschaft mit drei Bäumen, die auch im Winter grün bleiben. ∅ 32 cm
Meißen, um 1740. **2000,–/2600,–**
Koller

Als »Alter Ausschnitt« wird der zwölffach ausgebuchtete Randdekor bezeichnet, der auf ein Modell von 1730 zurückgeht.

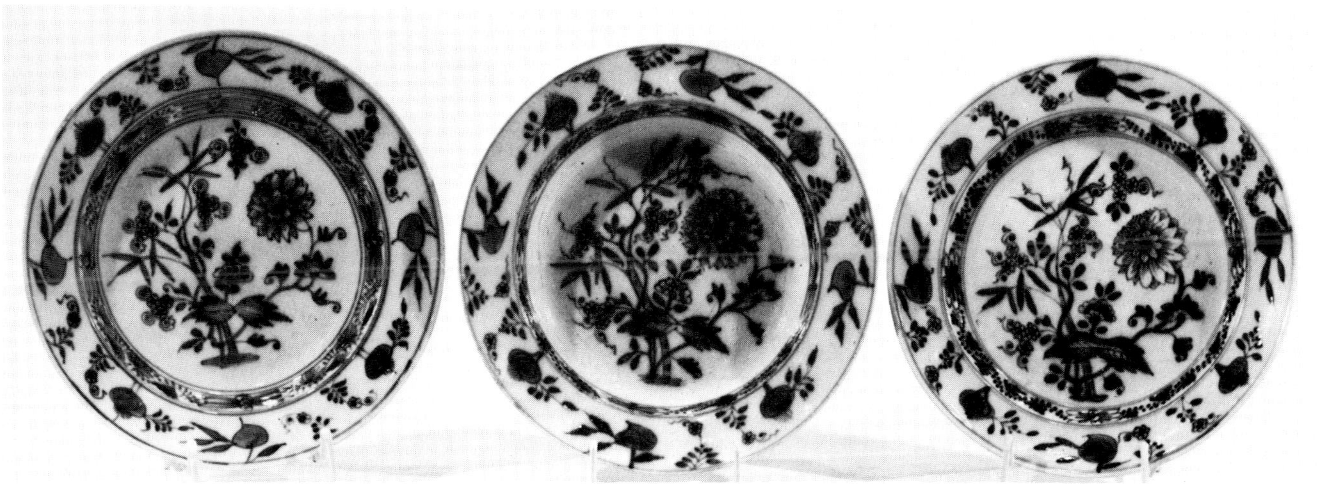

195

196

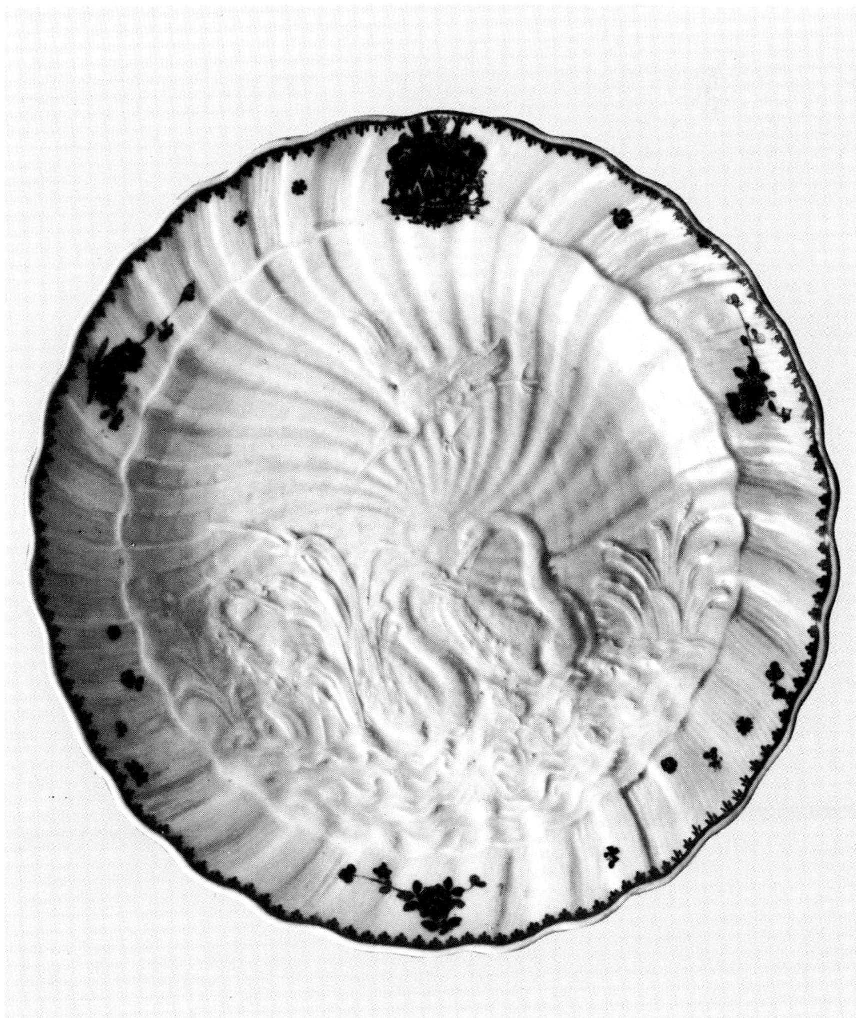

195 Drei Teller mit Zwiebelmuster in Unterglasurblau. Der Dekor mit Astern und Granatäpfeln (eigentlich zu Unrecht »Zwiebelmuster« genannt) leicht variiert. Links flache Form mit ausgezogenem Rand, die beiden anderen tiefe Form. ∅ 22 cm
Meißen, um 1770/80. **je 250,–/350,–**
Spik (Zenker)

Das sog. Zwiebelmuster wird seit 1739 bis heute fast unverändert hergestellt und stellt einen der beliebtesten Geschirrdekore dar, der für den heutigen Besitzer zudem den Vorteil hat, daß die Unterglasurmalerei spülmaschinenfest ist.

196 Teller aus dem Schwanenservice. Die ganze Oberfläche mit Schwänen im Schilf und einem Reiher reliefiert. Auf der Fahne das Allianzwappen des Grafen Brühl und seiner Gemahlin Franziska von Kolowrat-Krakowska sowie Indianische Blüten. ∅ 23,5 cm
Meißen, 1738/41, Modell von J. J. Kändler und J. F. Eberlein. **10000,–/13000,–**
Koller bzw. Lempertz

Das Schwanenservice mit seinen ehemals 2200 Teilen ist das umfangreichste Tafelservice, das Kändler geschaffen hat.
Mit Anspielung auf den Namen des Auftraggebers »Brühl« (= feuchtes, verschilftes Gelände) sind alle Teile mit Elementen des Wassers geschmückt und zeigen Schwäne, Reiher, Meeresgötter und Muschelformen. Die Anreicherung bis dahin einfacher, glatter Geschirrformen mit plastischem Schmuck stellt den Sieg Kändlers über die Zeit der Höroldt-Malerei dar.

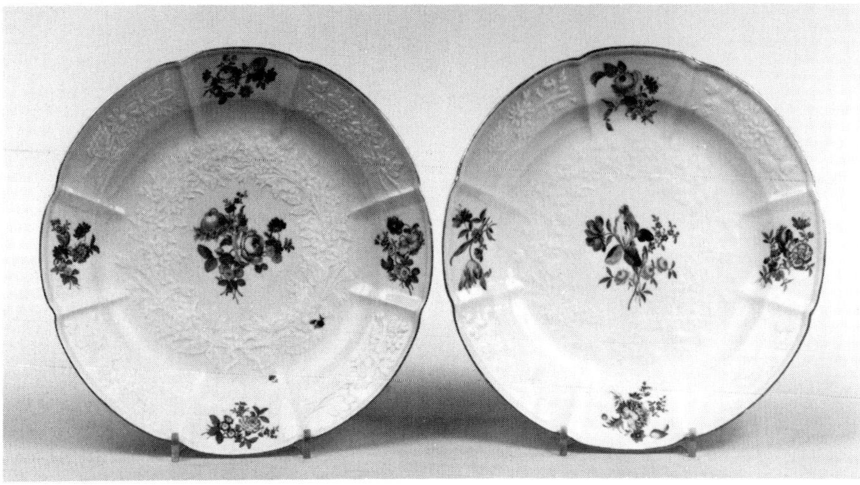

197

198

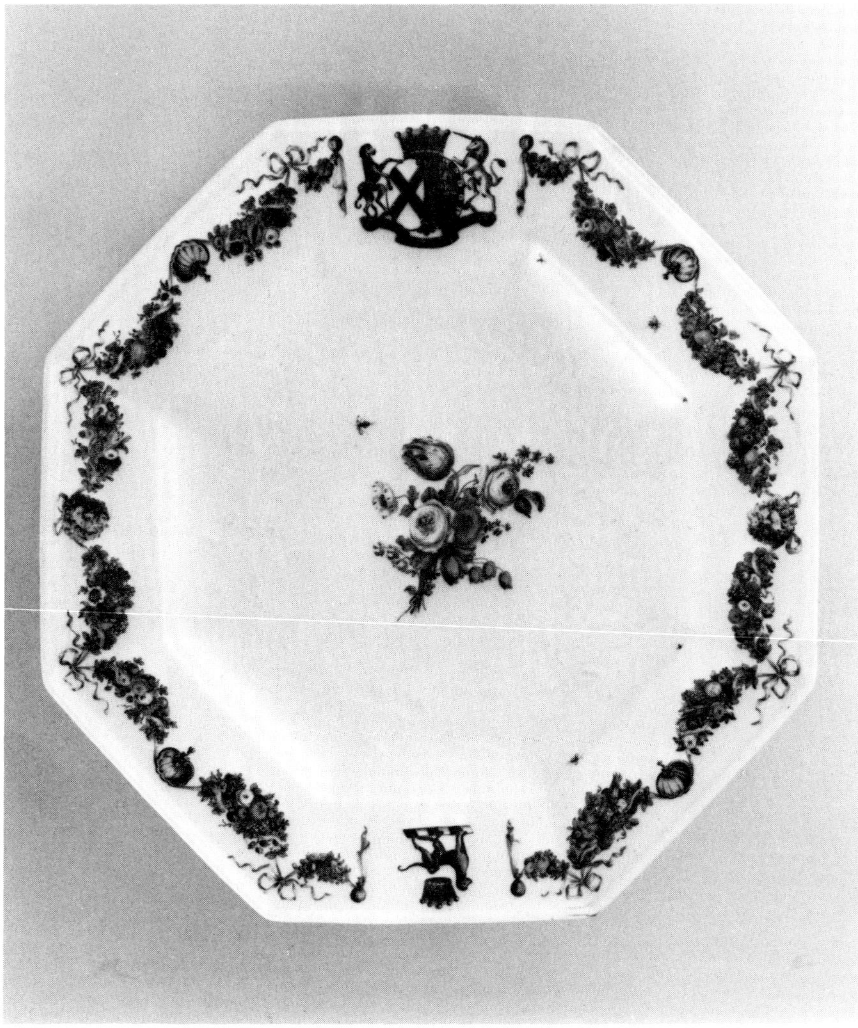

197 Zwei runde Platten mit achtfach geschweiftem Rand und Goldkante. Reliefdekor »Gotzkowsky erhabene Blumen« und dazwischen bunte Blumenbuketts.
∅ 28 cm
Meißen, um 1745. **zus. 2500,–/3500,–**
Christie's (Cooper)

»Gotzkowsky erhabene Blumen«, 1741 geschaffen, gehört zu den klassischen Meißner Geschirrmustern, die auch von anderen Manufakturen wie z. B. Frankenthal kopiert wurden. Die Felder mit den bunten Blumensträußen werden auch mit Watteauszenen oder Vogeldekor geschmückt.

198 Achteckiger Teller mit Relief »Gotzkowsky erhabene Blumen«. Fahne mit Wappen des Lord Kildare zwischen Wappenhaltern, bunten Blumen- und Früchtegirlanden mit Muscheln und rosa Bändern. Im Spiegel kleines Blumenbukett.
∅ 24 cm
Meißen, 1749. **6500,–/8000,–**
Koller

Lord Kildare sandte einen Entwurf für diesen Teller an den englischen Gesandten Sir Charles Hanbury Williams in Dresden, der ihn der Meißner Manufaktur mit dem Auftrag übergab, ein Muster davon anzufertigen. Da das Service aber nie ausgeführt worden ist, dürfte dieser Teller ein Unikum darstellen.

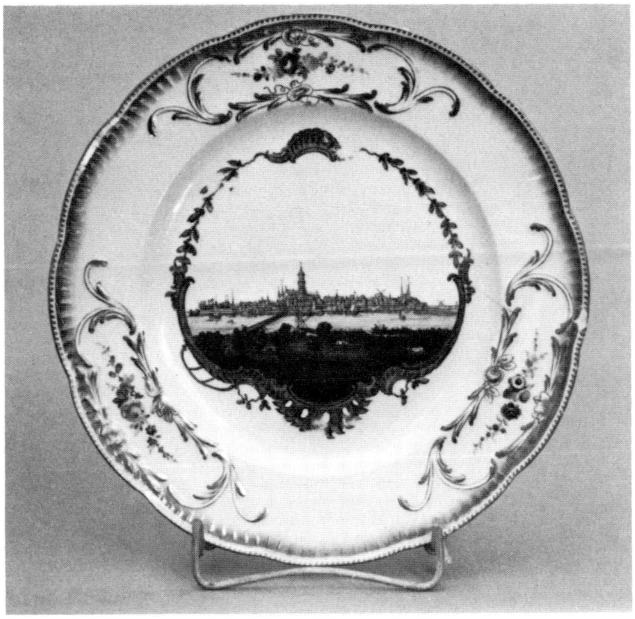
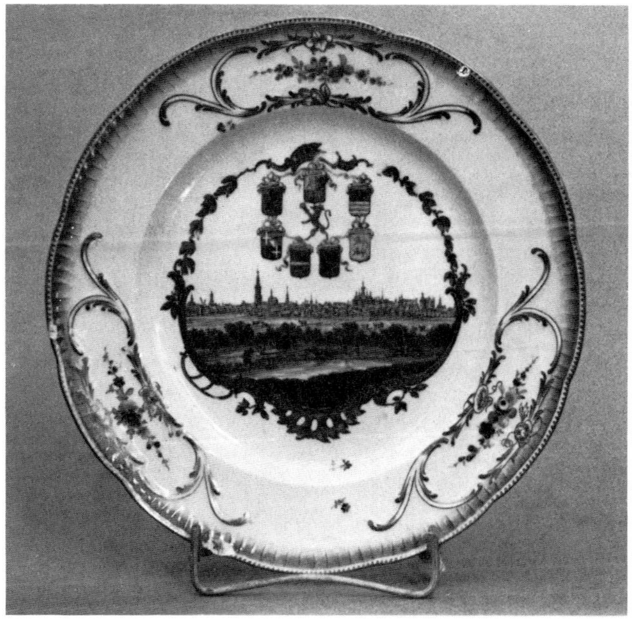
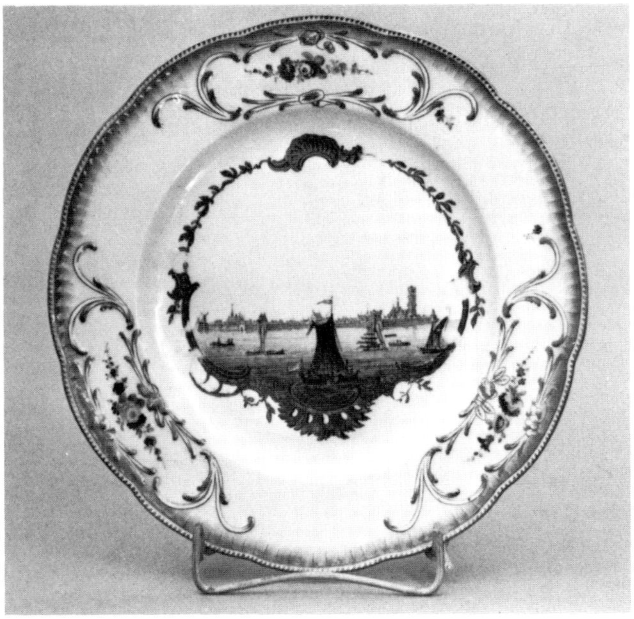
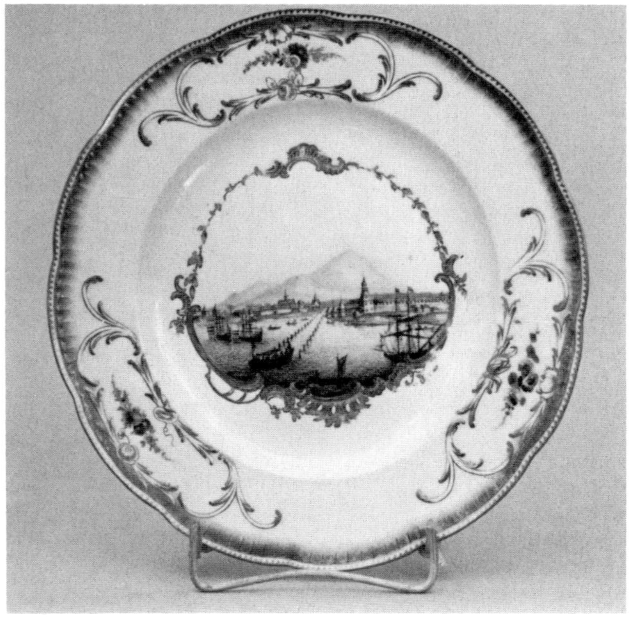

199 Teller aus dem Service Wilhelms V., des Erbstatthalters der Niederlande (Regierungszeit 1766–1795) mit farbigen Veduten aus Holland und den Kolonien in Rocaillekartuschen und strahlenförmigem, leuchtend blauem Randstreifen. ∅ 24 cm
Meißen, um 1763/70. **je 4000,–/5000,–**
Nagel

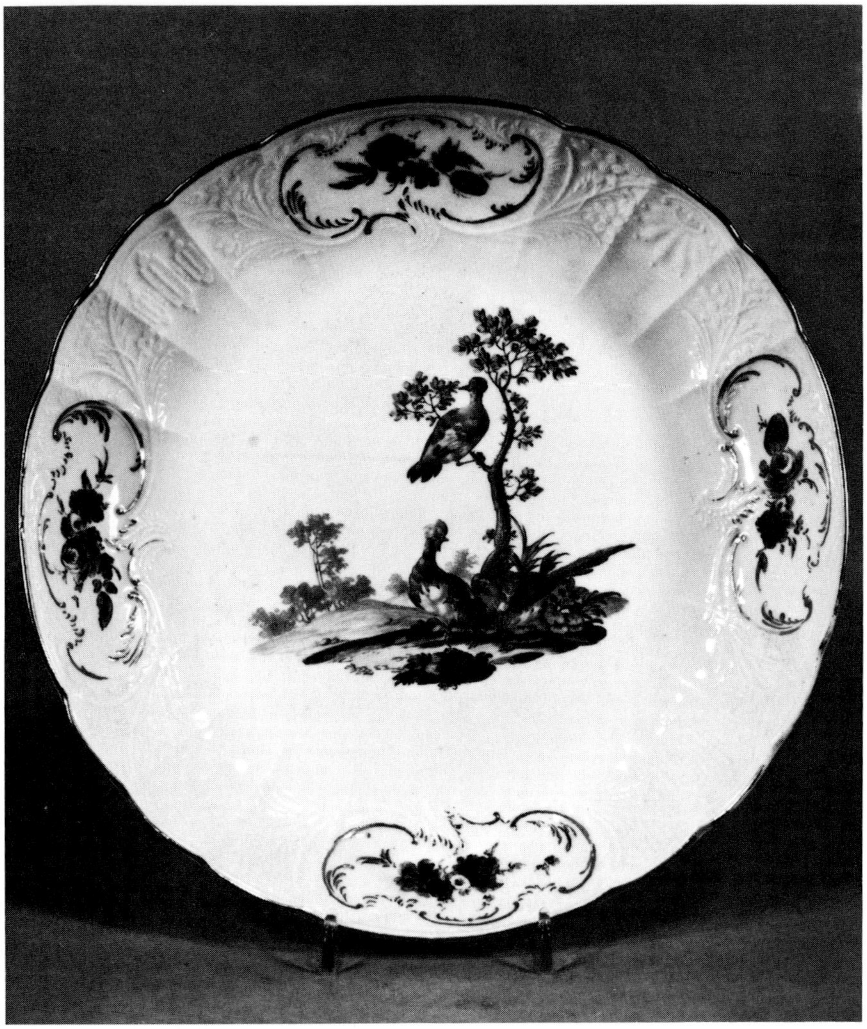

200

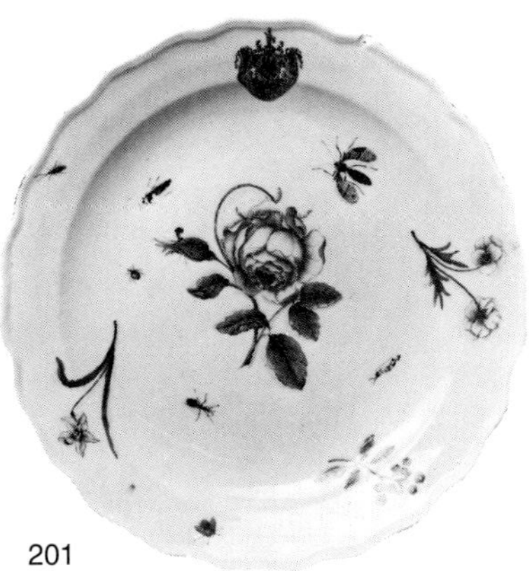

201

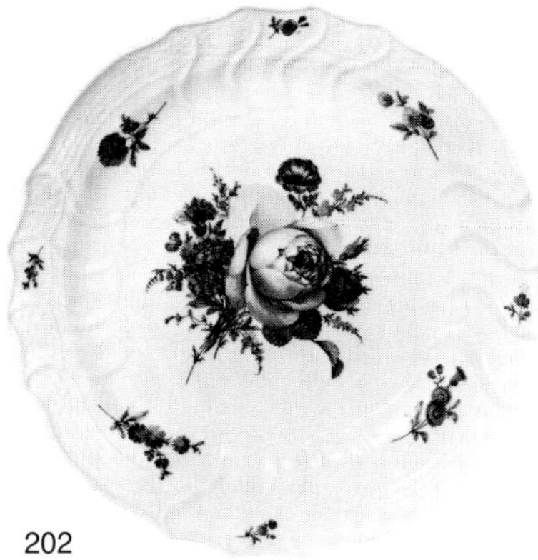

202

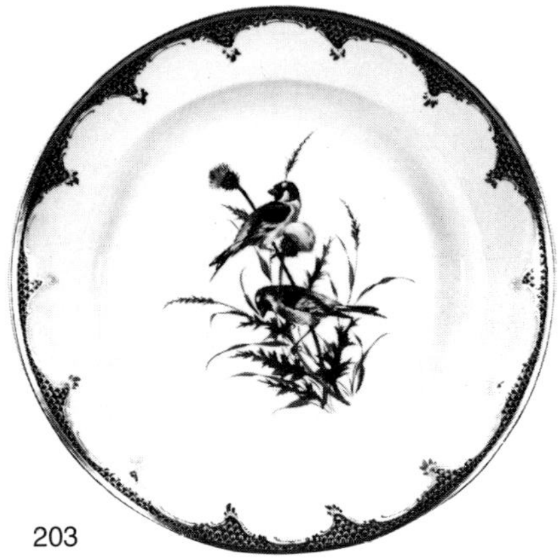

203

200 Teller mit »Dulong-Reliefzierat«. Im Spiegel Landschaft mit Hähnen, Fahne mit vier bunten Blumenkartuschen.
∅ 24,5 cm
Meißen, Punktmarke. **1500,–/2000,–**
Peretz

Das Geschirrmuster, Rocaillereliefkartuschen mit Blumenstielen und muschelförmigen Feldern, durch Stege unterteilt, wurde 1743 für die Amsterdamer Firma Dulong entworfen.

201 Runde Schüssel mit dem Wappen des italienischen Staatsministers Carlo Francesco Ferrero und schattenwerfenden Holzschnittblumen sowie Insekten in passiger Form. ∅ 30 cm
Meißen, um 1740. **4500,–/5500,–**
Lemertz

Holzschnittblumen oder »Trockene Blumen« wurden nach botanischen Kupferstichvorlagen gezeichnet und haben sogar deren Schattenränder übernommen.

202 Runde Platte mit »Neubrandenstein-Reliefmuster«. Im Spiegel farbiges Bukett Deutscher Blumen und kleiner Streublumen, über Spiegel und Fahne verteilt. ∅ 34,5
Meißen, 1763/74, Punktmarke.
1400,–/1800,–
Koller

Die Deutschen Blumen, Schnittblumen in schweren Farbtönen, lösten ca. 1745 die Holzschnittblumen ab. Sie sind meist kräftig modelliert und zu Sträußen gebunden und gehen den leichteren, hellen Manierblumen der Folgezeit voraus.

203 Platte mit buntem Vogeldekor auf Distelzweigen. Fahne mit blauem Schuppenrand und Goldstaffage. ∅ 39,2 cm
Meißen, Mitte 19. Jh. **1200,–/1500,–**
Peretz

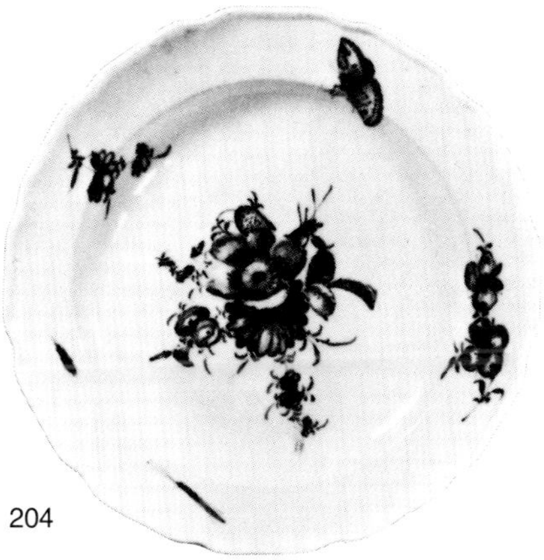

204

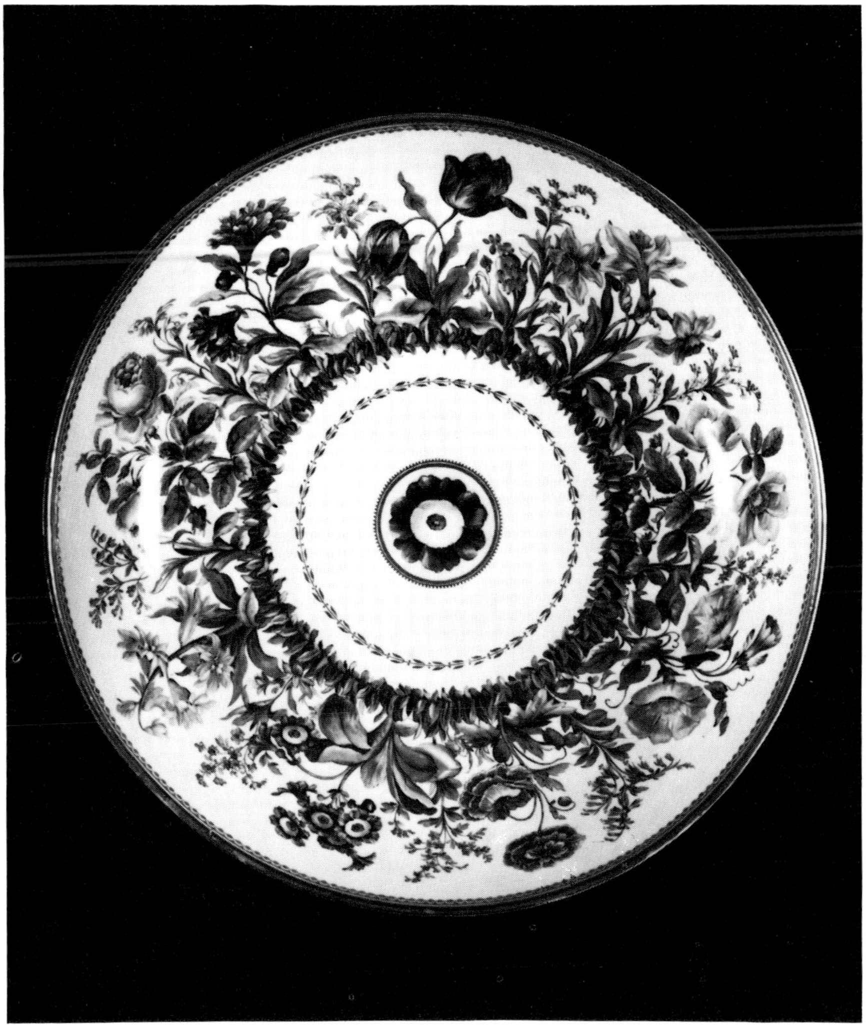

205

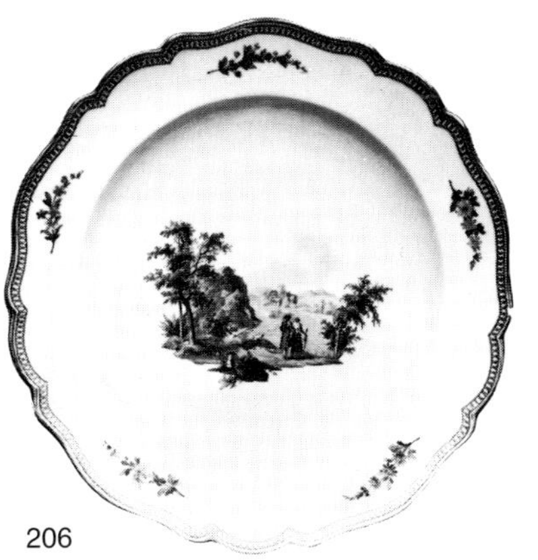

206

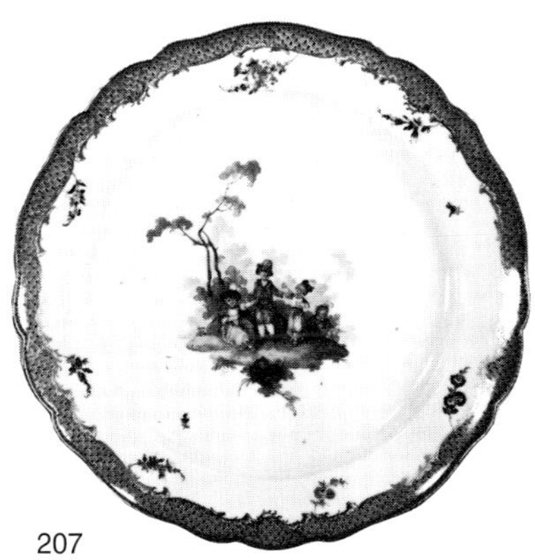

207

204 Teller mit Blumen und Insekten in Unterglasurblau. Form »Alter Ausschnitt«. ∅ 23 cm
Meißen, Marcolini. **300,–/400,–**
Astoria

Neben dem berühmten Zwiebelmuster entstand um 1745 die »Blaue deutsche Blume« mit Insekten auf der Fahne in Unterglasurmalerei, ein Dekor, der ebenfalls über die Jahrhunderte hin so beliebt war, daß er immer verwendet wurde.

205 Runde Schale mit zartem Goldspitzenrand und breiter Fahne mit radial angeordneten, bunten Blumen. Im Fond goldene Lorbeerranke und Blüte in einem Goldkranz. ∅ 28 cm
Meißen, Marcolini-Zeit. **700,–/900,–**
Schloß Ahlden

Der Klassizismus und die Biedermeierzeit sehen die Blumen wieder zunehmend naturalistisch. Oft wachsen sie »en terrasse« wie auf einer Wiese.

206 Teller mit bunter Landschaftsmalerei und Figurenstaffage. Geschweifter Rand mit Blütenzweigen und Goldbordüre. ∅ 24 cm
Meißen, Marcolini-Zeit. **850,–/1 000,–**
Peretz

207 Teller mit spielenden Kindern auf einem Rasenstück im »Inselstil«. Fahne mit bunten Blütenzweigen und breitem Purpurmosaikrand sog. Kästchenmuster. ∅ 30 cm
Meißen, Marcolini-Zeit. **950,–/1 400,–**
Peretz

Seit dem Klassizismus stellen Kinder, häufig nach Boucher und Augsburger Vorlagen nicht nur ein beliebtes Thema der figürlichen Plastik dar, sondern bilden auch den malerischen Dekor von Geschirren.

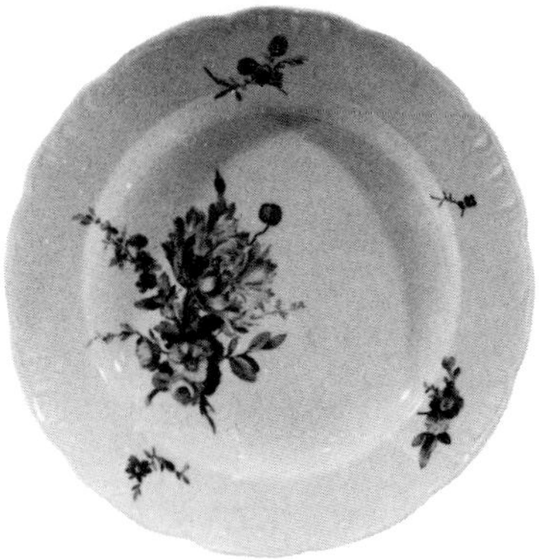

208

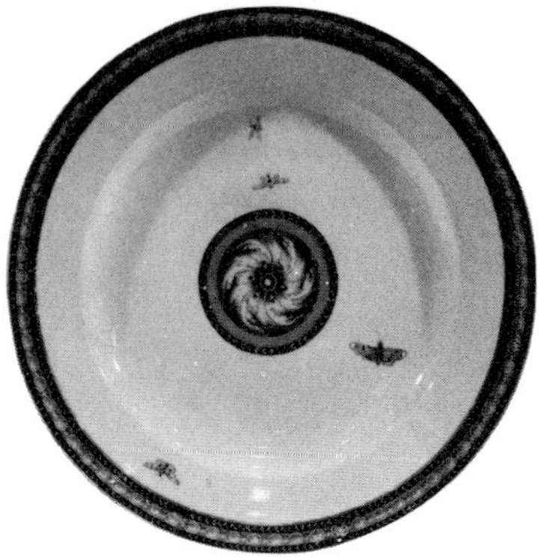

209

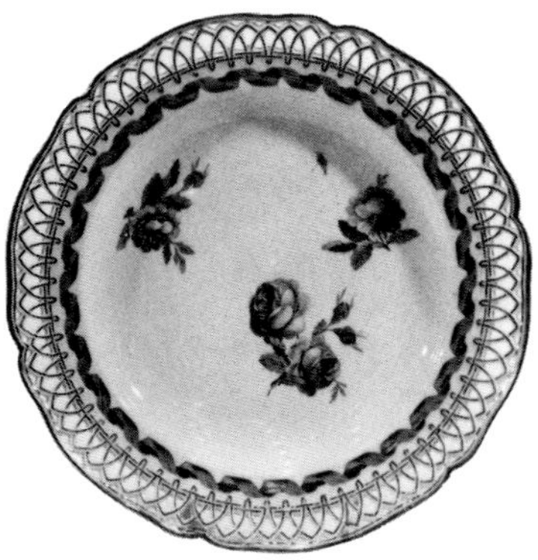

210

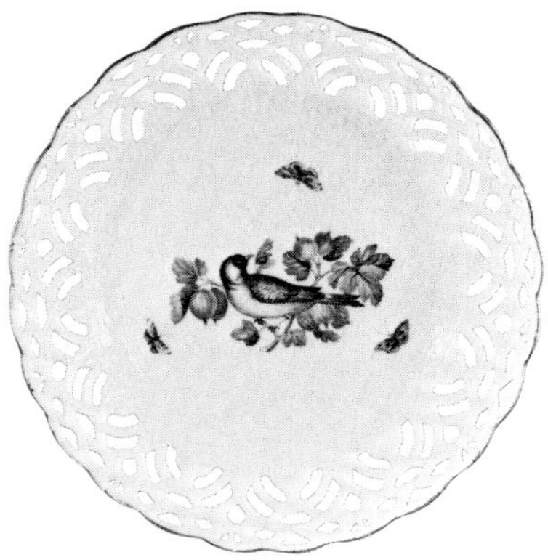

211

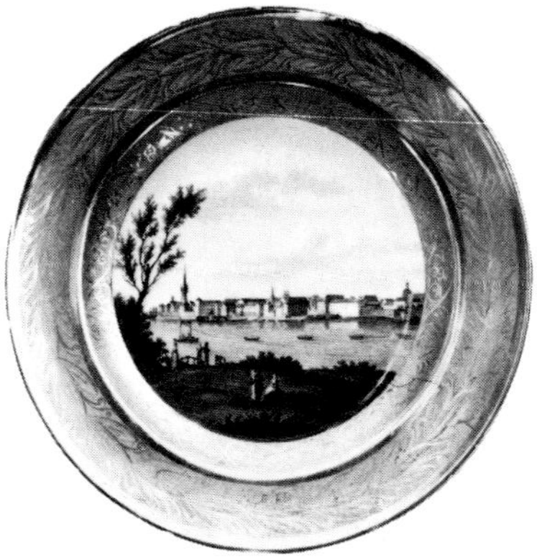

212

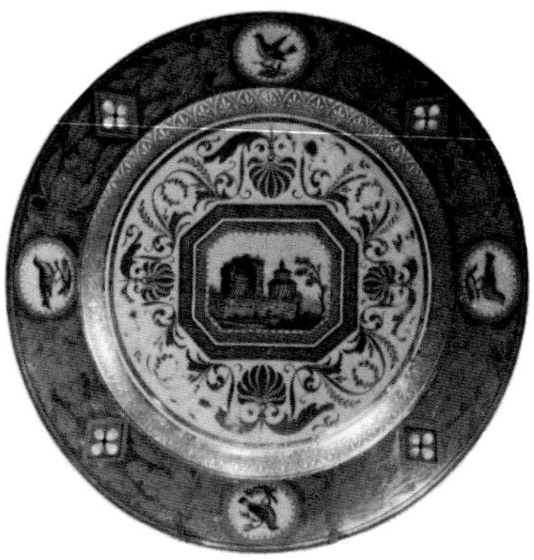

213

208 Teller. »Neuglatt« mit zwölffach gebuchtetem Reliefrand und Streublumen, im Fond bunter Strauß. ∅ 25 cm
Berlin, um 1780. **400,–/600,–**
Spik (Zenker)

209 Teller. »Antique glatt«, Randstreifen mit Blattzweig auf schwarzem Grund, alternierend mit cremefarbener Perlschnur auf rosa Fond. Im Spiegel Akanthusblattrosette in Grisaille, Gelb und Purpur sowie bunte Schmetterlinge. ∅ 25 cm
Berlin, um 1790. **800,–/1200,–**
Spik (Zenker)

210 Teller. »Englisch glatt« mit sechsfach eingezogenem Spitzendurchbruchrand. Fahne mit Goldreif von grünem Spiralband umwunden. Im Spiegel Rosen und Insekt in Purpur und Grün. ∅ 24 cm
Berlin, um 1785. **500,–/800,–**
Spik (Zenker)

211 Teller mit buntem Vogeldekor, Stachelbeerzweig und Schmetterlingen. Kehle mit Ozierrelief und Fahne korbartig durchbrochen. ∅ 23 cm
Berlin, KPM, 1832/37. **400,–/500,–**
Astoria

212 Teller mit Städteansicht (Stettin) und breiten radierten Goldrändern mit Ornamentborten. ∅ 25 cm
Berlin, um 1800. **1500,–/2000,–**
Nagel

213 Ansichtenteller. Fahne mit floralem, radiertem Goldgrund und alternierenden Vogelmedaillons bzw. Blütenrauten. Kehle mit Palmettenfries in Reliefgold. Im Spiegel lachsfarbener Fond mit goldenen Rankenarabesken und Achteckbildfeld mit italienischer Ruinenansicht in Pietra-Dura-Art. ∅ 24,5 cm
Berlin, um 1817. **2500,–/3000,–**
Spik (Zenker)

Typisch für diese Zeit sind Dekore, die andere Techniken vortäuschen, wie hier die Pietra-Dura-Technik, oder Marmoreffekte.

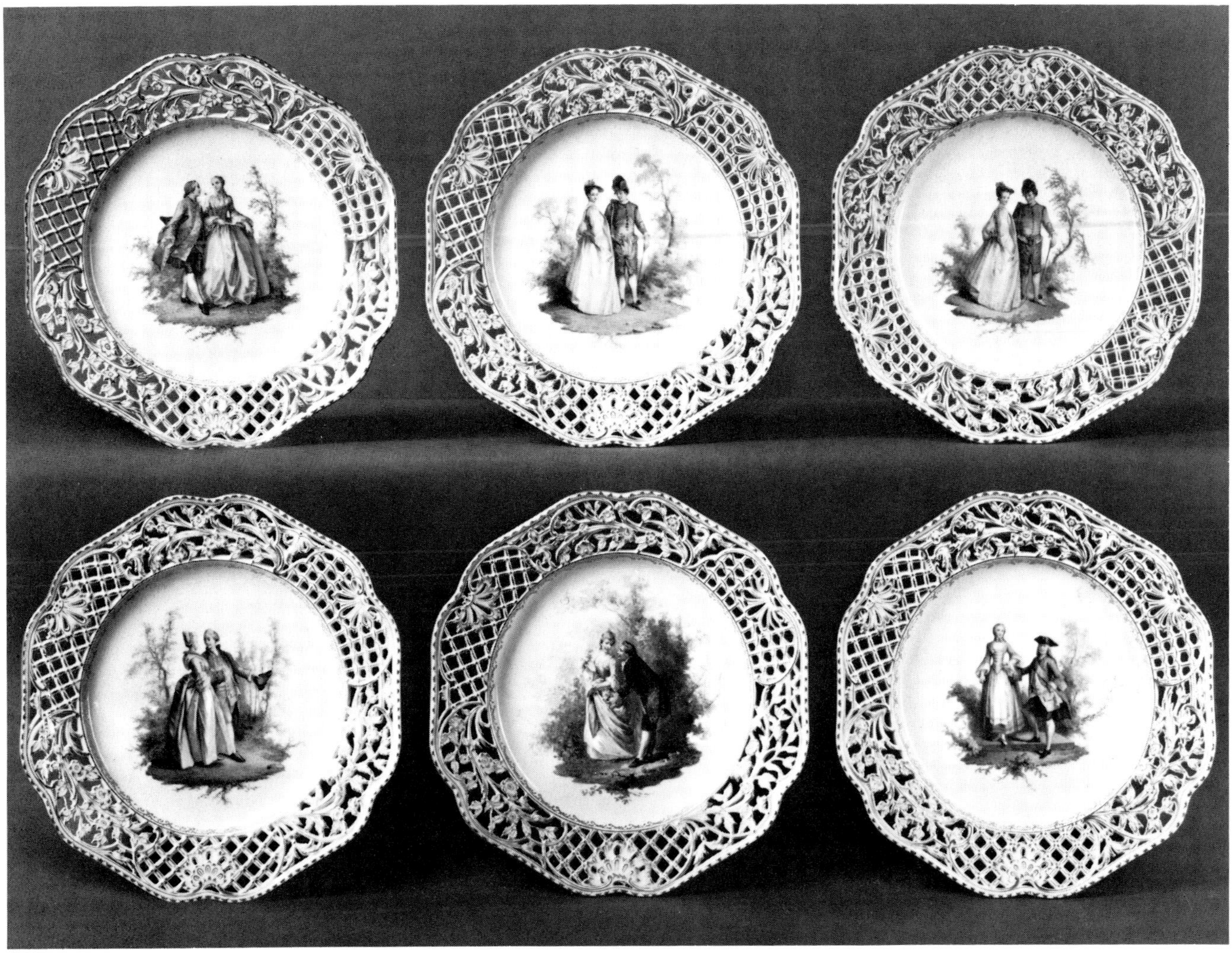

214

214 Sechs Dessertteller mit durchbrochenem Rand und galanten Szenen in Landschaft. ∅ 24 cm
Berlin, 19. Jh. **zus. 4000,–/5000,–**
Ruef (Himpsl)

215 Ansichtenteller mit dem Kronprinzenpalais und dem Standbild Friedrichs des Großen. »Antique glatt«, Fahne mit goldstaffiertem Spitzbogendurchbruch. ∅ 25 cm
Berlin, nach 1870. **1200,–/1800,–**
Spik (Zenker)

216 Teller. »Glatt«, mit Ansicht von Neu-Strelitz, im Vordergrund Maler mit drei jungen Mädchen. Lachsfarbene Fahne mit Goldrankenbordüre. Kehle mit breitem Goldrelief »Laufender Hund«. ∅ 24,5 cm
Berlin, um 1817/23. **2000,–/3000,–**
Spik (Zenker)

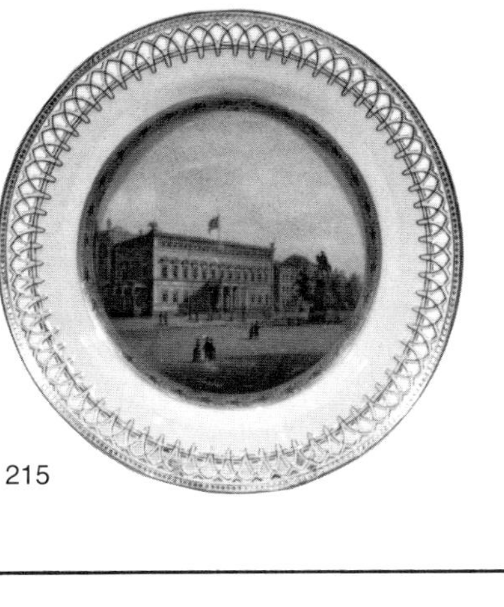

215

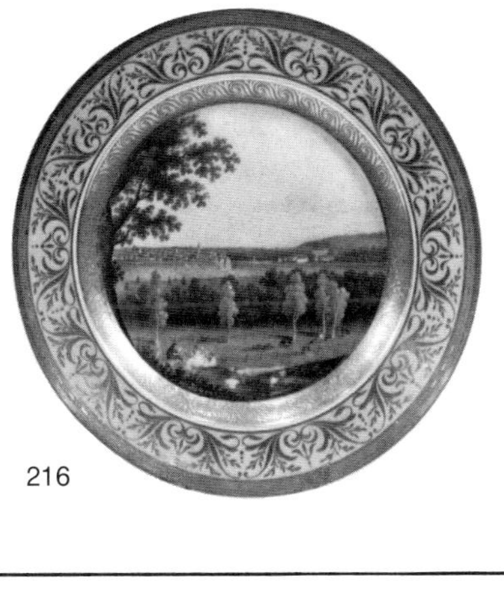

216

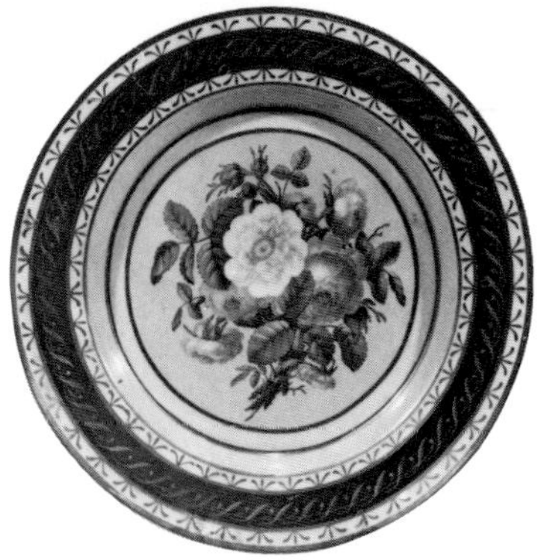

217

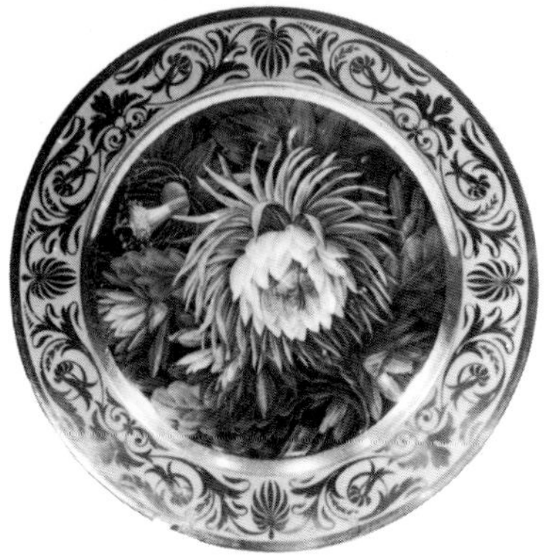

218

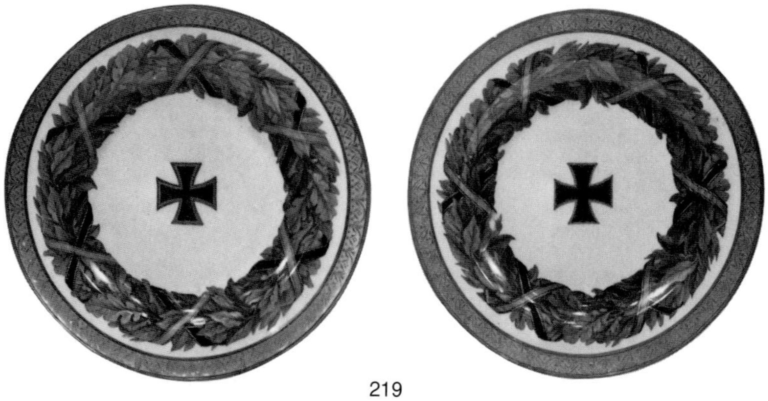

219

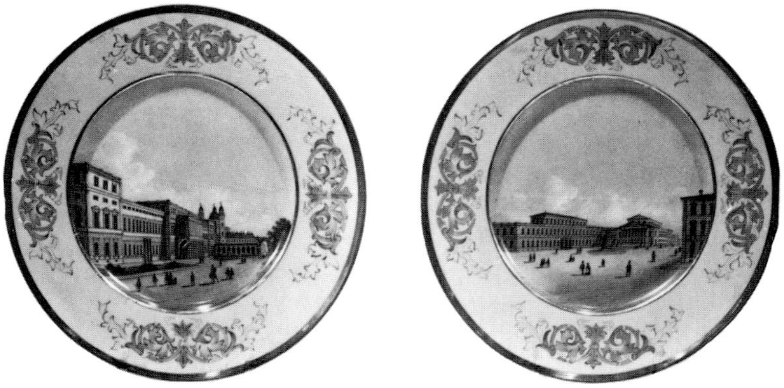

220

217 Teller mit buntem Blumenbukett aus Garten- und Heckenrosen auf hellrosa Fond. Fahne mit nachtblauem, mattiertem Streifen und Goldlorbeerkranz, eingefaßt von weißgrundiger Goldbordüre. Lachsfarbene Kehle. ∅ 24 cm
Berlin, um 1803/05. **700,–/1000,–**
Spik (Zenker)

218 Teller mit üppigem Blumenarrangement in Eisenrot, Purpur, Grün, Gelb und Weiß. Um die lachsfarbene Fahne Ranken- und Palmettenfries in poliertem Gold. ∅ 24 cm
Berlin, um 1823/32. **2200,–/3000,–**
Spik (Zenker)

219 Zwei Teller. »Glatt« mit breitem, poliertem Goldrand. Im Fond farbiger Lorbeer- und Eichenlaubkranz mit den Bändern des Eisernen Kreuzes umwunden. Im Spiegel das Eiserne Kreuz. ∅ 24 bzw. 25 cm
Berlin, 1817 und 1832. Der rechte Teller aus dem Service für Prinz Wilhelm d. Ä. von Preußen. **zus. 1500,–/2200,–**
Spik (Zenker)

220 Zwei Ansichtenteller mit Münchner Motiven (Residenz vom Hofgarten aus und vom Max-Joseph-Platz aus gesehen). Fahnen mit rosarotem Fond, Goldrand und roten Blattornamenten. ∅ 21,5 cm
Altwasser (Schlesien), Blaumarke CT mit Adler, um 1845/50. **1000,–/1600,–**
Spik (Zenker)

ANDERE DEUTSCHE MANUFAKTUREN

221 Zwei Teller mit Schwarzlotmalerei und Goldhöhung. Im Spiegel ornamentverzierte Reserven mit Chinoiserien, Fahne mit Gitterornamentik. ∅ 23 cm
Wien, Du-Paquier-Periode, um 1740.
je 1200,–/1700,–
Almas

In den dreißiger Jahren verdrängten in Wien europäische Motive langsam die ostasiatischen, wodurch vorübergehend ein eigenartiger Mischstil aus europäischem Laub- und Bandelwerk, Gitterfeldern und Muscheln mit Chinesenszenen entstand. Die goldgehöhte Schwarzlotmalerei erfreute sich in Wien besonderer Beliebtheit.

222 Rosenteller mit durchbrochenem, rotstaffiertem Rand. ∅ 24,5 cm
Wien, 19. Jh. **300,–/400,–**
Peretz

223 Teller mit farbigem Vogeldekor im Spiegel. Fahne mit türkisfarbenem Mosaikrand und goldgerahmten Blumenkartuschen. ∅ 24,5 cm
Frankenthal, CT-Marke mit Krone, 1771.
2500,–/3500,–
Saal

Kurfürst Karl Theodor gab dieses Service 1771 in Auftrag, da er von dem Vogelservice aus Sèvres, das er 1760 von Ludwig XV. zum Geschenk erhielt, so angetan war, daß er in Frankenthal ein ähnliches machen lassen wollte.

224 Zwölf Teller mit bunten Blumenbuketts und Streublumen sowie Altozier-Reliefdekor. ∅ 23,5 cm
Frankenthal, CT-Marke mit AB (Adam Bergdoll), um 1762/70.
zus. 10000,–/15000,–
Spik (Zenker)

Unter Bergdoll erlebte die Frankenthaler Manufaktur ihre größte Blütezeit. Für einfachere Geschirre waren Blumen mit Ozierrand das gebräuchlichste Muster. Sie unterscheiden sich von anderen Geschirren durch den sahnigen Ton der Glasur und wirken fast wie Weichporzellan.

225 Dessertteller mit durchbrochenem Rand und farbiger Blumenmalerei. ∅ 23,5 cm
Fürstenberg, um 1780/85. **900,–/1200,–**
Saal

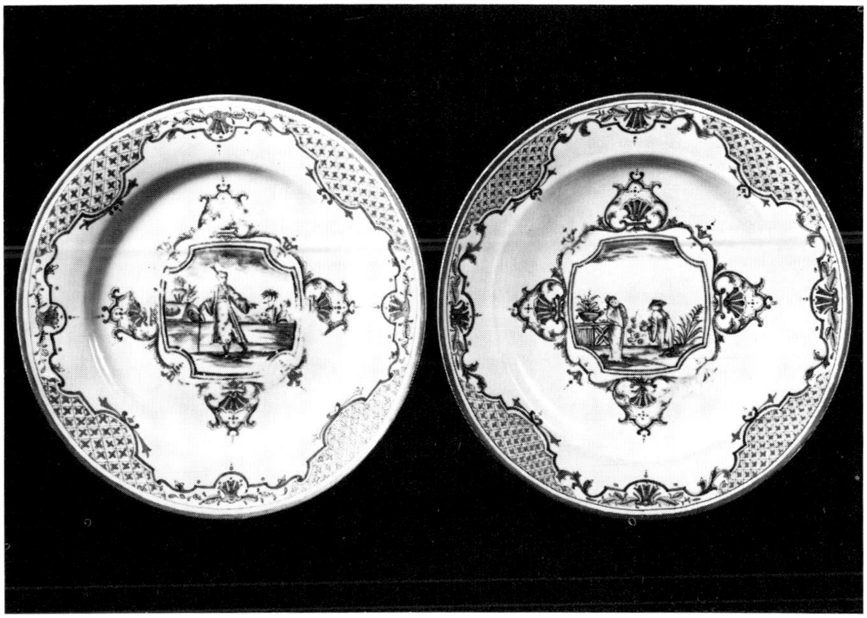
221

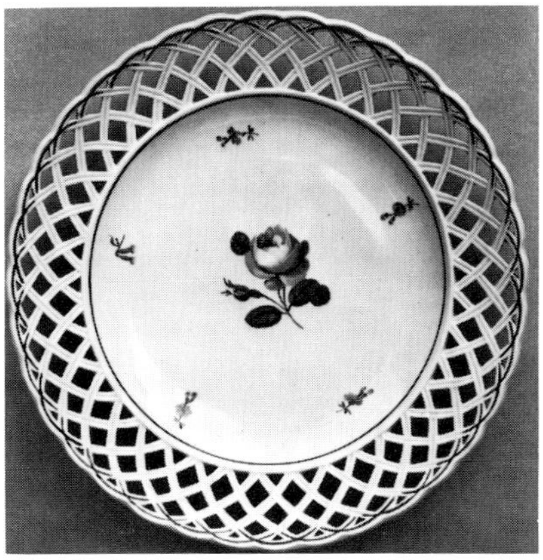
222

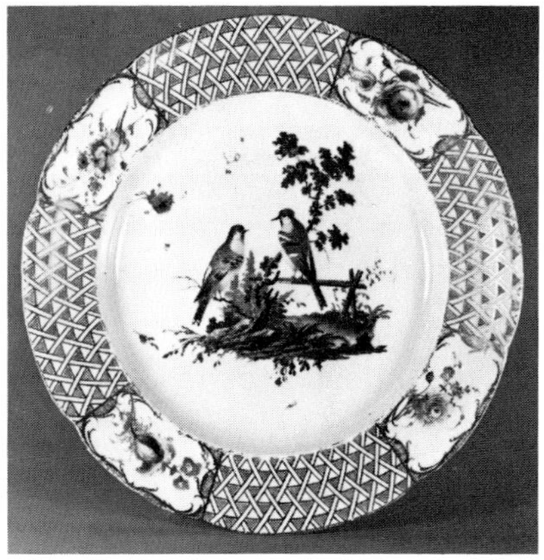
223

224
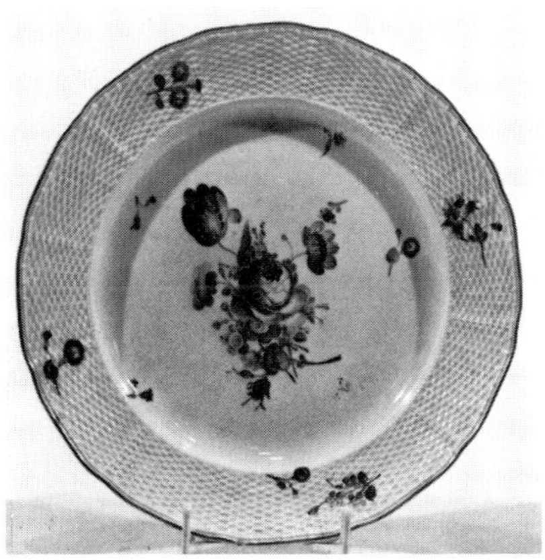

225
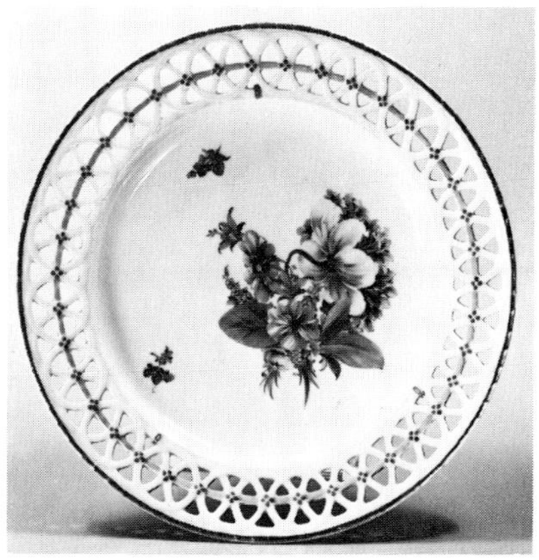

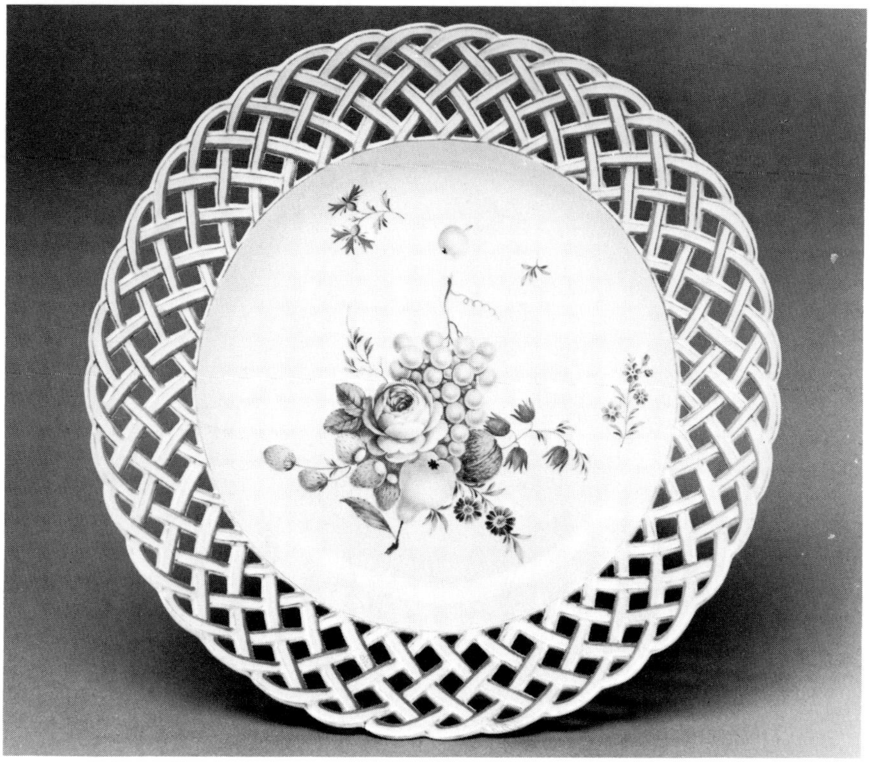

226

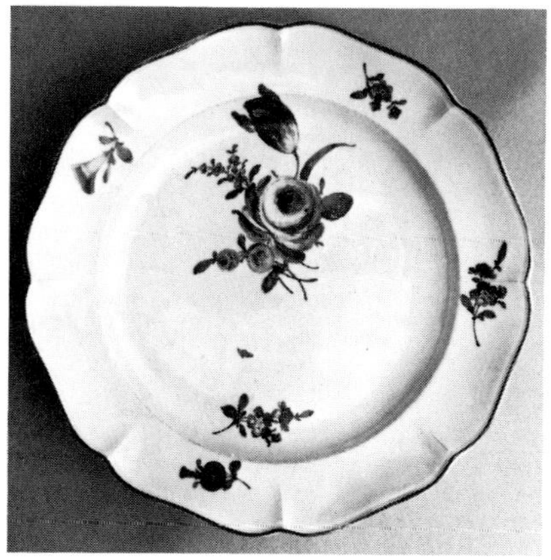

229

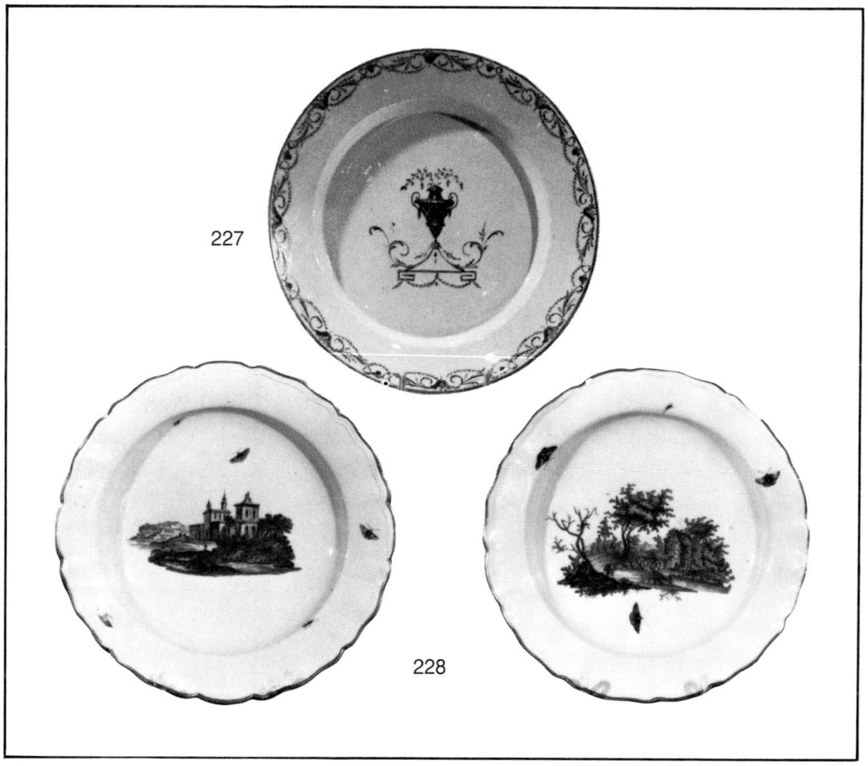

227

228

226 Dessertteller mit durchbrochenem Rand. Im Spiegel bunte Früchte- und Blumenmalerei. ∅ 26,5 cm
Frankenthal, CT-Marke und 86, 1786.
1400,–/1900,–
Lempertz

227 Sechs Teller mit dem »Arabischen Vasen-Motiv« in Purpur, Grün und Orange. Fahne mit Arabesken und Goldrand.
∅ 24 cm
Fürstenberg, Anfang 19. Jh.
zus. 1800,–/2300,–
Spik (Zenker)

Das Fürstenberger Porzellan des Rokoko wurde wegen der technischen Mängel gern mit Reliefdekor überzogen. Erst in der Blütezeit der Manufaktur, im Klassizismus, wurden glattere Formen mit zarter Malerei geschmückt.

228 Teller aus einem 18teiligen Speiseservice mit Landschaftsdekor und Figurenstaffage, gerahmt von bunten Schmetterlingen und Insekten.
Höchst, um 1768/72.
zus. 25000,–/32000,–
Kunsthaus am Museum

229 Teller mit gewelltem Rand und buntem Blumendekor. ∅ 24 cm
Ludwigsburg, 18. Jh. **450,–/550,–**
Peretz

230 Zwei Teller aus dem Du-Barry-Service. Im Spiegel das Blüten-Ranken-Monogramm DB. Fahne mit »à petits vases et guirlandes«, einem Muster aus blauen und goldenen antikisierenden Vasen und bunten Blumenfestons. ∅ 24 cm
Sèvres, 1771. **6500,–/10000,–**
Christie's (Cooper)

Madame du Barry, seit 1769 offizielle Mätresse des Königs, erhielt 1771 und 1772 reiche Tafelgeschirre mit ihren Initialen. Die abgebildeten Teller entstammen dem von Auguste Saint-Aubin entworfenen früheren Service.

231 Teller mit buntem Vogeldekor. Fahne mit sechs Medaillons, alternierend Porträtbüsten und Blumen darstellend, dazwischen Blütengirlanden. ∅ 24,4 cm
Sèvres, 19. Jh. **430,–/500,–**

232 Zwölf Teller mit einem Tafelaufsatz. Blauer Fond mit weißen Blumenreserven im Spiegel und auf der Fahne sowie goldenen Blütenranken. ∅ 21 cm
Paris, frühes 19. Jh. **zus. 2300,–/3500,–**
231/232: Peretz

Typisch französisch ist die Verbindung von blauem Fond mit reichen goldenen Blumengirlanden und weißen Blumenreserven.

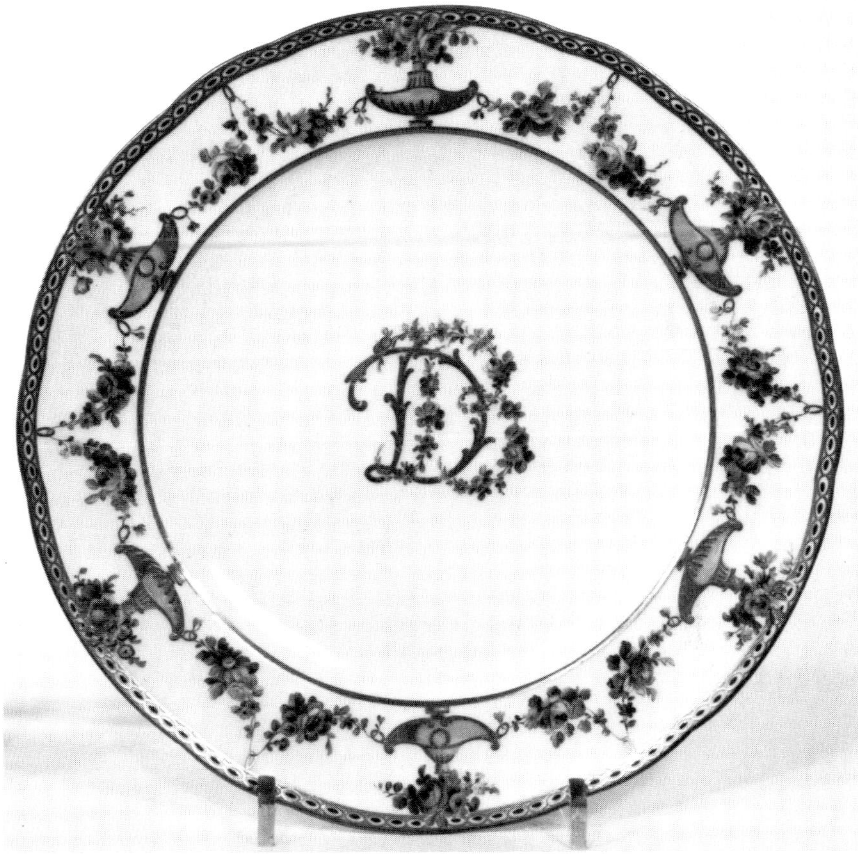

230

231

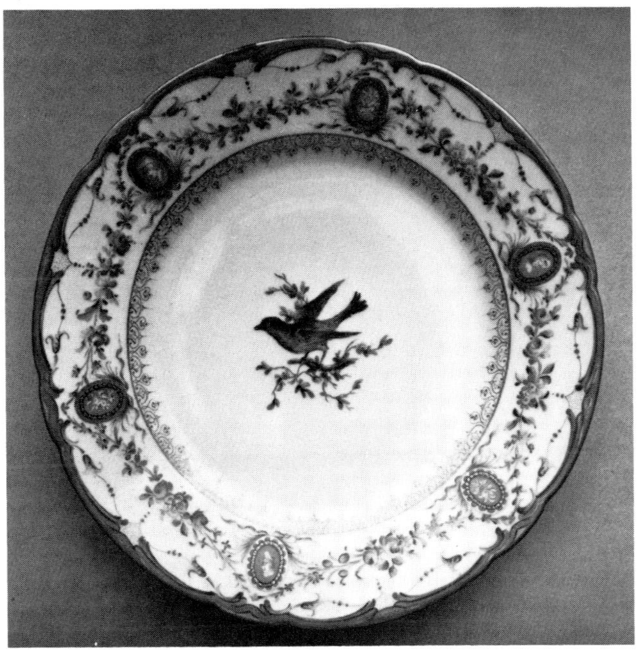

232

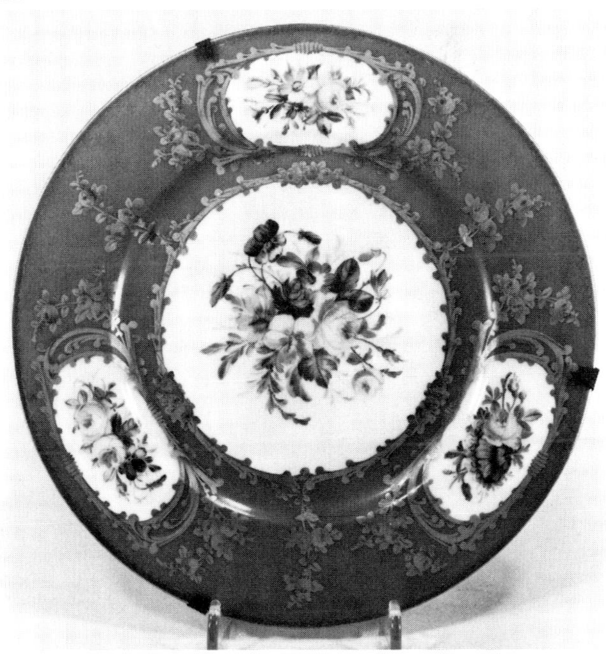

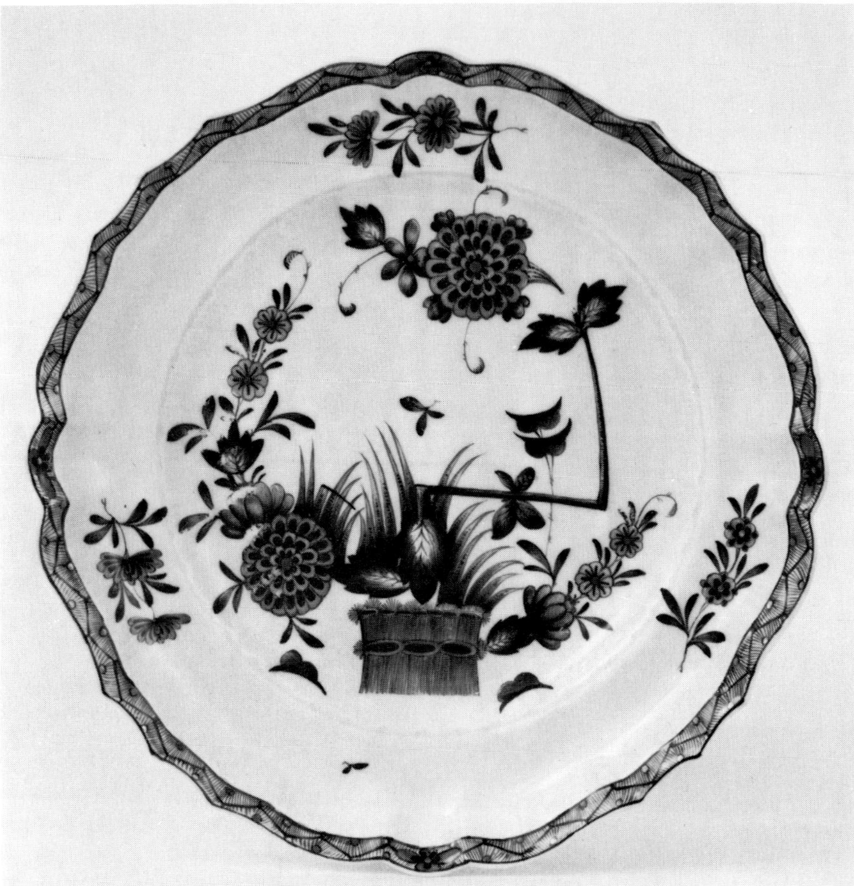

233

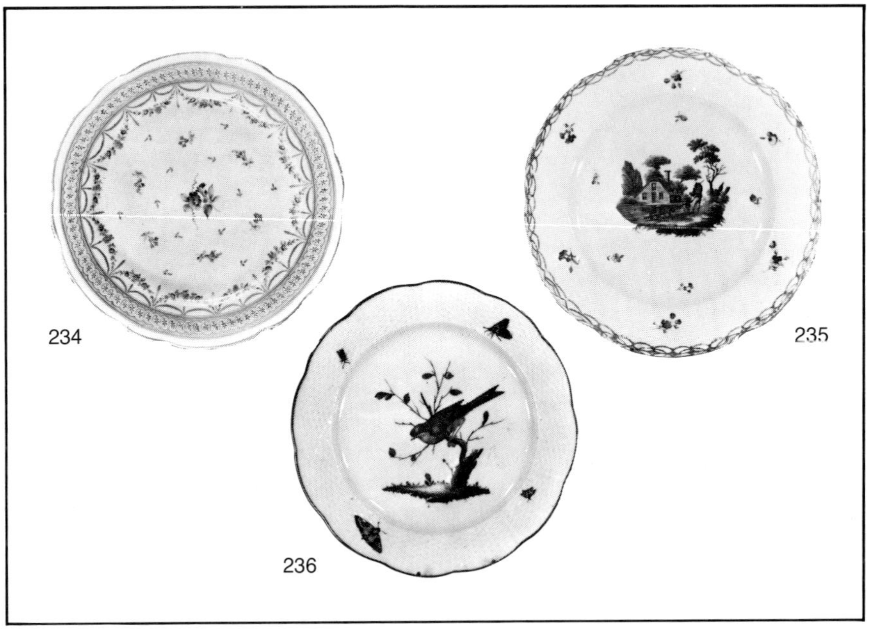

234 235 236

233 Teller mit fassoniertem Rand und fein geriefelter Kehle. Heckenmuster und Indianischer Blumendekor in Purpur-camaïeu. ∅ 23,5 cm
Zürich, um 1770. **1700,–/2300,–**
Koller

Die zarte Riffelung von Mulde und Fahne ist charakteristisch für Züricher Platten und Teller. Ostasiatische Dekore wurden hier bis in die siebziger Jahre verwendet. Bei diesem Teller dürfte es sich um das im Verkaufskatalog genannte Muster »Japan in Purpur mit Goldpunkten« handeln. Es stellte Astern und Päonien in Camaïeu-violett dar.

234 Teller mit bunten Streublumen im Spiegel, gerahmt von goldenem Behangmuster aus Lorbeerzweigen und bunten Blumengirlanden an einem breiten, goldstaffierten Ornamentfries.
Nyon, um 1800. **250,–/400,–**
Astoria

Die Manufaktur von Nyon (nur 1781–1813 tätig) schmückte ihr Geschirr gern mit klassizistischen Dekoren nach Sèvres-Art wie zarten Blumengirlanden, Streublumen und Ornamentfriesen.

235 Teller mit bunter Flußlandschaft, Kate und Figurenstaffage. Fassonierter Rand mit Goldspitzendekor. ∅ 25,5 cm
Amstel, um 1800. **600,–/700,–**
Peretz

236 Teller mit polychromem Vogeldekor und Insekten. Fahne mit Ozierrand. ∅ 24,8 cm
Amstel, Ende 18. Jh. **600,–/700,–**
Peretz

Die Manufaktur von Amstel, die von 1784 bis 1820 bestand, stellte klassizistisches Geschirr her mit minuziös gemalten Landschaften, Schiffsdarstellungen, Vögeln und Blumen auf fehlerfreiem, sehr weißem Porzellan.

Hausmalerarbeiten

Die Arbeiten der »Hausmaler« sind häufig an ihrer besonders reichen, farbenprächtigen und minuziösen Ausführung zu erkennen, die meist vom individuellen Stil einzelner Künstler geprägt sind.

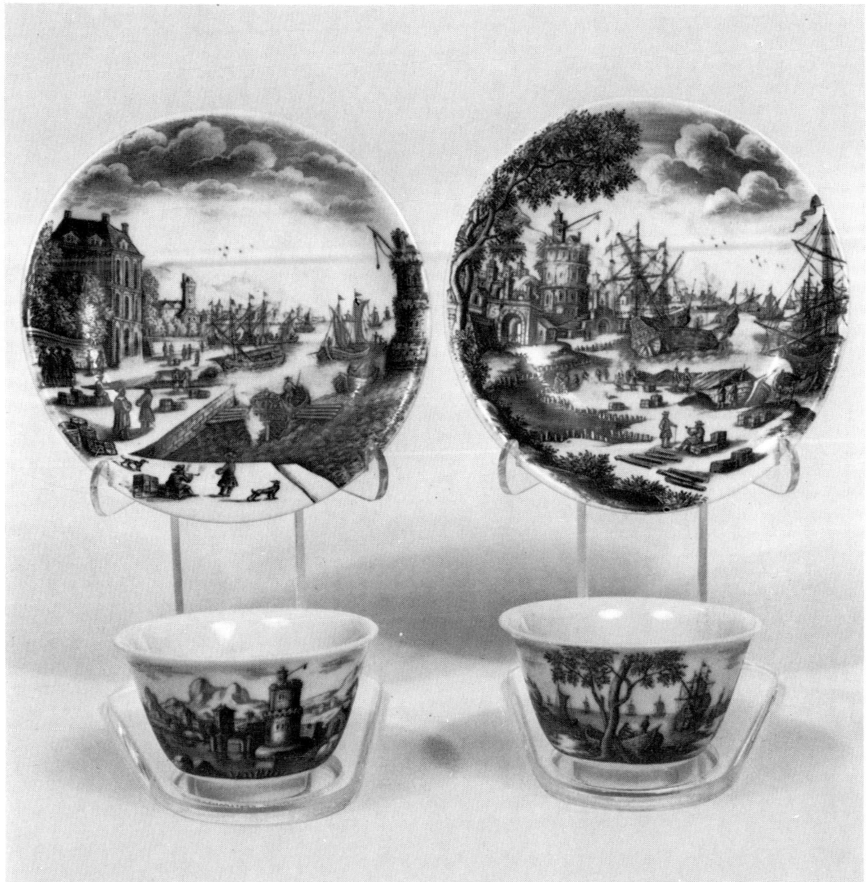

237

237 Zwei Koppchen mit Untertassen.
Böttgerporzellan, bemalt mit reichen Kauffahrtei- und Hafenszenen in Schwarzlot mit Goldhöhung.
Hausmalerei von Ignaz Preissler, um 1720/25. **60000,–/70000,–**
Christie's (Cooper)

Preissler malte auf Glas und Porzellan vorwiegend in Schwarzlot mit Goldhöhung oder in Eisenrot und Purpur. Die Teller sind im Dekor nicht nach Spiegel, Kehle und Fahne gegliedert, sondern so reich bemalt, daß sie wie reine Schmuckteller aussehen.

238

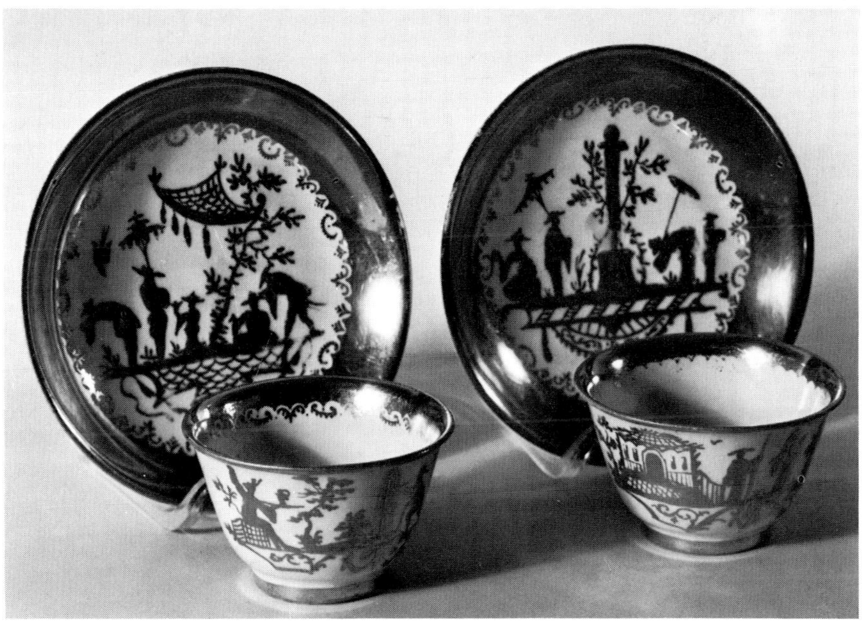

238 Zwei Koppchen mit Untertassen.
Radierter Goldchinesendekor.
Wohl Augsburg um 1720/30, auf Meißner Porzellan.
4500,–/5500,–
Arnold (Englert)

Augsburg war zwischen 1725 und 1750 das Zentrum einer Hausmalerei in Gold, die bevorzugt Chinoiserien im Höroldtstil darstellte. Neben Auffenwerths Arbeiten entstanden Golddekore vorwiegend in der Familienwerkstatt der Gebrüder Bartholomäus und Abraham Seuter, die 1726 vom Augsburger Rat das Privileg erhalten hatten, Golddekore herzustellen und zu verkaufen.

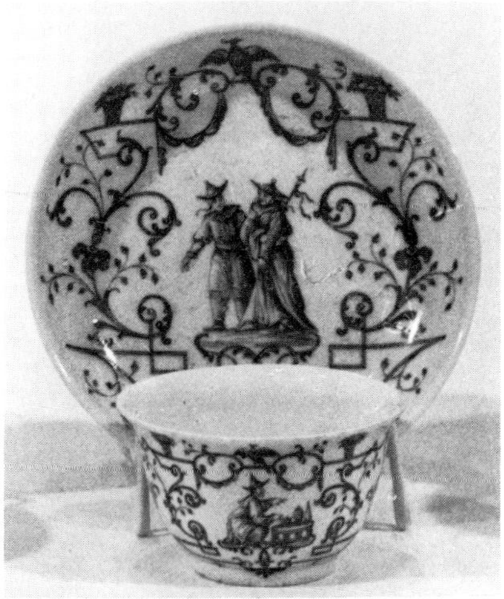

239

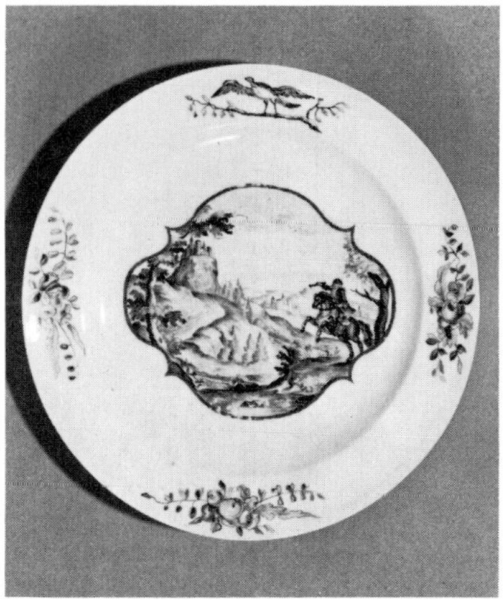

240

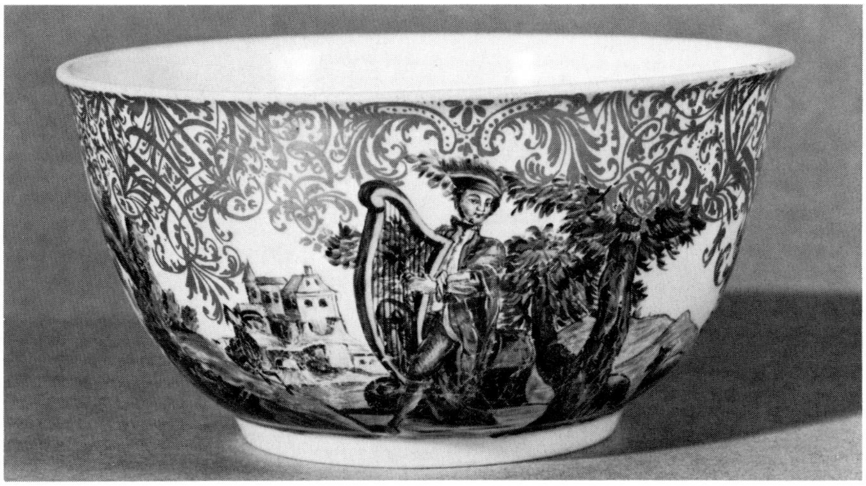

241

242/243

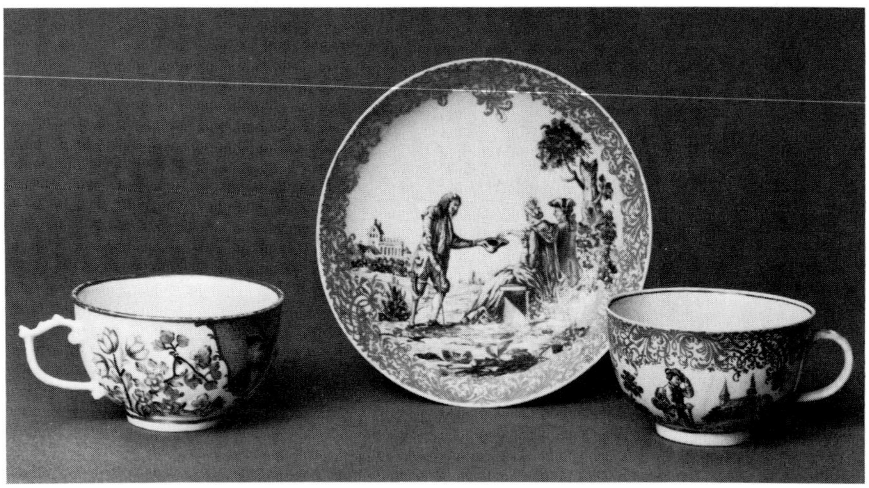

239 Koppchen mit Untertasse. Reicher Laub- und Bandelwerkdekor mit Chinoiserien in Eisenrot.
Wien, um 1750, Malerei in der Art des Ignaz Preissler. **1500,–/2500,–**
Spik (Zenker)

240 Teller. Im Spiegel mehrpassiges Feld mit einem Boten, der durch eine Burgenlandschaft reitet. Fahne mit Blumen, Früchten und Vogelzweig.
Meißen, um 1750, Malerei von Mayer-Preßnitz. **2000,–/3000,–**
Almas

241 Kumme mit Harfespieler in weiter Schloßlandschaft. Gefäßrand mit dichter Goldkalligraphenkante.
Meißen, Malerei von Mayer-Preßnitz um 1760. **4000,–/6000,–**
Almas

Typisch für die Arbeiten von Franz Ferdinand Mayer ist die dichte Kalligraphenbordüre. Er dekorierte meist veraltetes Meißner Porzellan mit figurenreichen Darstellungen aus der Mythologie, Jagdszenen, Bauernbildern und galanten Darstellungen, die er bevorzugt in Schwarzlot und Eisenrot ausführte und häufig mit »Civis et Pictor in Bresnitz« signierte.

242 Henkeltasse. Außen dekoriert mit reliefierten Indianischen Blumen, Überdekor mit zwei Brustbildern, Dame und Herr in Kartuschen.
Meißen, Mitte 18. Jh., Hausmalerdekor der Ferner-Werkstatt. **600,–/900,–**
Lempertz

243 Tasse mit Untertasse. Reiche Goldkalligraphenbordüre und Bettlerszenen, im Tassenfond Indianische Blumen.
Meißen, Mitte 18. Jh., Hausmalerei aus dem Umkreis des Mayer-Preßnitz. **2500,–/3500,–**
Lempertz

244 Tasse mit Untertasse. Zweifarbige Stadtveduten mit Befestigungsanlagen und Figurenstaffage in passigen Goldrahmen.
Meißen, mit Hausmalerei von F. F. Mayer-Preßnitz, um 1750. **4000,–/5500,–**
Koller

245 Koppchen mit Untertasse. Bunte Malerei mit Chinesen beim Teemahlen und bei einer Pagode gerahmt von Kartuschen mit Gitterfeldern, Blumen und Vasen. Zarte Goldspitzenbordüre.
Wien, Du-Paquier-Porzellan um 1720, mit Hausmalerdekor aus Bayreuth. **4500,–/6000,–**
Koller

Die Bayreuther Hausmalerei zeichnet sich durch eine recht farbenprächtige Malerei aus.

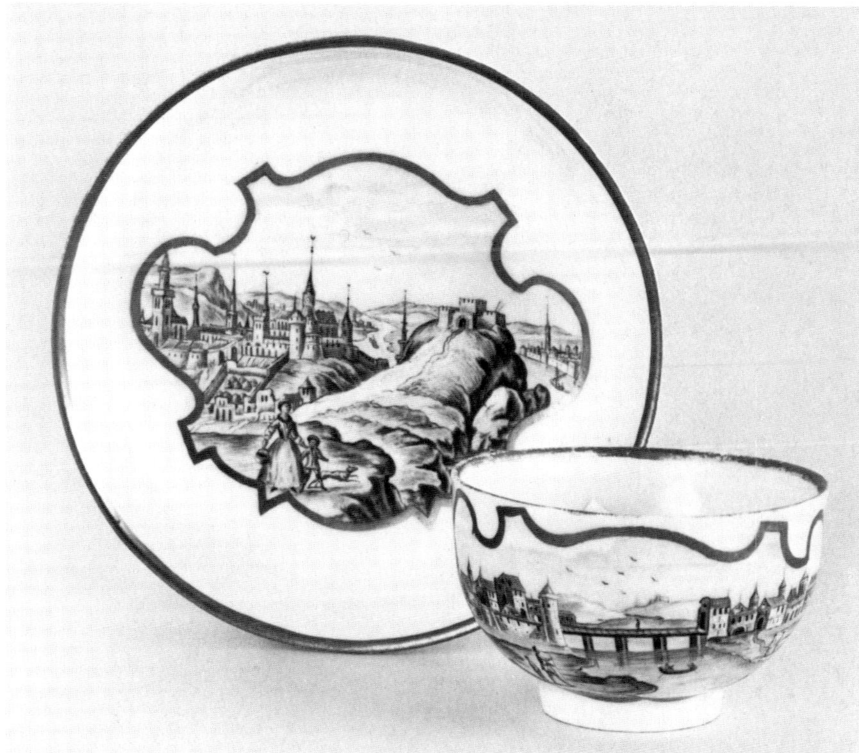

244

245

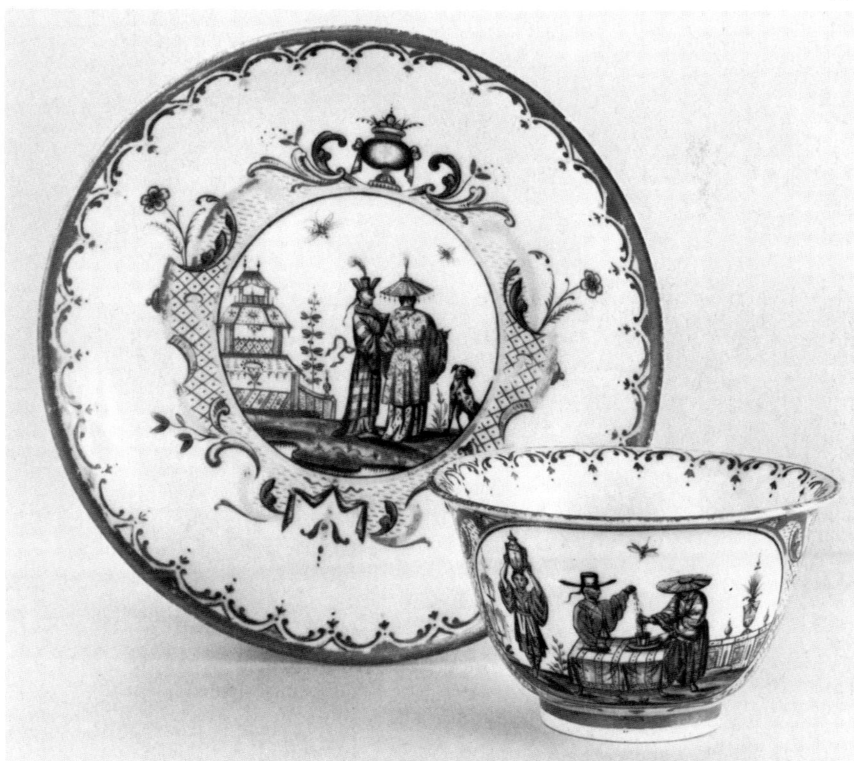

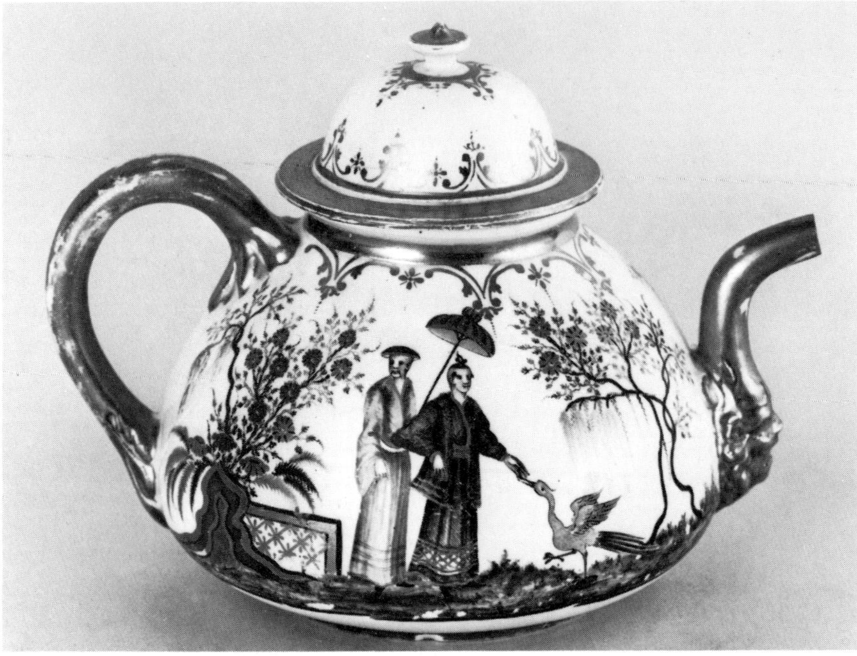
246

247
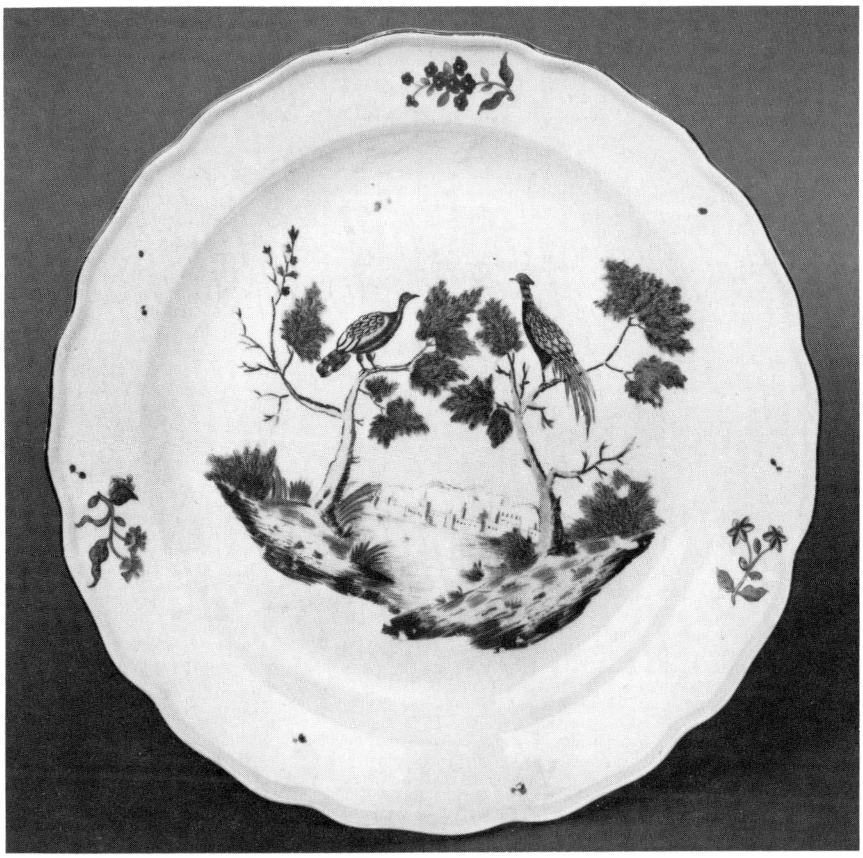

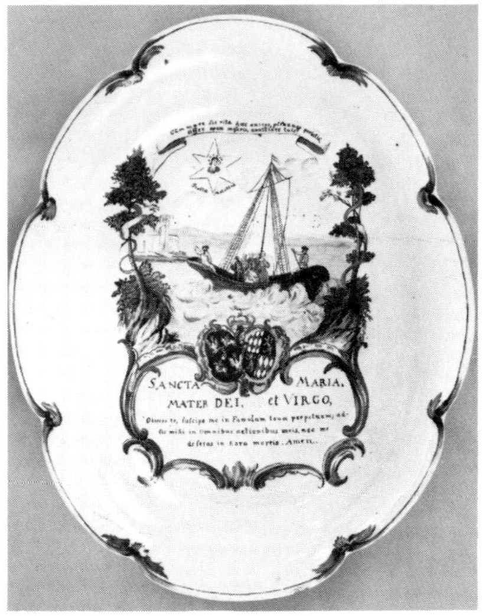

248

246 Teekanne mit Ohrhenkel, Röhrenausguß mit Maskaronansatz und buntem Chinesendekor auf umlaufendem Wiesenstreifen. Farben in Grün, Eisenrot, Gelb, Purpur, zweierlei Blau, Braun, Schwarz und Gold. Goldspitzenbordüren am Kannenrand und Deckel. H 12 cm
Meißen, Böttgerporzellan um 1719 mit Hausmalerei wohl von Johann Philipp Dannhöfer, Bayreuth um 1740.
18000,–/25000,–
Koller

Dannhöfer (1712–1790), war nach seiner Lehrzeit in Wien an verschiedenen Fayencemanufakturen tätig und von 1762 bis zu seinem Tode in Ludwigsburg. Bisher konnte man seinen von Wien geprägten Stil nur auf Fayencen nachweisen.

247 Teller mit brauner Randlinie, bunten Deutschen Streublumen auf der Fahne und Paradiesvögeln auf Bäumen vor einer Burgenlandschaft. ∅ 25,5 cm
Meißen, um 1740, mit Hausmalerdekor.
3500,–/5000,–
Lempertz

248 Schale mit geschweifter Wandung und achtfach gewellter Lippe. Bunter Dekor mit Schriftkartusche von dem bayrisch-sächsisch-böhmischen Doppelwappen bekrönt. Darüber Darstellung einer Seefahrt mit Maria Seestern am Himmel. 36x29 cm
Nymphenburg, 18. Jh. mit Hausmalerei im Auftrag eines königlichen Familienmitgliedes. **5500,–/8000,–**
Koller

Der votivähnliche Charakter der Darstellung läßt eine wahre Begebenheit vermuten.

Kannen und Krüge

MEISSEN

249 Walzenkrug mit Zinndeckel und Bandhenkel. Fein radierter Golddekor mit teetrinkenden Chinesen, Gitterfeldern, Behangornamenten und Wappenkartusche mit AR-Monogramm (Augustus-Rex). H 24 cm
Rotes poliertes Böttgersteinzeug.
Meißen, um 1720/30, Zinndeckel graviert »1737«. **11000,–/15000,–**
Nagel

250 Kaffeekanne in Birnform mit Schnabelausguß, poliertem Goldfond und Fels-Vogel-Motiv in Unterglasurblau. H 20,5 cm
Meißen, um 1735. **2400,–/3200,–**
Koller

Der Fels-Vogel-Dekor nach Arita-Vorbild wurde in Meißen gern mit goldenem Überfond kombiniert. 1756 hat es Fürstenberg für das Service des Freiherrn von Seckendorf kopiert, der dieses von der Ansbacher Manufaktur ergänzen ließ, so daß der Dekor auch dort Verbreitung fand.

251 Wasserkanne mit Silbermontierung. Bunter Kakiemondekor mit dem »Fliegenden Hund« (oder Eichhörnchen oder Fuchs), der auf den Deckel gemalt ist. Asthenkel.
Meißen, um 1735. **6000,–/8000,–**
Almas

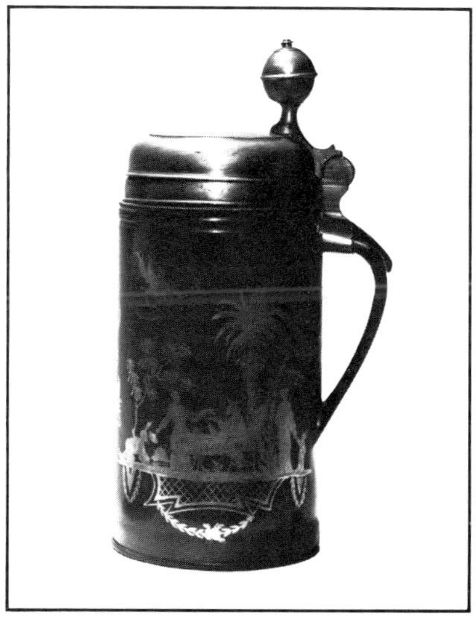
249

250
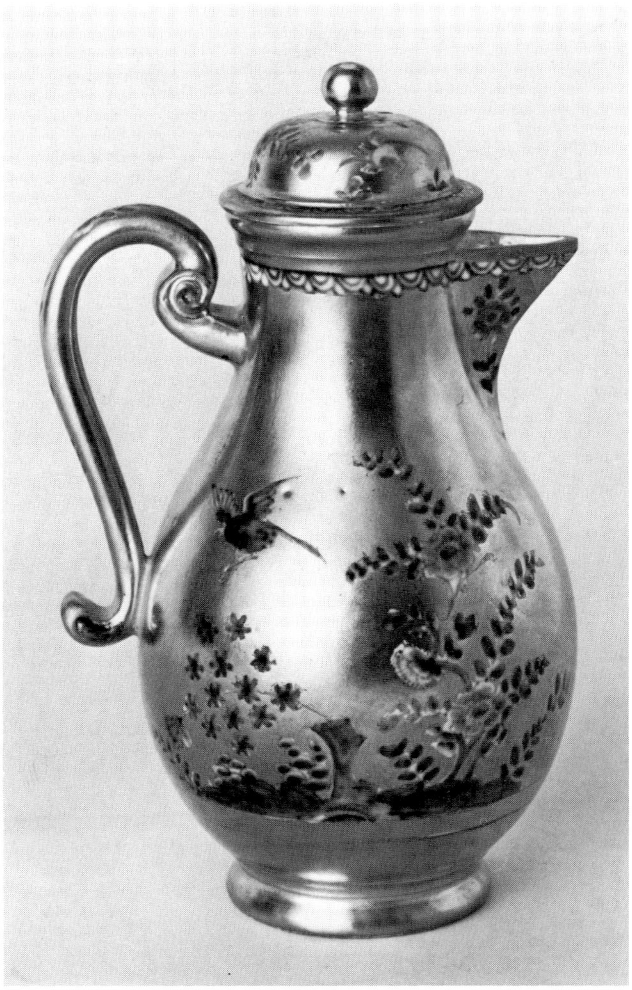

251
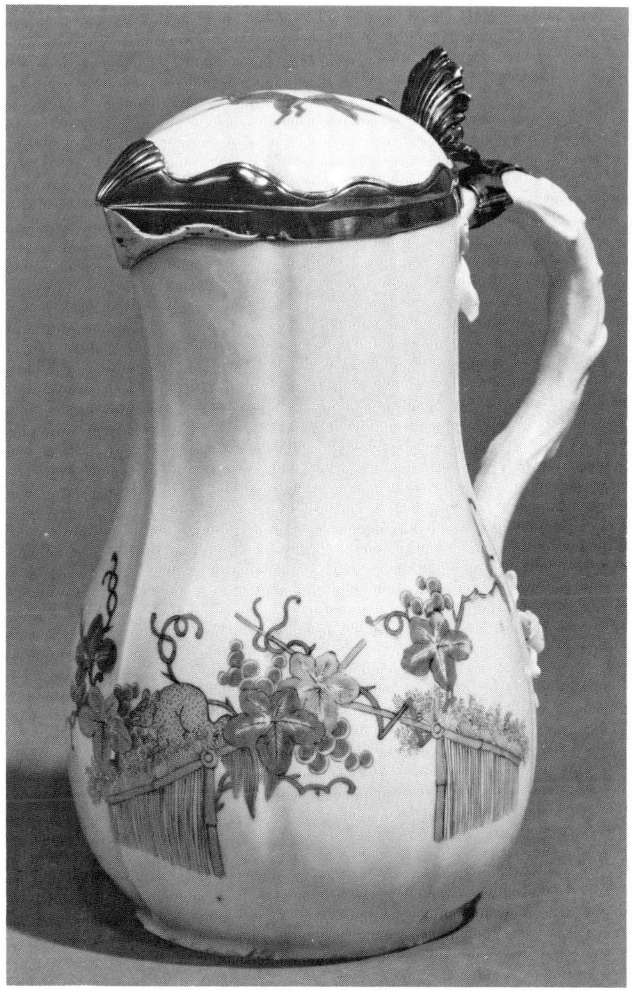

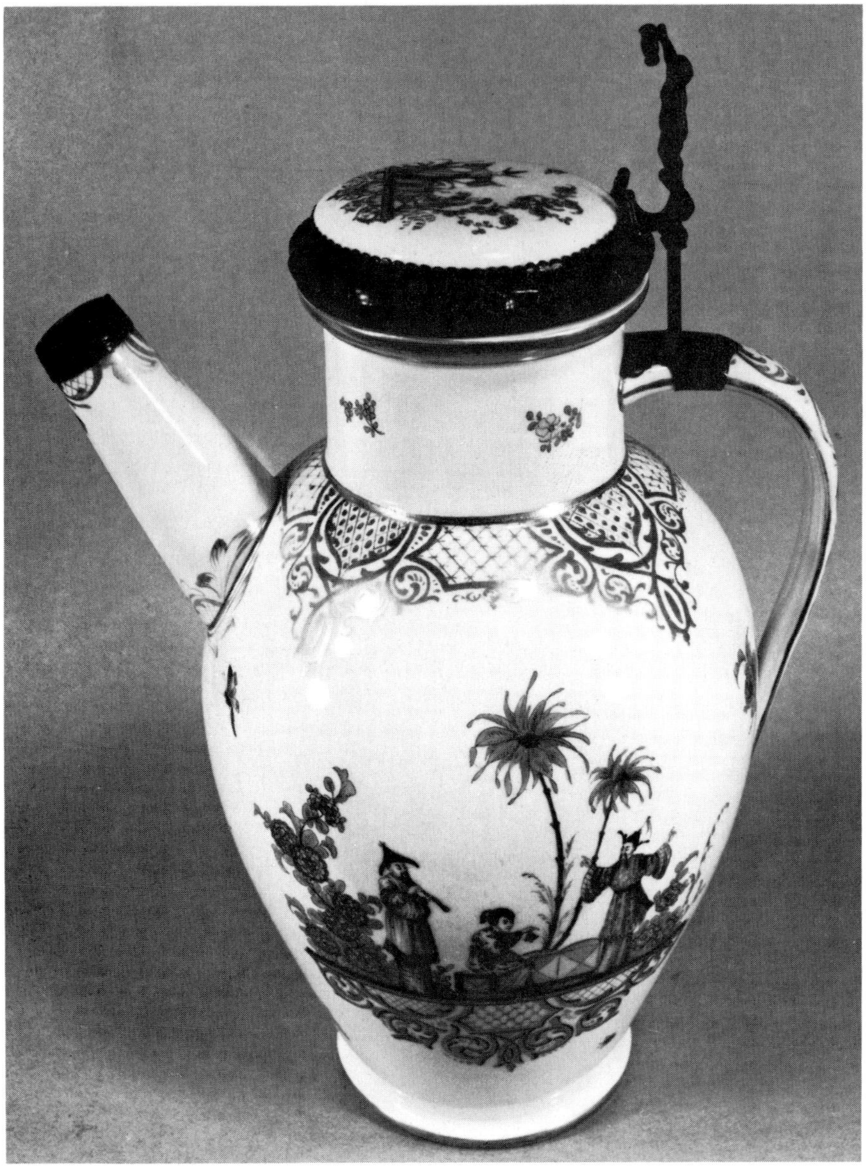

252

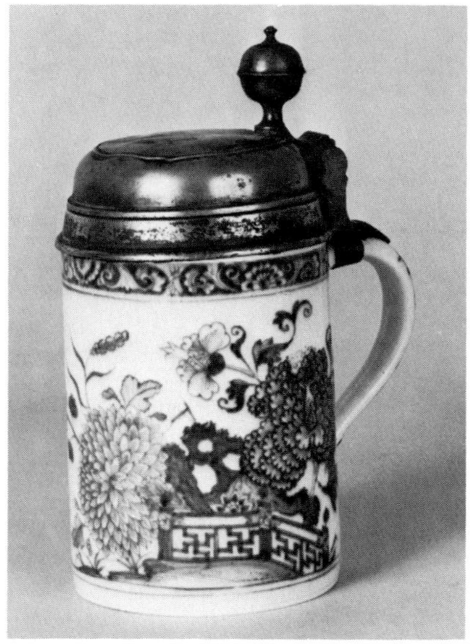

253

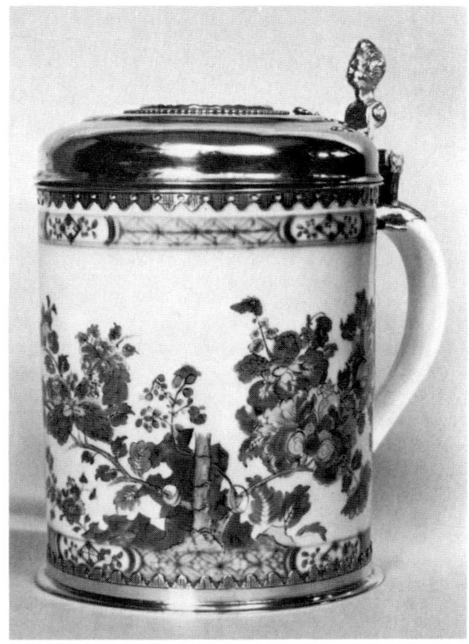

254

252 Weinkrug, bronzemontiert mit abgesetztem Hals, Röhrenausguß und Bandhenkel. Farbige Chinesenszenen und Goldornamentik mit Gitterfeldern und Rankenwerk. H 31 cm
Meißen, 19. Jh. **2800,–/3300,–**
Peretz

253 Walzenkrug mit Zinndeckel, datiert 1786. Reicher asiatischer Dekor in Unterglasurblau mit Chrysanthemen, Päonien, Lochfelsen und Balustrade mit dem glückbringenden Swastikamuster sowie Schmetterling und Brokatmusterbordüre. H 23,5 cm
Meißen, Marcolini-Zeit. **3600,–/4600,–**
Koller

254 Walzenkrug mit vergoldeter Silbermontierung. Unterglasurdekor sowie Überdekor mit bunten Indianischen Blumen. H 17 cm
Meißen, um 1730. **20000,–/25000,–**
Saal

Wieviel feiner und minuziöser die Malerei mit dem Überdekor bei dem früheren Krug ist, macht die Gegenüberstellung zweier sehr gut vergleichbarer Stücke deutlich. Der Preisunterschied erklärt sich zudem aus der wertvolleren Montierung bei dem älteren Stück.

Farbtafel VII

Kaffeekanne in oktogonaler Birnform auf hohem vergoldetem Standring mit Haubendeckel und vergoldetem Ausguß. Reiche polychrome Chinesenszenen auf Goldkonsolen mit Purpurmedaillons sowie eisenroten und purpurnen Ranken.
H 22 cm
Meißen, um 1735 **32 000,–**

Reichert

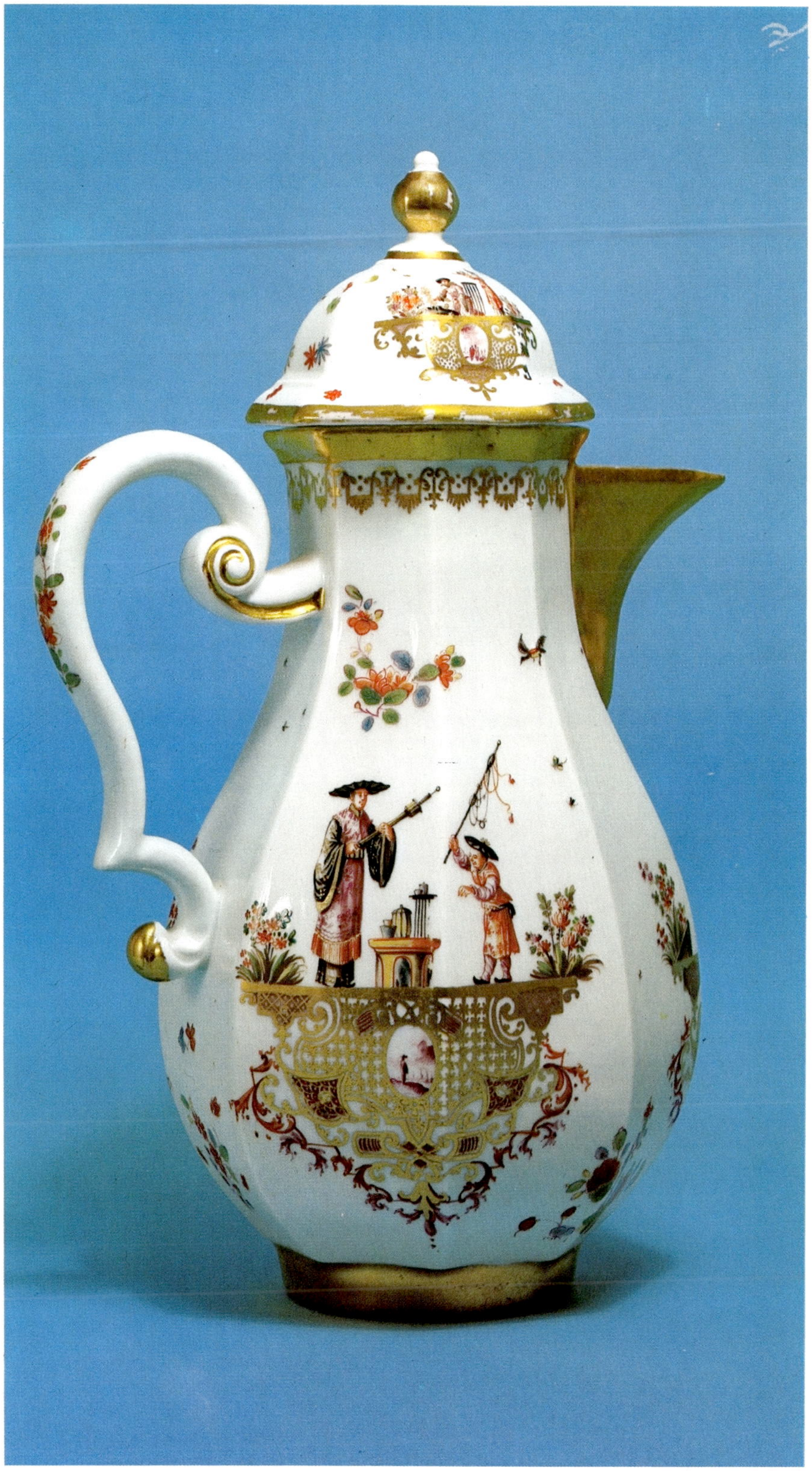

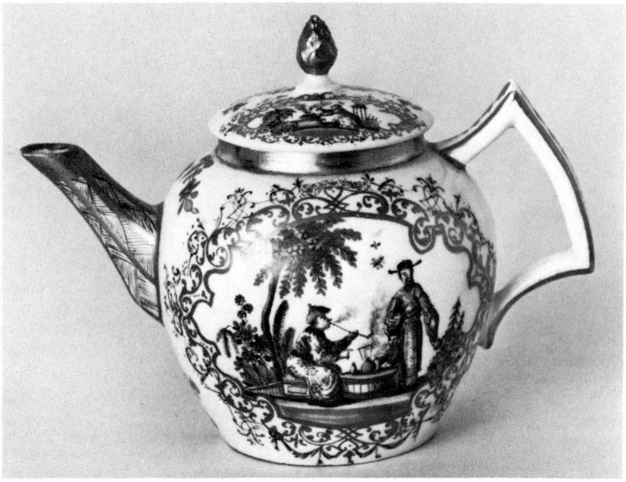

255

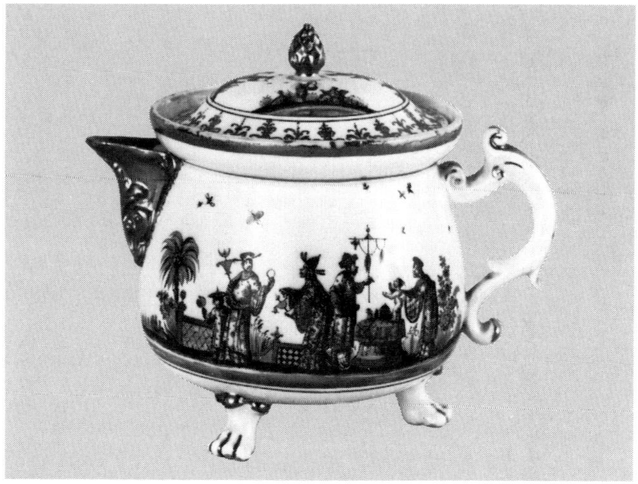

256

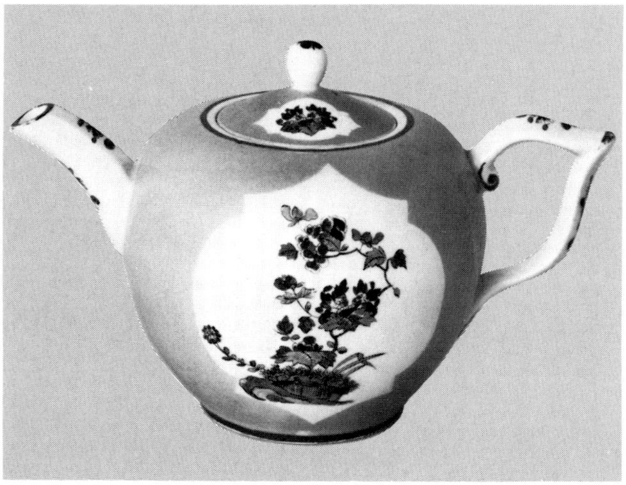

257

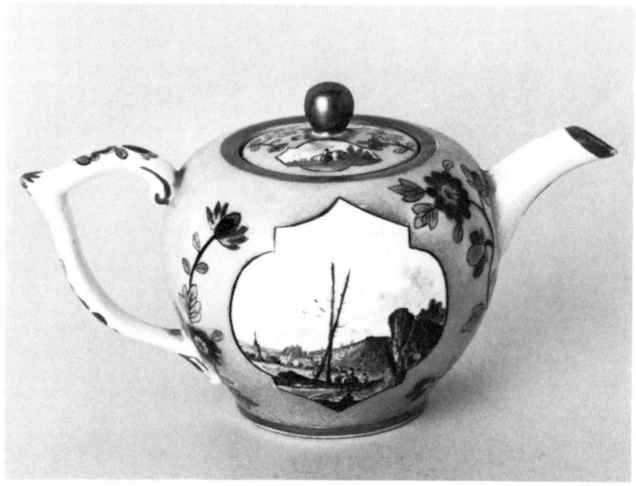

258

255 Teekanne mit Vierkanthenkel und Pinienzapfen als Deckelknauf. Kugelige Wandung beidseitig mit bunten Chinesenszenen in reichen Goldkartuschen mit purpurfarbenem Laub- und Bandelwerk sowie Indianischen Blumen. Der Ausguß korbweidenartig, eisenrot und purpur staffiert. H 10 cm
Meißen, um 1736/38. **9500,–/12000,–**
Koller

256 Deckelkanne auf drei Löwenfüßen. Vergoldeter Ausguß mit Blattrelief und goldstaffiertem, fassoniertem Henkel. Farbige, goldstaffierte Chinesenszenen auf umlaufendem Terrainstreifen.
Meißen, um 1725, Malerei in der Art des Johann Gregor Höroldt. **9500,–/14000,–**
Koller

257 Kugelige Teekanne mit kantigem Ausguß und J-Henkel. Türkisblauer Fond mit Päonienstaude über Reisighecke in passiger Reserve. Deckel ebenfalls mit Blumenreserven im Kakiemonstil. H 12 cm
Meißen, um 1735. **4000,–/5500,–**
Koller

Vorbild der Meißner Fondgeschirre, von Höroldt erstmals in den zwanziger Jahren des 18. Jahrhunderts geschaffen, waren die chinesischen Porzellane der K'ang-Hsi-Zeit und der Chêng-Periode (1662–1735). Dem bildlichen Schmuck räumte man kleine, meist goldgerahmte Reserven ein.

258 Teekännchen mit J-Henkel und kantigem Ausguß. Seltener Pfirsichblütenfond mit ausgesparten farbigen Blütenzweigen und bunten Landschaften mit Figurenstaffage in braungeränderten, passigen Reserven. H 8 cm
Meißen, um 1735/40. **3700,–/4500,–**
Koller

Der Pfirsichblütenfond wird erstmals 1731 neben den Farben Gelb, Dunkelblau, Himmelblau, Stahlgrün, Meergrün, Hell- und Dunkelgrau, Purpur und Rot genannt, während der königsblaue Aufglasurfond erst in den sechziger Jahren gemeistert wurde.

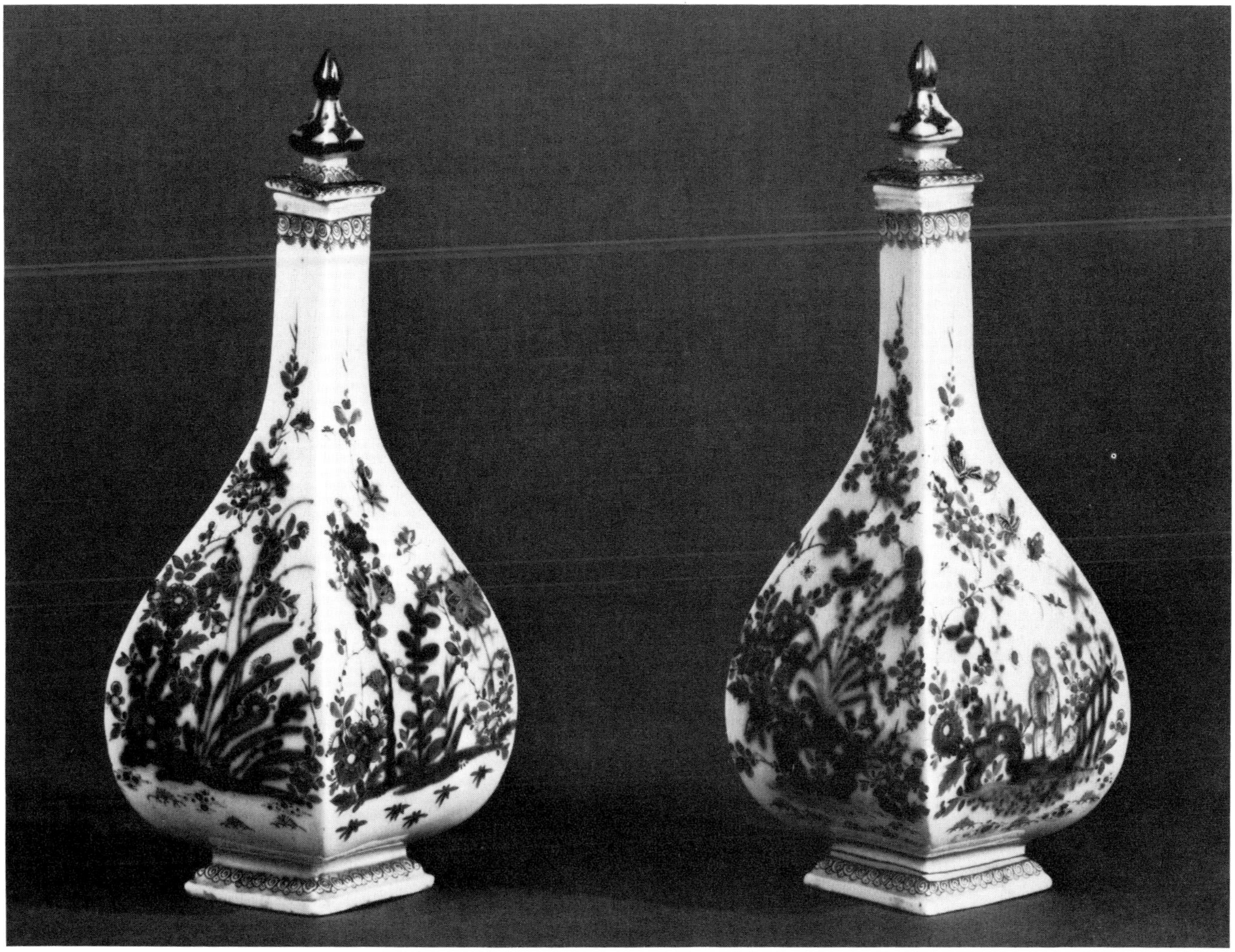

259

259 Zwei Sakeflaschen. Über quadratischem Stand gebauchte Vierkantform in langen, schmalen, quadratischen Hals auslaufend. Blauer Unterglasurdekor mit Lochfelsen, Insekten und Chinesen, Überdekor in Eisenrot, Purpur, Grün, Gelb und Gold mit Indianischen Blumen. H 22,5 cm
Meißen, um 1723/28, eine Flasche ungemarkt, die andere mit pseudochinesischer Marke. **25000,–/30000,–**
Christie's (Cooper)

260 Teekanne mit Tierkopfausguß und C-Henkel. Purpur-goldene Rankenkartuschen mit Kauffahrteiszenen in Schwarzlotmalerei.
Meißen, KPM-Marke und Schwertermarke, um 1723/25. **6000,–/9000,–**
Lempertz

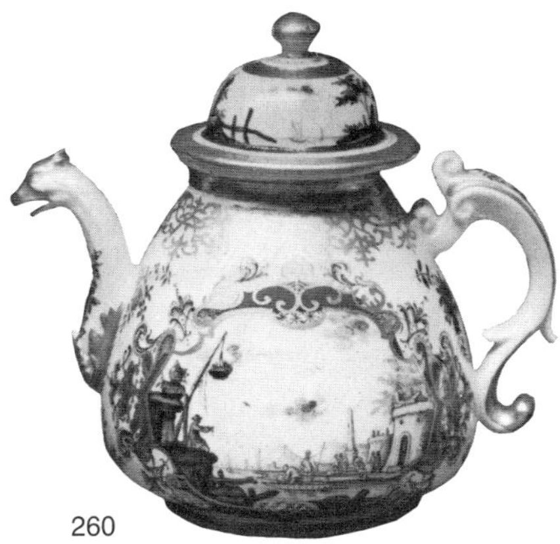

260

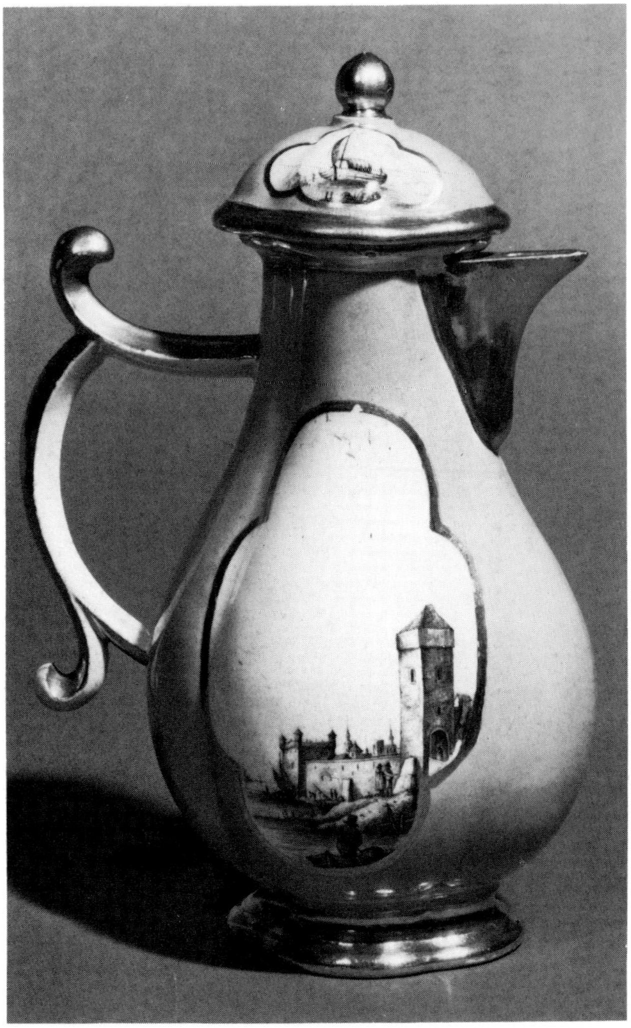

261

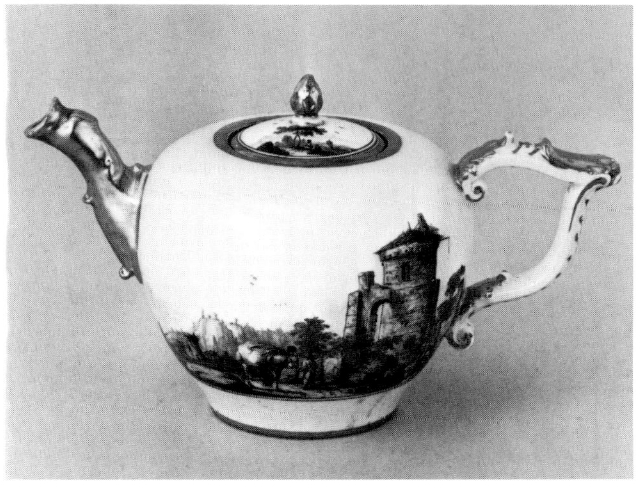

262

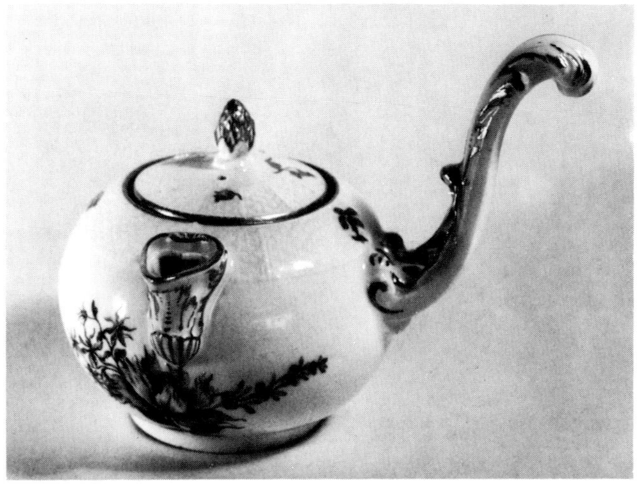

263

261 Kaffeekanne. Vierpassig eingedrückte Birnform mit vergoldetem Schnabelausguß. Meergrüner Fond mit Hafenszenen in Purpur-camaïeu in goldgerahmten Vierpaßreserven.
Meißen, um 1735/40. **12000,–/18000,–**
Almas

Hafen- und Kauffahrteiszenen in Purpurcamaïeu waren besonders zwischen 1730 und 1745 beliebt. Die grüne Fondfarbe kommt in verschiedenen Tönen vor: Man unterscheidet Erbsengrün, Apfelgrün, Lindgrün, Seegrün, das wiederum reich abgestuft von fast Himmelblau bis Türkis reicht.

262 Kugelförmige Teekanne mit reliefiertem J-Henkel, vergoldetem Tierkopfausguß und Pinienzapfenknauf. Umlaufende bunte Landschaftsmalerei mit Landleuten und Schiffen über eisenroten Doppelstandringen. H 11 cm
Meißen, um 1740, Malerei wohl von Johann Christoph Dietrich. **4500,–/6000,–**
Koller

263 Teekännchen in Kugelform auf Standring mit hochgezogenem Akanthusblattgriff. Einsatzdeckel und Gefäßrand mit Ozierrelief. Wandung mit bunten trokkenen Blumen, Ränder goldstaffiert.
H 8 cm (ohne Griff)
Meißen, um 1740/45. **3000,–/4000,–**
Saal

264 Milchkännchen. Gebauchte Form mit Schnabelausguß, J-Henkel und Fruchtknauf. Farbige Kauffahrteiszenen in Goldkartuschen mit Purpurlinien. Goldene Randlinien und Goldspitzenbordüre an der oberen Kante. H 13 cm
Meißen, um 1740. **4000,–/5000,–**
Saal

265 Schokoladenkanne in Zylinderform mit hochangesetzter Astwerktülle und messingmontiertem Holzgriff. Deckel ergänzt. Bunter Blumendekor. H 11 cm
Meißen, um 1760. **1200,–/1500,–**
Ruef (Himpsl)

266 Schokoladenkanne mit messingmontiertem Holzgriff und reicher Kauffahrteiszene in passiger Goldrankenkartusche mit Lüsterfond. H 10 cm
Meißen, um 1735. **3000,–/4000,–**
Ruef (Himpsl)

267 Schokoladenkanne mit Holzgriff. Fonddekor mit Zweigen und Vögeln im Kakiemonstil und Bildreserven. H 11 cm (Deckel ergänzt)
Meißen, um 1740. **1400,–/1800,–**
Ruef (Himpsl)

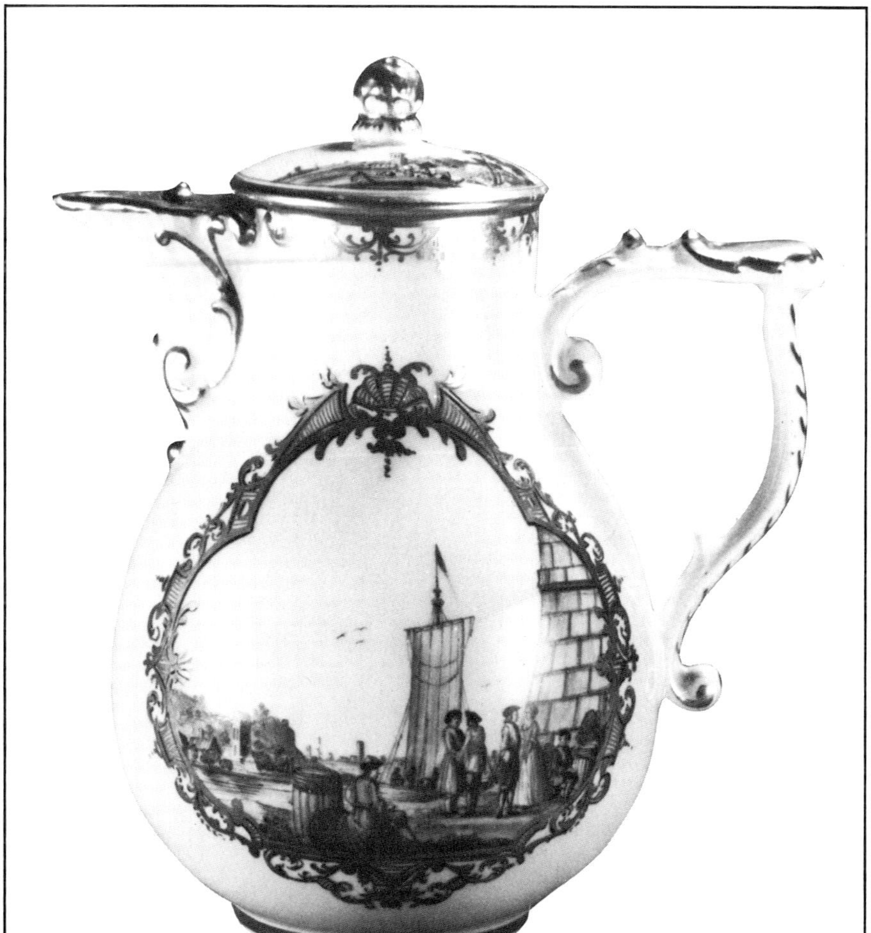
264

265/266/267

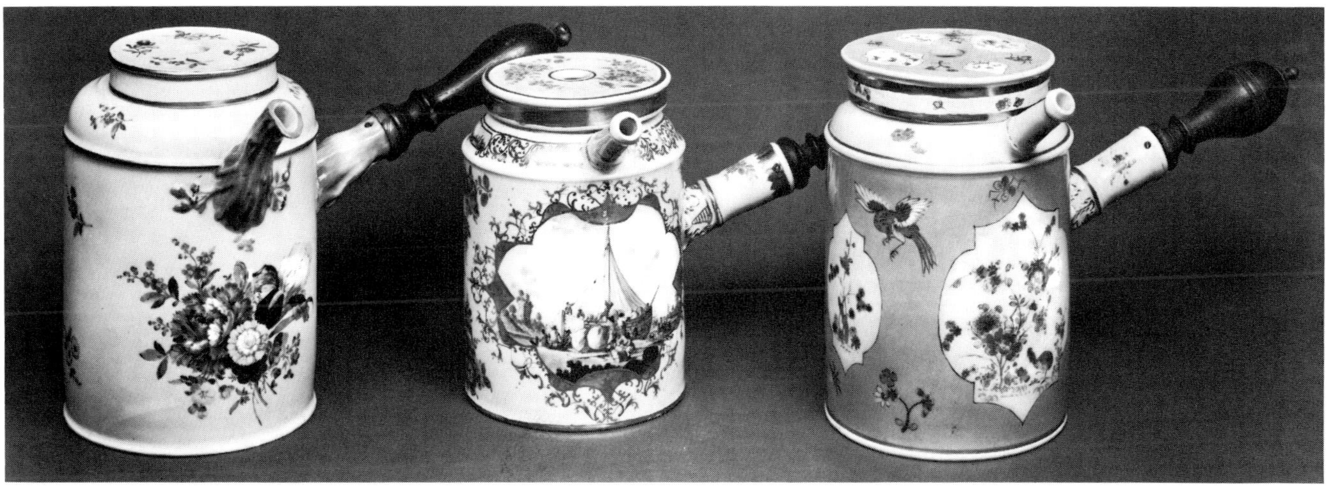

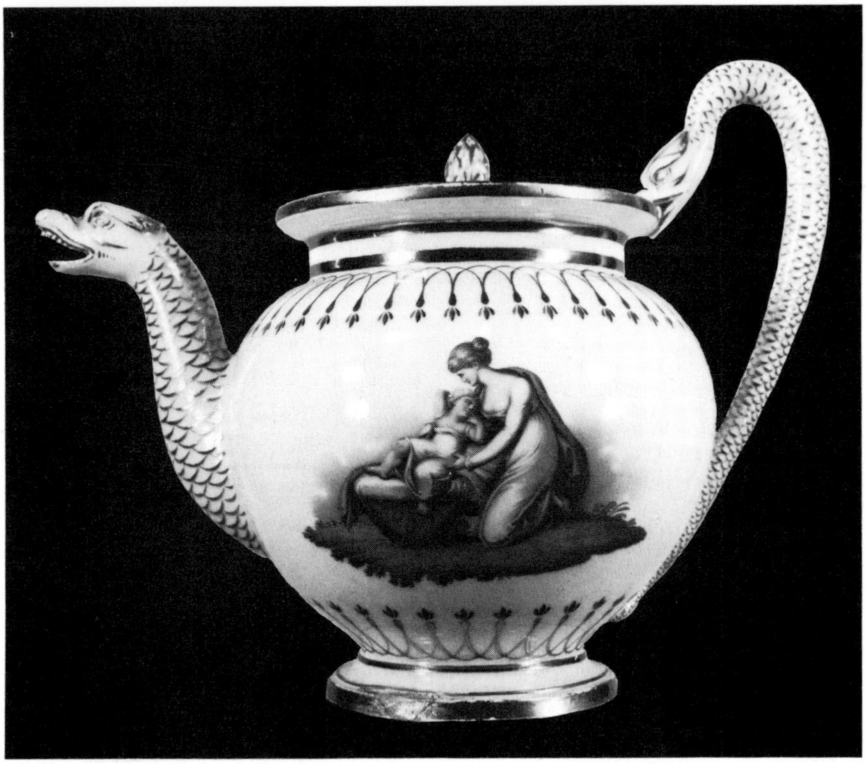

268

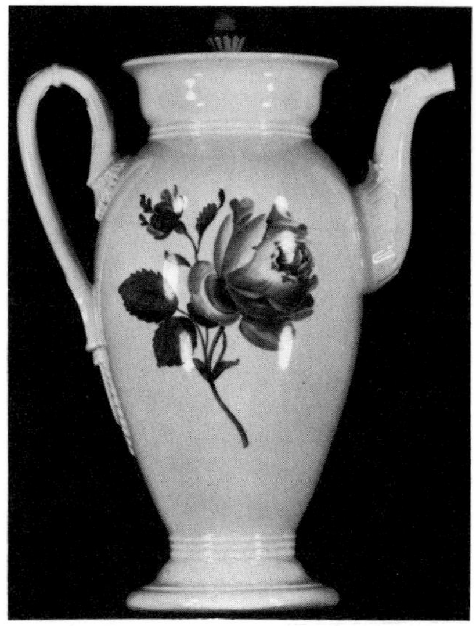

269

270

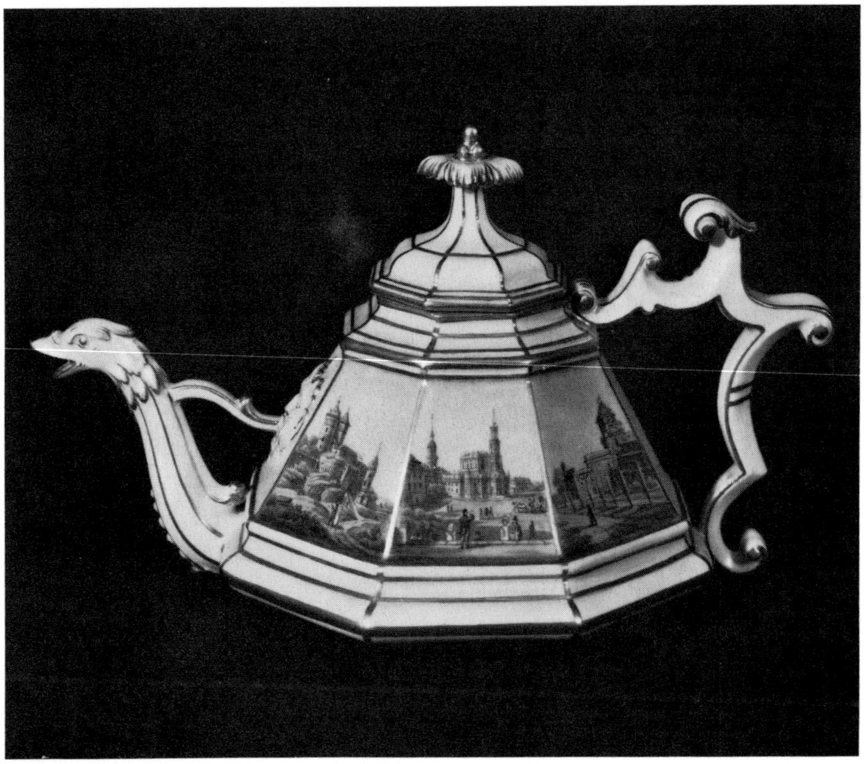

268 Kugelige Teekanne mit Schlangenhenkel, Tierkopfausguß und Pinienzapfenknauf. Antikisierende Darstellung mit Mutter und Kind auf Landschaftssockel.
Meißen, Marcolonimarke, Anfang 19. Jh. **2400,–/2800,–**
Peretz

269 Kaffeekanne mit Rosendekor im Empirestil. H 25,5 cm
Meißen, 19. Jh. **350,–/500,–**
Peretz

270 Teekanne in profilierter, sich nach oben verjüngender Oktogonalform. Tierkopfausguß und fassonierter Henkel. Wandung durch Goldstreifen in Felder geteilt, mit Ansichten der Sächsischen Schweiz und Dresden. H 11 cm
Meißen, 19. Jh. **3000,–/5000,–**
Kunsthaus am Museum

Die Kanne geht auf ein um 1715 von J. J. Irminger entworfenes Modell zurück, das auch in Böttgersteinzeug und in Porzellan mit aufgesetzten, bunt staffierten Blumen vorkommt.

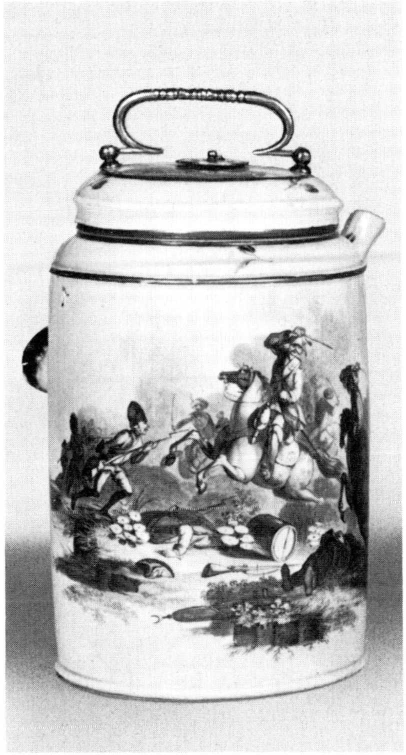

271

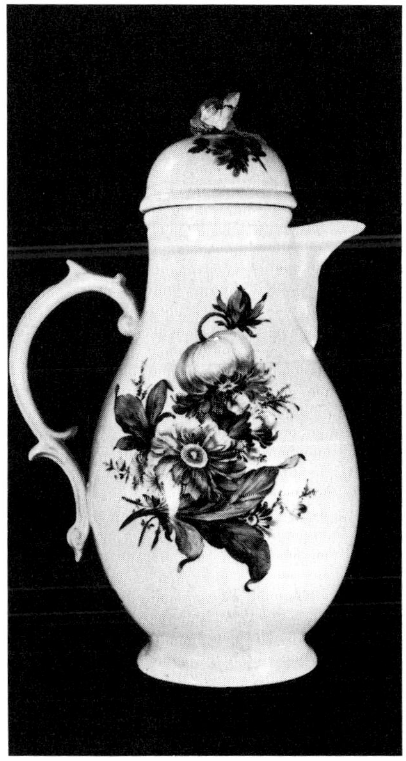

272

273

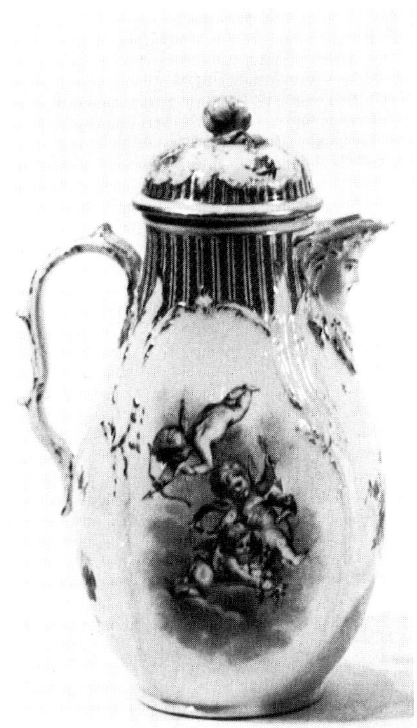

274

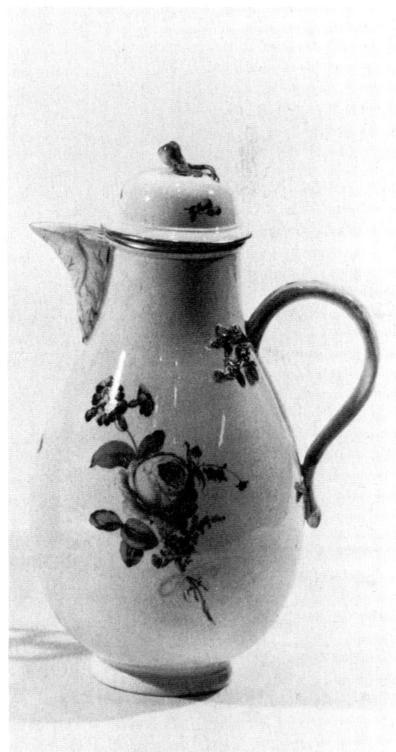

271 Schokoladenkanne mit Holzgriff in Zylinderform. Umlaufende Reiterszene in Purpur-camaïeu. H 22 cm
Ludwigsburg, um 1760. **4000,–/5000,–**
Nagel

272 Kaffeekanne in Birnform mit Schnabelausguß und fassoniertem Henkel. Haubendeckel mit Rosenblütenknauf. Bemalung mit feinen bunten Manierblumen. H 23 cm
Fürstenberg um 1760/70. **1200,–/1700,–**
Saal

273 Kaffeekanne mit Rocaillehenkel, Maskaronausguß und plastischer Blüte als Deckelknauf. Dekor »Reliefzierrat mit Stäbchen« in Purpur mit Gold. Leibung und Deckel mit »Fliegenden Kindern« nach Boucher in Grisaille sowie bunten Blumensträußen und Streublumen. H 24,5 cm
Berlin, um 1780. **2000,–/2500,–**
Spik (Zenker)

Der »Reliefzierrat mit Stäbchen« wurde unter Gotzkowsky (1761–1763) entworfen und stellt eines der beliebtesten Berliner Geschirrmuster dar.

274 Kaffeekanne in Birnform auf gewulstetem Standring mit blütenförmig reliefiertem Ausguß, Asthenkel, Haubendeckel und Birnengriff. Polychrome Blumenmalerei und Goldränder. H 25 cm (Deckel repariert)
Höchst, um 1760/65. **1200,–/1600,–**
Spik (Zenker)

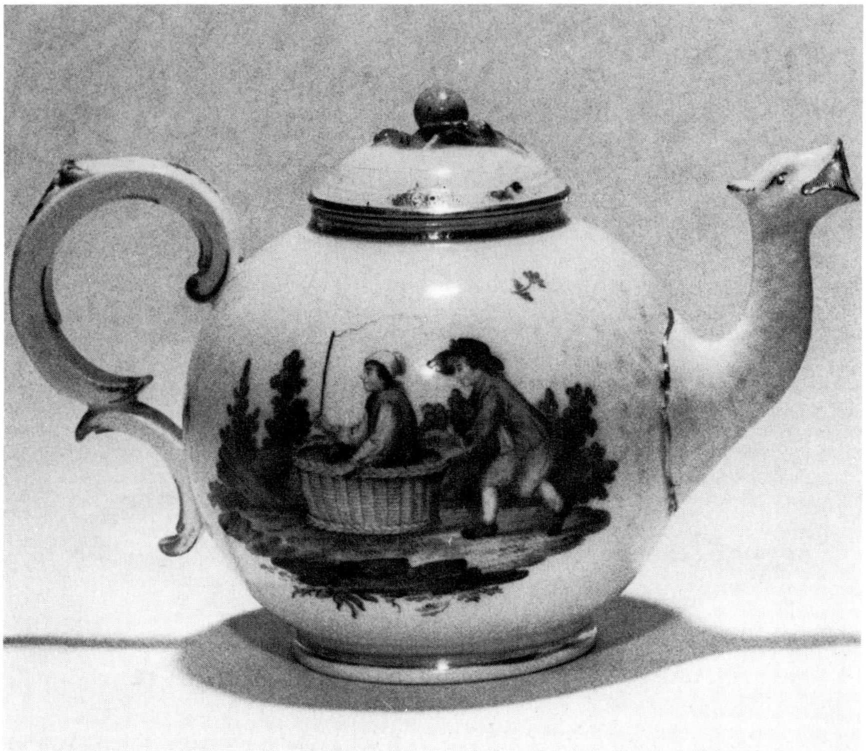

275

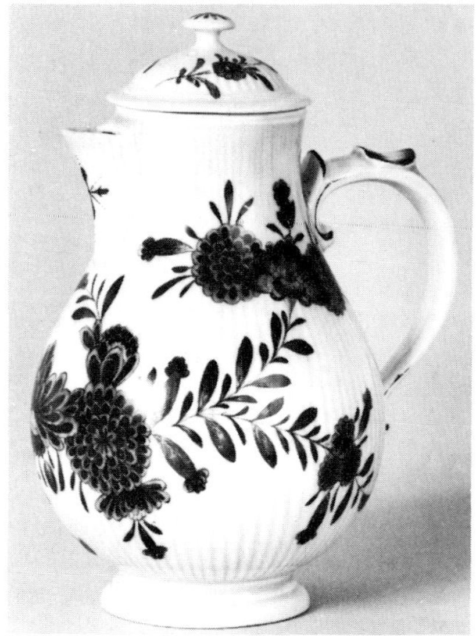

276

277

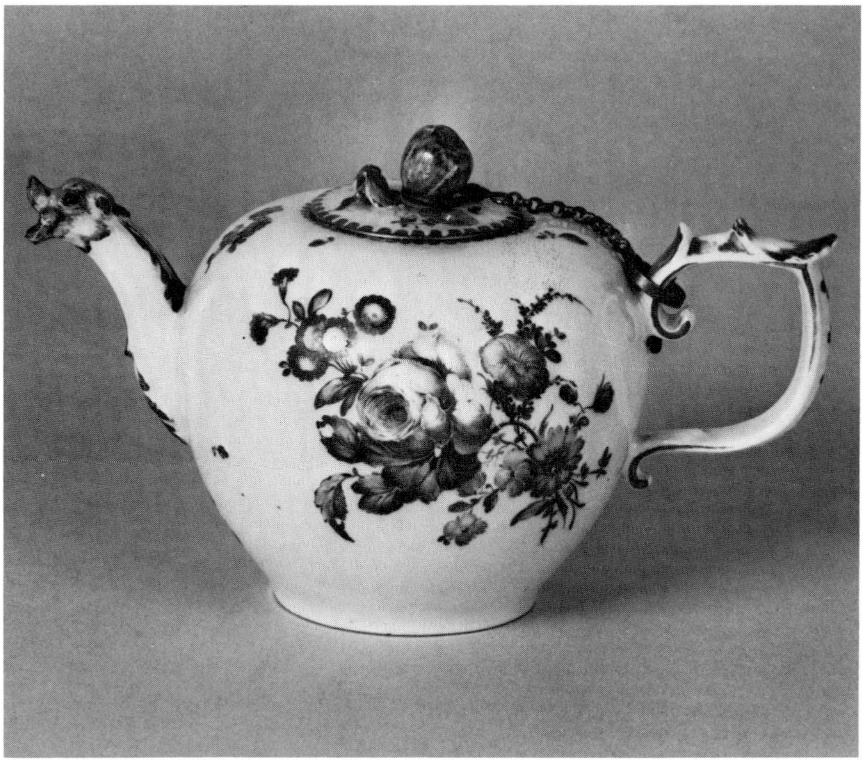

275 Teekännchen. Kugelige Form mit Rocaillehenkel und Tierkopfausguß. Dekkelknauf als plastische Frucht. Die Wandung seitlich mit je einer bunten Darstellung spielender Kinder. H 9,5 cm
Fulda, Heinrichsmarke FF, um 1785.
9000,–/12000,–
Nagel

276 Kaffeekanne in Birnform. Astern und Päoniendekor in Purpur-camaïeu auf Rippenrelief. H 18 cm
Zürich, um 1765/70. **1500,–/2200,–**
Koller

Rippendekor mit Indianischen oder Deutschen Blumen gehörte zum beliebtesten Dekor auf Gebrauchsgeschirr des 19. Jahrhunderts und wurde von fast allen kleineren deutschen Manufakturen (besonders Rauenstein und Limbach) hergestellt.

277 Teekanne, kugelige Form mit Vogelkopfausguß, ausladendem J-Henkel und Blüte als Knauf. Zwei große, polychrom staffierte Blumensträuße auf der Gefäßwandung. H 11 cm
Zürich, um 1770. **4500,–/5500,–**
Koller

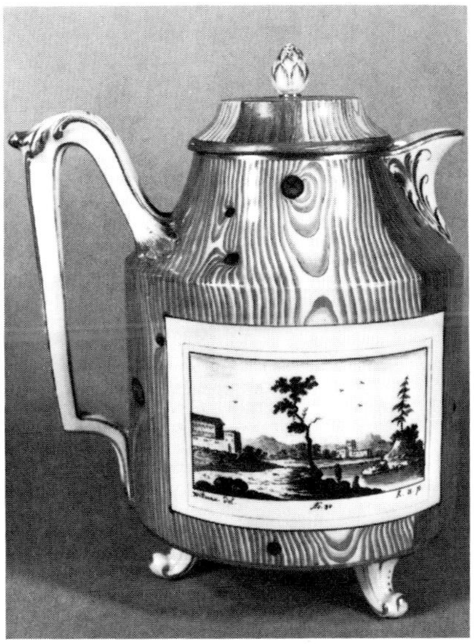

278 Kaffeekanne mit zylindrischem Korpus, kegelförmig eingezogener Schulter und hochgezogenem, leicht gekanteten Henkel auf drei Volutenfüßen. Holzmaserdekor »décor bois« mit zwei Landschaftsstichen nach Wittmann und König.
H 21 cm
Wien, Empirezeit. **650,–/800,–**
Peretz

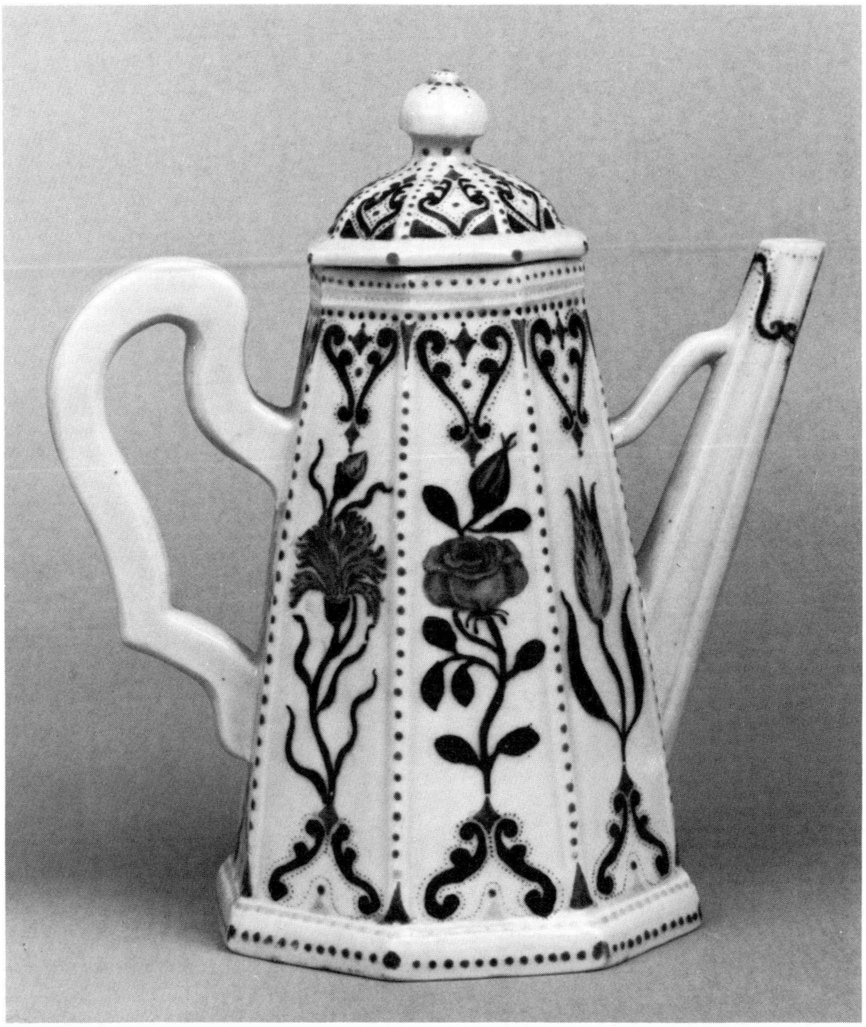

279 Kaffeekanne in oktogonaler, sich nach oben verjüngender Form mit Stegausguß und Haubendeckel. Die konischen Felder, bekränzt mit blauen Punktlinien, die obere und untere Kante mit roten, gelben und blauen Punktlinien. In den Feldern groß aufsteigend eine Tulpe, Rose und Nelke in Purpur, Schwarz, Blau und Gelb zwischen Régence-Ornamenten. H 16 cm
Venedig, Purpurmarke, Vezzi, um 1725.
70000,–/80000,–
Christie's (Cooper)

Typisch für die Produkte der nur sieben Jahre bestehenden Manufaktur von Vezzi ist die oktogonale, an Silberarbeiten orientierte Form, da Vezzi selbst Goldschmied war.

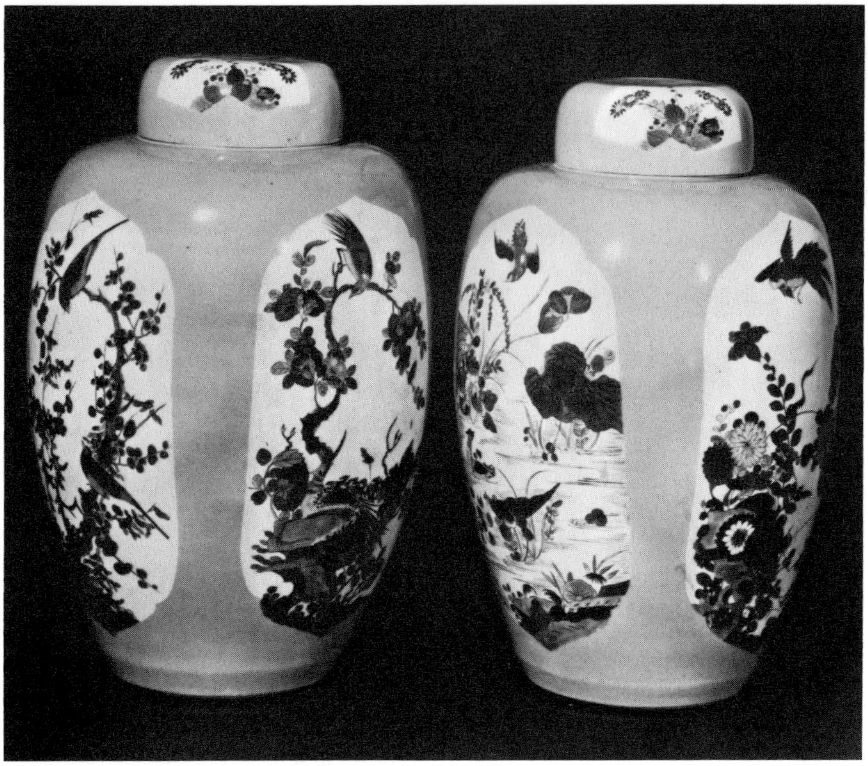

280

281

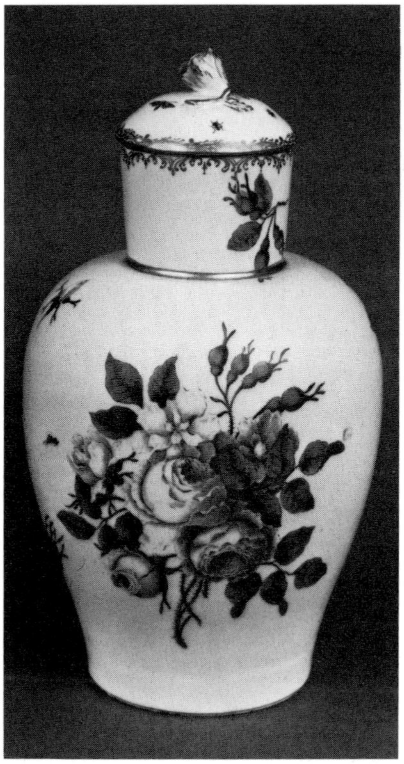

282

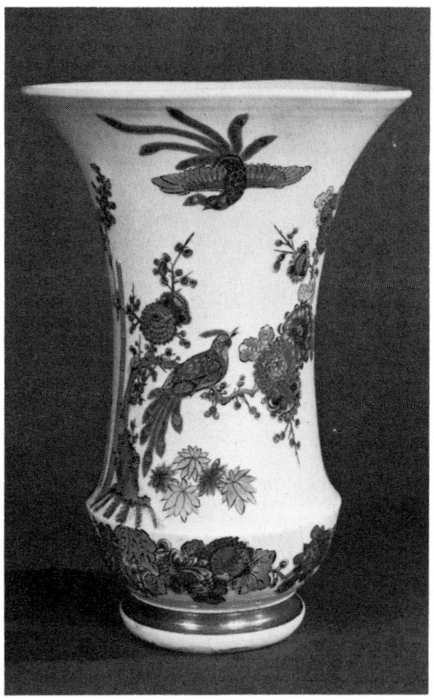

Vasen und Brûle-Parfums

Als »Brûle-parfums« bezeichnet man meist urnenförmige Vasen oder Gefäße auf einem Untersatz. Darin werden durch einen Öl- oder Wachsbrenner Parfumessenzen erwärmt, und der dadurch entstehende Duft entweicht durch einen durchbrochenen Deckel.

280 Ein Paar Augustus-Rex-Deckelvasen. Zitronengelber Fond und Reserven mit ostasiatischen Landschaften, Blütenzweigen und Vögeln. H 37 cm
Meißen, um 1720/30. **170000,–/200000,–**
Christie's (Cooper)

281 Augustus-Rex-Deckelvase. Balusterform mit eingezogenem zylindrischem Hals und Deckel mit Blütenknauf. Lippenrand und Deckelrand mit Goldspitzenbordüre. Farbige Blumenmalerei in Holzschnittmanier in der Art des Johann Gottfried Klinger. H 20 cm
Meißen, AR-Marke, um 1735/40.
5000,–/8000,–
Christie's (Cooper)

Auch unter August III. (1733–1763) wurde die AR-Marke verwendet. Klinger war in Meißen zwischen 1726 und 1746 als Maler für botanische Blumen beschäftigt, bevor er nach Wien überwechselte.

282 Augustus-Rex-Vase. Über rundem Standring und gekantetem Unterteil nach oben kelchförmig sich weitende Tulpenvase mit reicher Bemalung in Eisenrot, Purpur, Blau, Grün und Gelb von Johann Ehrenfried Stadler. H 35 cm
Meißen, blaue AR-Marke, um 1728/30.
65000,–/80000,–
Christie's (Cooper)

Seit 1723 wurde die AR-Marke verwendet. August der Starke bestellte diese großen, blütenförmigen Vasen entweder als Prachtgeschenke oder häufiger für das Japanische Palais.

283 Ein Paar Schneeballenvasen in Urnenform. Die ganze Gefäßwandung dicht besetzt mit farbig zart staffierten Schneeballenblüten. Zusätzlich plastisch applizierte Schneeballen, als Henkel naturalistisch gebildete, bunt staffierte Zweige mit Ästen, auf denen Vögel sitzen. Als Deckelbekrönung Vögel mit ausgebreiteten Schwingen auf Kirschzweigen. H 60 cm
Meißen, Marcolinimarke. **12000,–/15000,–**
Ruef (Himpsl)

Die von Kändler entworfenen Schneeballenvasen gingen als Repräsentationsgeschenke an den Hof Ludwigs XV. und den bayerischen Kurfürsten. 1760 bestellte Friedrich der Große sechs Schneeballenvasen für je 530 Taler.

284 Deckelpokal. Glockenförmige Kuppa mit zwei Rocaillehenkeln über Balusterfuß und breitem Standring. Haubendeckel mit farbiger Blattrocaille als Knauf und emblematischer Bemalung. Am oberen Gefäßrand Sinnspruch, darunter sitzende nackte Venus, die von einem Amorknaben bekränzt wird. Zu ihren Füßen ein turtelndes Taubenpaar. H 31 cm
Meißen, 2. Hälfte 18. Jh. Bemalung von Johann Georg Loehning. **6000,–/7000,–**
Evgret von Bary

Loehning, seit ca. 1763 an der Manufaktur, gilt als der beste Meißner Figurenmaler des Klassizismus.

285 Prunkdeckelvase in Balusterform über angesetztem Volutensockel. Vorder- und Rückseite mit Watteaureserven, gerahmt von großen, plastisch aufgesetzten, bunt staffierten Blumen und Früchten. Seitlich große, naturalistisch gebildete und staffierte Asthenkel mit plastisch aufgelegten Blumen. Am Sockel Flora mit Blumenkorb, darüber geflügelter Amorknabe. Durchbrochener Haubendeckel mit Reliefrocaillen und reichem Blumenaufsatz. H 73 cm
Meißen, 19. Jh. **7000,–/10000,–**
Ruef (Himpsl)

Die Vase geht auf ein 1760 von Friedrich dem Großen bestelltes Kändlermodell zurück. Charakteristische Zutat des zweiten Rokoko ist der Volutenuntersatz, der bei Kändler fehlt.

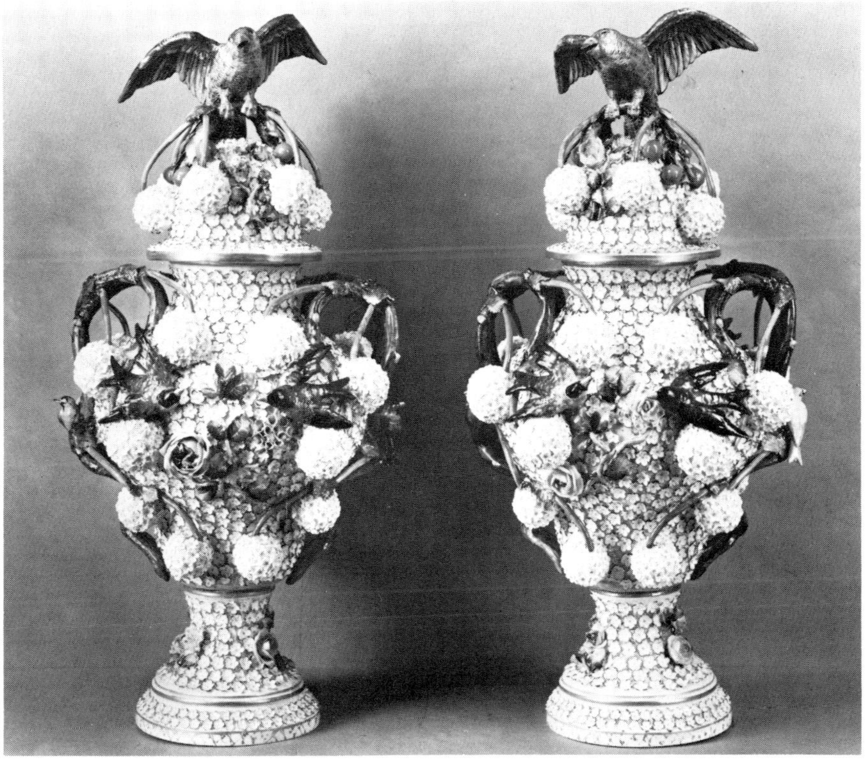

283

285

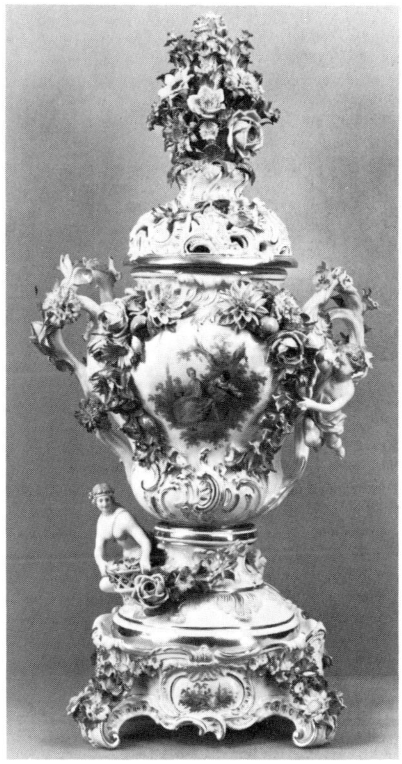

284

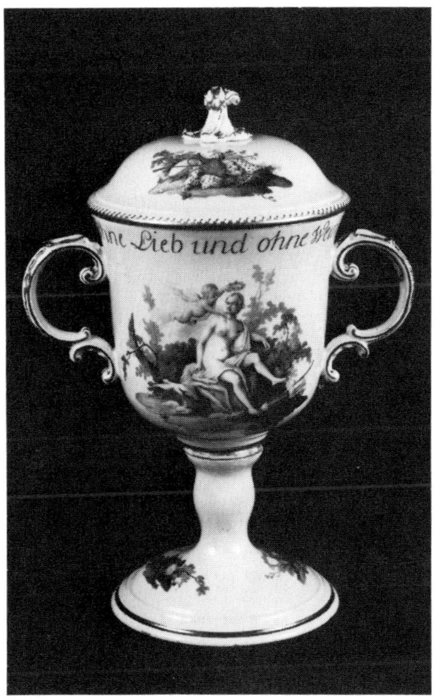

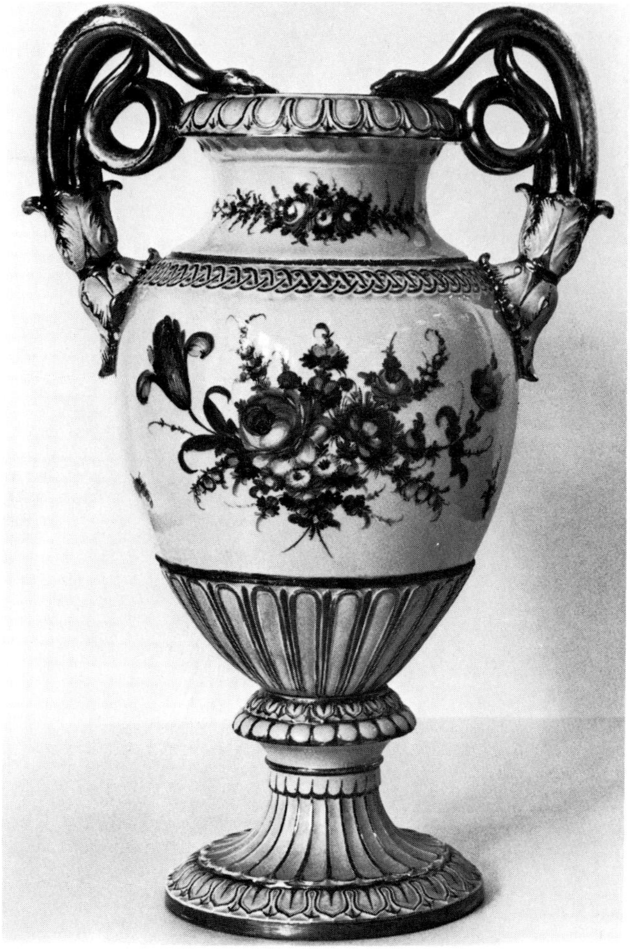

286

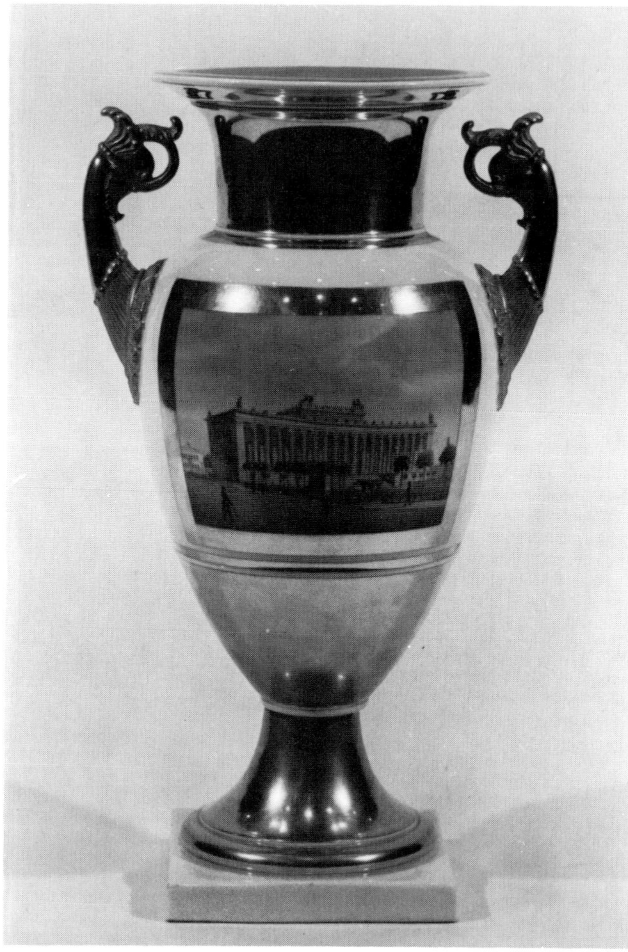

287

288

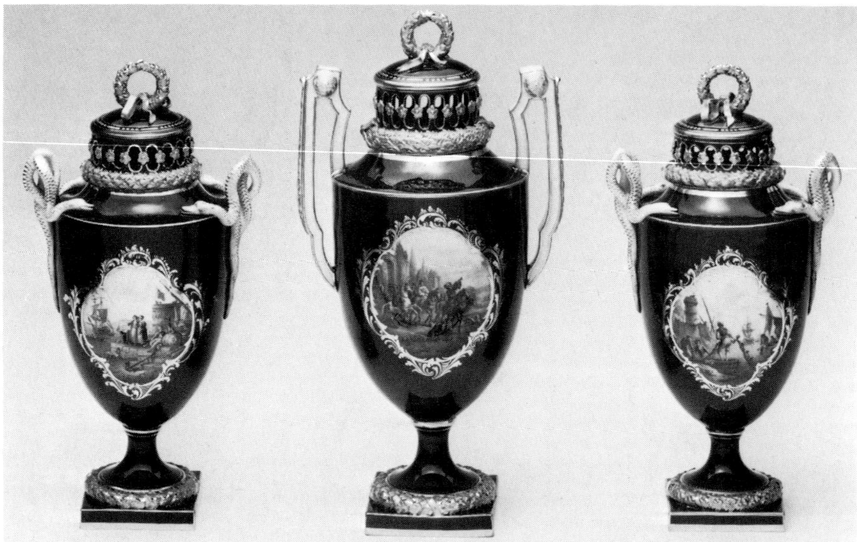

286 Urnenförmige Prunkvase mit zwei gerollten Schlangenhenkeln. Antikisierende Zopf-, Stab- und Blattornamentik an Fuß, Schulter und Lippenrand. Gefäßwandung mit bunten Manierblumen und Hals mit Blütengirlande. H 48 cm
Meißen, Modell von Leuteritz um 1850.
2200,–/3000,–
Arnold (Englert)

287 »Französische Vase« in Amphorenform auf Rechteckplinthe mit vegetabilischen Griffen. Reich vergoldet mit bunter Ansicht des Alten Museums zu Berlin.
H 35 cm
Berlin, KPM, um 1832/37. **4500,–/6000,–**
Spik (Zenker)

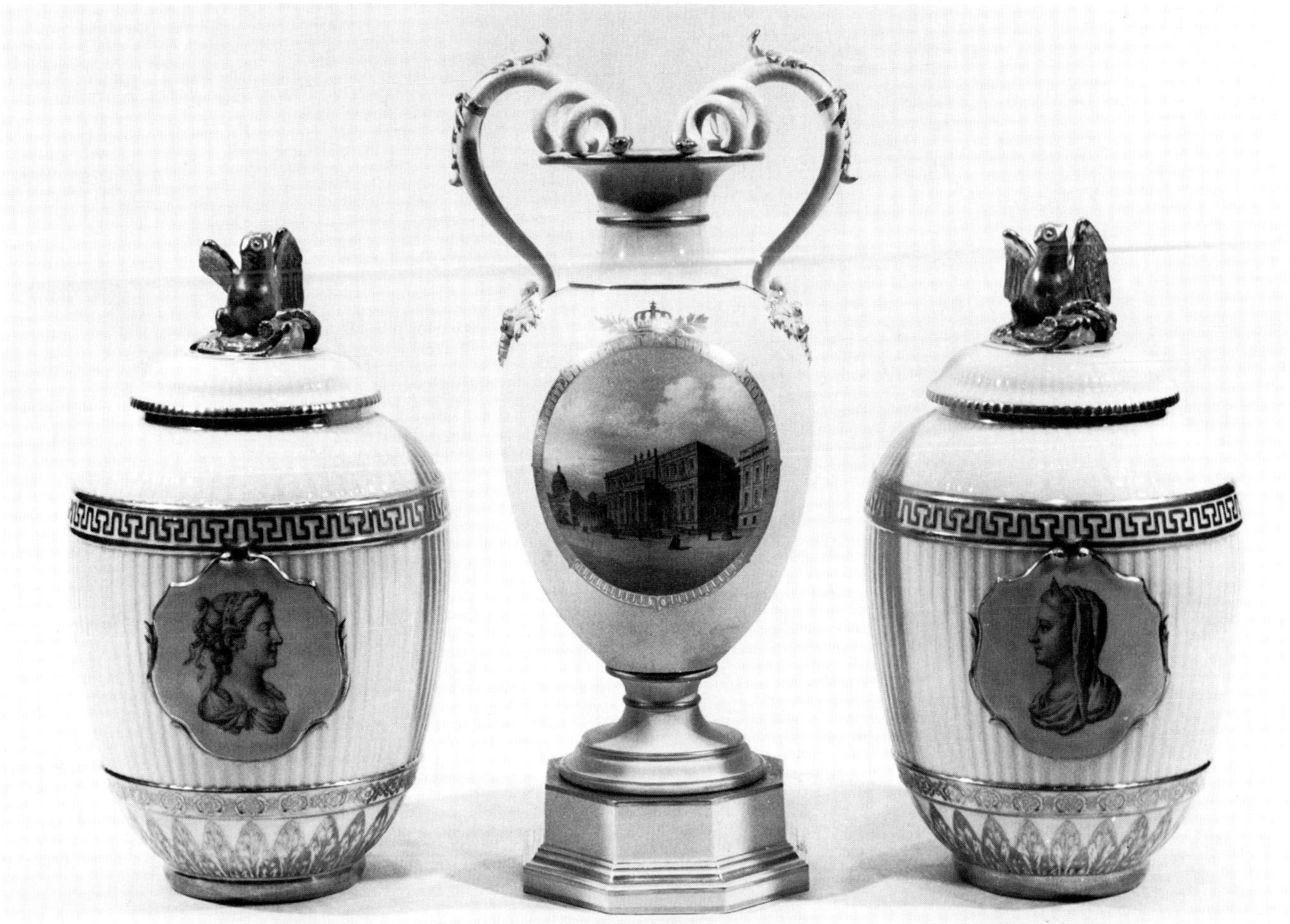

289 / 290 / 289

◁ **288 Vasengarnitur im Empirestil.** Urnenform auf Quadratsockel mit Schlangenhenkeln bzw. hochgezogenen, gekanteten Henkeln und durchbrochenen Deckeln mit goldstaffierten Lorbeerkränzen als Bekrönung. Königsblauer Fond mit rocaillegerahmten Vierpaßreserven. Darin Kauffahrteiszenen bzw. eine höfische Jagd zu Pferd. Auf den Rückseiten Blumenreserven. H 31 und 28 cm
Meißen, Modelle wohl von Kretschmar, um 1900. **3300,–/4300,–**
Ruef

289 Deckelvasenpaar in Eiform. »Kanneliertes Potpourri« mit Blattfries und Mäanderband. Haubendeckel mit gold staffierter Eule auf dem Schild der Minerva sitzend. Auf Vorder- und Rückseite Profilmedaillons antiker Imperatoren und deren Gemahlinnen in Grisaillemalerei auf rosafarbenem Fond. H 38 cm
Berlin, um 1780. **6000,–/8000,–**
Spik (Zenker)

290 Amphorenvase mit spiralig gerollten Schlangenhenkeln auf achteckigem Sokkel. Biskuitporzellan mit glasiertem Hals und Sockel. Auf der Vorderseite Ovalmedaillon mit bunter Ansicht des Kronprinzenpalais Unter den Linden und Figurenstaffage in goldradiertem Rahmen mit Kaiserkrone, Palmzweig und Lorbeerzweig als Bekrönung. H 48 cm
Berlin, um 1860, Zeptermarke mit Pfennigmarke und Malereimarke. **4000,–/6000,–**
Spik (Zenker)

291 Prunkvase mit Porträt Kaiser Wilhelms I. Amphorenform mit mattvergoldeten Greifenkopfhenkeln auf quadratischer Plinthe. Königsblauer Fond mit reichem, radiertem Golddekor. H 70 cm
Berlin, Zeptermarke über Pfennigmarke und Malereistempel, um 1871. Malerei wahrscheinlich nach Entwürfen von Wilhelm Escher. **7000,–/10000,–**
Spik (Zenker)

291

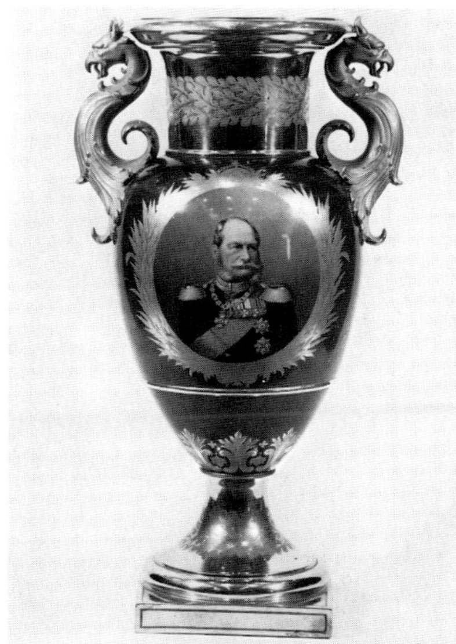

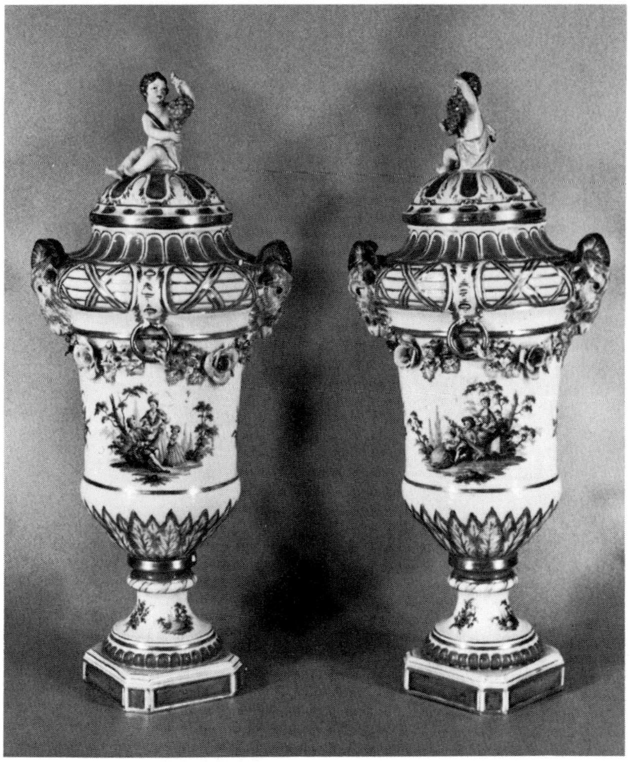

292

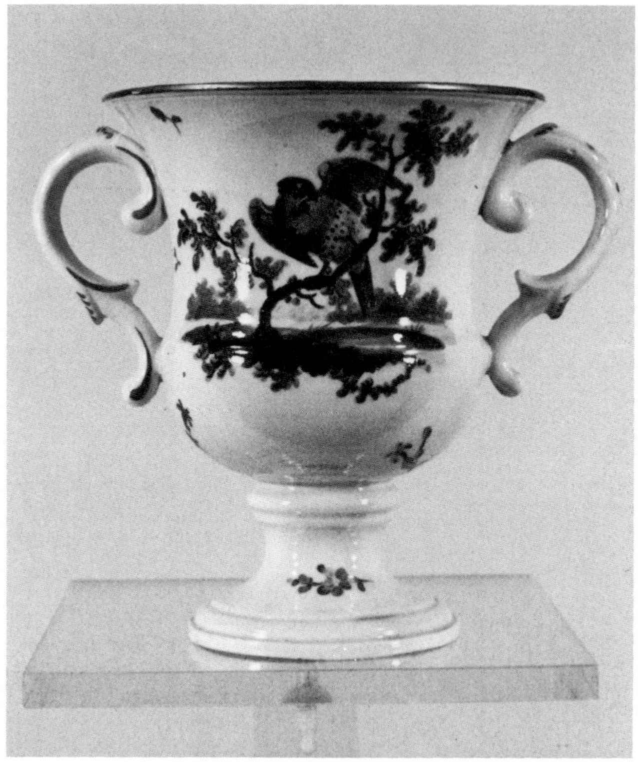

293

294

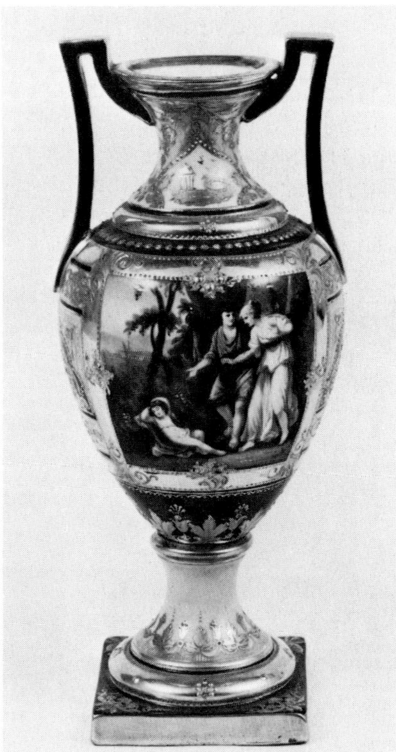

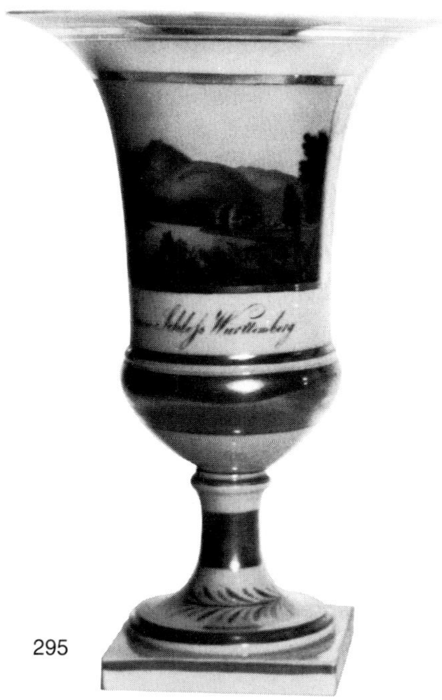

295

292 Ein Paar Prunkdeckelvasen auf quadratischen Sockeln mit abgeschrägten Ecken. Antikisierende Amphorenform mit seitlichen Bocksköpfen und plastisch aufgelegten Blumengirlanden. Gefäßwandung mit bunten galanten Szenen. Haubendeckel mit Puttenbekrönung. H 47 cm
Berlin, KPM, 19. Jh. **3000,–/4000,–**
Peretz

293 Miniaturvase in Kraterform mit fassonierten Henkeln. Beidseitig bunter Vogeldekor mit Streublumen und zarter Goldstaffierung. H 9,8 cm
Frankenthal, 18. Jh. **1400,–/1800,–**
Peretz

294 Prunkamphore auf quadratischer Plinthe mit eiförmigem Korpus und eckigen Bandhenkeln. Brokatartige Goldornamentik auf verschiedenfarbigem Grund. Vorder- und Rückseite mit mythologischen Darstellungen nach Angelika Kauffmann. H 23 cm
Wien, Sorgenthalperiode, um 1800.
1800,–/2000,–
Astoria

295 Urnenvase mit kelchförmiger Kuppa über eingezogenem Fuß und quadratischer Plinthe. Reich vergoldet mit Ansicht »Stamm-Schloß Württemberg«. H 30 cm
Ludwigsburg, Anfang 19. Jh. **950,–/1300,–**
Nagel

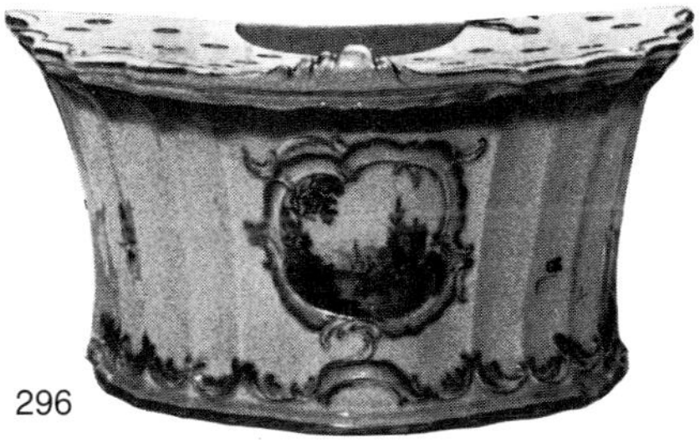

296

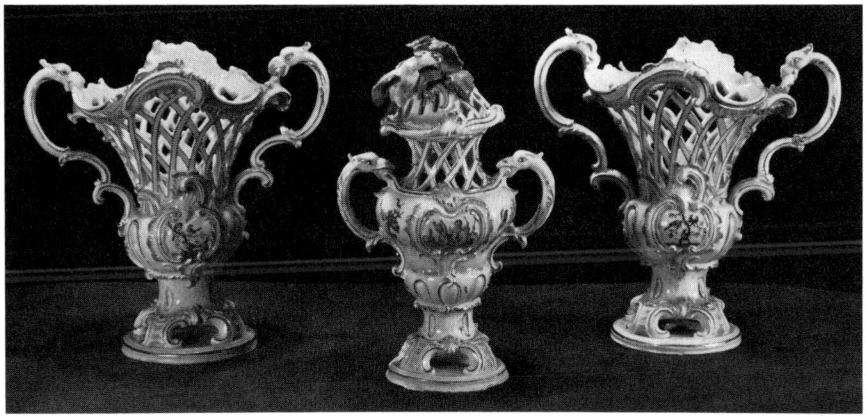

297

298

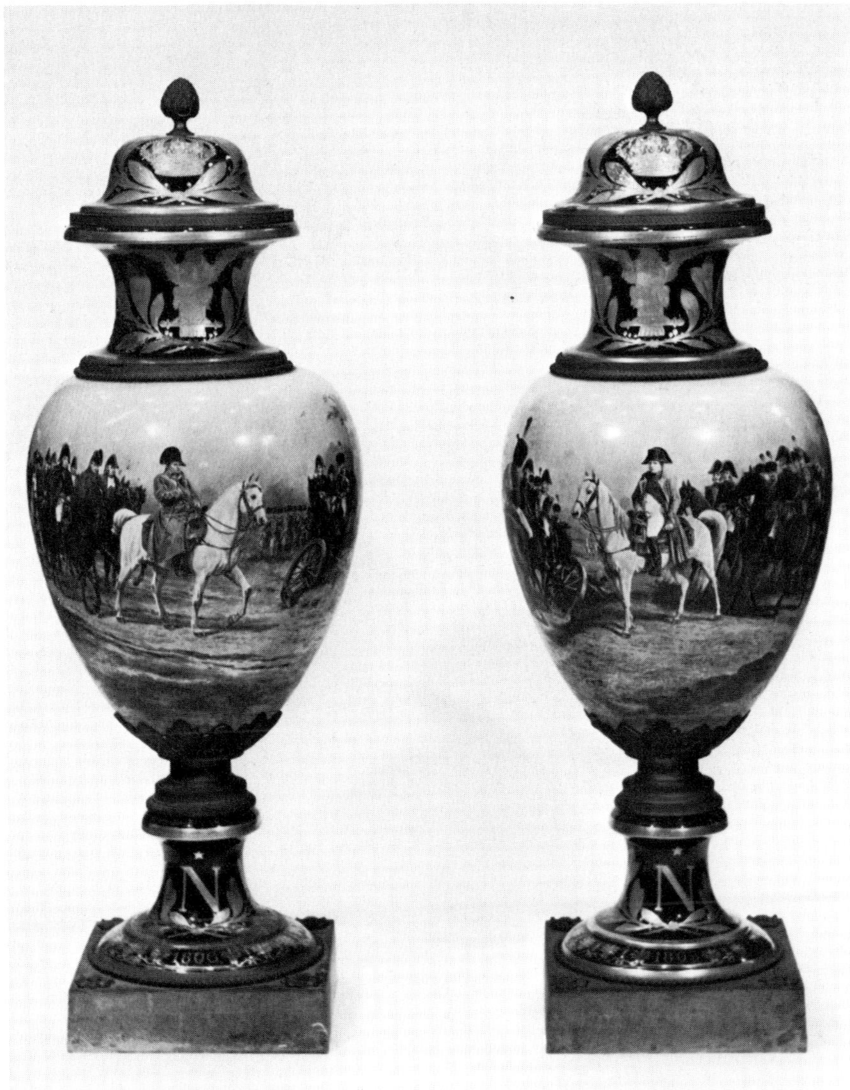

296 Wandvase, sog. Demi-Lune. Halbrunder, kannelierter Körper mit purpurgoldkonturierten Rocaillen und Medaillon mit figurenstaffierter Flußlandschaft, oben Einstecklöcher für Blumen. H 11 cm
Ludwigsburg, um 1770. **2200,–/2800,–**
Nagel

297 Reich reliefierte, goldstaffierte Prunkvasen mit Schlangenhenkeln auf Volutensockeln und korbartig durchbrochener Gefäßwandung. Reliefrocaillekartuschen mit bunter Vogel- und Puttenmalerei. H ca. 30 cm
Ludwigsburg, Doppel-C-Marke mit Krone, 18. Jh. **je 2800,–/3800,–**
Nagel

298 Paar Prunkdeckelvasen in Balusterform auf quadratischen Plinthen. Reicher, radierter Golddekor auf königsblauem Fond. Umlaufend farbige Schlachtenszenen mit Napoleon an der Spitze seiner Truppen. Reiche Bronzemontierung. H 97 cm
Paris, Ende 19. Jh., Malerei sign. H. Desprez. In den Deckeln imitierte Sèvres-Marken. **5000,–/8000,–**
Spik (Zenker)

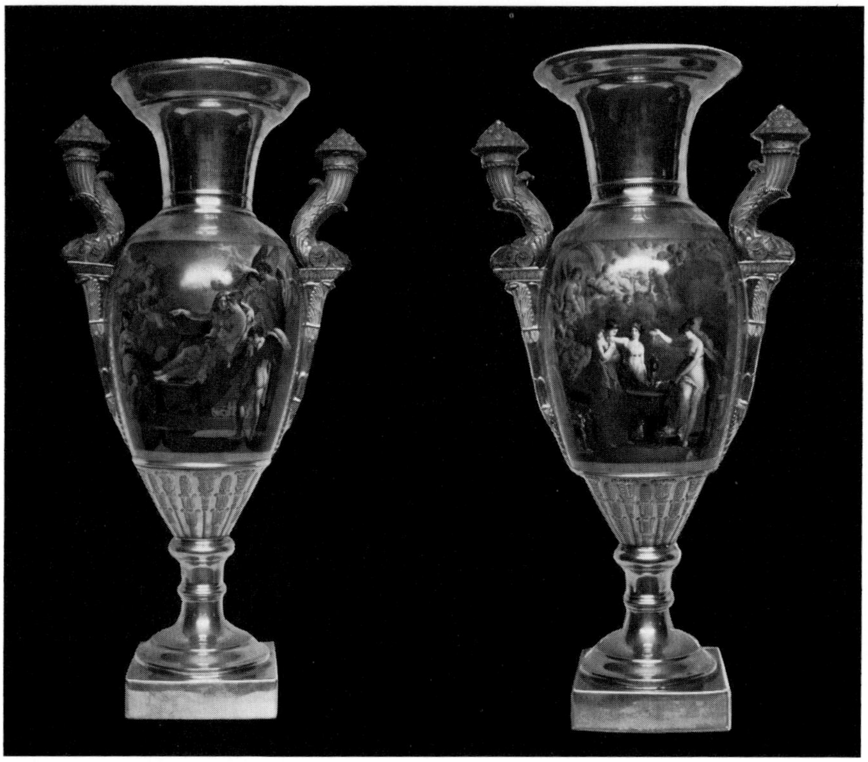

299

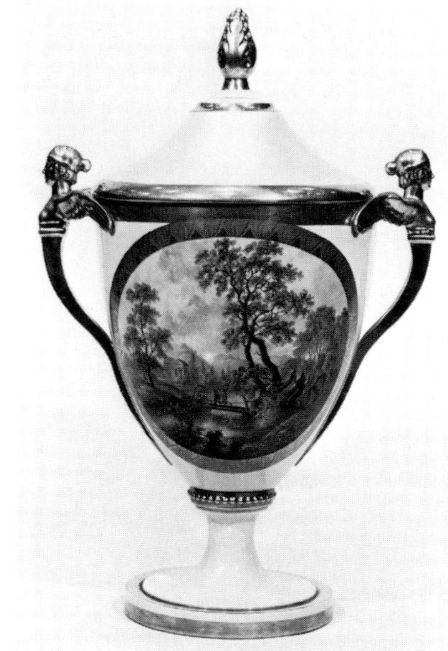

300

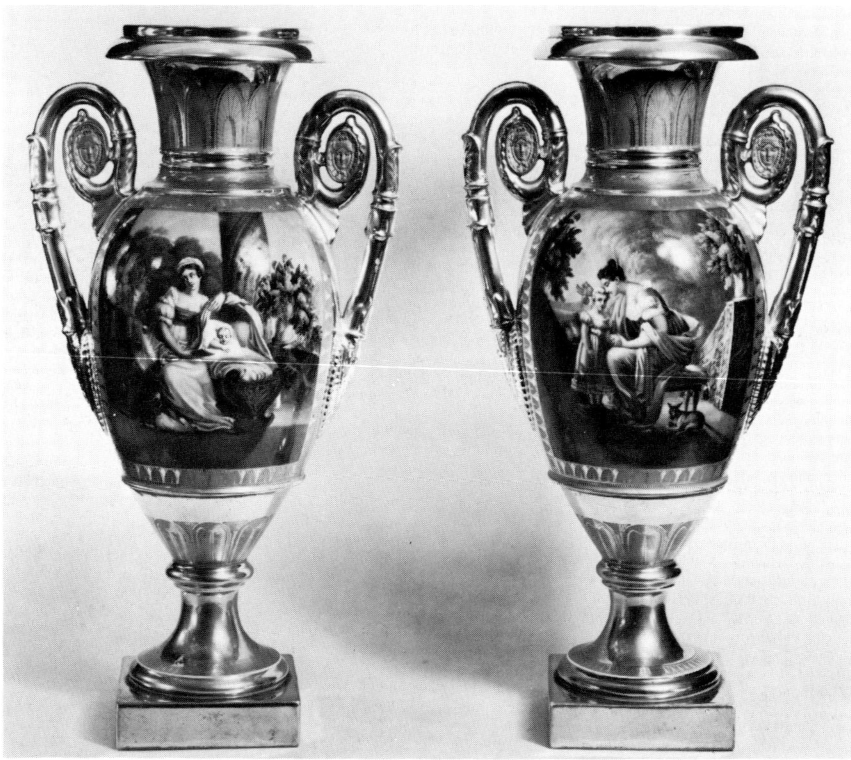

301

299 Paar Prunkvasen mit mythologischen Bildfeldern in der Art der Angelika Kauffmann. Reich vergoldet mit Füllhornhenkeln, die aus Bocksköpfen wachsen. H 70 cm
Wohl Frankreich, Anfang 19. Jh.
8000,–/10000,–
Kunsthaus am Museum

300 Prunkdeckelvase in Empireform mit geflügelten Hermenhenkeln. Bunt bemalt, mit zwei antikisierenden Ideallandschaften in goldradierten Rahmen.
H 49,5 cm
Fürstenberg, um 1828, Malerei von Heinrich Christian Brüning. **3500,–/4500,–**
Spik (Zenker)

Brüning war 1797–1855 in Fürstenberg beschäftigt und schuf Veduten, Ideallandschaften und allegorische Darstellungen.

301 Paar Prunkamphoren mit maskarongeschmückten Volutenhenkeln auf quadratischer Plinthe. Reiche Vergoldung mit radierten Blattfriesen und farbigen Bildfeldern in der Art der Angelika Kauffmann. H 44,5 cm (eine Vase repariert)
Ohne Marken. Anfang 19. Jh.
2500,–/3000,–
Ruef (Himpsl)

302 Reich vergoldete Kratervase mit Maskaronhenkeln auf quadratischer Plinthe und umlaufender Flußlandschaft mit Biedermeierpaar. H 25 cm
Rußland, Preßmarke Gardner, Anfang 19. Jh. **650,–/800,–**
Schloß Ahlden

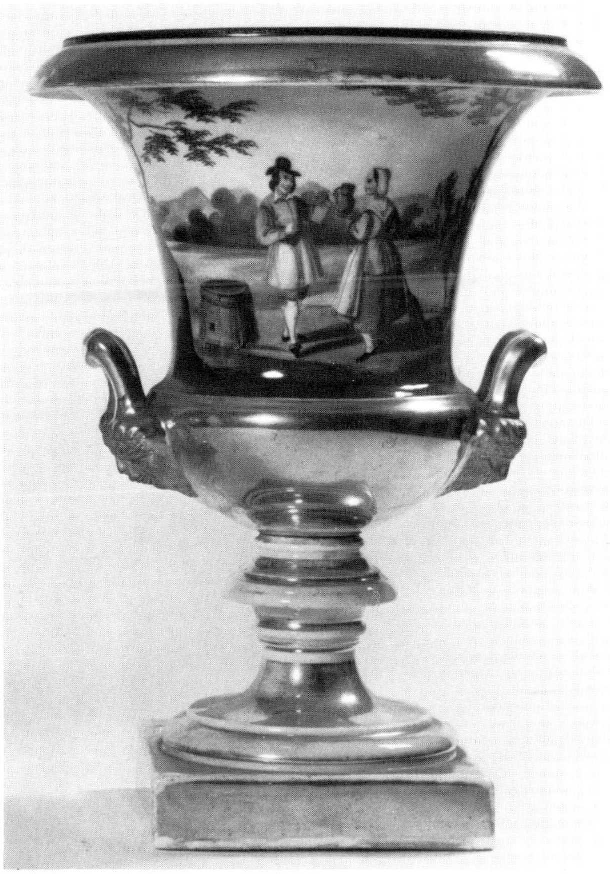

302

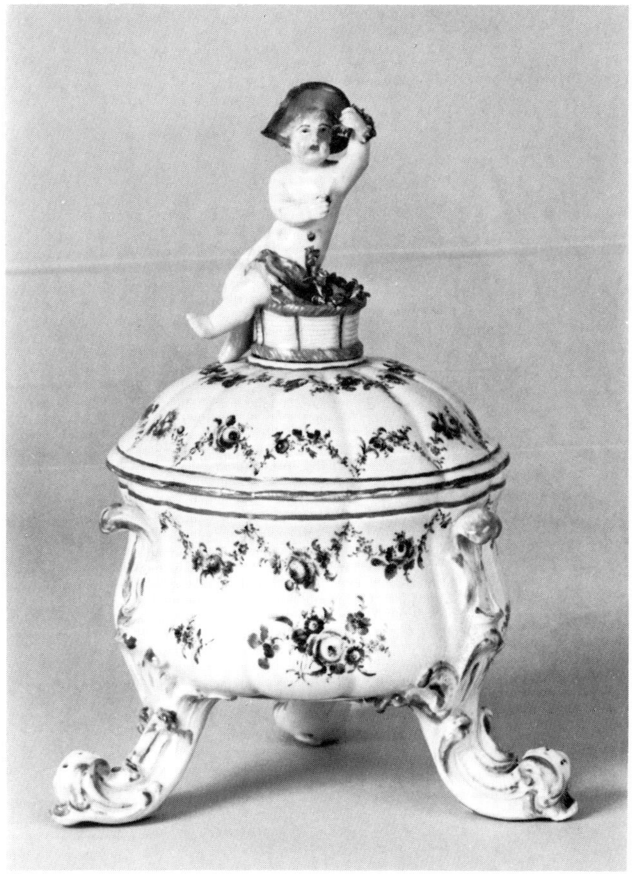

303

304

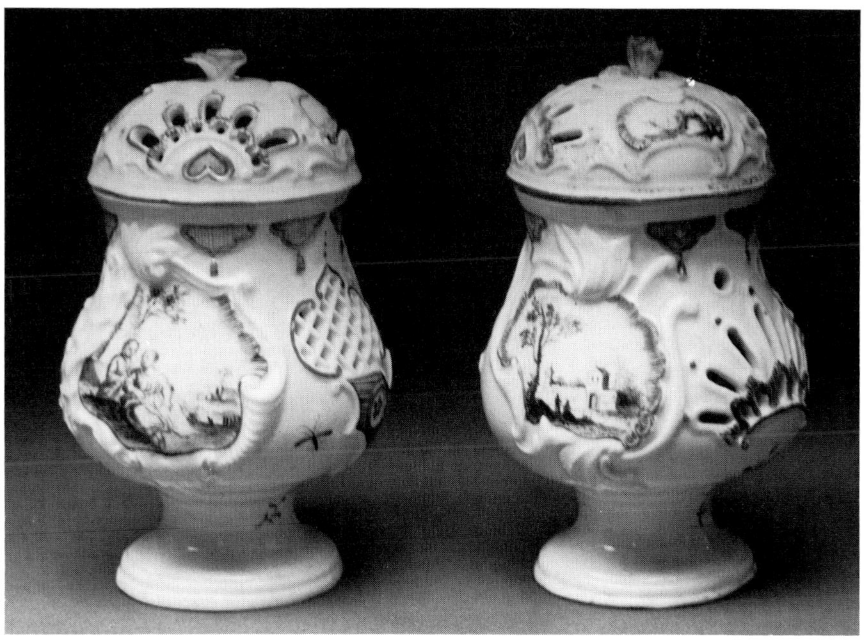

303 Räuchergefäß, zwölffach gewellte Rundform auf drei Rocaillefüßen. Deckelaussparung mit Einsatz in Form eines Puttos mit Blumenkorb. Grün staffierte Füße und purpurfarbener Blumendekor mit Festons, Buketts und Streublumen sowie Goldränder. H 19 cm
Ludwigsburg, 18. Jh. **1600.–/2200,–**
Koller

304 Paar Potpourrivasen. Gebauchte Form mit eingezogenem Fuß, rundem Standring und Haubendeckel mit plastischem Blütenknauf. Gefäß- und Deckelwandung durchbrochen und reich reliefiert mit Rocaillekartuschen, die mit galanten Szenen und Landschaften gefüllt sind.
Höchst, um 1755. **4500,–/5500,–**
Lempertz

Die Höchster Manufaktur stellte (neben Nymphenburg, Frankenthal und Fulda) reich dekorierte Räuchergefäße, Cachepots, Réchauds und Nachtlampen her.

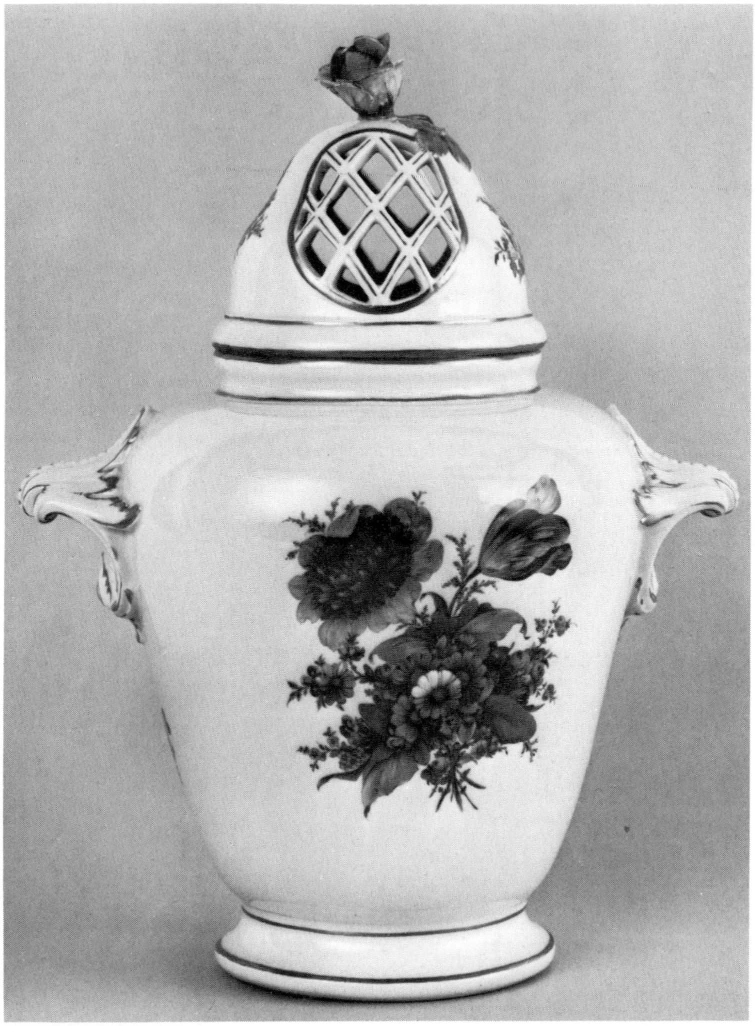

305

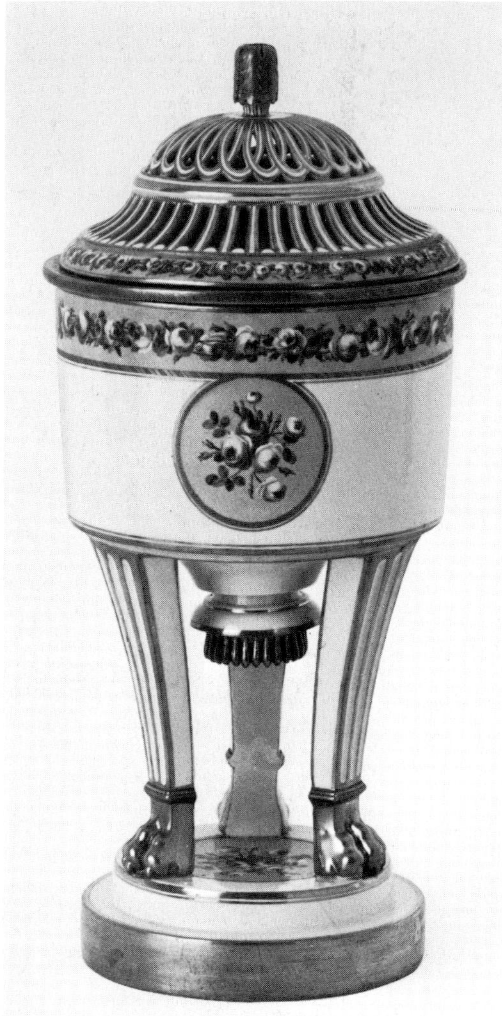

306

305 Potpourri-Vase mit goldstaffierten Volutenblattgriffen, gekehlter Rundfuß mit durchbrochenem Haubendeckel, plastische Rose als Knauf. Vorder- und Rückseite mit großem buntem Strauß Deutscher Blumen. H 37 cm
Fürstenberg, um 1765/70. **4500,–/5500,–**
Koller

Fürstenberg hatte im Klassizismus die umfangreichste Vasenproduktion aller deutschen Manufakturen. Der hier vorgestellte Vasentyp befindet sich mit Landschaftsdekor in Braun-Grün im Berliner Kunstgewerbemuseum.

306 Räuchergefäß auf drei Löwenfüßen in Form eines antiken Bronzegefäßes, mit Einsatz und durchbrochenem Deckel. Rosenmedaillon und -band auf beigem Fond. Reiche Goldstaffage. H 43 cm
Wien, Ende 18. Jh. **1800,–/2300,–**
Koller

Teedosen

307 Teedose in Rechteckform mit abgerundeter Schulter. Vier Ovalmedaillons mit bunten Landschaften und Figurenstaffage. H 11,5 cm
Meißen, Ende 18. Jh. **1000,–/1300,–**
Peretz

308 Teedose, sechskantig gewölbte Form mit kannelierten Stegen und vertieften Feldern. Stülpdeckel mit geschnürter Wandung und Goldstreifen, in der Vertiefung ein Medaillon mit Goldrosette auf Lüsterfond. Die Felder bemalt mit bunten Chinoiserien auf grünen und braunen Terrainstreifen. H 10 cm
Meißen, um 1723/24, Malerei wohl von Johann Gregorius Höroldt.
9000,–/13000,–
Koller

309 Teedose. Rechteckig mit gerundeter Schulter und Haubendeckel. Bunte Bergmannsdarstellungen, zarte Goldbordüre an Schulter und Deckelrand und farbig staffierte Blüte als Knauf. H 13 cm
Meißen, um 1740. **2000,–/2800,–**
Nagel

310 Teedose in Rechteckform mit abgesetzter, kantiger Schulter und rundem Stülpdeckel. Bemalt mit farbigen Flußlandschaften in purpur-eisenroten Kartuschen mit Böttgerlüster.
Meißen, um 1723/25. **6000,–/8000,–**
Lempertz

311 Teedose. Rechteckform mit gewölbter Schulter. Schulter und Deckel mit Oziermuster und wellenförmigen Reliefstegen auf der Gefäßwandung. Großes buntes Bukett aus Manierblumen.
Meißen, um 1770. **1500,–/1800,–**
Peretz

312 Teedose in Rechteckform mit gerundeter Schulter. Trinkszene in Purpurcamaïeu. H 10,5 cm (Deckel fehlt).
Höchst, 18. Jh. **900,–/1200,–**
Peretz

313 Teedose. Rechteckform mit gewölbter Schulter, bunten Manierblumen und Goldrand. Deckel mit messinggefaßter Goldmünze mit den Porträts von Viktoria und Albert von England. H 11,3 cm
Fürstenberg, 1770/95. **700,–/900,–**
Astoria

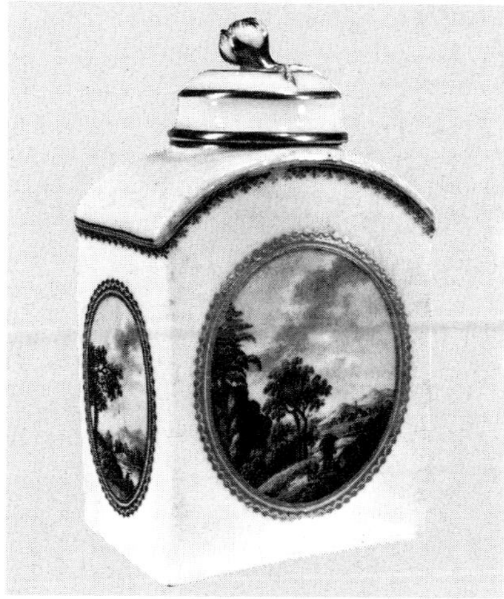

307

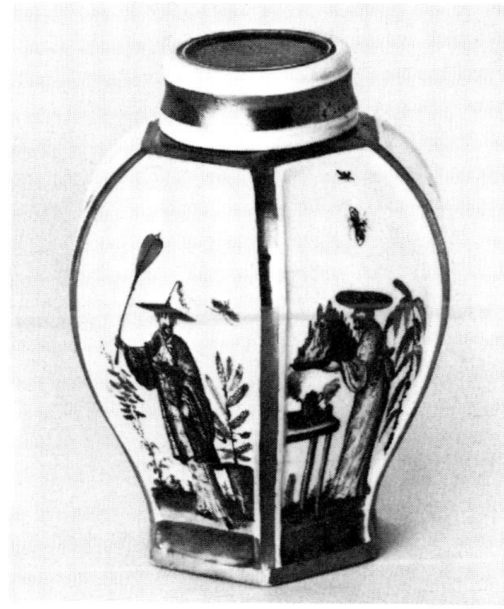

308

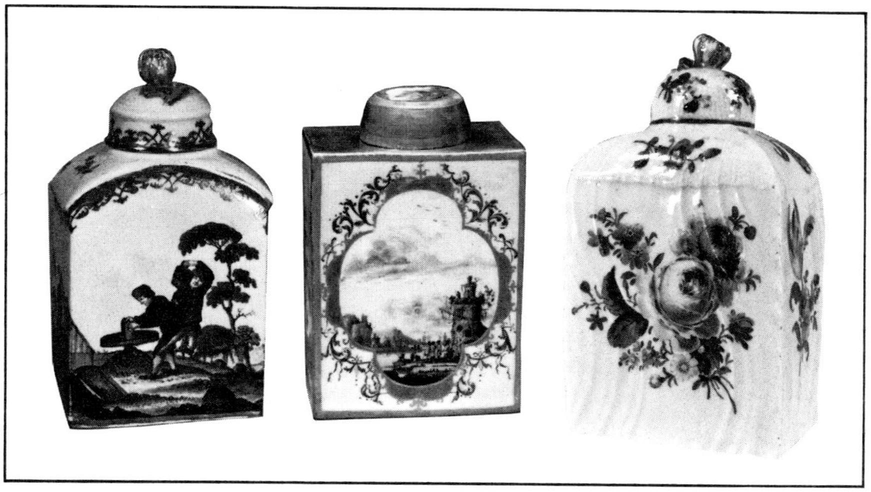

309/310/311

312

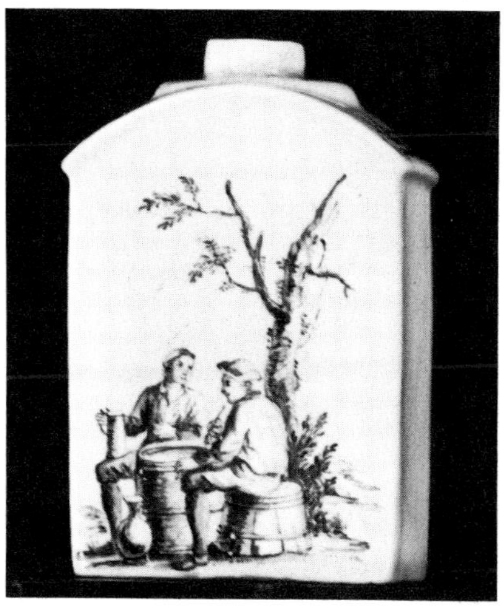

313

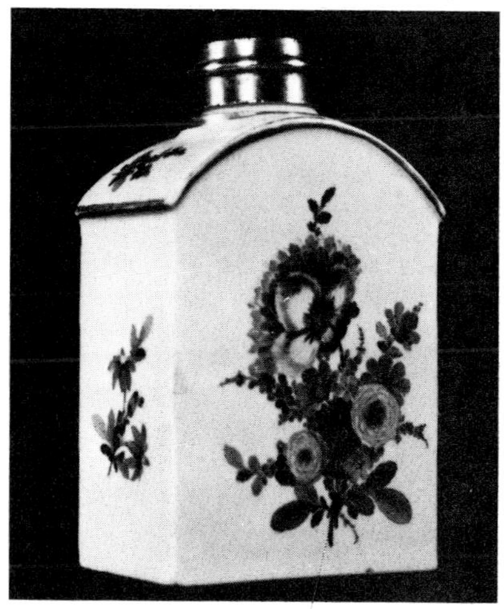

Zuckerdosen und Terrinen

314 Zuckerdose. Ovale gebauchte Form mit eingeschnürtem Standring und eingezogener Schulter und Haubendeckel mit Hasengriff. Farbige Kauffahrteiszenen in reichen Goldkartuschen mit Lüsterfond und Goldspitzenbordüre. H 8 x L 11 cm
Meißen, um 1725. **8000,–/10000,–**
Saal (Uhe und Göhns)

315 Butterdose in ovaler Zuberform mit braun-schwarz staffiertem Hasen als Griff. Farbiger, goldgehöhter Kakiemondekor mit Schmetterlingspaar über Blütenstauden. H 4 x L 10,5 cm
Meißen, um 1730/35. **5000,–/6000,–**
Koller

316 Bouillonterrine mit Untertasse. Rundform auf geschnürtem Standring mit fassonierten Henkeln und Pinienzapfen als Knauf. Unterglasurblauer Dekor mit Indianischen Blumen, Insekten und Gitterbordüren. H 11 x ∅ 12 cm
Meißen, um 1735. **2800,–/3500,–**
Koller

317 Runde Deckelterrine mit bunt staffiertem Astgriff und plastisch aufgelegten Blumen. Altbrandensteinmuster und Kakiemondekor mit rotem, goldgehöhtem Löwen an blauem Bambusstab, mit Reiher, Schmetterlingen und Indianischen Blüten. In den Farben Eisenrot, Purpur, Gelb, Blau, Gelbgrün, Seegrün, Schwarz und Gold. H 16 x ∅ 20 cm
Meißen, um 1738/40, Modell von J. J. Kändler. **5000,–/6000,–**
Koller

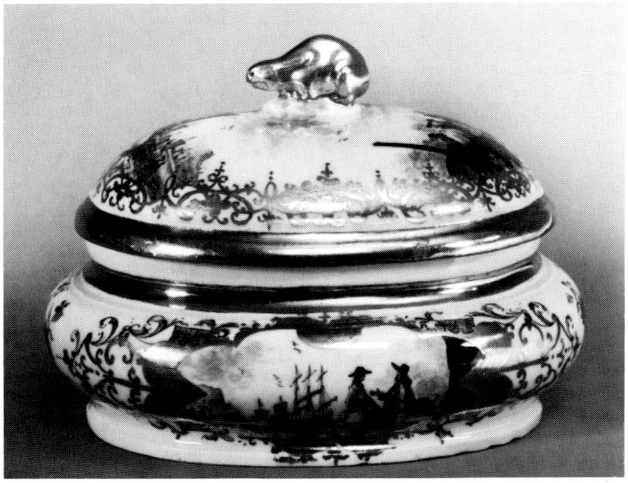
314

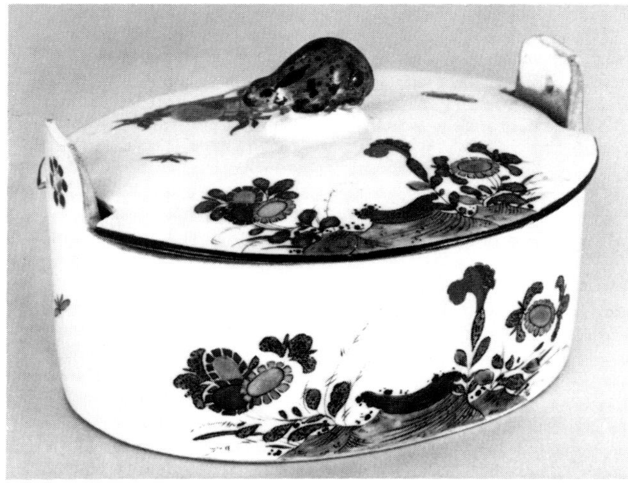
315

316
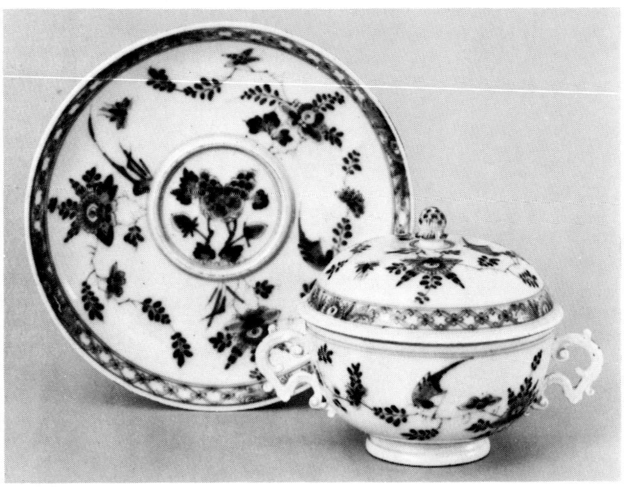

317
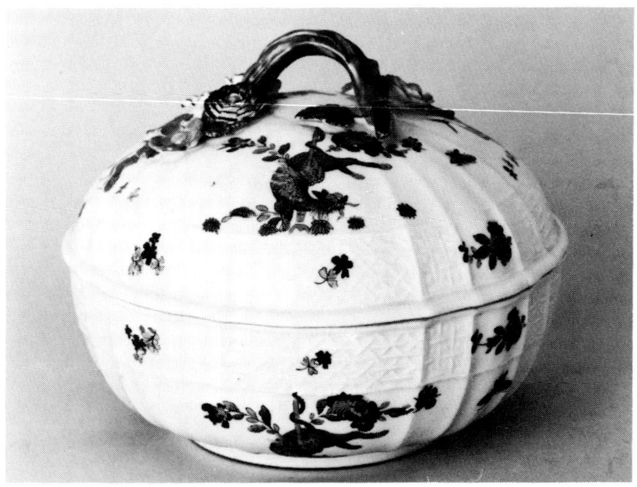

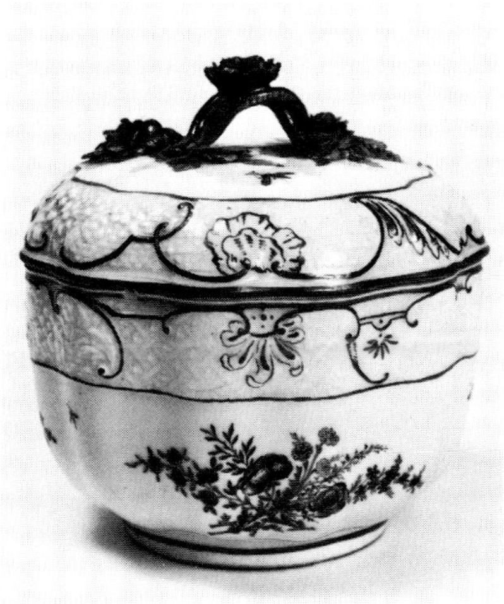

318

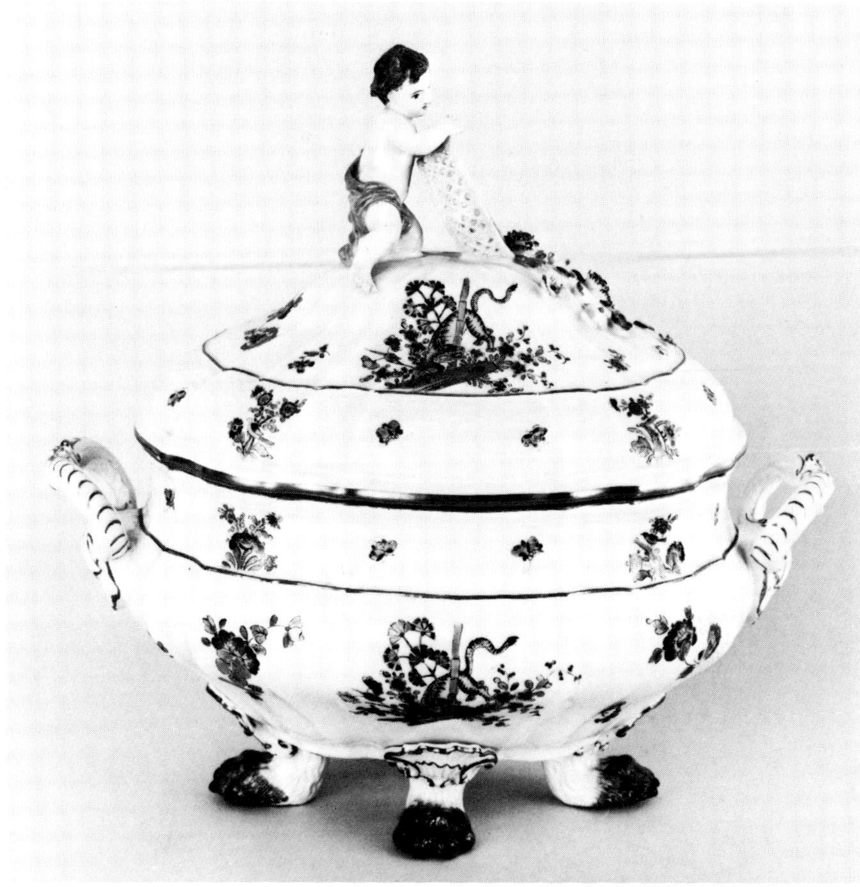

319

318 Runde Deckeldose mit naturalistisch staffiertem Asthenkelgriff und einer Blüte als Bekrönung. Gefäßwandung und Deckel mit breitem Reliefrand, farbig staffierten Muscheln und Bändern sowie bunter Blumenmalerei. H 13,5 cm (leicht bestoßen)
Meißen, 18. Jh. **1000,–/1500,–**
Arnold (Englert)

319 Prunkterrine auf Tatzenfüßen, mit aus Muscheln wachsenden Rocaillehenkeln und Putto mit Blumenkorb als Bekrönung. Gebauchte Ovalform mit Altbrandensteinrelief und Gelbem Löwendekor in den Farben Eisenrot, Purpur, Blau, Gelbgrün, Seegrün, Gelb, Schwarz und Gold. H 36 x L 37 cm
Meißen, um 1738/40, Modell von J. J. Kändler. **11000,–/15000,–**
Koller

Die gleiche Form wurde bei dem 1739 für den Grafen Hennicke geschaffenen Tafelservice verwendet, aber der schlichte Kakiemondekor wurde durch vollplastische, naturalistisch staffierte Blüten und Früchte ersetzt, die über den ganzen Gefäßkörper verstreut sind.

320 Kleine Deckelterrine mit Unterplatte, reich belegt mit aufbossierten, bunt staffierten Blütenzweigen und bemalt mit Insekten und einem großen Schmetterling im Zentrum der Unterplatte.
H 15 x ∅ 18 cm
Meißen, um 1740. **5400,–/6400,–**
Koller

Der Trompe-l'oeil-Effekt ist so vollkommen, daß kaum zu unterscheiden ist, was aufgemalt und was plastisch aufgesetzt ist, da die Insekten, wie bei den zoologischen und botanischen Stichvorlagen, mit Schlagschatten versehen wurden.

320

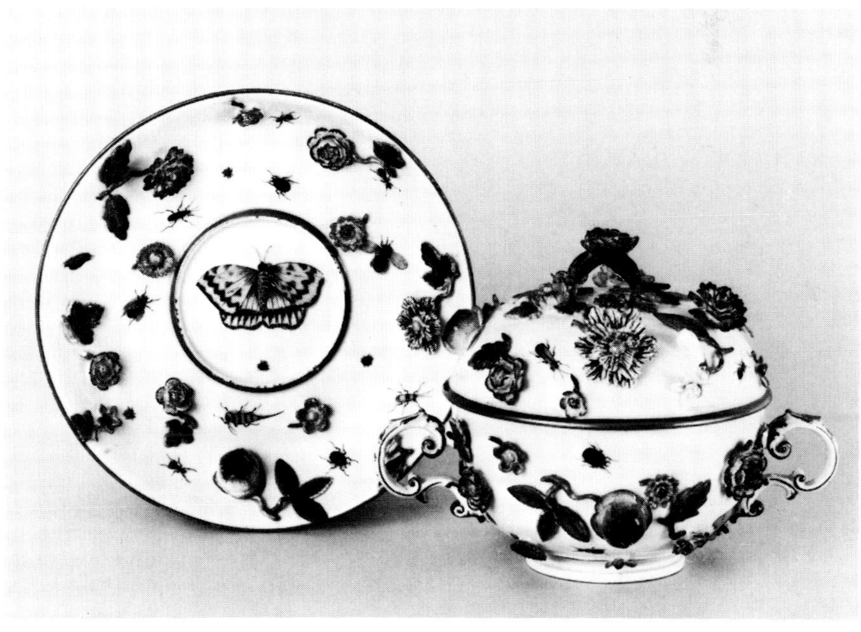

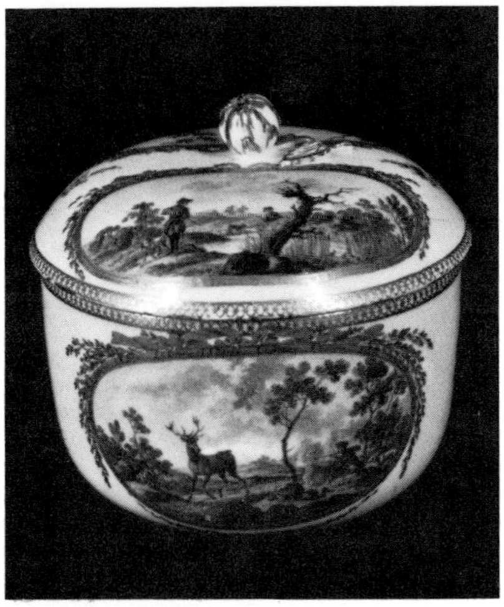

321

321 Runde Deckeldose mit Blütenknauf. Auf Gefäßwandung und Deckel je zwei bunte Jagdszenen in goldgerahmten Medaillons mit Eichenlaub- und Schleifchenbekrönung. H 10 cm.
Meißen, Marcolinimarke, letztes Viertel 18. Jh. **2500,–/3000,–**

322 Prunkterrine, Ergänzung des 19. Jh. zum Krönungsservice Augusts des Starken. Gebauchte Ovalform auf vier Volutenfüßen mit durchbrochener Doppelwandung. Reich verziert mit Putten, Festons, Biskuitrosen, zwei Frauenbüsten als Griffen und zwei Putten, die Krone haltend, als Knauf. Farbige Bildkartuschen und das sächsisch-polnische Wappen in der Mitte des Deckels. Farbig staffiert und goldgehöht. H 20 x L 27 cm
Meißen, 1818/20. **4500,–/6000,–**
321/322: Kunsthaus am Museum

323 Ovale Deckelterrine mit eingebogter Wandung, Haubendeckel, zwei gekanteten Henkeln und hohem Knauf. Bunte Deutsche Blumen. L 40 cm
Wien, Mitte 18. Jh. **4000,–/5000,–**
Evgret von Bary

324 Ovale Deckelterrine auf Volutenfüßen mit passig gebauchter Wandung und Reliefkartuschen mit Blumenmalerei in Eisenrot. Als Deckelbekrönung naturalistisch gebildete und staffierte Gemüsesorten. H 19 x L 26 cm
Ludwigsburg, um 1765/70. **5000,–/6000,–**
Schloß Ahlden

Charakteristische Ludwigsburger Form mit Volutenfüßen, die harmonisch in Henkel und Kartuschen übergehen, und freiplastischen Gemüsesorten als Deckelbekrönung.

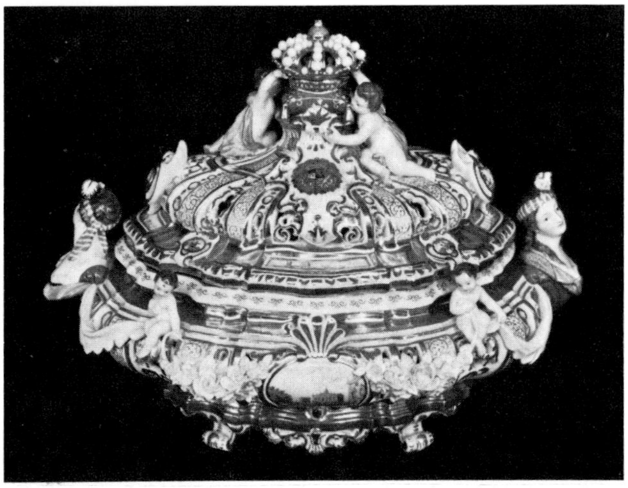

322

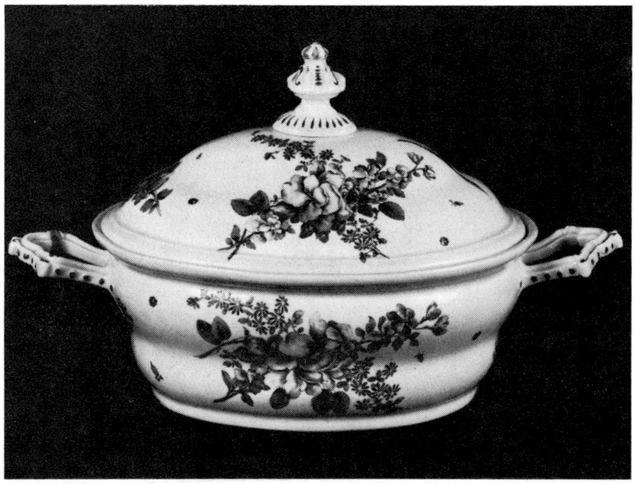

323

324

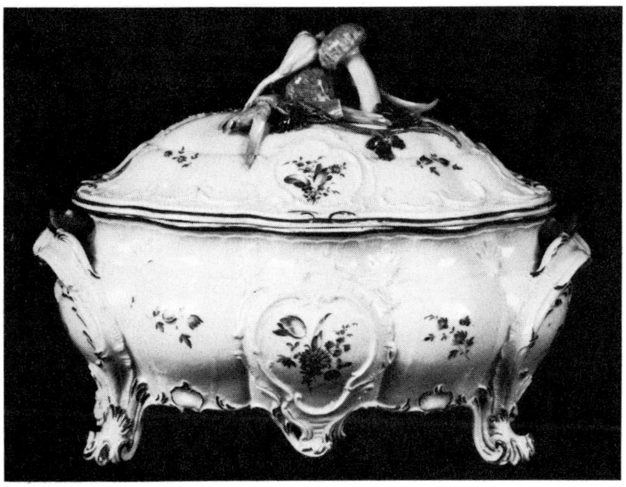

325

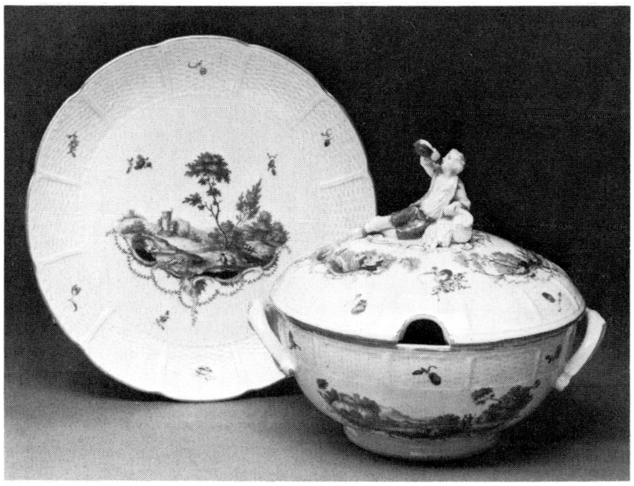

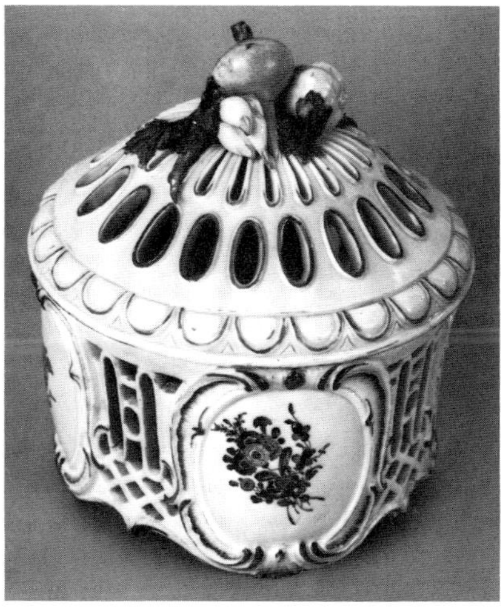

326

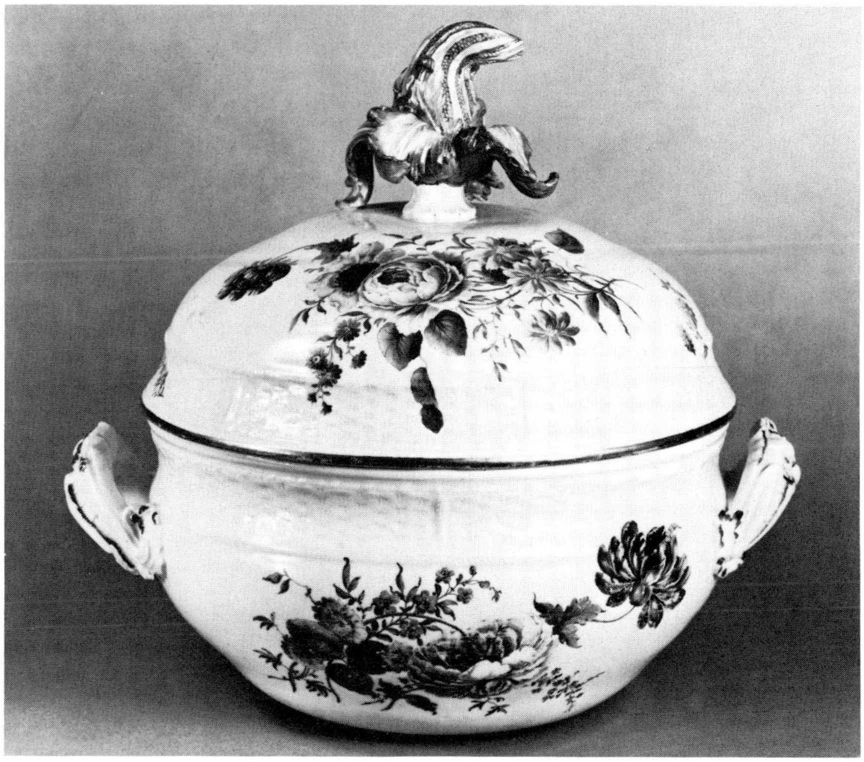

327

328

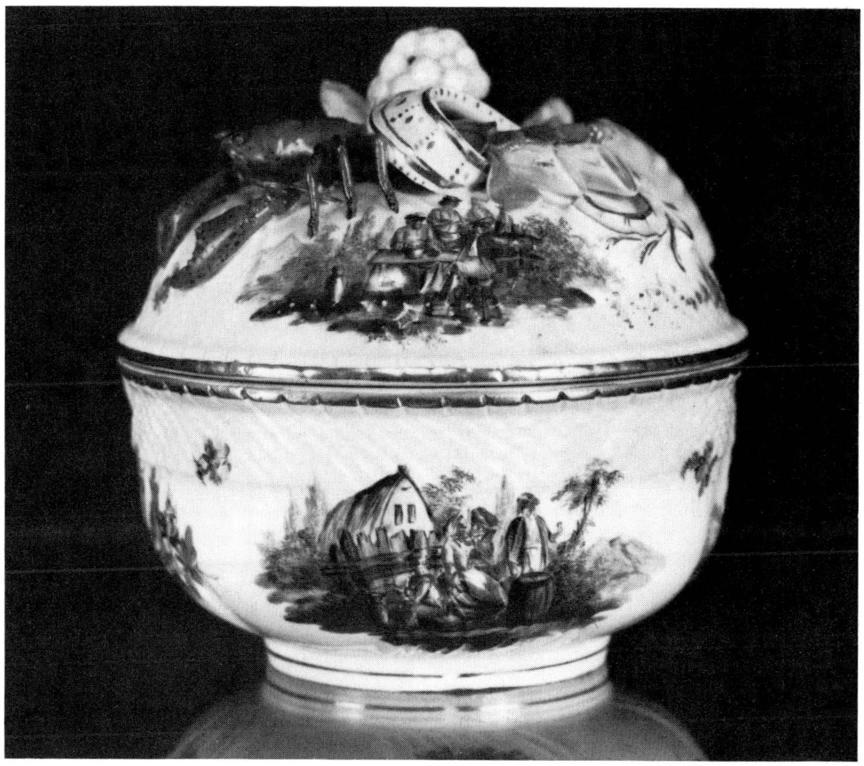

◁ **325 Runde Deckelterrine** in gebauchter Form mit Haubendeckel. Allegorie des Herbstes (Weintrinker mit Ährenkorb) als Deckelbekrönung. Terrine und Unterteller mit breitem Ozierrand und farbigem Landschaftsdekor. H 16,5 x ∅ 19,5 cm, Platte ∅ 20,5 cm
Ludwigsburg, Doppel-C-Marke mit Krone und Malermarke, um 1760/65.
5000,–/7000,–
Lempertz

326 Kastanientopf (ohne Boden) mit vier farbigen Blumenkartuschen zwischen ornamental durchbrochenen Feldern. Hochgewölbter durchbrochener Deckel mit naturalistisch geformtem und staffiertem Gemüse als Bekrönung.
H 17 x ∅ 15,5 cm
Ludwigsburg, um 1770. **3000,–/3500,–**
Koller

Wahrscheinlich wurden diese bodenlosen Glocken wie Brûle-parfums für Kastanien verwendet. Ein weiteres Beispiel befindet sich, mit Landschafts- statt Blumenkartuschen und einer figürlichen Bekrönung im Württembergischen Landesmuseum in Stuttgart.

327 Runde Deckelterrine mit Rocaillegriffen, Granatapfelbekrönung, Ozierrand und bunten Blumenbuketts. H 27 cm (repariert)
Frankenthal, um 1760/70. **1400,–/2000,–**
Ruef (Himpsl)

328 Runde gebauchte Deckeldose über Standring mit plastischen Meerestieren und -früchten als Deckelbekrönung. Ozierrand und bunte ländliche Szenen zwischen Blumenmalerei. H 8 cm
Frankenthal, 2. Hälfte 18. Jh. **800,–/1200,–**
Schloß Ahlden

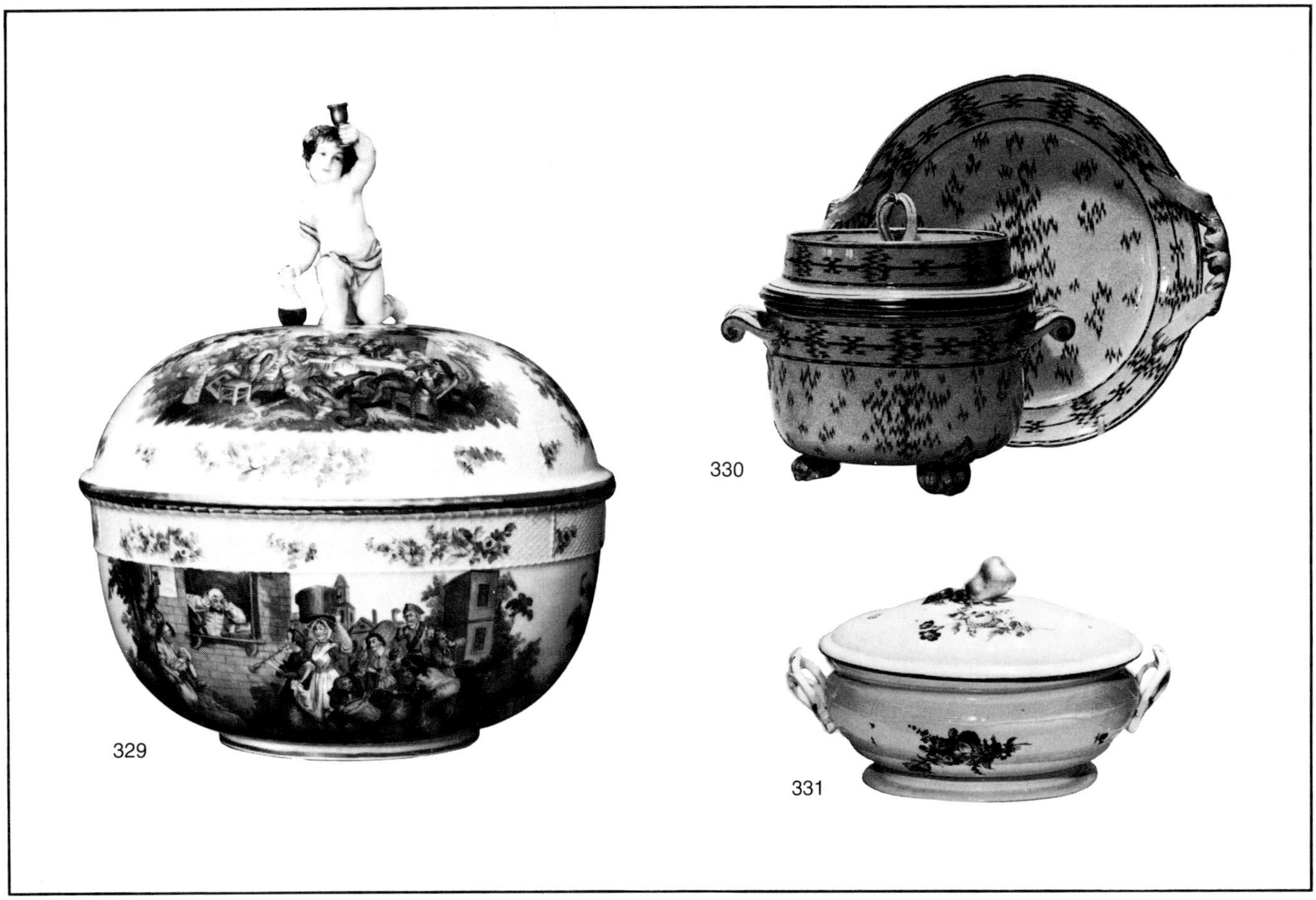

329 330 331

332

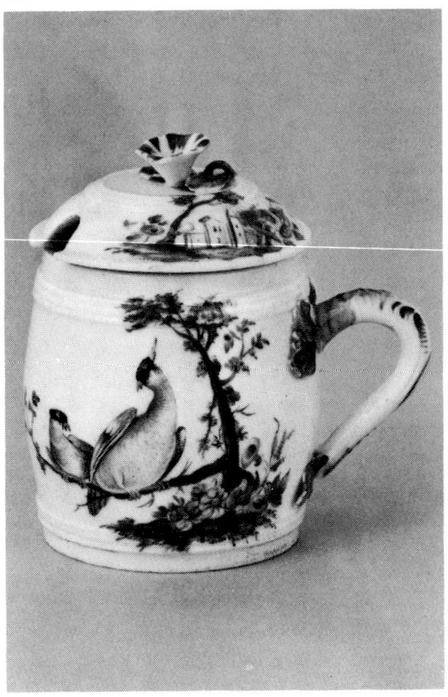

329 Runde Prunkterrine mit Haubendeckel und weintrinkendem Bacchusknaben als Bekrönung. Gebauchte Form über goldgerändertem Standring, dekoriert mit humoristischen Tafel- und Genreszenen, wohl nach Stichen von Hogarth. Ozierrand mit buntem Blumendekor.
H 38 x ∅ 30,5 cm
Berlin, KPM, 2. Hälfte 19. Jh.
2500,–/3500,–
Schloß Ahlden

330 Kühlgefäß mit Einsatz auf drei Klauenfüßen mit Volutengriffen und Untersatzplatte. Polychromes »Chinz«- oder Atlasmuster. H ca. 21 cm
Nymphenburg, Ende 18. Jh.
1500,–/2000,–
Nagel

331 Ovale Deckelterrine, gebaucht, über eingeschnürtem Fuß mit zwei Rocaillehenkeln und plastischer Birne als Knauf. Ozierrand und farbige Deutsche Blumen.
Höchst, um 1755. **1200,–/1500,–**
Nagel

332 Senftopf mit Deckel in Faßform mit Profilbändern und rosa staffiertem Asthenkel sowie Blütenknauf. Reiche Malerei mit farbigem Fasanenpaar auf einem Zweig sitzend. H 9 cm
Mennecy, 18. Jh., pâte tendre.
1400,–/1700,–
Koller

Mennecy ist berühmt für kleine Pomadendöschen und Toilettartikel sowie für seine Blumen-Landschafts-Vogel-Figuren und Girlandendekor auf Pâte-tendre-Porzellan mit sahnig weißer Glasur.

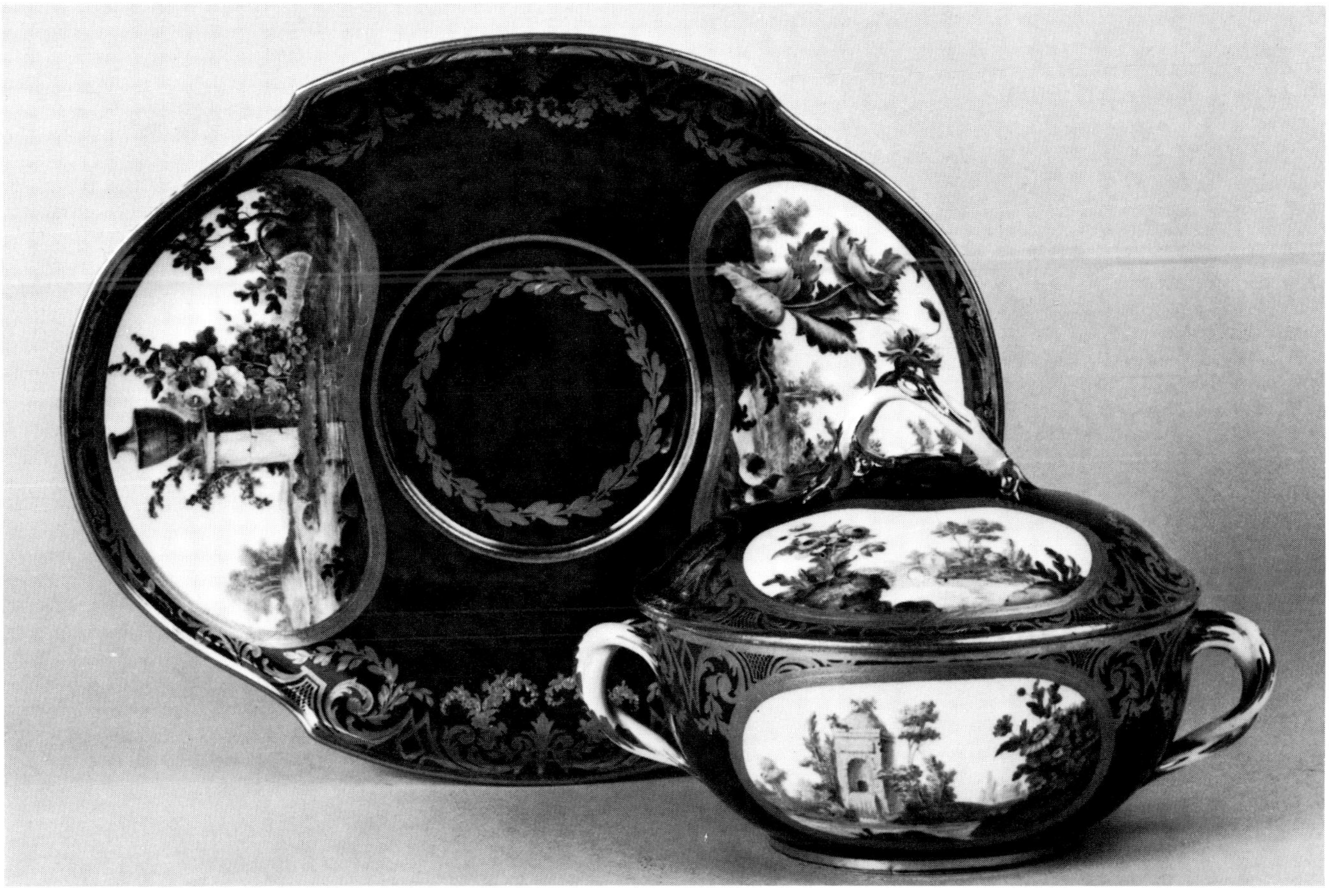

333

334

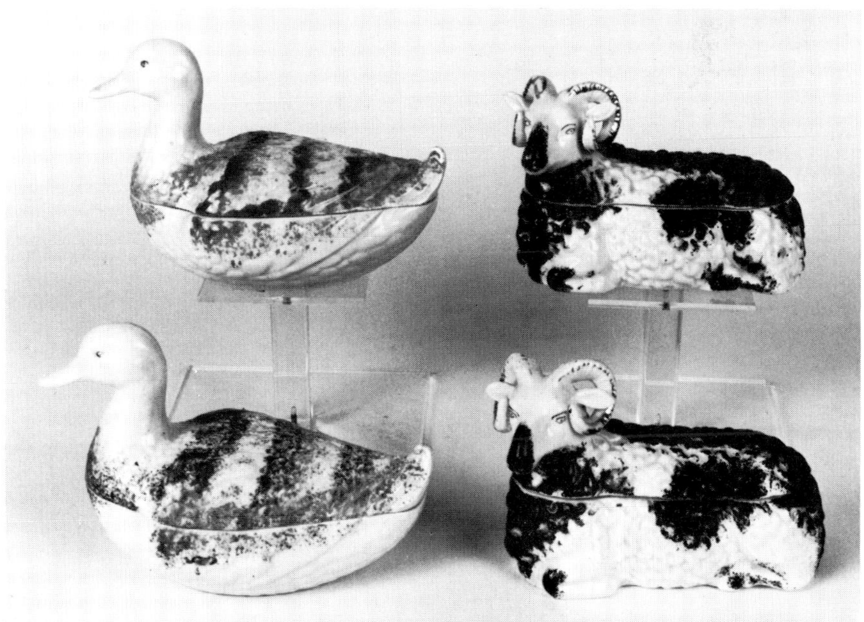

333 Deckelterrine mit Présentoir, gezwirnten Asthenkeln und Lorbeerzweiggriff. Kobaltblauer Fond (bleu nouveau), reiche Goldbordüren aus Rollwerk, Blätter- und Blumengirlanden und farbige Reserven mit Parkansichten in radierten Goldrahmen. H 13 x ∅ 15 cm
Sèvres, 1781 mit Malermarke »Bouillant fils« und Vergoldermarke »Chauvaux«.
4500,–/5000,–
Koller

334 Pastetenterrinen als Enten bzw. Widder, farbig staffiert. H bis 12 x L bis 19 cm
Rußland, Duljewo. S. T. Kusnezoff, Mitte 19. Jh. **je ca. 250,–/500,–**
Schloß Ahlden

Kusnetzoff kaufte 1832 die Porzellanfabrik in Duljewo auf und verleibte sie somit den Kusnetzoffschen Familienbetrieben ein, die im 19. Jh. in Rußland die größte Porzellanproduktion betrieben.

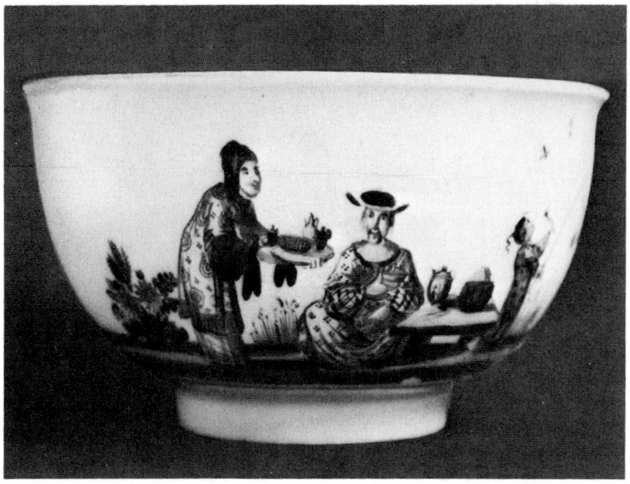

335

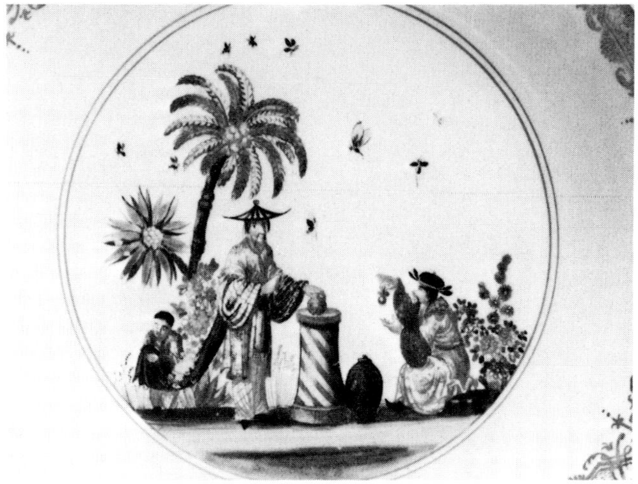

335 a

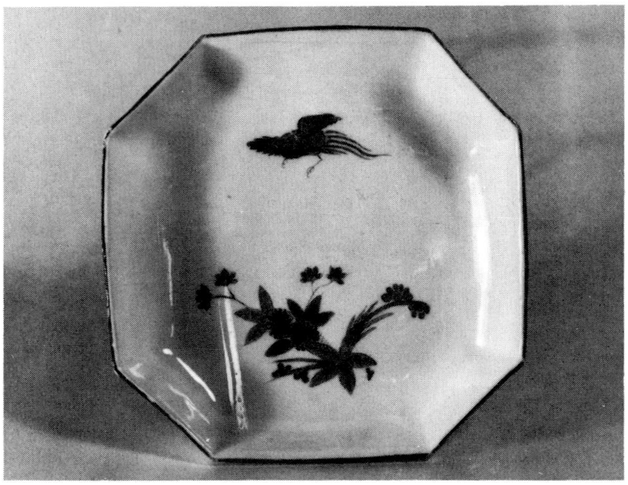

336

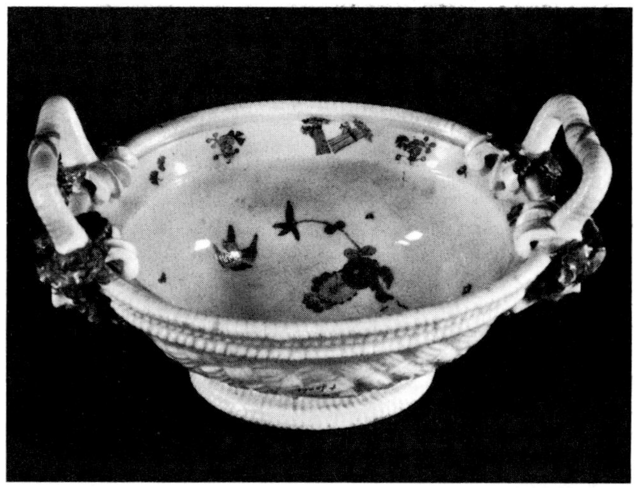

337

Schalen und Platten

335 Kumme auf Standring mit leicht ausgebogtem Lippenrand. Gefäßwandung mit umlaufenden Chinoiserien auf Terrainstreifen. Im Inneren Chinesenszenen in eisenrotem Kreis und Rand mit feiner Goldspitzenbordüre. H ca. 7,5 x ∅ 15 cm
Meißen, um 1730. **5500,–/6500,–**
Kiehl

336 Tablett. Achteckig auf Standring mit hochgezogenem Rand, rotbrauner Kante und farbiger Bemalung im Kakiemonstil. ∅ 13 cm
Meißen, um 1730. **2000,–/2500,–**
Saal

337 Ovales Körbchen mit zwei gekanteten Flechthenkeln und vier Maskarons mit plastischen Blütenauflagen an den Henkelansätzen. Außenwandung mit reliefiertem Oziermuster. Innen Kakiemondekor mit bunten Blütenzweigen, Indianischen Blumen und Vögeln. H 9 x L 18 cm
Meißen, um 1740/50. **2400,–/3000,–**
Peretz

Sakaida Kakiemon (1596–1666) war in Arita als Porzellanmaler tätig und prägte einen eigenen Stil mit bevorzugt in Rot, Gold und Blau ausgeführten, sparsam aufgetragenen Blütenzweigen, Vögeln und Landschaftsstücken.

338 **Blattschale** mit Asthenkelgriff. Dieser läuft in reliefierte Astwerkkartuschen aus, die mit Blättern und Blüten besetzt, als flache Gewürzschälchen dienen. Malereidekor von bunten Deutschen Blumen und Früchten. L 26,5 cm
Meißen, um 1760. **1000,–/1400,–**
Christie's (Cooper)

339 **Blattschale** in Form einer Päonienblüte mit Blatt, dessen Stiel den Asthenkelgriff bildet mit einer Blüte am Ansatz. Das reliefierte Blütenblatt mit Früchten und Streublumen bemalt. L 25 cm
Meißen, um 1755. **800,–/1200,–**
Christie's (Cooper)

340 **Zwei Cachepots** auf Standring mit reliefiertem, fassoniertem Rand und seitlichen Maskarons. Gefäßwandung durch radierte Goldbänder in acht Felder unterteilt mit reichen Berg- und Seenlandschaften, antikisierenden Architekturen und Figurenszenen, die sich über die Goldbänder inhaltlich fortsetzen. H 11 cm
Meißen, Marcolinizeit. **3200,–/4200,–**
Ruef (Himpsl)

341 **Dessertteller** mit durchbrochenem Rand und naturalistisch geformten und staffierten Früchten, die auf dem Teller aufgehäuft sind. ∅ 27 cm
Meißen, um 1742/50, Modell von Eberlein.
18000,–/20000,–
Almas

Dem extremen Naturalismus mit seinen Trompe-l'oeil-Effekten entspringt auch die Vorliebe für Kohlköpfe als Terrinen, Spargelbündel als Dosen und künstlichen Schaugerichten, wie bei diesem sog. Brühlschen Allerlei.

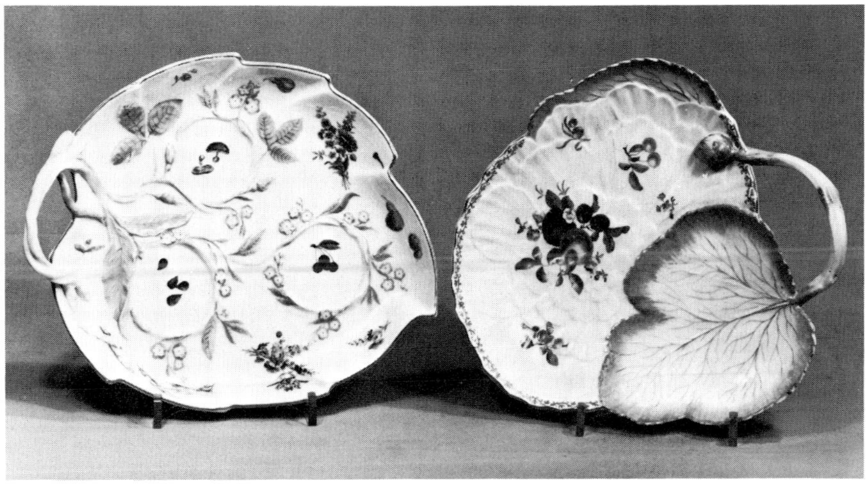

338/339

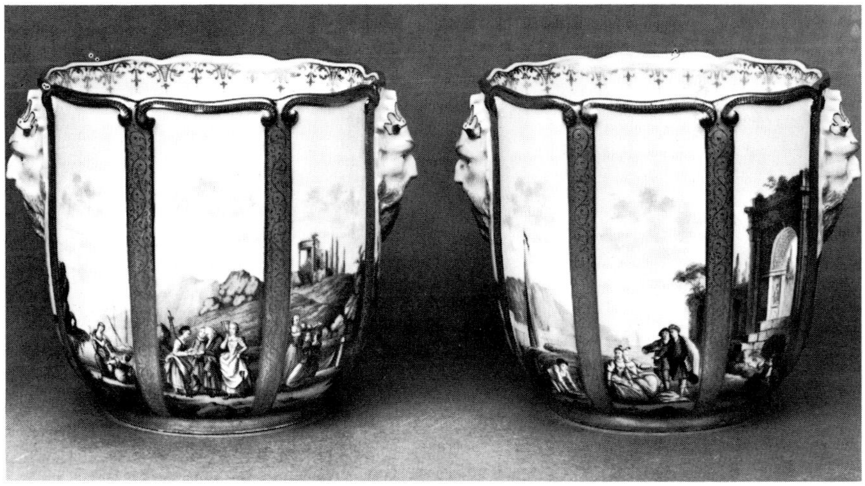

340

341

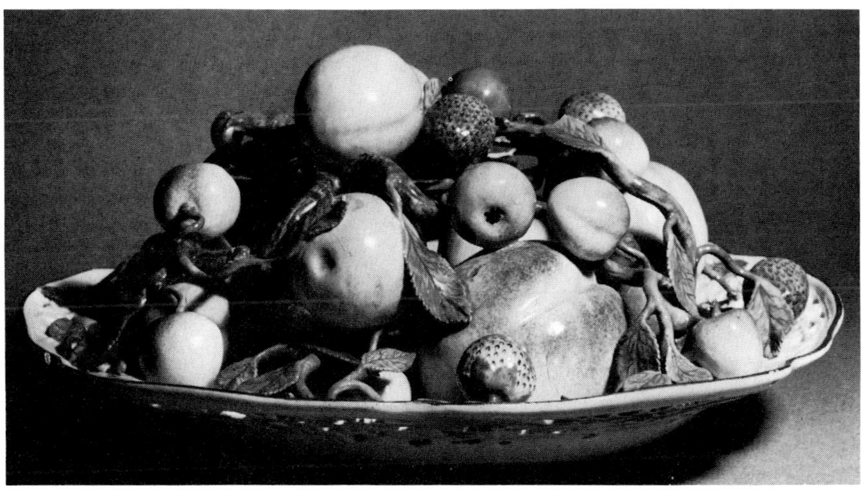

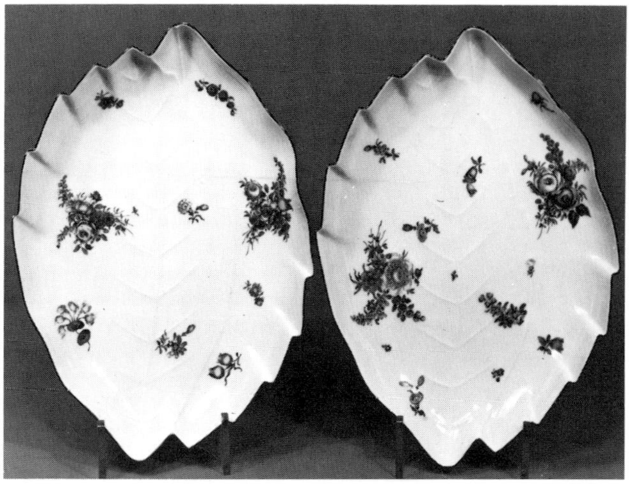

342

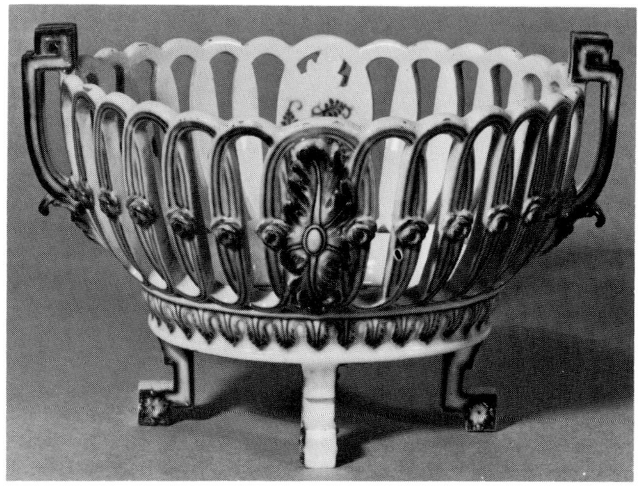

343

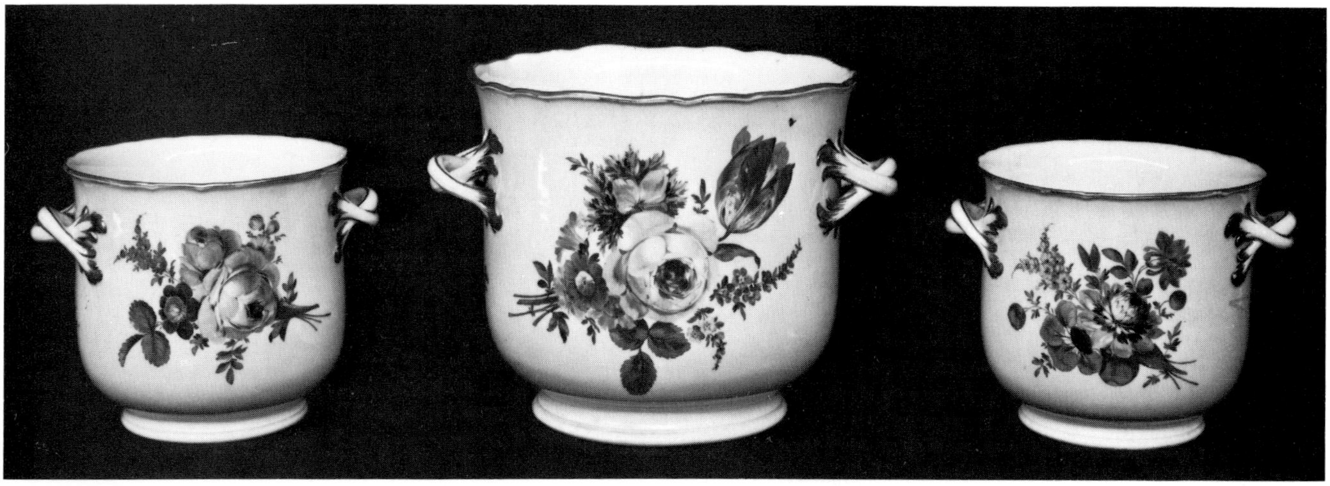

345/344/345

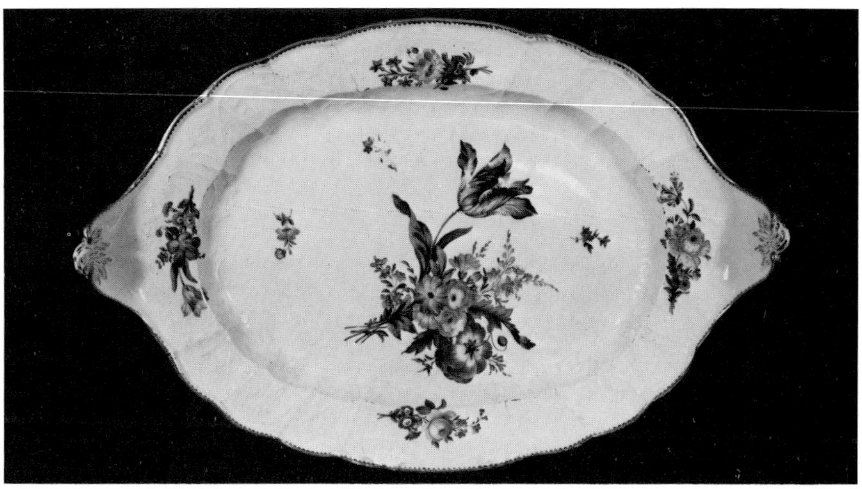

346

342 Ein Paar Blattschalen mit reliefierter Blattrispe und bunten Deutschen Blumenbuketts und Streublümchen. L 30,5 cm
Meißen, um 1750. **zus. 2400,–/3000,–**
Christie's (Cooper)

Das gleiche Formmodell wurde auch zu einem Drittel mit dichtem Brokatmuster bemalt, nach Art der um 1700 in Arita hergestellten japanischen Vorbilder.

343 Obstkorb auf drei gekanteten Volutenfüßen mit mäanderartig gekanteten Henkeln. Reich durchbrochene Gefäßwandung, gebildet aus übergreifenden Ovalbändern mit Reliefrosenblüten und Akanthusblattmedaillons, sparsam staffiert.
H 14 x L 24 cm
Meißen, um 1775, Modell wohl von Michel Victor Acier. **2000,–/4000,–**
Almas

◁ **344/345 Cachepots** mit verschlungenen Asthenkeln und bunten Manierblumen.
H 13,5 und 17,5 cm
Meißen, Marcolinizeit. **Mitte 1000,–/1300**
Paar seitlich 1700,–/2200
Kunsthaus am Museum

◁ **346 Ovale Platte** mit hochgezogenen Handhaben und passigem Rand. Dulong-Reliefdekor mit bunten Blumensträußen, Streublumen und Goldrand.
L 50xB 33 cm
Meißen, Marcolinizeit. **1800,–/2200,–**
Kunsthaus am Museum

347 Muschelschale mit Ozierrand und zwei stilisierten Schwanengriffen. Farbiges Blumenbukett und Streublumen. ∅ 22 cm
Meißen, Mitte 19. Jh. **650,–/800,–**
Peretz

348 Tafelaufsatz mit Jahreszeitenputten auf einem Rocaillesockel mit Blütengirlande, Fruchtkorb, Weinkelch, Trauben und Kohlebecken um einen geschweiften Rocailleschaft gruppiert. Darauf sitzt der ovale, geschweifte, durchbrochene Korb mit seitlich ausgezogenen Griffen. Bunt staffiert und mit Indianischen Blumen bemalt. H 40 cm (Sockelpartie mit Volutenfüßen fehlt).
Meißen, um 1860, Modell wohl von Leuteritz. **3500,–/4000,–**
Ruef (Himpsl)

Ernst August Leuteritz, seit 1849 in Meißen für die künstlerische Gestaltung verantwortlich, prägte den reichen Stil des zweiten Rokoko.

349 Korbschälchen mit durchbrochener Gitterwandung und zwei reliefierten Rocaillekartuschen mit Streublumendekor. Gebogter Rand mit ösenartiger Durchbruchborte. Knorrige Asthenkel, die in vier gebogene Füße auslaufen.
H 10xL 25,5 cm
Meißen, 19. Jh., nach einem Modell wohl von J. J. Kändler 1765/70. **900,–/1200,–**
Peretz

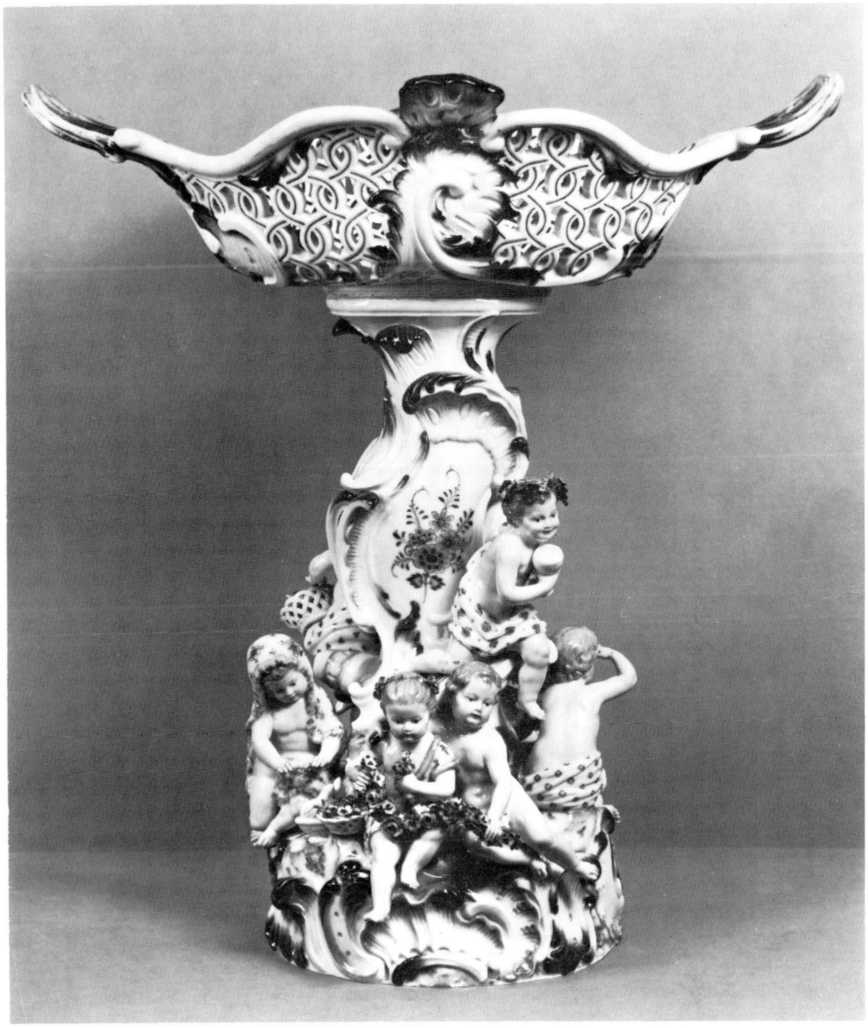

348

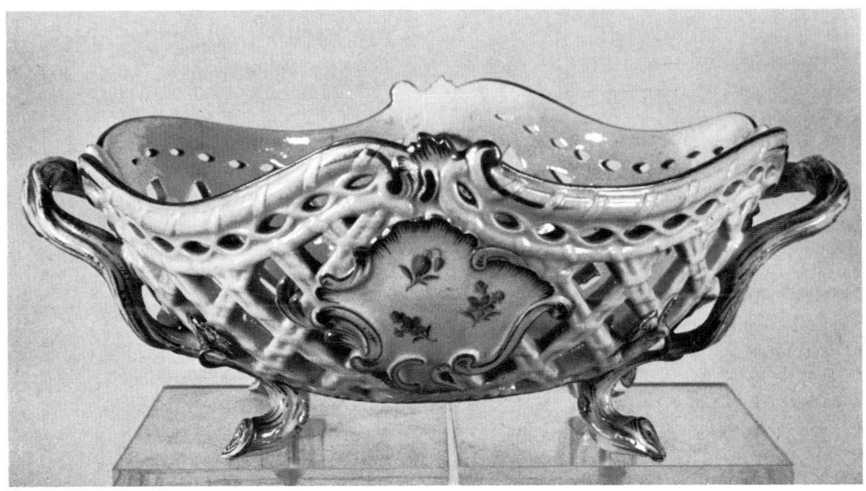

349

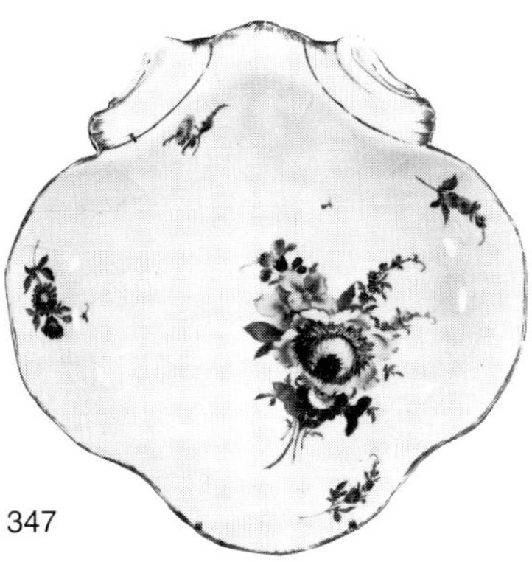

347

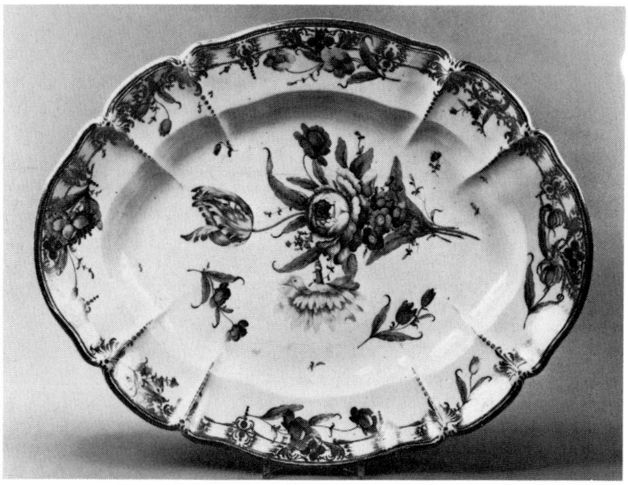

350

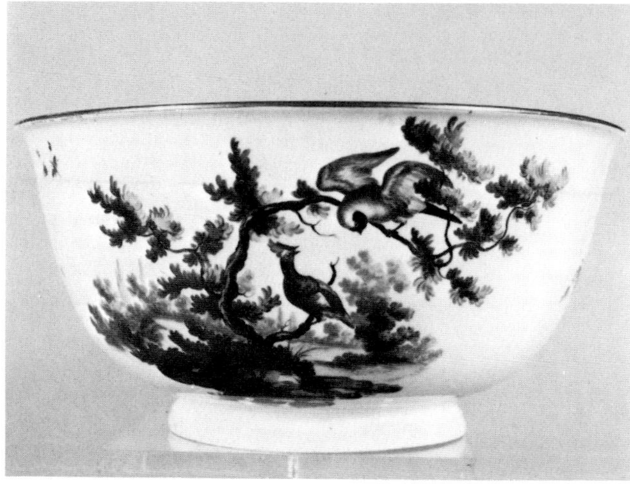

351

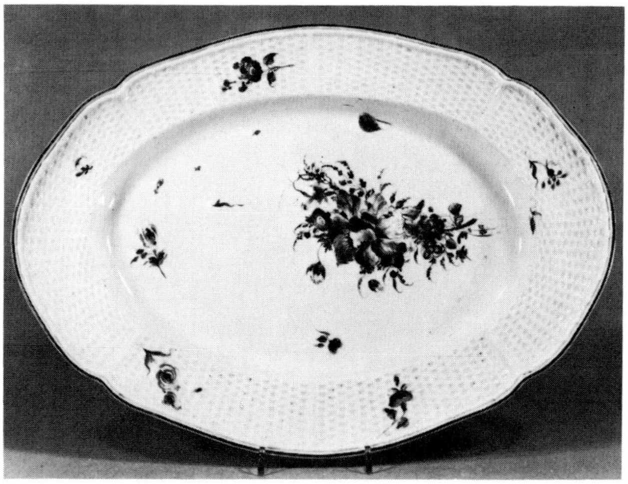

352

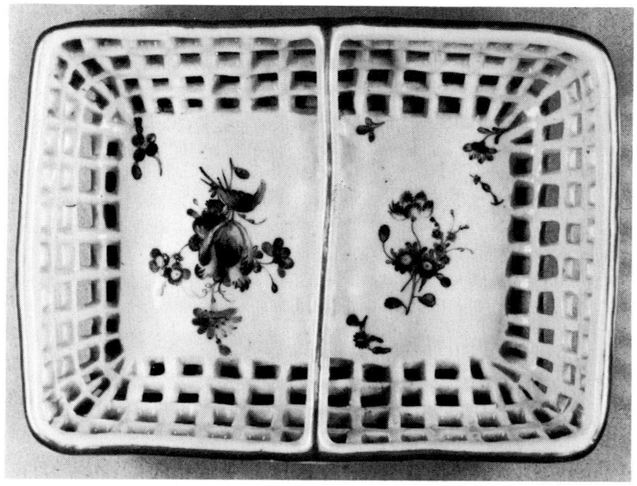

353

350 Ovale Schüssel mit geschweiftem Rand und gerippter Fahne. Reiche, bunte Blumenmalerei mit Bukett und Blütenzweigen sowie zarter Goldranke am Rand.
L 46 cm
Nymphenburg, um 1760. **2500,–/5000,–**
Christie's (Cooper)

351 Kumme auf hohem Standring, Goldrand und bunter Landschaftsdekor mit exotischen Vögeln. H 8,7 x ∅ 18 cm
Frankenthal, 18. Jh. **3000,–/4000,–**
Peretz

Zwar fehlt der Kumme die purpurne Gitterbordüre und die Rocaillerahmung der Teile des Vogelservices, das Karl Theodor 1771 in Anlehnung an das berühmte Vogelservice von Sèvres anfertigen ließ, aber die prächtigen Vögel, die in einer kraftvollen Landschaft mit Tiefenwirkung beheimatet sind, zeigen die Stärke der Frankenthaler Maler.

352 Ovale Platte mit passig geschweiftem Rand, breitem Oziermuster und purpurfarbener Blumenmalerei.
L 37,5 x B 27,7 cm
Frankenthal, 2. Hälfte 18. Jh.
1000,–/1400,–
Peretz

Typisch für einfachere Frankenthaler Geschirre ist der breite Ozierrand und Blumenmalerei in Purpur, das auf dem leicht cremefarbenen Porzellan eine ganz eigene Wirkung erzielt.

353 Doppelschälchen in Rechteckform mit umlaufend durchbrochener Gitterwandung und bunten Blumen im Boden.
H 3 x L 11 x B 8,4 cm
Frankenthal, 1772. **1400,–/1600,–**
Peretz

354 Schälchen mit vierfach eingedrückter Wandung und buntem Atlasmuster.
H 6 x L 13 x B 8,4 cm
Frankenthal, 1777. **500,– / 700,–**
Peretz

Dieses Chinz- oder Atlasmuster kommt auch auf einem von Melchior entworfenen »Déjeuner« vor.

355 Viereckige Gemüseschale. Fassonierter Rand und farbige Flußlandschaft mit Figurenstaffage und vereinzelten Insekten. L 21,5 x B 21,5 cm
Höchst, um 1770. **900,– / 1 200,–**
Ruef (Himpsl)

356 Ovale Schale. Gebogter, durchbrochener Reliefrand mit farbigem Blumendekor und Goldstaffage. 32,5 x 25 cm
Berlin, um 1770. **1 500,– / 2 000,–**
Peretz

357 Ovale Platte mit reliefiertem, farbig staffiertem Eichenlaubrand. Fahne mit farbigem Eichenkranz, im Spiegel Eichenblätter und Zweige. L 36 x B 29 cm
Fürstenberg, um 1790. **800,– / 1 200,–**
Schloß Ahlden

Eichenlaub, ein im Klassizismus besonders beliebtes Motiv, schmückt als Fries auch Andenkentassen und Figurensockel.

358 Runde Platte mit zwölffach gewelltem Rand, Oziermuster, buntem Blumendekor und zwei durchbrochenen Rocaillehenkeln, die als Reliefschnörkel auf der Plattenfahne auslaufen. ∅ 28 cm
Ludwigsburg, 18. Jh. **1 500,– / 1 800,–**
Nagel

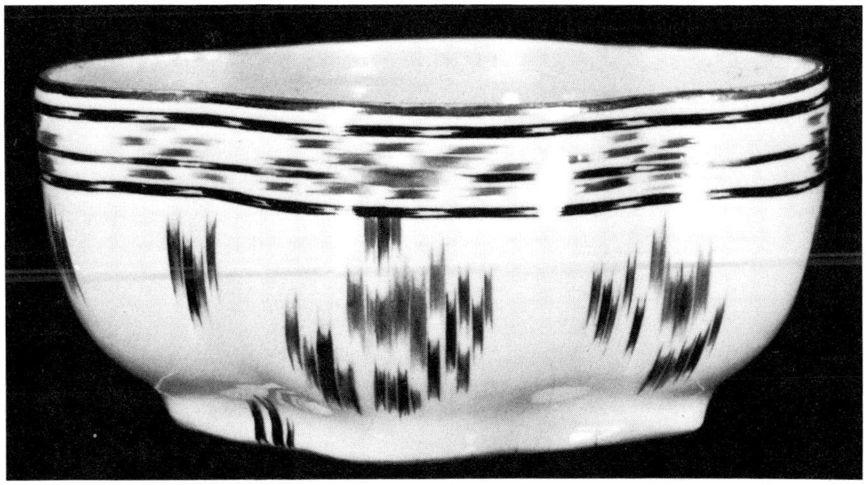
354

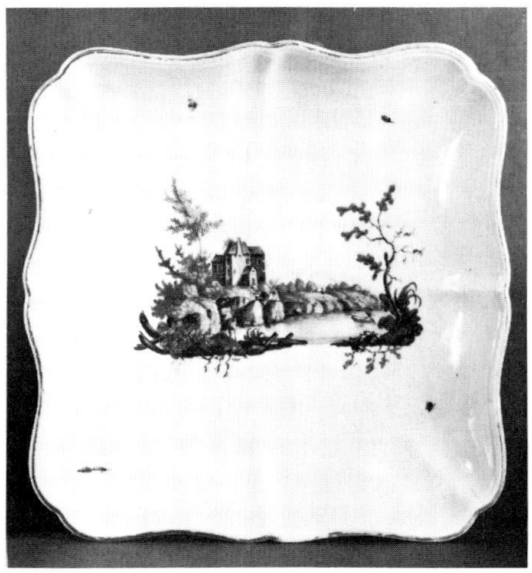
355

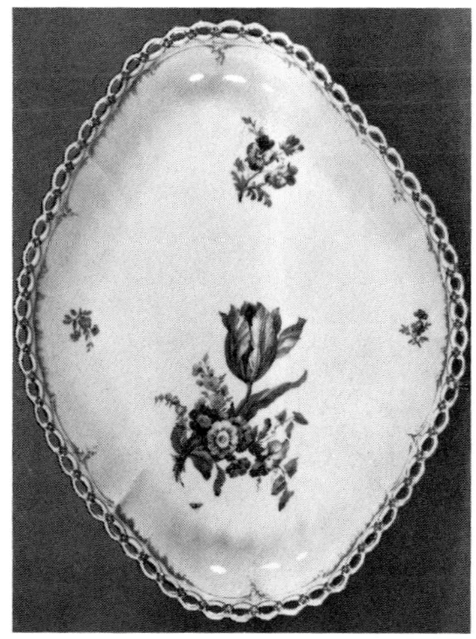
356

357
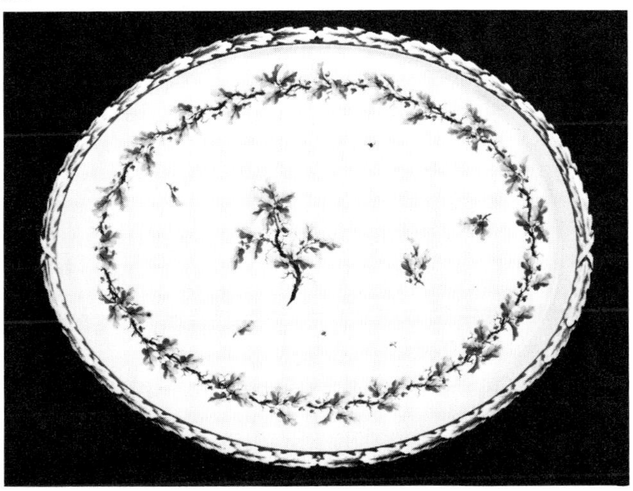

358
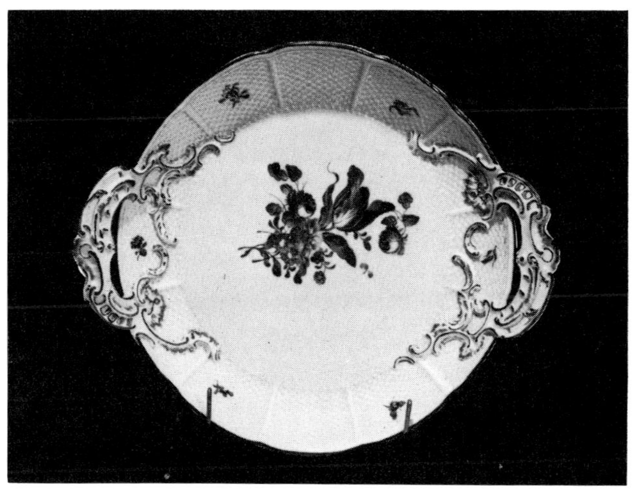

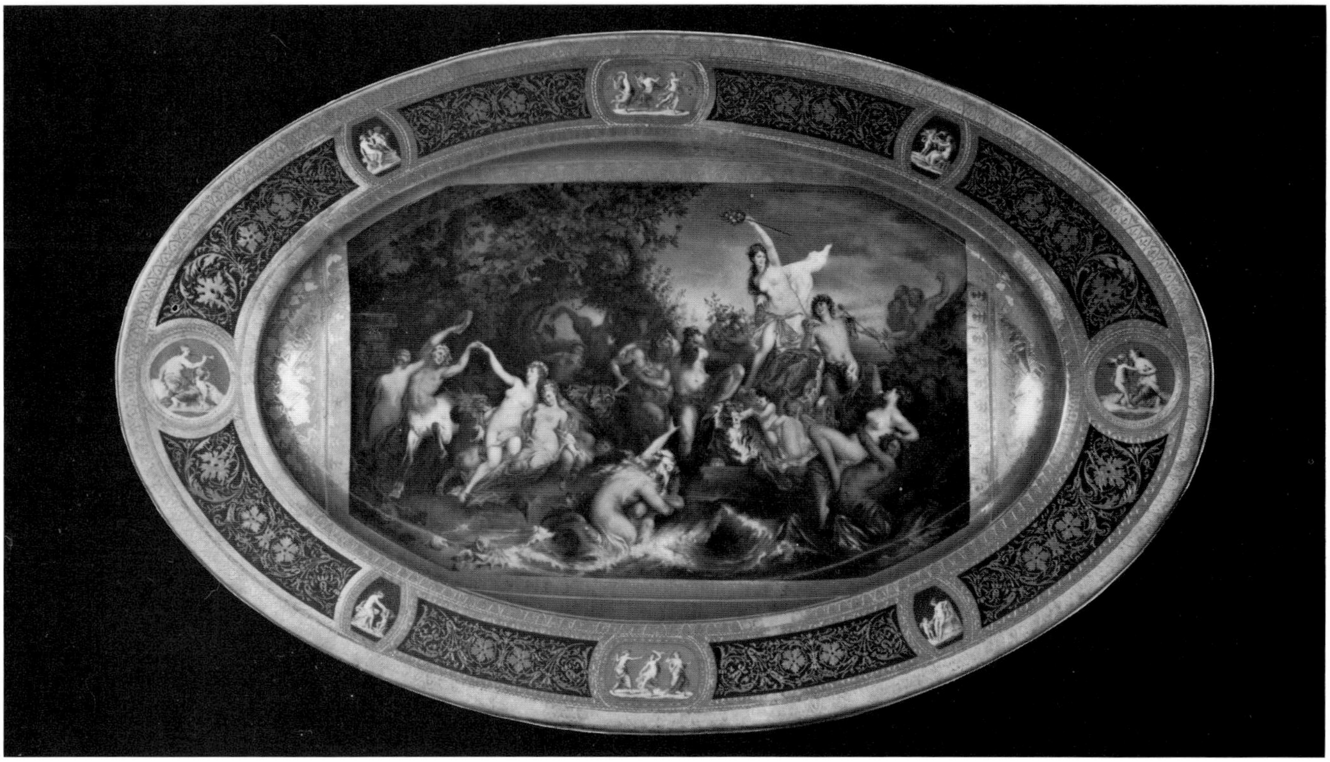

359

360

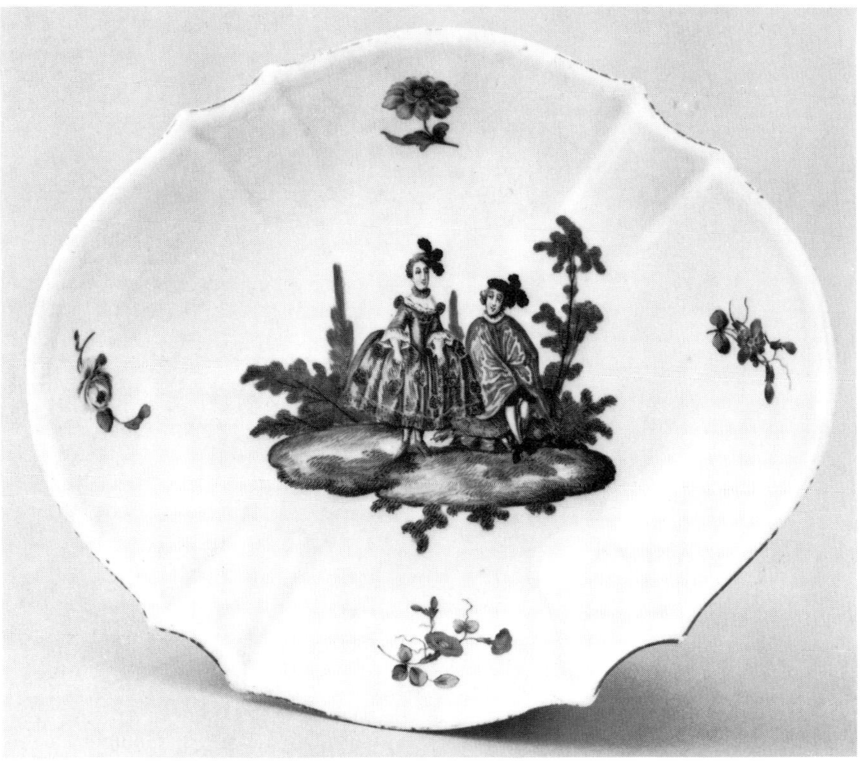

359 Ovale Platte. Im Spiegel Triumphzug der Ariadne nach einem Gemälde von Hans Makart. Fahne mit Goldrankendekor auf lilafarbenem Fond und Reserven mit mythologischen Szenen. L 80 x B 50 cm
Bienenkorbmarke, um 1875, vielleicht Rädler. **1500,–/2000,–**
Kunsthaus am Museum

Da die Wiener Manufaktur 1864 bereits geschlossen wurde, kann diese Platte nur in einer der kleineren Manufakturen entstanden sein, die sich stilistisch eng an das Wiener Porzellan angeschlossen und auch die Marke täuschend ähnlich (Bienenkorb statt Bindenschild) verwendet haben.

360 Schälchen mit bunter Watteaumalerei und Streublumen. Ovale Vierpaßform mit geschweiftem Rand und vier Rippenpaaren. 17 x 14 cm
Ludwigsburg, um 1765, Malersignatur »L. V. Gerverot«. **1200,–/1800,–**
Koller

Victor Louis Gerverot (1747–1829) war in verschiedenen deutschen, französischen und englischen Fayence- und Porzellanmanufakturen als Maler und Arkanist tätig.

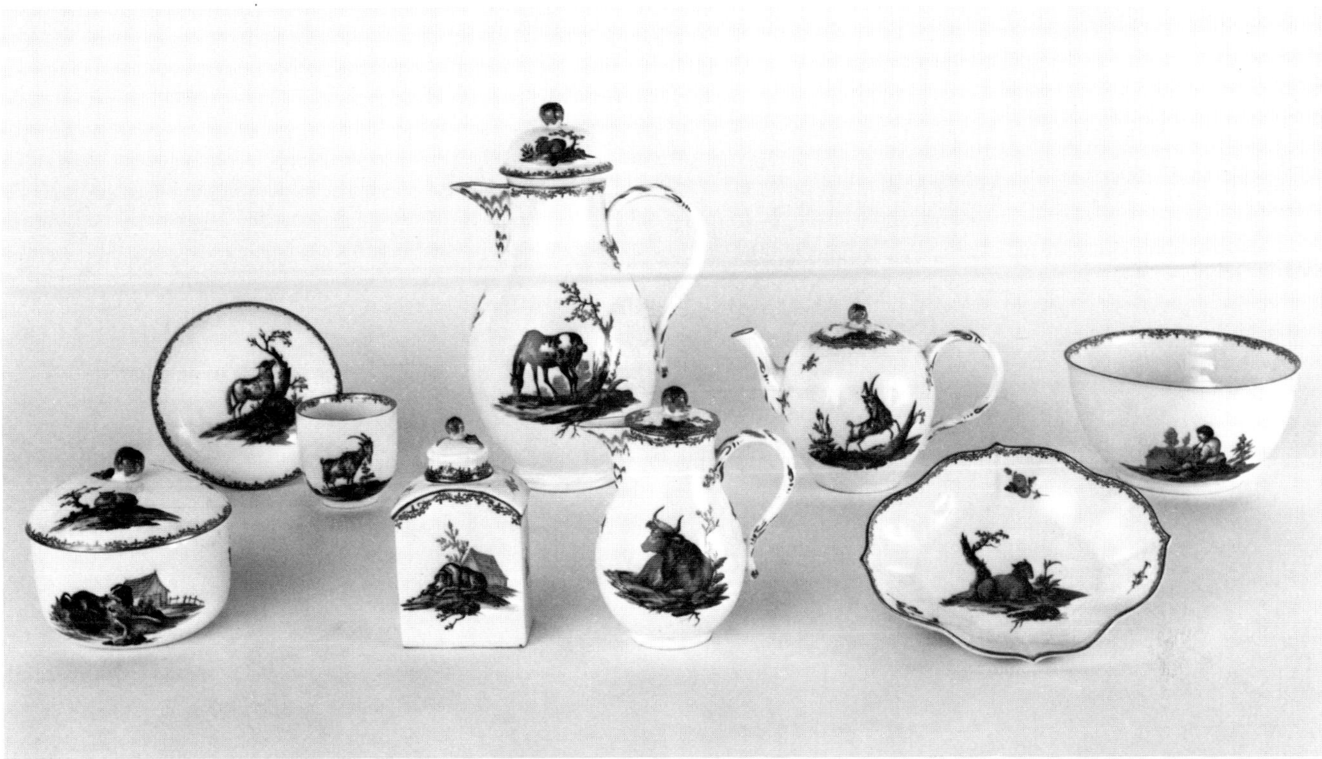

361

362

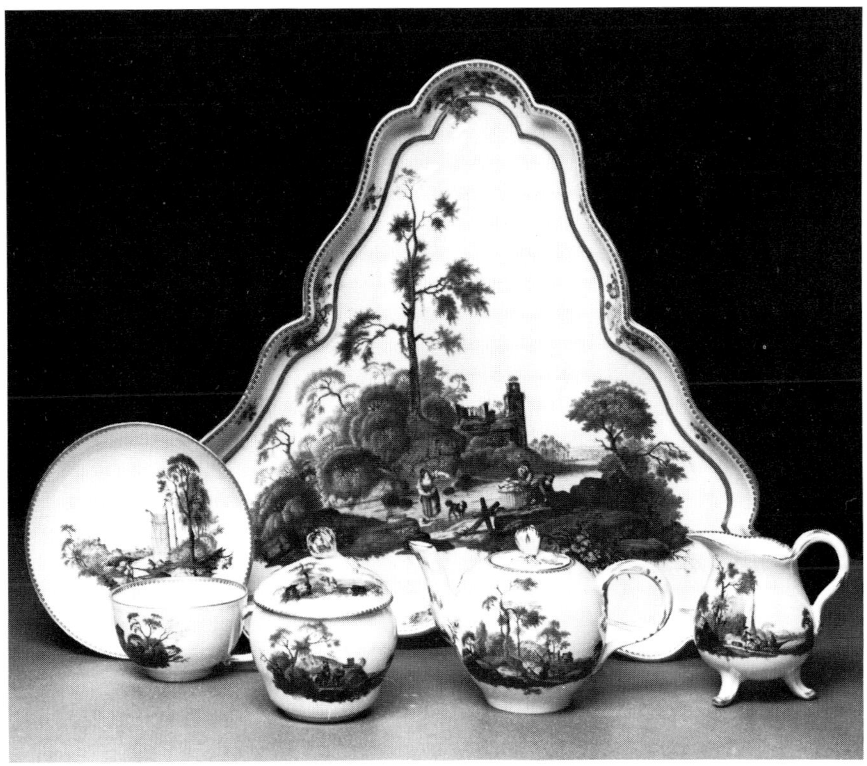

Service und Geschirrteile

361 Kaffee- und Teeservice, bestehend aus Kaffee-, Tee- und Sahnekännchen, Teedose, Zuckerdose, Kumme, Löffelschälchen, sowie elf Schalentassen mit Untertassen und fünf Bechertassen mit Untertassen. Die Kannen mit Asthenkeln und blau-goldstaffierten Ausgüssen. Bunter Dekor mit verschiedenen Tieren in kleinen Landschaften mit Streublumen und Goldspitzenbordüren.
Meißen, Punktzeit 1763/74.
14000,–/18000,–
Koller

362 Solitaire, bestehend aus einer dreiseitigen Anbietplatte mit geschweiftem Umriß, gebauchtem Teekännchen, Milchkännchen auf Volutenfüßen, Zuckerdose und Bechertasse mit Untertasse. Reiche farbige Bemalung mit Landschaftsdekor, Figurenstaffage, Architekturhintergründen und Streublumen.
Meißen, Punktzeit, 1763/74.
5000,–/8000,–
Lempertz

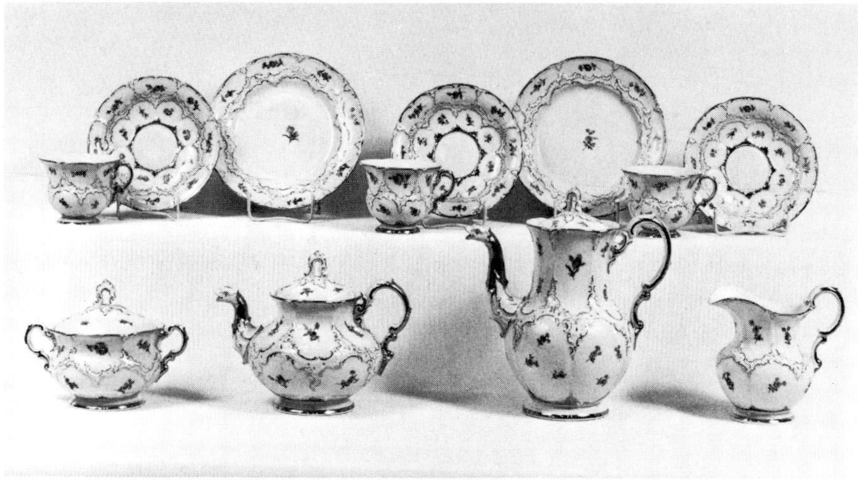

363

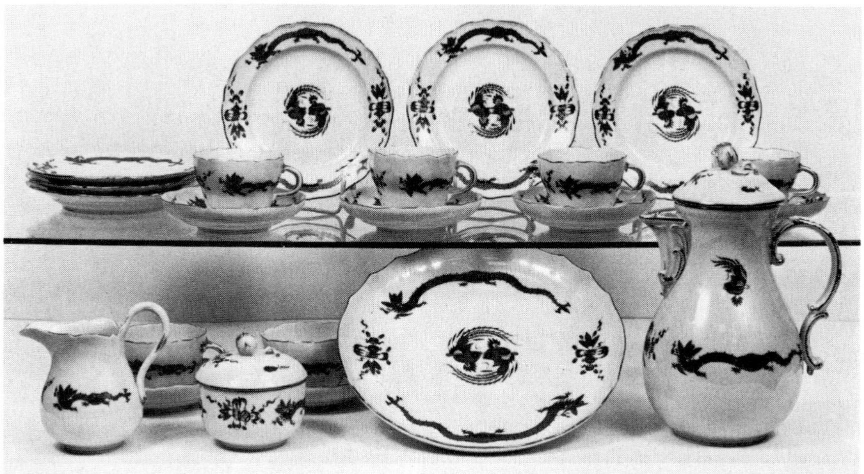

364

365

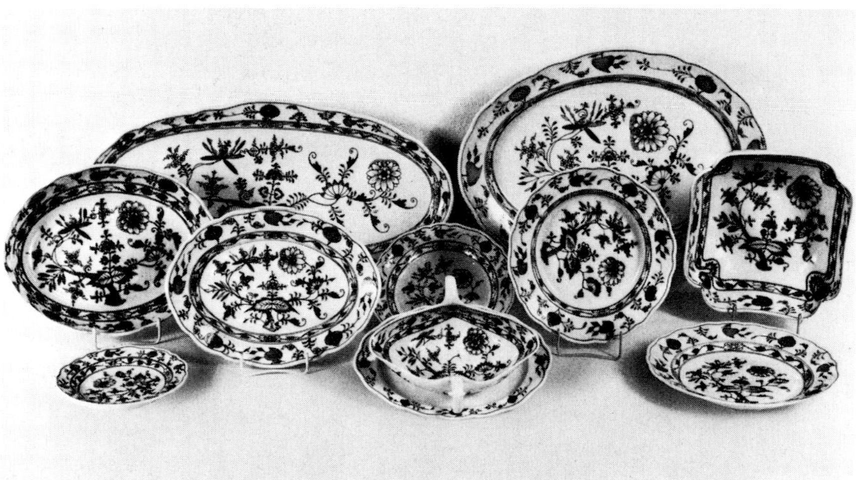

363 Kaffee- und Teeservice mit Kuchentellern für 12 Personen. Reliefierter goldstaffierter Rocailledekor mit Streublumen, Rocaillehenkeln und Tierkopfausgüssen.
Meißen, Ende 19. Jh. **4000,–/6000,–**
Arnold (Englert)

364 Kaffeeservice für sechs Personen mit rotem Drachendekor. Insgesamt 22 Teile.
Meißen, nach 1919. **1800,–/2500**
Arnold (Englert)

365 Speiseservice für sechs Personen mit dem unterglasurblauen Zwiebelmuster. Insgesamt 30 Teile.
Meißen, Königliche Manufaktur.
3500,–/5000,–
Arnold (Englert)

Im 19. Jahrhundert gehörte in jeden gutbürgerlichen Haushalt ein Meißner Speiseservice. Das Zwiebelmuster nahm den bescheidensten Rang ein, darüber stand das einfache Streublumenmuster, noch angesehener waren Blumenbuketts mit Streublumen und am edelsten ein Service mit Blumenbuketts, Streublumen und Insekten.

366 Kaffee- und Teeservice, bestehend aus Kaffee-, Milch- und Teekanne, Zuckerdose, Teedose und Kumme, sowie elf Tassen mit Untertassen. Alle Teile mit verschiedenen Tieren auf Landschaftssockeln, bemalt mit Streublumen und Ziervergoldungen.
Ludwigsburg, Mitte 18. Jh.
16000,–/20000,–
Nagel

Typisch für Ludwigsburg sind die Kannen auf Volutenfüßchen und die hochgeschweiften J-Henkel mit den kleinen C-Stegen am Ansatz.

366

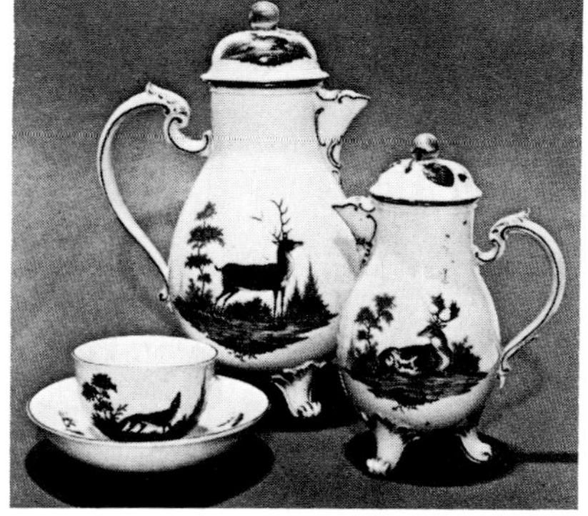

367 Drei Kannen und zwei Tassen mit Untertassen in Zylinderform mit gekanteten Henkeln. Feine bunte Blumenmalerei mit goldener Lorbeerranke und Blattgirlande.
Fürstenberg, um 1790. **1000,–/1500,–**
Schloß Ahlden

368 Service, bestehend aus Kaffee-, Teekanne, Zuckerdose, Teedose, und vier Bechertassen mit Untertassen. Feine Purpurmalerei mit Vögeln, Zweigen und Streublumen, Doppel-C-Henkel und Tierkopfausgüsse.
Frankenthal, um 1766. **6000,–/9000,–**
Lempertz

369 Gebauchte Kaffeekanne mit Haubendeckel und rautenförmige Schale mit steilem Rand. Holzmaserdekor in Braun mit kleinen Landschaftsstichen in Schwarzlotmalerei.
Frankenthal, um 1780/93. **1500,–/2200,–**
Spik (Zenker)

Typisch für den Trompe-l'oeil-Effekt sind die kleinen Ausrisse an den Rändern des Kupferstichs. Niderviller gilt als Erfindungsort dieser Quodlibets mit dem »décor-bois«, der bald Eingang in andere Manufakturen fand.

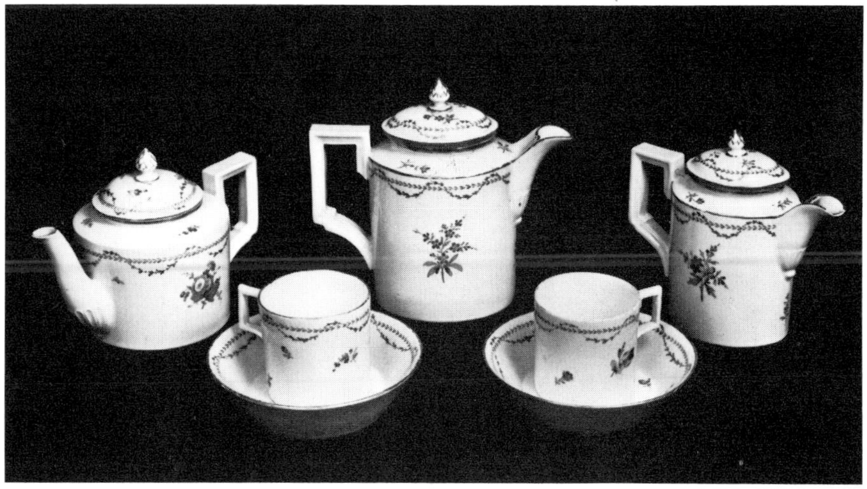

367

368

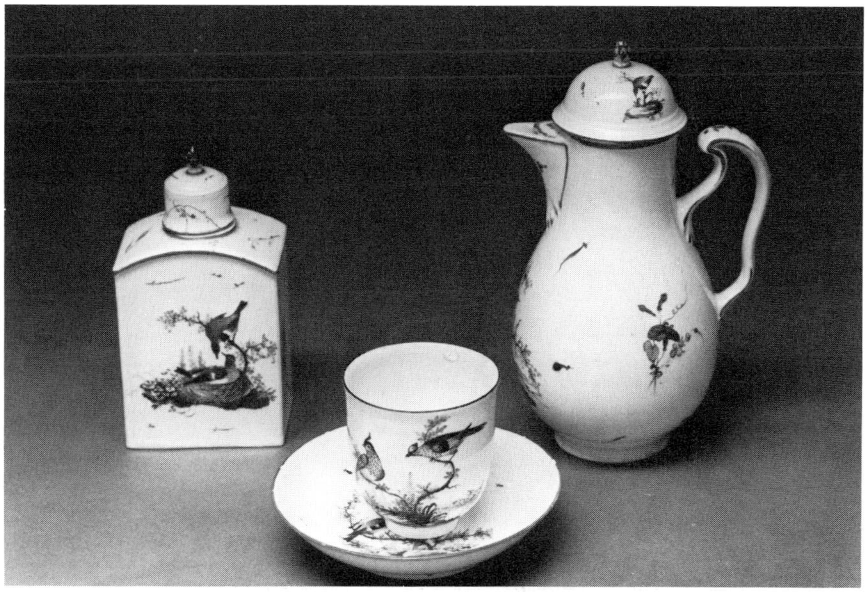

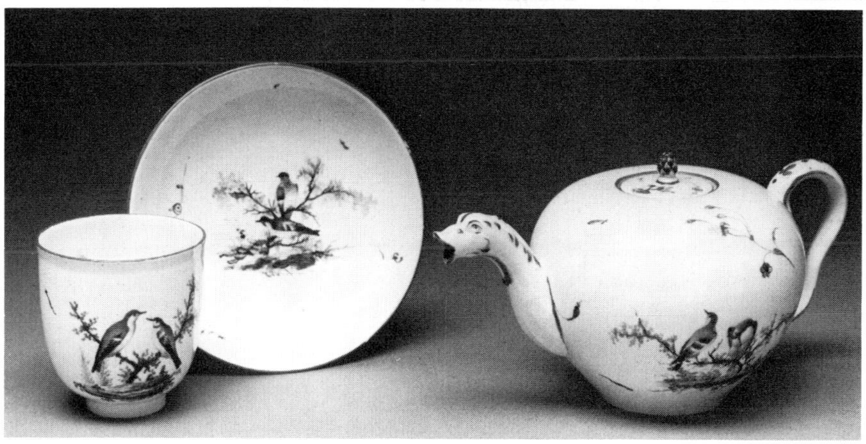

369

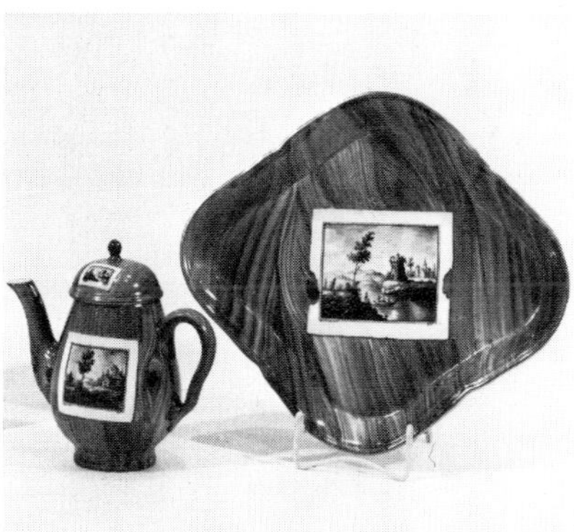

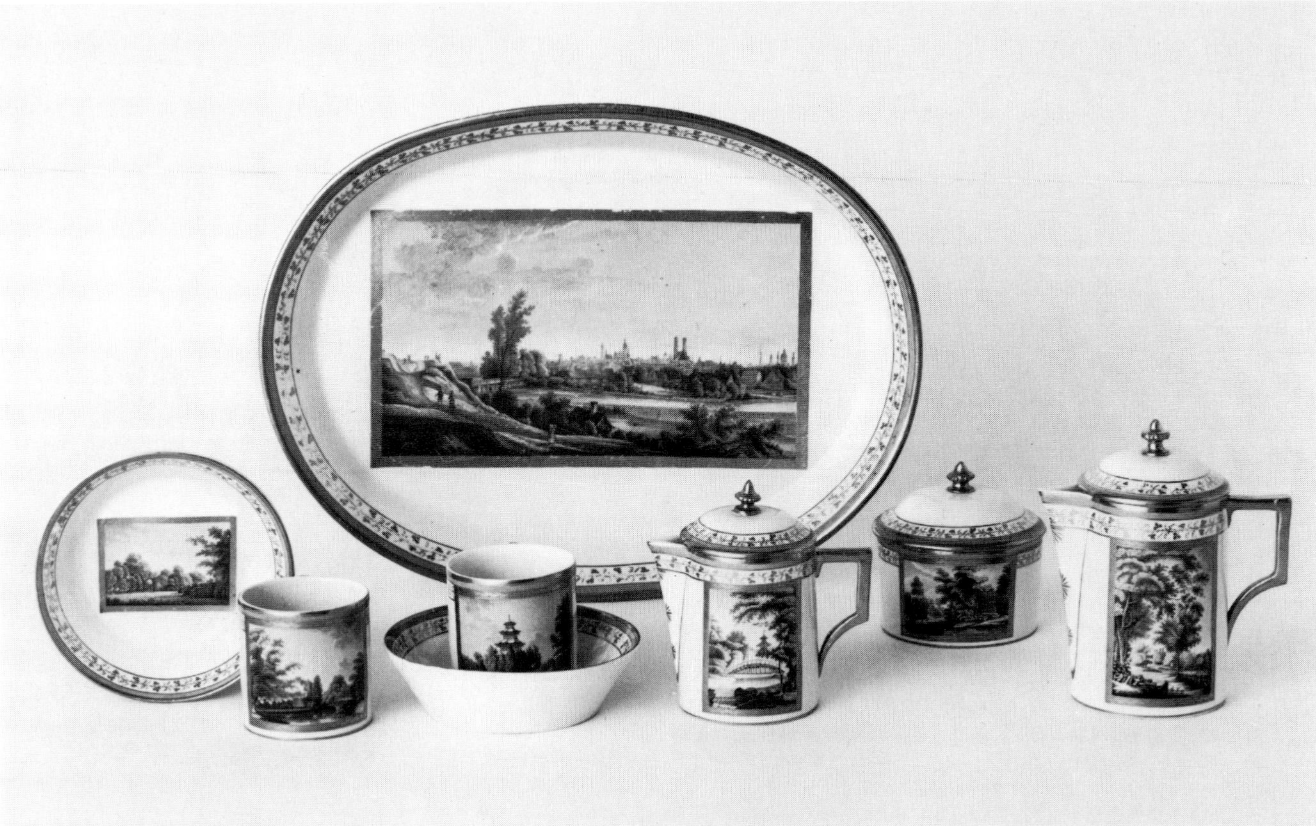

370

371

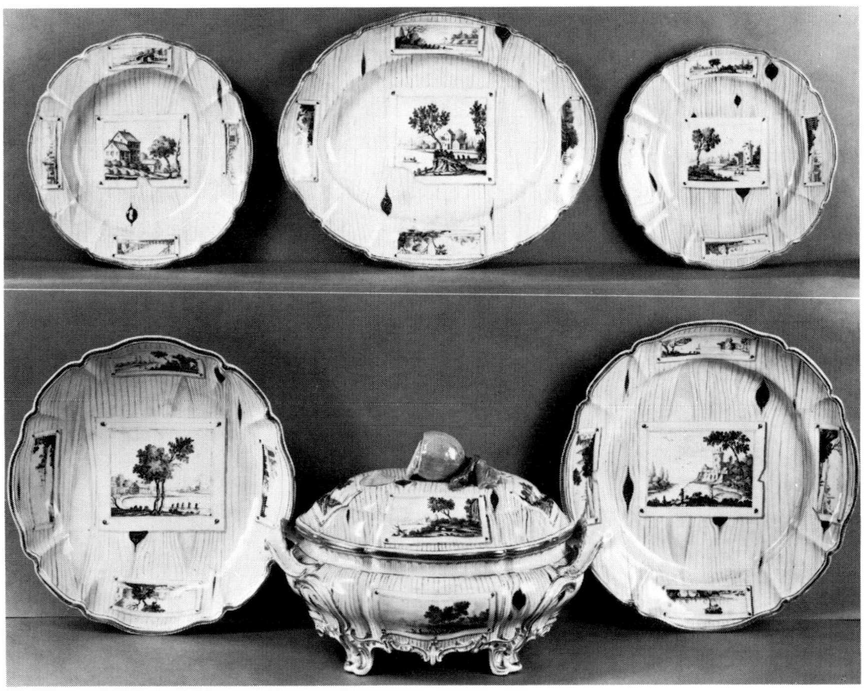

370 Déjeuner, bestehend aus einem ovalen Tablett mit zwei Kannen, Zuckerdose und zwei Zylindertassen mit Untertassen. Feine Sepiamalerei in breiten Goldrahmen »Die Stadt München mit Prospekten des Englischen Gartens« darstellend. Goldene Weinlaubbordüre, eingefaßt von einem blauen Band. Nymphenburg, um 1800. **7000,–/10000,–**
Koller

371 Umfangreiches Speiseservice, bestehend aus 80 Teilen mit Holzmaserdekor in Braun und Landschaften als Quodlibets in Violett.
Nymphenburg, um 1770.
35000,–/45000,–
Ruef (Himpsl)

Die Teller haben die für Nymphenburg charakteristische Form mit fassoniertem Rand. Das Modell der Terrine dürfte von Franz Anton Bustelli stammen. Nymphenburger Geschirre zeichnen sich weniger durch Formvielfalt als durch ihre reichen malerischen Dekors aus.

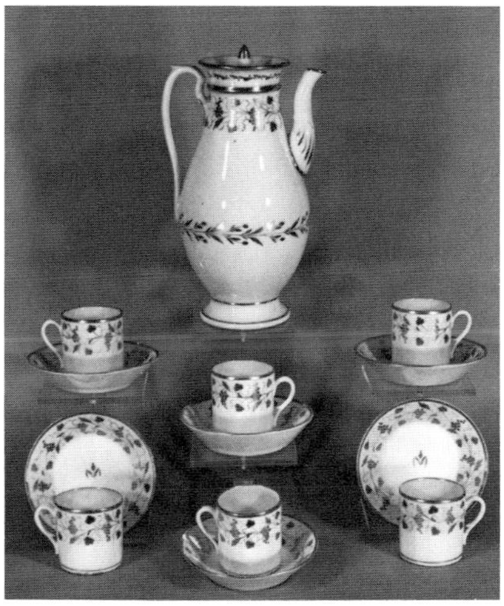

372

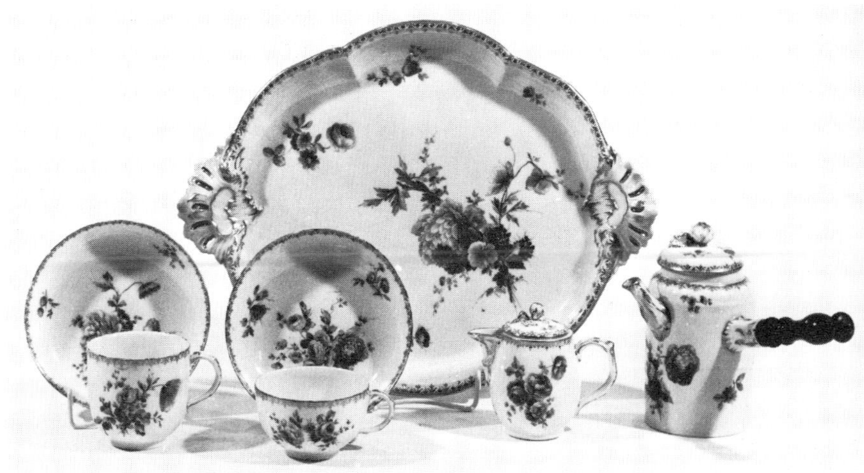

373

374

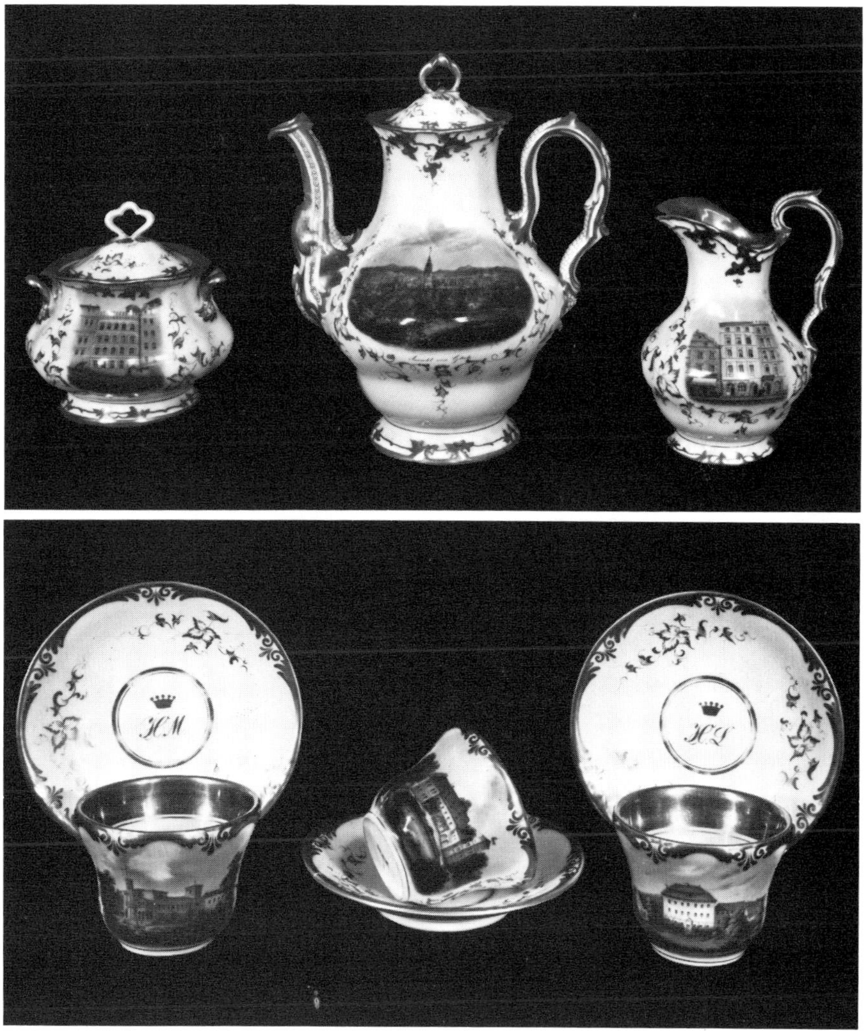

372 Sechs Tassen mit Untertassen und eine Kanne mit feinem Goldrankendekor.
Trier, St. Martin, um 1815, ohne Marken.
2000,–/2500,–
Peretz

Die seltenen, ungemarkten Trierer Geschirre tragen meist Ritzmarken und sind an ihrer typischen Kannenform mit gebauchtem Körper und abgesetztem Hals und Fuß kenntlich.

373 Déjeuner »Glatt«. Ovales Tablett, Schokoladekanne, Sahnekännchen, Kaffee- und Teetasse mit Untertassen. Blumenmalerei in Eisenrot mit Goldspitzenbordüre und Goldstaffage (teilweise leicht beschädigt).
Berlin, um 1775. **2000,–/3000,–**
Spik (Zenker)

374 Kaffeeservice, bestehend aus Kaffee- und Milchkanne, Zuckerdose und drei Tassen mit Untertassen. Farbige Architekturprospekte und reicher Golddekor.
Berlin, 1837/44, Sonderanfertigung für den Grafen von Herzberg. **1300,–/1600,–**
Kunsthaus am Museum

375 Déjeuner, bestehend aus einem viereckigen Tablett mit der Inschrift »Gotha 1861«, Kaffee- und Milchkanne, Zuckerdose und zwei glockenförmigen Tassen mit Untertassen, geschmückt mit bunten Ansichten von Gotha zwischen goldenem Ranken- und Bandwerk.
Gotha, 1861. **1300,–/1600,–**
Nagel

Die Gothaer Geschirrproduktion verzichtete auf Massenherstellung, spezialisierte sich auf Solitaires und Tête-à-têtes mit feiner Malerei und schuf so die feinsten Geschirre aller kleinen thüringischen Manufakturen.

376 Tête-à-tête, bestehend aus Kaffeekanne, Sahnekännchen mit Untersatz, Zuckerdose und zwei Zylindertassen mit Untertassen auf ovalem Tablett. Antikisierende Goldbordüren auf türkisfarbenem Fond mit farbiger Puttenmalerei.
Wien, 1804/05. **2500,–/3200,–**
Ruef (Himpsl)

377 Löffel, innen mit einer Rosenknospe, außen mit einem Schmetterling bemalt. Stiel mit grün- und rosa staffierter Reliefkartusche und Blümchen. L 19 cm
Meißen, Ende 18. Jh. **150,–/300,–**
Astoria

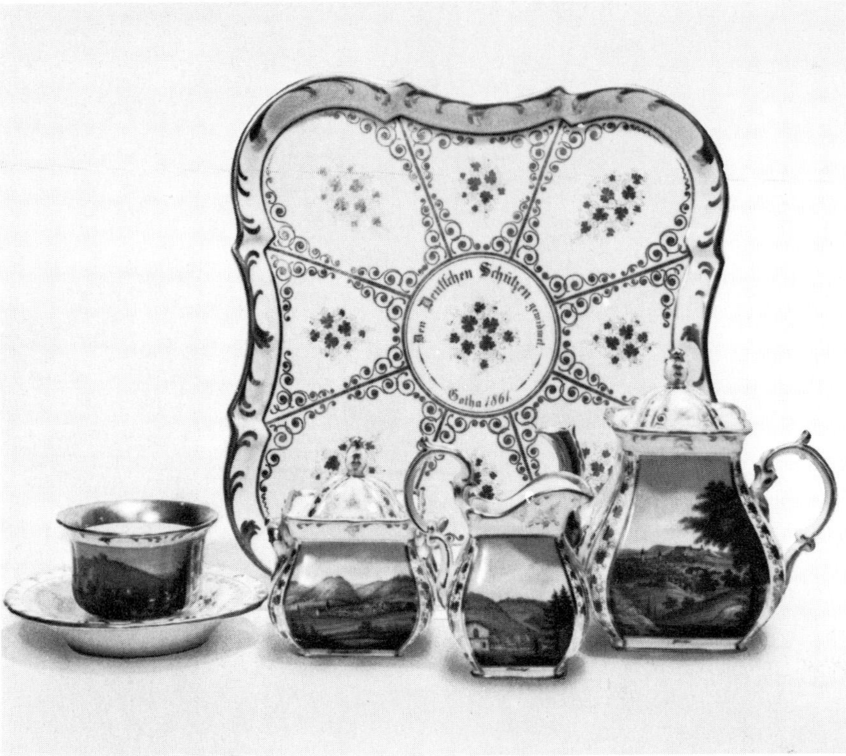
375

376
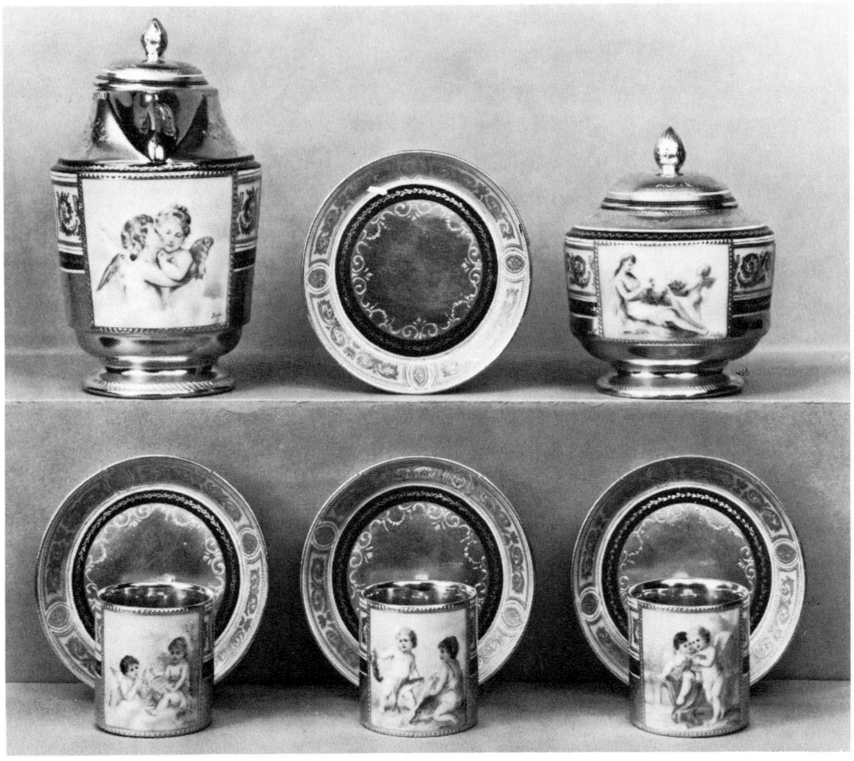

377
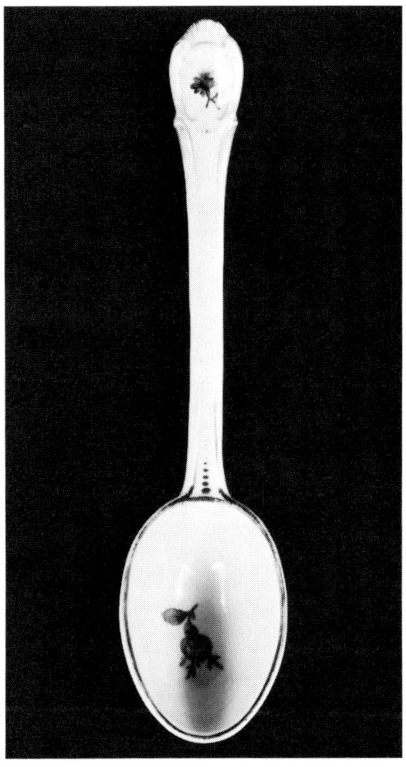

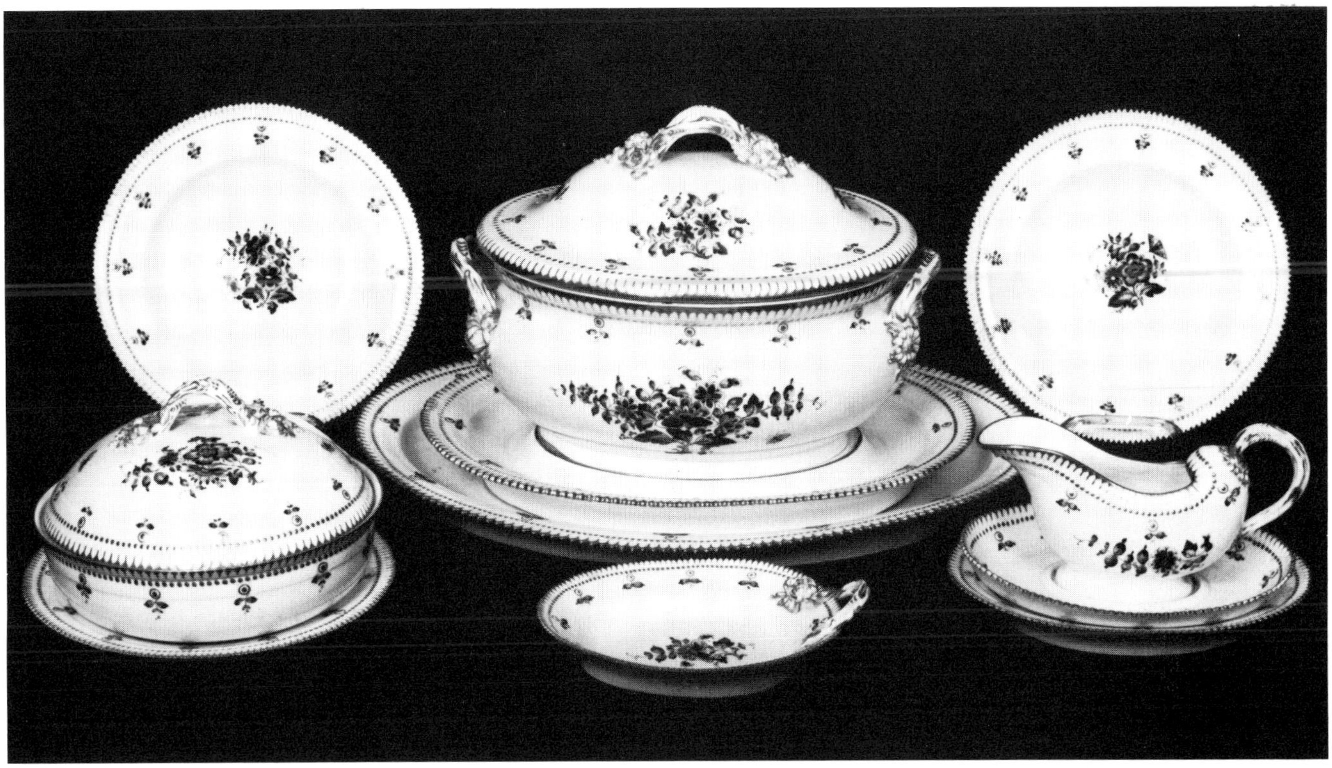

378

379

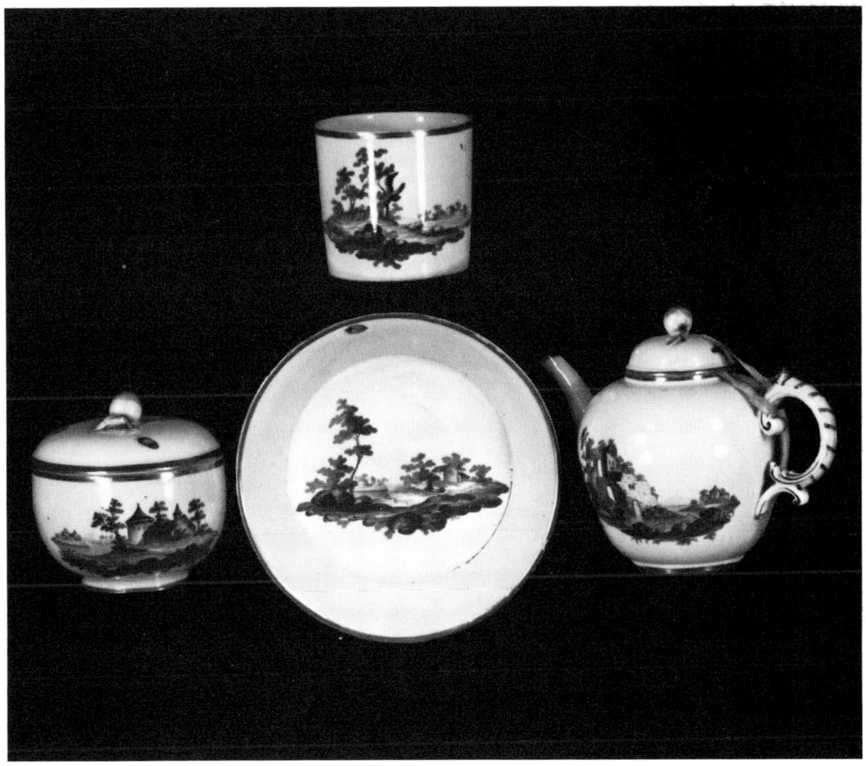

378 Speiseservice aus 80 Teilen mit gezacktem Goldrand und Perlleiste. Griffe und Henkelansätze mit plastischen Blüten. Stilisierter Indianischer Blumendekor in Purpur.
Kopenhagen, 2. Hälfte 19. Jh.
9500,–/12000,–
Schloß Ahlden

Schon im 18. Jahrhundert bevorzugte Kopenhagen Dekore in Blau, Eisenrot oder Purpurmalerei.

379 Gebauchtes Kännchen mit C-Henkel, Zylindertasse mit Untertasse und Zuckerdose mit Apfelknauf. Bunter Landschaftsdekor mit vereinzelten Insekten und Goldrändern.
Niderviller, CN-Marke, 1770/93.
2500,–/3200,–
Peretz

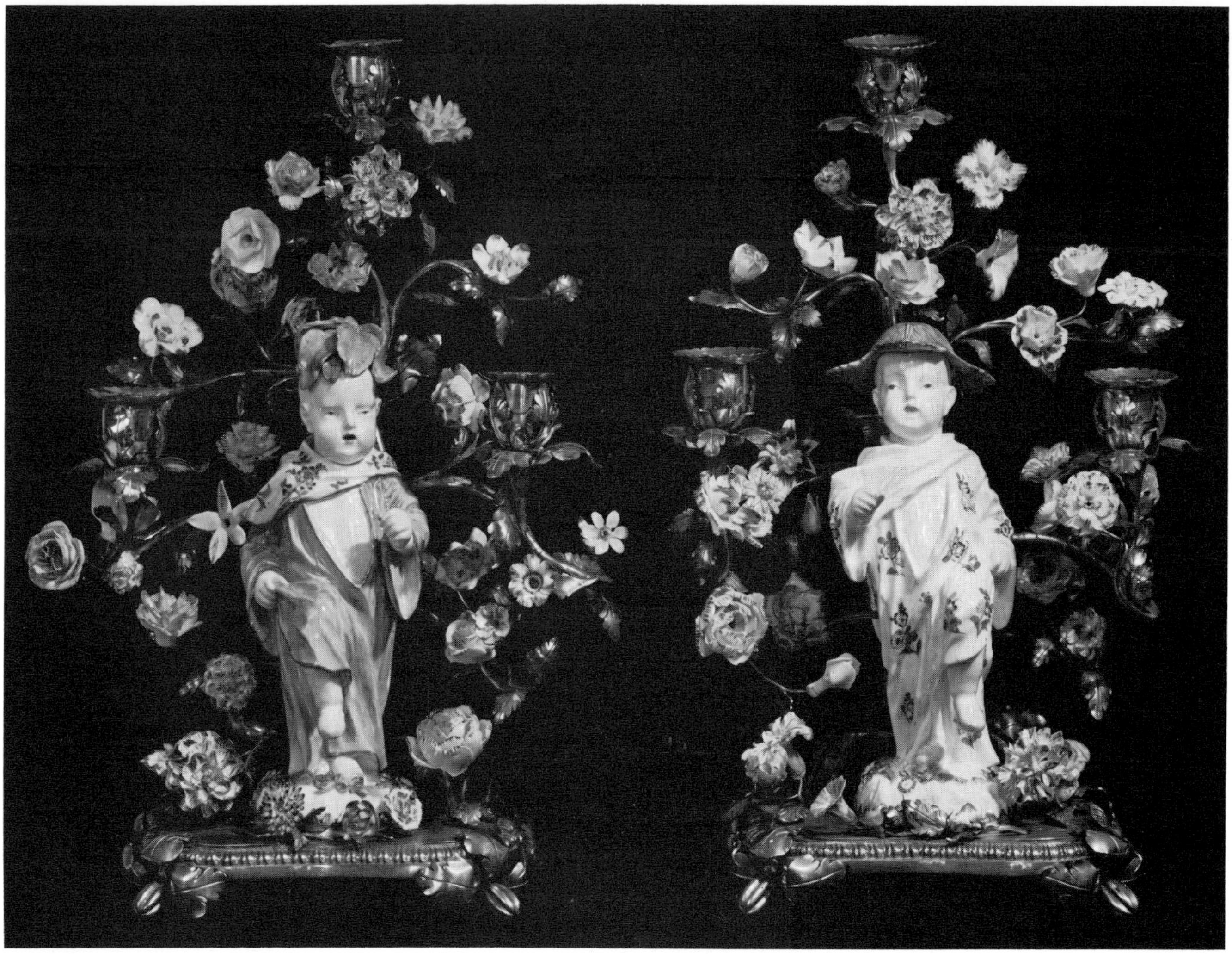

380

Leuchter, Uhren und Appliken

380 Zwei hüpfende Chinesenknaben mit Kohlblatthüten auf querrechteckigen Bronze-Sockeln mit Eichenblattfüßen, metallene Zweige mit Kerzentüllen und plastischen, bunt staffierten Porzellanblüten. H 38 cm
Meißen, um 1750, Modell von J. J. Kändler mit vergoldeter Dresdner Bronzemontierung. **20 000,– / 30 000,–**
Almas

381 Zweiarmiger Tischleuchter. Rocaillesockel mit astartigen Kerzenarmen, die von einer dazwischen sitzenden Frau gehalten werden. Bunt staffiert und reich mit plastischen Blüten belegt. H 20 cm
Meißen, 19. Jh., nach einem Modell wohl von J. J. Kändler um 1750. **2 000,– / 2 500,–**
Peretz

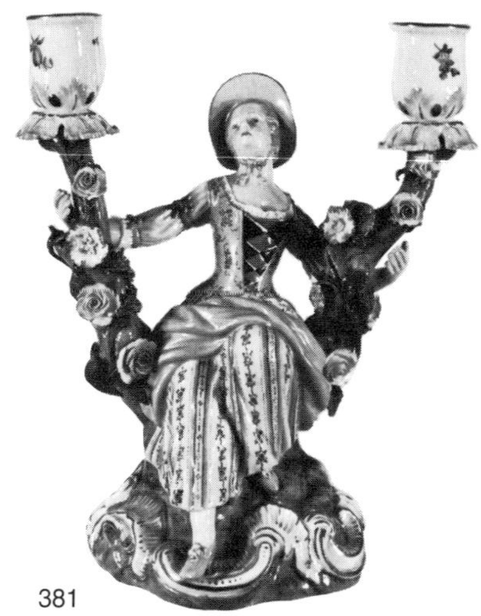

381

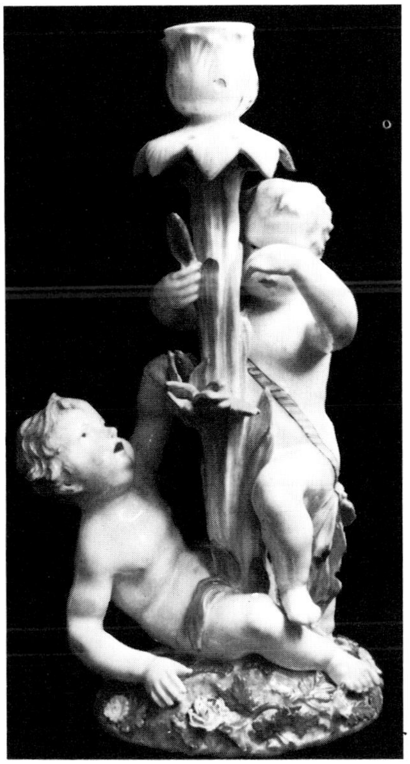

382

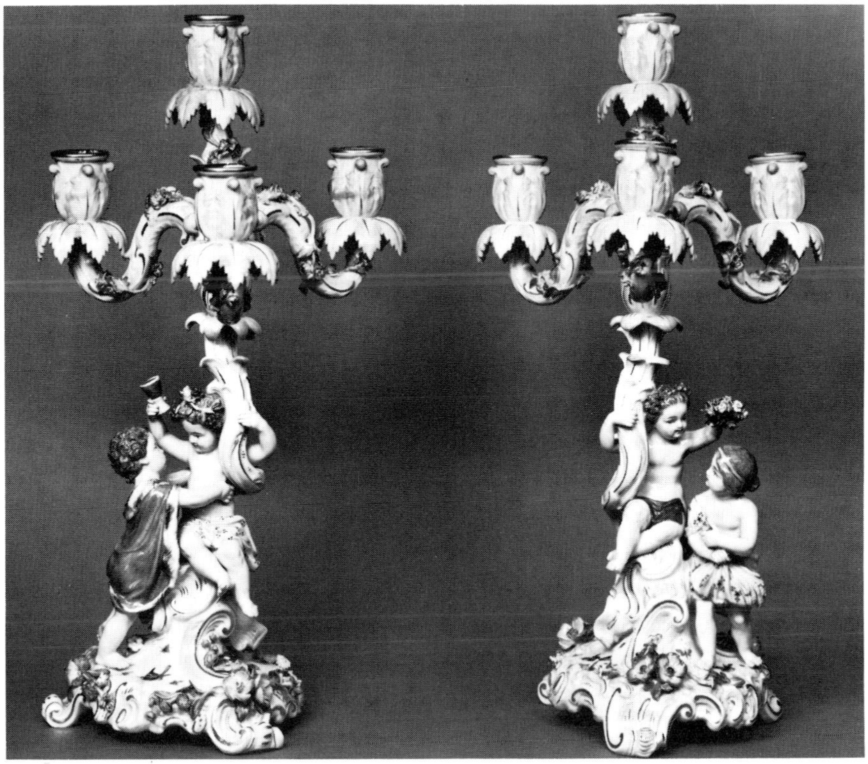

383

384

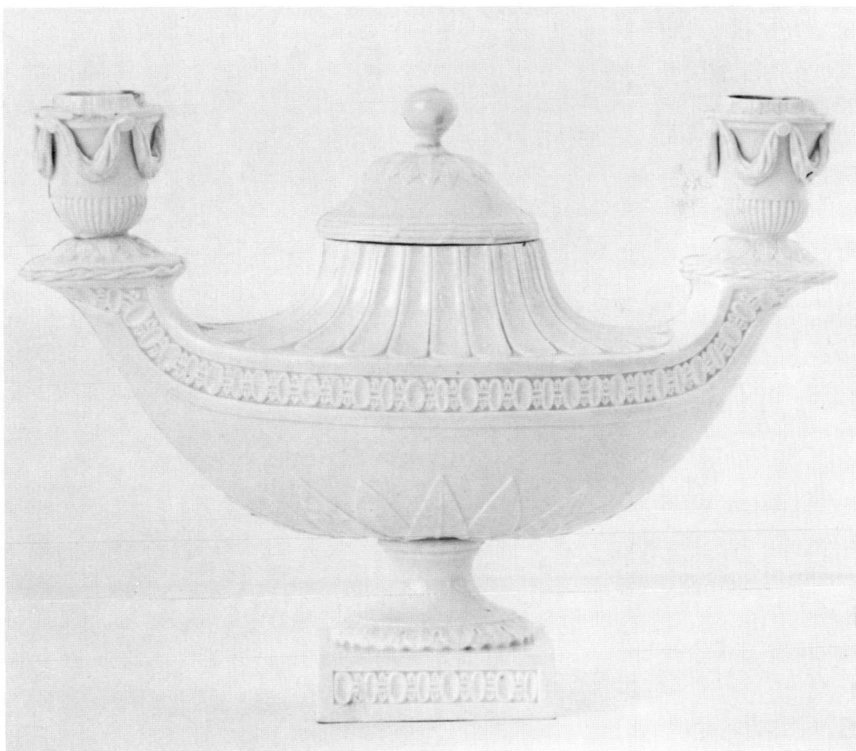

382 Tischleuchter. Zwei Putten auf einem blütenbelegten Grassockel, halten den blumenstielartigen Schaft, der von einer blütenförmigen Tülle bekrönt ist. Bunt staffiert. H 18 cm
Meißen, Modell von J. J. Kändler um 1750. **2000,–/3000,–**
Kiehl

383 Vierarmiges Girandolenpaar. Je zwei Jahreszeitenputten auf bewegtem Volutensockel mit geschweiftem Schaft und blütenförmigen Kerzentüllen. Bunt staffiert und reich mit plastischen Blüten und Früchten belegt. H 41 cm
Meißen, um 1850/60, Modell von Leuteritz. **3000,–/4000,–**
Ruef (Himpsl)

384 Ein Paar Tischleuchter »à l'antique«. Zweiflammige Ampel auf Quadratsockel mit gewölbtem Deckel. Reich reliefiert mit verschiedenen Blatt- und Ornamentfriesen. Die Kerzentüllen mit plastischen Vorhanggirlanden geschmückt. Weiß glasiert. H 19 x L 25 cm
Höchst, um 1780. **4000,–/4500,–**
Koller

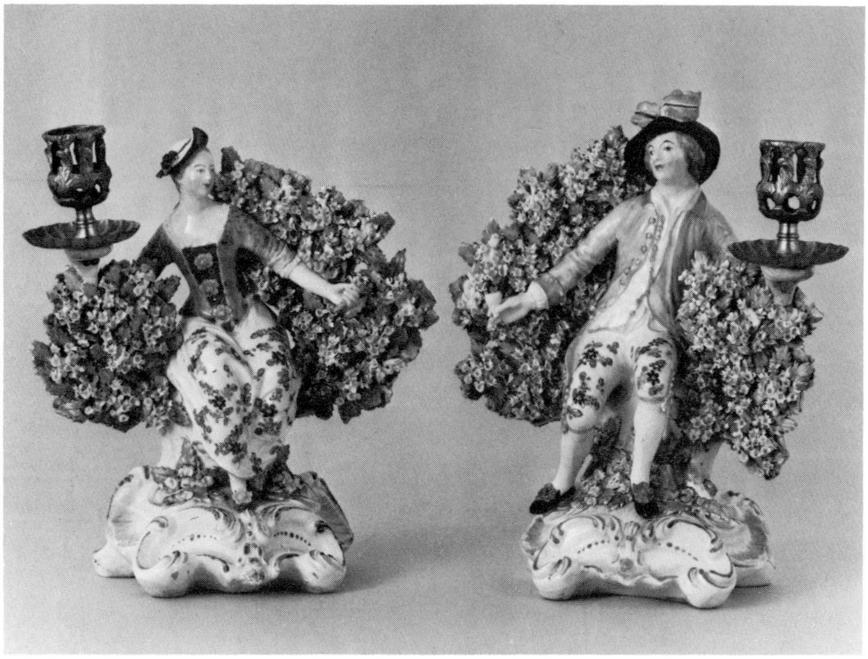

385

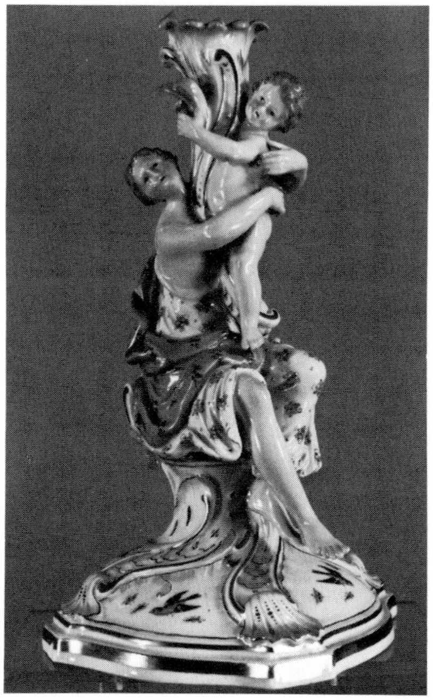

386

387

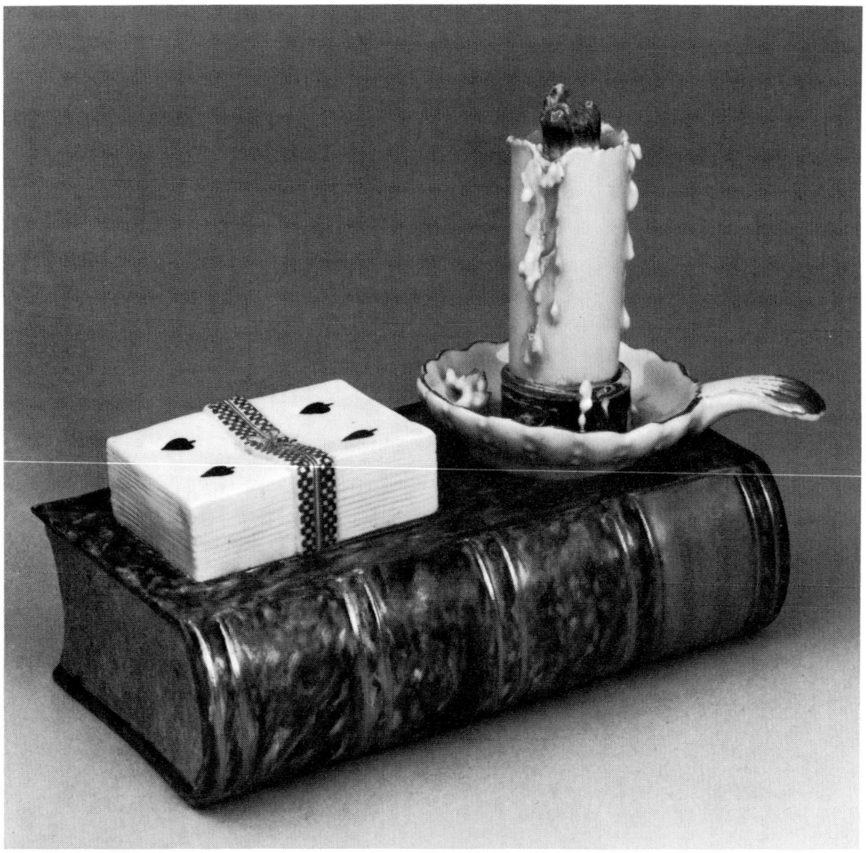

385 Paar Kerzenleuchter mit vergoldeten Bronzetüllen. Kavalier und Dame sitzen auf schweren, gewölbten Rocaillesockeln vor üppig blühendem Strauchwerk und halten mit einer Hand die spiegelbildlich zugeordneten Kerzenhalter. Sorgfältige bunte Bemalung. H 23 cm
Derby, um 1765. **3500,–/4500,–**
Koller

Typisch für die englischen Figuren ist das »bocage« genannte, blühende Strauchwerk, das die sonst stark von Kändler beeinflußten Figuren deutlich von den Vorbildern unterscheidet.

386 Kerzenleuchter mit Venus und Amor, einen als Füllhorn geformten Schaft haltend. Bunt staffiert über geschweiftem, gewölbtem Sockel.
Meißen, Ende 19. Jh. **950,–/1200,–**
Peretz

387 Trompe-l'oeil, naturalistisch staffiert. Kerzenhalter mit tropfender Kerze und gebündeltes Kartenspiel auf einem dicken Buch mit der Aufschrift auf dem Buchrükken: »Der stumme Secretaire«.
Ansbach, um 1765. **9000,–/15000,–**
Christie's (Cooper)

388 Kaminuhr auf Volutensockel mit vier rundplastischen Figuren. Reich geschmückt mit bunt staffierten, plastischen Blumen und Reliefrocaillen. H 48 cm
Meißen, um 1860. **7000,–/8000,–**
Peretz

389 Louis-Quinze-Tischuhr mit feuervergoldeter Bronzemontierung, Frankreich, Mitte 18. Jahrhundert. Aus dem geschwungenen Rocailleblattsockel, wächst ein Baum auf, dessen Krone ein runder, in eine Rocailleblattkartusche eingesetzter, Uhrenkörper bildet. Aus dem Stamm wachsen seitlich Zweige hervor, auf denen farbig staffierte, plastische Porzellanblumen stecken. In den Bronzesockel ist eine farbig staffierte Porzellanziege und ein tanzendes holländisches Bauernpaar eingelassen. H 36 x B 28 cm
Meißen, Mitte 18. Jh., Modell von Peter Reinicke. **30000,–/40000,–**
Almas (Himpsl)

390 Kaminuhr auf Volutensockel mit plastischen Putten und reichen, bunt staffierten Blumenauflagen. H 57 cm
Meißen, um 1900. **5000,–/7000,–**
Arnold (Englert)

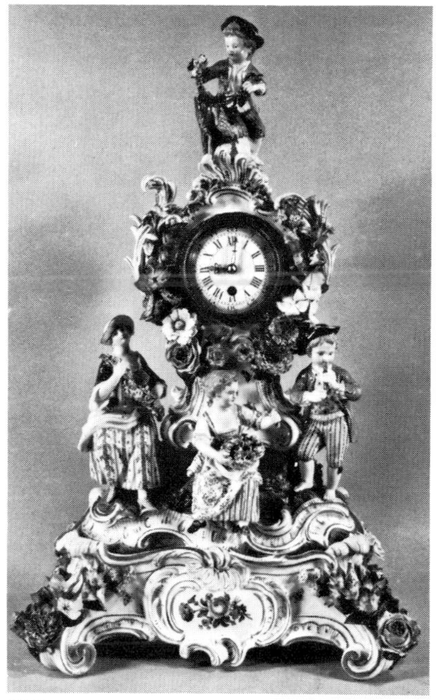
388

389
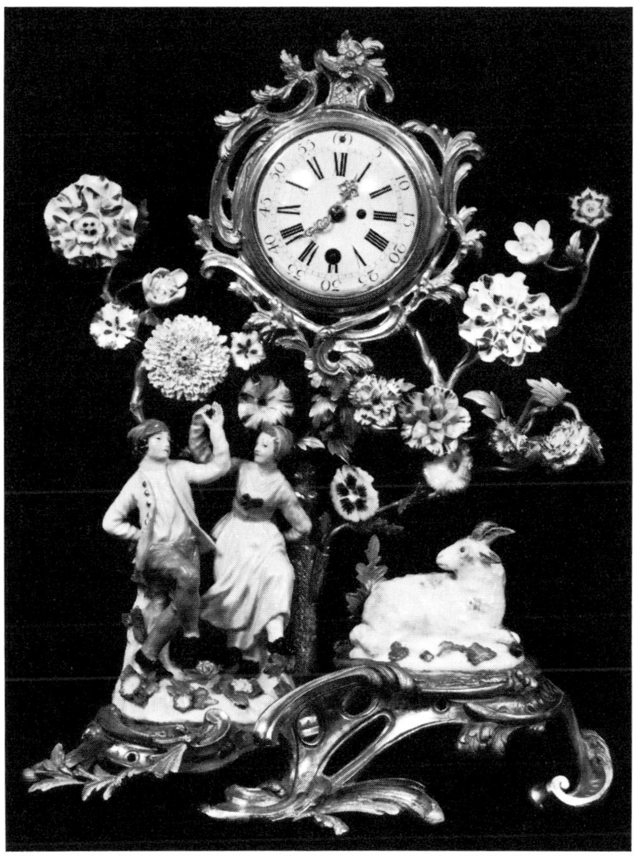

390
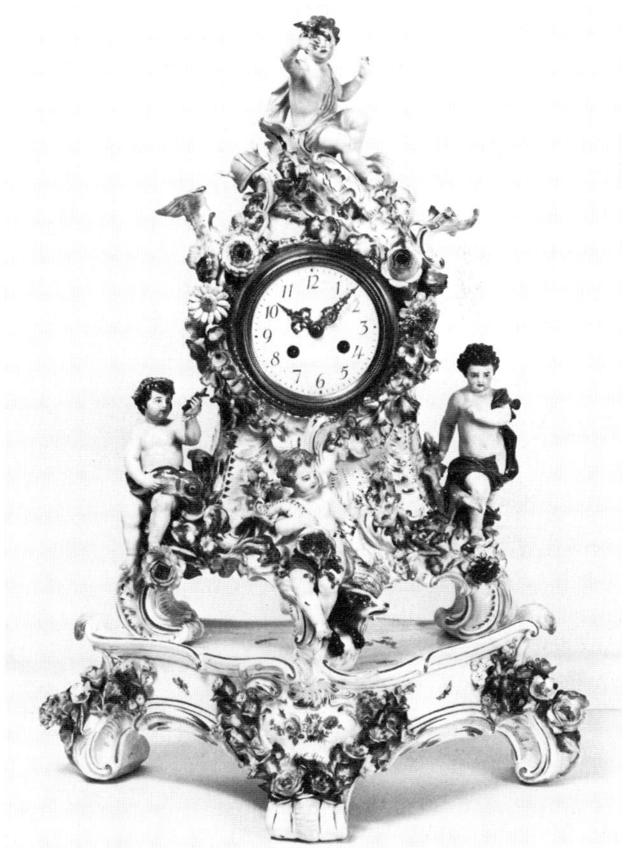

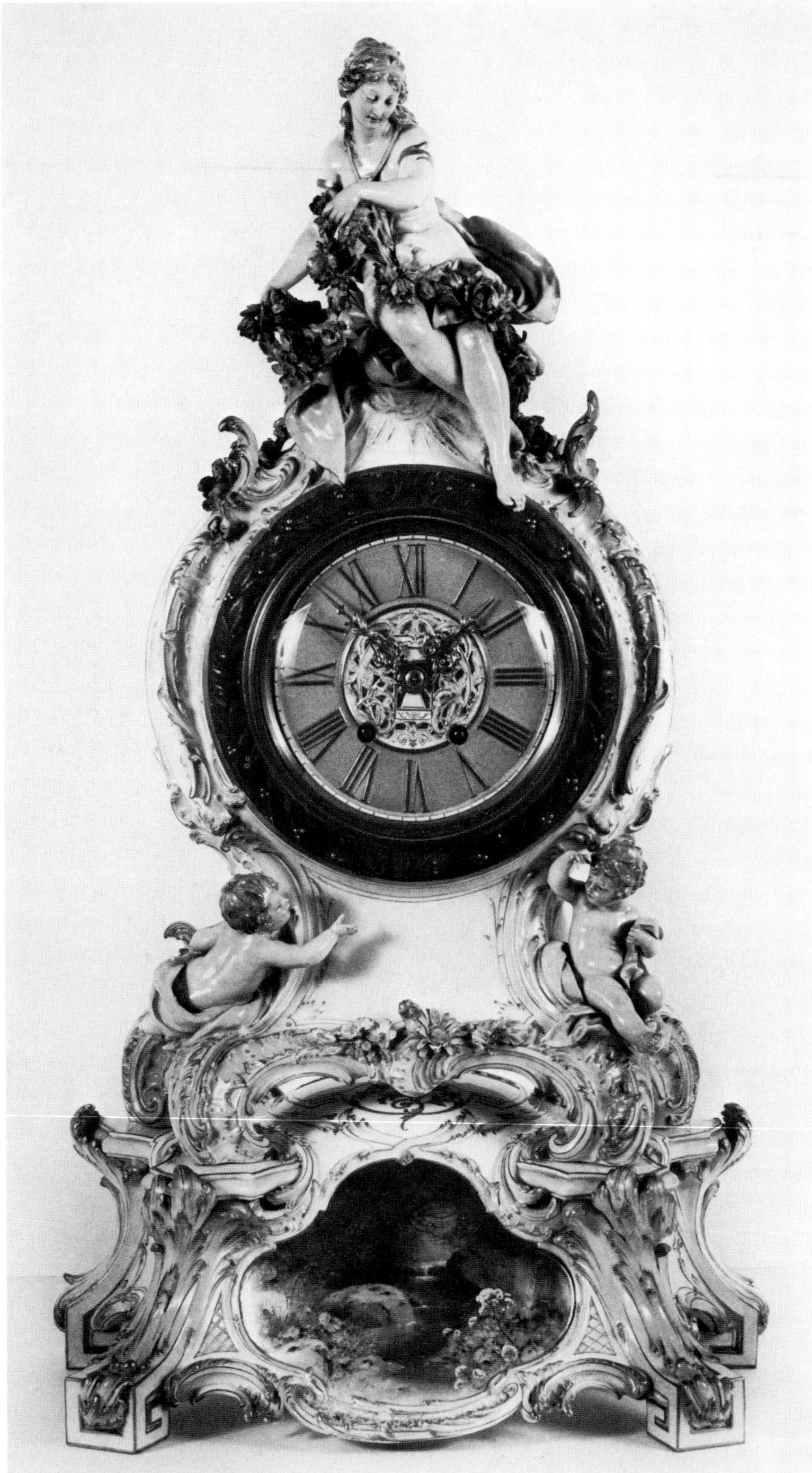

391

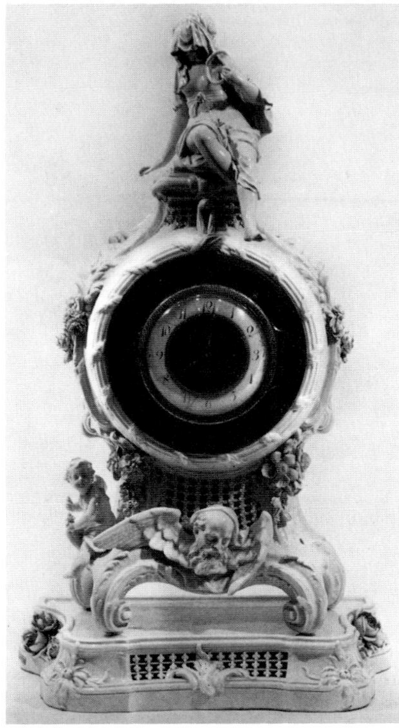

392

391 Kaminuhr auf Konsole. Geschweiftes Gehäuse auf Volutenfüßen mit Putten und nackter Frauengestalt als Bekrönung. Konsole mit Bildkartusche, eine düstere Flußlandschaft darstellend. Bunt und goldstaffiert mit plastischen Blüten belegt. H 81 cm
Berlin, KPM, um 1900. **2500,–/4000,–**
Arnold (Englert)

392 Kaminuhr in Weiß. Geschweiftes Gehäuse mit Gitterwerk und aufbossierten Blüten auf Volutenfüßen. Front mit geflügeltem Chronoskopf. Verschleierte Frauengestalt als Bekrönung, (Allegorie auf die Ewigkeit). H 67 cm (Sockel moderne Ausformung).
Berlin, um 1770. **2500,–/4000,–**
Spik (Zenker)

393 Ein Paar Wandbilder in Kartuschenform mit applizierten, farbig staffierten Blüten an den Rändern. Im Spiegel galante Szenen, darüber muschelartige Bekrönung mit seitlich sitzenden, rundplastischen Putten, die eine Blumengirlande halten. H 61 cm ▷
Meißen, um 1860. **7000,–/8000,–**
Peretz

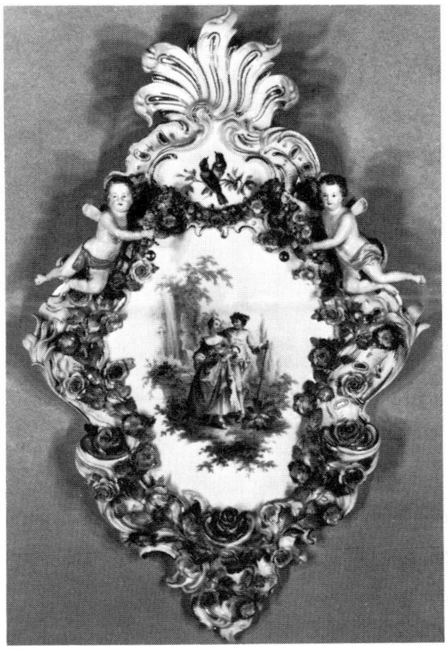

393

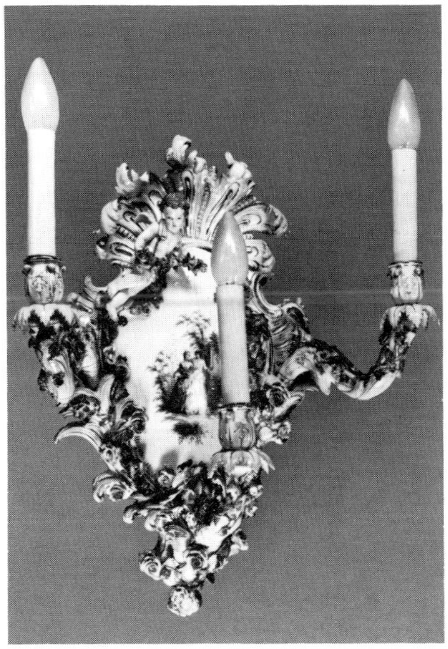

394

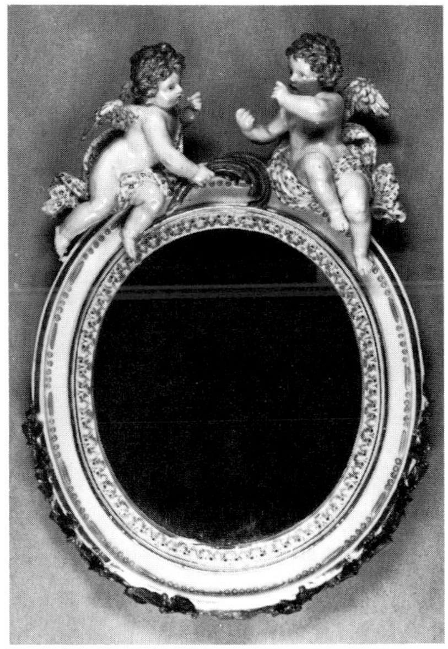

395

394 Paar Wandappliken mit je drei geschweiften Lichtarmen, Putten, plastischen Blütenauflagen und bunten Parkszenen mit Figurenstaffage. H 46 cm
Meißen, um 1860. **6500,–/8000,–**
Ruef (Himpsl)

Den Wandbildern und Appliken liegt offensichtlich ein gemeinsames Modell zugrunde, das nur in der Detailausführung abgewandelt wurde.

395 Ein Paar Wandspiegel. Hochovale Form mit bekrönendem Puttenpaar. Der Rahmen lila-grün staffiert. H 25 cm
Meißen, 2. Hälfte 19. Jh. **1600,–/2800,–**
Peretz

396 Prunktisch mit farbig bemalten Porzellanplaketten. Holzgestell, dreiseitiger Volutenmittelfuß mit reichem Bronzebeschlag. Über einem Holzkern gravierte und profilierte Bronzeplatte mit eingelassenen ovalen Porzellanmedaillons. Darauf farbige Bildnisse von Marie Antoinette, ihren königlichen Schwestern und weiteren Hofdamen sowie das Königswappen.
In der Mitte vertiefte Porzellanplatte mit dem farbigen Ganzfigurenbildnis Ludwigs XVI. im Krönungsornat vor seinem Thronsessel. H 77 x ∅ 80,5 cm
Paris, um 1900. **10000,–/15000,–**
Spik (Zenker)

Email- und Porzellaneinlagen waren besonders bei den sog. Dresdner Möbeln des zweiten Rokoko beliebt und in Frankreich, wo man gern die große historische Vergangenheit glorifizierte.

396

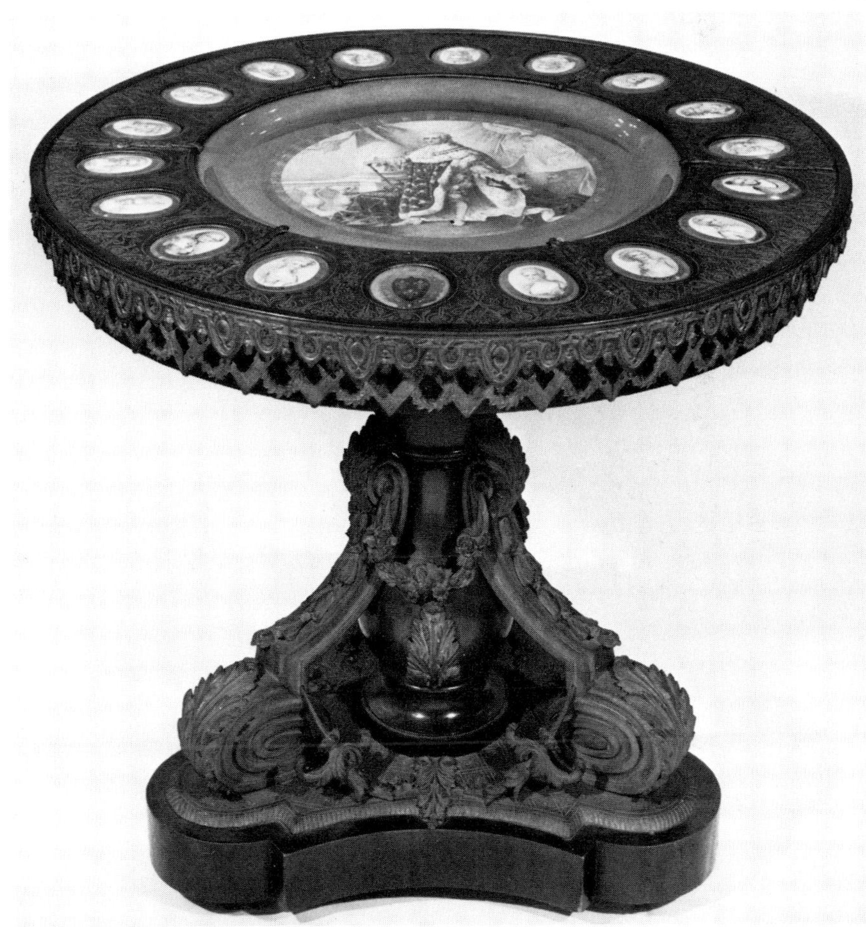

Dosen und Galanteriewaren

Kleine Döschen, Riechfläschchen, Augenschalen, Lichthütchen, Fingerhüte, Pfeifenstopfer und -köpfe sowie Bonbonnièren wurden mit feinster Malerei versehen und als »Galanterien«, in England »toys« (= Spielzeuge) genannt, verkauft.

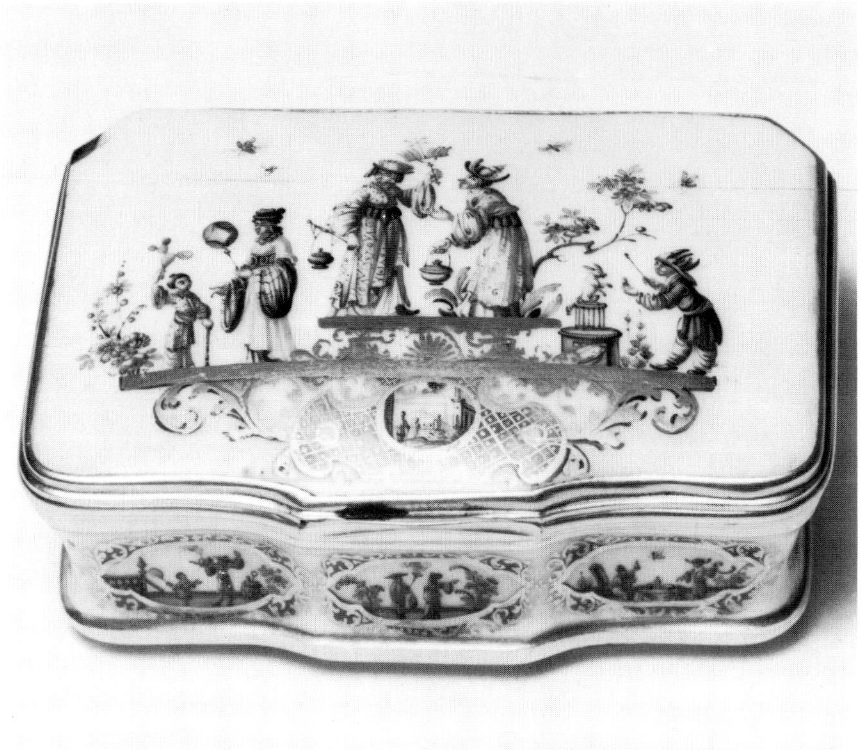

397

398

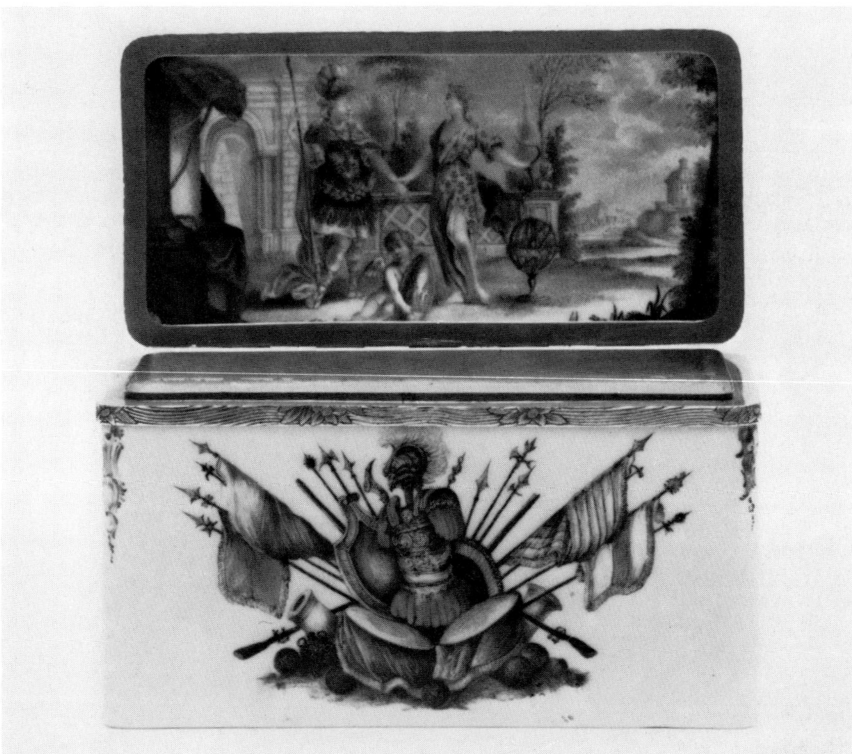

397 Tabaksdose, leicht geschweifte Rechteckform mit Goldmontierung. Bunte Chinoiserien mit Laub- und Bandelwerk sowie Goldkartuschen mit Lüsterfond. Deckelinnenseite mit erotischer Darstellung in der Art der Augsburger Hausmaler. B 7,5 cm
Meißen, um 1730/35. **13000,–/18000,–**
Sotheby

398 Gedenk-Schnupftabaksdose. Rechteckform mit bunter Emailfarbenbemalung. Die Deckeloberseite zeigt Mars, Minerva und Merkur mit einem Schriftblatt »Vive Paul Petrowitzch grand Prince de Russie«. Auf der Deckelinnenseite allegorische Szene, Hygea führt einen Centurio mit verbundenen Augen. Auf den Seiten Kriegstrophäen. Goldmontierung. 10,5 cm
Berlin, um 1775. **8000,–/10000,–**
Sotheby

Kronprinz Paul Petrowitch von Rußland, Sohn Peters III. und Katharinas der Großen, bestieg 1796 den Thron und wurde 1801 ermordet. Die Dose entstand wohl in Erinnerung an seine Vermählung 1773 mit Wilhelmine von Darmstadt, die 1775 im Kindbett starb.

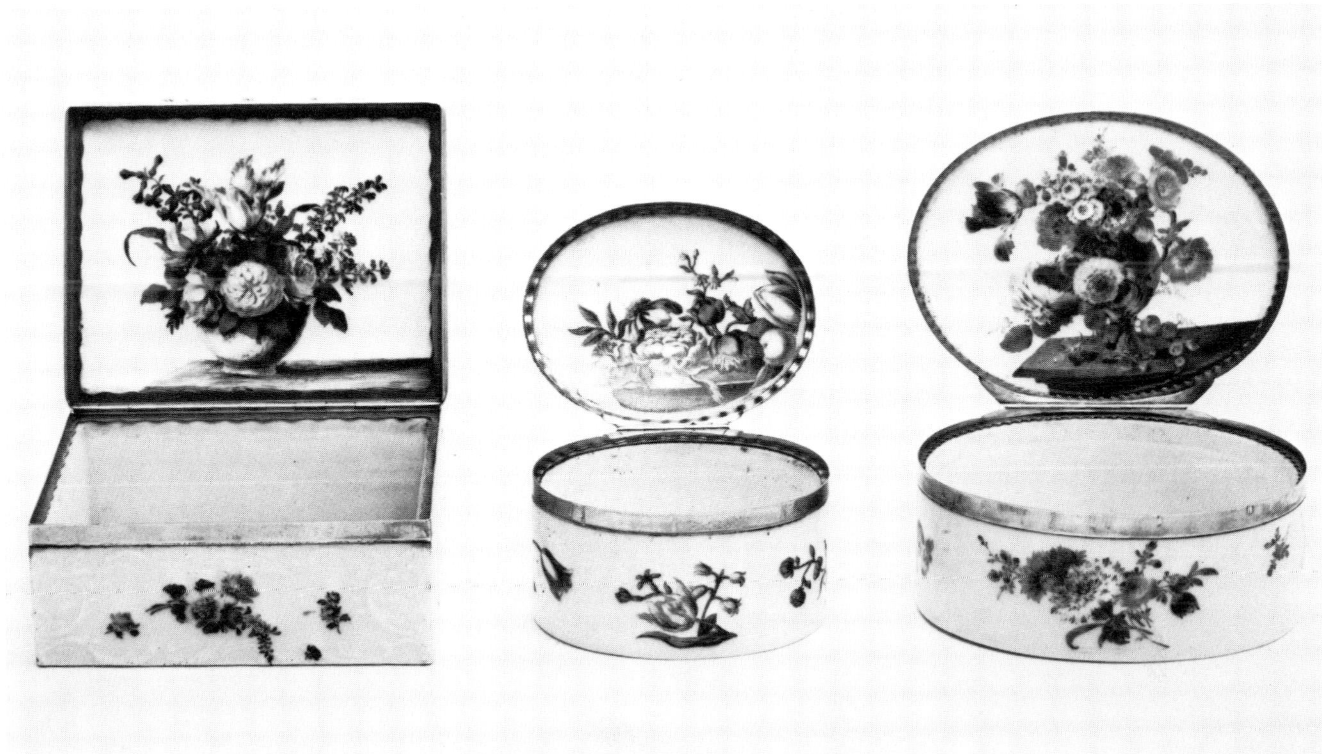

399/400/401

402

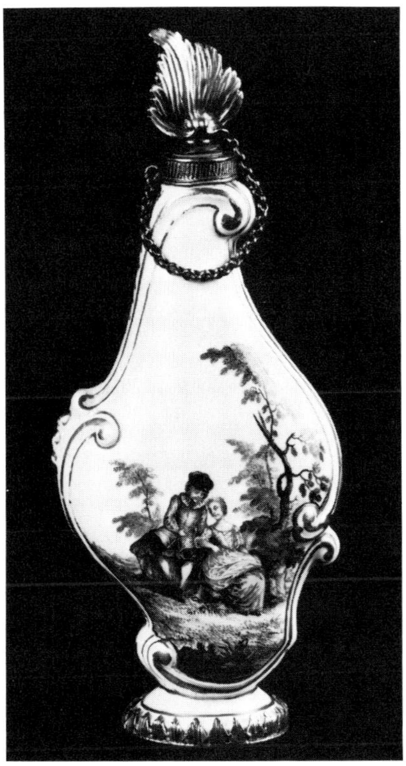

403

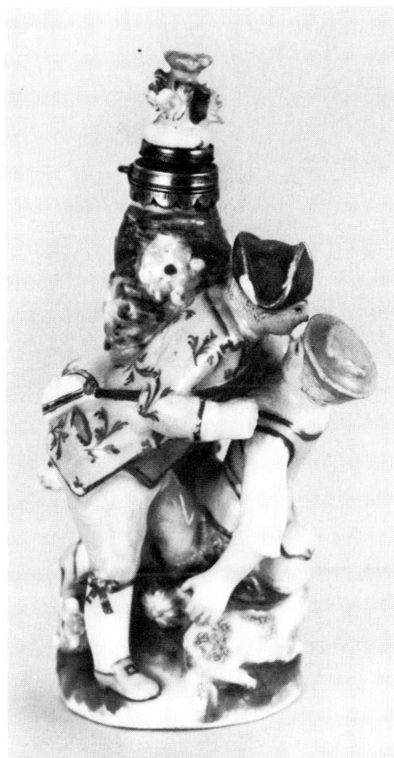

399/400/401 Drei Schnupftabaksdosen mit Goldmontierung. Reicher bunter Blumendekor mit Sträußen und Streublumen, auf den Deckelinnenseiten Stilleben mit üppigen Blumenvasen.
Meißen, um 1750/60.
399 (links) **4800,–/5200,–**
400 (Mitte) **2600,–/3200,–**
401 (rechts) **2400,–/2600,–**
Sotheby

402 Flakon in Form einer Rocaillekartusche mit farbiger Watteaumalerei und Vergoldung.
Meißen, um 1745/50. **4000,–/5000,–**
Evgret von Bary

403 Deckelflakon in Form eines blumenbelegten Baumstammes, vor dem sich ein Liebespaar küßt, mit Schaf und Hund zu Füßen. Bunt staffiert mit vergoldeter Silberfassung. H 7 cm
Meißen, 18. Jh. **2000,–/2400,–**
Koller

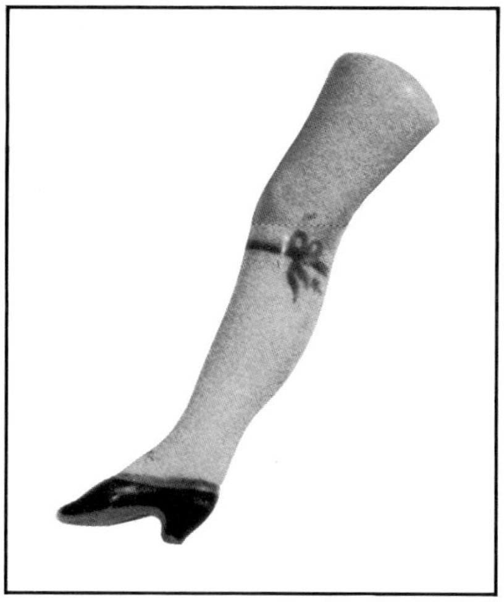

404

404 Sog. Flohbein. Pfeifenstopfer in Form eines Damenbeins mit aufgemaltem Floh und Widmung.
Thüringen, 1857. **500,–/750,–**
Nagel

Das Flohbein gehörte zu den beliebtesten Formen, und kommt als Etui, Necessaire oder wie hier als Pfeifenstopfer vor.

405 Etui in Form eines Damenbeins mit Silbermontierung. Gelber Schuh mit blauen Indianischen Blumen, und rosaroter Strumpf mit eisenrotem Muster. H 8 cm
Meißen, um 1750. **800,–/1000,–**
Christie's (Cooper)

406/407 Etuis in Form von Wickelkindern mit zarter Farbstaffage.
Links (406) silbermontiert. H 12,2 cm
Frankenthal, um 1770. **2000,–/2500,–**
Rechts (407) mit vergoldeter Metallmontierung. H 15 cm
Deutsch, wohl Thüringen, um 1770. **2200,–/2800**
Beide Sotheby

405

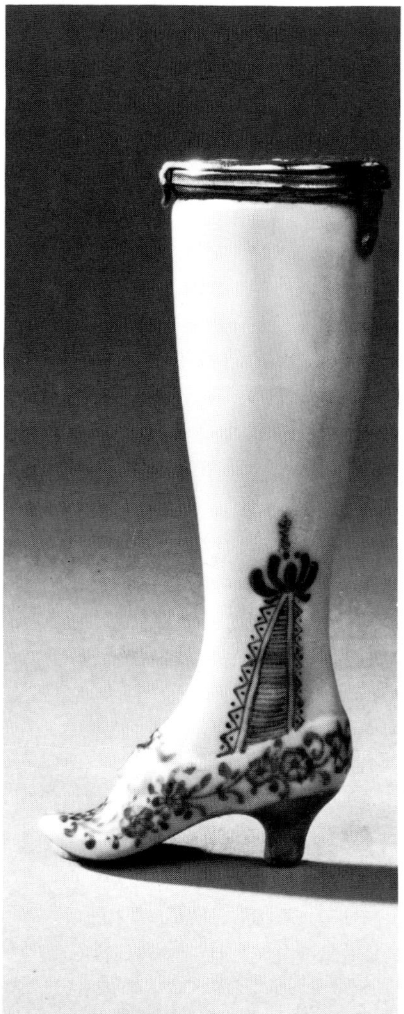

406/407

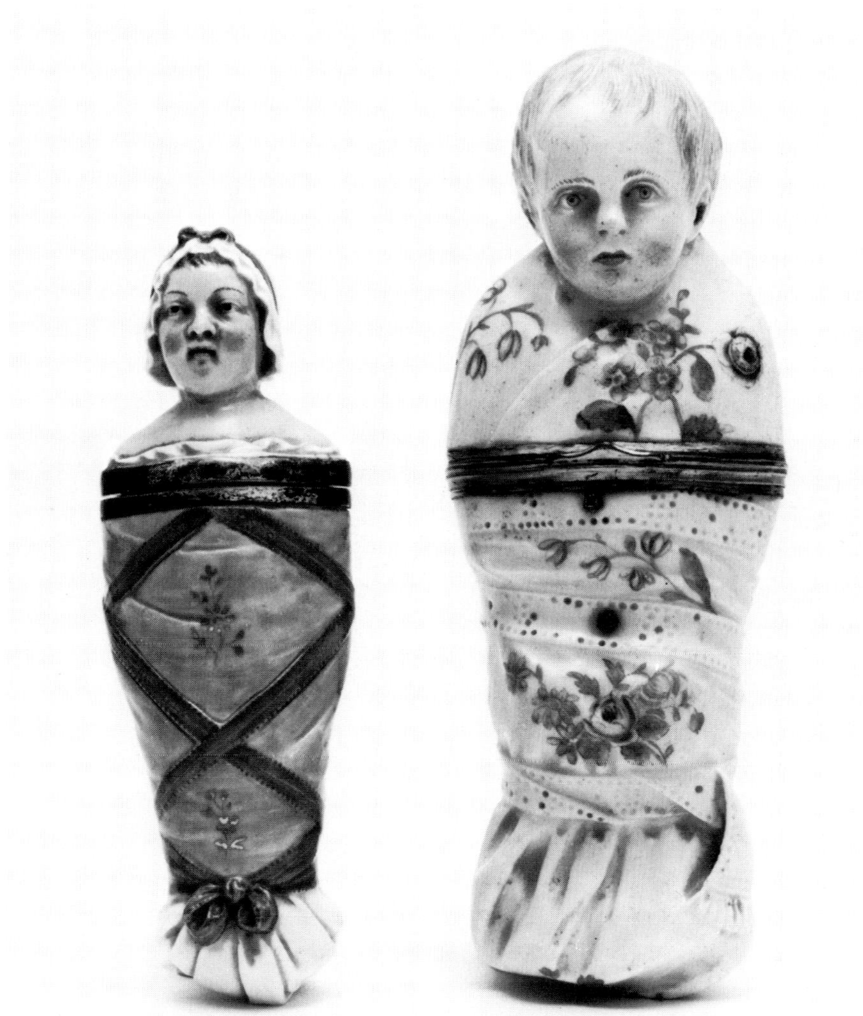

An Reichtum und Vielfalt sind Galanteriewaren aus Chelsea, die sog. Chelsea-toys, kaum zu übertreffen. Man modellierte Fläschchen und Behälter als Einzelfiguren und Gruppen, bevorzugt Liebespaare, aber auch Tiere, und Putten, die oft Schriftbänder mit Sinnsprüchen auf die Liebe tragen. Früchte und Blumensträuße sind täuschend naturalistisch geformt und staffiert. Selbst kleine Flakons haben oft zwei Stöpsel, deren Montierung aus Gold oder vergoldetem Kupfer an unauffälligen Stellen angebracht ist.

408 Bacchus flößt dem kleinen Cupido einen Becher Wein ein. Inschrift »J'anime l'amour«. Emailmalerei mit Goldstaffage und Goldmontierung. H 9 cm
Chelsea, um 1760/65. **700,–/1 000,–**

409 Doppelflakon in Form eines Mädchens mit Schaf unter einer Urne sitzend. Emailmalerei mit Vergoldung. H 7,8 cm
Chelsea, um 1765. **700,–/1 000,–**

410 Doppelflakon in Form eines Windhundes neben einer Vase. Hundekopf und Vogel als Stöpsel. H 7,5 cm
Chelsea, um 1765. **1 200,–/1 500,–**

408/409/410

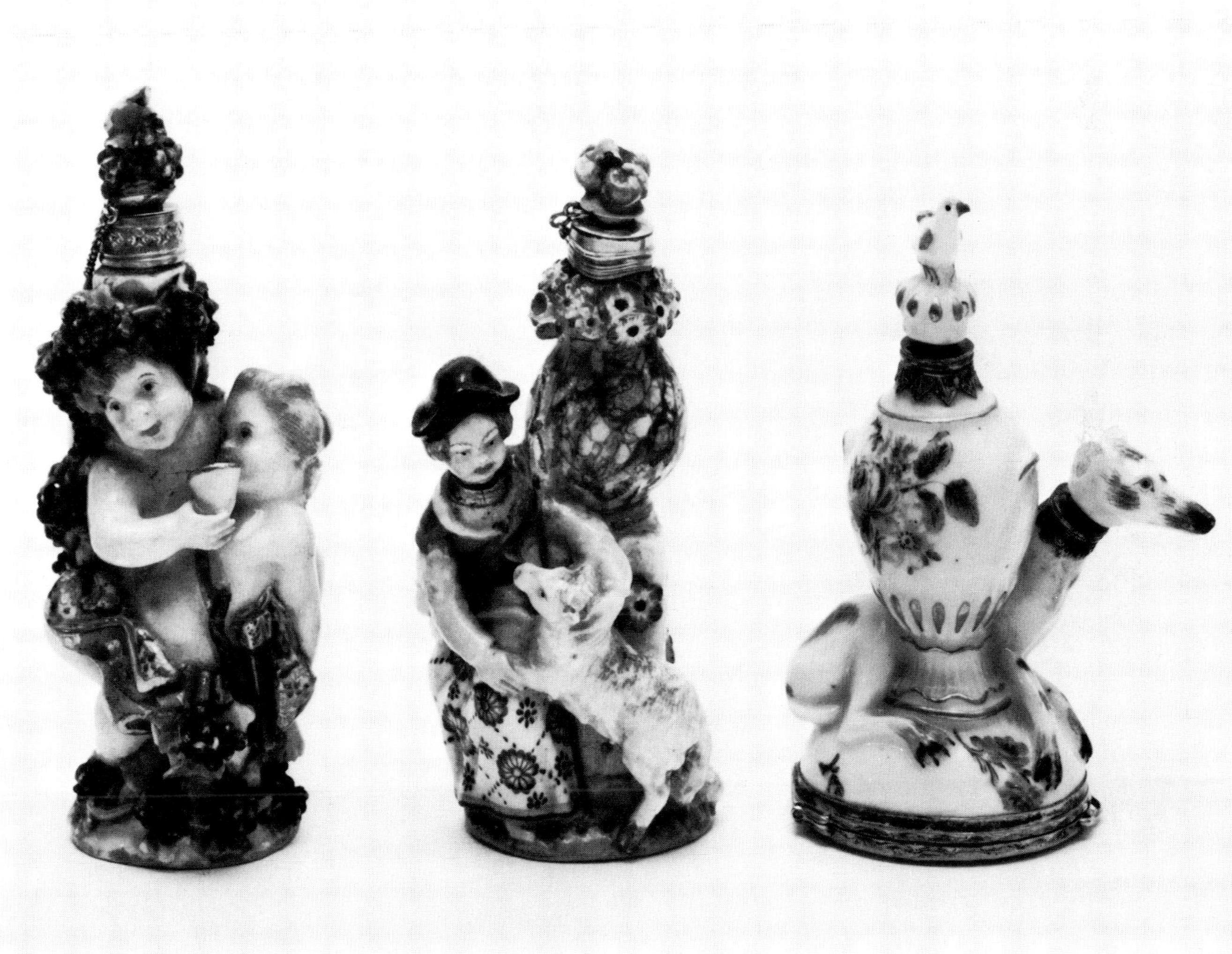

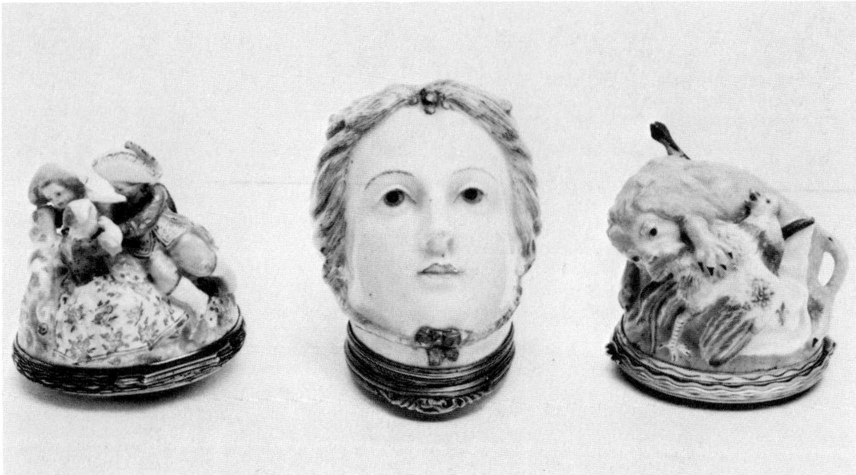

411/412/413

414/415/416/417

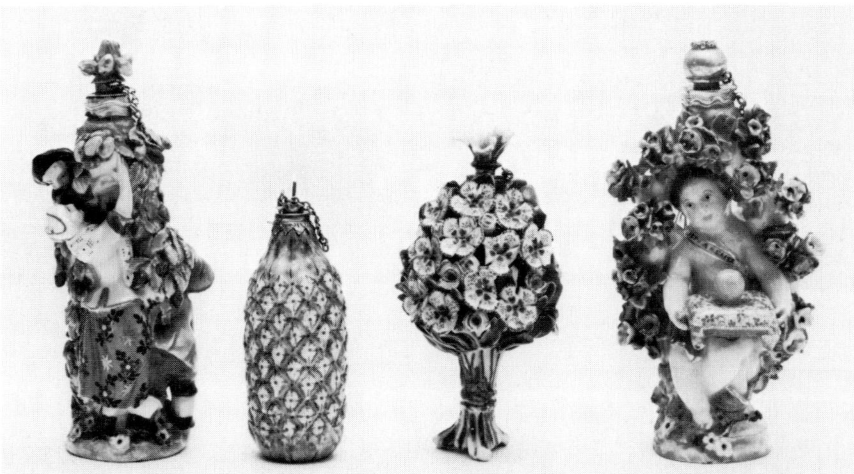

418/419/420/421

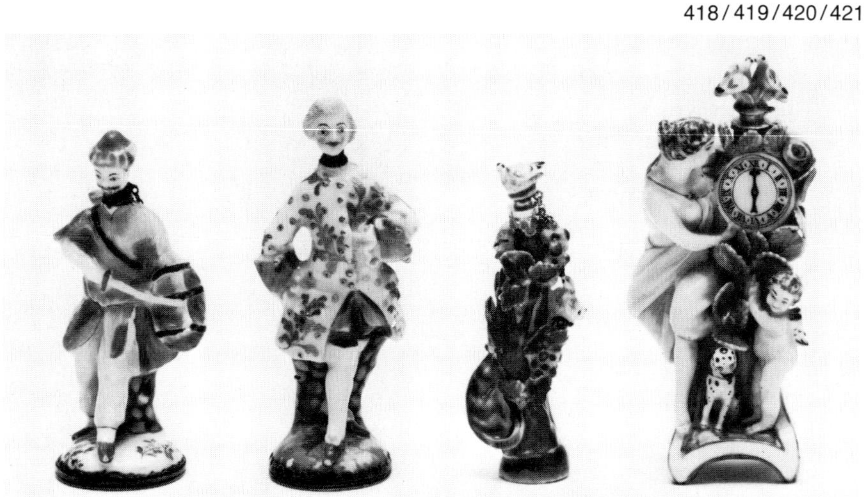

411 Zwei Knaben und ein Mädchen spielen mit einem Guckkasten, Inschrift »Curiositée des Belles«. Deckelinnenseite mit buntem Streublumendekor. H 6,3 cm. Silbermontierung.
Um 1760/65. **1500,–/2000,–**

412 Frauenkopf. Deckelinnenseite mit Liebespaar. Silbermontierung.
Um 1756/58. **1300,–/1800,–**

413 Der britische Löwe verschlingt den gallischen Hahn über der Flagge von St. George und dem goldenen Lilienbanner. Achatdeckel mit vergoldeter Metallmontierung. H 6,5 cm
Um 1760/63. **1500,–/2000,–**
Alle Sotheby

414 Liebespaar bei der Obsternte. Bunt staffiert mit Goldmontierung. H 9,2 cm
Chelsea, um 1760/65. **1300,–/1800,–**

415 Ananas, naturalistisch staffiert mit Goldmontierung. H 5,9 cm
Chelsea, um 1760/65. **700,–/1200,–**

416 Blumenstrauß, naturalistisch modelliert und staffiert. H 7,5 cm
Chelsea, wohl »Girl in a Swing«, um 1751/54. **2000,–/2400,–**

417 Cupido mit Spruchband, ein Herz auf einem Kissen haltend unter einem Baum. Bunt staffiert mit Goldmontierung. H 9 cm
Chelsea, um 1765. **700,–/1000,–**
Alle Sotheby

418 Soldat mit Schwert und Turban, der Kopf als Stöpsel. Farbig staffiert mit Silbermontierung. H 7 cm
Chelsea, um 1760. **750,–/1200,–**

419 Kavalier, einen Dreispitz haltend, mit Silbermontierung. H 7,6 cm
Chelsea, um 1760. **700,–/1200,–**

420 Katze umschleicht zwei Vöglein, die auf einem Zweig sitzen. Goldmontierung. H 6,2 cm. Mit Behälter.
Chelsea, »Girl in a Swing«, um 1755. **2000,–/2300,–**

421 Venus und Cupido, eine Uhr flankierend mit einem Dalmatiner zu Füßen. Goldmontierung. H 8,2 cm
Chelsea, wohl »Girl in a Swing«, um 1755. **2000,–/2500,–**

Eine Gruppe von Porzellanen, zwischen 1751 und 1754 entstanden, werden nach der Figur eines schaukelnden Mädchens (im Victoria-and-Albert-Museum in London) als »Girl in a Swing« bezeichnet. »Girl in a Swing« sind Figuren und Galanteriewaren, die häufig unbemalt oder nur ganz zart staffiert sich durch sehr zierliche Gestalten mit kleinen Köpfen und tiefliegenden Augen zu erkennen geben.

422 Birne, naturalistisch geformt und staffiert, mit Metallmontierung. H 6,6 cm
Chelsea, um 1760. **700,–/1200,–**

423 Soldat mit Silbermontierung.
H 7,8 cm
Chelsea, um 1760. **1000,–/1200,–**

424 Zecher mit Krug auf einem Faß sitzend, dessen beide Enden eine Goldmontierung mit Stöpsel tragen. H 6,5 cm
Chelsea, um 1760. **1000,–/1400,–**
Alle Sotheby

Neben Riechfläschchen sind die Chelsea-Nadelbüchsen besonders begehrt. Wie bei der Figurenplastik formte man die Deckel gern als Harlekine oder Komödianten, Liebespaare und Putten.

425 Nadelbüchse mit Kinderkopf und Metallmontierung. H 12 cm
Chelsea, um 1760/65. **400,–/500,–**

426 Halbrelief mit drei Mädchenköpfen und Blumenkorb als Bekrönung. Gefäßkörper mit bacchantischem Putto in einem Schleifenmedaillon mit eisenroter Umschrift »Point de Roses sans Epine«. Vergoldete Metallmontierung. H 12,8 cm
Chelsea, um 1760/65. **500,–/800,–**

427 Hofnarr mit gelber Schellenkappe und Inschrift »L'Amour Me Rend Heureux«. Vergoldete Metallmontierung.
H 13 cm
Chelsea, um 1760/65. **350,–/500,–**

428 Mädchenkopf mit Blumen- und Federschmuck im Haar. Auf dem Behälter flammenrotes Herz in einer Rocaillekartusche. Vergoldete Metallmontierung.
H 13 cm
Chelsea, um 1760/65. **300,–/500,–**
Alle Sotheby

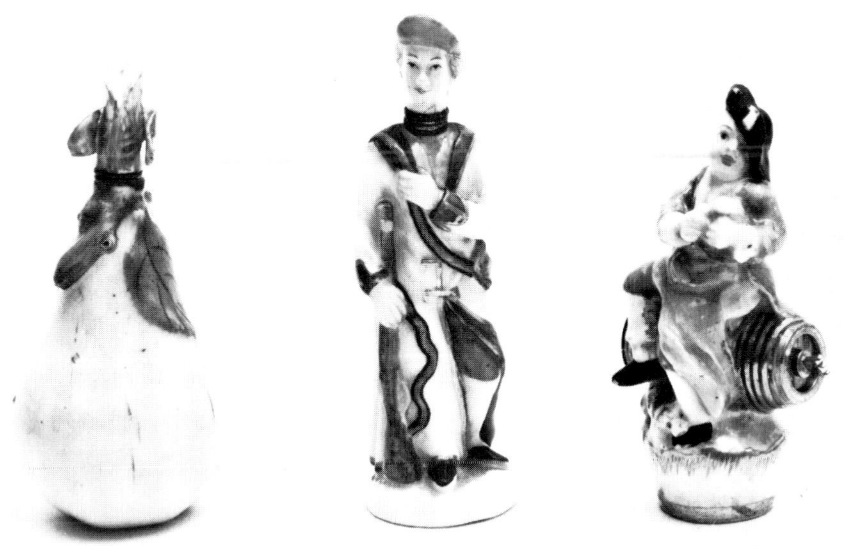

422/423/424

425/426/427/428

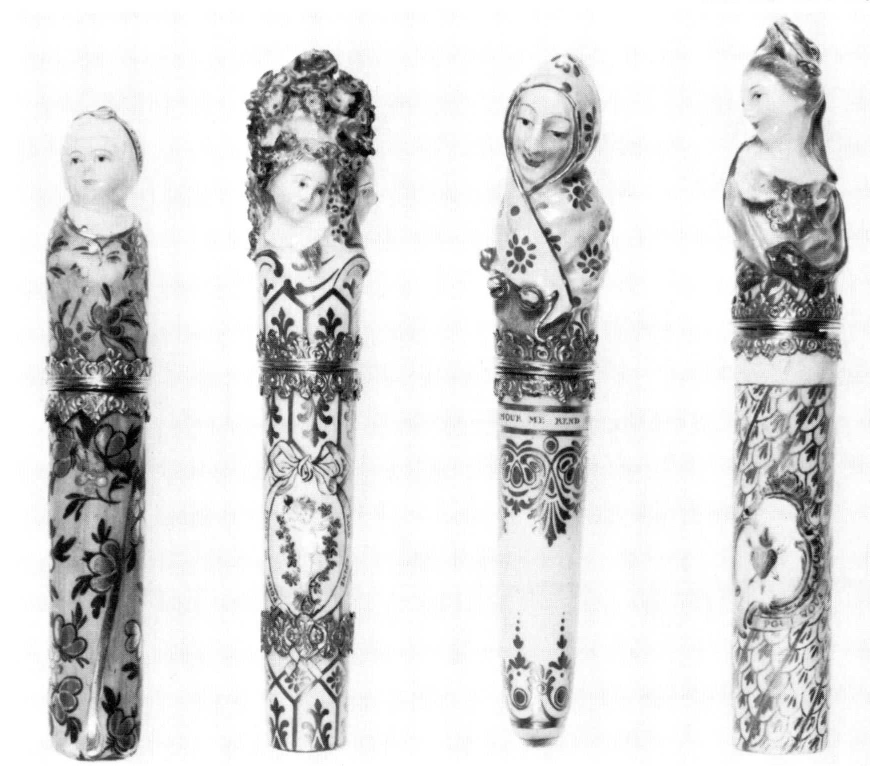

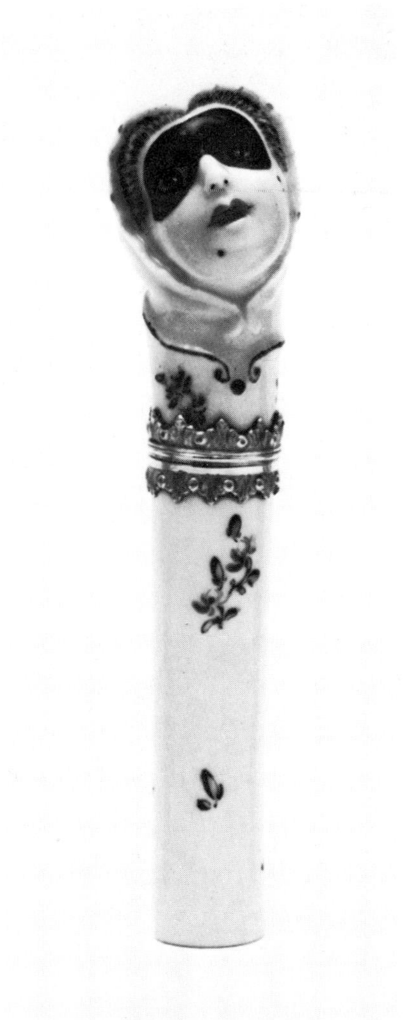

429

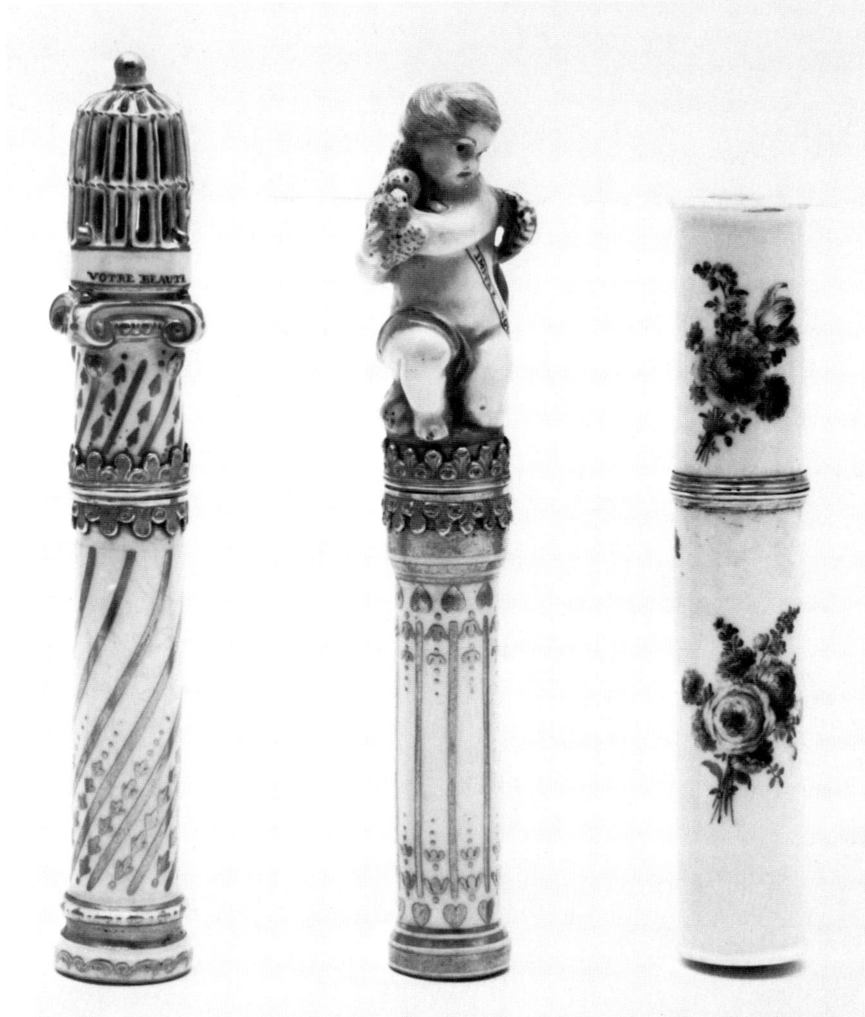

430 / 431 / 432

429 Nadelbüchse in Zylinderform mit Kopf der Columbine als Bekrönung. Bunt staffiert, der Behälter mit Streublumen. Goldmontierung mit Akanthusblatteinfassung. H 12 cm
Chelsea, wohl »Girl in a Swing«, um 1754.
3000,– / 3500,–

430 Nadelbüchschen in Säulenform mit ionischem Kapitell und Vogelkäfig darauf. Inschrift »Votre Beauté Me Rend Esclave«. Vergoldete Metallmontierung. H 13,8 cm
Chelsea, um 1760 / 65. **1000,– / 1400,–**

431 Cupido mit schnäbelnden Tauben und Inschrift »Imites Nous«. H 13,5 cm
Chelsea, um 1760 / 65. **450,– / 750,–**

432 Nadelbüchschen in Zylinderform mit bunten Blumenbuketts bemalt. H 11,5 cm
Chelsea, um 1756. **800,– / 1000,–**
Alle Sotheby

Neben Dosen, Riechfläschchen, Stockgriffen und Fingerhüten wurden gern Pfeifenköpfe figürlich gestaltet oder bemalt.

433 Pfeifenkopf in Form eines Harlekins mit Krempelhut und Halskrause. Bunt staffiert mit vergoldeter Silbermontierung. H 6 cm
Nymphenburg, wohl 18. Jh. **800,–/1 200,–**
Kunsthaus am Museum

434 Pfeifenkopf als Orientalin mit Turban. Bunt staffiert mit vergoldeter Silbermontierung. H 5 cm
Meißen, um 1770. **900,–/1 200,–**
Kunsthaus am Museum

435–439 Pfeifenköpfe mit bunter Bemalung, Deutschland 19. Jh.

Dame im Lehnstuhl neben einem Windspiel. **550,–/650,–**

Die Fürstin von ihren Hofdamen umgeben. **550,–/650,–**

Mädchenbildnis mit Turban, den Betrachter anblickend. **400,–/500,–**

Weibliche Personifikation der »Medicin oder Arcney Kunst«. **1 000,–/1 500,–**

Drei Parzen, Unterschrift »Spine langsam; denn er ist mein Freund«, mit Silberfassung, um 1800. **1 000,–/1 500,–**

Alle Nagel

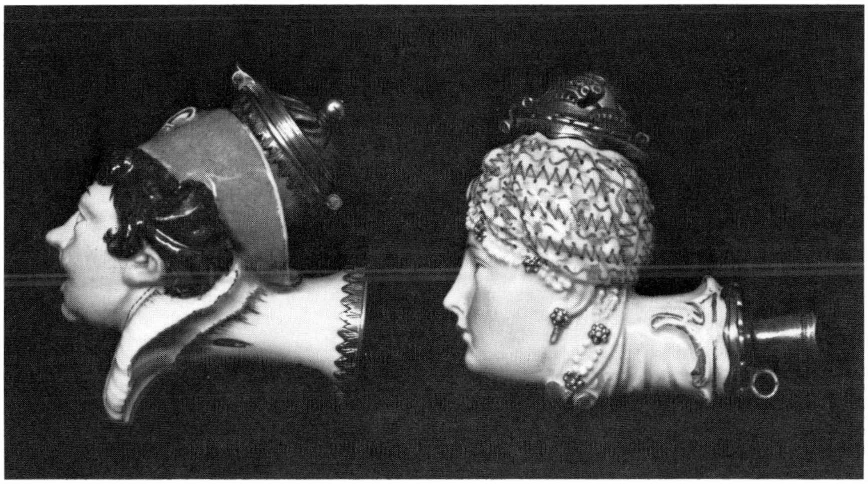

433/434

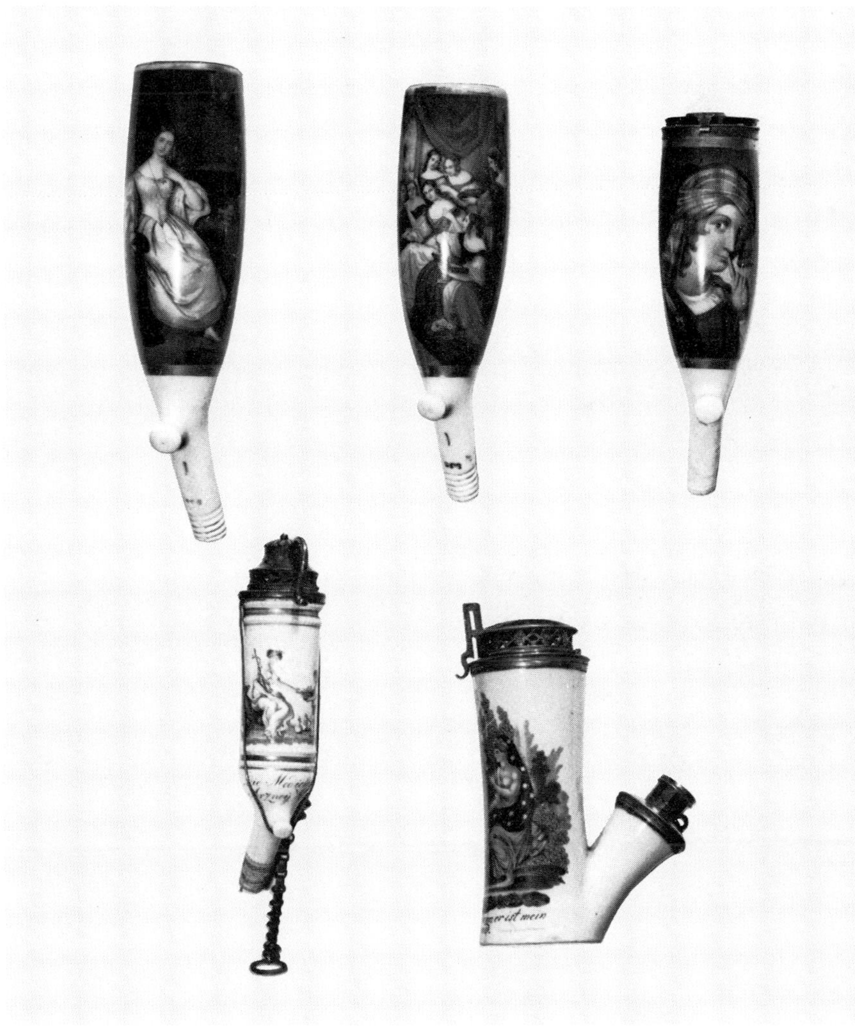

435/436/437
438/439

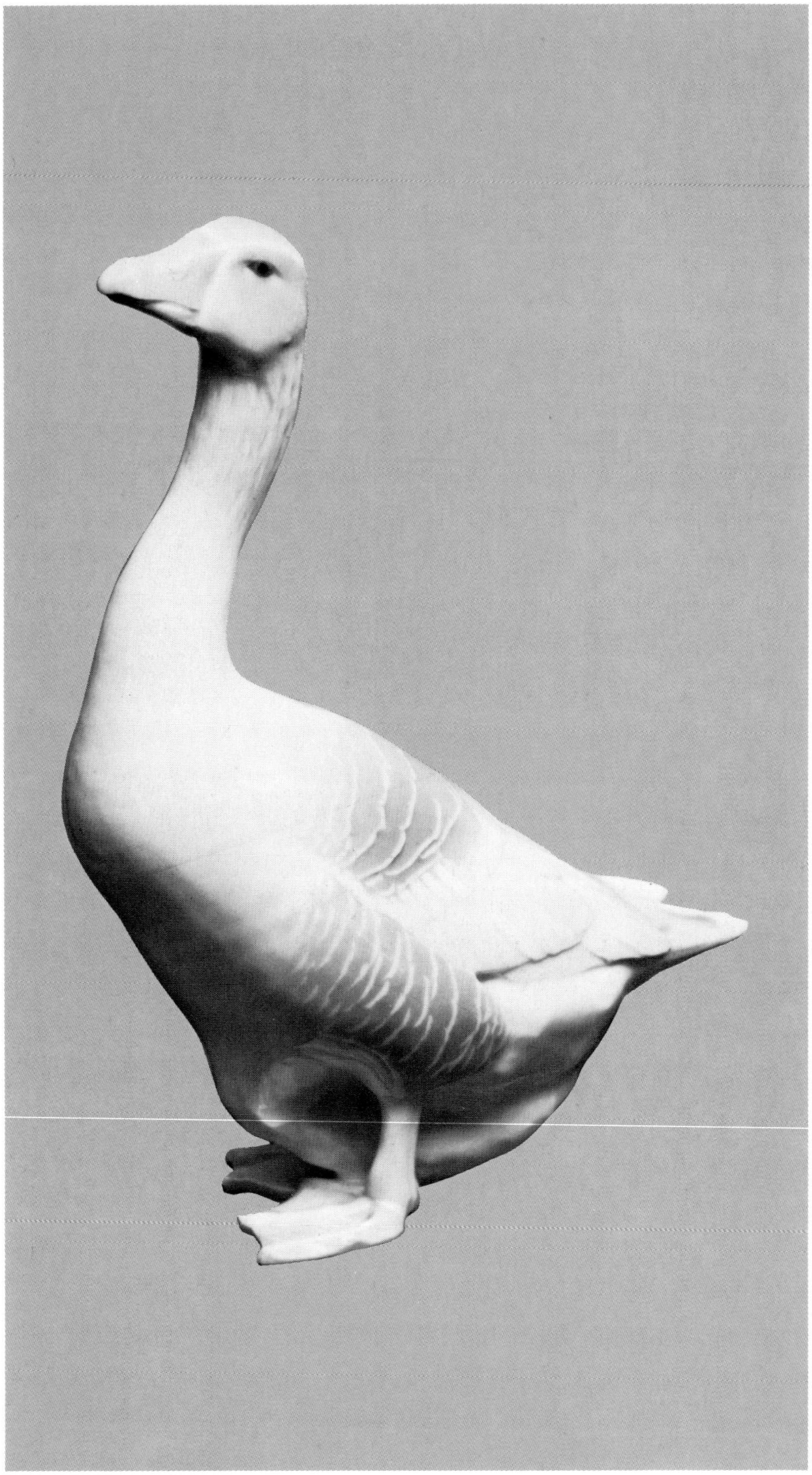

Jugendstilobjekte

Nach den Stilverwirrungen des 19. Jahrhunderts befreite sich die Porzellankunst nur langsam aus den Zwängen des Historismus, wobei der Kopenhagener Manufaktur (neben Sèvres und Berlin), dank der neu entwickelten Unterglasurfarben und hervorragender Tierplastiker eine wichtige Rolle zukommt.

440 Gans, ohne Sockel mit zarter Staffierung in Unterglasurfarben. H 26 cm
Kopenhagen, Anfang 20. Jh. **350,–/450,–**
Ruef (Himpsl)

Arnold Krog, seit 1885 künstlerischer Leiter der Kopenhagener Manufaktur, erreichte durch seine zarten blassen Unterglasurfarben, die allein den hohen Temperaturen des Garbrandes stand hielten, eine gänzlich neue Farbpalette.

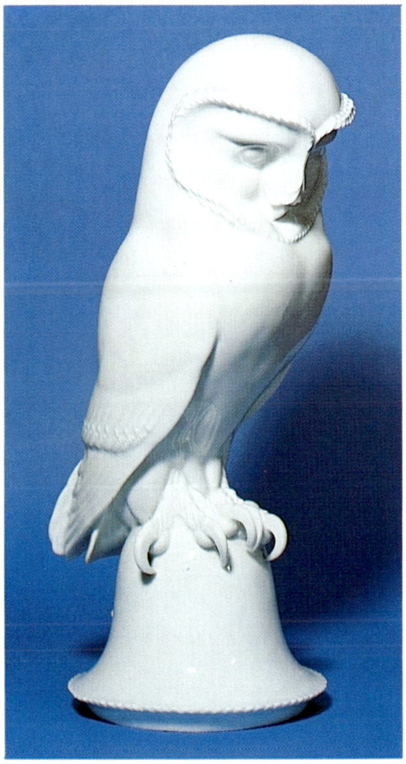

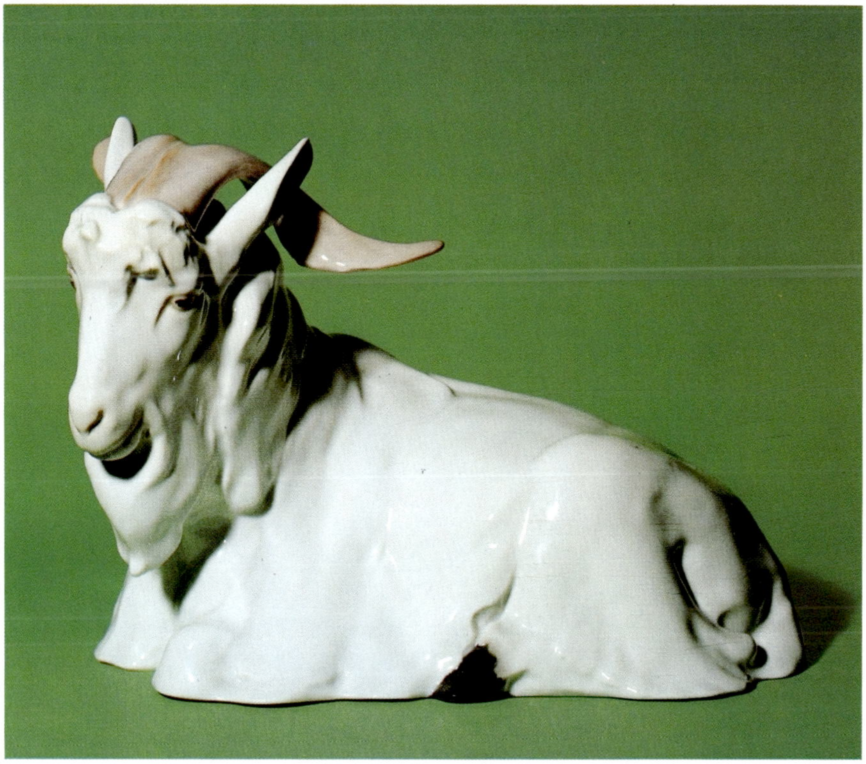

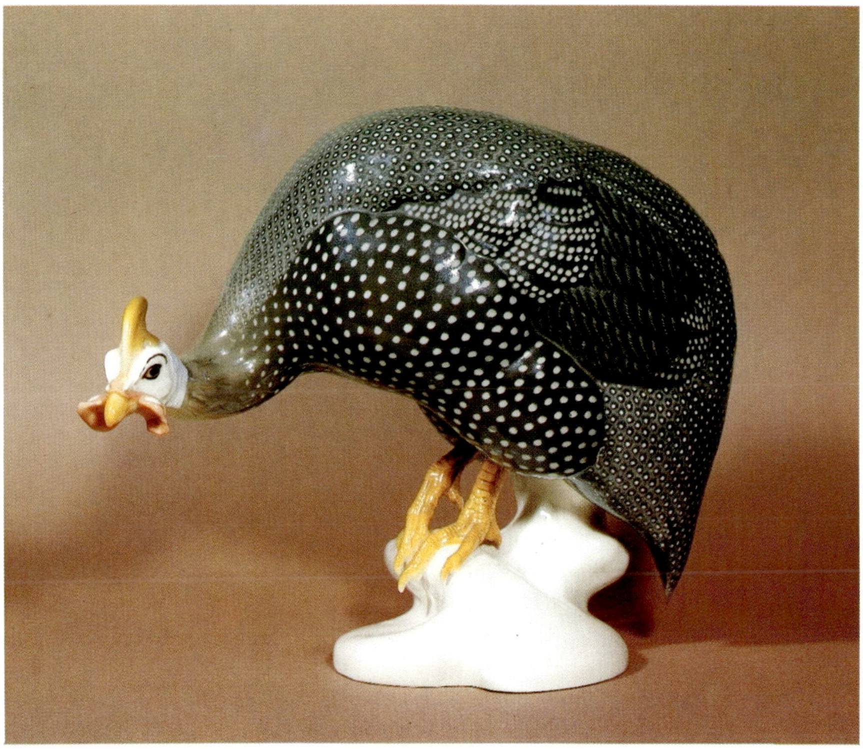

Farbtafel VIII

Eule auf glockenförmigem Postament. Weiß glasiert. H 31,5 cm
Meißen, 1921, Modell von Max Esser
1000,–/1500,–

Esser, ein Schüler August Gauls, kommt von der Bronzeplastik her. Die Eule wurde 1920 ebenfalls in tauschierter Bronze ausgeführt und in Böttgersteinzeug. Eine zeitgenössische Preisaufstellung zeigt, daß die Porzellaneule mit 120,– RM billiger eingeschätzt wurde, als die Böttgersteinzeug-Eule für 180,– RM.

Ruhender Ziegenbock mit zartem Unterglasurdekor. H 22 cm
Rosenthal, Modell von Willy Ziegel
650,–/800,–

Geierperlhuhn auf unregelmäßigem Felsensockel. H 24,5 cm
Nymphenburg, um 1910. Entwurf von Theodor Kärner, Unterglasurbemalung von Alfred Zobel, signiert »Zobel 1915«.
Modell Nr. 454 **2500,–/3500,–**
Ruef (Himpsl)

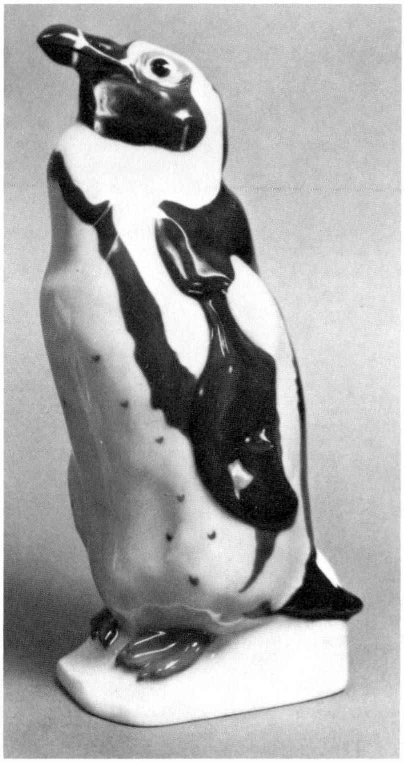

441

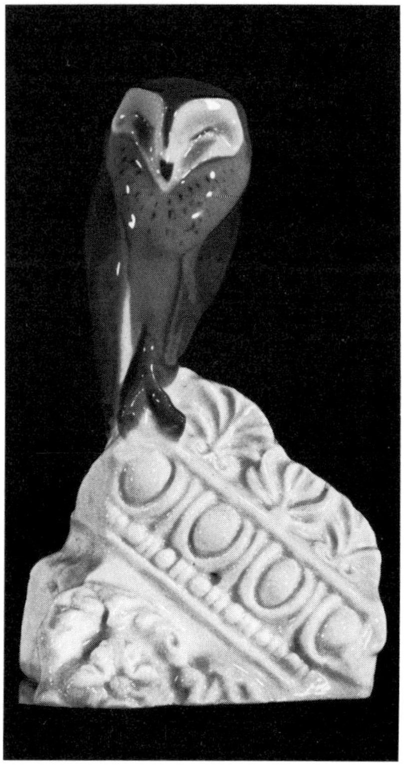

442

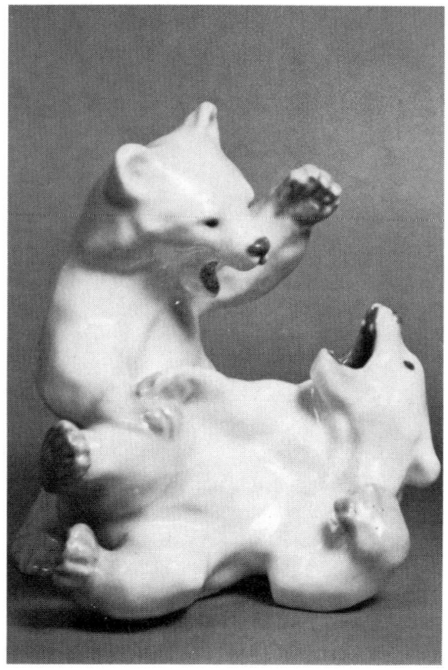

443

444

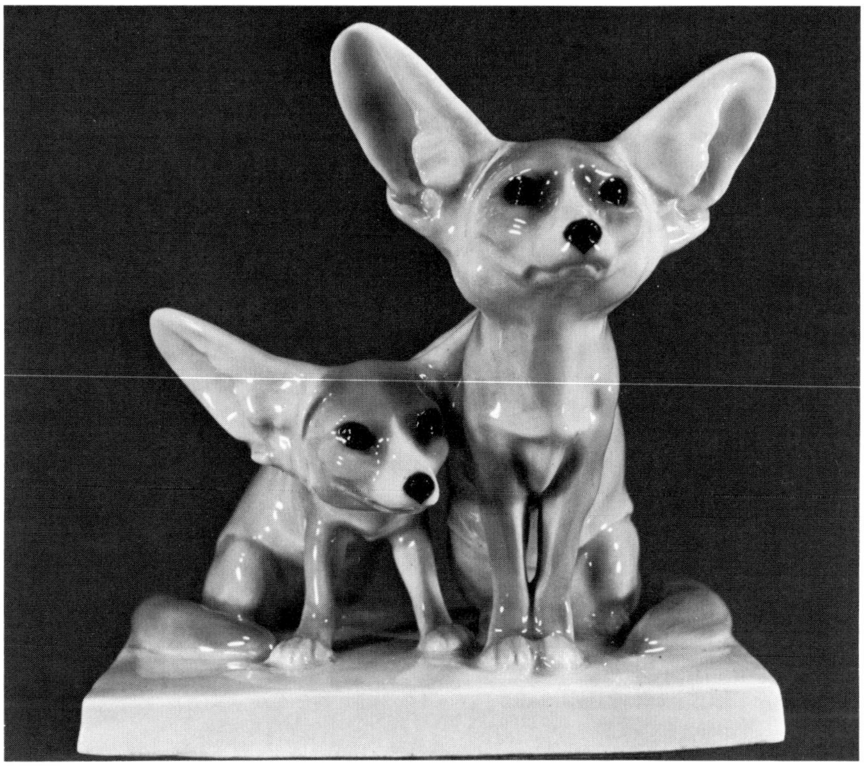

441 Pinguin auf unbemaltem Natursokkel. Unterglasurbemalung in Schwarz, hellbraunen und grauen Farbtönen. H 19 cm
Meißen, Modell von Paul Walther 1910.
750,–/1000,–
Ruef (Himpsl)

442 Eule auf antikem Friesbruchstück. Bemalung in tonigen, bräunlichen Unterglasurfarben. H 12,7 cm
Meißen. Modell von Paul Walther.
600,–/800,–
Peretz

443 Tollende Eisbären. Weiß, Augen und Rachen zart getönt in Unterglasurfarben, ohne Sockel. H 14 cm
Royal Kopenhagen, Modell von H. Hansen 1904/11. **400,–/600,–**
Ruef (Himpsl)

444 Zwei Wüstenfüchse, auf unbemaltem Rechtecksockel. Unterglasurbemalung in hellbraunen und beigen Tönen mit schwarzen, dunkelgrau umrandeten Augen und schwarzen Nasen. H 16 cm
Meißen, Modell von Otto Pilz 1906/07.
500,–/750,–
Peretz

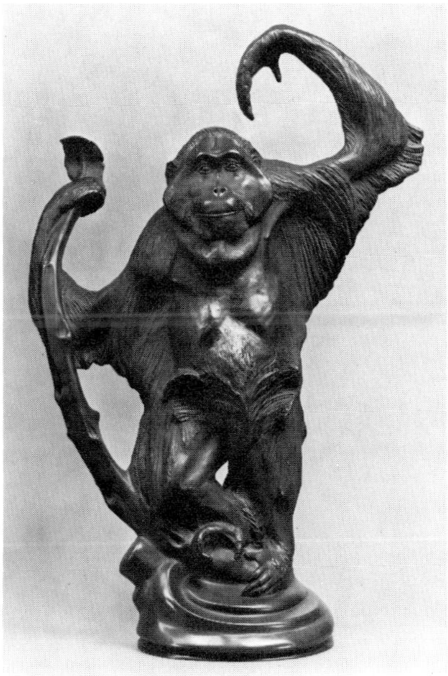

445

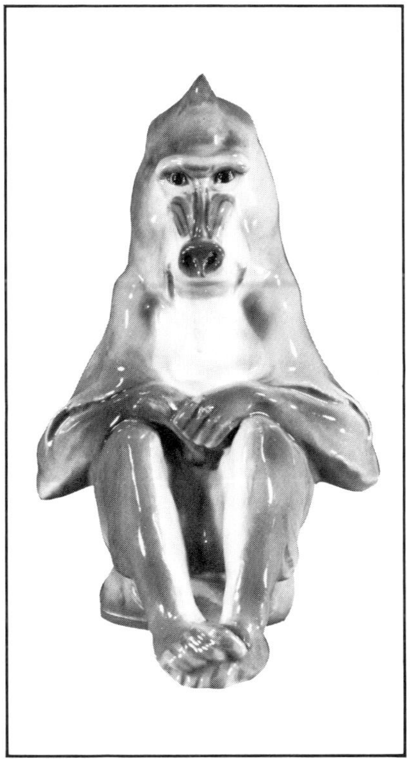

446

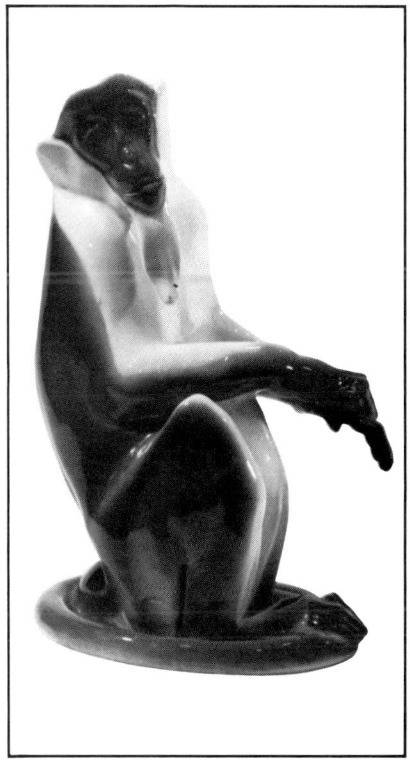

447

448

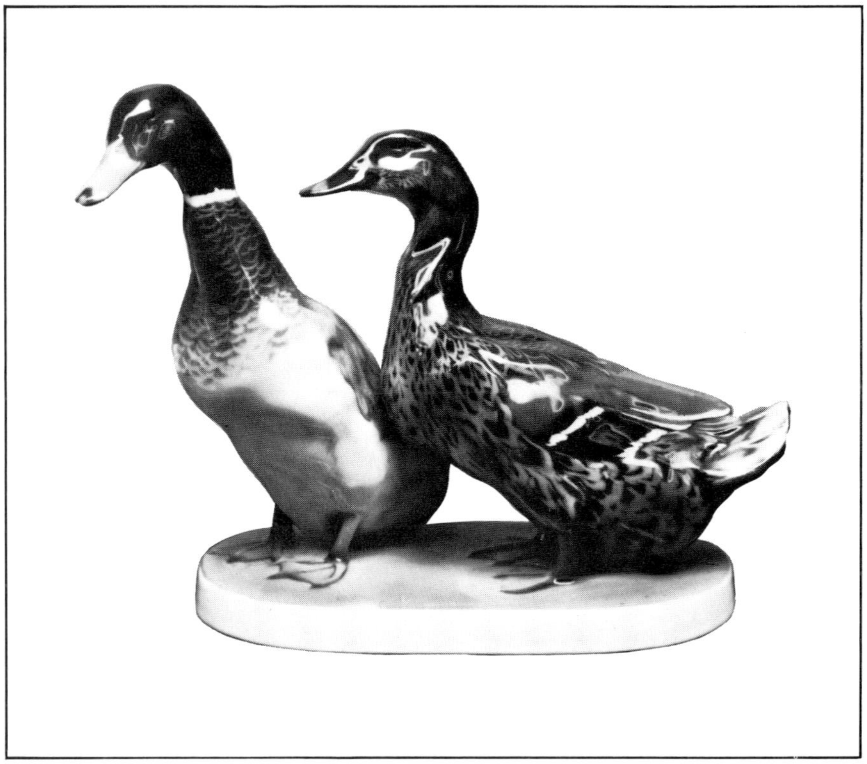

445 Gorilla mit erhobener Pranke, sich an einem Ast festhaltend, auf rundem Felsensockel. H 47 cm
Meißen, Modell von Paul Walther.
1000,–/1500,–
Ruef

Die Erneuerungsbestrebungen des Kunstgewerbes brachten im Porzellan auch den Rückgriff auf das Böttger-Steinzeug, das zu Anfang der europäischen Porzellankunst bereits eine bedeutende Rolle gespielt hatte.

446 Sitzender Mandrill. Tonige, zurückhaltende Bemalung in Unterglasurfarben. H 20,5 cm
Meißen, um 1905, Modell von Otto Pilz.
1200,–/2200,–
Peretz

447 Diana-Meerkatze mit Unterglasurbemalung in braunen, grauen und hellen, schmutzig-gelblichen Tönen. H 30 cm
Berlin-KPM, Modell von Anton Puchegger 1910. **650,–/900,–**
Spik (Zenker)

Da die neuen Unterglasurfarben nicht mehr mit dem Pinsel aufgetragen, sondern aufgesprüht werden, verschmelzen sie viel übergangsloser mit der Glasur.

448 Erpel und Ente auf ovaler Sockelplatte. Unterglasurbemalung in blauen, braunen und hellbeigen Tönen. H 17 cm
Rosenthal, Modell von Willy Zügel.
900,–/1200,–
Ruef (Himpsl)

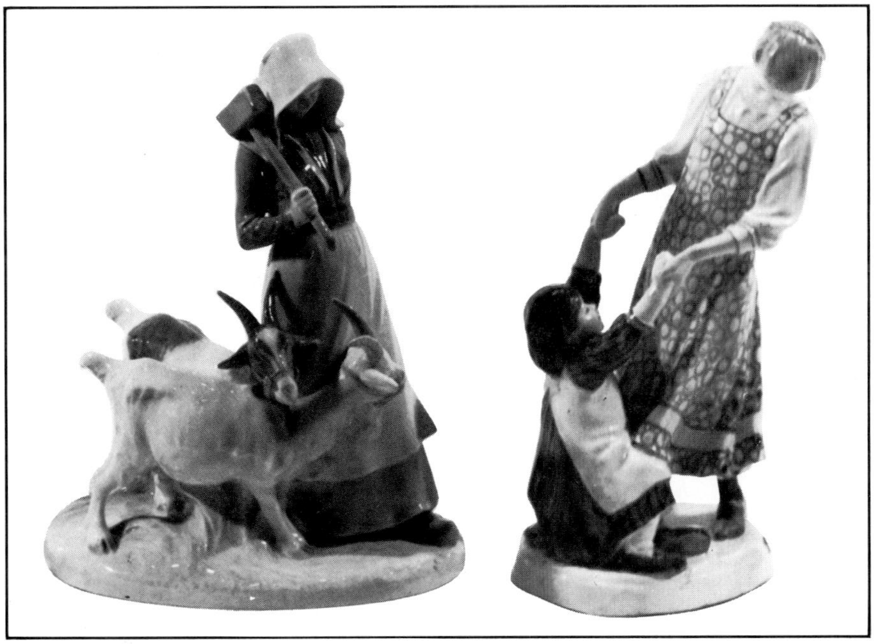

449/450

449 Ziegenhirtin mit zwei Ziegen auf ovalem Rasensockel mit zarter Unterglasurbemalung. H 25 cm
Royal Kopenhagen, Anfang 20. Jh., Modell von Christian Thomsen. **300,– / 600,–**
Spik (Zenker)

450 Mutter mit Kind beim Ringelreihen auf ovalem Sockel mit farbiger Unterglasurbemalung. H 19 cm
Meißen, Modell von Julius Konrad Hentschel. **350,– / 500,–**
Spik (Zenker)

Typisch für den neuen figürlichen Porzellanstil sind Szenen aus dem einfachen alltäglichen Leben in kühler, fast verschwommener Staffierung. Ihnen wohnt der entrückte Zauber einer Märchenwelt inne, die dem Betrachter nicht gestattet, über das bescheidene, fast einfältige Betragen der Figuren zu lächeln, und die auch keinen Anflug von Kitsch aufkommen läßt.

451

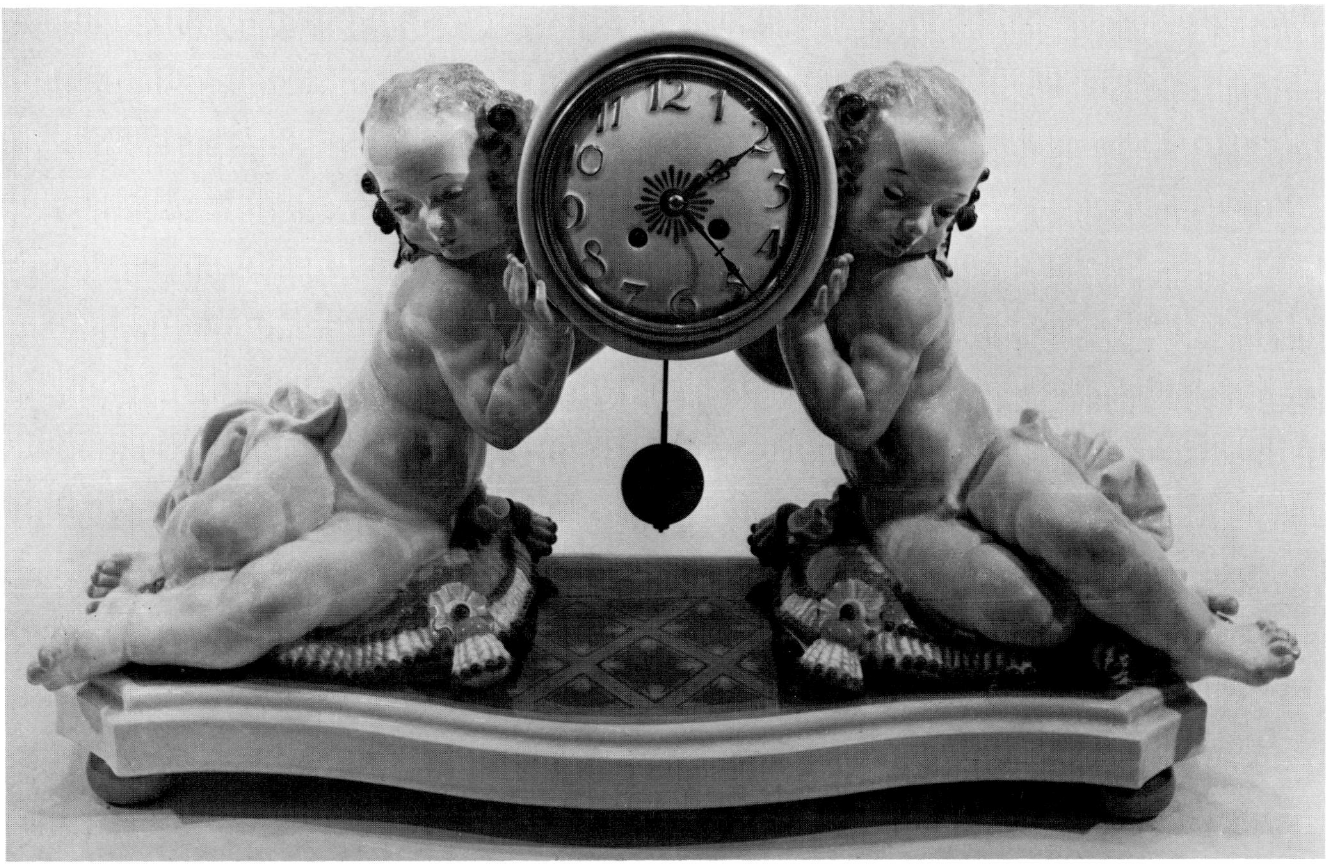

◁ 451 **Kaminuhr mit Pendel** auf geschweifter Standplatte mit vier Kugelfüßen. Rundes Uhrgehäuse von zwei, seitlich auf Kissen sitzenden nackten Putten gehalten. Zarte Bemalung in Überglasurfarben. H 37 x L 56 cm
Meißen, Modell von Paul Scheurich 1919.
7000,–/14000,–
Spik (Zenker)

452 **Kaminuhr.** Geschweifter Sockel mit Grasbelag, auf dem eine Dame mit geschürztem Rock und Hütchen mit einem Jagdhund zu Seiten einer runden Uhr sitzt. Zart staffiert. H 29 x L 33,5 cm
Meißen, Modell von Paul Scheurich.
4000,–/6000,–
Ruef (Himpsl)

453 **Mohr mit Kakadu.** Zart farbig staffierte Gruppe auf ovalem, profiliertem Natursockel. H 20,4 cm
Meißen, Modell von Paul Scheurich 1922.
2500,–/6000,–
Ruef (Himpsl)

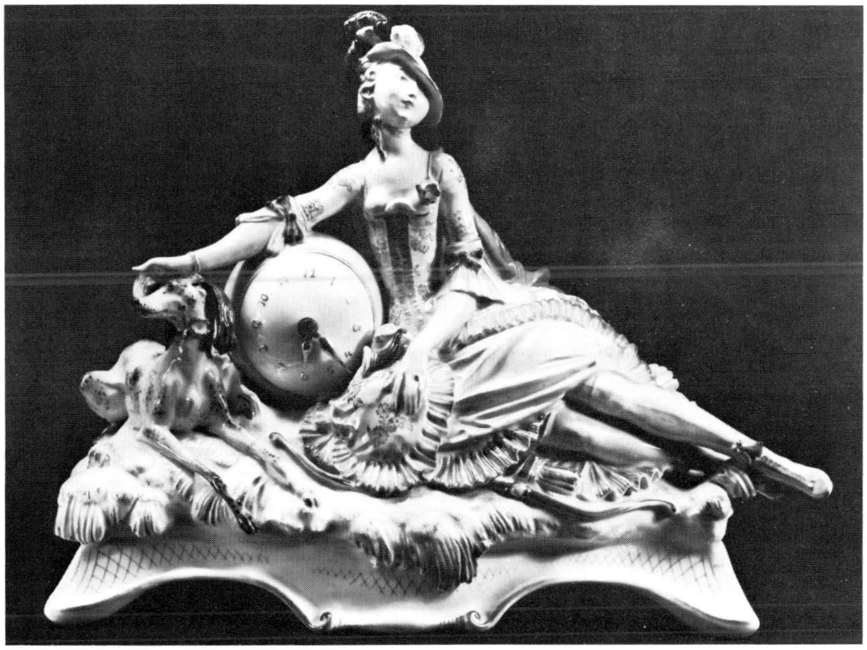
452

453
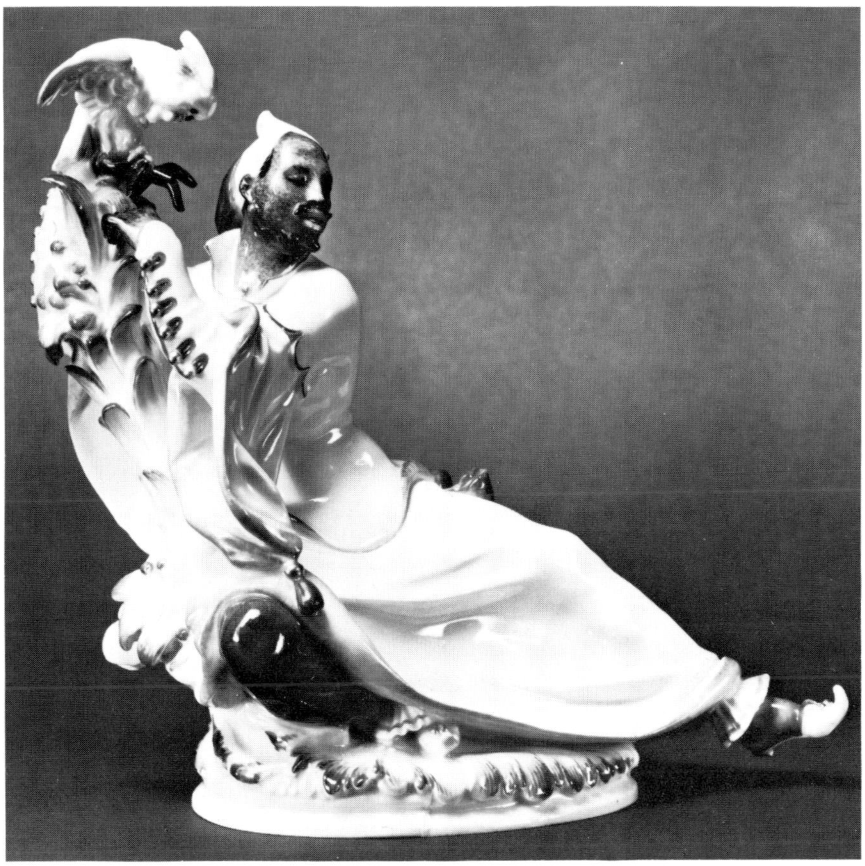

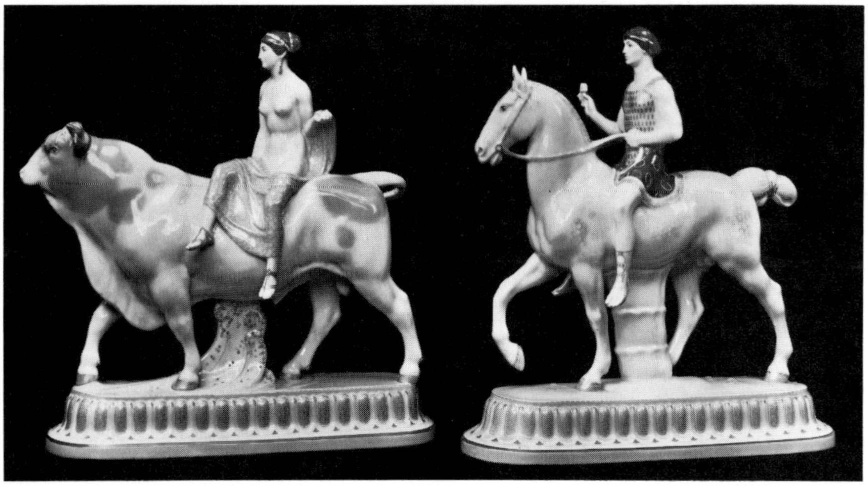

454 Kronprinz Wilhelm als germanischer Edelmann und seine Braut Cecilie als Europa auf dem Stier. In Unterglasurmalerei bemalt. Aus dem Prunkzug zur Hochzeit des preußischen Kronprinzen im Auftrag der Stadt Berlin, 1905.
Berlin, Modell von Adolph Amberg, Ausformung 1912. **zus. 2800,–/4500,–**
Ruef (Himpsl)

Diese Figuren gehören zu einem der letzten großen Tafelaufsätze mit zahlreichen Figuren aller Länder und Erdteile, (Japaner mit Laute, Chinesin mit Papagei, Inderin mit Pfau, Neger mit Horn usw.) und reichem Beiwerk, womit der fürstliche Repräsentationsanspruch der Aufsätze des 18. Jahrhunderts nachgeahmt werden sollte.

454

455

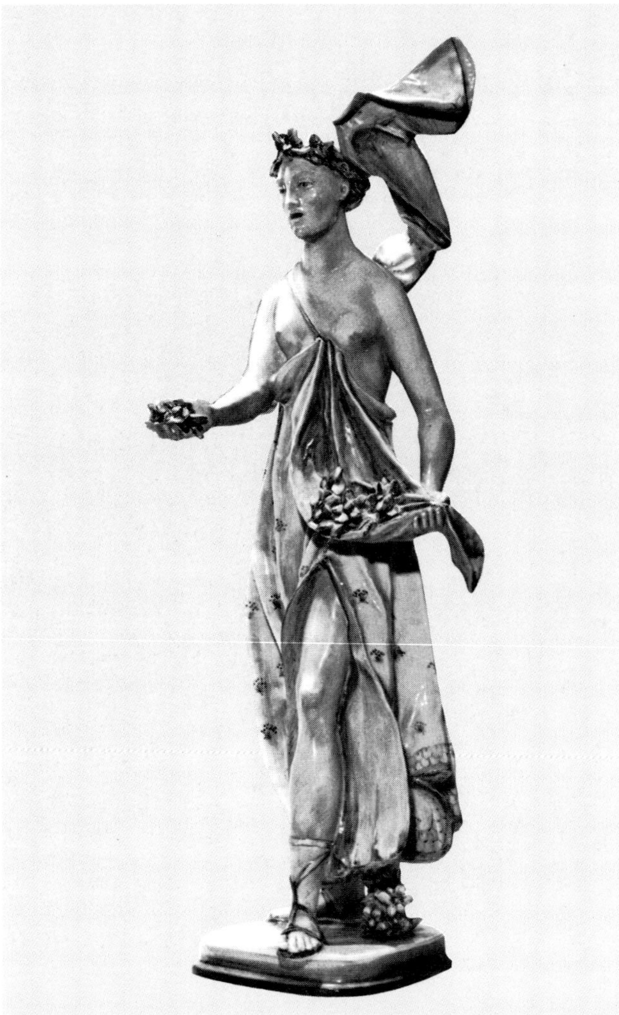

456

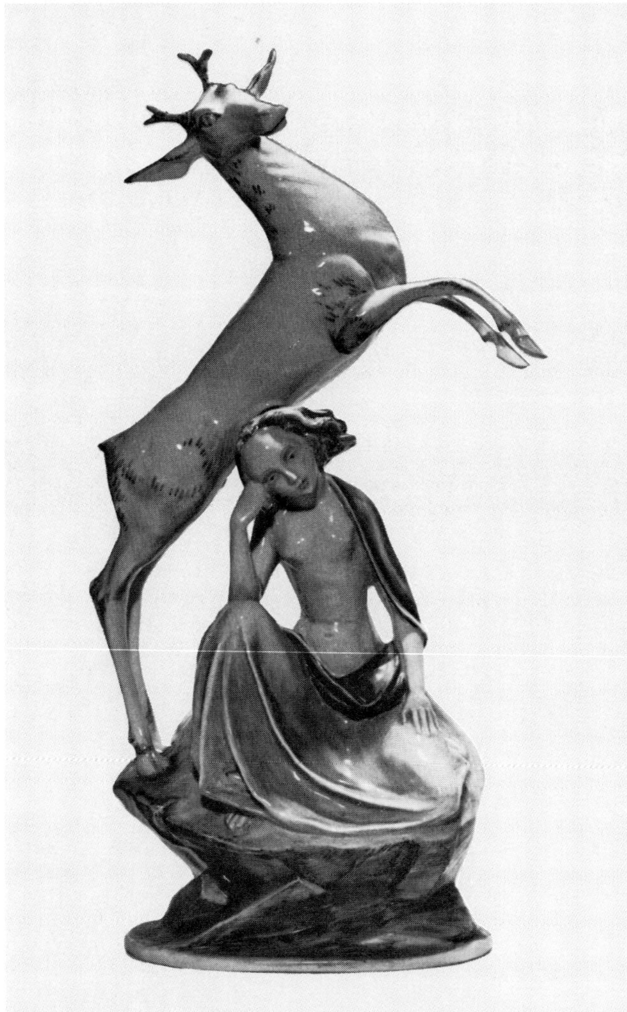

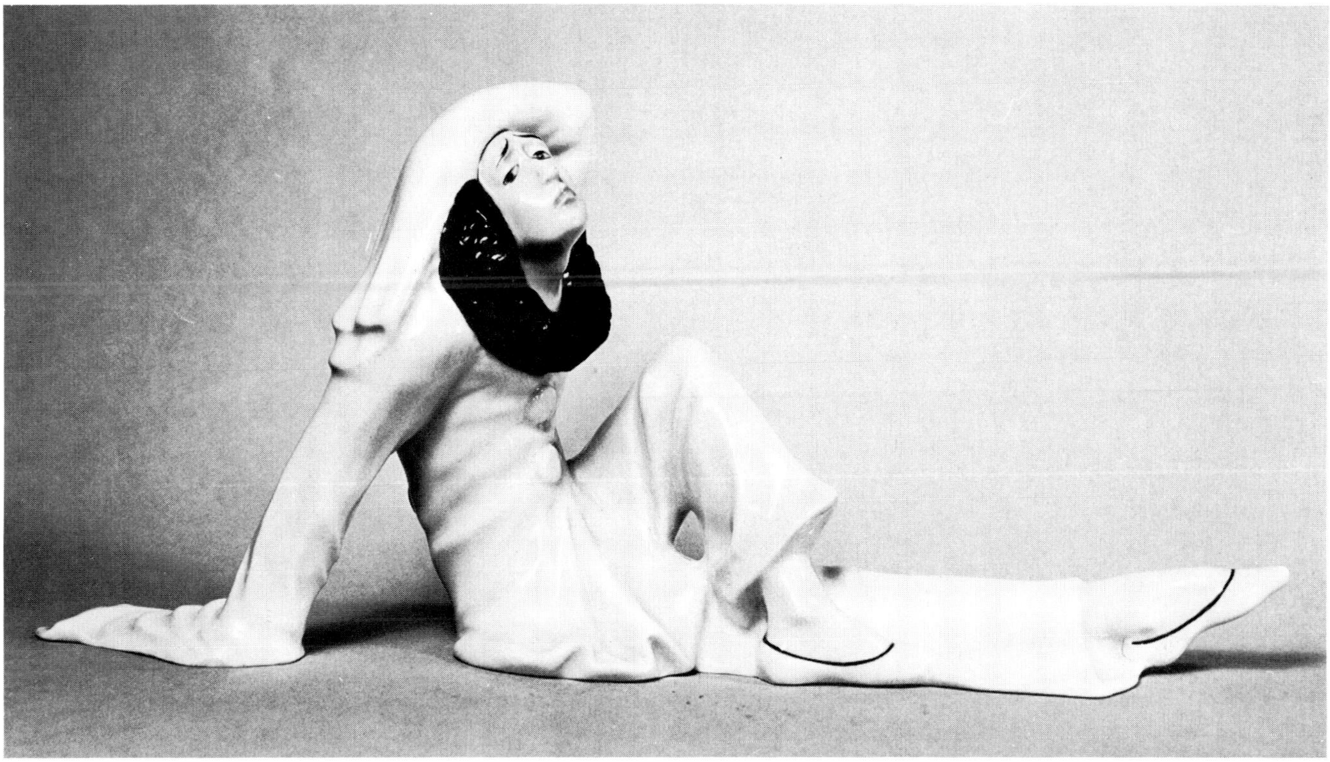

457

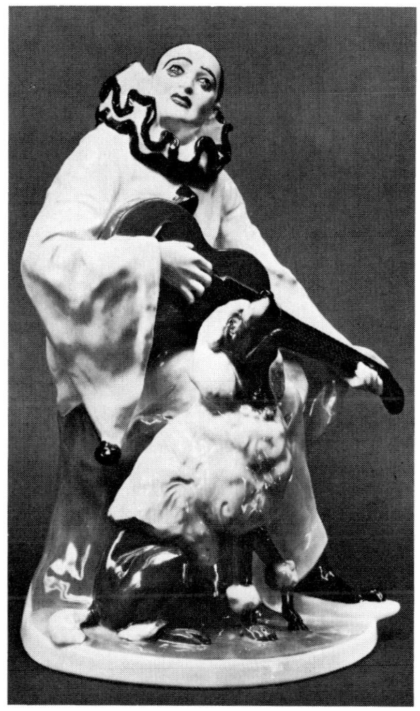

458

◁ **455 Flora** mit antikisierendem Gewand und Blütenkranz im Haar, Blumen streuend. H 67 cm
Nymphenburg, Modell von Joseph Wakkerle um 1925. **2400,–/3400,–**
Nagel

Diese Figur, von Wackerle auch in Bronze geschaffen, strahlt eine Monumentalität aus, die nicht nur durch ihre tatsächliche Größe zu erklären ist, sondern in der großplastischen Anlage begründet liegt. Sie trägt ein künstlerisches Erbe, das stilistisch von den griechischen Kuroi des strengen Stils bis hin zur bayerischen Bellona des Ignaz Günther reicht.

◁ **456 Die Poesie,** als junges Mädchen auf einem Felsensockel vor einem springenden Hirschen sitzend. H 61 cm
Nymphenburg, Modell von Joseph Wakkerle um 1929. **2500,–/3500,–**
Nagel

Neben Scheurich und Amberg zählt Wakkerle, von 1906 bis 1909 an der Nymphenburger Manufaktur, zu den wichtigsten Porzellanplastikern nach der Jahrhundertwende.

457 Pierrot mit zarter Unterglasurbemalung. H 17 x L 36 cm
Gebrüder Heubach, Modell von Wera von Bartels. **600,–/1200,–**
Ketterer (Cedrino)

Heubach, wie die meisten kleineren thüringischen Manufakturen im 19. Jahrhundert gegründet, schuf im Jugendstil vorzügliche Tierplastiken und figürliche Arbeiten nach Entwürfen der Münchnerin Wera von Bartels. Zu diesem Pierrot hat sie als Gegenstück eine lachende Pierrette mit schwarzer Maske geschaffen, die, auf einem Sockel sitzend, über die Schulter zurückblickt.

458 Bajazzo, neben seinem Hund sitzend und Gitarre spielend. H 35 cm
Rosenthal, Modell von Rudolf Marcuse 1913. **250,–/500,–**
Ruef (Himpsl)

Der 1878 in Berlin geborene Rudolf Marcuse war die künstlerische Kraft der Rosenthaler Manufaktur, die, 1880 gegründet, ganz vom Gründer Philipp Rosenthal geprägt wurde.

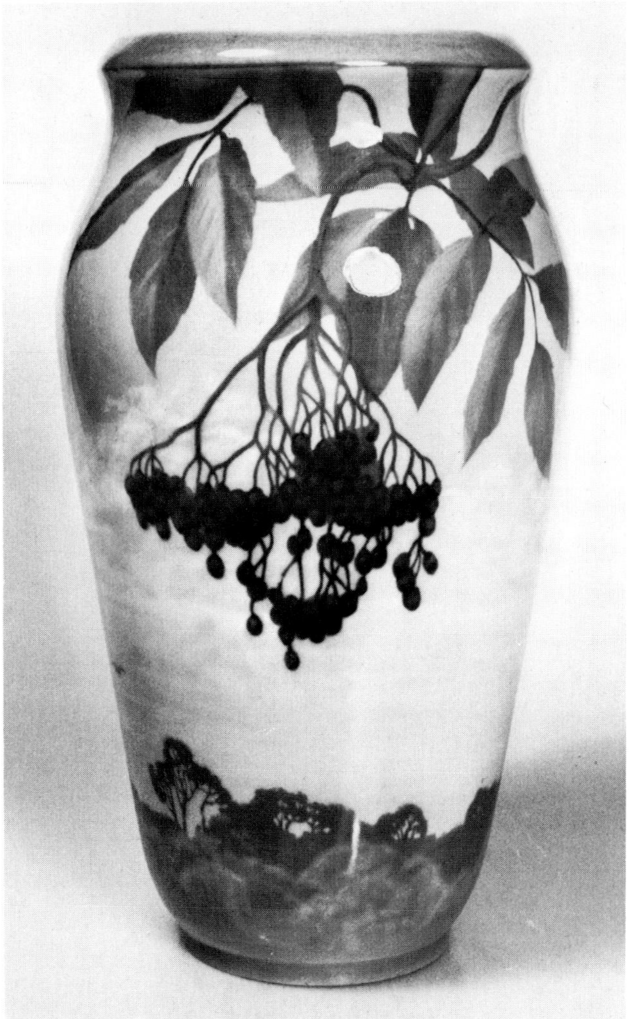

459

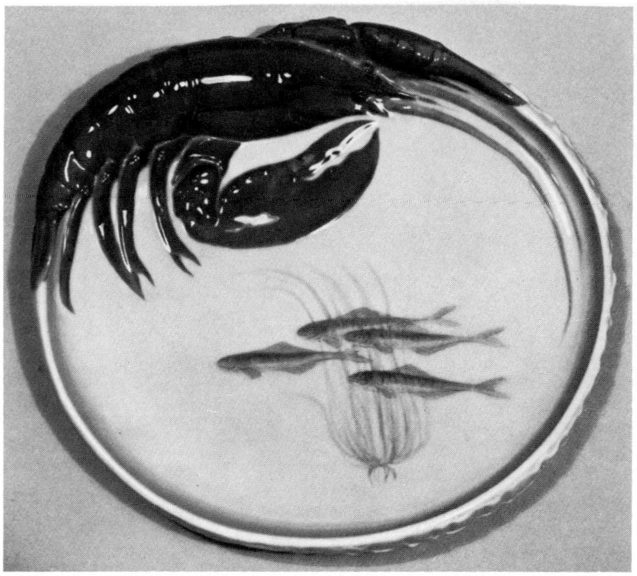

460

461

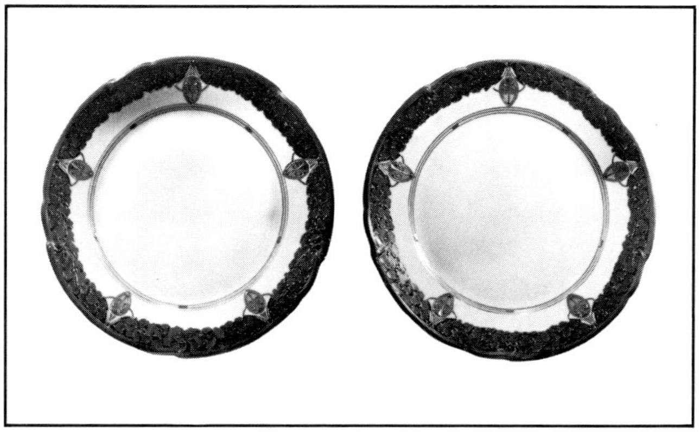

459 Hohe bauchige Vase mit eingezogenem Hals und abgesetztem Rand. In Unterglasurfarben bemalt mit Blattzweigen und wilden Weintrauben. Am Unterrand Abendlandschaft mit Vögeln.
H 32,9 cm
Royal Kopenhagen, um 1900.
650,–/900,–
Ketterer (Cedrino)

460 Schale mit plastisch modelliertem Krebs am Rand. Im Spiegel auf hellblauem Fond vier Fische in graubraunen Tönen. Unterglasurdekor. L 27xB 25,5 cm
Royal Kopenhagen, um 1900.
300,–/500,–
Ketterer (Cedrino)

Teller und Schüsseln mit plastisch gebildeten, in den Rand übergehenden Tieren sind für Kopenhagen typisch. Eine ähnliche muschelförmige Schale mit Schellfisch hat Erik Nielsen 1890 entworfen.

461 Sechs Teller mit fassoniertem Rand und gelbgrüner Blattwerkbordüre mit Goldbeeren und fünf geometrischen Ornamentkartuschen in Reliefgold. ∅ 24 cm
Berlin, um 1907, Entwurf wohl von Adolf Flad.
2000,–/3000,–
Spik (Zenker)

462 Speise- und Kaffeeservice mit 37 Teilen. Gebauchte Formen mit oben abgekanteten Henkeln und Streublätterdekor in Unterglasurblau.
Meißen, Modell von Richard Riemerschmid 1906. **10000,–/14000,–**
Ruef (Himpsl)

Riemerschmid wollte mit einem populären Gebrauchsgeschirr das bisher übliche Zwiebelmuster ablösen. Er wählte daher bewußt einen unterglasurblauen Dekor und schlichte Formen um die Herstellungskosten gering zu halten.

463 Tête-à-Tête in Rokokoform. Ovales Tablett mit Rocaillehenkeln. Gebauchte Kaffee- und Sahnekanne, Zuckerdose und zwei Bechertassen mit Untertassen. Reliefgoldauflage und Blumenmalerei in Zwischenglasur. Kobaltblauer Rand mit erhabener Blumen- und Rocaille-Goldmalerei.
Berlin, um 1902/03, Malerei signiert M (H?) Aulich. **2800,–/3300,–**
Spik (Zenker)

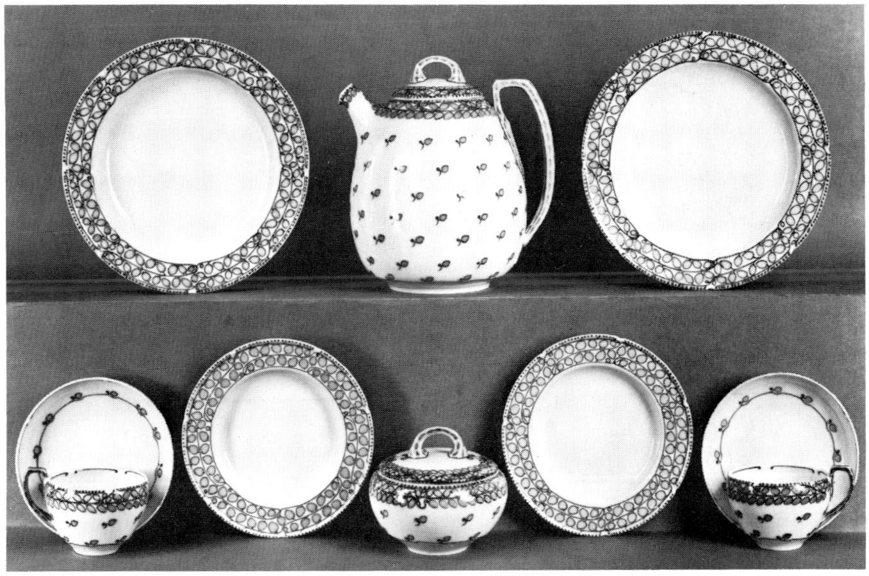

462

463

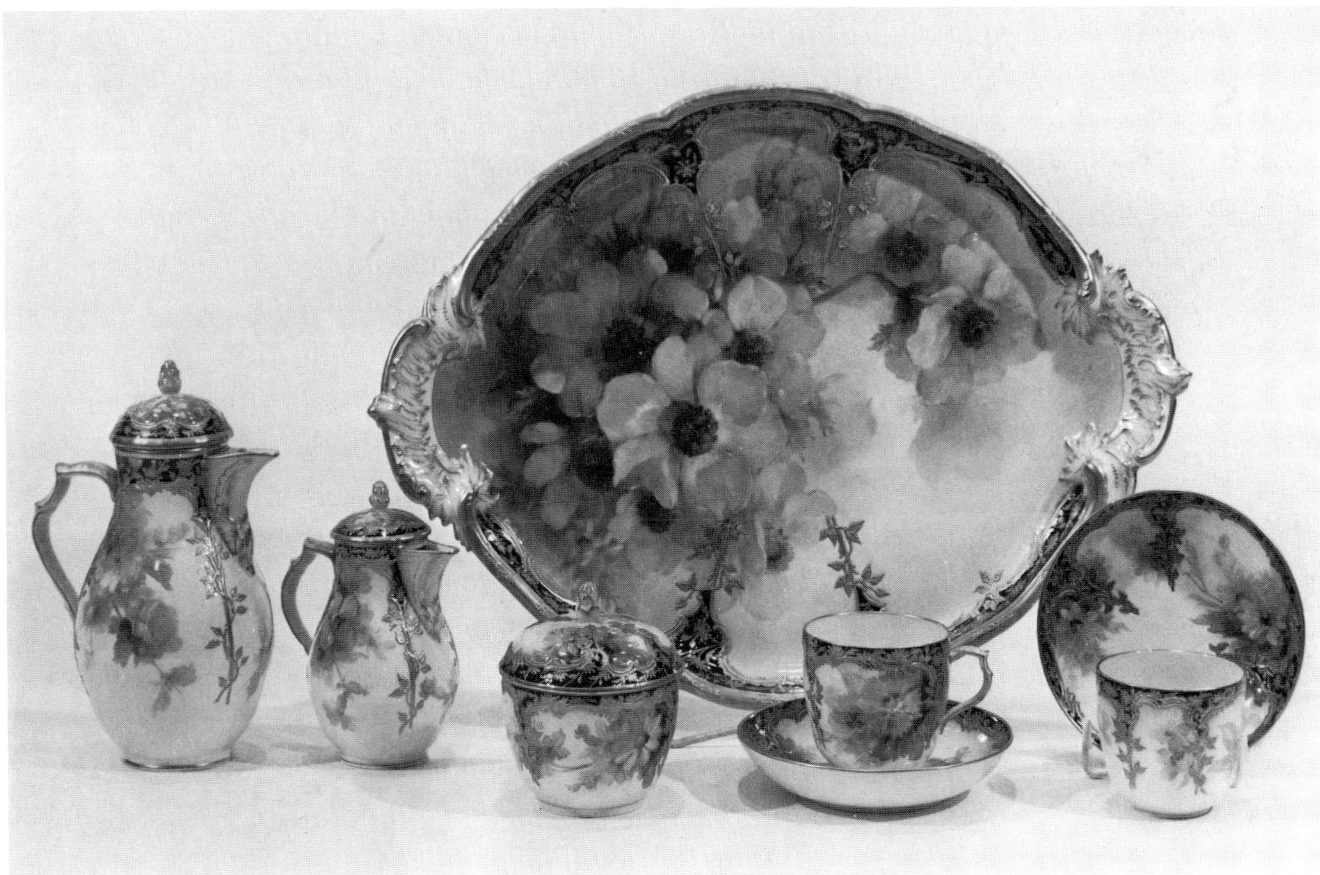

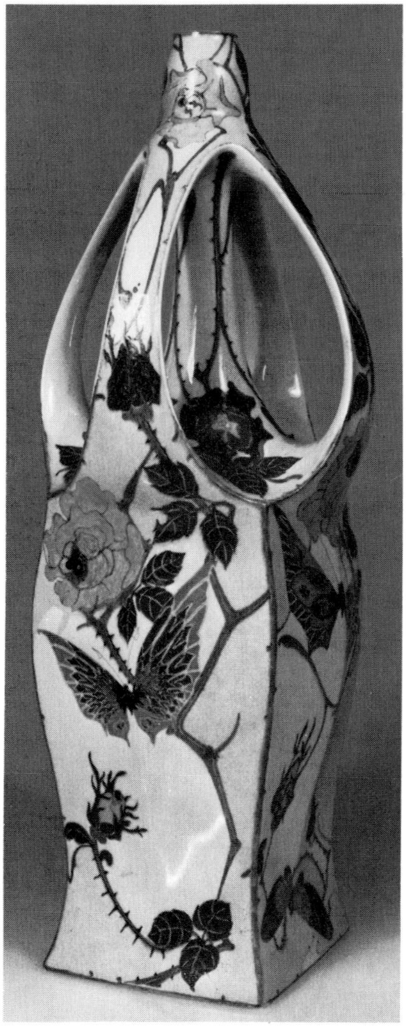

464

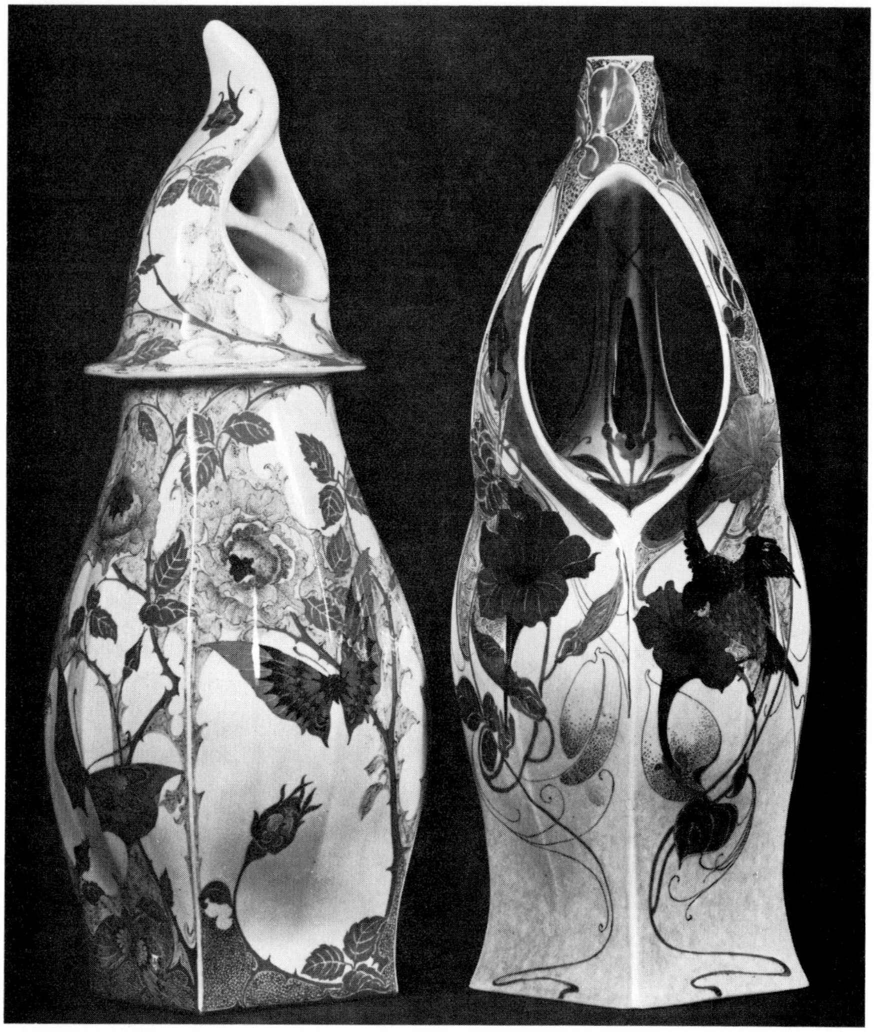

465/466

464 Vase mit vier Henkeln. Leicht geschweifter, sich nach oben verjüngender Gefäßkörper, aus dem die Henkel wachsen. Bunter Dekor mit Schmetterlingen zwischen gelben und braunen Rosen. H 38 cm. Eierschalenporzellan. Rozenburg, Den Haag, 1902, wohl von W. P. Hartgring. **5000,–/8000,–**
Ketterer (Cedrino)

Quasi- oder Eierschalenporzellan geht auf eine chinesische Erfindung zurück und war mit seinem Scherben von geringster Stärke eine Spezialität der Rozenburger Manufaktur, die von 1885 bis 1900 bestanden hat.

465 Deckeldose, vierkantig gebaucht mit farbigem Schmetterlings- und Blumendekor. Eierschalenporzellan. H 36 cm Rozenburg, Den Haag, um 1900, Entwurf von J. Juriaan Kok. **10000,–/14000,–**
Ketterer (Cedrino)

466 Dreihenkelige Vase mit farbigem Blüten- und Vogeldekor. Eierschalenporzellan. H 33,4 cm
Rozenburg, Den Haag, 1902, W. P. Hartgring. **10000,–/14000,–**
Ketterer (Cedrino)

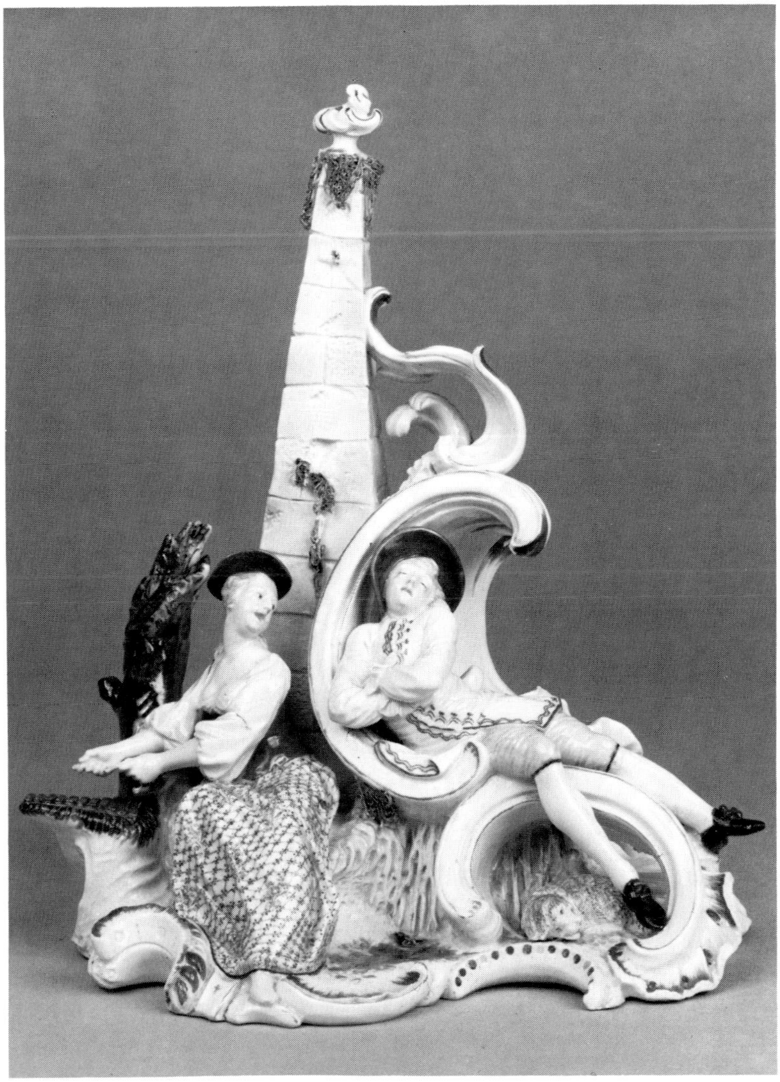

Porzellangruppe »Der gestörte Schläfer«
Modell von Franz Anton Bustelli, Höhe 24 cm, Nymphenburg um 1760.

»Die Kunst, mit der Kunst, von der Kunst, für die Kunst, zu leben« Dieses Wortspiel ist der Titel einer kleinen Festschrift*, die wir anläßlich unseres 50-jährigen Firmenjubiläums 1974 veröffentlichten. Dieses Wortspiel charakterisiert auf kurze und treffende Weise unsere Tätigkeiten: »Mit der Kunst«, d. h. durch die treuhänderische Vermittlung von Kunstobjekten verdienen wir unsere seit 50 Jahren nicht erhöhte Provision und leben somit »von der Kunst«. Außerdem finanzieren wir auch zahlreiche Aktivitäten »für die Kunst«. Das heißt, wir unterstützen und veranstalten aufklärende Vorträge (u. a. an den Volkshochschulen Stuttgart und Biberach, Europäische Bildungsgemeinschaft) und finanzieren Publikationen, um dem jungen Sammler und den Kunstfreunden neue Sammelgebiete und Kunstsparten zu erschließen und näherzubringen. Neben zahlreichen Aufsätzen und Artikeln über kunstgeschichtliche Themen und Kunsthandelsfragen haben wir die Herausgabe folgender Bücher unterstützt: Hans Erdner / Gert K. Nagel, **Die Fayencefabrik zu Schrezheim*** (214 S. 430 Abb., 11 Farbtafeln, DM 72.–); eine umfassende Darstellung der Geschichte, Erzeugnisse und Marken dieser bedeutenden süddeutschen Fayence-Manufaktur. – Gert K. Nagel, **»Schwäbische Maler, Bildhauer, Kunstgewerbler und Architekten«*** (252 S., 300 Abb., 6 Farbtafeln, DM 18.–), ein illustriertes Lexikon von schwäbischen Künstlern der letzten 200 Jahre in Taschenbuchformat. – Frieder Aichele / Gert K. Nagel, **»Netsuke«*** (176 S., 200 Abb., DM 4.80) ein Taschenbuch über das reizvolle Sammelgebiet kunstvoller japanischer Gürtelknöpfe. Auch die nun vom Battenberg-Verlag vorgelegten, bzw. in Vorbereitung befindlichen Antiquitäten-Kataloge: Gert K. Nagel, **»Fayencen«**, Frieder Aichele, **»Zinn«**, Gert K. Nagel, **»Möbel«** und Doris Eder, **»Orientteppiche«** haben wir durch umfangreiches Bildmaterial und unsere Mitarbeit unterstützt. Dem Kunstfreund und Sammler stehen wir mit unserer über 50-jährigen Erfahrung durch **Beratung** in allen Kunstfragen gern zur Verfügung. **Taxationen** zu Versicherungszwecken und Nachlaßauflösungen, **Vermittlung** von Antiquitäten, Gemälden, antiken Möbeln, Orientteppichen u. a. Kunstgegenständen werden von uns in korrekter und gewissenhafter Form durchgeführt. Beim **Aufbau von Sammlungen,** ebenso wie bei der **Auflösung von Nachlässen,** stellen wir unser Fachwissen und unsere Kenntnisse gern in Ihre Dienste. Denn es hat sich schon vielfach bewiesen, wir beherrschen

DIE KUNST, MIT DER KUNST, VON DER KUNST, FÜR DIE KUNST ZU LEBEN.

*Die erwähnten Veröffentlichungen sind durch uns zu beziehen.